Hainz / Sand (Hg.)
Münchener Theologisches Wörterbuch zum Neuen Testament

Josef Hainz / Alexander Sand (Hg.)

MÜNCHENER
THEOLOGISCHES WÖRTERBUCH
ZUM NEUEN TESTAMENT

Patmos Verlag Düsseldorf

Die Deutsche Bibliothek – CIP-Einheitsaufnahme
Münchener Theologisches Wörterbuch zum Neuen Testament:
bibeltheologisches Wörterbuch /
Josef Hainz/Alexander Sand (Hrsg.)
1. Aufl. – Düsseldorf: Patmos-Verl., 1997
ISBN 3–491–77014–9
NE: Hainz, Josef [Hrsg.]

1. Auflage 1997
Umschlaggestaltung: Volker Butenschön, Lüneburg
Typoskript: Martin Schmidl, Frankfurt
Druck und Bindung: Claussen & Bosse, Leck
ISBN 3–491–77014–9

Inhaltsverzeichnis

VORWORT   7

BEGRIFFSVERZEICHNIS   11

ARTIKEL A–Z   17 – 429

ANHANG I:
Abkürzungsverzeichnisse   431

ANHANG II:
Stichwortverzeichnis   436

ANHANG III:
Griechische Begriffe   444

ANHANG IV:
Hebräische Begriffe   463

ANHANG V:
Fremdwörter und Fachausdrücke   470

ANHANG VI:
Verzeichnis der Mitarbeiter   484

Vorwort

„Verstehst du denn auch, was du liest?" fragt Philippos den äthiopischen Kämmerer der Königin Kandake (Apg 8,30). So könnte man jede Bibelleserin/ jeden Bibelleser fragen; denn so einfach, wie man es sich gelegentlich vorstellt, ist das Verstehen der Bibel nicht. Unser „Theologisches Wörterbuch" möchte Hilfen anbieten, vor allem das Neue Testament mit mehr Gewinn zu lesen. Der Titel „Münchener Theologisches Wörterbuch" will bewußt Assoziationen wecken, v.a. an das „Münchener Neue Testament" und die zugehörige „Synopse zum MNT".

„Münchener Neues Testament" nannten wir die Übersetzung (die 1988 in 1. Auflage erschien und 1994 bereits die 4. Auflage erlebte), weil sie in München entstanden war; alle an ihr Beteiligten waren Schüler von Prof. Dr. Otto Kuss oder auch Schüler seiner Schüler, zusammengeschlossen im „Collegium Biblicum München", das seit 1967 existiert und seit 1970 ein „eingetragener Verein" ist (CBM e.V.).

Als „Studienbibel" war das MNT geschaffen für alle, die mit der Bibel intensiv arbeiten wollen, aber wegen fehlender oder zu geringer Griechischkenntnisse auf Übersetzungen angewiesen sind. Die Übersetzung sollte sie möglichst nahe an den griechischen Text des Neuen Testaments heranführen – ohne die üblichen eingearbeiteten Lese- und Verstehenshilfen durch die Herausgeber. „So griechisch wie möglich – und so deutsch wie nötig", war unser Leitsatz, so daß wir Satzstellung und Wortbestand auch dort unverändert ließen, wo das deutsche Sprachempfinden Protest anmelden wollte.

Über den Erfolg und die Beliebtheit, die das MNT mittlerweile erreichte, sind wir natürlich sehr erfreut. Zwar gab es auch harsche Kritik; das war nicht weiter verwunderlich. Aber die Zustimmung überwiegt bei weitem. Das hat uns ermutigt, 1991 eine „Synopse zum Münchener Neuen Testament" herzustellen. Auch sie findet großen Anklang, vor allem bei den Studierenden.

Was noch fehlte, war ein „Bibeltheologisches Wörterbuch" für den mit MNT und Synopse angezielten Leser/innen-Kreis. Zwar gibt es zu den neutestamentlichen Schriften zahlreiche Kommentierungen, Einzelerklärungen und Kommentarreihen; aber so manche Leserin und so mancher Leser stolpert bei der Lektüre über wichtige Begriffe und Aussagen des Neuen Testaments, möchte gern kurz und bündig etwas darüber erfahren, findet aber keine Zeit für intensives Studium der Kommentarliteratur. Hier soll in Zukunft unser „MThW" helfen. Wir haben beinahe 200 wichtige Begriffe ausgewählt, von denen wir annehmen, daß sie großes Interesse finden werden, Schlüsselbegriffe, die geeignet sind, an die Kernaussagen des Neuen Testaments heranzuführen.

Die Autoren kommen nicht nur aus den Reihen des „CBM e.V."; es gibt seit längerem einen „Freundeskreis", aus dem sich viele als Autorinnen und Autoren haben gewinnen lassen. Zusätzlich haben wir eine Reihe weiterer Fachkolleginnen und -kollegen zur Mitarbeit eingeladen; zuletzt waren es 34 Autoren/Autorinnen, die am „MThW" mitwirkten. Ihnen allen danken wir herzlich für die engagierte Zusammenarbeit.

Jede Autorin und jeder Autor trägt für ihre/seine Beiträge eigene Verantwortung. Daher ist jeder Beitrag mit dem Namen der Verfasserin/des Verfassers gekennzeichnet. Ein *Verzeichnis der Mitarbeiter* listet ihre Namen und beruflichen Wirkungsorte auf.

Viel war uns an den Registern gelegen; sie sollen nicht nur die Benutzung des „MThW" erleichtern, sondern weiterführende Hilfen anbieten:

- Das Register mit den behandelten Leitbegriffen und den zugeordneten Unterbegriffen haben wir als *Begriffsverzeichnis* vorangestellt.

- Eine besondere Hilfe zum vertieften Studium wollen die verschiedenen *Querverweise* bieten, die wir in jedem Artikel mit Verweispfeil (→) angegeben haben. Zu jedem Leitbegriff sind weitere im „MThW" behandelte Begriffe aufgelistet, die mit ihm in einem näheren Zusammenhang stehen. So kann man sich einen guten Überblick verschaffen, Zusammenhänge erkennen und bibeltheologische Studien betreiben.

- *Anhang I* enthält verschiedene Abkürzungsverzeichnisse. Dabei möchten wir vor allem auf die Abkürzungen zum NT eigens hinweisen, weil viele von ihnen (wie mk, mt, lk, joh, pln, dtpln, Past usw.) weniger bekannt sein dürften, in den Artikeln aber häufig verwendet werden.

- Im *Anhang II* hilft ein Stichwortverzeichnis, gesuchte Begriffe aufzufinden; es enthält noch einmal alle behandelten Leit- und Unterbegriffe und darüber hinaus Begriffe, nach denen die Leserin und der Leser suchen werden; sie sind jeweils den entsprechenden Leitbegriffen zugeordnet.

- *Anhang III*, das Register der griechischen Begriffe, die zumeist in den Artikeln in Klammern und in Umschrift angegeben sind, enthält auch die Version in Griechisch, Hinweise auf die wichtigsten Bedeutungen sowie auf die Artikel, in denen die Begriffe vorkommen.

- *Anhang IV*, das Register der hebräischen Begriffe, ist analog aufgebaut; doch verzichten wir hier auf die Wiedergabe des hebräischen Originals, weil damit doch nur ein kleiner Benutzerkreis etwas anzufangen wüßte.

- Weil viele Autoren/Autorinnen Fremdwörter und Fachausdrücke verwenden, die nicht jedermann geläufig sind, haben wir sie im *Anhang V* aufgelistet und erklärt. Wir hätten die Liste gern kleiner gehalten, wollten aber auch nicht zu sehr in die Artikel eingreifen; darum haben wir die Absicht fallen lassen, die seltener verwendeten Fremdwörter gleich im Text zu ersetzen.

Bei so vielen Mitwirkenden konnten Unterschiede in der Handhabung der vereinbarten Grundsätze und Regelungen nicht ausbleiben. Das zwang uns Herausgeber zu vielfältigen Überprüfungen, Korrekturen und Vereinheitlichungen. Da-

bei sind uns viele Helfer/innen zur Seite gestanden, bei denen wir uns herzlich
bedanken möchten: Alexander Bauer, Johanna Bayer, Stefan Blindenhöfer, Julia
Costantin, Siegfried Fay, Rudolf Geissner, Edgar Heep, Dr. Helmut Müller, Ju-
dith Prager, Dr. Angela Standhartinger, Prof. Dr. Franz Josef Stendebach, Dr.
Ursula Werner, Josef Stefan Wietschorke, Rosemarie Zentgraf und vor allem Dr.
Josef Sunckel. Sie alle gehören zum Mitarbeiter/innen-, Hörer/innen- und Kolle-
ginnen/Kollegenkreis von Prof. Hainz in Frankfurt.
Am meisten Dank aber schulden wir Martin Schmidl, dem Assistenten von Prof.
Hainz. Er hat alle Vorbereitungen getroffen für die computergestützte Erstellung
des druckfertigen Manuskripts; er hat die notwendigen technischen Voraussetzungen geschaffen, hat die Texte gesammelt und in ein einheitliches Text-
verarbeitungsformat konvertiert, die Datenbank programmiert, das Layout er-
stellt, die formalen Vereinheitlichungen durchgeführt und die zahlreichen Ar-
beitsgänge koordiniert. Da war viel zu tun, und er hat alle anfallenden Arbeiten
mit größter Zuverlässigkeit erledigt.

Die Artikel haben alle in etwa den gleichen Aufbau:

- Unter 1. findet sich jeweils ein geeigneter *„Aufhänger"*, sei es eine Definition, ein Überblick über Vorkommen und Bedeutung, ein „Schlüsseltext"
  oder eine „Ankeridee", manchmal auch ein aktueller Einstieg mit Bezug auf
  unsere Probleme mit Begriffen des Neuen Testaments.

- Die *Vorgeschichte* der Begriffe wird unter 2. behandelt. Sie betrifft in der
  Regel Altes Testament, Judentum, speziell Qumran und rabbinisches Judentum, aber wo nötig auch die hellenistisch-römische Welt und anderes. Hier
  finden sich häufig auch die entsprechenden hebräischen Begriffe in Umschrift, über die das zugehörige Register Auskünfte gibt. Natürlich kann in
  einem Wörterbuch zum Neuen Testament die zu behandelnde Vorgeschichte
  der Begriffe oft nur angedeutet werden.

- Das Hauptgewicht der Darstellung liegt bei jedem Begriff auf 3., dem *Neuen
  Testament* selbst. Im allgemeinen sollte von Jesus bzw. den Synoptikern ausgegangen werden, Apostelgeschichte, Paulusbriefe, Deutero- und Tritopauli-
  nen, Johannesevangelium, Johannesbriefe, Katholische Briefe und Offenbarung des Johannes sollten folgen. Aber hier haben wir den Autorinnen/Auto-
  ren Freiheit gelassen, weil eine zu starre Steuerung die Darstellung unnötig
  schematisiert hätte. Mancher Begriff hat seine Bedeutung v.a. bei Paulus
  oder Johannes; da liegt es nahe, umzustellen und die Akzente anders zu
  setzen. Eine bibeltheologische „Entwicklungsgeschichte" haben wir nicht
  angestrebt; das ließe sich bei solchen Überblicksartikeln auf so engem Raum
  nicht verantwortet durchführen.

- Ein kurzer *Ausblick* auf die Wirkungsgeschichte eines Begriffs oder auf seine
  Gegenwartsbedeutung, ein Hinweis auf Wandlungen im Verständnis oder
  einfach eine Art Zusammenfassung runden unter 4. die Darstellungen ab.

- Am Ende jedes Artikels finden sich einige wenige *Literaturhinweise*. Dabei haben wir zumeist darauf verzichtet, Lexikonartikel und Kommentare anzugeben. Nur wenn für einen Begriff kaum andere Literatur angegeben werden konnte, haben wir Ausnahmen zugelassen. Bevorzugt haben wir deutschsprachige Literatur; aber auch hierzu gibt es Ausnahmen.

Daß wir für die wörtlichen Zitate das MNT benutzt haben, ist selbstverständlich. Das bedeutet aber auch, daß wir bei der Schreibung der Namen – zumindest in den Zitaten – nicht den Loccumer Richtlinien folgen, sondern der Schreibweise im griechischen Originaltext. Maßgebend war das „Novum Testamentum Graece" von Erwin Nestle und Kurt Aland in seiner 26. Auflage, das auch dem MNT zugrunde liegt. Außerhalb von Zitaten haben wir auf eine konsequente Umsetzung des MNT verzichtet; hier wollten wir die allgemeinen Lesegewohnheiten nicht allzusehr irritieren. Die MNT-Zitate sollen also eher die Neugierde und das Verlangen wecken, mit dem MNT zu arbeiten.

Um Platz zu sparen, aber auch um den Text nicht mit Stellenaufzählungen zu überfrachten, haben wir darauf verzichtet, jeweils die synoptischen Parallelstellen anzugeben; „par" deutet also darauf hin, daß es bei einem der Synoptiker eine Parallele gibt, „parr", daß ein Text bei allen drei Synoptikern zu finden ist. Die Leserin/der Leser wird dadurch aufgefordert, selbst in der „Synopse zum MNT" nachzuschlagen, um sich ein Bild zu machen von den Paralleltexten. Der Vorteil der besseren Lesbarkeit der Artikel ist also erkauft um den Preis solcher Eigenarbeit; aber ein Nachteil sollte das nicht sein: Das Arbeiten mit einer Synopse hat bislang kaum weitere Verbreitung gefunden, müßte aber selbstverständlich sein, wenn man sich näher mit dem Neuen Testament beschäftigt.

Schließlich bleibt den Herausgebern die angenehme Pflicht, allen am Zustandekommen dieses „MThW" Beteiligten für ihre Mühen zu danken, ganz besonders dem Verlag Patmos und seinem Lektor Thomas Schmitz; beide haben den Entstehungsprozeß mit großem Interesse begleitet und dem Buch eine hervorragende Ausstattung zuteil werden lassen.

Es würde uns freuen, wenn wir mit diesem Buch ein hilfreiches Instrument zum Lesen und Verstehen des Neuen Testaments geschaffen hätten.

Aschermittwoch 1997   Die Herausgeber

Begriffsverzeichnis

ALMOSEN, Erbarmen,
Barmherzigkeit (ALFONS WEISER)   17

ÄLTESTER (ALFONS WEISER)   19

ANGST, Furcht (JOSEF ERNST)   21

ANKUNFT, Parusie
(PETER HOFRICHTER)   22

ANTICHRIST
(BERND HOLZE, BEATE KOWALSKI)   25

APOSTEL, Gesandter, Sendung
(ALFONS WEISER)   26

ÄRGERNIS, Anstoß (HEINZ GIESEN)   28

ARMUT, Arme (JOSEF WAGNER)   29

AUFERSTEHUNG, Auferweckung,
Erhöhung (ALEXANDER SAND)   31

AUFNAHME, Empfang
(KLAUS SCHOLTISSEK)   34

AUFSEHER, Vorsteher/in, Bischof
(ALFONS WEISER)   36

AUSLIEFERUNG, Übergabe,
Verrat (DETLEV DORMEYER)   37

BAU, Erbauung
(SEBASTIAN SCHNEIDER)   39

BAUCH, Schoß, Wehen
(HANNELIESE STEICHELE)   40

BECHER, Kelch, Trank
(JOSEF HAINZ)   42

BEDRÄNGNIS, Verfolgung,
Drangsal
(FRANZ GEORG UNTERGASSMAIR)   44

BEGIERDE (JOST ECKERT)   46

BEKEHRUNG, Umkehr, Buße
(JOSEF HAINZ)   47

BERUFUNG, Ruf (JOSEF ERNST)   49

BESCHNEIDUNG, Eunuch
(PETER DSCHULNIGG)   50

BESESSENHEIT, Dämon,
Unreiner Geist (FRANZ ANNEN)   51

BESITZ, Eigentum (FRANZ ANNEN)   53

BILD, Abbild (JOSEF ERNST)   55

BITTE, Gebet
(FRANZ GEORG UNTERGASSMAIR)   56

BLUT, Ersticktes
(GERHARD DAUTZENBERG)   58

BÖSE, Bosheit (ARMIN WOUTERS)   64

BOTSCHAFT, Nachricht,
Verkündigung, Evangelium
(JOSEF WAGNER)   66

BRIEF (DETLEV DORMEYER)   68

BROT, Manna (ALFONS WEISER)   70

BRUDER, Bruderliebe
(SEBASTIAN SCHNEIDER)   71

BUCH (DETLEV DORMEYER)   73

BUND, Testament, Bürge, Mittler
(BEATE KOWALSKI)   75

CHRISTUS, Messias, Gesalbter
(ALEXANDER SAND)   77

DANK, Danksagung, Eucharistie
(JOSEF HAINZ)   80

DEMUT, Einfalt, Niedrigkeit
(JOSEF ERNST)   82

DIENER/IN, Diakon/in
(HANNELIESE STEICHELE)   83

EHE, Hochzeit, Ehelosigkeit,
Ehebruch, Ehescheidung
(BEATE KOWALSKI)   86

EHRE, Ehrfurcht (GERHARD HOTZE) 88

EID, Schwur (GERHARD DAUTZENBERG) 89

EIFER, Eiferer, Zelot, Eifersucht
(MICHAEL ERNST) 92

ENDE, Vollendung, Ziel, Eschaton
(LORENZ OBERLINNER) 93

ENGEL, Bote (JOSEF WAGNER) 96

ERBE, Los, Teil (RUDOLF HOPPE) 98

ERDE, Land, Erdkreis
(ALFRED HÜBNER) 99

ERFÜLLUNG, Fülle, Übermaß,
Überfluß (JOSEF ERNST) 102

ERKENNTNIS, Erfahrung, Gnosis
(PETER HOFRICHTER) 103

ERLÖSUNG, Lösegeld, Loskauf
(JOST ECKERT) 107

ERMAHNUNG (JOST ECKERT) 108

ERNTE (HEINZ GIESEN) 109

ERSCHEINUNG, Sehen, Gesicht
(PETER HOFRICHTER) 110

ERWÄHLUNG (HEINZ GIESEN) 112

FALSCHPROPHET, Irrlehrer
(JOST ECKERT) 115

FASTEN, Nüchternheit
(SEBASTIAN SCHNEIDER) 116

FEIND, Gegner, Feindschaft
(ALEXANDER SAND) 118

FEUER, Glut (ANDREA LINK) 119

FINSTERNIS, Nacht
(ALEXANDER SAND) 121

FLEISCH (ALEXANDER SAND) 122

FLUCH, Bann (SEBASTIAN SCHNEIDER) 123

FRAU / MANN, Jungfrau
(ALEXANDER SAND) 124

FREIHEIT, Befreiung (HEINZ GIESEN) 127

FREMDER (HEINZ GIESEN) 129

FREUDE (SEBASTIAN SCHNEIDER) 130

FREUND/IN, Freundschaft
(HEINZ GIESEN) 132

FRIEDE
(FRANZ GEORG UNTERGASSMAIR) 134

FRÖMMIGKEIT, Gottesfurcht,
Verehrung, Anbetung, Gottesdienst (FRANZ GEORG UNTERGASSMAIR) 136

FRUCHT (ARMIN WOUTERS) 138

GEBOT, Weisung, Anordnung,
Befehl (PETER DSCHULNIGG) 140

GEBURT, Zeugung, Empfängnis
(BEATE KOWALSKI) 142

GEDENKEN, Gedächtnis
(ALFONS WEISER) 143

GEDULD, Ausdauer, Großmut
(FRANZ ANNEN) 144

GEHORSAM, Hören
(KLAUS SCHOLTISSEK) 147

GEIST, Wehen, Wind,
Geistesgabe, Paraklet (JOSEF HAINZ) 150

GELD, Reichtum, Mammon
(PETER DSCHULNIGG) 154

GEMEINDE, Gemeinschaft,
Kirche (JOSEF HAINZ) 156

GERICHT, Entscheidung, Richter
(LUTZ SIMON) 159

GESETZ, Brauch (PETER DSCHULNIGG) 164

GEWALT, Gewaltlosigkeit
(BEATE KOWALSKI) 167

GEWISSEN (RUDOLF HOPPE) 168

GLANZ, Herrlichkeit (JOSEF HAINZ) 170

GLAUBE, Treue, Vertrauen
(JOST ECKERT) 173

GNADE, Gnadengabe,
Wohlwollen (SEBASTIAN SCHNEIDER)   176

GOTT, Göttin, Götze
(ALEXANDER SAND)   178

GUT, Güte (KLAUS SCHOLTISSEK)   180

HABGIER, Geiz
(LORENZ OBERLINNER)   184

HASS (HEINZ GIESEN)   185

HAUS, Hausgemeinde, Haustafel
(SEBASTIAN SCHNEIDER)   186

HEIL, Heiland, Retter
(ALEXANDER SAND)   188

HEILIGKEIT, Heiligtum, Tempel
(EVA MARIA RÄPPLE)   190

HERR, Hausherr, Herrscher,
Herrschaft (ALEXANDER SAND)   193

HERZ, Herzenshärte (HEINZ GIESEN)   194

HIMMEL (ALFRED HÜBNER)   196

HIRT, Herde (FRANZ ANNEN)   199

HOFFNUNG, Erwartung
(HEINZ GIESEN)   201

HOHER RAT (MONIKA FANDER)   205

HÖLLE, Abgrund, Hades
(EVA MARIA RÄPPLE)   206

HUNGER, Speise (BEATE KOWALSKI)   208

ISRAEL, Israelit (PETER DSCHULNIGG)   210

JESUS, Nazarener
(ALEXANDER SAND)   213

JUDE, Judäa, Judentum
(PETER DSCHULNIGG)   215

KIND, Sohn, Tochter
(ALEXANDER SAND)   218

KNECHT, Magd, Sklave/Sklavin
(HANNELIESE STEICHELE)   220

KOLLEKTE, Sammlung
(JOSEF HAINZ)   222

KÖNIG/IN, Königtum, Reich
Gottes (DETLEV DORMEYER)   223

KOPF, Haupt (SEBASTIAN SCHNEIDER)   228

KRAFT, Stärke (RUDOLF HOPPE)   230

KREUZ, Kreuzigung, Holz
(DETLEV DORMEYER)   233

KRIEG, Kampf, Streit, Sieg
(MICHAEL ERNST)   236

LAMM, Schaf, Widder
(BERND HOLZE, BEATE KOWALSKI)   239

LÄSTERUNG, Spott, Blasphemie
(DETLEV DORMEYER)   240

LEBEN, Lebewesen
(SEBASTIAN SCHNEIDER)   242

LEHRE, Lehrer, Unterweisung,
Überlieferung (LORENZ OBERLINNER)   245

LEIB, Körper, Glied (JOSEF HAINZ)   246

LEID, Unglück, Not, Passion
(DETLEV DORMEYER)   249

LICHT, Leuchte (OTTO SCHWANKL)   251

LIEBE (HEINZ GIESEN)   254

LOB, Lobpreis (GERHARD HOTZE)   256

LOHN, Belohnung, Gewinn, Strafe
(ALEXANDER SAND)   258

LÜGE, Heuchelei, Heuchler
(ARMIN WOUTERS)   259

MACHT, Vollmacht
(KLAUS SCHOLTISSEK)   261

MAHL, Brotbrechen, Herrenmahl
(JOSEF HAINZ)   263

MENSCH, Menschensohn (ALEXANDER SAND) 266

MUTTER (MARTIN SCHMIDL) 269

NACHFOLGE (KLAUS SCHOLTISSEK) 272

NACHLASS, Vergebung, Verzeihung (JOSEF ERNST) 274

NÄCHSTER, Nächstenliebe (ALEXANDER SAND) 276

NAME (FRANZ GEORG UNTERGASSMAIR) 277

NEUHEIT (GERHARD DAUTZENBERG) 279

OFFENBARUNG, Enthüllung (JOSEF WAGNER) 283

OPFER, Gabe, Altar (BERND HOLZE) 284

OSTERN, Pascha, Pfingsten (BEATE KOWALSKI) 286

PHARISÄER, Sadduzäer (HEINZ GIESEN) 289

PRIESTER, Priestertum, Hochpriester (BEATE KOWALSKI) 292

PROPHET/IN (MICHAEL ERNST) 293

RECHT, Gerechtigkeit, Rechtfertigung (JOST ECKERT) 296

REINHEIT, Reinigung (MONIKA FANDER) 298

REUE (HANS KUHN) 300

RUHE (MICHAEL ERNST) 302

SABBAT (EVA MARIA RÄPPLE) 304

SALBUNG, Öl (ALEXANDER SAND) 307

SATAN, Teufel (FRANZ ANNEN) 309

SCHAM, Scheu, Schande (MICHAEL ERNST) 311

SCHLÜSSEL (HEINZ GIESEN) 312

SCHÖPFUNG, Geschöpf (MICHAEL ERNST) 314

SCHRIFT, Buchstabe, Schriftkundiger (MICHAEL ERNST) 316

SCHULD, Schuldner (JOSEF ERNST) 318

SCHÜLER, Jünger (ALFONS WEISER) 320

SCHWACHHEIT, Schwäche, Krankheit (JOST ECKERT) 322

SCHWESTER, Schwesterliebe (LORENZ OBERLINNER) 324

SEELE, Leben (RUDOLF HOPPE) 326

SELIGPREISUNG (HEINZ GIESEN) 329

SOHN, Davidssohn, Gottessohn, Knecht Gottes (ALEXANDER SAND) 331

SORGE (SEBASTIAN SCHNEIDER) 334

STADT, Staat (EVA MARIA RÄPPLE) 336

STEIN, Eckstein (HEINZ GIESEN) 338

STEUER (MICHAEL ERNST) 340

STIMME (ANDREA LINK) 341

STUNDE (ALEXANDER SAND) 343

SÜNDE, Vergehen, Unrecht (ALEXANDER SAND) 345

TAG (LORENZ OBERLINNER) 348

TAUFE, Tauchbad (HEINZ GIESEN) 350

TIER (MICHAEL ERNST) 352

TOD, Schlaf (SEBASTIAN SCHNEIDER) 354

TÜR, Tor, Pforte (HEINZ GIESEN) 356

UNZUCHT, Hurerei (LORENZ OBERLINNER) 361

VATER, Abba (DETLEV DORMEYER) 365

VERDERBEN, Vernichtung
(LORENZ OBERLINNER) 369

VERFÜHRUNG, Täuschung
(GERHARD DAUTZENBERG) 371

VERGELTUNG (ARMIN WOUTERS) 376

VERHEISSUNG, Zusage
(BEATE KOWALSKI) 377

VERNUNFT, Verstand, Sinn
(RUDOLF HOPPE) 378

VERSÖHNUNG, Sühne
(JOST ECKERT) 379

VERSTOCKUNG, Verhärtung
(SEBASTIAN SCHNEIDER) 381

VERSUCHUNG, Prüfung
(JOSEF ERNST) 382

VOLK, Menge, Heiden
(JOST ECKERT) 384

WACHSAMKEIT, Bereitschaft
(GERHARD HOTZE) 386

WAHRHEIT (MICHAEL ERNST) 387

WASSER, See, Meer, Fluß
(WALTER LÜTGEHETMANN) 390

WEG, Wandel, Wegführer
(ANDREA LINK) 393

WEIN, Weinstock, Weinberg
(WALTER LÜTGEHETMANN) 396

WEISHEIT, Torheit (JOACHIM THEIS) 398

WELT, Ordnung, Schmuck
(MICHAEL ERNST) 401

WERK, Leistung, Tat
(MICHAEL ERNST) 403

WILLE (PETER HOFRICHTER) 406

WITWE (HANNELIESE STEICHELE) 407

WOHNUNG, Bleibe (HANS KUHN) 408

WORT, Spruch, Logos
(PETER HOFRICHTER) 411

WUNDER, Zeichen (ALFONS WEISER) 415

ZAHL (ALFONS WEISER) 417

ZEIT, Aion (ALOIS STIMPFLE) 418

ZEUGE, Zeugnis, Falschzeugnis
(FRANZ ANNEN) 419

ZÖLLNER, Zollstätte, Zoll
(EVA MARIA RÄPPLE) 422

ZORN (MICHAEL ERNST) 423

ZUNGENREDE (ALFONS WEISER) 425

ZUVERSICHT, Freimut
(FRANZ ANNEN) 426

ZWÖLF (JOSEF HAINZ) 428

ALMOSEN, Erbarmen,
Barmherzigkeit

→ Armut; Besitz; Gemeinde; Gnade;
   Kollekte; Recht

1. Innerhalb der modernen Leistungsgesellschaft stehen die Begriffe Almosen usw. nicht hoch im Kurs. Man
möchte nicht gern Almosenempfänger
oder auf Erbarmen und Barmherzigkeit anderer angewiesen sein. Selb-
ständigkeit, Unabhängigkeit, Lei-
stungsstärke und aus ihr sich ergeben-
der Verdienst- und Rechtsanspruch
stehen im Vordergrund. Zugleich zeigt
die tägliche Erfahrung, daß diese Kategorien zur Bewältigung und sinnvol-
len Gestaltung des Einzel- und Gesell-
schaftslebens nicht ausreichen.
2. Bereits in bibl. Zeit spielten Almosen, Erbarmen und Barmherzigkeit in
der griech.-röm. Antike eine andere
Rolle als in Israel und im frühen Judentum. Im älteren griech. Sprachgebrauch meint *éleos* die anteilnehmen-
de, mitleidende Gemütsregung gegenüber unschuldig Leidenden oder Be-
nachteiligten. Obwohl es selbstverständlich auch bei Griechen und Römern Wohltätigkeit gab, ist das Wort
eleēmosýnē zur Bezeichnung einer
materiellen Gabe gegenüber Armen (=

Almosen) profangriech. erst im 3. Jh.
n.Chr. belegt: Diogenes Laertius überliefert, daß Aristoteles einem Tauge-
nichts ein Almosen gegeben und auf
einen dagegen erhobenen Vorwurf ge-
antwortet habe: „Mein Mitleid galt
nicht seinem Verhalten, sondern dem
Menschen" (5,17).
Im Unterschied zur griech.-röm. Antike kommt dem Wort- und Begriffsfeld
von *eleēmosýnē* in der griech. Bibel
Israels eine große Bedeutung zu. Das
rührt v.a. vom israelitischen Gottes-
und Menschenbild her. Schon die Gerechtigkeit und Treue Gottes gegenüber seinem Volk oder dem Frommen
galten als Erweis seiner erbarmenden
Zuwendung, seiner Wohltätigkeit gegenüber den Menschen (z.B. Jes 1,27).
Auch das Verhalten der Menschen untereinander konnte mit dem Wort Gerechtigkeit bezeichnet werden und
Wohltätigkeit meinen (z.B. Dan 4,24).
Die Grenzen zwischen dem allgemeineren Verständnis von Wohltätigkeit
und der spezielleren Bedeutung „Gabe
für die Armen" waren fließend. Dies
und die vielfältigen religiösen und sozialen Aspekte Israels und des Frühjudentums über Wohltätigkeit und Almosen kommen gut zum Ausdruck in
der Belehrung Tobits gegenüber seinem Sohn Tobias: „Denk alle Tage an

den Herrn, unseren Gott ... Handle gerecht ... Hilf aus Barmherzigkeit mit dem, was du hast ... Sei nicht kleinlich, wenn du Gutes tust. Wende deinen Blick niemals ab, wenn du einen Armen siehst, dann wird auch Gott nicht seinen Blick von dir abwenden ... So wirst du dir einen kostbaren Schatz für die Zeit der Not ansammeln. Denn Gutes tun, rettet vor dem Tod und bewahrt vor dem Weg in die Finsternis. Wer aus Barmherzigkeit hilft, der bringt dem Höchsten eine Gabe dar, die ihm gefällt" (Tob 4,5–11). Die wichtigsten hier aufscheinenden Aspekte sind: Hilfe gegenüber Armen und Wohltätigkeit gehören zum rechten Leben vor Gott und zur Solidarität unter den Menschen. Sie mindern nicht, sondern vermehren auch die eigene Lebensqualität. Sie tragen bei zu einem Schatz, der sich in Leben und Tod auszahlt. Sie gelten wie eine Opfergabe vor Gott und reinigen von Sündenschuld.

3. Im Rahmen derartiger atl-frühjüd. Vorstellungen sind auch zum Großteil die ntl Aussagen zu verstehen. Jesus legt Wert darauf, daß zur „Gerechtigkeit" seiner Jünger/innen die Ausübung der Barmherzigkeit auch in Form der Hilfeleistung gegenüber Bedürftigen gehört, womit durchaus die Hoffnung auf die eigene Lebensvollendung bei Gott, nicht aber Angeberei vor den Mitmenschen verbunden sein darf (Mt 6,1–4). Daß sich indes der Erweis von Barmherzigkeit nicht auf die Spende von Almosen beschränkt, sondern die Zuwendung zu Hilfsbedürftigen jedweder Art umfaßt, weil sich auch Gott eines jeden annimmt, geht insgesamt aus Jesu Verhalten und Botschaft hervor (Mt 5,7; 18,23–35).

Die möglicherweise von Jesus stammende, durch die Redenquelle Q überlieferte weisheitliche Aufforderung, sich nicht vergängliche Schätze anzuhäufen, sondern „Schätze im Himmel" zu sammeln (Mt 6,19–21), wurde von Lk auf den verantwortlichen Umgang mit materiellem Gut bezogen: „Verkauft euren Besitz und gebt ein Almosen!" (Lk 12,33f) Dieser Akzent durchzieht die Gemeindeunterweisungen des gesamten lk Doppelwerks. Außer in der lk Wiedergabe von Jesusworten (Lk 12,13–34; 16,1–31) zeigt er sich auch in der Kennzeichnung des mustergültigen Verhaltens der Jerusalemer Urgemeinde (Apg 4,32–37), der Jüngerin Tabitha (Apg 9,36), des Kornelios (Apg 10,2.4.31) und des Pls (Apg 20,35).

Von besonderer Wichtigkeit war im Urchristentum die pln Kollekte für die notleidende Gemeinde Jerusalems. Aufgrund der Vereinbarung des Apostelkonzils, „der Armen zu gedenken" (Gal 2,10), setzte sich Pls mit großem Eifer dafür ein, daß in den Gemeinden „Makedonias und Achaias" Geld gesammelt wurde (Röm 15,26; 2 Kor 8f). Er selbst brachte dieses „Almosen für [sein] Volk" nach Jerusalem (Apg 24,17; Röm 15,25–31). Welch große Bedeutung Pls in diesem Unternehmen sah, zeigt sich u.a. an den verschiedenen Bezeichnungen, mit denen er es benennt, und an den vielfältigen Zusammenhängen, denen er es zuordnet: Die Kollekte gilt als „Dienst" (Röm 15,25.31; 2 Kor 8,4), als Gnaden- und Liebeswerk (2 Kor 8,7f), als kultisch-liturgische „Danksagung gegenüber Gott" (2 Kor 9,12) und v.a. als „Gemeinschaftswerk" (Röm 15,26f). Die heidenchristl. Gemeinden bekunden darin ihre Solidarität mit der judenchristl. Muttergemeinde und bringen ihre Dankesschuld für das von dort her empfangene Ev zum Ausdruck.

4. Christl. Theologie und Frömmigkeit haben im Zusammenhang mit dem Liebesgebot auch das Almosengeben immer als eine verpflichtende Aufgabe gesehen. Außer der materiellen Sorge für Hilfsbedürftige allgemein entstanden seit dem Mittelalter auch besondere Formen der Unterstützung bestimmter Gruppen freiwillig arm Lebender, z.B. der Pilger und Bettelmönche. Bis ins 19. Jh. wurden Fürsorge und Hilfsbereitschaft v.a. durch christl. Einrichtungen gepflegt. Staatliche Sozialpolitik gab es noch nicht. In unserer Zeit wird Almosengeben außer in der persönlichen Hilfeleistung gegenüber Alten, Kranken, Behinderten, Arbeitslosen oder ausländischen Mitbürgern durch Hilfswerke wie „Caritas", „Diakonisches Werk", „Misereor", „Adveniat" und „Brot für die Welt" ausgeübt. Hilfsbereitschaft und Solidarität bleiben als Grundhaltungen christl. Existenz und als Grundvollzüge christl. Gemeinde unverzichtbar.

Lit.: K. Berger, Almosen für Israel, NTS 23 (1977) 180–204; J. Hainz, Koinonia (BU 16), 1982; R. Heiligenthal, Werke der Barmherzigkeit oder Almosen? Zur Bedeutung von *eleēmosýnē*, NT 25 (1983) 289–301; F.W. Horn, Glaube und Handeln in der Theologie des Lk (GTA 26), 1983.

Alfons Weiser

ÄLTESTER

→ Aufseher; Gemeinde; Hoher Rat; Lehre; Priester; Schrift

1. Das Wort Ältester *(presbýteros)* kann sich sowohl auf das Lebensalter als auch auf eine besonders geachtete, Autorität ausübende Stellung beziehen. Die letztere Bedeutung herrscht im bibl. Sprachgebrauch vor und dient im gesellschaftlich-politischen wie religiösen Bereich zur Bezeichnung von Leitungsaufgaben und -ämtern.

2. Im AT werden Älteste als Berater und Verwalter am Königshof (2 Sam 12,17) sowie als leitende Kollegien von Ortschaften (1 Sam 16,4), von Stämmen (Ri 11,5–11) und von ganz Israel (1 Sam 4,3) erwähnt. Im Frühjudentum hatte das Ältestenamt sowohl ideell als auch praktisch eine große Bedeutung. Seine ideelle Hochschätzung rührte daher, daß die Ältesten einst teilhatten an den grundlegenden Gottesoffenbarungen (Ex 3,16; 24,1 u.ö.), daß ihnen der auf Mose ruhende Geist gegeben worden war (Num 11,16–30) und daß in der Endzeit in Jerusalem die Herrlichkeit Jahwes vor ihnen aufstrahlen würde (Jes 24,23). Die Einzelmotive dieser Vorstellungen traten unterschiedlich akzentuiert hervor. So betonte z.B. Philo besonders die Bedeutung der Ältesten als Weise (migr. 201; gig. 24f); in Qumran gehörten die „Ältesten der Versammlung" (11 QTemp 42,13f) als nichtpriesterliche Mitglieder (1 QS 6,8f) und als Rechtsinstanz (CD 9,3f) zur endzeitlichen Idealverfassung Israels; im frührabb. MidrBam heißt es, daß die Weisen des Lehrhauses ihre Aufgaben für das Volk in dem Geist ausüben, den Mose einst den Ältesten mitgeteilt hat (§§ 92f).

Auf diesem ideellen Hintergrund ist auch die Bedeutung der Ältesten in den praktischen Einrichtungen des Frühjudentums zu sehen. Älteste gehörten als Laien aus wohlhabenden, angesehenen Familien neben Priestern und Schriftkundigen zum Jerusalemer Hohen Rat. Nach den syn Evv betrieben sie als führende Vertreter des Laienadels die Hinrichtung Jesu mit. Nach Apg 4–8 verboten sie das Christuszeugnis in Jerusalem und bestraften seine Verkündiger. Später waren sie auch im Prozeß gegen Pls beteiligt (Apg 24f).

Auch die Mitglieder der Leitungsgremien jüd. Ortsgemeinden bezeichnete man als Älteste (Lk 7,3). Ob schon in ntl Zeit mit dem Titel Ältester auch ein Synagogenamt bezeichnet wurde, ist umstritten. Die meisten Belege gehören der Diaspora an und stammen erst aus dem 3. Jh. n.Chr.

3. Urchristl. begegnet das Ältestenamt erstmals in der Gemeinde Jerusalems (Apg 11,30; 15; 21,18). Mit Sicherheit ist es aus atl-frühjüd. Voraussetzungen erwachsen. Aber die Näherbestimmung ist umstritten. Dagegen, daß bestehende konkrete Formen des Ältestenamtes unmittelbar übernommen wurden, spricht der Negativeindruck, den die ersten Christen vom Verhalten ihrer jüd. Instanzen hatten. Am stärksten impuls- und maßgebend scheinen die oben genannten ideellen Leitvorstellungen gewesen zu sein, nämlich daß Älteste von Mose her und geistbegabt rechtliche und religiöse Verantwortung für Israel tragen, daß sie als Weise die Überlieferung vermitteln und auslegen und daß sie eine besondere Bedeutung im Eschaton haben werden.

Als sich gegen Ende des 1. Jh. das Ältestenamt in christl. Gemeinden westkleinasiatischer Städte ausbreitete, traf es dort in ein günstiges Umfeld. Es gab dort bereits einheimische Ältestengremien zur Leitung privater und öffentlicher Institutionen (z.B. die Gerusie von Ephesus). Gegen Ende des 1. Jh. gibt es in der christl. Gemeinde von Ephesus (Apg 20,17) sowie in den Gemeinden des Jak, des 1 Petr, der Past Älteste. Jak 5,14 hebt die Hilfe der Ältesten gegenüber Kranken durch Gebet und Salbung hervor. Der Verfasser von 1 Petr wirbt um selbstlos-hingebungsvollen Dienst und warnt die Mit-Ältesten vor Herrschsucht und Gewinnstreben (5,1–5). Vorbildlichkeit wird auch in Apg 20,17–35; 1 Tim 5,17; Tit 1,5.7 angemahnt. Als Hauptaufgaben der Ältesten werden in 1 Tim 5,17 Leiten und Lehren genannt. Das unmittelbare Nebeneinander von Anweisungen für Älteste und Episkopen (Aufseher) an diesen letzten Stellen ist wahrscheinlich ein Anzeichen für die gegen Ende des 1. Jh. sich vollziehende Verschmelzung zweier verschiedener Leitungsformen, nämlich der jüd. Presbyteral- und der paganen Episkopalverfassung. Wenn Apg 14,23 berichtet, bereits Pls habe in seinem Missionsgebiet Älteste zur Gemeindeleitung eingesetzt, so überträgt Lk Verhältnisse seiner Gemeinden aus dem Ende des 1. Jh. an den Anfang der pln Wirksamkeit. Pls selbst erwähnt nur Episkopen und Diakone, nicht aber Presbyter. In ähnlicher Weise setzt der Verfasser der Past voraus, der Paulusschüler und Gemeindeleiter Timotheos sei durch „Auflegung der Hände der Ältestenschaft" mit seinem Amt betraut worden (1 Tim 4,14).

Aus Gemeinden in Kleinasien stammen auch die Presbyter-Aussagen in 2/3 Joh und Offb. Die Absenderangabe „der Älteste" kennzeichnet den Verfasser von 2/3 Joh als wichtigen Traditionsträger und Garanten der Überlieferung. Papias von Hierapolis und Irenäus erwähnen später ebenfalls derartige Älteste (Eusebius, hist. eccl. III 39,4; Irenäus, haer. II 22,5 u.ö.). Im Unterschied zu den oben genannten Ältesten ist hier von einer Zugehörigkeit zu einem Kollegium in einer Gemeinde nicht die Rede. Wiederum ein anderer Akzent ist in Offb 4,4–19,4 gesetzt. Hier üben die Ältesten nicht einen irdischen Dienst aus, sondern huldigen vor dem Thron Gottes. Die eschatologische Dimension des Ältestenamtes (Jes 24,23) tritt deutlich hervor.
4. Etymologisch ist aus der griech. Bezeichnung eines urchristl. Leitungsamtes das deutsche Wort „Priester" hervorgegangen. Umfassende kirchliche und theologische Entwicklungen sowie z.T. außerchristl. Einflüsse haben aber dazu geführt, daß seine inhaltliche Bedeutung weit über das hinausgeht, was mit dem Dienstamt der urchristl. Presbyter gemeint war.

Lit.: J. Buchholz, Die Ältesten Israels im Deuteronomium (GTA 36), 1988; M. Karrer, Das urchristl. Ältestenamt, NT 32 (1990) 152–188; F. Prast, Presbyter und Ev in nachapostolischer Zeit, 1979; U. Rütersworden, Von der politischen Gemeinschaft zur Gemeinde (BBB 65), 1987.

Alfons Weiser

ANGST, Furcht

→ Erlösung; Gnade; Heil; Schuld; Sünde

1. Der in der modernen Philosophie (S. Kierkegaard), Anthropologie (J.-P. Sartre, M. Heidegger, K. Jaspers), Psychologie (E. Drewermann) und Theologie (H.U.v. Balthasar) aufgearbeitete Begriff der Angst spiegelt eine facettenreiche anthropologische Grundbefindlichkeit, deren bibl. Wurzeln aus einer Fülle atl und ntl Analogien nur mühsam herausgefiltert werden können (vgl. *agōnía, phóbos* usw.). Kategorien wie Weltangst und Gottesfurcht stecken einen allgemeinen, aber noch unzureichenden Rahmen ab. Der grundlegende theologische Kontext ist in der Bibel des AT und NT die Erfahrung von Schuld und Sünde und die Sehnsucht nach Befreiung und Erlösung.
2. Eine religionsgeschichtliche Beobachtung mit tiefenpsychologischen Implikationen erklärt den Übergang von der Geborgenheit in der mythischen Naturreligion Kanaans zum aufgeklärten Jahweglauben in der Zeit der Landnahme als Angstauslöser. Die Geschichte Israels spiegelt insgesamt tiefgreifende anthropologische Unheilsphänomene, unter denen Angst eine beklemmende Macht darstellt.
Nach Gen 3,8–20 ist Ungehorsam gegen das Gebot Gottes der entscheidende Angstauslöser. Neuere und alternative Erklärungen argumentieren mit einer die ursprüngliche Vertrauensgemeinschaft mit Gott zerstörenden Ur-Angst als Ausdruck der Ur-Sünde. Über das Verhältnis von Ursache und Folge müßte hier aber genauer nachgedacht werden. Das gebrochene Ver-

trauen treibt den Menschen (Adam) in die Hybris der Gottesferne. Die Angst steht nicht am Anfang, sondern am Ende und führt zur Katastrophe des Heilsverlustes.

In der weisheitlichen Literatur zeichnet sich eine vernunftorientierte Weiterentwicklung und Aufarbeitung des Angstproblems ab. Weish 17 deutet die Angst der Frevler als Strafe für die Knechtung des Gottesvolks und argumentiert rationalistisch mit dem Herausfallen aus der ewigen Vorsehung und der Preisgabe an Zauberkunst, Gaukelei und aufgeblasenes Scheinwissen.

Die prophetische Verkündigung greift den aus der Erinnerung an den Exodus und die Landnahme stammenden Gedanken des Gottesschreckens auf und wendet ihn gerichtsbezogen auf den Tag Jahwes als „Tag des Zorns", „Schreckensstunde". Die apokalyptische Literatur hat das Thema vorbereitet und innerbibl. weiterentwickelt.

3. Im NT wird die lähmende Angst des auf sich selbst zurückgeworfenen Menschen im Christusgeschehen (Todesangst Jesu) und im Vertrauen auf die Geborgenheit in Gott (vgl. Lk 23,46) aufgefangen.

Im Verständnis des Pls erweist sich die Angst in einer Reihe von Mißerfolgen (2 Kor 6,4) als Auslöser der Gnade (12,9), sofern sie als Teilnahme am Leiden Christi angenommen wird (Röm 8,17). Im Heils- und Erlösungswirken Christi ist die dämonische Welt- und Lebensangst entmachtet und auf ein erneuertes Vertrauen umgepolt. Der Glaubende ist trotz der Bedrängnisse von der lebensbedrohenden Angst befreit.

4. Die Aufarbeitung von Angst hat sich in der modernen Tiefenpsychologie aus dem religiösen Kontext gelöst und zu anthropologischen Verengungen geführt. Die Theorie von S. Freud sieht Zusammenhänge von Sexualität, Geburtstrauma und Verdrängung. Die Verhaltenstherapie erkennt Ursachen der Angst in physiologisch meßbaren Störungen und setzt auf kognitive Bewältigung. Die Psychotherapie insgesamt bemüht sich nicht so sehr um Befreiung durch Aufhebung, sondern um Angstdeutung. Die Einsicht in die Grenzen philosophischer Möglichkeiten öffnet den Blick für Hilfen aus dem gelebten Glauben.

Lit.: H.U. v. Balthasar, Der Christ und die Angst (ChHe 2/2), [6]1989; E. Drewermann, Strukturen des Bösen (PaThSt 4–6), I [10]1995, II [7]1995, III [7]1992; D. Fröhlich, Angst, 1982; S. Kierkegaard, Der Begriff Angst, 1981; H.W. Krohne, Theorien zur Angst, [2]1981; F. Riemann, Grundformen der Angst, [14]1979; M. Schlagheck (Hg.), Theologie und Psychologie im Dialog über die Angst, 1997.

Josef Ernst

ANKUNFT, Parusie

→ Auferstehung; Ende; Tag; Wachsamkeit

1. In der Alltagssprache bedeutet Ankunft *(parousía)* plötzliche Anwesenheit, Erscheinen oder Auftreten, Besuch. So findet sich der Begriff mehrmals bei Pls, aber auch in anderen ntl Schriften. Parusie ist bei Pls, im Jak und im MtEv aber auch die besondere Bezeichnung für die eschatologische Wiederkunft Jesu am Ende der Zeiten. In diesem Zusammenhang spricht Pls von der Parusie des Herrn, unseres Herrn Jesus Christus (1 Thess 5,23), oder Christi (1 Kor 15,23); entsprechend auch Jak (5,8) und 2 Petr (1,16; 3,4.12). Dagegen redet Mt von der Parusie des Menschensohns (24,27.37. 39). Die übrigen ntl Autoren kennen den Begriff in diesem Zusammenhang entweder nicht oder vermeiden ihn. Im Hinblick auf die Geburt Jesu wird er im NT überhaupt nicht gebraucht.

2. Seit den Ptolemäern ist Parusie die offizielle Bezeichnung für den Besuch des Königs in einer Provinz oder Stadt, im Römischen Reich für den Besuch des Kaisers. Ein solches Ereignis wurde durch Straßenbauten, Ehrenbogen, Festzüge und große Feiern vorbereitet. Münzen wurden geprägt und Denkmäler errichtet. Anläßlich seines Besuchs verlieh der Herrscher aber auch Privilegien und übernahm die Finanzierung öffentlicher Bauten. Sein Besuch war auch eine Gelegenheit, Sorgen und Nöte zu Gehör zu bringen und Bittschriften vorzulegen. Oft brachte der Herrscherbesuch trotz großer finanzieller Belastungen einen epochalen Aufschwung. Dementsprechend begann manchmal sogar eine neue Zeitrechnung.

3. Mt spricht von der Parusie im Zusammenhang der sog. syn Apokalypse, die er in kürzerer Form schon bei Mk vorgefunden hat. Die Jünger fragen Jesus auf dem Ölberg, welches Zeichen die Ankunft Jesu und das Ende der Welt ankündigen wird (Mt 24,3), und Jesus gibt in seiner Rede zwei direkte Antworten: „Wie der Blitz ausgeht von Osten und scheint bis Westen, so wird sein die Ankunft des Sohnes des Menschen" (24,27), „Denn wie die Tage des Noe, so wird sein die Ankunft des Sohnes des Menschen" (24,37), und das wird dahingehend erläutert, daß „sie (es) nicht erkannten, bis die Sintflut kam und wegtrug alle; so wird sein [auch] die Ankunft des Sohnes des Menschen" (24,39).

Hauptzeuge für den ntl Sprachgebrauch ist Pls. Er freut sich über den Besuch der Korinther bei ihm in Ephesus (1 Kor 16,17). Pls weiß, daß seine Briefe mehr Eindruck machen als sein Auftreten (2 Kor 10,10). Die Ankunft des Titus bei den Korinthern soll beide Seiten trösten und ermutigen (2 Kor 7,6f). Den Philippern kündigt er seinen nochmaligen Besuch an, der ihnen zum Ruhm in Christus gereichen wird (Phil 1,26). Ein weiteres Mal lobt er ihren Gehorsam während seiner Anwesenheit (2,12). Aus dieser allgemeinen Verwendung wird auch deutlich, was Pls mit Parusie im Sinn der endzeitlichen Wiederkunft Jesu meint. In einem ersten Schreiben bezeichnet er die Thessalonicher als seine „Hoffnung, seine Freude und seinen Ruhmeskranz vor unserem Herrn Jesus bei seiner Ankunft" (1 Thess 2,19) und wünscht ihnen, daß sie „ohne Tadel und geheiligt" sein mögen „vor Gott unserem Vater bei der Ankunft unseres Herrn Jesus mit all seinen Heiligen" (1 Thess 3,13). Die Thessalonicher erbaten dazu genauere Informationen. In einem zweiten Schreiben geht Pls daher auf das Thema der Ankunft des Herrn (1 Thess 4,15–17) ausführlich ein: „Denn dies sagen wir euch mit einem Wort des Herrn, daß wir, die Lebenden, die Übriggebliebenen zur Ankunft [= Parusie] des Herrn, nicht zuvorkommen werden den Entschlafenen; denn der Herr selbst wird mit einem Befehlsruf, mit (der) Stimme eines Erzengels und mit (der) Trompete Gottes, herabsteigen vom Himmel". Pls schließt dieses zweite Schreiben ganz ähnlich wie das erste mit dem Segenswunsch, „der Gott des Friedens selbst heilige euch ganz, und euer Geist, euere Seele und euer Leib mögen ohne Tadel bewahrt werden bei der Ankunft unseres Herrn Jesus Christus". Im 1 Kor 15,23 spricht Pls von einer bestimmten Reihenfolge bei der Auferweckung der Toten: „Als Erstling Christos, danach die des Christos bei seiner Ankunft."

Der nachpln 2 Thess, der die Naherwartung des Pls abschwächen und die ursprünglichen Paulusaussagen ersetzen will, greift das Thema der Parusie auf (2,1f), um verschiedene Bedingungen zu nennen, die zuerst erfüllt sein müssen, bevor der „Tag des Herrn" kommt: „Nicht täusche euch einer auf irgendeine Weise! Denn wenn nicht kommt der Abfall zuerst, und offenbart wird der Mensch der Gesetzlosigkeit, der Sohn des Verderbens, der sich Widersetzende und sich Überhebende gegen alles, genannt Gott oder Heiligtum, so daß er selbst in den Tempel Gottes sich setzt, sich selbst darstellend, daß er Gott ist" (2,3f). Ihn wird „der Herr [Jesus] wegnehmen mit dem Hauch seines Mundes und beseitigen durch die Erscheinung seiner Ankunft" (2,8).

Wie Pls erwartet auch der Verfasser des Jak die Parusie in Bälde: „Darum Brüder, haltet geduldig aus bis zur Ankunft des Herrn! Auch der Bauer wartet auf die kostbare Frucht der Erde, er wartet geduldig, bis im Herbst und im Frühjahr der Regen fällt. Ebenso geduldig sollt auch ihr sein. Macht euer Herz stark, denn die Ankunft des Herrn steht nahe bevor." (Jak 5,7f) Ähnlich mahnt 1 Joh 2,28, damit seine Leser „nicht beschämt werden von ihm bei seiner Ankunft".

Der Verfasser von 2 Petr, der auf den Tod des Petrus zurückblickt, muß die Gültigkeit der Parusieerwartung bereits verteidigen: „Denn nicht ausgeklügelten Mythen folgend taten wir euch kund die Kraft und Ankunft unseres Herrn Jesus Christos ..." (1,16). Er läßt Petrus die Spötter über die ausgebliebene Parusie schon voraussehen (3,3f). Die Verzögerung erklärt er damit, daß vor Gott „ein Tag ist wie tausend Jahre" und Gott großmütig ist in seiner Geduld, „nicht wollend, daß einige zugrunde gehen, sondern daß alle zur Umkehr gelangen" (3,8f).

4. Die Parusieerwartung entspricht der apokalyptischen Stimmung des Judentums im ersten Jh. Von ihr zeugt auch das letzte Buch im NT, die Offb. Ob aber Jesus selbst mit einem nahen Ende gerechnet und seine Wiederkunft angekündigt hat, ist zweifelhaft. Die ältesten Schichten der Jesusüberlieferung in Q und im JohEv wissen davon nichts. In nachntl Zeit spricht man von der Ankunft Jesu auch im Zusammenhang seiner Geburt. Aus der lat. Übersetzung *adventus domini* gelangt der Begriff in die deutsche Sprache. Mit der Adventszeit beginnt am vierten Sonntag vor Weihnachten das liturgische Kirchenjahr.

Lit.: E. Grässer, Das Problem der Parusieverzögerung in den syn Evv und in der Apg (BZNW 22), [3]1977; W. Radl, Ankunft des Herrn (BET 15), 1981; W. Thüsing, Erhöhungsvorstellungen und Parusieerwartung in der ältesten nachösterlichen Christologie (SBS 42), 1969.

Peter Hofrichter

ANTICHRIST

1. Antichrist *(antíchristos)* bezeichnet den oder die eschatologischen Gegner Gottes bzw. seines Gesandten.

2. Der Ursprung der Antichrist-Vorstellung läßt sich nicht deutlich ausmachen. Der postulierte Drachenmythos läßt sich kaum bestätigen (vgl. aber germanische Göttersagen). Die Wurzeln der Antichrist-Vorstellung sind als äußerst heterogen anzusehen; Motive aus kosmologischen Mythen und geschichtlichen Erfahrungen sind in eigenartiger Weise synthetisiert. Als wesentliche atl Elemente sind zu nennen: der sogenannte „gottfeindliche Herrscher" und der sogenannte „Völkersturm" als politische Motive sowie Ableitungen aus dem entstehenden Satansglauben als religionsgeschichtliche Motive. Als ältester Belegtext für die Antichrist-Vorstellung ist Ez 38f anzusehen. Deutlich entwickelt ist die Gestalt des Antichrist in Dan (vgl. 4. Tier in Kap. 7) und den Jes-Apokalypsen.

3. Antichrist kommt im NT nur in 1 Joh 2,18.22; 4,3; 2 Joh 7 vor; in ähnlicher Weise deuten die Begriffe „Lügenchristus" (Mk 13,22; Mt 24,24) und „Lügenprophet" (Mk 13,22; Mt 24,11.24; 1 Joh 4,11; Offb 16,13; 19,20; 20,10) auf Gegner Jesu hin. Die Vorstellung vom Antichrist selbst begegnet darüberhinaus noch in 2 Thess 2 und Offb 13.

In 2 Thess 2,4–11 ist der Gegenspieler eine einzelne Person, die die typischen Eigenschaften des Antichrist trägt und der Gemeinde, die von der Liebe zur Wahrheit abgeirrt ist, Schaden zufügen will (er erhebt sich gegen Gott oder sein Heiligtum, er ist gesetzwidrig und hat die Kraft des Satans, er tritt mit großer Macht und trügerischen Zeichen und Wundern auf, er betrügt und verführt zu Ungerechtigkeit). Christus wird diesen Gegenspieler mit einem Hauch seines Mundes töten und durch seine Ankunft und Erscheinung vernichten.

In der Offb wird als wesentlichstes zeitgeschichtliches Motiv aus der paganen Umwelt des frühen Christentums die sog. „Nerosage" verarbeitet: Die Vorstellung eines Nero redivivus kommt in dieser Zeit auf (Nero sei gar nicht tot, sondern zu den Parthern geflohen, um zusammen mit ihnen seinen Thron zurückzuerobern bzw. wird die Rückkehr des toten Nero aus der Unterwelt erwartet). Deutliche Anklänge an dieses Material finden sich in der Beschreibung des Antichrist in Offb 13 und 17. Auch das Zahlenrätsel Offb 13,18 kann auf Nero hindeuten. Der regierende Kaiser (vermutlich Domitian), der für sich göttliche Verehrung beansprucht, wird (besonders im Christentum) als Reinkarnation des Nero gedeutet und so zum Antichrist. Daran zeigt sich, daß und wie das frühe Christentum auf politische Ereignisse reagiert hat. Deutlich werden hier auch die Probleme reflektiert, die für das Christentum durch die Propagierung des Kaiserkults besonders in religiöser (vgl. hierzu 2 Thess 2), aber auch in ökonomischer und sozialer Hinsicht (vgl. v.a. Offb 13,16f) entstehen.

In Offb 12,18; 13,1 ist die „Geburt" des Antichrist offensichtlich als Abbild des Teufels(-drachen) vorgestellt. Anscheinend bindet hier die Antichrist-Vorstellung ein Attribut der pln Christologie an sich (Christus als Bild

Gottes; z.B. 2 Kor 4,4; vgl. Kol 1,15), um durch die Parallelen den Antichrist stärker als Gegenbild des Christus darstellen zu können.

Eine weitere Entwicklungsstufe der Antichrist-Vorstellung weisen die JohBr auf. In der Übertragung des Begriffs Antichrist auf Häretiker zeigt sich, daß das Wort als *terminus technicus* so allgemeinverständlich geworden ist, daß eine übertragene Anwendung möglich wird. Die Assoziationen zu den Begriffen Lügenchristus und Lügenprophet legen diese Deutung im Kontext der frühchristl. Häresie nahe. Häresie erhält auf diese Weise eine eschatologische Relevanz.

4. Die Antichrist-Vorstellung hat insbesondere im Mittelalter und im Kontext endzeitlicher Geschichtsvorstellungen eine reichhaltige Wirkungsgeschichte erfahren.

Lit.: W. Bousset, Der Antichrist in der Überlieferung des Judentums, des NT und der alten Kirche, Hildesheim 1983 = Göttingen 1895; J. Ernst, Die eschatologischen Gegenspieler in den Schriften des NT, 1967; S. Heid, Chiliasmus und Antichrist-Mythos, 1993; F. Mußner, Was lehrt Jesus über das Ende der Welt?, 1987.

Bernd Holze, Beate Kowalski

APOSTEL, Gesandter, Sendung

→ Berufung; Botschaft; Gemeinde;
    Priester; Zwölf

1. Die Bezeichnung Apostel kommt im NT ungefähr 80mal vor und zwar überwiegend im pln und lk Schrifttum. Mit dem Titel Apostel werden Menschen bezeichnet, die zur Verkündigung des Ev berufen und gesandt sind. Nur ein einziges Mal wird auch Jesus Apostel genannt (s.u. 3).

2. Die Herkunft des ntl Sprachgebrauchs und Bedeutungsgehalts ist bis heute nicht völlig geklärt. Die Hauptschwierigkeit besteht darin, daß in der Umwelt des NT mit dem griech. Wort *apóstolos* meist „Schiffsexpeditionen", „Frachtbriefe" usw. bezeichnet werden und nur in seltenen Fällen menschliche Boten. Das Wort Apostel stammt zwar aus dem Griech., aber der urchristl. Bedeutungsgehalt hat seine Wurzeln im vorderorientalisch-semitischen Botenrecht und in der Sendung der Boten durch Jesus. Im semitischen Rechtsgrundsatz: „Der Gesandte eines Menschen ist wie dieser selbst" (mBer V,5) kommt zum Ausdruck, daß der Bevollmächtigte rechtlich und persönlich als der Repräsentant seines Auftraggebers gilt. Er ist durch die ihm erteilte Sendung berechtigt und verpflichtet, dessen Interessen zu vertreten. Im Wort Jesu nach Joh 13,16 ist dieser Grundsatz noch gut zu erkennen: „Nicht ist ... ein Gesandter größer als der ihn Schickende." Auch Abgesandte einer Gemeinde, die einen bestimmten Auftrag erfüllen sollen, werden in diesem Sinn als Apostel bezeichnet (2 Kor 8,23; Phil 2,25).

3. Auf derartigem Hintergrund kam es durch die Erfahrungen, die Menschen mit dem irdischen und auferstandenen Jesus gemacht hatten, zum urchristl. Apostel-Titel und seiner inhaltlichen Bedeutung. Im einzelnen zeigen sich im NT folgende Akzente des Apostel-Verständnisses:

Pls legt Wert darauf, als Apostel zu gelten (Gal 1f), weil ihm der auferstandene Jesus Christus erschienen ist

(1 Kor 9,1; 15,8) und ihn zur Verkündigung des Ev gesandt hat (1 Kor 15,11; Gal 1,16). Das Apostelamt des Pls gründet im Erscheinen des Auferstandenen und in der Sendung durch ihn. Inhalt der apostolischen Verkündigung des Pls ist Jesus Christus, d.h., die Botschaft vom Tod und von der Auferweckung Jesu zum Heil der Menschen (1 Kor 15,1–11; Gal 1,16).

Pls nennt Männer und Frauen, die vor ihm und neben ihm Apostel waren. Zu ihnen gehören zunächst Kephas, Jakobus, Johannes und weitere namentlich nicht Genannte aus dem Zwölferkreis Jesu (Gal 1,17–19; 1 Kor 15,7–11). Ihre Bezeichnung als Apostel wurzelt in der Urgemeinde Jerusalems, und Pls nahm den Sprachgebrauch von dort auf.

Sodann werden auch jene als Apostel bezeichnet, denen eine besondere Geistbegabung zuteil wurde und die von einer Gemeinde zur Verkündigung des Ev ausgesandt wurden. Dieser Apostelbegriff ist sowohl bei Pls als auch bei Lk belegt: Nach 1 Kor 12,28 gehören zur Gemeinde in Korinth geistbegabte Apostel. Nach Apg 13,1–4; 14,14 gelten die zu den Propheten und Lehrern der antiochenischen Gemeinde gerechneten und von ihr ausgesandten Glaubensboten Pls und Barnabas als Apostel. In gleicher Weise werden auch Andronikos und eine (seine?) Frau Junia als Apostel bezeichnet (Röm 16,7).

Bei Lk begegnet ein besonders ausgeprägter und theologisch reflektierter Apostelbegriff. Apostolat meint nach ihm nicht in erster Linie Sendung durch den Auferstandenen, sondern v.a. Berufung und Sendung der „Zwölf" durch den irdischen Jesus und sodann erneut durch den auferstandenen Christus. Während Mk nur von der Berufung der „Zwölf" spricht (Mk 3,13–19), ergänzt Lk, daß Jesus selbst sie bereits „Apostel nannte" (Lk 6,13). Für Lk gelten die „Zwölf" – und nur sie – als Apostel. Er legt Wert auf diese Identifizierung, weil er mit ihrer Hilfe deutlich zu machen versucht, daß die Worte und Taten Jesu von ihnen wahrgenommen und zuverlässig der Urkirche vermittelt worden seien. Die „Zwölf" als Apostel gelten ihm als wichtige Bürgen der Kontinuität und Legitimität urkirchlicher Verkündigung. Deshalb formuliert er als einziger ntl Schriftsteller die sog. „*magna charta* des Zwölferapostolats" (vgl. Apg 1,21f). Weil nach Lk zum Apostel die Lebensgemeinschaft auch mit dem irdischen Jesus gehört, bezeichnet er Pls nicht als Apostel, obwohl dieser selbst sein Apostelamt so sehr betonte.

Jesus Christus wird nur in Hebr 3,1 „Apostel und Hochpriester" genannt. Aus dem Kontext des Schreibens geht hervor, daß hier mit Apostel Jesus, der in die Welt gesandte Sohn Gottes, in seinem irdischen Wirken als Wortverkündiger gemeint ist (Hebr 1,1–2,4), während der Titel Hochpriester v.a. sein heilsmittlerisches Sterben (Hebr 2,5–18) und seinen kultischen Mittlerdienst im Himmel (Hebr 4,14–10,23) kennzeichnet.

Daß Jesus das fleischgewordene Wort, der in die Welt gesandte Sohn, Offenbarer und Erlöser ist, kommt besonders deutlich im Corpus Johanneum zum Ausdruck (Joh 3,17 u.ö.). Obwohl das joh Schrifttum stark von der Sendungschristologie geprägt ist, fehlt in ihm jedoch das Substantiv Apostel.

4. Läßt auch das NT keinen einheitlichen Apostelbegriff erkennen, so zeigt es doch insgesamt eine Hochschätzung der Apostel und des Apostelamtes. Dementsprechend heißt es in Eph 2,20: Die Kirche ist „auferbaut auf dem Fundament der Apostel und Propheten". Es gilt, an ihrer Botschaft „festzuhalten" (Apg 2,42), aus ihr zu leben und sie für je neue Verhältnisse auszulegen; denn aus ihr erwächst Kirche.

Lit.: F. Hahn, Der Apostolat im Urchristentum, KuD 20 (1974) 54–77; G. Klein, Die zwölf Apostel, 1961; R. Schnackenburg, Apostel vor und neben Pls, in: ders., Schriften zum NT, 1971, 338–358; G. Schneider, Die zwölf Apostel als Zeugen, in: P.W. Scheele/ G. Schneider (Hg.), Christuszeugnis der Kirche, 1970, 39–65.

Alfons Weiser

ÄRGERNIS, Anstoß

→ Glaube; Sünde; Verführung

1. Die Übersetzung des griech. *skándalon* mit Ärgernis, die auf Luther zurückgeht, trifft nicht ganz das Gemeinte. Denn Ärgernis hat einen Unterton psychischer Erregtheit und läßt an die Verletzung religiöser oder sittlicher Gefühle denken. Für das NT bleibt die im Hebr. geltende Grundbedeutung „Stellholz einer Falle" bzw. „Hindernis" maßgebend. Im übertragenen Sinn ist es ein Hindernis für das Heil, so daß es – wie im NT immer – die Bedeutung „Anstoß zum Unglauben", „Ursache für den Heilsverlust", „Verführung" annimmt. Das Verb *skandalízomai* bezeichnet den Anstoß, der zum Heilsverlust führt, und bedeutet entsprechend „den Glauben verweigern" bzw. „vom Glauben abfallen".

2. Wörtlich versteht Lev 19,14 das *skándalon* als ein Hindernis, das einem Blinden in den Weg gelegt wird. Übertragener Sinn von *skándalon* liegt bereits vor, wenn Josua das Volk davor warnt, sich von seinem Gott abzuwenden, weil ihnen sonst die Nachbarvölker zur Falle werden (Jos 23,13). Als „Anstoß zum Unheil" ist *skándalon* in der Rede des Ammoniters Achior (Jdt 5,20) zu verstehen. Ähnlich heißt es in Ps 106,36, daß den Israeliten der Götzendienst zur Falle wurde. Auch die Qumranschriften kennen diesen übertragenen Sinn, wonach der Anstoß zur Sünde von Gott wegführt (1 QS 2,12.17).

3. Jesus droht denen, die das Heil der Kleinen, der Glaubenden (Mk 9,42 parr) bzw. der Schwachen in der Gemeinde (Mt 18,6), gefährden, mit dem Gericht. Der Christ ist verpflichtet, alles zu tun, um seine Mitchristen (Mk 9,42 par), aber auch sich selbst vor dem Glaubensabfall (Mk 9,43–47) zu bewahren. In Mt 18,8f sind Hand, Fuß und Auge, die „Anstoß zum Heilsverlust" *(skándalon)* sind, mit Mitgliedern der Gemeinde zu identifizieren, die zu deren Schutz zu exkommunizieren sind (vgl. 18,15–18). Personifiziert erscheinen die Ärgernisse auch als die „das Ungesetzliche Tuenden" (13,41). Petrus ist für Jesus ein personifiziertes Ärgernis (Mt 16,23), da er ihn wie der Satan (4,10) daran hindern will, den vom Vater bestimmten Leidensweg zum Heil der Menschen zu gehen (16,22). Wer an Jesus keinen Anstoß nimmt, sondern an ihn glaubt, wird seliggepriesen (Mt 11,6 par). Die

Wurzellosen und Unbeständigen nehmen aufgrund von Drangsalen und Verfolgungen um Jesu willen an ihm Anstoß (Mk 4,17 parr). Jesu Voraussage, daß seine Jünger an ihm Anstoß nehmen (Mt 26,31), erfüllt sich in der Passionsgeschichte; ihr Unglaube wird aber durch den Auferstandenen überwunden.

Die joh Brotrede (6,51c–58) führt viele Jünger dazu, an Jesus Anstoß zu nehmen (6,61), indem sie nicht an ihn glauben (6,64f). Der Anstoß wird überwunden durch den Geist, der den Jüngern gegeben ist (6,63). Judenchristen (16,2–4a) werden durch den Geist der Wahrheit (15,26f) davor bewahrt, vom Glauben abzufallen (16,1).

Nach Pls wird die Verkündigung des gekreuzigten Messias dem Juden zum Ärgernis und dem Heiden zur Torheit (1 Kor 1,17.23). Ärgernis und Torheit bedeuten das eschatologische Verderben. Röm 9,33 (Jes 28,16; 8,14) zufolge verursacht Gott selbst, daß Israel an Christus scheitert: Christus wird für Israel zum „Stolperstein" und zum „Fels des Anstoßes". Nach Röm 11,9 (Ps 68,23 LXX) wird den Juden der Kult zum Anstoß. Der Christ ist zwar in bezug auf den Genuß von Götzenopferfleisch frei, muß aber darauf verzichten, wenn er dem schwachen Gewissen des Bruders zum Ärgernis wird (1 Kor 8,9; Röm 14,13). Röm 16,17 spricht von Ärgernissen, die die Gemeindemitglieder durch Irrlehren zum Glaubensabfall bringen und die Einheit der Gemeinde und deren Bestand gefährden.

1 Petr 2,8 droht mit demselben atl Mischzitat wie Röm 9,33 den Ungläubigen mit dem Ziel, die Gläubigen in ihrer Entscheidung für Christus zu stärken.

4. Die schon aus dem AT und aus der Qumrangemeinde bekannte übertragene Bedeutung des Worts *skándalon* als Unglaube, der das Heil gefährdet, liegt somit in allen Belegen des NT vor. Das bestätigt zugleich, daß die Übersetzung mit Ärgernis unzureichend ist.

Lit.: H. Giesen, Christl. Handeln (EHS.T 181), 1982; ders., Zum Problem der Exkommunikation nach dem MtEv, in: ders., Glaube und Handeln, Bd. 1 (EHS.T 205), 1983, 17–83; K. Müller, Anstoß und Gericht, 1969.

Heinz Giesen

ARMUT, Arme

→ Almosen; Besitz; Geld; Kollekte

1. Viele Gesellschaftsformen, v.a. die in den letzten acht bis zehn Jahrtausenden der langen Menschheitsgeschichte sich herausbildenden staatlichen Organisationsmodelle, sind geprägt durch ein (oft auch unausgesprochenes) Leistungsdogma, welches den Wert und Sinn des Lebens von materieller, sittlicher oder religiöser Leistung abhängig erscheinen läßt.

Von der Ursprungserfahrung her, der Befreiung der Mose-Gruppe aus dem übermächtigen Ägypten, formuliert die bibl. Tradition die scharfe Alternative: „Gott ist gnädig!" Der Gott der Bibel ist dem Menschen umsonst, gratis *(gratia* = aus Gnade*)* zugeneigt; die Erfahrung der un-bedingten Annahme durch Gott bildet geradezu das „spirituelle Grundwasser" bibl. Glaubens.

In der Sicht der Armut begegnen wir somit einem wesentlichen Aspekt der bibl. Vision von der Freiheit und Gleichheit aller Menschen, damit auch der Vision von der Überwindung der Spaltung vieler Gesellschaften in oben/unten, reich/arm.

2. Gegenüber der vorstaatlichen Epoche – man wurde in einer Stammesgesellschaft gemeinsam satt oder hungerte gemeinsam – kam es mit der Einführung des Königtums, des damit verbundenen territorialen Denkens und der Integration der kanaanäischen Stadtkultur zu radikalen Umwälzungen: Handel und Gewerbe, Geldwirtschaft, Immobiliengeschäfte, Beamtenschaft, Militär, Zentralismus, Steuerdruck prägten die Gesellschaft, Kleinbauern wurden zu Pächtern oder Tagelöhnern.

Auf der anderen Seite der bis in die nachexilische Zeit sich verschärfenden „sozialen Schere" standen wenige Großgrundbesitzer und die handel- bzw. gewerbetreibende oder verbeamtete Oberschicht dem sich bildenden Proletariat gegenüber.

Während in der Weisheitsliteratur Armut teilweise einfach „realistisch" hingenommen wird und so den *status quo* stabilisiert (Spr 6,6–11; 10,4; 13,18.25), bezeichnen viele Psalmen Verfolgte, Hilflose, Unterdrückte und Schwache als Arme (40,18; 86,1; 140,13), deren Anwalt Jahwe allein ist (9,13; 14,5–7; 35,10).

Sehr klar werden in der Prophetie Israels die gesellschaftlichen Wurzeln der Armut herausgestellt: Luxus, Verschwendung, Habsucht, Ausbeutung der Armen; Rechtsverdrehungen werden gegen die herrschende Oberschicht eingeklagt (Hos 8,14; Am 2,6–17; Mi 2,1–3); dabei wird Reichtum nicht grundsätzlich abgewertet; Jahwe will

Wohlstand, er will ihn jedoch für alle (Mi 4,4). Diesem Anliegen wollen auch viele gesetzliche Vorschriften zur Aufrechterhaltung der Solidarität dienen (Ex 22,20–26; Lev 25). Was vom König als dem Sachwalter Gottes (meist vergeblich) erwartet wurde, wird zum Hoffnungsgut der messianischen Zeit (Ps 72; Jes 11,1–5; 61,1). Der im Begriff der Armut enthaltene Rechtsanspruch der Armen wird als Ausdruck religiöser Haltung in Qumran zur Selbstbezeichnung der Mitglieder (1 QH 5,22; 1 QM 11,9).

3. Die herrschafts- und gesellschaftskritische Parteinahme für die Armen kommt im NT durch die Bevorzugung von *ptōchós* (34mal als Adj.) gegenüber dem allgemeineren *pénēs* zum Ausdruck.

Q bewahrt einige Jesusworte von größtem Gewicht: „Selig die Armen" (Lk 6,20; vgl. Mt 5,3) proklamiert die grundstürzende eschatologische Umwandlung der ungerechten Verhältnisse als bereits gegenwärtig beginnend; unter Rückgriff auf Jes 61,1 wird die gesamte Botschaft und Wirksamkeit Jesu generalisierend als frohmachendes Mitteilungsgeschehen an die Armen ausgelegt (Lk 7,22 par).

Mk betont die ausschließliche Bindung der Jünger/innen an Jesus und seine Botschaft: Da der Maßstab Gottes an die Welt gelegt wird (10,31), wird der „Trug des Reichtums" (4,19) erst in voller Schärfe deutlich; denn er kann – und davor wird scharf gewarnt – Nachfolge und damit das Leben verhindern (10,17–27).

Lk gibt dem Thema Armut/Reichtum größten Raum. Bereits die Bearbeitung der Tradition läßt eine z.T. verschärfende Tendenz beobachten (5,11.

28; 21,1), zumindest wird Q in der vollen Härte (vgl. 6,20–23 gegenüber der „Ethisierung" bei Mt 5,3f.6.11f) übernommen. Im Sondergut ist Jesus von Anfang an der Arme und Machtlose (1,51–53; 2,7.12), dessen messianische Aufgabe die programmatische Heilsansage an die Armen ist (4,18–21). Reichtum kann zur bedürfnislosen (scheinbaren) Sattheit (6,24–26) verführen, kann den Wahn nähren, das Leben selbst „in die Hand nehmen" zu können (12,13–21), kann blind machen für den notleidenden Menschen (16,19–31). Als rechter Umgang mit dem Reichtum kommt nur Almosengeben in Frage (3,10–14; 11,39–41; 16,9–12; 19,8). Entsprechend wird das Vorbild der Urgemeinde und ihrer Armenfürsorge betont (Apg 4,32–35).

Pls entwickelt die schon in Mt 8,20 ausgedrückte Solidarität Jesu mit den Armen weiter zu einem theologischen Spitzensatz: „Ihr kennt die Gnade unseres Herrn Jesus Christos, daß wegen euch er arm wurde, obwohl er reich war, damit ihr durch die Armut jenes reich werdet" (2 Kor 8,9; vgl. Phil 2,6–11). Konkret wird die Solidarität in der Kollekte der pln Gemeinden für die „Armen Jerusalems" – vielleicht eine dem Sprachgebrauch von Qumran ähnliche eschatologische Selbstbezeichnung der Urgemeinde (Röm 15,26; Gal 2,10).

Jak wendet sich gegen die „normale" gesellschaftliche „Ordnung", die Reiche „standesgemäß" anders behandelt als die Armen (2,1–6).

4. Die bibl. Sicht, daß Jahwe und Jesus eindeutig – im Gegensatz zu gängigem Sozialverhalten – auf der Seite der Armen stehen, drängt zu einer Praxis der Kirche, die Arme im Sinn

einer „Option für die Armen" ernst nimmt und die damit den Traum Gottes von einer universalen Gerechtigkeit in die Tat umzusetzen hilft (vgl. Mt 25,31–46; Jer 22,15f).

Lit.: L. Schottroff/ W. Stegemann, Jesus von Nazareth, Hoffnung der Armen, [3]1990; M. Schwantes, Das Recht der Armen, 1977.

Josef Wagner

AUFERSTEHUNG, Auferweckung, Erhöhung

→ Ankunft; Gott; Pharisäer; Tod

1. Auferstehung (Auferweckung meint faktisch das gleiche; im griech. wird beides v.a. mit dem Verbum *anístēmi, egeírō* ausgedrückt) und Erhöhung *(hypsóō)* sind zentrale Begriffe der ntl Theologie. Auferweckung und Erhöhung sagen ganz allgemein, daß Gottes Handeln an dem von Israel nicht anerkannten und von den Römern am Kreuz hingerichteten Jesus sichtbar geworden ist. Für den heutigen Menschen jedoch sind Auferstehung (von den Toten) und Erhöhung (in den Himmel) Wahrheiten, die nur mit Mühe oder gar nicht verstanden und im praktischen Lebensvollzug akzeptiert werden. Dabei spielt nicht zuletzt das in beiden Aussagen enthaltene räumliche Element eine entscheidende Rolle: Auferweckung wohin? und Erhöhung wohin?, darin liegt das eigentliche Verstehensproblem.

2. Das vorexilische Israel machte sich bezüglich einer Auferstehung der Toten keine Gedanken. Der Glaube an den lebenschaffenden Gott klammert die Frage nach einem Weiterleben fast völlig aus. Auch Hos 6,1–3 (v.a. V 2: „Nach zwei Tagen gibt er uns das Leben zurück, am dritten Tag richtet er uns wieder auf, und wir leben vor seinem Angesicht") spricht nicht von Auferstehung, sondern ist im Sinn einer kanaanäischen Vegetationsvorstellung zu verstehen. Ebenso spricht Jes 7,9 („glaubt ihr nicht, so bleibt ihr nicht") „nur" von einem geschichtlichen Sich-Festmachen an Gott.

Erst die frühjüd. Literatur übernimmt nach und nach nichtjüd. Vorstellungen über ein Leben nach dem Tod (vgl. v.a. die jüd. Apokalyptik). 2 Makk macht zum erstenmal den Versuch, Auferstehungsvorstellungen mit der jüd. Religion zu verbinden; z.T. wurden sie angenommen (Pharisäer), z.T. abgelehnt (Sadduzäer).

3. In der Predigt Jesu dominiert die atl Prophetentradition, daß Gott Herr ist über Leben und Tod. Mk 12,18–27 spricht von einem Weiterleben als einem Sein wie die Engel im Himmel, wodurch das Herr-Sein Gottes betont, nicht aber eine Auferstehungslehre vorgetragen wird. Allerdings wollen die Totenerweckungsberichte auch auf die Möglichkeit einer Auferstehung hinweisen.

Im Kontext der Parusieerwartung hat Pls allmählich die Auferstehungshoffnung konkretisiert (vgl. das Problem der Todesfälle vor der Parusie in 1 Thess 4). Zugrunde liegen den Überlegungen des Pls die Zeugnisse über Tod und Auferweckung Jesu: 1 Kor 15; 2 Kor 5; Phil 3; Röm 8). Spricht der Apostel von den „Toten in Christus", dann weniger im Sinn einer Auferstehungslehre als vielmehr vom auferweckten Christus her. In 1 Kor 15 wird zwar die allgemeine Auferste-

hung thematisiert, aber der eigentliche Kern des Kapitels ist die Botschaft über Christus als Erstling der Entschlafenen (in Abhebung von Adam, dem „Verursacher" des allgemeinen Todes).

Die ntl Briefe der nachapostolischen Zeit kennen bereits eine allgemeine Auferstehung der Toten (2 Tim 4,1; 1 Petr 4,5). Offb 20 schließlich sucht einen Kompromiß zwischen heilsgeschichtlicher Lebensbuch-Tradition und apokalyptischen Auferstehungsspekulationen (erste Auferstehung, 1000jähriges Reich, zweite Auferstehung).

Christologisch bedeutsam ist im NT das Reden von der Auferweckung Jesu. Die eingliedrige Formel („erweckt worden am dritten Tag nach den Schriften": 1 Kor 15,4b) ist das älteste Auferweckungsbekenntnis (mit Rückbindung an Hos 6,2); sie ist v.a. bei Pls häufig belegt: Röm 4,24; 8,11; 2 Kor 4,14; Gal 1,1 u.ö. Sie interpretiert Gottes Handeln an Christus vor dem Hintergrund des israelitischen Glaubens an Gottes Macht über Leben und Tod; sie hatte exklusive Bedeutung und bedurfte keiner Ostererzählungen oder gar „Osterbeweise". In der eingliedrigen Auferweckungsformel drückte die Gemeinde ihren Glauben an den lebenschaffenden und -erhaltenden Gott aus, aber auch an das Heilswirken Jesu: Das Weitererzählen seiner Frohbotschaft wurde durch das Festhalten an der Bekenntnisformel legitimiert.

Doch schon bald wird die eingliedrige Formel erweitert durch christologisch geprägte Heilsaussagen, z.B. Röm 8,34: „Christos [Jesus], der Gestorbene, mehr aber (der) Erweckte, der auch ist zur Rechten Gottes, der auch für uns eintritt". In 1 Kor 15,3–5 dient die durch „Erscheinungsberichte" erweiterte Formel v.a. der Begründung der Heilsbedeutung des Todes Jesu.

Der summarische Hinweis auf das Passionsgeschehen (Mk 8,31; 9,31; 10,34) spricht von der Tötung des Menschensohns und seiner Auferwekkung und wird von den Seitenreferenten Mt und Lk leicht verändert übernommen. Auffallend dabei ist die Datierung der Auferweckung „nach drei Tagen"; möglicherweise hat Dan 7,25 („dreieinhalb Zeiten") dazu den Anstoß gegeben; doch liegt es näher, an die Rettung des Gerechten „nach drei Tagen" zu denken (vgl. Hos 6,2; Jon 2,1). In einer letzten Entwicklungsphase des Auferweckungsgedankens hat man versucht, die ursprüngliche Erfahrungsaussage „er wurde gesehen" (bzw. „er wurde sichtbar gemacht") zu verdeutlichen durch Erzählungen über sehr konkrete Auferstehungserscheinungen. Doch ist auffallend, daß diese Berichte nur das „daß", das Faktum des Sichtbarwerdens, nicht aber das „wie", die Art und Weise, berichten wollen. Auch die Interpretation des Pls in 1 Kor 15,35–58 beschränkt sich auf den Hinweis, daß der Auferweckte in pneumatisch-himmlischer Leiblichkeit erschienen ist.

Die syn Evv überliefern Jesusworte von Selbsterniedrigung und Selbsterhöhung des von Gott abhängigen Menschen; jegliche Selbsterhöhung wird abgelehnt, weil Gott allein bestimmt, auf welchem Weg der Mensch erhöht wird. In den Drohworten gegen Kapharnaum (Mt 11,23 par) wird im Rückgriff auf atl Tradition (Jes 14,13f;

Ez 21,31; 28,2.6) den überheblichen Bewohnern statt Erhöhung („bis zum Himmel") der Abstieg („bis in den Hades") angesagt. Mt 23,11 erteilt der Selbsterhöhung der Schriftkundigen und Pharisäer eine klare Absage (vgl. noch Lk 1,52; 14,11; 18,14).

Pls kennt ebenfalls den Gegensatz: erhöhen – erniedrigen (2 Kor 11,7). Nach ihm besteht Erhöhung darin, daß die korinthischen Christen unentgeltlich die Heilsbotschaft empfangen haben und dadurch erhöht wurden.

Erhöhung im christologischen Sinn meint die Einsetzung Jesu in die Herrlichkeit Gottes: Phil 2,6–11 (v.a. V 9); vgl. Ps 96,9 LXX; Dan 3,52–56.

Eine ähnliche Vorstellung begegnet in Apg 2,23f und 5,31; dort hat Lk alte Überlieferung mit dem nur ihm bekannten Himmelfahrtsereignis verbunden. Von der Himmelfahrt als Entrückung und Erhöhung spricht Lk am Ende seines Ev (24,50–53) und (ausführlicher) zu Beginn der Apg (1,2f.9–11). Ein ursprüngliches Erhöhungsthema wird von Lk aufgefüllt und umgestaltet in eine Erhöhungsszene, „zu einer sichtbaren, vor Zeugen geschehenen Himmelfahrt konkretisiert und in Entrückungskategorien zu Wort gebracht" (Lohfink 276). Ein an sich nicht realer Vorgang wird dermaßen veranschaulicht, daß seine theologische, nämlich heilsbedeutende Aussage erkennbar wird: Jesus ist der von Gott auferweckte und erhöhte Herr (Röm 1,3f), der mit den Seinen verbunden bleibt als der Erhöhte und durch das Pneuma die „Zeit der Kirche" bestimmt und diese durch die Geschichte führt.

Besondere Bedeutung hat Erhöhung im JohEv, wenn dort die Vorstellung

von der Erhöhung des Gerechten aufgegriffen wird, wie sie in der LXX, in
der jüd. Apokalyptik (äthHen 4 u.ö.)
vorgebildet und auch in der rabb. Literatur zu finden ist. Aber es gibt bei
Joh nur eine Erhöhung, die des Christus: 3,14; 8,28; 12,32.34. Durch die
Erhöhung kehrt der Offenbarer in die
himmlische Welt zurück, jedoch nicht
erst in einem zukünftigen Ereignis,
sondern bereits in seinem irdischen
Leben. Selbst die Kreuzigung Jesu ist
Erhöhung (3,14; 8,28; vgl. 12,34);
denn der Kreuzestod Jesu wird interpretiert als die äußerste Gehorsamstat
und damit als Anfang der Erhöhung in
die Herrlichkeit des Vaters.
4. Für den heutigen Menschen sind
Geburt und Tod Naturereignisse. Der
Tod ist unausweichlich, endgültig. Die
Vorstellung einer Auferweckung und
Erhöhung hat in diesem von Kausali-
tät bestimmten Denksystem keinen
Platz. Anders ist es, wenn man die
Begegnung mit Jesus und seiner Botschaft als personale Erfahrung be-
greift. Die Auferweckungs- und Erhö-
hungsbotschaft lautet dann in ihrer
einfachsten Form: Jesus geht fort.
„Der Sohn des Menschen geht zwar
fort, gleichwie geschrieben ist über
ihn …", so lautet die mk Kurzfassung
des Auferweckungs- und Erhöhungs-
gedankens (Mk 14,21 parr; vgl. Joh
7,33f; 16,7). Das Weggehen Jesu
schließt das Hingehen zum Vater mit
ein.

Lit.: P. Hoffmann (Hg.), Zur ntl Überlieferung von der Auferstehung Jesu (WdF 522),
1988; H. Kessler, Sucht den Lebenden nicht
bei den Toten, [3]1995; G. Lohfink, Die Himmelfahrt Jesu (KRB 18), [3]1986; L. Oberlinner (Hg.), Auferstehung Jesu – Auferstehung der Christen (FS Vögtle) (QD 105),
1986; M.C. Parsons, The Departure of Jesus
in Luke-Acts (JSNT.S 21), 1987; J. Zmi-
jewski, Apg (RNT 25) – Exkurs: Die Himmelfahrt Christi, 1994, 68–72.

Alexander Sand

AUFNAHME, Empfang

→ Botschaft; Gemeinde

1. „Wo geht es hier zur Rezeption?"
so fragen Gäste in der Eingangshalle
eines Hotels, Neuankömmlinge in einem Aufnahmelager für Flüchtlinge
oder auch Teilnehmer bei einem Eu-
ropäischen Jugendtreffen von Taizé.
Ohne eine Aufnahmestelle wäre vieles
lahmgelegt, käme es zu unangeneh-
men Unterbrechungen, vielleicht sogar zum Scheitern oder Abbruch einer
hoffnungsvollen Unternehmung. Die
hohe Bedeutung solcher Aufnahmesi-
tuationen spiegelt sich auch im
Sprachgebrauch der Bibel wider *(lam-
bánō, paralambánō, prosdéchomai
usw.)*.
2. „Aufnehmen" *(lqḥ, nśʾ, šît)* wird
im AT alltagssprachlich verwendet für
die Aufnahme von Personen in eine
Gemeinschaft: als Krieger (1 Sam
14,52; 1 Chr 12,18), als Tischgenosse
(2 Sam 19,29), als Freund (vgl. Gen
32,21), als Ehefrau (Ex 2,1; 21,10;
2 Sam 11,27; Rut 1,4) oder für die
Übernahme von Weihegaben (Esr
8,30) oder Kleidern (Est 4,4). In religiösen Zusammenhängen im engeren
Sinn geht es um den „Empfang" von
Segen und Heil von Gott (Ps 24,5),
um das „Vernehmen" des Wortes Gottes (Jer 9,19; vgl. Ijob 4,12). Gott
nimmt das Gebet an (Ps 6,10) und den
Beter auf (Ps 27,10), er nimmt Men-

schen an, indem er sie für immer erwählt: Israel (Ex 6,7; Dtn 4,20; 30,4), Abraham (Gen 24,7), David (2 Sam 7,8), Amos (7,15), Priester (Jes 66,21).

3. Im NT werden die beiden zeitgenössischen Verwendungszusammenhänge von „Aufnahme" aufgegriffen, um mit ihrer Hilfe das Selbstverständnis des christl. Glaubens zu erhellen:

(a) Personen werden in eine Gemeinschaft aufgenommen. Dies gilt in einem ersten, grundlegenden Sinn für die Aufnahme in die Ehe (Mt 1,20. 24), für die Aufnahme in ein Haus (Lk 16,4) bzw. die Aufnahme von Glaubensboten (Mk 6,10f parr; Kol 4,10), für die Aufnahme von Kindern und Hilfsbedürftigen aller Art (Mk 9,33–37; 10,13–16), dann in einem zweiten, herausgehobenen Sinn für die Aufnahme des Reiches Gottes „wie ein Kind" (Mk 10,15) und Jesu selbst (vgl. Lk 9,53; Joh 4,45): Wer ihn aufnimmt, der nimmt den auf, der ihn gesandt hat (vgl. Mk 9,37; Joh 13,20). Ein charakteristisches Moment der Verkündigung Jesu ist es, daß er die Aufnahme (oder Ablehnung) seiner Boten und seiner geringsten Schwestern und Brüder dadurch aufwertet, daß er ihre Aufnahme als Aufnahme (oder Ablehnung) seiner selbst deutet (Mk 9,37 parr; vgl. Mt 25,31–46).

Für das JohEv ist die Aufnahme Jesu durch die „Seinen", zu denen er gesandt ist, das heilsentscheidende Moment schlechthin: „Wieviele aber ihn aufnahmen, ihnen gab er Vollmacht, Kinder Gottes zu werden, den Glaubenden an seinen Namen ..." (1,12). In typisch joh Umkehrung verheißt Jesus denen, die ihn aufnehmen, daß er sie aufnehmen wird zu sich, „damit,

wo ich bin, auch ihr seid" (14,3). Schon im irdischen Leben führt die „Aufnahme" Jesu gleichermaßen in die denkbar innigste Beziehung zu Jesus („Bleibt in mir, und ich [bleibe] in euch"; 15,4) – sowie durch ihn zu Gott (vgl. 14,23) – und in die familiäre Gemeinschaft der Kinder Gottes und Freunde Jesu (vgl. 11,52; 15,14).

(b) Eine Überzeugung bzw. Lehre wird von Menschen angenommen bzw. übernommen. Der Apostel Pls versteht seinen aufreibenden und zugleich erfüllenden Dienst als geistbewegte Vermittlung: Er „überliefert" den neubekehrten Christen das Ev, das er selbst „übernommen" und empfangen hat (vgl. 1 Kor 11,23; 15,1–3), und lobt die Gemeinden, daß sie „das Wort Gottes" aus seinem Mund „angenommen haben", so daß es jetzt in ihnen und durch sie hindurch wirksam ist (vgl. 1 Thess 2,13; Gal 1,9; Lk 8,13; Apg 8,14).

Nach Kol 2,6f ist es Jesus Christus selbst, der Auferweckte, den Christen im Glauben „annehmen" und in dem sie als neue Menschen leben.

4. Der Ruf des Ev, die im Wirken Jesu angebrochene Gottesherrschaft, zielt heute wie vor zweitausend Jahren auf Menschen, die aufnahmebereit sind, deren Glaube aus dem Hören kommt, die erreichbar sind und die in ihrem Leben, ihrem Fragen und Suchen Raum haben, die Botschaft Jesu und seiner Boten in Wort und Tat aufzunehmen. Wer Jesus in seinen Schwestern und Brüdern aufnimmt, dem gilt auch heute seine Zusage, selbst in der Familie der Kinder Gottes von Gott ganz und gar auf- und angenommen zu sein.

Lit.: K. Scholtissek, Kinder Gottes und Freunde Jesu, in: R. Kampling/ Th. Söding

(Hg.), Ekklesiologie des NT (FS Kertelge), 1996, 184–211.

Klaus Scholtissek

AUFSEHER, Vorsteher/in, Bischof

→ Ältester; Diener/in; Gemeinde; Lehre

1. Die Frage nach den Ämtern, ihren Inhalten und ihrer gegenseitigen Zuordnung ist ökumenisch ein bis heute ungelöstes Problem. Das NT enthält verschiedene Modelle. Eine wichtige Rolle spielen die „Aufseher".
2. Außerhalb des NT hat das dem „Aufseher" entsprechende griech. Wort *epískopos* eine große Anwendungsbreite. Es werden mit ihm Statthalter, Kommunal- und Vereinsbeamte sowie Aufseher über das Bau- und Münzwesen bezeichnet. Bei den auszuübenden Tätigkeiten handelt es sich meist um Aufsicht und Verwaltung.
3. Im NT wird an vier Stellen jemand *epískopos* genannt, der innerhalb der christl. Gemeinde eine Funktion oder ein Dienstamt ausübt. Nach Apg 20,28 werden die Gemeindeleiter von Ephesus als *epískopoi* angesprochen. Sie sollen, vom hl. Geist bestellt, „die Kirche Gottes hüten". Hier liegt nicht die Bedeutung eines Amtstitels, sondern eine Funktionsbezeichnung auf der Basis des atl Hirtenbildes vor (Ez 34,11–22 u.ö.). Verantwortlich und dienstbereit sollen die *epískopoi* sorgend und schützend auf die Gemeinde achthaben.
Da in CD 13f über den Lageraufseher Ähnliches gesagt wird, vermuten manche, das urchristl. Episkopen-Dienstamt sei unter Einfluß von Qumran entstanden. Dagegen spricht aber, daß die ntl Belege hellenistischem Milieu angehören.
Der früheste ntl Beleg ist Phil 1,1. Mit der Übernahme der Bezeichnung wurde aber nicht etwa ein bestimmter Zuständigkeitsbereich (z.B. Finanzverwaltung) aus dem hellenistischen Milieu übernommen, sondern die spezifisch christl. Aufgabe bestand darin, die Gemeinde in den Bahnen des Ev zu leiten. Die Ende des 1. Jh. entstandenen Past lassen weiterentwickelte Amtsstrukturen erkennen. Neben dem *epískopos* werden „Älteste" und „Diakone" erwähnt. Vom *epískopos* (1 Tim 3,1–7; Tit 1,7–9) erwartet man Treue zur Überlieferung des Ev, die Vermittlung „der gesunden Lehre" und vorbildliches Leben.
4. Nach Auffassung des II. Vatikanischen Konzils kommt die für Katholiken vertraute Struktur des kirchlichen Amtes (Papst – Bischöfe – Priester – Diakonen) der Kirche zwar „von alters her" zu – aber eben nicht „von Anfang an". Diese Struktur hat sich in den ersten Jh. erst entwickelt; noch im 2. Jh. liegen z.B. die „episkopale" (vgl. Ignatius von Antiochia) und die „presbyterale" (vgl. die von Jerusalem herkommende und von Lk/Apg vorgezogene) Ordnung in Konkurrenz miteinander.

Lit.: E. Dassmann, Hausgemeinde und Bischofsamt, in: Vivarium (JAC.E 11), 1984, 82–97; J. Hainz, Die Anfänge des Bischofs- und Diakonenamtes, in: ders. (Hg.), Kirche im Werden, 1976, 91–107; J. Roloff, Der erste Brief an Timotheus (EKK XV), 1988, 169–189.

Alfons Weiser

AUSLIEFERUNG, Übergabe, Verrat

→ Heil; Leid; Sünde

1. Auslieferung, Übergabe, Verrat sind elementare Vorgänge menschlicher Kommunikation. Sie beschreiben das Scheitern menschlicher Interaktionen, die von Solidarität, Schutz und Vertrauen getragen sein sollten. Indem das NT von solchen Brüchen spricht, nimmt es die Fehlformen kommunikativen Handelns in die Lebenswelt Jesu und seiner Gemeinden hinein. Es idealisiert diese nicht zu realitätsfremden Idyllen.

Die beiden Begriffe Auslieferung und Verrat kennzeichnen im Deutschen negative Vorgänge. Übergabe dagegen wird mehrdeutig verstanden. Übergabe meint zum einen positiv die Weitergabe zur Sicherung von Tradition und Rechten, zum anderen negativ die Aufgabe von Schutz im Sinne von Auslieferung. In ähnlich ambivalenter Weise wird Übergabe *(parádosis, paradídōmi)* auch vom Griech. verwandt, und zwar 119mal im NT. Um die negativen Seiten von Übergabe zu kennzeichnen, werden von der deutschen Übersetzung Auslieferung und Verrat eingesetzt, die keine eigene Begrifflichkeit im NT haben.

2. Bereits das AT kennt die Auslieferung des Propheten und Gerechten an seine Verfolger (2 Chr 24,19). Die menschliche Mitbeteiligung und Mitverantwortung am Leiden und Tod Jesu und seiner Nachfolger wird so zum Ausdruck gebracht (Mk 12,1–12; Mt 23,34–39).

3. Auslieferung ist daher v.a. mit den Passionsereignissen verbunden. Ältester Beleg ist 1 Kor 11,23b. Zwar nennt Pls nicht Verrat und Verhaftung, aber er beschreibt unverkennbar mit dem Passiv den Vorgang der Auslieferung: „daß der Herr Jesus in der Nacht, in der er überliefert wurde, Brot nahm." Den Empfang dieser Tradition umschreibt Pls mit zwei positiven Verwendungen von Übergabe: „Denn ich übernahm vom Herrn, was ich auch überlieferte euch" (V 23a). Übergabe ist ein ambivalenter kommunikativer Vorgang, der sinnvoll Tradition stiften, aber ebenfalls Vertrauen brechen und Verantwortung mißbrauchen kann.

In den PlsBr kommen zu 1 Kor 11,23b weitere Stellen mit dem negativen Bezug zur Passion Jesu hinzu (Röm 4,25; 8,32; Gal 2,20). Allerdings bewirkt die Übergabe Jesu unsere Befreiung von der Sünde und unsere Rechtfertigung, so daß Gott durch die Übergabe heilvoll an uns handelt. Übergabe erhält die paradoxe Bedeutung von menschlicher Sünde und göttlichem Heil. Gott kann in seinem eschatologischen Zorn die Sünder ihrer Sündhaftigkeit ausliefern und so zur Umkehr bewegen (Röm 1,24.26. 28 u.ö.). Pls kann entsprechend den Sünder dem Satan ausliefern, um ihn zur Umkehr zu zwingen (1 Kor 5,5).

In den Evv wird Übergabe überwiegend im Sinn von Auslieferung und Verrat verwandt. Johannes d.T. erfährt die Auslieferung (Mk 1,14 par). Das sündige Handeln der Gegner des Joh wirkt mit dem göttlichen Offenbarungshandeln zusammen. Die Auslieferung des Johannes d.T. gibt Jesus den Anfang des öffentlichen Wirkens frei, ohne die Gegner von ihrer Verantwortung freizusprechen. Die Auslieferung durch den Verrat des Judas (Mk 3,19; 14,10f.18.21.41f.44 parr), die vom Synhedrion mit der weiteren Auslieferung an Pilatus weitergetrieben (Mk 15,1.10 parr) und von diesem mit der Verurteilung zur Geißelung und zum Kreuzestod abgeschlossen wird (Mk 15,15 parr), bewirkt das Heil für alle (Mk 14,24). Aufgrund der Glaubensbindung an den ausgelieferten, gekreuzigten und auferstandenen Jesus (Mk 9,31; 10,33 parr) können sich auch die Jünger/innen ausliefern lassen (Mk 13,9.11). Auslieferung wird zu einem zentralen Motiv der Passion Jesu und der Leidensnachfolge der Jünger.

Auslieferung ist Ausdruck des Widerstands der Menschen gegen den Anbruch der Gottesherrschaft in Jesus von Nazaret. Die Motive der Auslieferung sind ökonomischer, gesellschaftlicher und theologischer Art. Der Judasverrat ist nach Mk theologisch und gesellschaftspolitisch motiviert. Judas beschließt ohne Begründung die Auslieferung Jesu (14,10). Das Geldangebot der Hochpriester ist eine nachgetragene Honorierung und keine Vorbedingung, zu der sie erst nachträglich wird (Mt 26,15; Joh 12,4.6). Judas übergibt Jesus vielmehr mit dem Kuß als falschen Freund und entlarvt ihn mit der Anrede *rabbí* als „falschen Lehrer" (Mk 14,44f). Judas teilt zwar mit den anderen Jüngern das Jüngerunverständnis; er treibt aber sein Nichtverstehen und seine Enttäuschung so weit, daß er nicht wie die anderen Jünger Jesus nur im Stich läßt, sondern ihn aktiv ausliefert. Dadurch erhält er an der Übergabe Jesu in den Kreuzestod einen Anteil, für den er Verantwortung tragen muß (Mk 14,18.21. 41f). Nach dem Weheruf (Mk 14,21) hätte er diesen Anteil an der Ausliefe-

rung besser nicht übernommen. Allerdings gilt der Weheruf der Tat der Auslieferung, nicht dem Täter, der aufgrund seines Verrats sein von Gott gewolltes Lebensziel, die ungebrochene Jüngerschaft, verfehlt wie auch die anderen Jünger, die Jesus verlassen. Allerdings sind die Folgen des Verrats schwerwiegender als die der Flucht der anderen Jünger. Die Enttäuschung von Judas über den ohnmächtigen Lehrer Jesus, der trotz Vollmacht zu Wundertaten und Befreiungsaktionen (vgl. die Tempelreinigung Mk 11,15–19) sich gefangennehmen und hinrichten läßt, wird dem Leser in der Verratsszene angedeutet (Mk 14,43–52); sie entschuldigt nicht den Verrat, vermag aber Verständnis zu erzeugen und den Weg zur Umkehr offen zu halten. So bleibt nach Mk die letzte Entscheidung des Judas offen, während Mt ihn in Verzweiflung Selbstmord begehen (Mt 27,3–10) und Lk ihn elend umkommen läßt (Apg 1,16–20).

4. Die nachmk Gemeinden vermögen nicht mehr, den Verrat als äußerste Grenze der Auseinandersetzung auszuhalten. Daher verarbeiten sie die aufkommende Legende vom Judas-Selbstmord als abschreckendes Exempel, das über das Martyrium des Polykarp (mart. pol. 6) und Dantes Höllenvision bis zum sprichwörtlichen „Judaslohn" im doppelten Sinn (Geld und gewaltsames Ende) in der Neuzeit weitergeht.

Lit.: D. Dormeyer, Die Passion Jesu als Verhaltensmodell (NTA 11), 1974; H.J. Klauck, Judas – Ein Jünger des Herrn (QD 111), 1987; W. Popkes, Christus Traditus. Eine Untersuchung zum Begriff der Dahingabe im NT (AThANT 49), 1967.

Detlev Dormeyer

B

BAU, Erbauung

→ Gemeinde; Stein

1. Bezeichnet im Deutschen Bau stets ein richtiges Bauwerk, kann das Verb bauen dagegen eigentlich (ein Haus bauen) und bildlich (jemanden aufbauen, erbauen) gebraucht werden. Um letzteres mit einem Substantiv auszudrücken, gebrauchen wir das Wort „Erbauung". Im NT ist das ähnlich, mit dem einen Unterschied, daß hier nicht nur das Verb bauen (*oikodoméō*, 40 Belege, mit den Komposita *ep-, an-, syn-* 46) sondern auch das Substantiv Bau (*oikodomḗ*, 18 Belege) eigentlich und bildlich verwandt werden kann, so daß es für Erbauung hier kein eigenes Wort gibt.
2. Diese Verwendungsweise ist im AT lediglich angedeutet; denn dort wird das Verb überwiegend wörtlich (Gen 11,4; 2 Sam 7,13; Jes 66,1) und nur selten bildlich gebraucht (Jer 1,10; vgl. Sir 49,7). Das Substantiv kommt nur im eigentlichen Sinn vor (Tob 14,5) und ist meist auf den Tempel bezogen.
3. Ganz auf dieser Linie liegen die Evv (Syn und Joh), die Substantiv und Verb nur im wörtlichen Sinn gebrauchen. Dabei ist das nur dreimal vorkommende Substantiv Bau auf die Gebäude der Tempelanlage bezogen (Mk 13,1f par), während das Verb bauen offener ist: Grabmäler (Mt 23,29 par), ein Haus (Mt 7,24.26 par), eine Scheune (Lk 12,18), ein Turm (Mk 12,1 par; Lk 14,28), eine Synagoge (Lk 7,5), der Tempel (Joh 2,20) oder eine ganze Stadt (Lk 4,29) werden oder wurden gebaut. In dem in Mk 12,10 parr (vgl. Apg 4,11; 1 Petr 2,7) aufgegriffenen Wort Ps 118,22 bezeichnet es „die Bauenden", die den wichtigsten Stein beiseite geschoben haben und so zum Bild für die ungläubigen Juden (Syn und Apg) oder Menschen insgesamt (1 Petr) geworden sind. In die Nähe des bildlichen Gebrauchs kommt das Verb einerseits bei dem Wort Jesu, in drei Tagen einen neuen Tempel zu bauen (Mk 14,58 par; vgl. Mk 15,29 par), das Joh 2,19–21 auf Jesu Leib bezieht, und andererseits in Mt 16,18, wo Petrus als der Felsen bezeichnet wird, auf dem Jesus seine Kirche bauen wird. Hier klingt der pln Sprachgebrauch an.
In der Apg kommt bauen nur viermal vor, zweimal wörtlich in bezug auf den Tempel (7,47.49) und zweimal bildlich als Ausdruck einer Stärkung der Gemeinde (9,31) bzw. der stärkenden Kraft der Gnade (20,32).

Bei Pls dagegen findet sich Bau und bauen im eigentlichen Sinn nur zweimal, nämlich dort, wo er die Gemeinde mit einem Bau vergleicht: Einmal in 1 Kor 3,9, wo er die Gemeinde unmittelbar Bau Gottes nennt (vgl. V 16) und zahlreiche andere, zum Hausbau gehörende Wörter gebraucht (VV 10–12: Baumeister, Fundament, verschiedene Baustoffe), und ein andermal eher mittelbar in Röm 15,20. In allen anderen Fällen haben Bau und bauen die übertragene Bedeutung Erbauung und erbauen, die v.a. bei der Schlichtung innergemeindlicher Schwierigkeiten zum Tragen kommt: in Röm 14,19; 15,2; 1 Kor 8,1.10; 10,23f als Rücksichtnahme auf die Schwachen beim Umgang mit bestimmten Speisen und Götzenopferfleisch und in 1 Kor 14,3–5.12.17.26 als Ausrichtung auf den Nutzen aller beim gemeinsamen Gebet. Nicht umsonst ist daher die Liebe die aufbauende Kraft schlechthin (1 Kor 8,1) und das Hohelied der Liebe 1 Kor 13 die Grundlage der Hauptforderung von 1 Kor 14, beim Zusammenkommen möge alles „zur Erbauung geschehen" (V 26). Auch Pls selbst sieht den Zweck seines Dienstes darin, die Gemeinden zu erbauen (2 Kor 10,8; 12,19; 13,10), und ermuntert sie dazu, derartiges auch untereinander zu tun (1 Thess 5,11). Im Eph findet sich ein ähnlicher Gebrauch wie bei Pls: Nur in 2,21 kommt das Wort im wörtlichen Sinn vor, als Vergleich für die Kirche. In 4,12.16 ist es wieder bildlich verwandt, um innerhalb eines Bildes, das die Kirche als Leib beschreibt, auszudrükken, daß dieser Leib vom Haupt Christus her, vermittelt durch verschiedene Versorgungsstellen (alle Heiligen sowie Apostel, Evangelisten usw.), erbaut wird. Und in 4,29 ist es Teil der Mahnung, die zu einem Reden ermuntert, das erbaut.

1 Petr 2,5 schließlich fordert dazu auf, daß sich die Glaubenden zu einem Haus aus lebendigen Steinen aufbauen lassen und knüpft damit an das Bild vom Bau und den wörtlichen Gebrauch von bauen an.

4. Bei den Wörtern Bau und bauen ist v.a. ihr bildlicher Gebrauch bedeutsam, der, jedenfalls nach den uns erhaltenen Texten, eine pln Eigentümlichkeit ist. Dabei ist wichtig, daß Erbauung hauptsächlich auf die Gottesbeziehung, den Glauben, zielt und diese, sei es bei mir selbst, sei es bei einem anderen, fördern und stärken möchte. Erbauung ist daher nicht einfach dasselbe wie Bruder- oder Nächstenliebe, sondern betont einen ganz bestimmten Gesichtspunkt, der in der Nächstenliebe sicher mit enthalten ist, aber heute oft vergessen wird.

Lit.: J. Hainz, Ekklesia, 1972; I.R. Kitzberger, Bau der Gemeinde, 1986; C.G. Müller, Ihr seid Gottes Pflanzung – Gottes Bau – Gottes Tempel, 1995; J. Pfammatter, Die Kirche als Bau, 1960; P. Vielhauer, Oikodome, in: G. Klein (Hg.), Oikodome. Aufsätze zum NT Bd. 2, 1979, 1–168.

Sebastian Schneider

BAUCH, Schoß, Wehen

→ Geburt; Schöpfung

1. Die Begriffe Bauch, Schoß, Wehen (*gastér, koilía, kólpos, ōdín*) beziehen sich im bibl. Sprachgebrauch wie im deutschen zunächst auf den menschlichen, insbesondere weiblichen Körper. Darüber hinaus werden diese Begriffe auch als bildlicher Ausdruck zur Umschreibung existentieller und theologischer Aussagen gebraucht.

2. Im AT wird mit der Wendung „vom Mutterbauch bzw. Mutterschoß an" auf die Zeit der Geburt und frühesten Kindheit verwiesen (Ps 22,11; Ijob 31,18; Jer 1,5; vgl. Lk 1,15; Apg 3,2; Gal 1,15). Da Gott es ist, der den „Schoß" der Frauen schließt und öffnet (Gen 29,31; 1 Sam 1,5f) und den Menschen „im Mutterschoß" heranbildet (Ijob 31,15), wird der „Schoß" der Frauen nicht tabuisiert, sondern zum „Ort der Kreativität Gottes" (Trible 52). In Anlehnung an die Geborgenheit, die das Kind im Schoß seiner Mutter erfährt, gebraucht das rabb. Judentum das Bild vom „Sitzen bzw. Liegen in Abrahams Schoß", um damit die innige Gemeinschaft des Frommen mit seinen „Vätern" über den Tod hinaus zu umschreiben. Zugleich wird mit diesem Bild auf die antike Sitte des Zu-Tische-Liegens Bezug genommen und daran die Vorstellung geknüpft, daß beim endzeitlichen Festmahl derjenige den Ehrenplatz innehat, der „im Schoß Abrahams liegt", d.h., unmittelbarer Tischnachbar Abrahams ist. In der Verkündigung der atl Propheten (Jes 66,7; Hos 13,13) sowie im rabb. Schrifttum werden die „Wehen" gebärender Frauen zum Bild für die der messianischen Heilszeit unmittelbar vorausgehende Unheilszeit. Der Begriff „Wehen" steht dabei für ein Leiden, das nicht mit Drangsal und Tod endet, sondern neues Leben freisetzt.

3. Im NT stellt Jesus in der Jüngerbelehrung Mk 7,17ff den „Bauch" *(koilía)* als Verdauungsorgan der Herz-

mitte des Menschen gegenüber und macht klar, daß nicht die Speisen, die von außen in den Bauch des Menschen gelangen, den Menschen unrein machen, sondern die bösen Gedanken, die aus dem Herzen kommen.

Im pln Schrifttum wird der Begriff Bauch in der Auseinandersetzung mit Gegnern negativ gebraucht. Im Stil der Ketzerpolemik wird den Gegnern des Pls vorgeworfen, daß „sie ihrem eigenen Bauch dienen" (Röm 16,18) und „ihr Gott der Bauch" ist (Phil 3,19), womit ihre ausschließlich auf Vergänglich-Irdisches ausgerichtete Gesinnung angeprangert wird.

Der Begriff „Schoß" *(kólpos)* dient im NT ähnlich wie im AT und rabb. Judentum zur Umschreibung besonderer Nähe und Zugehörigkeit. So wird im Gleichnis vom reichen Mann und armen Lazarus die jüd. Wendung von „Abrahams Schoß" aufgegriffen (Lk 16,22f) und damit dem verstorbenen Lazarus ein Ehrenplatz unmittelbar neben Abraham zuerkannt. In ähnlicher Weise wird in Joh 13,23 der Lieblingsjünger mit Blick auf seine besondere Nähe zu Jesus sowie in Anspielung auf seinen Ehrenplatz beim letzten Abendmahl als „daliegend im Schoß von Jesus" gekennzeichnet. Die Aussage „der ist im Schoß des Vaters" in Joh 1,18 bezieht sich auf die einzigartige Nähe Jesu zum Vater.

Ebenfalls in Anlehnung an atl Sprachgebrauch werden in der endzeitlichen Rede Jesu in Mk 13,8 die der messianischen Heilszeit vorausgehenden Drangsale als „Anfang der Wehen" *(ōdínes)* bezeichnet. In Röm 8,22 überträgt Pls das Bild von den „Wehen" auf die gesamte Schöpfung, die „mitjammert und mitklagt" und damit ihrerseits auf eine endzeitliche Erlösung hinweist.

4. In der christl. Kunst wurde das Bild von „Abrahams Schoß" gern aufgegriffen und als Verkörperung des Paradieses gedeutet. Die feministische Theologie sieht in der bibl. Verbindung der Begriffe „Schoß" und „Wehen" mit dem Schöpfungshandeln Gottes eine Bestätigung für die Präsenz des Göttlichen im Weiblichen.

Lit.: V.R. Mollenkott, Gott eine Frau? Vergessene Gottesbilder der Bibel, 1985; Ph. Trible, Gott und Sexualität im AT (GTBS 539), 1993.

Hanneliese Steichele

BECHER, Kelch, Trank

→ Blut; Brot; Bund; Gemeinde; Leid; Mahl; Reinheit

1. Einen Kelch *(potérion)* benutzt man in der Regel für kultische Zwekke, einen Becher für normale Getränke; darum kennen wir den Becher eher aus Trinkliedern, den Kelch aber als Kultgerät, so daß es einer Entweihung gleichkommt, einen Kelch für gewöhnliches Trinken zu benutzen. Wir sprechen aber auch in übertragener Bedeutung vom „Leidens-Kelch", den es bisweilen bis zur Neige zu trinken gilt.

Wie Kelch und Becher unterscheidet sich das kultische Essen und Trinken vom gewöhnlichen; darum sprechen wir hier von „(geistlicher) Speise und (geistlichem) Trank".

2. Das AT unterscheidet nicht deutlich zwischen Becher und Kelch; allenfalls kann man vom Material her eine Unterscheidung vornehmen: Der gewöhnliche Becher *(kôs)* war aus Ton, später auch aus Glas, der kostbare Becher aus Gold; aber auch dabei handelt es sich lediglich um „Trinkgeschirr" (1 Kön 10,21; 2 Chr 9,20; vgl. Offb 17,4). Eine speziellere Form hatten Trinkschalen (vgl. Ri 5,25) und Deckelbecher, die im Kult Verwendung fanden (vgl. Esr 1,10).

Spezifische Bedeutung haben im AT der „Trostbecher" beim Trauermahl (vgl. Jer 16,7), der „Becher des Heils" beim Dankopfer (Ps 116,13) und der „Becher des Zorns (Gottes)" (vgl. Jes 51,17.22 u.ö.). Die Vorstellung, daß Jahwe jemandem einen Becher zu trinken gibt, kommt wohl von dem Brauch, daß im Judentum der Hausvater den Seinen den Becher füllte; man mußte also trinken, was eingeschenkt wurde. Der Becher, den Jahwe einschenkt, ist nicht selten voller Bitterkeit (vgl. Pss 11,6; 75,9; Jer 25,15.17; Ez 23,31ff; Hab 2,16). Aber auch wer ihn nicht trinken will, muß ihn trinken (Jer 25,28; 49,12).

Trinken, Trunk und Trank werden im AT ebenfalls nicht unterschieden (vgl. 2 Chr 28,15; Ps 102,10); aber auch hierzu findet sich metaphorischer Sprachgebrauch: Glutwind teilt der Herr als Trank den Gottlosen zu (Ps 11,6), durch Mordblut getrübtes Wasser als Strafe für das Gebot des Kindermords (Weish 11,6f).

3. Im NT finden normale Becher (vgl. Mk 9,41) insbesondere im Zusammenhang mit Reinheits- bzw. Reinigungsvorschriften Erwähnung. Hier verdeutlicht Jesus am Reinigen von Bechern äußerliche und innere Reinheit (vgl. Mk 7,4; Mt 23,25f; Lk 11,39–41).

Markant ist sodann die metaphorische Rede „den Kelch oder Becher trinken". So fragt Jesus seine Jünger, die sich um das Sitzen zu seiner Rechten und zu seiner Linken bemühen, ob sie auch den gleichen Becher trinken können, den er trinken werde (Mk 10,38 par); gemeint ist der „Leidenskelch" seiner Passion, den er aus der Hand des Vaters annimmt (Joh 18,11). Als seine Jünger bejahen, sagt er auch ihr Leiden bzw. Martyrium voraus (Mk 10,39 par). Die Gethsemanierzählung verdeutlicht, daß es nicht unstatthaft ist, um das Vorübergehen solcher Leidenskelche zu bitten; auch Jesus hat es getan und sich erst dann dem Willen des Vaters unterworfen (Mk 14,36 parr).

Einen normalen Becher hat Jesus auch am Abend vor seinem Leiden (vgl. 1 Kor 11,23) verwendet, als er mit den Zwölfen das „letzte Abendmahl" feierte (Mk 14,23; Mt 26,27; Lk 22,17; 1 Kor 11,25). Es war der sog. Segensbecher, den er gegen Schluß des Mahls nahm, über dem er dankte und den er seinen Jüngern zu trinken gab. Wie die das Dankgebet erweiternde Deutung Jesu zum Becher lautete, läßt sich aus den ntl Zeugnissen nicht eindeutig klären. Gedeutet wird der Wein im Becher als „sein Blut" und als „Blut des Bundes", wobei die eine Tradition (Mk/Mt) an die Erneuerung des Alten, mit dem Blut von jungen Stieren besiegelten Bundes (Ex 24,8), die andere (Pls/Lk) an die Erfüllung des von Jeremia verheißenen Neuen Bundes (Jer 31,31ff) denkt. Die Unterschiede dürften sich aus der je verschiedenen Israel-Perspektive erklären: Die eine betont die Diskontinuität des Neuen, die andere die Kontinuität mit dem Alten. Von der Deutung des Brotes zu Beginn des Mahls (Mk 14,22 parr) scheint die Deutung des Bechers unabhängig zu sein; zwischen beiden lag die ganze Mahlzeit.

Wenn also die nachösterliche Jesusgemeinde im Gedenken an das Letzte Abendmahl und im Blick auf den Tod Jesu (vgl. 1 Kor 11,26) „Herrenmahl" feierte, verstand sie sich vom Becher her als Gemeinde des (Neuen bzw. erneuerten) Bundes – besiegelt durch Jesu Blut –, vom Brot her als in Gemeinschaft stehend mit dem gekreuzigten und erhöhten Christus bzw. als dessen Ver-Leib-lichung im „Leib Christi" (vgl. 1 Kor 12,12ff). Die Aufteilung des „Leibes" in „Fleisch und Blut" (vgl. Joh 6,51c–58) ist erzwungen durch die gnostisch-doketistische Bestreitung der wahren Menschheit Christi. Was Brot und „Becher des Segens" gemeinsam stiften, ist Gemeinschaft *(koinōnia)* mit Christus, verschieden akzentuiert durch die Teilhabe an seinem Leib und an seinem Blut (nach 1 Kor 10,16f). Das Essen des Brotes und das Trinken aus dem Becher werden dabei nicht eigens betont, aber vorausgesetzt.

Einen analogen Fall stellt das Essen und Trinken vom Tisch der Dämonen dar, so daß Pls warnen kann: „Nicht könnt ihr den Becher des Herrn trinken und den Becher von Dämonen" (1 Kor 10,21). Auch hier stellt das Trinken eine Gemeinschaft her zu den Dämonen wie zu den Dämonenverehrern.

Weil es sich aber beim Herrenmahl nicht um gewöhnliches Speisen und Trinken handelt, wohl aber um wirkliche Speise und wirklichen Trank (vgl. Joh 6,55), kann man mit Pls von „geistiger Speise" und „geistigem Trank" sprechen (1 Kor 10,4, wo er so im Blick auf das Exodusgeschehen in seiner geistlichen Ausrichtung auf das Christusereignis formuliert).

Von gewöhnlicher Speise und gewöhnlichen Getränken handelt Kol 2,16, wo in ähnlicher Weise wie in 1 Kor 8–10; Röm 14f das Speisen problematisiert wird.

4. Daß die Kirche in der Liturgie prächtige Kelche aus Gold und anderen edlen Stoffen verwendet, entspricht zwar der Wertschätzung der Gaben des Herrenmahls, trägt aber zugleich dazu bei, die Feier des Vermächtnisses Jesu aus unseren gewöhnlichen Lebensvollzügen zu isolieren.

Lit.: J. Hainz, Ekklesia, 1972; H.J. Klauck, Herrenmahl und hellenistischer Kult (NTA 15), ²1986.

Josef Hainz

BEDRÄNGNIS, Verfolgung, Drangsal

→ Ende; Heil; König/in

1. Die Bezeichnungen Bedrängnis/Drangsal *(thlîpsis)* und Verfolgung *(diōgmós)* kommen im NT ungefähr gleich oft (ca. 45mal) vor und könnten beinahe als synonym bezeichnet werden. Dies zeigt sich an jenen Stellen, an denen beide Bezeichnungen gleichzeitig begegnen, so z.B. Mk 4,17, wo von „Bedrängnis und Verfolgung wegen des Wortes" die Rede ist. Ein Unterschied zwischen beiden Begriffen könnte darin gesehen werden, daß Bedrängnis allgemein und Verfolgung bereits als eine Konkretisierungsform

zu verstehen ist. Bedrängnis zeigt sich etwa in der Verfolgung der Glaubenden als Folge der Erwählung (AT: Klagelieder; Mt 24,9; 1 Thess 1,6). Bedrängnis und Verfolgung sind Charakteristikum und Wesensbestandteil der göttlichen Heilsökonomie (= Gottes Heilswerk), womit die Glieder des Volkes Gottes (atl/ntl) in Zeit und Geschichte rechnen müssen. Freilich ist damit auch die Frage der Theodizee (= Vereinbarkeit des Leids mit der Güte Gottes) tangiert.

2. Im AT leidet das Volk Israel als Volk Gottes, aber mit zunehmendem Interesse für die Einzelperson auch das Individuum unter Bedrängnis und Verfolgung v.a. aus religiösen und theologischen Gründen. Seine besonderen Repräsentanten und Führer, Könige und Propheten sind ein auserlesenes Ziel gegnerischer Verfolgungen. Im „Gottesknecht" (DtJes) und „leidenden Gerechten" (Pss) erscheint das Verfolgungsmotiv in personifizierter Form. Bedrängnis und Verfolgung sind freilich auch als Konsequenzen für Sünde und Untreue verstanden (Gen 42,21; Dtn 31,17). In den prophetischen Schriften und in den apokalyptischen des Frühjudentums (z.B. Dan; Esr) erwartet man vor der endgültigen Wende zum Heil eine endzeitliche Bedrängnis. Verfolgung im religiösen Sinn scheint sich immer gegen Gottgläubige bzw. die Gesandten Gottes und in ihnen letztlich gegen Gott selbst zu richten. So wird Verfolgung zum Ausdruck des Kampfes gegen Gott, der von seiten der Macht des Bösen, jedoch nicht gegen Gottes Willen geführt wird. Nach der späteren atl Literatur gehörten Verfolgung und deren geduldiges Ertragen zu den

Anzeichen der kommenden *basileía* (= Gottesherrschaft; vgl. Dan 7,24–27). Israel selbst scheint im Zusammenhang mit dem Los seiner Propheten die Vorstellung vom gewaltsamen Geschick der Propheten entwickelt zu haben und zwar als Ausdruck eines beispiellosen Selbsturteils über seine eigene Harthörigkeit Gott gegenüber. Diese Vorstellung hat sich von ihrer Entstehung an im deuteronomistischen Geschichtswerk durch den nachfolgenden atl Zeitraum über das Frühjudentum bis in das NT hinein überliefert. In diese Selbstverurteilung einbezogen ist aber die allseitige Hoffnung, daß Gott ein starker Gott ist, der seine Pläne durchsetzt und für Bedrängnis und Verfolgung Abhilfe schaffen wird.

3. Die besondere Herausforderung durch Bedrängnis und Verfolgung und deren nicht lineare, sondern im Hinblick auf die Endzeit erfolgende Intensivierung werden im NT als verstärkte Anzeichen des bevorstehenden Eschaton gedeutet (vgl. Lk 21,12; 1 Petr 4,12–19), dessen Bestimmung ganz in den Händen Gottes liegt. Selbst Verfolger und Verfolgungen sind ihm Werkzeuge seines göttlichen Heilsplanes, die sich auf die Verfolgung Jesu als Spitze sämtlicher religiösen Verfolgungen bezieht. Bedrängnis und Verfolgung können so ein Zeichen dafür sein, daß der von ihnen Betroffene auf der Seite Gottes steht (vgl. Mt 5,10ff: Seligpreisung der um Jesu willen Verfolgten). Darum soll man die Verfolgung nicht fliehen, sondern in ihr im Vertrauen auf Gott standhaft bleiben. So gibt es auch das Gebot, für seine Verfolger zu beten (Mt 5,44). Aber so wie schon im AT

wird auch im NT nicht nur das einzelne Mitglied, sondern das Gottesvolk als ganzes Gegenstand der Verfolgung, ein Zeichen zentraler Übereinstimmung zwischen atl und ntl Heils- und Lebensordnung.

Die Grundregel für die Verfolgung von Christ und Kirche ist Joh 15,20 angesprochen: „Wenn mich sie verfolgten, werden auch euch sie verfolgen." Pls sieht sie bereits im AT bei Israel und Isaak vorgebildet (Gal 4,29). Er selbst, der einst die Kirche verfolgte (1 Kor 15,9; Gal 1,13.23 u.ö.), wird zum Verfolgten um Christi willen und sieht sich in seinen Verfolgungen Christus gleichgestaltet (Phil 3,10). Pls weiß um die Gefahr, daß man, um der Verfolgung der Welt zu entgehen, der Welt nach dem Munde spricht (Gal 6,12). So sieht er in der Verfolgung für Christen und Kirche eine besondere Gelegenheit zur Glaubensbewährung.

Verfolgung wird nach einer These von 2 Tim 3,12 mit dem Christsein immer verbunden sein. Jedoch darf der Christ mit dem Beistand und der Macht Christi in der Christusgemeinschaft (vgl. 2 Kor 12,9f) rechnen. Dies berechtigt zu Hoffnung und Freude in Bedrängnis und Verfolgung (vgl. Röm 5,3ff), für deren standhafte Erduldung der Christ danken soll, weil in ihr der Christ ein Anzeichen göttlicher Zuwendung erblicken darf (vgl. 2 Thess 1,3–8).

4. Menschenverfolgung und -vernichtung zu allen Zeiten und auf allen Kontinenten, insbesondere der Holocaust des 20. Jh., aber auch gegenwärtiges unsagbares und unbeschreibbares Leid, lokal und weltweit, lassen freilich die Frage nach dem „Warum" (d.h. die Theodizeefrage) ständig neu stellen. Das Glaubenszeugnis der Schrift und der Gläubigen vom heilschenkenden Kreuz Christi, des von Gott Auferweckten und in seine Herrlichkeit Erhöhten, bildet den eschatologischen Ausblick in eine für alle erreichbare, dieses irdische Leben mit all seinen Verfolgungen, Bedrängnissen und Drangsalen versöhnende und sinngebende Zukunft bei Gott.

Lit.: N. Baumert, Täglich sterben und auferstehen, 1973; K.M. Fischer, Die Bedeutung des Leidens in der Theologie des Pls, 1967; J. Kremer, Was an den Leiden Christi noch mangelt, 1956.

Franz Georg Untergaßmair

BEGIERDE

→ Böse; Fleisch; Leib; Unzucht

1. Da im NT von der Begierde *(epithymía)* häufig im negativen Sinn die Rede ist (vgl. Röm 7,7f), entsteht der Verdacht, daß das Begehren als solches verwerflich ist und der christl. Glaube eine lebens- und lustverneinende Dimension hat. Doch muß jeweils gefragt werden, welches Begehren gemeint ist.

2. Das AT reflektiert nicht über den Ursprung der Begierde; böse wird diese dadurch, daß Verbotenes – die Ehefrau des Nächsten bzw. fremdes Eigentum – begehrt wird (vgl. das zehnte Gebot: Ex 20,17; Dtn 5,21). Jedoch richtet man im Judentum zunehmend den Blick auf das verwerfliche Begehren des Menschen, so daß es zur rabb. Lehre vom bösen Trieb kommt und es ApkMos 19 heißen

kann: „Denn die Begierde ist der Anfang jeglicher Sünde." Im NT ist das Verb „begehren" *(epithyméō)* häufiger im positiven Sinn gebraucht als das Substantiv Begierde. Während die Begierde gutes wie sündhaftes Begehren bezeichnen kann, wird der verwandte Begriff „Lust" *(hēdonḗ)* durchweg negativ verwandt (vgl. Lk 8,14; Tit 3,3; Jak 4,1.3; 2 Petr 2,13).

3. In den Jesusworten der Syn ist der Begriff sowohl wertneutral (vgl. Lk 22,15: „Mit Begierde begehrte ich, dieses Pascha zu essen mit euch") als auch negativ gebraucht (vgl. Mt 5,28: „Ich aber sage euch: Jeder Anschauende eine Frau, um sie zu begehren, brach schon die Ehe mit ihr in seinem Herzen"; Mk 4,19: „Die Sorgen des Aions und der Trug des Reichtums und die Begierden ... ersticken das Wort"). Obwohl Pls den Begriff Begierde in positivem Sinn verwenden kann (vgl. Phil 1,23: „das Verlangen [= Begierde] habend zum Auflösen und mit Christos sein"), liegt das Schwergewicht auf einer negativen Sicht: „Ich sage aber, im Geist wandelt, und (die) Begierde (des) Fleisches werdet ihr gewiß nicht vollbringen. Denn das Fleisch begehrt gegen den Geist, der Geist aber gegen das Fleisch; denn diese liegen einander entgegen, damit ihr nicht, was ihr etwa wollt, dieses ihr tut" (Gal 5,16f). „Die aber des Christus [Jesus] kreuzigten das Fleisch mit den Leidenschaften und Begierden" (Gal 5,24). Der Begriff „Begierde des Fleisches" meint nicht primär sexuelle Begehrlichkeit, sondern die selbstsüchtigen Neigungen des schwachen Menschen, der nicht vom Geist Gottes bzw. Christi bestimmt wird.

Die Heiden sind in Götzendienst und Sittenlosigkeit Sklaven ihrer Begierden (Röm 1,24). Nach Röm 7,7f macht das Gesetz, die Tora der Juden, die Sünde bewußt und ebenso die Begierde, und die Sünde – wie von personifizierten Mächten ist hier die Rede – bewirkt die Begierde.

Auch die weiteren Schriften des NT vertreten diese negative Sicht der Begierde. Jak 1,14f führt die Versuchung (vgl. Gen 3) auf die Begierde zurück, und diese „gebiert, schwanger geworden, Sünde". Die PetrBr warnen die Glaubenden vor dem Rückfall in das heidnische Leben, das von den Begierden geprägt ist (1 Petr 1,14; 4,2f; 2 Petr 1,4; s. ferner 2,10). Zur üblichen Polemik gehört wohl, die sog. Irrlehrer mit einem Leben der Begierde in Zusammenhang zu bringen (vgl. 2 Petr 2,[13]18; 3,3; Jud 16.18).

In den joh Schriften gehört die Begierde auf die Seite der für Christus und Gott verschlossenen Welt. Deshalb heißt es Joh 8,44 über die nicht an Christus glaubenden Juden: „Ihr seid aus dem Vater, dem Teufel, und die Begierde eures Vaters wollt ihr tun." 1 Joh 2,16f kennzeichnet diese Welt wie folgt: „Denn alles das in der Welt, die Begierde des Fleisches und die Begierde der Augen und die Prahlerei des Lebens, nicht ist vom Vater, sondern von der Welt ist es."

4. Das Begehren im Sinn des intensiven Verlangens gehört zum Menschen, und jede Liebe „aus ganzem Herzen" (Dtn 6,5) kann sich ohne dieses hier angesprochene emotionale Element nicht vollziehen. Doch geht es den negativen Äußerungen der Bibel über die Begierde um die Freiheit und das rechte Leben des Menschen.

Lit.: H. Räisänen, Zum Gebrauch von *epithymía* und *epithyméō* bei Pls, in: ders., The Torah and Christ (SESJ 45), 1986, 148–167.

Jost Eckert

BEKEHRUNG, Umkehr, Buße

→ Böse; Gericht; Gesetz; Glaube; König/in

1. Wer eine Bekehrung vollzieht, muß zu allererst umdenken, seinen Sinn wegwenden vom Verkehrten und hinwenden zum Rechten; dann wird er umkehren, bereuen, gegebenenfalls Buße tun und wiedergutmachen.

2. Von der Notwendigkeit von Bekehrung und Umkehr sprechen im AT v.a. die Propheten. Sie nehmen Anstoß an den sehr äußerlichen Formen kultisch-ritueller Buße (wie Zerreißen der Kleider, Anlegen eines Trauergewands, Gehen oder sich Betten in Sack und Asche, Fasten usw.; vgl. 1 Kön 21,27; Jes 58,5; Neh 9,1). Was sie fordern (vgl. v.a. Jer und Ez), sind gerade nicht Rituale und Lippenbekenntnisse, sondern wirkliche Abkehr vom Bösen und Hinwendung zu Gott: Gotteserkenntnis, Gehorsam und Barmherzigkeit (Hos 6,1–6). In nachexilischer Zeit wird solche Hinwendung zu Gott als Hinwendung zum Gesetz konkretisiert (vgl. Dtn 30,1ff; Neh 9,29 u.ö.).

V.a. in Qumran spielt die Bekehrungsforderung eine zentrale Rolle (1 QH 16,17), auch hier als Bekehrung zum Gesetz (CD 16,1f). Die Qumranleute konnten sich geradezu als „Bund der Umkehr" bezeichnen (CD 19,16; 1 QS 5,22; 6,14f); seine wichtigste Aufgabe bestand in der Entsühnung des Landes (1 QS 8,6; 1 QSa 1,3).

Die Brücke zum NT schafft die LXX mit ihrer Übersetzung des hebr. Verbs *šûb* mit *metánoia, metanoéō*. Zwar kann *šûb* alle möglichen Formen des Umkehrens, der Abkehr und der Hinwendung ausdrücken, aber dafür verwendet die LXX meist *apostréphō* und *epistréphō*, wenngleich letzteres öfter auch für die religiöse Bekehrung Verwendung finden kann. Was Bekehrung so wichtig macht: Sie ist immer Umkehr zum Leben (Ez 18,32).

3. Das verdeutlicht im NT die Botschaft Jesu vom anbrechenden Königtum Gottes, mit der die Evangelisten allerdings eine radikale Umkehrforderung verbinden. Klassischer Text: Mk 1,15. Dem indikativischen Heilsangebot Jesu (15a und b) folgt die imperativische Aufforderung zum Umdenken und zum vertrauensvollen sich Einlassen auf das Ev (15c und d). Das Eingehen ins Königtum Gottes ist also an Bedingungen geknüpft; aber eingeladen sind alle, auch und gerade die Sünder (vgl. Mk 2,15–17); denn über die Bekehrung eines Sünders ist im Himmel mehr Freude als über 99 Gerechte (Lk 15,7.10). Grund der Freude ist der Schritt vom Tod zum Leben, den man in der Bekehrung vollzieht (Lk 15,32).

Hier liegt der Unterschied zu Johannes d.T., der noch ganz in der prophetischen Tradition steht und zu Bekehrung und Umkehr auffordert, indem er seine Predigt und Bußtaufe als Weg der Rettung aus dem Zorngericht Gottes anbietet (Mt 3,2.7ff par). Einsicht in die Sünde, Sündenbekenntnis, Umkehr (Mk 1,4f) und „Früchte, würdig der Umkehr" (Lk 3,8), bleiben gefordert, wobei Lk sogleich Konkretionen solcher Früchte angibt (3,10–14).

Hier liegt der Akzent auf dem Tun des Menschen; bei Jesus auf dem Heilsangebot Gottes, seiner Vergebungsbereitschaft und Liebe – auch und gerade zu allem „Verlorenen" (Lk 15); man muß sich nur als Sünder erkennen und bereit sein, Gottes Gnade anzunehmen und die Hinwendung zu Gott zu vollziehen (Lk 18,13: „Gott, sei gnädig mir Sünder!").

Die Evangelisten fürchten Mißverständnisse dieser Gnadenbotschaft; daher verstärken sie die Umkehrforderung und drohen den Nicht-Umkehr-Willigen nach wie vor mit dem Gericht (vgl. Mt 11,20–24; 12,41; Lk 13,3.5; 19,41–44 u.ö.).

Dasselbe läßt sich auch an der Apg für die frühchristl. Verkündigung beobachten (2,38; 3,19f; 5,31 u.ö.): Gefordert werden Abkehr vom Bösen (8,22) und Hinwendung zu Gott bzw. Glaube an Jesus (20,21); sonst droht das Gericht (17,30f).

Bekehrung bedeutet „Umkehr zum Leben" (Apg 11,18). Wer daher nach seiner Bekehrung erneut dem Bösen und damit dem Tod Raum gibt, dem wird es (nach Lk 11,24–26 par) hernach schlechter ergehen als vorher; Hebr 6,4–6 verweigert ihm sogar eine zweite Chance zur Umkehr.

Auch für Pls, dessen Bekehrung Lk geradezu als Muster jeder Bekehrung gestaltet (Apg 9), gehört Umkehr notwendig zum Glauben: Er ist eine Bekehrung „weg von den Götzen, zu dienen dem lebendigen und wahren Gott" (1 Thess 1,9). Was das bedeutet, führt er vielfältig aus, wenn er die neue, von Gottes Gnade und Vergebung bestimmte Existenz der Christen beschreibt (zu Gal 6,15; 2 Kor 5,17; vgl. Röm 6,4–11.12ff; 12,2.9ff; 1 Kor 6,9–

11; Gal 5,19–25 u.ö.). Die nachpln Theologie folgt hier ganz seinen Spuren (Kol 1,21–23; 2,13; Eph 2,3–7). Pls rechnet aber auch nach der grundlegenden Bekehrung mit Sünde und Umkehr (vgl. 2 Kor 7,9); bei Verweigerung der Umkehr (vgl. 2 Kor 12,21) geht es für ihn um Rettung und Leben (2 Kor 7,10).

Dieser Auffassung ist auch die Offb, die v.a. in den sieben Sendschreiben wiederholt zur Umkehr auffordert (2,5.16; 3,3.19).

Im joh Schrifttum fehlt das Wortfeld; der so betonte Glaube, der Leben vermittelt, beherrscht das JohEv (vgl. Joh 20,31).

4. In der Alten Kirche wird die syn Umkehrforderung zum Bußinstitut, später zur Beichte entwickelt. Ihre Probleme waren und sind die gleichen wie im AT: Ritual statt Hinwendung zu Gott.

Lit.: I. Cabraja, Der Gedanke der Umkehr bei den Syn (Diss.T 10), 1985; B. Lutz, Umkehr als Prozeß ständigen Neu-werdens (STPS 3), 1989.

Josef Hainz

BERUFUNG, Ruf

→ Lohn; Prophet/in; Schüler

1. Der Begriff Berufung hat ein breites Wort- und Sachspektrum: Die Basis ist der „Ruf", das Ergebnis ist der oder ein „Beruf". Innerhalb dieses Spannungsfeldes von Ereignis und Ergebnis ist die hier gemeinte religiöse und bibl. Berufung angesiedelt. Das 5. Kapitel der Konzilskonstitution über die Kirche (Lumen gentium) erklärt in Artikel 40, alle Christen seien „zur Fülle des christlichen Lebens und zur vollkommenen Liebe" berufen. Nachfolge ist also ein zeitgemäßes Interpretament für „Christ-Sein". Am Anfang steht der Gottesruf.

2. Der Begriff Berufung (klêsis) hat innerhalb der jüd.-christl. Erwählungstradition (Israel, Volk Gottes, Kirche) eine spezifisch individuelle Konnotation (Berufungserlebnisse). Die klassischen Modellfälle in der Geschichte Israels sind Abraham, Samuel und die Propheten.

3. Im NT, speziell in den syn Evv, beruft Jesus Menschen in typisierender Darstellung kompromißlos (Mk 1,16–20 parr), lädt auf der anderen Seite aber auch zum Gottesreich wie zu einem Festmahl ein (Mt 22,1–14 par). Die Berufung fordert Entscheidung, Verzicht und Neuorientierung (Lk 9,57–62 par; 14,25–35) – bei gelegentlicher Einblendung einer Lohnverheißung (Mk 10,28–31 parr). Die souveräne Verfügung des Berufenden relativiert oder konterkariert die freie Wahl im bürgerlichen Berufsleben.

Pls spricht formelhaft von Berufung im Sinn des allgemein-christl. Erlösungs- und Existenzverständnisses. Der entscheidende Faktor ist das ausgeprägte „Amts"verständnis, das er gegenüber Anfeindungen verteidigen muß (Gal 1,10–24). Der theologische Gesamtrahmen ist die Erfahrung von Erwählung, Rechtfertigung und Heiligung.

4. Die moderne Einschränkung der Berufung auf kirchliche Stände, Dienste und Gemeinschaften (Klerus, Orden) ist kein Thema des NT. Der dominierende Gesamtrahmen, innerhalb dessen gelebte eschatologische Signale ihre Berechtigung und Bedeutung haben, ist die Berufung des ganzen Gottesvolks. Die Anfänge des ntl Berufungskomplexes liegen im Bereich der Kultur- und Religionsgeschichte bzw. im allgemeinen soziologischen Erleben von Ruf, Anrede, Einladung und Hinhören, Gehorsam und Folgen.

Lit.: W. Bieder, Die Berufung im NT, 1961; U. Busse, Nachfolge auf dem Weg Jesu. Ursprung und Verhältnis von Nachfolge und Berufung im NT, in: H. Frankemölle/ K. Kertelge (Hg.), Vom Urchristentum zu Jesus (FS Gnilka), 1989, 68–81; D. Wiederkehr, Die Theologie der Berufung in den PlsBr, 1963.

Josef Ernst

BESCHNEIDUNG, Eunuch

→ Bund; Jude; Taufe

1. Die Beschneidung wird im AT zu einem unterscheidenden Kennzeichen der Juden. Auch im NT ist noch über 50mal von ihr die Rede, am häufigsten in Briefen des Pls und seiner Schule. Je nach Zusammenhang meint *peritomé* den Akt der Beschneidung, das Beschnittensein, die (beschnittenen) Juden oder Judenchristen. Durch Verschneidung wurde ein Mann zum Eunuchen (Kastraten) (vgl. Mt 19,12; Apg 8,27ff).
2. Die Beschneidung war ein bei vielen Völkern verbreiteter ritueller Eingriff an den Geschlechtsteilen und wurde als Ritus des Übergangs meist in der Pubertät im Blick auf Geschlechtsreife und Verheiratung vollzogen. In der Frühzeit der atl Überlieferung dürfte die Beschneidung auch diese Funktion gehabt haben, späte-

stens aber seit dem Exil wird sie zum Zeichen des Bundes schlechthin, den Gott mit Abraham geschlossen hat. Nach Gen 17,10–12 müssen alle männlichen Kinder am achten Tag an der Vorhaut des Gliedes beschnitten werden. Da die Beschneidung in hellen.-röm. Zeit von außen hart bekämpft (Antiochus IV., Hadrian) und in Frage gestellt wurde, wurde sie immer mehr zum unterscheidenden Kennzeichen der Juden, in dem ihre Treue zum Bund Gottes und zum Gesetz zum Ausdruck kam. Eine vergleichbare Beschneidung der Mädchen kennt das AT nicht, obwohl es in der Umwelt Völker mit einer solchen Beschneidungspraxis gab. Träger dieses Bundeszeichens waren also allein Männer, was auch Ausdruck eines atl.-jüd. Androzentrismus sein kann.
3. Das lk Doppelwerk belegt die Beschneidung Johannes' d.T., Jesu (Lk 1,59; 2,21) und Isaaks am achten Tag und spricht vom „Bund der Beschneidung", den Gott Abraham gegeben hat (Apg 7,8). Apg 15,1–29 berichtet aber auch über schwere Konflikte um die Beschneidung, weil strenge Judenchristen pharisäischer Herkunft verlangen, daß die neubekehrten Heidenchristen beschnitten werden müssen. Die Jerusalemer Versammlung der Apostel und Ältesten beschließt aber, daß die Heidenchristen nicht beschnitten und nicht auf das ganze Gesetz verpflichtet werden müssen. Radikale judenchristl. Kreise haben die Freiheit von der Beschneidung für die Mission unter den Völkern trotz dieses Beschlusses weiter bekämpft.
Pls kämpft insbesondere im Gal (vgl. auch Phil 3) gegen derartige judenchristl. Missionare. Dabei beruft er

sich auf die Jerusalemer Anerkennung seiner beschneidungsfreien Heidenmission (Gal 2,1–10). Er weist darauf hin, daß die Beschneidung auch das Tun des ganzen Gesetzes fordert (Gal 5,3), das nicht einmal seine Gegner halten (Gal 6,13). Darüber hinaus hat die Beschneidung ihre Heilsbedeutung für Heidenchristen verloren, da sie in Christus mit den beschnittenen Judenchristen zusammen eine neue Schöpfung sind und allein der Glaube entscheidet, der sich in der Liebe auswirkt (Gal 5,6; 6,15; vgl. 1 Kor 7,19). Im Röm ringt Pls mit dem jüd. Gesprächspartner und würdigt auch die positiven Seiten der Beschneidung (vgl. Röm 3,1f; 15,8). Gleichwohl fordert die Beschneidung das Halten des Gesetzes. Der Beschnittene wird als Übertreter des Gesetzes zum Unbeschnittenen, während der Unbeschnittene, der die Rechtsforderungen des Gesetzes beachtet, ein geistlich Beschnittener ist. Seine Beschneidung ist die des Herzens im Geist (vgl. Dtn 30,6; Jer 4,4; 1 QpHab 11,13), und sein Lob kommt von Gott (Röm 2,25–29). Im übrigen zeigt Pls in Röm 4,1–12 gerade an Abraham, daß er der Vater aller Glaubenden ist, weil sein Glaube der Beschneidung vorausliegt und die heilschaffende Gerechtigkeit ganz aus ihm kommt. Die Beschneidung wird zum Siegel der Glaubensgerechtigkeit, sie ist nicht voraussetzungsloses Zeichen des Bundes.

Schüler des Pls führen sein Denken weiter. Kol 2,11–13 spricht erstmals von der nicht mit Händen gemachten Beschneidung des Christus, die an den Glaubenden durch die Taufe geschieht, die alle Verfehlungen und das Unbeschnittensein des Fleisches vergebend

beseitigt. Eph 2,11–22 erinnert die unbeschnittenen Heidenchristen daran, wie sie durch Christus zum Bund der Verheißung gefunden haben und neu mit den Judenchristen zusammen am Frieden und Heil des Christus in einem neuen Menschen teilhaben.

Das Eunuchenwort der Jesusüberlieferung findet sich nur Mt 19,12. Es spricht von der Selbstverschneidung wegen des Königtums der Himmel und betont, daß dies schwer zu fassen sei. Die Aussage ist eher übertragen als wörtlich zu verstehen und wirbt im selbstgewählten Verzicht auf Ehe und Familie um die völlige Übereignung einzelner an das Reich Gottes.

4. Im NT wird die Taufe zum Initiationsritus, der für Heidenchristen an die Stelle der Beschneidung tritt und an beiden Geschlechtern vollzogen wird. Dadurch wird diesbezüglich die Ungleichheit zwischen Mann und Frau beseitigt und ein grundlegendes Zeichen ihrer gleichen Würde in Christus gesetzt (Gal 3,26–29).

Lit.: D. Arenhoevel, Ursprung und Bedeutung der Beschneidung, 1973; A. Sand, Reich Gottes und Eheverzicht im Ev nach Mt (SBS 109), 1983.

Peter Dschulnigg

BESESSENHEIT, Dämon, Unreiner Geist

→ Geist; Macht; Satan; Schwachheit

1. Mit Besessenheit bezeichnet man im NT und im Christentum den Zustand eines Menschen, von dem ein böser Geist *(daímōn, daimónion, pneûma akátharton, pneûma ponērón)* derart Besitz ergriffen hat, daß nicht mehr der Mensch selbst, sondern der Geist aus seinem Körper spricht und handelt. Der Besessene *(daimonizómenos)* ist nicht mehr Herr seiner selbst. Diese Vorstellung setzt ein Welt- und Menschenbild voraus, in dem Dämonen als Verursacher von Krankheit, Unglück und Schaden aller Art gelten. Dieser Glaube ist heute nicht mehr unumstritten, war aber in der alten Welt über die Grenzen der verschiedenen Religionen hinaus selbstverständlich.

2. Im AT spielen Dämonen nur eine sehr marginale Rolle. Im Frühjudentum dagegen (wie in der Periode um die Zeitenwende überhaupt) erlebt der Dämonenglaube einen großen Aufschwung. Es entwickelt sich eine eigentliche Dämonologie, die über den Ursprung (oft in Gen 6,1–4 gesehen) und die Funktion (Verführung, Schädigung aller Art) der Geister nachdenkt. Das Reich des Bösen wird als eine geordnete Macht gesehen, deren Oberhaupt Mastema, Beliar oder Belial (Qumran) heißt. Es werden Fälle von Besessenheit und Exorzismen (d.h. rituelle Austreibungen von Dämonen) berichtet (1 QGenAp 20, 12–29; TestSal 1; Josephus, ant. VIII 2,5). Die Juden gelten in dieser Zeit zusammen mit den Chaldäern als besonders erfolgreiche Exorzisten. Von jüd. Exorzisten weiß auch das NT (Mt 12,27 par; Apg 19,13–16).

3. Im NT wird nur in den syn Evv und in der Apg von Besessenheit berichtet. Vier Exorzismen Jesu werden ausführlich erzählt (Mk 1,23–28 par; 5,1–20 parr; 7,24–30 par; 9,14–29 parr). Dazu kommen in Mt 9,32–34 parr und 12,22f par stumme und blinde Besessene, deren Heilung nur kurz erwähnt wird. Die Hervorhebung der Exorzismen in einigen Sammelberichten der Tätigkeit Jesu (Mk 1,32–34 parr; 3,7–12 parr; Lk 7,21; 8,1–3) zeigen, daß es den syn Evangelisten (v.a. Mk) wichtig ist, Jesus als Sieger über die Dämonen, auch „unreine Geister" (v.a. Mk), „böse Geister" (Lk) oder einfach „Geister" genannt (während dem „Satan" oder dem „Teufel" die Funktion des Verführers zugeordnet wird), darzustellen.

Die beschriebenen Phänomene der Besessenheit zeigen einerseits das außerordentliche Wissen (Mk 1,24.34 par; 3,11f par), besonders aber die zerstörerische Macht der Dämonen, die sich v.a. gegen die Besessenen selbst richtet (vgl. v.a. Mk 5,3–5 parr; 9,18.20.22 parr). Öfters hat die Besessenheit Krankheit oder Behinderung zur Folge (Mt 17,15: „mondsüchtig"; Mk 9,17; Mt 9,32; 12,22 par: stumm; Mt 12,22: blind; Lk 13,11: gekrümmter Rücken). Obwohl Besessenheit und Krankheit für die Syn nicht einfach das gleiche sind, werden sie doch eng zusammen gesehen und beide der heilenden Tätigkeit Jesu zugeordnet (vgl. die Sammelberichte). Der besessene Gerasener sitzt nach erfolgtem Exorzismus „bekleidet und bei Sinnen" (Mk 5,15 par) da. Besonders Mt betont, daß Jesus Besessene „heilt" (Mt 12,22; 15,28; 17,16.18).

Aber deutlicher als die Krankenheilungen betonen die Exorzismen die Macht Jesu. Diesem Akzent dienen schon die z.T. furchterregenden Schilderungen der Besessenen, v.a. aber die Leichtigkeit, mit der Jesus die Dämonen austreibt. In der Umwelt des NT brauchte man dafür komplizierte Beschwörungsrituale. Beim syn Jesus spielt das alles keine Rolle. Der *terminus technicus* beschwören *(exorkízō)* kommt für Jesus nie vor. Er „befiehlt" den Dämonen ganz einfach (Mk 1,25. 27; 3,12; 9,25 u.ö.). Mt 8,16 stellt ausdrücklich fest: „... und hinauswarf er die Geister durch sein Wort." Sogar seine bloße Gegenwart macht den Dämonen klar, daß sie ausgespielt haben (Mk 1,24; 5,7–12).

Wie der syn Jesus seine Exorzismen versteht, macht am eingehendsten das sog. „Beelzebulgespräch" (Mk 3,22–30 parr) deutlich. Es wird ihm der Vorwurf gemacht, er sei selbst besessen (vgl. auch Joh 7,20; 8,48–52; 10,20f; derselbe Vorwurf an Johannes d.T. in Mt 11,18 par), und seine Macht über die Dämonen zeige, daß er mit Satan, dem „Herrscher der Dämonen", im Bunde stehe. Jesus zeigt auf, wie unsinnig diese Argumentation ist. Vielmehr habe er das Reich des Bösen besiegt und sei stärker als Satan. „Wenn aber im Geist Gottes ich hinauswerfe die Dämonen, also kam zu euch das Königtum Gottes" (Mt 12,28). Seine Exorzismen sind also Zeichen dafür, daß das Königtum Gottes anbricht.

Der syn Jesus gibt auch seinen Jüngern den Auftrag und die Vollmacht, Dämonen auszutreiben (Mk 3,15 par; 6,7.13 parr). Die Exorzismen im Namen Jesu gehören zu den Zeichen, die den Glaubenden folgen werden (Mk 16,17; vgl. auch Mt 17,19f). Die Apg berichtet, wie sich diese Verheißung in der Wirksamkeit der Apostel (Apg 5,16), des Philippos (Apg 8,7) und des Pls (Apg 19,12) erfüllt.

Wie sehr die Macht Jesu über die Dämonen Anerkennung findet, wird auch daran deutlich, daß von Exorzisten berichtet wird, die nicht zu den Anhängern Jesu gehören, aber in seinem Namen Dämonen austreiben (Mk 9,38 par; Apg 19,13–16).

4. Die Kirche hat durch alle Jh. den Auftrag Jesu, Dämonen auszutreiben, als ihre Aufgabe verstanden. Das veränderte Welt- und Menschenbild, aber auch theologische und pastorale Überlegungen verlangen, daß sie es heute mit größter Klugheit und Zurückhaltung tut. In der kath. Kirche sind dafür nach wie vor die Bestimmungen des „Rituale Romanum" von 1614 (1952 geringfügig überarbeitet) maßgebend.

Lit.: F. Annen, Die Dämonenaustreibungen Jesu in den syn Evv (ThBer V), 1976, 107–146; O. Böcher, Christus Exorcista, 1972; ders., Das NT und die dämonischen Mächte, 1972; W. Kirchschläger, Jesu exorzistisches Wirken aus der Sicht des Lk (ÖBS 3), 1981; D. Trunk, Der messianische Heiler (Herders Bibl. Studien 3), 1994.

Franz Annen

BESITZ, Eigentum

→ Almosen; Armut; Geld; Nachfolge

1. Vom Besitz *(tà hypárchonta)* ist v.a. in den syn Schriften die Rede. In manchen Fällen wird ganz unbetont (Lk 8,3) oder bildlich (Lk 11,21) davon gesprochen, besonders in den Gleichnissen Jesu (z.B. Mt 24,47 par; 25,14; Lk 16,1). An nicht wenigen Stellen, besonders im lk Werk, wird aber auch ausdrücklich über das Verhältnis des Jüngers bzw. des Gläubigen zum Besitz (zu *ktêma* vgl. Apg 2,45; 5,1) nachgedacht.

2. Das AT sieht Besitz grundsätzlich als etwas Erstrebenswertes und als

Zeichen göttlichen Segens. Der Dekalog schützt das Eigentum (Ex 20,15. 17). Der Besitz des Landes ist eine Gabe Gottes an Israel. Allerdings bringt Besitz die Verpflichtung mit sich, für die Bedürftigen zu sorgen (Dtn 15,7ff). Die Propheten, v.a. Amos (vgl. 4,1 u.ö.), geißeln mit scharfen Worten die Unterdrückung und Ausbeutung der Armen durch die Besitzenden. Jahwe, der eigentliche Besitzer des Landes, ist ein Helfer der Armen.

3. Während im AT wie allgemein unter den Menschen, damals wie heute, Besitz als etwas Positives angesehen wird, hat er in den Evv ein vorwiegend negatives Image. Seine Vergänglichkeit wird betont; er fällt Dieben oder Rost und Motten zum Opfer (Mt 6,19f par; Lk 12,33; vgl. auch Jak 5,2f). Er kann dem Leben keinen Sinn und Bestand geben (vgl. das Gleichnis vom reichen Kornbauern in Lk 12,15–21). Noch schlimmer: Er hat es in sich, den Menschen so gefangenzunehmen (Mt 6,21 par), daß er zum Hindernis für die Nachfolge wird (der reiche Mann in Mk 10,22 parr) und den Zugang zum Königtum Gottes erschwert (Mk 10,23 parr). In Mt 6,24 par wird er sogar zum Götzen, angesichts dessen man sich entscheiden muß: „Keiner kann zwei Herren dienen … Nicht könnt ihr Gott dienen und (dem) Mammon."

In der syn Paränese wird vollständiger Besitzverzicht gefordert: „So also kann jeder von euch, der nicht sich trennt von all seinem Besitz, nicht sein mein Schüler" (Lk 14,33). Meist wird der Besitzverzicht mit der Aufforderung verbunden, den Erlös den Armen zukommen zu lassen (Mt 19,21 parr; Lk 12,33). Eine weniger radikale Forderung zeichnet sich in der Zachäuserzählung ab (Lk 19,8: die Hälfte des Besitzes für die Armen und vierfache Wiedergutmachung für begangenes Unrecht). Jedenfalls ist nur der Besitz, der den Armen geschenkt wird, ein unvergänglicher Schatz, der auch im Himmel seinen Wert behält (Mk 10,21 parr; Lk 12,33). Darüber hinaus betont 1 Kor 13,3, daß erst die Liebe den Besitzverzicht wertvoll macht.

Die Apg berichtet, daß sich die Gemeinschaft der ersten Christen in Jerusalem dadurch auszeichnete, daß sie allen Besitz gemeinsam hatten (Apg 4,32), bzw. daß die Besitzenden (alle?) ihre Güter verkauften und den Erlös für die Bedürftigen zur Verfügung stellten (Apg 2,45; 4,34.37; 5,1). Die ntl Briefliteratur zeigt dann allerdings eine Kirche, in der es nach wie vor Besitzende gibt, die ihre Verpflichtungen für die Bedürftigen nicht immer wahrnehmen (vgl. z.B. 1 Kor 11,17–34; Jak 2,1–13).

4. Das NT macht sich also keine grundsätzlichen Gedanken über eine Umstrukturierung der Gesellschaft oder eine gerechtere Wirtschaftsordnung. Aber es zeigt die Gefahren des Besitzes auf, verlangt innere und äußere Distanzierung davon und macht die Besitzenden verantwortlich für die Bedürftigen.

Lit.: H.-J. Degenhardt, Lk – Evangelist der Armen, 1965; M. Hengel, Eigentum und Reichtum in der frühen Kirche, 1973; L. Schottroff/ W. Stegemann, Jesus von Nazareth, Hoffnung der Armen, ³1990; G. Theissen, Studien zur Soziologie des Urchristentums (WUNT 2/19), ³1989; F. Zeitlinger, Die Bewertung der irdischen Güter im lk Doppelwerk und in den Past, BiLi 58 (1985) 75–80.

Franz Annen

BILD, Abbild

→ Christus; Schöpfung

1. Das Denken und Fühlen in Bildern und Symbolen ist der bibl. Offenbarungsreligion eigentümlich. Pls spricht vom Schauen wie im Spiegel als Vorgeschmack der vollkommenen Anschauung von „Angesicht zu Angesicht" (1 Kor 13,12). Bilder sind Vor-Abbildungen des Ewigen. Die altkirchliche Theologie des Bildes stimmt hier mit den Bemühungen der modernen Kunst um Vermittlung religiöser Erfahrungen überein.

2. Das atl-jüd. Bilderverbot (Ex 20,4f. 23; Lev 26,1; Dtn 4,16ff; 5,8f; 27,15) ist im NT übernommen und aktualisiert worden. Die feste Überzeugung von der unbildlichen Offenbarung Gottes im Wort war in den tagespolitischen Entscheidungen eine starke Stütze.

3. Die Anfänge ntl Umdenkens finden in der Inkarnationschristologie ihren deutlichsten Ausdruck. Die Tatsache, daß Christus Kol 1,15 das Abbild *(eikón)* des unsichtbaren Gottes und Hebr 1,3 der Abglanz seines Wesens genannt wird, steht im Zusammenhang mit der ntl Erlösungsvorstellung und der ausgeprägten Christozentrik. Pls hat in seinen Ausführungen zur Gott-Ebenbildlichkeit des Menschen den Christusvorrang bewußt hervorgehoben. Die Glaubenden werden nach dem Willen Gottes dem Bild seines Sohnes gleichgestaltet (Röm 8,29) bzw. in den Prozeß einer gnadenhaften Einholung des Urbildes (Adam) in das Abbild (Christus) einbezogen: „und gleichwie wir trugen das Bild des Erdhaften, werden wir tragen auch das Bild des Himmlischen" (1 Kor 15,49). Die Sprachschemata sind zeitbedingte „Bilder" eines Spitzensatzes atl und ntl Theologie: Gott ist dem Menschen in Jesus Christus wieder nahegekommen, wie ehedem am Anfang in der Erschaffung als Gottes Abbild (Gen 1,26). Der Gedanke einer Verwandlung der Glaubenden in „dasselbe Bild" (Bild des Herrn) im Schauen seiner Herrlichkeit mit unverhülltem Gesicht (2 Kor 3,18) liegt auf der gleichen Linie.

Ein extremer Sonderfall mit geschlechtsspezifischen Einblendungen liegt in der Beanspruchung der Gott-Ebenbildlichkeit für den Mann als Haupt der Frau vor (1 Kor 11,7). Eine Ausgrenzung der Frau, wie heute mit geschärftem Blick erkannt wird, lag kaum in der Intention der auf übergeordnete christologische Zusammenhänge abhebenden Formulierung.

4. Der Bild-Abbild-Komplex reicht im negativen und positiven Anwendungsbereich weit zurück in das AT. Das NT verfolgt diese vorgegebene Linie in christologischer Zuspitzung, aber mit unübersehbarem Bezug auf die Schöpfungstheologie. Die junge Kirche konnte im Verbund mit griech.-philosophischen Bild-Eikon-Vorstellungen (z.B Philo) für die weiterführende Entwicklungsgeschichte die Weichen stellen.

Lit.: F.W. Eltester, *eikón* im NT (BZNW 23), 1958; H. Hegermann, Die Vorstellung vom Schöpfungsmittler im hellenistischen Judentum und Urchristentum (TU 82), 1961; J. Jerwell, Imago Dei. Gen 1,26 im Spätjudentum, in der Gnosis und in den pln Briefen (FRLANT 76), 1960; G. Lange, Das Bild in der Bibel, BiKi 48 (1993) 70–78.

Josef Ernst

BITTE, Gebet

→ Dank; Ehre; Geist; Gemeinde; Lob; Vater

1. Bibl. Beten *(déēsis, euchḗ, proseuchḗ)* basiert auf der Grundüberzeugung, daß Gott in der Geschichte handelt. Postmodernem und vom Geist der Aufklärung geprägtem Denken fällt es schwer, einem Gebetsverständnis zuzustimmen, das ein Eingreifen übernatürlicher Kräfte in den innerweltlichen Ablauf der Dinge voraussetzt. So werden Bitte/Gebet vielen zum Problem, da die Verhältnisbestimmung Gott – Mensch aus verschiedenen Gründen (naturwissenschaftliches Weltbild, Immanenzaxiom, absolute Transzendenz Gottes, auf den Menschen zentrierte Anthropologie) nicht gelingt bzw. eine andere geworden ist. Ein Überdenken der traditionellen Gebetsauffassung wird gefordert, neue „Gebetsverständnisweisen" werden vorgeschlagen. Sie können das bibl. Verständnis nicht verdrängen, wohl aber zu dessen Neuformulierung im Sinn heutiger Aktualisierung anregen.

2. Im AT und Judentum ist die Gattung der Bitte *(pll, tᵉpillāh)* neben der des Lobes, Preises, Dankes und der Klage von fundamentaler Bedeutung. Eine Vielzahl von Begriffen und Wendungen belegt die Selbstverständlichkeit, aber auch Ehrfürchtigkeit, mit denen der einzelne, die Gemeinde und das ganze Volk ihre menschlichen (vgl. Gen 24,12ff; 1 Sam 1,10–13; 2 Kön 20,2f; Pss 22; 27,7ff; 31,10–18 u.ö.) und religiösen Anliegen (besonders in Bußpsalmen und Klageliedern) vor Gott hinbringen. Ihre Erhörungs-

gewißheit resultiert aus einer radikalen Ausrichtung ihrer Existenz auf den in Schöpfung und Geschichte wirkmächtigen Bundesgott, der Israel aus Ägypten befreit (Exodus) und ihm seine Liebe und Treue geschworen hat (vgl. Dtn 4,29ff; Jes 41,8–20; Jer 29,10–14; Ez 20,44; Hos 2,23ff).

3. Jesus bestätigt mit dem Hinweis auf den liebenden Vatergott (Mt 6,9 par: Vater-Anrede) die atl Verwurzelung des Bittens, stellt es auf die Grundlage seines von ihm vermittelten Gottesverhältnisses. Als Jude steht Jesus in der Tradition jüd. Glaubens und entsprechender Frömmigkeit. So ist es mehr als wahrscheinlich, daß Jesus sich an den großen Wallfahrten nach Jerusalem (vgl. Lk 2,41–52; Joh 2,13; 5,1; 6,4; Mk 11,1–11 parr) beteiligte, den Synagogengottesdienst in seiner Vaterstadt mitfeierte (vgl. Lk 4,16), den Tag durch Einhaltung der üblichen Gebetszeiten (Morgen, Mittag, Abend) heiligte. Sämtliche Formen jüd. Gebetslebens (Lob-, Preis-, Dank-, [Für]bitte-, Klagegebet) dürften ihm, so wie sie in den Psalmen und anderen jüd. Gebetssammlungen vorgegeben waren, vertraut gewesen sein. Seine im Vertrauen zum Ausdruck kommende innige Verbindung zum „Vater" zeigt sich am nachhaltigsten im Gebet am Ölberg: „Abba, Vater, alles (ist) dir möglich …" (Mk 14,36).

Ist für Jesu Gebet das in der Anrede „Vater" sich artikulierende Vater-Sohn-Verhältnis entscheidend, so trifft dies auch zu, wenn Jesus seinen Jüngern das „Vaterunser" lehrt und ihre Gotteskindschaft als Basis und Voraussetzung für vertrauensvolles und erhörungsgewisses Beten nennt. Dieses Vaterunser steht im Mittelpunkt urchristl. Gebetstradition (vgl. die Gebetskatechese in der Bergpredigt Mt 6,7f.14f und die Gebetsunterweisung in Lk 11,5–13). Aber auch und speziell die in Jesu Lehre fundierte Ermahnung zu vertrauensvollem Bitten ist von der Urkirche aufgegriffen worden (vgl. 1 Kor 16,22; Offb 22,20). Besonders gilt dies für die Verheißungsformel „Bittet, und gegeben werden wird euch" (Mt 7,7 par; vgl. auch Joh 16,24b), die besagt, daß vertrauensvolles Bitten seine Erhörung nach sich zieht. Wahrscheinlich war diese Aufforderung zum Bitten in der Urkirche zu einer bekannten und geläufigen Verheißungsformel geworden, die weitertradiert worden war und vor (magischem) Mißverständnis bewahrt werden mußte (vgl. Mk 11,24). Wo nämlich dieses Wort aus dem Zusammenhang der Gesamtverkündigung Jesu über Gott herausgelöst, vereinzelt und wörtlich aufgefaßt wurde, mußte die Erfahrung gemacht werden, daß Erhörungsgewißheit nicht automatisch zu verstehen war.

In diesem Sinn ist auch die joh Wendung „im Namen Jesu bitten" zu verstehen, die einem abergläubischen und magischen Gebetsverständnis wehren sollte und das Bitten im Offenbarungswerk des Vaters durch den Sohn als ein mit Vater und Sohn „willenskonformes" Bitten ansiedelt (Joh 14,13f; 15,16; 16,23f.26f).

Einem solchen, auf dem Jesus-Jünger-Verhältnis basierenden, die Zeit zwischen Ostern und Parusie charakterisierenden und auf die Offenbarung ausgerichteten Beten/Bitten gleicht der von Pls hervorgehobene pneumatisch-charismatische Charakter des Gebets (vgl. Röm 8,26f). So versteht das Urchristentum das Gebet als ein Freimütigkeit (vgl. Röm 8,15f; Gal 4,6f) und Zuversicht (vgl. Eph 3,20) gewährendes Beten „im (hl.) Geist" (vgl. Eph 6,18 u.ö.). Ihm eignet auch ein ekklesiologischer Aspekt, da im Leben, Denken, Beten die Erfahrung der Gemeinschaft zum Ausdruck kommt. Darin aber zeigt sich die Einheit des atl-ntl Gottesvolks, das sich zum Gebet versammelt und ihm kultischen Charakter verleiht; v.a. auch dann, wenn Doxologien (Lobpreisungen) und Bekenntnishymnen mit dem liturgischen „Amen" bekräftigt werden (vgl. 1 Kor 14,16).

4. Als Folge urchristl. Gebetsreflexion wird man es bezeichnen, wenn auch Jesus selbst zum Gebetsadressaten „erhöht" erscheint (vgl. Lk 17,5. 15f; 24,52f; Apg 7,59; Röm 10,12; 1 Kor 1,2; 2 Kor 12,8; Kol 2,9). Im Sinn eines bibl. fundierten, zeitgemäßen Gebetsverständnisses dürfte heutiges Bitten/Gebet als solches definiert werden, das der christl. Existenzweise gemäß ist: Es wird bestimmt vom Verhältnis zum Erhöhten und zum Vater sowie von der Verheißung des göttlichen Heilsvorhabens mit dem Menschen. Vom Menschen wird die gläubige Annahme dieser Heilsoffenbarung und ein willenskonformes (= Gottes Willen respektierendes) Verhalten beim Gebet erwartet. Solches Bitten/Gebet bedeutet den Abschied von Zauber, Magie und Aberglauben. Es lehnt eine Gebetsvorstellung im Sinn einer innermenschlichen Reflexion ab und geht von einem personalen transzendenten göttlichen Gegenüber aus, das nach wie vor wirkmächtig das Heil der gesamten Schöpfung will.

Lit.: R. Gebauer, Das Gebet bei Pls (TVGMS 349), 1989; G. Greshake/ G. Lohfink, Beten – Testfall des Glaubens, 1978; N. Höslinger, Beten lernen aus der Bibel, 1978; J.J. Petuchowski, Beten im Judentum, 1976; H. Schaller, Das Bittgebet, 1979; H. Schürmann, Das Gebet des Herrn, [7]1990; F.G. Untergaßmair, Im Namen Jesu beten, 1990.

Franz Georg Untergaßmair

BLUT, Ersticktes

→ Becher; Bund; Erlösung; Fleisch; Opfer; Reinheit; Versöhnung

1. In einer eher naturwissenschaftlich bestimmten Sichtweise ist Blut eine „rote Flüssigkeit, die, vom Herzen angetrieben, in den Arterien und Venen der Menschen und vieler Tiere zirkuliert und die Ernährung der Zellen und den Stoffwechsel besorgt" (Wörterbuch der deutschen Gegenwartssprache I 638). In unserem Empfinden, unserer Sprache und unserem Denken verbinden sich mit Blut weit darüber hinausgehende Erfahrungen und Bedeutungen. Wenn Blut sichtbar wird bei einer Verwundung, einem Verbrechen, erleben wir eine Erschütterung, erfahren die Bedrohtheit und die Grenzen des Lebens. Das Adjektiv „blutig" verweist häufig auf Gewalttaten und Unrecht, erst recht die Charakterisierung eines Menschen als „blutbefleckt". Auf diese Dimension stoßen wir gleichfalls im bibl. Sprachgebrauch, mehr noch im AT (Hos 4,1f) als im NT (Mt 23,35). Daneben spricht die Bibel jedoch auch von einer heilsamen Wirkung vergossenen Blutes im atl Opferkult und im NT in bezug auf das „Blut Jesu" (1 Joh 1,7). Diese

Sichtweise kennen wir zwar aus der Bibel und aus der christl. Tradition, dem modernen westlichen, aufgeklärten Denken ist sie aber ganz fremd.

2. Blut *(haîma)* spielt im Glauben, in Mythen und magischen Kulthandlungen der Völker eine bedeutende Rolle. Es wird als geheimnisvoller Machtträger angesehen. Der Glaube an die ungeheure Macht des Blutes bewirkt eine zwiespältige Einstellung: Auf der einen Seite begegnet der Mensch dem Blut mit ehrwürdiger Scheu und umgibt es mit einer Reihe von Tabuvorschriften, auf der anderen Seite hofft er, in entsprechenden Riten, sich dessen Kräfte dienstbar zu machen. So sind auch dem heutigen Leser als schlicht beschreibende oder als physiologische Bemerkungen erscheinende atl Aussagen zum Thema „Blut" (hebr. *dām*, insgesamt 360mal im AT) immer Aussagen über einen mächtigen geheimnisvollen Kraftträger. Es gilt als der Lebensträger, in ihm wohnt die Seele (Gen 9,4; Lev 17,11.14; Dtn 12,23; Jub 6,7; Josephus, ant. I 102). Ursprünglich kann Blut neben Fleisch den ganzen Menschen bezeichnen, allerdings den Menschen, der mit dem Blut sein Leben verliert (Jes 49,26; Ps 79,2f; Zef 1,17). So kann auch ein Tod ohne Blutvergießen gelegentlich durch Blut charakterisiert (Ps 30,10; Gen 42,22) oder Krieg generell als Blut bezeichnet (Ez 5,17; endzeitlich Ez 38,22; Joël 3,3 [Apg 2,19]) werden. In der Spätzeit bezeichnen „Fleisch und Blut" den Menschen in seiner Hinfälligkeit (Sir 14,18; 17,31 [Mt 16,17; 1 Kor 15,50; Gal 1,16; Eph 6,12; stärker griech., d.h. rein physiologisch, gedacht: Hebr 2,14; in späten Texten begegnet Blut als Träger der stammesmäßigen Identität Jdt 9,4 oder Verwandtschaft der ganzen Menschheit Apg 17,26 Lesart: „er schuf aus einem Blut das ganze Geschlecht …"]), das werdende Leben im Mutterschoß gestaltet sich aufgrund einer Gerinnung des mütterlichen Blutes (Weish 7,1f; [Joh 1,13 lehnt für die Gläubigen eine solche Entstehung ab; wahrscheinlich soll damit nur ausgedrückt werden, daß die wahren Christen ihre Existenz als solche nicht der natürlichen Erzeugung zu verdanken haben]).

„Blut vergießen" ist gleichbedeutend mit „Leben vernichten, töten, ermorden" (Gen 9,6; Ez 18,10 [Mk 14,24; Apg 22,20]). Der Frevel des Blutvergießens geht über den Frevel des Mordes hinaus. Daher beraten die Brüder Josephs, wie sie ihn umbringen können, ohne sein Blut zu vergießen (Gen 37,18ff). Vergossenes Blut kann nur mit Blut (Blut des Täters: Gen 9,6; Num 35,31–34; bei unbekanntem Täter Blut eines geschlachteten Tiers: Dtn 21,1–9) gesühnt werden. Die beim Blutvergießen entfesselte Macht wirkt fort und fordert Rache; das fremde Blut lastet auf dem Schuldigen (Spr 28,17; Jes 1,15; vgl. die vergeblichen Reinigungsbemühungen der Lady Macbeth in Shakespeare, The Tragedy of Macbeth); es wird zu einer Gefahrensphäre, die sich auf den Schuldigen zu bewegt und sich an ihm zu entladen sucht (2 Sam 16,8; Jer 26,15; vgl. die Erinnyen der antiken Mythologie); das vergossene Blut haftet an der Erde, verunreinigt sie (Num 35,33), schreit von dort um Rache (Gen 4,10), solange es unbedeckt bleibt (Ijob 16,18; Ez 24,6–8).

Mit der Entwicklung des Rechtswesens wird dann zwischen dem Vergießen unschuldigen Bluts, dem Mord, der Blutschuld im eigentlichen Sinn auf sich zieht (2 Kön 21,16; Jes 59,7; Spr 6,17 [Mt 27,4]), und unverschuldeten Tötungen unterschieden (Ex 22,1f). Die Blutschuldformel: „sein Blut komme über ihn" bzw. „über sein Haupt" dient zur Feststellung der Schuld eines zum Tod Verurteilten bzw. der Schuldlosigkeit der Vollstrecker des Urteils (Lev 20,9.11–13.16.27; Jos 2,19; 1 Kön 2,32.37; Ez 18,13 [Mt 27,24f; Apg 5,28]). Der Prophet würde durch Vernachlässigung seines Wächteramtes die Blutschuld am Unheil seines Volks auf sich ziehen (Ez 33,1–9 [ähnlich Pls Apg 18,6 gegenüber den Juden von Korinth; 20,26 gegenüber den Ältesten der Gemeinde von Ephesus im Rückblick auf sein apostolisches Wirken in der Asia]).

Die israelitische Gottesvorstellung von Jahwe als dem gerechten Richter unterstellt Bluttaten und deren Sühnung seiner Macht und seinem Urteil. Das Blut des Ermordeten erhebt seine Stimme zu Jahwe (Gen 4,10). Er, „der Rächer des Blutes", gedenkt der Bedrängten (Ps 9,13), „ihr Blut ist kostbar in seinen Augen" (Ps 72,14; vgl. 2 Kön 9,7; [Offb 6,10; 19,2]). Er verhilft dem Gerechten zu blutiger Rache an dem Frevler (Ps 58,11), droht seinem Volk, wenn es durch Unrecht und Gewalttat Blutschuld auf sich lädt, Blutvergießen als Strafe an (Ez 5,17; 14,19; 22,3ff; Zef 1,14–17 [Lk 11,50f par]) und kündigt den Feinden Israels, die dessen Blut wie Wasser vergießen (Ps 79,3.10 [Offb 17,6: die Hure Babylon trunken vom Blut der Heiligen]), blutige Strafgerichte an (Jes 34,6–8; 63,1–4 [vgl. Offb 14,19f; 16,6;

19,13ff]; Jer 46,10; 51,35; Ez 28,22f). In der Endzeit wird das Blut der Judäer mit dem Blut der Feinde gerächt werden (Jes 49,26; Ez 39,17ff [vgl. Offb 19,18]). Die Verwandlung des Nilwassers in Blut sollte die Ägypter für ihre Unterdrückung der Israeliten strafen (Ex 4,9; 7,15ff), gleiches wird zur Strafe für Blutvergießen und Unglauben am Ende geschehen [Offb 8,8; 11,6; 16,2–6], Blut (= Krieg Ez 38,22; Joël 3,4 [Apg 2,19]) und ein Mond, der sich in Blut wandelt (Joël 3,4 [Apg 2,20; Offb 6,12]) sind Vorzeichen des Endgerichts.

Das Blut erweist seine Mächtigkeit im religiös kultischen Bereich. Zu Unrecht vergossenes Blut wirkt verunreinigend (Jes 59,3; Klgl 4,14); ebenso, mit Konsequenzen für die alltägliche Lebensführung in den Familien und Sippen, das Blut der Menstruation (Lev 15,19–24.25–28 [vgl. Mk 5,25–29]) und das bei der Geburt abgehende Blut (Lev 12,2–8 [vgl. Lk 2,22]). Eine reinigende Funktion hat Blut von Opfertieren bei der Reinerklärung von Aussätzigen (Lev 14,14.49–53). Eine apotropäische Schutzfunktion des Bluts ist noch in Ex 4,24–26 (Beschneidung); 12,13.23 (Paschalegende) erkennbar.

Die dem Blut anhaftende Mächtigkeit war bei vielen Völkern (auch in Israel?; vgl. Num 23,24; Sach 9,15 nach LXX) der Anlaß, dieses bei kultischen Anlässen oder Siegesfeiern zu trinken und sich so das dem Blut innewohnende Leben der Opfertiere oder der Feinde einzuverleiben. Andererseits konnte diese Mächtigkeit des Bluts Anlaß für eine Tabuisierung sein. Das AT untersagt den Israeliten und den mitwohnenden Fremden strengstens jeden Blutgenuß (Lev 17,10–12); nach priesterschriftlicher Auffassung gilt dieses Verbot der ganzen Menschheit ebenso wie das Verbot des Mordens (Gen 9,4f; vgl. Ez 33,25). Da in der alten Zeit jedes Schlachten ein Opfern war, goß man das Blut, welches ausschließlich der Gottheit zustand, auf einen Felsaltar (1 Sam 14,31–35). Im Zusammenhang mit der Kultzentralisation wurde die Profanschlachtung freigegeben (Dtn 12,20–22); bei dieser soll das Blut wie Wasser auf die Erde auslaufen und dann mit Erde bedeckt werden (Dtn 12,23f; Lev 17,13). Das Verfahren der Schlachtung wird im AT nicht weiter beschrieben; vorausgesetzt ist das rasche Töten eines Tiers durch Durchschneiden seiner Kehle, bei welchem das Tier schnell verblutet. Fleisch von Tieren, die verendet sind oder von wilden Tieren gerissen wurden, d.h., nicht geschlachtet wurden, ist verboten (Ex 22,30; Lev 17,15; Dtn 14,21).

Im Opferkult behält das Blut seine Mächtigkeit. Die Priesterschrift hat ein System von Blutmanipulationen, welche das Opfer begleiten, in die sinaitische Gesetzgebung eingebaut. Z.B. wird bei Brand- und Heilsopfern das Blut des Opfertiers ringsum an den Altar gesprengt (Lev 1,10f; 3,7f. 12f), bei den Sündopfern wird Blut entweder an die Hörner des Altars gestrichen, der Rest auf den Boden am Altar gegossen (Lev 4,25). Am Versöhnungstag wird das Opferblut im Innern des Heiligtums hinter dem Vorhang auf die *kapporæt* und siebenmal vor sie gesprengt (Lev 16,12–14 [vgl. Hebr 9,7.13]). Diese Riten reichen in frühe vorisraelitische Begehungen zurück und setzen ursprünglich magische Wirkungen der Blutmanipulationen voraus. Im israelitischen Kult haben diese Handlungen ihre Autonomie verloren, sie sind von Jahwe angeordnet, der das Blut „für den Altar gegeben" hat, „damit es Sühne schaffe; denn das Blut schafft durch das Leben darin Sühne" (Lev 17,11). Die Priesterschrift betont damit: Das Blut wirkt nicht vermittels einer ihm innewohnenden Kraft, sondern weil Jahwe es zum Sühnemittel bestimmt hat.

Aus den kultischen Weisungen und Berichten im Pentateuch ragt der Bericht vom Bundesschluß am Sinai heraus. Mose sprengt die Hälfte des Blutes der Opfertiere eines großen Heilsopfers an den Altar, die andere Hälfte sprengt er nach der Verlesung des Bundesbuchs gegen das Volk und spricht: „Das ist das Blut des Bundes, den Jahwe mit euch aufgrund aller dieser Bedingungen geschlossen hat" (Ex 24,5–8). Hier scheint der Blutritus die sakrale Verbindung zwischen dem den Bund stiftenden Gott und dem Volk anzudeuten.

3. Die Vokabel „Blut" begegnet insgesamt 96mal im NT, am häufigsten im Hebr (21mal), in der Offb (19mal), in Mt (11mal) und Apg (11mal). Nahezu alle Aussagen knüpfen an atl Rede- und Denkweisen an, setzen sie fort und entwickeln sie weiter.

Q (Lk 11,49ff par) belastet ihre jüd. Zeitgenossen, obwohl sie sich im Sinn dieser Tradition von den Taten ihrer Väter zu distanzieren suchen (vgl. v.a. Mt 23,30!), wegen der Ablehnung Jesu und seiner Boten mit der Blutschuld für sämtliche Prophetenmorde in der Geschichte. Diese wird beim nahen Gericht von „dieser Generation" eingefordert werden. Eine exzessive Beschuldigung, welche in der späteren Geschichte zwischen Christen und Juden viel Unheil angerichtet hat. Die Erzählung von der „Frau im Blutfluß" Mk 5,25–34 (Lk 8,43–48; Mt 9,20–22) nimmt zwar die Sprache der einschlägigen Gesetzesbestimmungen auf, berührt aber wie andere Wundererzählungen die implizierte Reinheitsthematik nicht, im Vordergrund des Interesses steht das heilende Wirken Jesu.

Sondertraditionen in Mt 27 erörtern die Schuld am Tod Jesu unter dem Stichwort „Blut" (= gewaltsamer Tod) in Anlehnung an atl Tradition und Formeln. Zur Selbstbeschuldigung des Judas in 27,4 vgl. Dtn 27,25; 27,6: Die Priesterschaft bezeugt dadurch, daß sie das durch den Verrat eines Unschuldigen belastete Geld („Preis für Blut") nicht in den hl. Tempelschatz aufnimmt (vgl. Dtn 23,19), die Unschuld Jesu und ihre eigene Verworfenheit; 27,8 bringt einen „Blutacker" bei Jerusalem volksetymologisch in Zusammenhang mit der Tat des Judas (vgl. eine ähnliche Tradition Apg 1,18f); 27,24: Pilatus, der als römischer Richter das Todesurteil über Jesus verhängt hat und historisch als eigentlich verantwortlich gelten muß, erklärt, von der jüd. Menge zur Verhängung des Todesurteils genötigt, mit Worten und Gesten aus Dtn 21,6–8 seine Unschuld, sein Unbeteiligtsein am Tod Jesu; darauf antwortet das „ganze (Bundes-)Volk" in 27,25 mit der kollektiven in die Zukunft wirkenden Übernahme der Verantwortung bzw. der Schuld für den Tod Jesu.

Mt verstärkt damit die bereits in Q einsetzende Belastung des Bundesvolks (s.o. zu 23,34f) mit von ihm selbst nicht geahnten geschichtlichen Folgen (christl. Antijudaismus).

Die Abendmahlsüberlieferung begegnet in zwei Formen. Das Becherwort der pln-lk Tradition ist wohl älter als jenes der bei Mk und Mt aufgenommenen Tradition: „Dieser Becher ist der neue Bund in meinem Blut" (1 Kor 11,25; vgl. Lk 22,20). Das Wort stellt in dieser Form eine ursächliche Beziehung her zwischen dem gewaltsamen Tod (= „Blut") Jesu und der prophetische Ankündigungen (Jer 31,31–34) erfüllenden Wiederherstellung und Erneuerung des Gottesverhältnisses in einem den Sinaibund überbietenden „neuen Bund". Die Mk/Mt-Tradition akzentuiert anders: „(a) Dies ist mein Blut des Bundes, (b) das ausgegossene für viele"; (a) knüpft an die Worte des Mose beim Bundesschluß am Sinai an (Ex 24,8), das Blut – der als Opfer verstandene Tod – Jesu besiegelt eine neue Bundesschließung; das Abendmahl ist deren kultische Begehung, die Mahlgenossen werden in sie durch Trinken des das Blut Jesu darstellenden Weines einbezogen (vgl. die Besprengung mit dem Blut des Bundes Ex 24,8); (b) deutet den Tod Jesu als ein der Gesamtheit zugute kommendes, eine neue Heilszeit einleitendes Sühnopfer; Jesus ist nicht durch Verbluten gestorben, aber zwischen den Topoi „gewaltsamer Tod" und „Blut ausgießen" besteht in der bibl. Tradition eine enge Beziehung, dazu kommt die Opfersymbolik (Ausgießen des Opferbluts Ex 24,6; Lev 4,7.18), wahrscheinlich auch eine Anlehnung an die Gottesknechtsprophetie Jes 53,11f („Er schüttete sein Leben aus in den Tod"). So wird „Blut" von Anfang an zu einem der wichtigsten sprachlichen Zeichen für den Tod Jesu.

Joh 6,53–56 setzt eine Abendmahlstradition bzw. ein Becherwort entsprechend dem aus der Mk/Mt-Tradition voraus und verlangt, vielleicht in Frontstellung gegen eine doketische Christologie, ein realistisches und nicht nur symbolisches Verständnis der Abendmahlsworte und Abendmahlselemente: Nur das Essen des Fleisches und das Trinken des Blutes Jesu vermitteln ewiges Leben, führen zum „Bleiben" in Jesus. Joh 19,34 berichtet, daß aus der geöffneten Seite des getöteten Jesus Blut und Wasser heraustraten. Die in 19,35 folgende nachdrückliche Bezeugung dieses Geschehens verweist auf eine über die reine Konstatierung des Todes Jesu hinausgehende tiefere Bedeutung des Vorgangs. In Verbindung mit der ähnlichen Formulierung in 1 Joh 5,6 ist entweder an die Abwehr doketistischer Auffassungen zu denken – Blut und Wasser bestätigen die wahre Menschheit Jesu –, oder wegen der Einbeziehung des Geistes in die Zeugenreihe in 1 Joh 5,7f an eine symbolische Deutung, welche dieses Geschehen zu den Sakramenten der Kirche, zu Taufe („Wasser") und Eucharistie („Blut") in Beziehung setzt.

Die Apg und ihre Tradition weisen ein breites Spektrum bibl. geprägter Wendungen betreffend das Blut auf. Soteriologisch 20,28: Gott hat sich die Kirche erworben durch das Blut (= den Tod) seines eigenen Sohnes. Das „Aposteldekret" (15,29; vgl. 15,20; 21,25) stellt die Heidenchristen von der Beschneidung und der eigentlichen Gesetzesbeobachtung frei (15,21. 28), verlangt aber einen Mindeststandard an kultischer Reinheit, welcher sich v.a. in der Beachtung gewisser

Speiseverbote äußert und damit aus judenchristl. Sicht eine Tisch- und Kirchengemeinschaft zwischen Juden- und Heidenchristen ermöglicht: Verbot des Götzenopferfleischs (auch in Offb 2,14.20); Verbot des Blutgenusses (gilt nach Gen 9,4ff; Lev 17,10ff auch für Nichtisraeliten); Verbot von „Ersticktem" – eine sonst in den antiken Quellen nicht begegnende Bezeichnung verbotenen Fleischs, meint wahrscheinlich Fleisch von Tieren, welches aus nicht nach jüd. Weise („Schächten") durchgeführten Schlachtungen stammte und daher einen höheren Blutanteil hatte. Zeugnisse für christl. Meidung von „Blut und Ersticktem" aus dem 2. Jh. n.Chr: Minucius Felix XXX,6; Eusebius, hist. eccl. V 1,26; Tertullian, apol. 9,13. Die pln Gemeinden kennen diese Regelungen nicht (1 Kor 8; 10; Gal 2,6).

Pls spricht im Röm vom Blut Jesu als dem den neuen Bund begründenden Opferblut: 3,25 (der Tod Jesu als Sühnopfer; vorpln judenchristl. Tradition) und 5,9 („gerechtfertigt durch sein Blut", vorpln judenchristl. Sprache) sind im Horizont der Erneuerung des Bundes formuliert. In 1 Kor 11,23–25 zitiert er die Abendmahlstradition, 11,27 zieht im Blick auf die Mißstände der korinthischen Abendmahlsfeier die Konsequenz: Wer das Brot unwürdig ißt und den Becher des Herrn unwürdig trinkt, wird schuldig am Leib und Blut des Herrn. Brot und Becher stehen für Leib und Blut des Christus, seine Gegenwart reicht bis in die Mahlelemente hinein. Aus der interpretierenden Sprache von 1 Kor 10,16f wird deutlich: Die eucharistischen Gaben Wein und Brot haben Anteil an Leib und Blut des Christus (Realprä-

senz) und bewirken für die, welche sie genießen, die Gemeinschaft mit dem Erhöhten.

In Kol 1,20 hat die vom Auferstandenen ausgehende kosmische Versöhnung sein Friedenschaffen „durch sein Kreuzesblut", d.h. den Opfertod Jesu, zur Voraussetzung. Eph 2,13 interpretiert diese friedenstiftende Kraft des Opfertodes („Blutes") Christi im Hinblick auf die Überwindung der Trennung zwischen dem erwählten Volk und den Heidenvölkern und auf die dadurch ermöglichte Gottesnähe. Eph 1,7 schreibt die Sühneaussage von Röm 3,25 weiter und verbindet sie mit dem Stichwort „Erlösung" aus Röm 3,24.

Im Zentrum des Hebr stehen die Ausführungen über das Heilswerk Christi als Priesterdienst des neuen Bundes (8,1–10,18). 9,7 beschreibt das im ersten Bund verordnete Blutritual des Versöhnungstags, welches aus der Sicht des Hebr nur eine ungenügende Heilskraft hatte (9,9.13), und stellt dem in 9,11–14 das hochpriesterliche Wirken Christi gegenüber, der ein für allemal mit seinem eigenen Blut in das himmlische Heiligtum eingetreten ist und ewige Erlösung bewirkt hat. Das Blut Christi, der sich wie ein makelloses Opfertier (vgl. 1 Petr 1,19) Gott dargebracht hat, bewirkt jene innere Reinigung „von toten Werken" (1 Joh 1,7: von Sünden), welche die Christen zum kultischen Dienst Gottes befähigt (9,14; vgl. 10,19) und in der alten Kultordnung nur schattenhaft angedeutet war (nur „Reinheit des Fleisches" 9,13; Blut von Opfertieren bewirkt keine Sündenvergebung 10,4). Wie der neue Bund durch den Tod des Bundesmittlers Jesus in Kraft gesetzt wurde, so erhielt auch der alte Bund durch das Blut (= Tod) der Opfertiere seine Heilswirkung (9,15–22) – die typologische Entsprechung wirkt in diesem Fall sehr künstlich. Sinaitypologie steht gleichfalls hinter der Bezeichnung des Blutes Jesu als „Blut der Besprengung" (Hebr 12,24; ähnlich 1 Petr 1,2), als „Blut des Bundes" (10,29; 13,20 – trotz des sprachlichen Anklangs an Mk 14,24 parr keine Abendmahlsterminologie). 12,24 stellt außerdem eine typologische Beziehung zwischen dem Blut des unschuldig getöteten Bundesmittlers Jesus und dem des Abel (Gen 4,10) als des ersten Gerechten her. 13,12 greift noch einmal auf die Typologie des Versöhnungstags zurück, der entscheidende Vergleichspunkt ist in diesem Fall aber nicht die heiligende Wirkung des Blutes Jesu, sondern der Ort, „außerhalb des Tores" (13,11; Lev 16,27 „außerhalb des Lagers"), an welchem Jesus gelitten hat. Außerhalb christologischer Bezüge steht die mahnende Feststellung: „noch nicht bis aufs Blut widerstandet ihr" (12,4), die entweder zur Standhaftigkeit angesichts nah erwarteter Verfolgung (= bis zum Tod) aufrufen will oder wahrscheinlicher den Adressaten vorhält, daß ihr Widerstand bzw. ihr Einsatz bisher ungenügend (= nicht bis aufs äußerste) war. Die Offb spricht in verschiedenen Wendungen und Bildern von der erlösenden Kraft des Blutes Jesu (1,5; 5,9; 7,14; 12,11). In der großen Parusievision 19,11–21 erscheint der Christus als Reiter auf einem weißen Pferd, bekleidet mit einem „Gewand getaucht in Blut" (19,13), kaum eine Anspielung auf das Blut Jesu, sondern Übertragung des Bildes vom Sieg

Gottes über die Völker nach Jes 63,1–3 auf den Parusiechristus. Zur Schuld Babylons und der Weltvölker gehört das vergossene Blut der Knechte und Zeugen Gottes (16,6; 17,6; 18,24); noch ist es nicht gerächt (6,10), Gott wird Blut mit Blut vergelten (16,6) und die durch Blutvergießen gestörte Weltordnung siegreich wiederherstellen (19,2).

4. Während der religiöse, kultisch-magische Aspekt des Bluts, der in der Bibel, wenn auch sublimiert, vorausgesetzt wird, für unser gegenwärtiges Erleben kaum noch vermittelbar ist, bleibt „Blut" ein mächtiges Symbol für das Leben, für den göttlichen Schutz, unter welchem das Leben der Menschen und der Tiere steht. Vergossenes Blut symbolisiert die in dieser Welt nicht aufhörende Gewalt, mit welcher Gott sich nicht abfindet und mit welcher Menschen der Bibel sich gleichfalls nicht abfinden dürfen.

Lit.: E. Bischof, Das Blut im jüd. Brauch, 1929; H. Gese/ M. Höfner/ K. Rudolph, Die Religionen Altsyriens, Altarabiens und der Mandäer, 1970; R. Schmid, Das Bundesopfer in Israel, 1964; D. Schötz, Schuld- und Sündopfer im AT, 1930; H. Strack, Das Blut im Glauben und Aberglauben der Menschheit (SIJL 14), [8]1900 [Nachdruck 1979]; J. Wellhausen, Reste arabischen Heidentums, [2]1927.

Gerhard Dautzenberg

BÖSE, Bosheit

→ Begierde; Finsternis; Gut; Sünde; Welt; Werk

1. Das Ringen um Gut und Böse gehört wesentlich zum Zusammenleben der Menschen. Daß das Gute zu tun und das Böse zu meiden sei, wird allgemein Zustimmung finden. Doch die inhaltliche Bestimmung fällt schwer. Wendet man sich auf der Suche nach Orientierung an das NT, so stellt man fest, daß es neben dem Verhalten des Menschen (Lk 3,19), seiner sittlichen Verfaßtheit (Mt 5,45; 1 Kor 5,13), auch die Werke (Joh 3,19) als gut oder böse bewertet. Dem Menschen begegnet das Böse als vorgegebene Wirklichkeit (Mt 5,39; Röm 12,9; Eph 5,16), in Geistwesen (Mt 12,45) und in dem Bösen schlechthin (Mt 13,19).

2. Zwischen Gut und Böse unterscheiden zu können, gehört zum weisheitlich geprägten Menschenbild (1 Kön 3,9). Im weisheitlich formulierten Tun-Ergehens-Zusammenhang kommt die Erfahrung zum Ausdruck, daß bestimmtes Tun negative Folgen für das eigene Leben zeitigt (Sir 7,1; Spr 11,5). Zur inhaltlichen Bestimmung kann auch auf nicht-israelitische Erfahrungen zurückgegriffen werden (Sir 39,4). Das daraus sich entwickelnde Zwei-Wege-Schema (TestAss 1,3–5) führt in der Folgezeit zu einer Weltsicht, in der Gut und Böse miteinander konkurrierende Prinzipien werden (äthHen 41,8; 58,2–6; 108,11–14). Schließlich kommt es zur Vorstellung eines Kampfes zwischen den Mächten des Lichts, als Repräsentanten des Guten und der Jahwezugehörigen, und den Mächten der Finsternis, die dem Bösen in der Welt zur Herrschaft verhelfen wollen (1 QS 3,13–4,26; 1 QM 1,1–17).

3. Überwiegend ist „böse" die Übersetzung für *ponērós*. Allerdings muß das verwandte „schlecht" *(kakós)* zur angemessenen Würdigung mitberücksichtigt werden. Bei Mk ist das Böse zunächst Widerfahrnis. Schlechtes, eingeschränktes Leben ist verursacht durch psychische und physische Leiden (1,32.34; 6,55). Doch der atl geprägte Tun-Ergehen-Zusammenhang wird bereits im vormk Passionsbericht durch das Schicksal Jesu grundsätzlich in Frage gestellt (15,14). Gelingendes Leben ist nur von Gott her möglich. Für Mk ist Gott allein gut (10,18), und auf seine Barmherzigkeit sind alle angewiesen (vgl. 2,17). Zum Bösen ist jeder fähig (7,21–23). Seinen Ursprung hat das böse Tun, wie schon im AT (Dtn 10,16; Ex 36,2; Sir 11,20; vgl. auch 1 QS 10,21; 11,2), im Herzen des Menschen, d.h., es ist seiner Entscheidungsfreiheit unterworfen.

Mt baut diesen Aspekt aus. Geprägt ist der Mensch durch seine Taten (7,17; 12,33), die im Endgericht offenbar und entsprechende Folgen haben werden (13,49; 16,27). Damit Gottes heilvolle Herrschaft sichtbar wird, soll sich der Mensch am „Willen des Vaters" ausrichten (7,21). Das in der Bergpredigt ausgelegte Gesetz des Mose bietet dazu eine inhaltliche Auffüllung (5,17–20). Entscheidendes Kriterium bei der Anwendung des Gesetzes muß die Liebe sein (22,40; 7,12; 9,13), in der sich Gottes barmherzige Zuwendung zu den Menschen widerspiegelt (18,21–35). Handelt der Mensch böse, so verweigert er damit die Antwort auf Gottes Angebot des Heils (22,1–14).

Lk dient der Begriff überwiegend zur Beurteilung menschlichen Tuns. Zwar findet sich auch bei ihm keine genaue Beschreibung der bösen Tat, die Ursachen treten dafür aber um so deutlicher hervor: Reichtum, Genuß, Hab-

gier verleiten den Menschen zum bösen Tun (8,14; 11,39; 12,14f). Das
gute Kontrastbild zur von Begierden
gezeichneten Welt ist die Gemeinde
(Apg 4,32–5,11). Darin unterscheidet
sich Lk von Mt, der auch die Gemeinde nicht frei vom Bösen sieht (Mt
13,47–50).
Bei Pls ist der Glaubende durch Christi Lebenshingabe für die Sünde der
Herrschaft des Bösen entzogen (Gal
1,4). Christi Tod erwirkt dem Menschen aus Gnade Gerechtigkeit vor
Gott, und er ist befreit zu neuem Leben. Kann der Mensch vor und außer
dem Christusgeschehen nur Schlechtes tun (Röm 1,29f; 7,14–8,2), ist dem
Glaubenden ein Leben fern aller Bosheit möglich (1 Kor 5,8). Jetzt hat er
die Wahl zum Guten (Röm 12,17–21;
14,20). Dabei wird das gute Tun nicht
instrumentalisiert auf den Bestand im
Gericht. Vielmehr ist es Ausdruck der
neuen Lebensmöglichkeiten des Menschen, eröffnet durch das Sein in Christus (z.B. 1 Kor 13,5). Gut ist dabei
nicht, was der eigenen Anerkennung
vor Gott dient, diese ist dem Menschen geschenkt, sondern gut ist, was
dem Aufbau der Gemeinde und den
Entwicklungschancen der Menschen
hilft (1 Kor 10,28f).
Die joh Auffassung vom bösen Tun
und vom Bösen ist eingebettet in eine
dualistische Weltsicht. Wer sich nicht
durch den Glauben an Jesus aus der
Welt der Finsternis befreit, kann eigentlich nur Böses tun (3,19; 7,7).
Wer in der Finsternis bleibt, der tut
Böses und ist böse. So wird die Welt
zum Ort des Bösen; denn sie hat den
Erlöser nicht erkannt (17,15f).
4. Böse ist damit all das, was dem
Gelingen menschlichen Lebens in den

tragenden Lebensbezügen (Ich, Partner, Familie, Gott) entgegengesetzt ist
und dem von Jesus verkündeten und
gelebten Verhältnis des Menschen zu
Gott widerspricht.

Lit.: G. Baumbach, Das Verständnis des
Bösen in den syn Evv (ThA 19), 1963; BiKi
30 (1975); E. Brandenburger, Das Böse
(ThSt(B) 132), 1986; E. Drewermann,
Strukturen des Bösen (PaThSt 4–6), I
[10]1995, II [7]1995, III [7]1992; H. Haag, Vor
dem Bösen ratlos?, 1978; W. Kirchschläger
(Hg.), Das Phänomen des Bösen, 1990.

Armin Wouters

BOTSCHAFT, Nachricht,
Verkündigung, Evangelium

→ Apostel; Ende; Jesus; König/in

1. Evangelium im Sinn der Frohbotschaft zum Heil der Menschen ist zentral für die Verkündigung und die Praxis Jesu sowie des christl. Glaubens
geworden. Unübertroffen ist der Kern
dieser Botschaft in der Parabel Lk
15,11–32 verdichtet – v.a. in der Person des jüngeren Sohnes, der sein Leben schuldhaft verdirbt, dann aber die
überraschende Erfahrung machen darf,
daß der Vater (im Himmel) ihn vorbe-
haltlos aufnimmt und neues Leben ermöglicht.
2. Im profanen griech. Sprachgebrauch bedeutet Evangelium *(euaggélion)* „Lohn für eine freudige Sieges-
botschaft" bzw. die „Siegesnachricht"
selbst – so auch das entsprechende
hebr. Substantiv *b[e]śorāh* – (2 Sam
4,10; 2 Kön 7,9). Im Hellenismus erhält der Begriff Evangelium im Kaiserkult religiöse Aspekte (vgl. die
Proklamation Vespasians zum Kaiser,

Josephus, bell. IV 618 und die Inschrift von Priene: Das Erscheinen
und die Erlasse des „Erlösers" Augu-
stus sind „Evangelien", OGIS II 458).
Das Verbum *euaggelizō*, „(Freuden-
botschaft) verkündigen", ist dagegen
in der bibl. Tradition (LXX) stärker
theologisch geprägt und bedeutet:
„Ansage des endzeitlichen Heils" (Jes
40,9; 52,7; 61,1; Nah 2,1). Dieser
Sprachgebrauch und die frühjüd. Erwartung endzeitlicher Freudenboten
bilden die Brücke zum NT.

3. Verbum (54mal im NT; davon
25mal bei Lk/Apg) und Substantiv
(76mal im NT; davon 48mal in den
PlsBr) kennzeichnen die Botschaft
Jesu von der anbrechenden Königsherrschaft Gottes (z.B. Mk 1,14f) und
– weil Jesus Christus v.a. auch Inhalt
frühchristl. Verkündigung ist – die
„Christus-Botschaft" bzw. die Tätigkeit, diese Botschaft zu „verkünden"
(z.B. Lk 9,6; Apg 8,4; Röm 1,15).

Mk verwendet „Evangelium" in redaktionellen und herausgehobenen
Stellen: Jesus Christus ist Verkündiger
und Inhalt der befreienden Botschaft
vom anbrechenden Königtum Gottes
(1,1; 8,35; 10,29). In 13,10 und 14,9
ist unter Evangelium die Christus-
Verkündigung der Kirche gemeint.
Mit *kērýssō*, verkündigen, wird generell die Tätigkeit des Täufers (1,4), die
Verkündigung Jesu (1,14), die Predigt
der Jünger (3,14) und die israelüber-
greifende Mission (13,10) bezeichnet.
Q deutet Jesus unter Rückgriff auf Jes
61,1 als den endzeitlichen Freudenboten und Heilbringer (Mt 11,5 par)
und verweist auf die Verkündigung
(kérygma) des Jona, die Jesus mit
seiner Botschaft überbietet (Mt 12,41
par).

Mt bezieht den Begriff konsequenter
als Mk auf die Botschaft Jesu – häufig
in der Verbindung mit „Königtum"
(Gottes): 4,23; 9,35; 24,14. Die beiden
erstgenannten Stellen tragen als „Rah-
mung" von Bergpredigt und Wunder-
sammlung (Mt 5–9) strukturell großes
Gewicht und sehen das Evangelium
als untrennbare Einheit der Heilsbotschaft und Heilpraxis Jesu an, die im
Wirken der Kirche sich fortsetzen sollen (vgl. 10,7f).

Lk/Apg verwenden (Ausnahme Apg
15,7; 20,24) nur das Verbum, v.a. in
der das gesamte Christusgeschehen
umfassenden Bedeutung (Lk 2,10;
9,6; Apg 5,42; 8,4.12.25 u.ö.). Daneben wird auch die Botschaft Jesu als
endzeitliches Evangelium verstanden
(Lk 4,18.43; 8,1; Apg 10,36). Mit verkündigen *(kērýssō)* wird besonders in
der Apg der Weg der Botschaft von
Jerusalem aus hin zu allen Völkern
gekennzeichnet (9,20; 20,25).

Pls verwendet Evangelium häufig absolut und setzt den Begriff auch in der
nicht-pln römischen Gemeinde als
bekannt voraus; daher darf dieser
Sprachgebrauch bereits in der Zeit vor
Pls vorausgesetzt werden (Röm 1,1.9.
16 u.ö.).

Auch in 1 Kor 15,1 und 1 Thess 1,5
könnte der Kontext vorgegebener Tra-
ditionsstücke (1 Kor 15,3ff; 1 Thess
1,9f) auf vorpln Sprachgebrauch in
den hellenistischen Gemeinden der
Urkirche hindeuten. Das Evangelium
ist gleichbedeutend mit dem „Wort
des Glaubens, das wir verkünden"
(Röm 10,8), ebenso mit der Christus-
verkündigung oder der Osterbotschaft
(1 Kor 15,11–14). „Evangelium" ist
zusammenfassender Zentralbegriff für
die missionarische Verkündigungstä-

tigkeit des Apostels (1 Thess 2,2.9; 1 Kor 4,15; 2 Kor 10,14 u.ö.). Zu seinem Inhalt gehört wesentlich die Heilsbedeutung von Christi Kreuz und Auferstehung (vgl. 1 Kor 1,17; Gal 3,1). Seine Wirkung wird mit den Begriffen Rettung (Röm 10,13–15; 1 Kor 15,1f), Freiheit vom Gesetz (Gal 1,6–9; 2,7.14), Verheißung (Röm 1,1f; 1 Kor 9,12–23), Kraft (Röm 16,25), Heil (Röm 15,16) und richtendem endzeitlichem Geschehen (Röm 2,16; 10,16) näher bestimmt.

4. Wurde „Evangelium" im NT nur im Singular gebraucht (zunächst auch – von Mk 1,1 her – für die Evangelienschriften: „Evangelium nach Mk" usw.), so können bereits im 2. Jh. die entsprechenden Bücher oder das ganze NT als Evangelien bezeichnet werden. Somit wird „Evangelium" auch zum Gattungsbegriff und bezeichnet eigentlich analogielose Verkündigungs-Erzählwerke, die Jesu Verkündigung und Praxis im Licht der Ostererfahrung auf die Gemeinde hin (für Verkündigung, Mission und Gottesdienste) auslegen.

Lit.: D. Dormeyer, Evangelium als literarische und theologische Gattung (EdF 263), 1989; H. Frankemölle, Evangelium – Begriff und Gattung (SBB 15), [2]1994; P. Stuhlmacher, Das pln Evangelium (FRLANT 95), 1968.

Josef Wagner

BRIEF

→ Freund/in; Gemeinde; Lehre

1. Im NT wird 24mal von Brief *(epistolé)* gesprochen. Im Unterschied zum Ev bezeichnet *epistolé* nicht eine ntl Sonderform, sondern ist die übliche Bezeichnung für die Großgattung des antiken und frühjüd. Briefs. Der liturgische Fachausdruck „Epistel" ist daher zu Recht dem umgangssprachlich vertrauteren Brief wieder gewichen.

2. Briefe privater und öffentlicher Art waren im Alten Orient und in Ägypten seit Jahrtausenden in Gebrauch. Eine kulturelle Fundgrube bieten die Briefe vom ägypt. Tell El-Amarna (1379 bis 1362 v.Chr.). Das AT überliefert private Briefe staatlicher Autoritäten (2 Sam 11,15) und offizielle Schreiben (Esra 4–5; 1 Makk 12,5–23; 2 Makk 1,1–9), aber keine rein private Korrespondenz. Auch das NT kennt nicht die reinen Privatbriefe, sondern nur die Briefe der apostolischen Autoritäten an ihre Gemeinden.

3. Pls bezeichnet seine Schreiben als Briefe. Er fordert die Thessalonicher auf: „Ich beschwöre euch beim Herrn, vorzulesen den Brief allen Brüdern" (1 Thess 5,27). Dieser älteste Brief ist wie die anderen protopln Briefe schwerpunktmäßig ein beratender, deliberativer Freundschaftsbrief. Abweichend von den antiken, deliberativen Freundschaftsbriefen enthält er einen paränetischen Schlußteil (4,1–5,22). So entwickelt er das typisch pln Briefformular: *praescriptum* 1,1, *exordium* 1,2–10, *(propositio)* (1,8–10), *narratio* und *argumentatio* 2,1–3,13, *exhortatio* 4,1–5,22, *postscriptum* mit *salutatio* 5,23–28. Das Präskript enthält die üblichen drei Elemente eines Briefs: Name des Absenders *(superscriptio)*, Name des Adressaten *(adscriptio)*, Gruß *(salutatio)*: „Paulos und Siluanos und Timotheos der Gemeinde (der) Thessalonicher in Gott (dem Vater) und (dem) Herrn Jesus Christos; Gnade euch und Friede" (1 Thess 1,1). Abweichend vom westantiken, einteiligen Basissatz, der aus Absender (Subjekt), Gruß (Verb) und Adressat (Akkusativobjekt) besteht, liegt hier der zweiteilige Satz des ostantiken Briefeingangs vor. Die Anrede ist nicht mehr mit dem Gruß verbunden; es folgt vielmehr auf die Anrede als zweiter Teil ein Doppelgruß, der dem üblichen jüd. Doppelwunsch „Barmherzigkeit und Heil" entspricht (2 Makk 1,1). Mit Ausnahme des untypischen Jak und zweier Briefe innerhalb der Apg (15,23; 23,26) halten sich alle ntl Briefe an die orientalische Grußform. In der Apg werden neben den Briefen der Apostel (15,30) auch Briefe der Hochpriester für Saulus zum Zwecke der Verfolgung (9,2; 22,5) und der römischen Amtsträger untereinander (23,25.33) erwähnt. Hier handelt es sich um „offizielle Schreiben" einer Regierung und ihrer Amtsträger. Die offiziellen christl. Briefe der Apg unterscheiden sich in ihrer Form nicht von den antiken „offiziellen" Briefformularen. Ihr Inhalt ist allerdings den Amtsbriefen der Hochpriester und Römer entgegengesetzt. Die PlsBr und die anderen selbständigen ntl Briefe bevorzugen dagegen das Formular des antiken Freundschaftsbriefs. Durch das Ev und die Taufe sind der Apostel und die Gemeinde in Christus auf eine gemeinsame freundschaftliche Basis gestellt (1 Thess 1,2–3,10). Der Freundschaftsbrief gehört wie das offizielle Schreiben und das „private Schreiben", das im NT fehlt, zum „literarischen Brief". Aufgrund der Fiktionalität setzt der Brief nicht einfach die

zweite Hälfte eines mündlichen, rhetorischen Dialogs des Apostels mit seiner Gemeinde fort, sondern er wird nach den Regeln der literarischen Briefliteratur ausgestaltet. Während die echten PlsBr die literarische Kommunikation zwischen einem realen Autor und einer realen Gemeinde wiedergeben, fingieren die pseudepigraphen Briefe den Autor (Pls, Jak, Petr, Joh, Jud) und außer Kol und Eph die Adressaten (2 Thess, Tim, Tit, Hebr, die KathBr außer 2/3 Joh). Sie werden dadurch abgehobener, verlieren aber nicht ihren zeitgebundenen, allgemeinen Gemeindebezug. So werden sie nicht zu einer traktathaften Epistel, wie Deißmann meinte, sondern behalten den freundschaftlichen Stil bei und führen insbesondere den pln freundschaftlichen Stil fort. Ausnahmen sind aber Hebr, 1 Petr und 1 Joh einerseits und Jak andererseits, die anstelle des literarischen Briefs eine Predigt oder eine weisheitliche Paränese (Jak) bieten. In Aufnahme der mündlichen apostolischen Tradition und in kreativer Umprägung des antiken Briefformulars für die eigenen Anliegen gelang es Pls und den nachfolgenden, pseudepigraphen Autoren eine eigene Theologie zu entwickeln, die für das junge Christentum grundlegend wurde und mit freundschaftlichem Ton eine neue Gemeinschaft in Jesus Christus begründete.

4. Der ntl Brief wirkte in der Antike und Spätantike in der Korrespondenz der gebildeten Theologen und Kirchenleiter wie Cyprian von Karthago nach. Sie arbeiteten in das antike Briefformular Form, Vokabular, Motive und Theologie der ntl Briefe ein. Es entstand unter dem Einfluß der gehobenen Umgangssprache der christl. Oberschicht der Kirchenväterstil, der parallel zur Kunstprosa zu einem eigenständigen Soziolekt für die kirchlichen Amtsträger wurde und bis heute im amtskirchlichen Sprachstil nachklingt.

Lit.: D. Dormeyer, Das NT im Rahmen der antiken Literaturgeschichte, 1993; R. Reck, Kommunikation und Gemeindeaufbau (SBB 22), 1991; G. Strecker, Literaturgeschichte des NT (UTB 1682), 1992; D. Trobisch, Die Entstehung der Paulusbriefsammlung (NTOA 10), 1989.

Detlev Dormeyer

BROT, Manna

→ Himmel; Leib; Mahl

1. Brot *(ártos)* gilt als Grundnahrungsmittel. Die Bezeichnung Brot kann stellvertretend für Nahrung und Lebensunterhalt stehen (Am 7,12; Mt 6,11). „Brot essen" kann allgemein „Mahlzeit halten" bedeuten (Gen 31,54; Lk 14,15). „Wasser und Brot" weisen auf das Existenzminimum hin (Ijob 22,7), „Brot und Wein" dagegen auf ein reichliches Freudenmahl (Spr 9,5). Brot wurde meist aus Gerstenmehl als scheibenförmige Fladen gebacken, und zwar normalerweise nur für den Tagesbedarf.
2. Im atl Kult spielen ungesäuerte Brote (Ex 12,8), Erstlingsbrote (Lev 23,17–20) und „Schaubrote" (1 Sam 21,2–7; Mk 2,25f) eine Rolle.
Nach Ex 16 wurde Israel während des Wüstenzuges mit „Manna" gespeist. Die Israeliten deuteten die ihnen bisher nicht bekannte Ausscheidung des Tamariskenbaums, die man geronnen vom Boden auflas, in gläubigem Sinn als besondere Gabe Gottes und als Zeichen seiner besonderen Fürsorge. In der Bezeichnung *mannā'* ist sowohl die ursprüngliche arab. Benennung *mann* als auch die von den Israeliten geäußerte Frage „Was ist das?" (hebr. *man-hû'* Ex 16,15) enthalten.
3. Galt schon in der Verkündigung Jesu das Mahl als Bild für die endzeitliche Lebensgemeinschaft mit Gott (Mt 8,11; Lk 14,15–24) und hielt Jesus schon während seines Wirkens immer wieder Mahl mit Sündern (Mk 2,15; Lk 15,2), so kommt seinem Abschiedsmahl in der Nacht vor seinem Tod eine ganz besondere Bedeutung zu. In prophetischer Zeichenhandlung deutete er das gebrochene und dargereichte Brot als seinen Leib, hingegeben in den Tod zum Heil für die Menschen (1 Kor 11,24; Mk 14,22 parr). Das Brechen des Brotes gehörte auch sonst zum Eröffnungsritus des jüd. Mahls.
Das, was Jesus getan hatte, wirkte auch von Anfang an in das Leben der urchristl. Gemeinden hinein. Im Glauben an den gekreuzigten, auferweckten und zur Vollendung wiederkommenden Herrn „brachen sie das Brot" (Apg 2,42.46; 20,7).
Pls deutet tiefsinnig diesen feiernden Vollzug als das, woraus christl. Gemeinde erwächst: „Das Brot, das wir brechen, ist es nicht Gemeinschaft des Leibes des Christos? Weil ein Brot, sind wir, die Vielen, ein Leib, denn alle haben wir teil an dem einen Brot" (1 Kor 10,17f).
Im JohEv bezeichnet sich Jesus bildhaft als das „Brot vom Himmel" und das „Brot des Lebens", das man durch

Glauben „essen" soll (Joh 6,30–51b).
Erst im Anschluß an diese bildhaften
Aussagen ist die Rede davon, daß Jesus sich durch wirkliches „Essen" und
„Trinken" als Speise gibt (6,51c–58).
Joh 6,48–58 stellt dem Manna der
Wüstenzeit das durch Christus geschenkte „wahre Brot vom Himmel"
gegenüber. Nach 1 Kor 10,1–14 gilt
die „geistige Speise" in der Wüste als
Vorausdarstellung (Typos) der Eucharistie.
In bildhafter Ausdrucksweise nennt
Offb 2,17 das Manna als Speise der
vollendeten Heilszeit.
4. Die vielfältigen Aspekte, unter denen das Brot in den bibl. Texten gesehen wird, sind auch heute unvermindert aktuell. Brot gilt als Grundnahrungsmittel eines Großteils der
Menschheit. Es weist hin auf die leibliche und seelische Bedürftigkeit des
einzelnen und darauf, wie Hunger
gestillt wird. Brot wirkt überdies in
hohem Maß gemeinschaftsstiftend, sei
es im gemeinsamen Mahl, sei es im
Teilen mit Notleidenden. Dafür zu
sorgen, daß das „Brot für das Leben
der Welt" im materiellen und geistlichen Sinn allen zukomme, mit allen
geteilt werde, ist ständige Aufgabe.
Da sich christl. Gemeinde und Kirche
vom Wort Gottes und von „dem einen
Brot" der Eucharistie her auferbaut
(1 Kor 10,17) und von ihm lebt, ist die
Feier der Eucharistie für christl. Gemeindeleben und für die Ökumene der
Kirche von grundlegender Bedeutung.

Lit.: K. Berger, Manna, Mehl und Sauerteig, 1993; F.J. Dölger, Unser tägliches Brot,
JAC 5 (1936) 201–210; A. Heising, Die
Botschaft von der Brotvermehrung (SBS
15), 1966.

Alfons Weiser

BRUDER, Bruderliebe

→ Gemeinde; Nächster; Schwester

1. Der Ausdruck Bruder *(adelphós)*
zählt mit seinen 343 Belegen zu den
häufigeren Wörtern des NT. Diese
Häufigkeit rührt v.a. daher, daß er neben der leiblichen Verwandtschafts-
beziehung, die er mit dem deutschen
Wort Bruder gemeinsam hat, noch
eine Reihe anderer zwischenmenschlicher Beziehungen ausdrücken kann.
2. Diese breitere Aussagemöglichkeit
hat das griech. Wort *adelphós* allerdings nicht von sich aus (wegen seiner
Grundbedeutung „aus demselben [ver-
bindendes *a*] Mutterschoß *[delphys]*
geboren" bezeichnet es einen leiblichen Bruder oder aber einen Halbbruder), sondern nur im bibl. Bereich,
weil es im griech. AT als Übersetzung
des hebr. 'āḥ dessen Bedeutungsbreite
übernommen hat. Und dazu gehört neben der Bedeutung leiblicher Bruder
(z.B. Gen 37,2) auch Verwandter jeder
Art (z.B. Gen 31,23.32: Vetter),
Freund (2 Sam 1,26), Kollege (2 Chr
31,15), Gesinnungs- und Schicksals-
gefährte (Ijob 30,29), Angehöriger des
eigenen Stammes (Num 36,2) oder
Volks (Dtn 15,3.12) und Nächster in
einem ganz allgemeinen Sinn (Jer 9,3).
3. Innerhalb der soeben aufgezeigten
Spannbreite steht auch das ntl Wort
Bruder. Bei den Syn und Joh begegnet
sowohl die engere Bedeutung „leiblicher Bruder" (z.B. Mk 1,16: Simon
und Andreas, Mk 1,19: Jakobus und
Johannes, Joh 11,2: Lazarus, der Bruder der Maria und Martha) als auch
die weiteren Bedeutungen „naher Verwandter" (Mt 14,3; Lk 3,1.19: der
Halbbruder des Herodes Antipas),

„Freund, Mitstreiter" (Mt 28,10; Joh 20,17), „Bruder im Glauben" (Mt 18,15; Joh 21,23) oder jedweder „Nächster" (Mt 7,3–5 par; Mt 25,40), wobei allerdings oft nicht klar zu sagen ist, ob damit jemand innerhalb oder außerhalb der Gemeinde bezeichnet wird.

War in den Evv bei Bruder die enge Bedeutung „leiblicher Bruder" vorherrschend, ändert sich nun das Bild in der Apg. Sie kennt zwar auch die Grundbedeutung „leiblicher Bruder" (z.B. 12,2), benutzt Bruder jedoch öfter im Sinn von „Volksangehöriger" (2,29.37; 13,15 u.ö.) und v.a. von „Mitchrist" (1,16; 9,30; 10,23 u.ö.).

Dasselbe gilt für Pls. Wie die Apg kann er in Röm 9,3 die Israeliten mit „Brüdern" als seine „Volksgenossen" bezeichnen. Doch auch er verwendet Bruder in der überwiegenden Zahl der Fälle im Sinn von „Glaubensbruder" (z.B. Phlm 16). Der Grund dafür ist, daß die Glaubenden alle Kinder Gottes sind (vgl. Röm 8,14–17.29), weshalb Christus „Erstgeborener unter vielen Brüdern" ist (Röm 8,29). Von daher kommt es dann auch, daß in den pln Briefen gewöhnlich „(geliebte) Brüder" (z.B. 1 Kor 1,10; 15,58; Gal 3,15; Phil 1,12) die Anrede für die Gemeindemitglieder ist. Dabei muß beachtet werden, daß die Mehrzahl von „Bruder" im Griech. auch „Geschwister" bezeichnet, so daß die „Schwestern im Glauben" bei dieser Anrede wohl meist mit eingeschlossen sind. Daß dem nicht immer so ist, zeigt etwa 1 Thess 5, wo nach der Mahnung, „anzuerkennen die sich Mühenden unter euch" an alle Brüder (= Geschwister) in V 12, mit den Brüder in V 14 wohl nur diese sich Mü-

henden angesprochen sind. Manchmal wird auch, wie etwa in 1 Kor 1,1, mit Bruder ein Mitarbeiter des Pls bezeichnet. Die Bedeutung Nächster kommt ebenfalls gelegentlich vor (z.B. Röm 14,10.13.15.21; 1 Kor 6,5–8; 1 Thess 4,6), obwohl damit auch Mitchristen gemeint sind. Nächste außerhalb der Gemeinde kommen dagegen nur mittelbar und am Rande in den Blick, etwa wenn Pls in Gal 6,10 dazu auffordert, allen Menschen Gutes zu tun, „am meisten aber zu den Hausgenossen des Glaubens".

Bei den übrigen ntl Briefen ist ähnliches zu sagen: Auch hier ist „Brüder" eine geläufige Anrede (Hebr 3,1.12; Jak 1,2), werden mit Bruder Mitarbeiter (1 Petr 5,12) und Nächste bezeichnet (Jak 4,11f; 1 Joh 2,9–11) und die Glaubenden als Brüder (= Geschwister) Christi gesehen (Hebr 2,11.17), und in 3 Joh 3.5.10 sind mit den Brüdern wohl Missionare gemeint.

An verschiedenen Stellen des NT werden Brüder und Schwestern des irdischen Jesus erwähnt. In Mk 6,3 par werden die Namen der Brüder genannt (Jakobus, Joses/Joseph, Judas, Simon; vgl. Mk 15,40.47; 16,1 par, wobei umstritten ist, ob hier mit Jakobus und Joses/Joseph die Brüder Jesu gemeint sind), und in Mk 3,31–35 stellt ihnen Jesus diejenigen als seine Mutter, seine Brüder und Schwestern gegenüber, die Gottes Willen tun. Joh spricht davon, daß Jesu Mutter und Brüder mit ihm nach Kapharnaum gingen (2,12) und daß seine Brüder nicht an ihn glaubten (7,3.5.10). Die Apg kennt Jesu Mutter und Brüder als Mitglieder der Urgemeinde (1,14), und auch Pls erwähnt die Brüder des Herrn (1 Kor 9,5) und unter ihnen besonders Jakobus (Gal 1,19). Letzterem und Judas wird im NT jeweils ein Brief zugeschrieben.

Obwohl das Wort Bruderliebe *(philadelphía)* als eine Bezeichnung für innergemeindliches Verhalten im NT nur sechsmal vorkommt (Röm 12,10; 1 Thess 4,9; Hebr 13,1; 1 Petr 1,22; 2 Petr 1,7), ist die mit ihm bezeichnete Sache doch allgegenwärtig (vgl. Mk 12,28–31 par; Lk 10,26–37; Joh 13,34; Gal 6,10; 1 Joh 4,7–21) und ein Hauptpunkt christl. Lebens. Dabei sind die sachlichen Hinweise auf die Nächstenliebe meist offener formuliert, weil sie alle Menschen in den Blick nehmen.

4. Bei der aufgezeigten Offenheit des Wortes Bruder im NT sollte man heute aufgrund des veränderten Umfelds bei Übersetzungen, Gebeten, Liedern usw. darauf achten, daß das häufige „Brüder" wie auch das seltenere „Bruderliebe" dort, wo es möglich ist, durch „Geschwister-" oder „Nächstenliebe" wiedergegeben wird. Bei den Brüdern und Schwestern Jesu stellt sich die Frage, ob damit leibliche Geschwister gemeint sind oder nicht. Weil mit ihr die Probleme verbunden sind, ob Maria nicht nur vor und während, sondern auch in ihrem ganzen Leben nach der Geburt Jesu Jungfrau war und ob diese Jungfrauschaft als theologische Aussage über die Gottheit Jesu rein bildlich-symbolhaft oder auch leiblich zu verstehen ist, wird diese Frage in den einzelnen Konfessionen bis heute unterschiedlich beantwortet, zumal die ntl Texte wohl keine eindeutige Antwort zulassen. Aber wie auch immer man diese Frage beantworten mag, fest steht, daß Gott in einer Familie Mensch wurde und dieser Gemeinschaft von Men-

schen damit einen großen Wert beimißt. Es verwundert daher nicht, daß die Mitglieder der Gemeinde sich als eine von Gott gegründete Familie Gottes verstehen.

Lit.: W.A. Bienert, Jesu Verwandtschaft, in: W. Schneemelcher, Ntl Apokryphen I (Evv), [6]1990, 373–386; J. Blinzler, Die Brüder und Schwestern Jesu, [2]1967; F. Courth, Historisch oder theologisch – eine falsche Alternative, ThGl 68 (1978) 283–296; D. Dormeyer, Die Familie Jesu und der Sohn der Maria im MkEv, in: H. Frankemölle/ K. Kertelge (Hg.), Vom Urchristentum zu Jesus (FS Gnilka), 1989, 109–135; L. Oberlinner, Historische Überlieferung und christologische Aussage, 1975.

                                     Sebastian Schneider

BUCH

→ Bund

1. Buch hat im Griech. die drei Begriffe *bíblos/biblíon, graphé* und *grámmata.* Alle drei sind mit unterschiedlicher Bedeutung eingedeutscht worden. Aus *bíblos* wurde die Bibel als das „Buch" schlechthin und die Bibliothek als Sammelort von Büchern; aus *graphé* wurde die Kunstgattung Graphik; aus *grámmata* wurde die Lehre von den Regeln einer Sprache, die Grammatik. *bíblos* begegnet im NT zehnmal und *biblíon* als ursprüngliches Diminutivum 34mal. Beide werden im NT bedeutungsgleich verwandt. Sie beziehen sich auf das aus der Papyrusstaude gefertigte Schreibmaterial, das u.a. von Byblos in Phönizien seit dem 6. Jh. v.Chr. verbreitet wurde. So erhielten Schriftstücke jeder Art, also das Buch, die

Buchrolle und das Schriftstück, den Namen *bíblos/biblíon*.

graphḗ ist die Substantivierung der elementaren Tätigkeit des Schreibens *(gráphō)*. Das Ergebnis des Schreibens ist das Buch. *gráphō* gehört mit 192 Belegen zu den am häufigsten vorkommenden Verben im NT. Das Nomen Buch *(graphḗ)* steuert 50 weitere Belege bei. *grámmata* kommt dagegen nur neunmal vor.

2. Im Unterschied zu *bíblos/biblíon* und *grámmata* bezeichnet *graphḗ* immer eine bibl. Schrift, und zwar überwiegend die Schriften des AT. Mit *graphḗ* sind die hl. Bücher des Judentums gemeint, die zur Zeit Jesu und des NT aber noch nicht endgültig zum „AT" festgelegt und kanonisiert worden waren. Abgesehen von zwei Ausnahmen (1 Tim 5,18; 2 Petr 3,16) weichen die ntl Autoren bei der Bezeichnung ihrer eigenen, neuen Bücher auf die Bezeichnung *bíblos/biblíon* und *grámmata* aus. Pls bezeichnet seinen Brief an die Galater als *grámmata* (Gal 6,11); Offb gibt mit dem Schreiben eines *biblíon* die Schau des himmlischen *biblíon* mit dem göttlichen Weltplan wieder (1,11; 5,1–21,27; 22,7–19).

Mt eröffnet sein Ev mit dem Titel: „Buch *(bíblos)* des Ursprungs [oder Geschichte] von Jesus Christos, (dem) Sohn Davids, (dem) Sohn Abrahams" (1,1). Da die nachösterliche Gemeinde die hl. Schriften des Judentums fortsetzt, verfaßt sie trotz drängender Naherwartung weiterhin Bücher. Diese sollen nachweisen, daß Jesus Christus die Verheißungen der hl. Bücher des Judentums erfüllt, seine Anhänger schon jetzt vor dem kommenden Gericht rettet und durch seine Anhänger

und deren Bücher das Heil für alle Völker will (Mt 28,16–20; Offb 21,22–22,5). Die ntl Gemeinde setzt die Buchreligion des Judentums fort, aber in dem Sinn, daß nicht das *grámma*, der Buchstabe, sondern der inspirierende Geist der hl. Bücher des nun „neuen" Bundes gilt (Röm 7,6; 2 Kor 3,6). Die hl. Bücher des Judentums (das spätere „AT") werden durch weitere Bücher (das spätere „NT") erweitert.

3. Die synagogale Wertschätzung der hl. Buchrollen vom ersten Bund Gottes mit Israel wird vom Christentum weitergeführt. Allerdings legt dieses sich nicht auf die Rolle als Form des hl. Buches fest, sondern übernimmt aus dem antiken Schulbetrieb und Geschäftswesen den Kodex, d.i. eine Sammlung von Einzelblättern. Kodices von ntl Büchern sind ab dem 2. Jh. belegt. Das frühe Christentum verbirgt nicht seine Bücher hinter einer hl. Arkandisziplin, sondern technologisiert seine Bücher analog zur hellenistischen Popularphilosophie zu effizienten Mitteln der damaligen Kommunikation. Die hl. Bücher des Alten und Neuen Bundes dienen der Erbauung der Gemeinde, der Sicherung der Tradition, der Systematisierung des Glaubens und der Mission.

4. Das Buch Bibel bleibt erkennbar von einem breiten Strom mündlicher und schriftlicher Texte geprägt. Die christl. Schriften behalten im Unterschied zum rabb. Judentum bis ins 5. Jh. die Rezeptionsbreite des Frühjudentums bei, so daß die außerkanonische frühjüd. Literatur allein vom Christentum weitertradiert wird. Hinzu kommt die großzügige Weitergabe von eigener, außerkanonischer Literatur. Es hat sich ein breites Spektrum bibl. geprägter Literatur mit unterschiedlicher Wertschätzung ausgebildet. Die mündliche christl. Verkündigung, die schriftliche Prosa und die Poesie können sich in der Spätantike an diese Offenheit der bibl. Textwelt angliedern und bis heute diese Offenheit für den Prozeß der Aneignung je neu erzeugen.

Lit.: D. Dormeyer, Das NT im Rahmen der antiken Literaturgeschichte, 1993; H. Hunger u.a., Die Textüberlieferung der antiken Literatur und der Bibel, [2]1988; P. Müller, „Verstehst du auch was du liest?" Lesen und Verstehen im NT, 1994.

Detlev Dormeyer

BUND, Testament, Bürge, Mittler

→ Blut; Gemeinde; Israel; Mahl;
   Prophet/in; Schrift

1. „Bund" bezeichnet die (einseitige, bedingungslose) Selbstverpflichtung und den Eid Gottes (keinen gegenseitigen Vertrag oder Bund), sich den Menschen trotz deren Verfehlungen immer wieder zuzuwenden und ihnen das Heil anzubieten. Der Bund wird zwischen zwei ungleichen Partnern geschlossen und fordert die Selbstverpflichtung des Volkes Israel als Antwort. Bund (hebr. *b^{e}rît*, griech. *diathékē*) ist eine theologische Chiffre, die nicht mit Tora gleichzusetzen ist und sich im AT und NT findet. Man spricht vom „alten" und „neuen" Bund, doch ist der Bund atl kein Signalwort für die kanonische Einheit (dies ist eher Tora: vgl. u.a. Jos 1,5; Mal 3,1–3; Ps 1) und auch ntl keine

Leitaussage (viermal bei den Syn; zweimal in Apg; achtmal in pln Briefen; 18mal in dtpln Briefen [davon 17mal in Hebr]; einmal Offb; die Hälfte findet sich in Zitaten aus dem AT).

2. Im AT wird mit Bund das Verhältnis zwischen Jahwe und Israel nicht statisch, sondern dynamisch beschrieben; es ist eine wechselvolle Geschichte, die durch die Bundesschlüsse charakterisiert ist. Der Bund ist die Prärogative Israels, die Erwählung und zugleich Verpflichtung auf die Tora bedeutet im Blick auf die Völkerwelt. Die Völker können an der Bundeswirklichkeit partizipieren; Ziel ist die Befriedung der Völker (vgl. besonders Jes 2,1–5; Mi 4,1–3).

Das Wort Bund verbindet sich atl mit der Heilsgeschichtsdarstellung, der Tora, den messianischen Verheißungen, und ist der Kern des Gottesverhältnisses.

Eine historische Auflistung der Bundesschlüsse ist nicht möglich, da der Bund eine sekundäre, theologisch die Vergangenheit und Gegenwart deutende Chiffre ist, die erst gegen Ende der Königszeit und im Exil in der intellektuellen Auseinandersetzung mit der neuassyrischen Kultur entstanden ist. Die Bundesinstitution läßt sich nicht von den Anfängen Israels her nachweisen.

Die entscheidenden heilsgeschichtlichen Erfahrungen Israels werden durch die Bundesschlüsse miteinander verbunden und gedeutet; so unterscheidet man die großen Bundesschlüsse mit Noe (Gen 9,8–17), Abraham (Gen 15,1–21; 17,1–27), den Sinaibund (Ex 24,6–8) und den Bund mit David (2 Sam 7,14). Sir 44–47 periodisiert die Geschichte Israels durch sieben Bünde (zwölfmal steht dort das Wort *diathékē*; Bünde mit Noe, Abraham, Isaak, Jakob, Aaron, Pinchas und David werden erwähnt).

Der positiven Bundestheologie sind der gebrochene Exodusbund und die Verheißung eines neuen Bundes bei Jer 31,31–34 entgegengehalten.

Äußere Zeichen machen die Einwilligung des Menschen in das Bundesangebot Gottes sichtbar (Opfermahl: Gen 15; Beschneidung: Gen 17; apotropäischer Blutritus: Ex 24,8; Sach 9,11; Salz: Lev 2,13; Num 18,19; 2 Chr 13,5; Handschlag: Ez 17,18).

Bundesvermittler sind im AT Priester, charismatische Führer und Propheten (vgl. Mose: Ex 24; Josua: Jos 24).

3. *diathékē* bedeutet ntl Bund/Testament; nur an zwei Stellen im Sinn einer letztwilligen Verfügung oder eines Vermächtnisses (Gal 3,15; Hebr 9,16f). Bund ist ntl keine Leitaussage, wie das geringe Vorkommen des Begriffs *diathékē* in nur einigen Schriften des NT beweist. Die Begriffe Reich Gottes oder Gerechtigkeit haben mindestens ebensoviel Gewicht. Bund ist somit eine Deutekategorie unter vielen, die allerdings in wichtigen Zusammenhängen – wie der Abendmahlstradition – zu finden ist. Die Gegenwärtigsetzung Jesu im zentralen Ritus des Brotbrechens wird ntl als Zeichen des neuen Bundes verstanden.

Nur an zwei Stellen wird Bezug genommen auf den alten Bund; an beiden wird jedoch auf einige atl Schriften rekurriert: 2 Kor 3,14 bezieht sich auf den Pentateuch und die Propheten und Hebr 8,8 nur auf die Kultordnung des Pentateuch.

Ntl ist von einem neuen Bund die Rede, womit ausschließlich auf Jer 31,31–34 angespielt wird, nicht auf andere atl Bundesschlüsse oder Schriften. Der Mittler und Bürge des neuen Bundes, der im Kontext der Herrenmahlüberlieferung (Blut des Bundes: Mt 26,28; Mk 14,24; Lk 22,20; 1 Kor 11,25; vgl. atl Hintergrund des Blutritus beim Exodus) dem alten Bund gegenübergestellt wird, ist Jesus und sein Kreuzestod. Als Diener des neuen Bundes versteht sich Pls (2 Kor 3,6).

Der alte Bund mit dem Volk Israel wird durch den neuen Bund nicht außer Kraft gesetzt (vgl. Lk 1,54f.72), sondern in einer heilsgeschichtlichen Kontinuität ohne die Verwerfung Israels durch Jesus neu gefüllt.

4. Die Frage nach dem Verhältnis des alten zum neuen Bund ist insbesondere für das Verhältnis von Kirche und Israel von Bedeutung. Innerhalb des jüd.-christl. Dialogs wird betont, daß es nicht zwei verschiedene Gottesbünde gibt. Der neue Bund durch Jesus Christus ist demnach die Öffnung des Bundes Gottes mit Israel auf alle Menschen hin; diese universale Öffnung ist atl bereits vorgeprägt (Jes 2,2–5; Pss 25,10.14; 33,12; 87,2; 90–106). Ntl wird v.a. auf das Bild vom Ölbaum Röm 11,16–24 hingewiesen, das den theologischen Hintergrund für die Konzilskonstitution Nostra Aetate, Kap. 4, liefert.

Lit.: H. Lohfink/ E. Zenger, Der Gott Israels und die Völker (SBS 154), 1994.

Beate Kowalski

CHRISTUS, Messias, Gesalbter

→ Eifer; Jesus; König/in; Mensch; Salbung; Sohn

1. Christus *(christós)* bedeutet wörtlich: der mit (kostbarem) Öl Gesalbte. *christós* ist die exakte Wiedergabe des hebr. *māšī*ᵃ*ḥ* (von *mšḥ* = salben). Nur in Joh 1,41 und 4,25 steht im NT die gräzisierte Form „Messias". In den meisten deutschen Bibelübersetzungen wird *christós* mit Christus wiedergegeben.

Nach den Berichten des AT wurden v.a. die Könige Israels gesalbt; durch die Salbung wurde eine besondere Beziehung zu Jahwe symbolisiert (vgl. die Formel: „der Gesalbte Jahwes" in 1 Sam 24,7; 26,9 u.ö., bzw.: „Jahwe und sein Gesalbter" in 1 Sam 12,3; Ps 2,2). Von einer Salbung des Hochpriesters ist selten und ausschließlich in der Priesterschrift die Rede (vgl. noch 1 Chr 29,22; Sir 45,15). Ausnahmsweise wird auch die Salbung eines Propheten erwähnt (1 Kön 19,16; Jes 61,1): Der Prophet wird durch die Salbung für seine Aufgabe legitimiert und ausgewiesen als Träger des Gottesgeistes: 2 Kön 2,9.15f; Jes 61,1a. Wichtig ist, daß der bibl. Begriff Christus ganz auf die Religion und Kultur des Judentums konzentriert ist und auch im NT von diesem Hintergrund her gedeutet werden muß.

2. Bei der Rückfrage an das AT interessiert v.a., ob mit der Salbung eine messianische Vorstellung und Erwartung verbunden war. Die häufig zitierte Nathan-Verheißung 2 Sam 7,8–16 spricht nur von der Erneuerung des davidischen Königtums, ist also innerjüd. zu verstehen; auch fehlt der Begriff Christus, Messias bzw. Gesalbter (vgl. auch Jes 8,23–9,6). Vor dem Hintergrund der babylonischen Katastrophe gewinnen zahlreiche Heilsansagen der Propheten mehr und mehr an Bedeutung (Mich 5,1–3; Jer 22,24–30 u.ö.); doch bleiben sie bezüglich ihrer messianischen Aussagekraft vage und messianologisch unbestimmt. Wenn überhaupt, kann man aus den futurischen Heilsprognosen nur eins mit Sicherheit erkennen: Der in Andeutungen angesagte Messias hat viele Gesichter. Auch der Freudenbote in Jes 52,7, der dann in 11 QMelch 18 als *māšī*ᵃ*ḥ* bezeichnet wird, ist nicht eindeutig als kommender Messias zu identifizieren; der Wert des Qumrantextes als Interpretationshilfe scheitert an dem Faktum, daß die Schriftrollen von Qumran eine zweifache Messias-Erwartung kennen: eine irdische Gestalt als Repräsentanten des Königtums, eine zweite als Repräsentanten des Priestertums.

3. Im NT bezeugen die Evv, daß Auftreten und Wirken Jesu die Bewohner Galiläas veranlaßten, nach dem „Wer" und „Wozu" des Jesus von Nazaret zu fragen, und Jesus selbst scheint an den Antworten auf diese Frage nicht uninteressiert: „Wer, sagen die Menschen, daß ich sei?" (Mk 8,27b).

Die Szene auf dem Weg nach Caesarea Philippi (Mk 8,27–30 parr) markiert eine Krise in der Sammlungsbewegung des irdischen Jesus. Das nachösterliche Bekenntnis der Jünger (gesprochen von Petrus) wird redaktionell in das Leben Jesu vorgezogen, um die Krise theologisch zu entschärfen: „Du bist der Christos" (so die Formulierung bei Mk). Es handelt sich um eine christologische Aussage in dem Sinn, daß Jesus als Gesalbter „Sohn Gottes" (so Mt) bzw. „Gesalbter Gottes" ist (so Lk). Ob hier Christus schon Würdename ist, muß aufgrund der folgenden Interpretation (Jesus, der leidende Menschensohn) bezweifelt werden. Auch ein Hinweis dafür, daß die Messiasaussage einen politischen Charakter impliziert in dem Sinn, daß Jesus ein Zelot, ein politischer Rebell gewesen sei, liegt nicht vor; in der dritten Versuchungsgeschichte (Mt 4,8–10) hat die Gemeinde ein solches Verständnis entschieden zurückgewiesen. Das mk Verständnis von Christus im Sinn eines Würdenamens zeigt 14,61. Durch die positive Antwort auf die Frage: „Du bist der Christos, der Sohn des Gelobten?" werden Christus- und Gottessohnaussage eng miteinander verbunden: Jesus ist der von Gott er-

wählte Sohn und zugleich der für die Menschen bestellte Menschensohn.

Mt und Lk folgen im wesentlichen der Mk-Vorlage. Allerdings ist bei Mt eine stärkere Rückbindung an die atl Messiastradition festzustellen. Lk dagegen baut bewußt das *in nuce* angelegte Christus-Verständnis im Sinn eines Titels konsequent in sein christologisches Konzept ein: Jesus ist der Gesalbte Gottes (9,20), der Gesalbte des Herrn (2,26); er bleibt Messias auch im Kontext von Tod und Auferstehung.

Bei Pls vollzieht sich ein radikaler Wandel in dem Sinn, daß nun Christus (absolut, oft mit Artikel) nicht mehr Funktionsbegriff ist, sondern titulare christologische Hoheitsaussage (auch in der Doppelbenennung „Jesus Christus" ist Christus kein verdeutlichender Beiname). Kreuzestod und Auferstehung des Christus stehen nicht als historisches Geschehen, sondern als Heilsaussage im Mittelpunkt des pln Kerygmas: 1 Kor 1,23; 2,2; Gal 3,1–13, ferner Röm 6,9; 8,11; 10,7 u.ö. Pls selbst versteht sein Wirken als ein den Christus vertretendes Handeln (2 Kor 5,20); die von ihm gegründeten Gemeinden deutet er als Leib des Christus (1 Kor 12,12–27).

In den Dtpln, v.a. in Kol und Eph, wird die pln Christus-Theologie erweitert. Nun begegnet der absolute Gebrauch von „(der) Christus" sehr oft; und ekklesiologisch wird Christus zu einem Begriff, der die Christus-Gemeinde primär unter „christologischen Gesichtspunkten" versteht. Die (fast) ausschließliche Verwendung des titularen Christus forciert die Entwicklung, den Jesus der Geschichte zunehmend aus dem Blickfeld zu verlieren.

Past und Offb verstärken diese Tendenz, betonen nun aber mehr den soteriologischen Aspekt des Christus-Geschehens. Durchweg verwenden die Past die Formel „Christus-Jesus", um auszudrücken, daß die titulare Bedeutung bei allen soteriologischen Aussagen dominiert. In der Offb des Johannes ist der Christus der Erhöhte, der für die Gemeinden die Erlösung bewirkt hat und am Ende der Zeiten das Heil vollenden wird.

Einen sehr eigenwilligen Weg geht das joh Schriftcorpus. Der Verfasser legt Wert auf die theologische Aussage, daß der Christus und der Sohn Gottes eng verbunden, ja identisch sind (11,27: „... du bist der Christos, der Sohn Gottes, der in die Welt Kommende"; 20,31: „... Jesus ist der Christus, der Sohn Gottes"). Diese enge Verklammerung ist Niederschlag des Versuchs, einerseits die Menschlichkeit Jesu nicht preiszugeben, andererseits die göttliche Herkunft zu betonen. Letztendlich aber obsiegten die Gottheitsaussagen des vierten Evangelisten: Jesus als Christus ist weit mehr auf seiten Gottes als der Jesus als Nazoräer auf seiten der Menschen.

4. Verwendung und Bedeutung des Titels Christus in den ntl Schriften verfolgen konsequent eine christologische Weiter- und Höherentwicklung. Christus ist in Anbindung an das AT und Judentum zunächst Prädikation in dem Sinn, daß Jesus als der von seinem Vater Berufene dargestellt werden soll. Doch christologisches Fragen gab sich damit nicht zufrieden: Das „aenigma Jesu" forderte die Reflexion der Apologeten heraus. Nicht zuletzt die Kreuzigung Jesu als des Königs der Juden dürfte in den nachösterlichen Gemeinden Überlegungen ausgelöst haben, welche dann die ursprünglich funktionale Christus-Aussage in eine titulare umgestalteten: Der Titel Christus gewinnt zunehmend an Eigengewicht und drängt in den frühchristl. Bekenntnisformeln die Worte und Taten Jesu, das *euaggélion* des galiläischen Propheten, in den Hintergrund. Konsequent setzt sich diese Entwicklung in den uns überlieferten Glaubensbekenntnissen fort. Im zweiten Artikel des Apostolischen Glaubensbekenntnisses ist diese Entwicklung faktisch abgeschlossen. Verbindlich für den Glauben wurde festgelegt, daß über Jesus, den Christus, nur seine Geburt, sein Tod und seine Auferstehung „heilsrelevant" seien. Das von den Evangelisten tradierte „Dazwischen" (Leben und Lehre Jesu) blieb für lange Zeit ausgeklammert.

Lit.: J. Becker, Messiaserwartung im AT, 1977; K. Berger, Zum Problem der Messianität Jesu, ZThK 71 (1974) 1–30; M. Dömer, Das Heil Gottes, 1978; F. Hahn, Christologische Hoheitstitel (UTB 1873), ⁵1995; W. Kramer, Christos, Kyrios, Gottessohn, 1963; D. Trunk, Der messianische Heiler (Herders Bibl. Studien 3), 1994.

Alexander Sand

DANK, Danksagung, Eucharistie

→ Bitte; Brief; Gemeinde; Lob; Mahl

1. Von zehn Aussätzigen, die Jesus von ihrer Krankheit geheilt hatte, kam nur einer zurück, um Gott zu verherrlichen und Jesus zu danken. Jesus ist empört über soviel Undankbarkeit (Lk 17,12–19). Dank müßte die natürliche Reaktion sein für empfangene Wohltaten und Hilfen. Darum fordern AT wie NT unentwegt auf, Gott, dem Urheber alles Guten, zu danken. Christen fassen ihren Dank für alles, was sie Gott durch Jesus, seinen Knecht, verdanken, zusammen in einer Feier der Danksagung, die sehr früh den griech. Namen „Eucharistie" erhielt.

2. Vielfältig – auch im sprachlichen Ausdruck – sind die Begriffe und Formen des Dankes und der Danksagung im AT. Immer ist es Dank und Lobpreis für Gottes Heilshandeln. Neben Dankopfern (vgl. Am 4,5; Jer 17,26; 33,11; Pss 56,13; 100,1) sind es v.a. Dankgebete und Danklieder, in denen Danksagung geschieht (vgl. v.a. die Pss 48.66.118.124.135), und dies zumeist im Kult (vgl. Pss 50.100.107. 135).

In der LXX wird für Dank und Danksagung gern *eucharistía, eucharistéō*

verwendet (Jdt 8,25; Est 8,12; 2 Makk 1,11; 2,27; 10,7; Weish 18,2), und schon bei Philo von Alexandrien gilt Danksagung als wichtigste Form der Gottesverehrung und höchste Tugend des Menschen. Von beidem zeigt sich das NT beeinflußt.

3. In den Evv gilt das nur in bescheidenem Umfang. Nur Lk übernimmt gelegentlich den LXX-Sprachgebrauch (vgl. Lk 6,35; 17,16); ansonsten dominiert der des AT (loben, preisen, segnen usw.). In die Brotvermehrungserzählungen, deren Nähe zur christl. Eucharistiefeier unübersehbar ist, dringt der LXX-Sprachgebrauch sekundär ein. Jesus selbst hat wohl ganz nach jüd. Art dem Vater über Brot und Wein gedankt. Davon unten.

Ganz im Stil atl Lobpreises sind die große Danksagung Jesu an den Vater (Mt 11,25f; Lk 10,21) und die Lobgesänge der Maria, des Zacharias und des Symeon gehalten (Lk 1,46ff.68ff und 2,29ff). Ansonsten findet sich in den Evv nur noch die Warnung vor falschem „Pharisäer-Dank", der sich der eigenen Leistung rühmt (Lk 18,11). Am meisten zeigt sich Pls von LXX-Sprachgebrauch und philonischer Wertschätzung der Danksagung beeinflußt. Auf seine Brieferöffnungen folgt fast immer eine Danksagung (vgl. 1 Kor 1,4–6 u.ö.); sie richtet sich an Gott, auch wenn sie eigentlich Menschen gilt. In allem zu danken, „ist der Wille Gottes in Christos Jesus" (1 Thess 5,18); und umgekehrt ist das Ausbleiben des Dankes Ausdruck mangelnder Gottesverehrung (vgl. Röm 1,21). Eucharistie wird daher zur Antwort auf das Gnadenhandeln Gottes in Jesus Christus (vgl. 2 Kor 1,11; 4,15; 9,11). Zu solcher Danksagung gibt schon jedes Essen Gelegenheit (vgl. Röm 14,6; 1 Kor 10,30); denn jegliche Danksagung dient der Verherrlichung Gottes (1 Kor 10,31). Danksagung soll aber nicht nur privat geschehen (vgl. Phil 4,6 u.ö.), sondern v.a. in der Gemeindeversammlung. Sie geschieht dort „in Psalmen und Hymnen und geistlichen Liedern" (wie es Eph 5,19f heißt, wobei zu sagen ist, daß die dtpln Tradition – was Dank und Danksagung angeht – völlig auf pln Gedanken aufbaut). Aber die Danksagung muß verständlich sein, damit andere zu solcher Danksagung ihr „Amen" sprechen können (vgl. 1 Kor 14,16f). Daß auch das Bitten nicht ohne Danksagung geschehen solle (Phil 4,6), ist ein viel zu wenig beherzigter Gedanke des Pls.

Pls denkt beim Dank stets an heilsbedeutsame Güter – wie Glaube, Hoffnung, Liebe, Gnade, Freude, Friede, Erlösung, göttliche Führung, Überwindung des Todes usw. –, so daß das Bitten völlig zurücktritt hinter den Dank. Daß im allgemeinen der Dank an Gott gerichtet ist, versteht sich von selbst für den Juden Pls (vgl. 1 Thess 1,2; 2,13 u.ö.); um so bemerkenswerter, daß solcher Dank an Gott „durch Jesus Christos" geschieht (Röm 1,8 u.ö.) bzw. wie vieles andere in einer christl. Gemeinde „im Namen unseres Herrn Jesus Christos" (zu Eph 5,20 vgl. 1 Kor 6,11 u.ö.); er ist gleichsam der Vermittler solcher Danksagung.

Ihren höchsten Ausdruck findet daher der Dank der Christen von Anfang an in der Eucharistie, der Feier des Herrenmahls (vgl. 1 Kor 11,23–26). Schon die Did, eine christl. Schrift aus der Zeit um 110/120, nennt die ganze Feier „Eucharistie" und benennt damit ihr wichtigstes Charakteristikum. Zwar kann man weder aus Did 9,1–4 und 10,1–6 noch aus den ntl Texten (v.a. aus 1 Kor 11,18ff und den Einsetzungsberichten Mk 14,22–25 parr) ein klares Bild gewinnen vom Ablauf und von der Sinngebung solcher Feiern, aber einige Gemeinsamkeiten sind doch erkennbar: Die Folie solcher christl. Mahlfeiern bilden die jüd., und das gilt insbesondere auch von den Gebeten, den mit Danksagung verbundenen Vor- und Nachtischgebeten zu Brot und Wein. Christen formulieren dabei ihren Dank im Blick auf das Heilshandeln Gottes in Jesus Christus, wobei sich Eucharistie in der Did auf die Feier als ganze, nicht nur auf den eucharistischen Teil im engeren, wir würden sagen „sakramentalen" Sinn bezieht. Diese jüd. Vorgaben dürften auch erklären, warum in den ntl Texten (jüd.) „Lobpreisen" mit (dem von den Christen bevorzugten Ausdruck) „Danksagung" abwechselt und letzteres aus den Abendmahlstexten in die Brotvermehrungserzählungen eindringt (vgl. Mk 14,22f; Mt 26,26f; Lk 22,17. 19; 1 Kor 11,24 bzw. 10,16; Mk 8,6f; Mt 15,36; Joh 6,11.23 usw.).

Der Dank der irdischen Gemeinde hat nach Offb 4,8–11; 7,11f; 11,17 seine Entsprechung in der himmlischen Liturgie. Dank wird hier neben anderem genannt, was die himmlischen Wesen Gott darbringen (Herrlichkeit, Ehre, Weisheit usw.), aber das sind Entfaltungen dessen, was die christl. Feier der Danksagung umfaßt.

4. Dank ist also die Antwort des Menschen auf das Heilshandeln Gottes. Danksagung zielt auf die Verherrlichung Gottes, mehrt aber auch bei den Menschen die Gnade (vgl. 2 Kor 4,15; 9,11 u.ö.). In der Feier der Eucharistie kommt beides zur Geltung, so daß sie zu Recht Höhepunkt und Quelle allen kirchlichen Lebens genannt werden kann (vgl. II. Vatikanisches Konzil, Artikel 10 der „Konstitution über die hl. Liturgie").

Lit.: J. Betz, Die Eucharistie in der Zeit der griech. Väter, 1955; K. Niederwimmer, Die Didache (KAV 1), ²1993; C. Westermann, Das Loben Gottes in den Psalmen, ²1961.

Josef Hainz

DEMUT, Einfalt, Niedrigkeit

→ Diener/in; Gehorsam

1. „Demut – die Tugend der Untertanen": Klischees solcher Art haben den theologischen Begriff in Verruf gebracht.

2. Das AT sieht in der Demut *(tapeinophrosýnē)* eine geistige Haltung, die etwas mit Frömmigkeit vor Gott und Gerechtigkeit gegenüber dem in Not lebenden Mitmenschen zu tun hat. In den Psalmen und in der Weisheitsliteratur (Ps 37,11 LXX; Sir 1,27; 3,20; 6,24–31; 24,3–22; 51,23–30; Ijob 24,4; 36,15; Sach 9,9 u.ö.) wird Demut vor dem Hintergrund von Hochmut und Stolz beleuchtet und als Ideal

für den Frommen vorgestellt. Der Demütige, in der Sprache der Psalmen der vor Gott Arme (Pss 9,10; 12,6; 22,25; 40,18), weiß um seine eigene Unzulänglichkeit und lebt deshalb aus dem Vertrauen auf Gottes Schutz und Beistand. Der Hochmütige, der auf seine eigene Kraft baut, rennt ins Verderben.

3. Das NT knüpft an den Frömmigkeitsmodellen Israels an und überhöht sie durch den Bezug auf die von Jesus verkündete Gottesherrschaft bzw. auf die Person des Sohnes Gottes Jesus Christus.

In der Bergpredigt des Mt werden die Sanften bzw. die Gewaltlosen seliggepriesen (Mt 5,5). Inwieweit sich hier aktuelle gesellschaftspolitische Vorstellungen der jüd. bzw. judenchristl. Friedensbewegung niedergeschlagen haben, ist eine Überlegung wert. Für das bibl. Verständnis von Demut *(praýtēs)* würden sich in einem solchen Kontext neue Perspektiven auftun.

Die Jünger werden von Jesus im Streit um Rang und Größe auf das Beispiel des hilflosen Kindes, das alles von Gott erwartet, verwiesen (Mk 9,33–37 parr; Mt 19,14). Der Spruch: „sich erniedrigen – von Gott erhöht werden" (Mt 23,12 par) steht unter dem Gesetz des Christuswegs, auf den sich die Jünger Jesu begeben haben. Demut erscheint hier als Station auf dem Weg des Heils.

Jesus verweist in dem Spruch vom erträglichen Joch auf seine eigene Sanftmütigkeit und Demut. Die Fixierung auf das Herz („und von Herzen demütig") ist als eine Art Verinnerlichung gedeutet worden – eine nicht uninteressante, aber schwer nachvollziehbare Erklärung. Der entscheidende Verstehensansatz ist die den ganzen Abschnitt prägende Erlöserliebe (vgl. unten), ohne die sich allzu schnell sentimentale Fehldeutungen und Verflachungen einschleichen.

Der für die christl. Ethik maßgebliche Bezug ist in dem Wort vom Dienen und von der Hingabe des Lebens als Lösegeld anstelle vieler (Mk 10,45) gegeben. Eine entsprechende christologische Weiterführung bietet der Christushymnus des Phil mit dem Spruch von der Demütigung und dem Gehorsam Christi (Phil 2,5–8). Der Verweis auf die Gesinnung „in Christos Jesus" zielt auf das Urbild, das den heilsmittlerischen Lebensraum, in welchem christl. Demut aufgehoben ist, aufzeigt. Das Schema von Vorbild-Nachahmung, das der antiken Tugendlehre entstammt, kann im größeren Rahmen der „In-Christus-Reflexion" nicht angewandt werden.

Von Demut im herkömmlichen ethischen Verständnis ist in den ntl Spätschriften die Rede. Jak 4,6 und 1 Petr 5,5 nehmen das Muster der Weisheitsliteratur auf (Spr 3,34) und bringen es vordergründig in die christl. Argumentation ein. „Gott widersteht Überheblichen, Demütigen (Niedrigen) aber gibt er Gnade." Profane Gemeinplätze sind hier in einen neuen christl. Horizont einbezogen.

4. Martin Luther bietet einen interessanten spekulativ-theologischen Ansatz zur Begründung der Demut als Grundhaltung des Christen. Er verweist auf das tägliche Selbstgericht als Vorwegnahme des Gerichts Gottes über den menschlichen Hochmut und alle sündige Eigenmächtigkeit. Angesichts der verbreiteten unbibl. Argumentation mit der antiken Tugendlehre ist die Besinnung auf die christl. Offenbarungsgeschichte von großer Bedeutung. Die kath. Tradition hat in der Erlöserliebe Jesu nach Mt 11,29 zu Recht die bibl. Wurzeln der Herz-Jesu-Verehrung erkannt.

Lit.: K. Wengst, Demut – Solidarität der Gedemütigten, 1987; S. Wibbing, Die Tugend- und Lasterkataloge im NT und ihre Traditionsgeschichte unter besonderer Berücksichtigung der Qumran-Texte, 1959.

Josef Ernst

DIENER/IN, Diakon/in

→ Armut; Aufseher; Botschaft; Gemeinde; Knecht; Nachfolge; Sorge

1. Für Diener/dienen werden im NT verschiedene Begriffe verwendet, die sich in ihrer Bedeutung berühren, aber auch jeweils einen besonderen Aspekt des Dienens hervorheben. *diakonéō* bedeutet „bei Tisch aufwarten", davon abgeleitet „fürsorgend helfen", und wird in der allgemeinen Bedeutung von „dienen" zu einem Schlüsselbegriff christl. Lebenspraxis, der nicht nur den caritativen, sondern auch den Verkündigungsbereich umfaßt und für Männer ebenso wie für Frauen gilt. Im Mittelpunkt steht die persönliche Dienstleistung zugunsten eines anderen. Im Gegensatz dazu leitet sich *douleúō* von „Sklave, Knecht, Magd" *(doûlos, doúlē)* ab und betont ein Dienstverhältnis in Abhängigkeit zu einem Übergeordneten. Während Wörter des *diak*-Stammes im NT insgesamt 98mal und Wörter des *doul*-Stammes 182mal vorkommen, spielen Begriffe wie *hypērétēs* und *paidískē*, womit v.a. Bedienstete, Gehilfen bzw. Mägde bezeichnet werden, *leitourgéō* bzw. *latreúō*, die „dienen" im kultisch-liturgischen Bereich bedeuten, eine eher untergeordnete Rolle (41mal).

2. Während die Griechen Dienen in jeglicher Form als einen Verstoß gegen die freie Entfaltung und Würde des Menschen ablehnten, wird „dienen" im AT und Judentum je nach Art des Dienens unterschiedlich beurteilt. Abgelehnt wird das entwürdigende Dienen in politischer Knechtschaft, so z.B. der Israeliten im „Sklavenhaus" Ägypten (Ex 13,3.14; 20,2). Insbesondere auf Gott bezogen gilt „dienen" jedoch als hoher Wert (Dtn 10,12; 1 Sam 12,14). Gewisse Vorformen und Analogien zur ntl Funktion des „Diakon" (Diener, Helfer) gab es im Bereich der jüd. Synagoge, der Qumrangemeinde sowie in den hellenistischen und vorderorientalischen Kultvereinen. Allerdings hatten dort ähnliche Funktionsträger meist ausschließlich liturgische oder soziale Aufgaben.

3. Im NT erhält „dienen" seine besondere Bedeutung und Färbung durch die Verkündigung und Lebenspraxis Jesu. Nach Mk 10,45 par kam „der Sohn des Menschen nicht, bedient zu werden, sondern zu dienen und zu geben sein Leben als Lösegeld anstelle vieler" (vgl. Phil 2,7). Wie Dienen im Leben Jesu nicht Unterwerfung, sondern Selbsthingabe und Herrschaftsverzicht bedeutet, so fordert Jesus (Mk 10,42ff parr) auch von seinen Jüngern eine entschiedene Absage an Macht, Karrieresucht und weltlichem Herrschaftsgebaren: „Ihr wißt, daß die über die Völker zu herrschen Geltenden sich ihrer bemächtigen und ihre Großen sie vergewaltigen. Nicht so aber ist es unter euch, sondern wer

immer will groß werden unter euch, soll sein euer Diener *(diákonos)*, und wer immer will unter euch sein Erster, soll sein aller Sklave *(doûlos)*." Nach Darstellung der syn Evv (Mk 15,40f; Lk 8,2f) sind in diesen herrschaftsfreien Dienst der Nachfolge Jesu von Anfang an nicht nur Männer, sondern auch Frauen miteinbezogen.

In dem von Mt überlieferten und theologisch ausgestalteten Bild vom Weltgericht (Mt 25,31f.44) werden unter dem Begriff „dienen" einige exemplarische Werke der Barmherzigkeit wie die Speisung der Hungrigen, die Bekleidung der Nackten sowie die Sorge für Kranke und Gefangene zusammengefaßt. Von der uneingeschränkten Verwirklichung dieser Form des Dienens wird nicht nur die Beziehung zu Jesus, sondern auch der Gewinn bzw. Verlust des endgültigen Heils im Reich Gottes abhängig gemacht.

Das lk Doppelwerk macht deutlich, daß der Dienst *(diakonía)* für die Armen integrativer Bestandteil des urchristl. Gemeindelebens war. Zwar ist die Einsetzung der „Sieben" in Apg 6,1ff wegen mancher Unstimmigkeiten im Text nicht so einfach mit dem Beginn des christl. Diakonenamtes gleichzusetzen, doch spielt die Fürsorge für die Armen, Kranken und Witwen in Nachahmung des Beispiels Jesu (Lk 22,27: „Ich aber bin in eurer Mitte wie der Dienende") von Anfang an eine zentrale Rolle (Apg 11,29f; 12,25; 2,44f). Wie eng Verkündigung und Diakonie zusammengehörten, läßt sich daran erkennen, daß nicht nur caritative Tätigkeiten, sondern auch die Wortverkündigung der Apostel als Dienst *(diakonía)* bezeichnet werden (Apg 1,17.25).

Pls nennt in seinen Briefen nicht nur die einzelnen Aufgaben in den christl. Gemeinden „Dienste" (1 Kor 12,5), sondern versteht auch sein eigenes Apostelamt als Dienst *(diakonía)* und sich selbst als Diener *(diákonos)* Jesu Christi (Röm 11,13; 2 Kor 4,1; 6,3f; 2 Kor 11,23). In Phil 1,1 und vermutlich ebenso in Röm 16,1f ist das Wort *diákonos* (Helfer, Diener) im Sinn eines spezifischen, eigenständigen Gemeindedienstes bzw. Gemeinde-„Amtes" gebraucht. Das ergibt sich in Phil 1,1 aus der Zu- und Nachordnung zu den *epískopoi* (= Aufseher, später: Bischöfe), bei Phoibe in Röm 16,1 aus der Maskulinform *diákonos* sowie dem angefügten Genitiv „der Gemeinde, der in Kenchreai". Es ist nicht zulässig, den Begriff „Diakon" bei Phoibe, nur weil sie eine Frau ist, anders und geringer als in Phil 1,1 zu bewerten. Es darf allerdings auch nicht die Funktion der männlichen und weiblichen „Diakone" in den pln Schriften mit dem späteren, klar umrissenen Diakonenamt der frühen Kirche einfach gleichgesetzt werden. Das ntl Diakonen-„Amt" umfaßte vermutlich gemäß der Grundbedeutungen von *diakonéō* Aufgaben der Gemeindecaritas, der Verwaltung und der Verkündigung.

In der „Diakonenregel" von 1 Tim 3,8–13 spiegelt sich schon ein späteres Stadium innerhalb der Entwicklung des urchristl. Diakonats. Es werden Auswahlkriterien und Qualifikationsmerkmale für das Diakonenamt aufgestellt wie vorbildlicher Lebenswandel und Bewährung im Glauben. Es spricht manches dafür, daß mit den „Frauen" in 1 Tim 3,11 weibliche Diakone und nicht – wie ebenfalls oft angenommen wird – die Ehefrauen von Diakonen gemeint sind.

In Eph, Kol und den übrigen Spätschriften des NT wird mit „Dienst" und „Diener" vorrangig der missionarische Verkündigungsdienst sowie der Aufgabenbereich der Apostel, Propheten und Lehrer bezeichnet (vgl. Kol 1,23.25; 2 Tim 4,5; 1 Petr 1,12).

4. Die Wörter „dienen" und „Dienst" sind äußerst anfällig für Mißbrauch und einseitige Festschreibungen. Das NT versteht sie von Jesus und seiner Lebenspraxis her. Insofern stehen sie nicht für Unterdrückung, sondern für Solidarität und Herrschaftsverzicht. In der engen Verbindung von caritativer Tätigkeit und Wortverkündigung gibt das ntl Verständnis von „dienen" zu erkennen, daß Diakonie und Verkündigung – auch in der Kirche und Pastoral von heute – nicht voneinander getrennt werden dürfen.

Lit.: D. Ansorge, Der Diakonat der Frau, in: T. Berger/ A. Gerhards u.a. (Hg.), Liturgie und Frauenfrage, 1990; J. Roloff, Der erste Brief an Timotheus (EKK XV), 1988; G.K. Schäfer/ Th. Strohm (Hg.), Diakonie – bibl. Grundlagen und Orientierungen, ²1994.

Hanneliese Steichele

EHE, Hochzeit, Ehelosigkeit, Ehebruch, Ehescheidung

→ Bund; Frau / Mann; Witwe

1. Ehe bezeichnet die (lebenslange, unauflösliche) Lebensgemeinschaft zwischen (einem) Mann und (einer) Frau, die in Liebe und Treue einen gemeinsamen Lebensentwurf in der Regel mit dem Wunsch auf Nachkommenschaft anstreben. Sie umfaßt neben der privaten-partnerschaftlichen Dimension auch offizielle, gesellschaftliche, rechtliche und wirtschaftlich-materielle Aspekte.

2. Im AT ist die Ehe eine rein private Angelegenheit, die in den Anfängen der Geschichte Israels nicht monogam, sondern polygam (mindestens zwei Frauen) ausgerichtet ist (vgl. die Patriarchenerzählungen: z.B. Gen 29). Die Zahl der Frauen ist durch wirtschaftliche Faktoren begrenzt. Gegen die Polygamie finden sich inneratl bereits kritische Ansätze (vgl. im jahwistischen Schöpfungsbericht Gen 2,18–24); die monogame Ehe wird ethisch hervorgehoben.

Eine Ehe kommt durch schriftliche Eheverträge zustande (vgl. Tob 7,14) und kann durch Tod oder Scheidebrief (Dtn 24,1.3; Jes 50,1; Jer 3,8) aufgelöst werden. Die Scheidung kann jedoch nur vom Mann (schriftlich, um die Frau vor der Anklage des Ehebruchs zu schützen) ausgesprochen werden (vgl. Dtn 24,1–4 und die Formel in Hos 2,4); den Brautpreis erhält der Mann allerdings nicht zurück (dies dient dem Schutz vor leichtfertiger Scheidung). Bereits im AT finden sich Mahnreden gegen Ehebruch und Scheidung (vgl. Mal 2,10–16) sowie im Dekalog das Verbot des Ehebruchs (Ex 20,14; Dtn 5,18). Jesu Weisung gegen die Ehescheidung dient daher dem Schutz der Frau (s.u.).

Eine Frau ist nach atl Vorstellung Eigentum des Mannes, der ihr Besitzer ist (Baal). Für eine Frau im AT ist die Ehe die einzige Form der materiellen Absicherung. Daher gibt es die Institution der Leviratsehe (= Schwagerehe), bei der der verstorbene Bruder des Ehemanns die verwitwete und kinder- bzw. sohnlose Frau seines Bruders zur Frau nimmt (vgl. Dtn 25,5–10). Das Levirat soll eine männliche Generationenkette ermöglichen, die Besitzverhältnisse in einer Sippe garantieren und die Versorgung der Witwe gewährleisten. Die Leviratsehe ist von seiten der Frau nicht einklagbar (vgl. Gen 38). Im Buch Rut fällt diese Rechtsinstanz der Leviratsehe mit den Pflichten des Lösers zusammen (vgl. Rut 4).

Auch wenn die Ehe als Vertrag verstanden wird, steht sie atl unter der besonderen Fürsorge und dem Schutz Gottes (eine profane Schutzmaßnahme findet sich Dtn 24,5) und wird als Bund verstanden. In der Ehesymbolik wird (von Hos) die Ehe als Abbild des Bundes Gottes mit Israel beschrieben. In den Liebesliedern des Hld werden die Liebe und die Leidenschaft zwischen Mann und Frau als Kräfte besungen, die stärker sind als der Tod und die Unterwelt.

3. Zur Zeit Jesu war die Ehe fast eine Verpflichtung. Jesus war unverheiratet, für seine Jünger aber war die Ehelosigkeit nicht durchgängig ein zu befolgendes Vorbild (vgl. Mk 1,30: Schwiegermutter des Petrus; vgl. auch 1 Kor 9,5).

Die Ehe-Ethik Jesu ist vom Gedanken des Schutzes für die Frauen geprägt. Das Scheidungsverbot (vgl. Mk 10,9; Mt 19,6; 1 Kor 7,10; Mt 5,32) hat den sozialen Schutz der Frau und das zentrale Liebesgebot Jesu als Hintergrund. Im JohEv zeigt sich an Joh 8,3–11, daß im 2. Jh. eine Vergebung für Ehebrecherinnen in den Blick genommen wurde.

Pls empfiehlt in 1 Kor 7 seine Lebensweise der Ehelosigkeit, erkennt aber auch andere Lebensformen wie die Ehe an; Ehelosigkeit ist ntl keine Abwertung der Ehe als schlechtere Lebensform zur Verwirklichung der Botschaft Jesu. Die Ehe wird als gottgewollte Verbindung gedeutet. Pls richtet sich jedoch gegen eine Wiederheirat nach einer Scheidung, mit der Ausnahme, daß ein Partner aus der ersten Ehe zwischen zwei Unge-

tauften den christl. Glauben annimmt (Privilegium Paulinum). Der Rechtsgrund der Eheauflösung ist der Vorrang des wahren Glaubens. Das geltende Kirchenrecht kennt zudem das sog. Privilegium Petrinum; es ist die päpstliche Befugnis, eine halbchristl. Ehe zu lösen und dem kath. Partner eine neue Eheschließung zu ermöglichen.

Nachpln wird besonders die gegenseitige Liebe der Ehepartner zueinander betont (Kol 3,18f; Eph 5,22–33; 1 Petr 3,7; 2 Kor 11,2). In der Standestafel Eph 5,21–6,9 wird auf das Verhältnis von Mann und Frau (5,21–33) Bezug genommen. Die Ehrfurcht vor Christus soll Vorbild der Beziehung von Mann und Frau in einer christl. Ehe sein; die von der Frau geforderte Unterordnung unter ihren Mann und die vom Mann geforderte Liebe zu seiner Frau sollen Abbild der gegenseitigen Beziehung zwischen Christus und seiner Kirche sein, die ebenfalls durch Unterordnung unter Christus und Liebe zu ihm geprägt sein soll.

Auch ntl wird die Liebe zwischen Mann und Frau als Abbild des Bundes Gottes mit seinem Volk verstanden (Röm 7,2–4). Die Ehesymbolik wird auf Christus und seine Kirche übertragen. Die Offb vermittelt eine Brautsymbolik: Die Kirche hat sich als Braut geschmückt für die Hochzeit mit dem Lamm, dem gekreuzigten und auferstandenen Herrn (vgl. Offb 19; 22).

4. In der gegenwärtigen Diskussion um Ehe und Ehescheidung stehen rechtliche und sakramentendogmatische Fragen im Vordergrund: Die Zulassung wiederverheirateter Katholiken zur Eucharistie ist eines der bri-

santen Themen. Ein gesamtgesell-
schaftliches Problemfeld ist die hohe
Anzahl der Ehescheidungen und das
gemeinsame Leben ohne Trauschein.

Lit.: N. Baumert, Frau und Mann bei Pls,
[2]1993; H. Kramer, Ehe war und wird anders,
1982; M. Küchler, Schweigen, Schmuck und
Schleier (NTOA 1), 1986; G.B. Lange-
meyer, Als Mann und Frau leben, 1984.

Beate Kowalski

EHRE, Ehrfurcht

→ Almosen; Glanz; Heiligkeit; Lamm

1. Der deutsche Begriff Ehre, dem in
den bibl. Sprachen verschiedene Vokabeln zugrunde liegen, ist einerseits
Ausdruck des Wesens Gottes (etwa
mit „Herrlichkeit" bedeutungsgleich)
oder eines Menschen, andererseits die
deshalb Gott oder dem Menschen geschuldete Haltung (Achtung, Ehrer-
bietung, Ehrfurcht). Drei Verwen-
dungsformen ziehen sich quer durch
die Schriften des AT und NT: an erster
Stelle die Ehre Gottes, d.h. sein Glanz,
seine Herrlichkeit und Heiligkeit und
die ihm von daher gebührende Ehrfurcht; ferner die Ehre, die Gott dem
Menschen als seinem Geschöpf verleiht; schließlich die Ehre, die Menschen – allgemein oder aufgrund von
Stellung, Alter usw. – sich gegenseitig
schulden. Neu gegenüber dem AT ist
die grundsätzlich-kritische Haltung
des NT zu menschlicher Ehre (Ehr-
sucht) angesichts der allein Gott in Jesus Christus zukommenden Ehre und
Danksagung.
2. Allenthalben kennt und preist das
AT die Ehre und Herrlichkeit Gottes
(Ex 24,16; Dtn 32,3; Pss 96,6; 145,5;

Jes 6,3 u.ö.). Doch rühmen die Psalmen auch die dem Menschen von Gott
geschenkte Ehre (Pss 8,6; 62,8; 91,15
u.ö.). Israel hat Ehrfurcht vor der Weisheit Salomos (1 Kön 3,28). Schließlich ist Ehre auch ethische Weisung:
Der Dekalog fordert, Vater und Mutter
zu ehren (Ex 20,12). Lev 19,32 mahnt
zur Ehrfurcht vor dem Alter. Sir 7,31
gebietet Achtung vor dem Priester.
3. Das NT weist ein ähnlich breites
Verwendungsspektrum des Begriffs
Ehre *(dóxa)* auf wie das AT.
Von atl Theophanien (Gotteserscheinungen) inspiriert ist Lk 2,14 (vgl.
V 9), aus dem das Gloria der Messe
hervorgegangen ist; ansonsten tritt das
Motiv bei den Syn eher zurück.
Bei Pls, der gewiß persönlichen Stolz
besaß (vgl. Apg 16,37; 2 Kor 11,21–
33), finden wir zugleich den Gedanken: Rein menschlich-weltliche Ehr-
erweisungen ohne Ehrfurcht vor Gott
führen zu Sünde und Unehre (Röm
1,21–32; 3,23). Deshalb rät der Apostel, u.a. mit seinem eigenen Beispiel
(1 Thess 2,6), von Prahlerei und Eitel-
keit abzulassen (Gal 5,26; Phil 2,3).
Auf der anderen Seite kann er gleichwohl zum Zuvorkommen in der gegenseitigen Ehre mahnen bzw. dazu, allen
die geschuldete Ehre zu geben (Röm
12,10; 13,7). Entscheidend ist das Streben nach Herrlichkeit und Ehre bei
Gott (Röm 2,7.10).
Joh 5 bringt unter dem Stichwort Ehre
Vater, Sohn und Welt in einen Zusammenhang: Dem Sohn gebührt die
gleiche Ehre wie dem Vater (V 23).
Zugleich aber gilt: Ehre von Menschen nimmt der Sohn nicht an (V 41).
Glauben heißt: nicht voneinander
Ehre annehmen, sondern jene Ehre suchen, die vom alleinigen Gott kommt

(V 44; vgl. 12,43). Joh 7,18; 8,49f.54; 14,13 handeln von der Einheit zwischen Vater und Sohn im wechselseitigen Ehren. Lohn für den, der Jesus dient und nachfolgt, ist seine Ehrung durch den Vater (Joh 12,26).

In den späteren Briefen des NT begegnen wiederum die verschiedenen Aspekte der Ehre; allerdings ist hier ein Schwerpunkt auf der zwischenmenschlichen Ebene erkennbar. Es gibt den doxologischen (preisenden) Ruf, Gott die Ehre zu geben (1 Tim 1,17; 6,16 u.ö.); das Bekenntnis zur Ehre Christi, meist im Kontext einer Schriftargumentation (Hebr 2,7; 3,3; 5,5; 1 Petr 2,6; 2 Petr 1,17); die Ehre von Gott für die Berufenen und Glaubenden (Hebr 5,4; 1 Petr 2,7); v.a. aber die Mahnung der Christen, einander zu ehren: die Witwen (1 Tim 5,3), die Ältesten (5,17), die Herren (6,1; selbst die schwierigen: 1 Petr 2,18), den König, ja alle Menschen (1 Petr 2,17).

Das letzte Buch des NT stimmt ein in das ehrfürchtige Gotteslob der Bibel (Offb 4,9.11; 7,12; 11,13; 14,7; 19,7), verbunden mit der Ehrung des Lammes (5,12f).

4. Ehre ist in der gesamten hl. Schrift vorzugsweise das, was Gott von sich aus zukommt und ihm von seiten der Menschen gebührt. Darüber hinaus schenkt Gott den Menschen Ehre, die sie ihrerseits untereinander erweisen sollen. Jesus Christus, der all seine Ehre vom Vater empfing, lehrt auch uns eben diese demütige Haltung. Der beste Weg, Gott zu ehren, geschieht durch die konkrete Wirklichkeit: durch Barmherzigkeit mit dem Armen (Spr 14,31), ja durch alles menschliche Tun (1 Kor 10,31).

Lit.: R. Bultmann, Theologie des NT, ⁹1984; H. Kittel, Die Herrlichkeit Gottes (BZNW 16), 1934; H. Schlier, Doxa bei Pls als heilsgeschichtlicher Begriff, AnBib 17/18 (1963) 45–50; J. Schneider, Doxa, 1932.

Gerhard Hotze

EID, Schwur

→ Reinheit; Wahrheit; Zeuge

1. Hin und wieder kommt das Thema „Eid" *(hórkos, omnýō/ómnymi)* in die öffentliche Diskussion, etwa wenn ein Politiker bei seiner Vereidigung eine nichtreligiöse Formulierung wählt oder wenn Angehörige christl. Freikirchen jede Art von Eidesleistung verweigern. Ist das eine Ausdruck von Unglauben, das andere Ausdruck von besonderer Treue zur Bibel und zum Beispiel Jesu?

2. Die Wahrheit oder Zuverlässigkeit von Aussagen wurde im alten Israel gewöhnlich durch einen Eid *(šᵉbûʿāh)* unterstrichen. Dieser war der Form nach eine bedingte Selbstverfluchung *(ʾālāh)*, etwa der Art: „Böses möge mich treffen, wenn ich mich nicht der beeideten Aussage entsprechend verhalte." In voll ausgeführten Formen des Eids wird Gott als Schwurzeuge angerufen (Ri 8,19; 1 Sam 14,39; 30,15; 2 Sam 3,35). Auch Gott schwört. Er sichert den Vätern den Besitz des Landes zu (Gen 24,7; 26,3), David die Dauer seiner Dynastie (Ps 89,4.36.50); er kündet unter Eid die Strafen für Israels Unglauben und Bundesbruch an (Num 32,10; Jos 5,6) und die Bestrafung der fremden Völker, die Israel unterdrücken (Jes 14,24f). Bei vielen Gelegenheiten, von ganz alltäglichen Anlässen (1 Sam 17,55; 2 Sam 14,19) bis zu feierlichen öffentlichen Veranstaltungen (Jos 9,18; 2 Sam 21,2; Ez 17,11–21) wurden Eide abgelegt. Während sog. assertorische Eide, welche der Bekräftigung und Sicherung von (Zeugen-)Aussagen dienen, in unserem Rechtswesen eine bedeutende Rolle spielen, waren sie im israelitischen Rechtswesen ebenso wie Amtseide (Vereidigungen) nicht üblich. Die Tora kennt folgende rechtliche Eidformen: (1) den Reinigungseid, mit welchem der Angeklagte bei Fehlen von Zeugen seine Unschuld beteuert (Ex 22,7.10; Num 5,19–22); (2) die Verfluchung dessen, der eine wichtige Information zurückhält (Lev 5,1; Spr 29,24); (3) die freiwillige eidliche Verpflichtung darauf, eine bestimmte Handlung zu vollziehen oder sie zu unterlassen (Lev 5,4; Ps 132,2–5). Der falsche Eid wird verboten, weil er den Namen Gottes entweiht; Gott selbst wird die Bestrafung des Meineidigen bewirken (Ex 20,7; Lev 19,12; Dtn 5,11; Beispiele für Bestrafung: 2 Sam 21,1f; Dtn 29,19; Dan 9,11; Sach 5,1–4).

Während der Gebrauch von eidlichen Beteuerungen unter Anrufung des Namens Gottes von der israelitischen Frühzeit bis zu den Propheten als Zeichen der Frömmigkeit galt (Dtn 10,20; Ps 63,12; Jes 48,1), macht sich in der Spätzeit eine größere Vorsicht bemerkbar (Sir 23,9ff; vgl. Koh 5,1–6); diese bezieht sich allerdings nicht auf die wenigen von der Tora vorgeschriebenen Eide, sondern auf die eher alltäglichen Beteuerungen, bei welchen immer die Gefahr besteht, den hl. Namen Gottes, der im Frühjudentum zunehmend geheiligt, d.h. nicht mehr

ausgesprochen wurde, in Alltagsgeschäfte hineinzuziehen und zu mißbrauchen (Sir 23,10). Philo, decal. 84; spec. leg. II 25 behandelt die Lehre vom Eid daher im Zusammenhang mit dem dritten Gebot, empfiehlt eine Beschränkung auf notwendige Eide, auch bei diesen die Meidung des Namens Gottes (vgl. den Hintergrund von Mt 5,34ff); ähnlich die Essener nach Josephus, bell. II 135.139–142; 1 QS V 7–11; CD 15,1.5–9. Griechische Philosophen wie die Pythagoreer und die Stoiker lehnten den Eid gleichfalls ab; jedoch nicht aus den gleichen Gründen; ein freier Mensch solle sich bemühen, immer glaubwürdig zu sein, alles andere widerspreche der menschlichen Würde. Als Herodes von seinen Untertanen einen Loyalitätseid zunächst für sich, später für sich und den römischen Kaiser verlangte, haben die Pharisäer und die Essener diesen Eid verweigert (Josephus, ant. XV 368; XVII 42).

3. Die Stellung der ntl Schriften zum Eid ist einerseits durch die Redeweise und Zeugnisse der Bibel, andererseits durch die zeitgenössische jüd. Tendenz zur Eidvermeidung gekennzeichnet. Formelle Eide sind selten, sowohl in der Jesustradition wie in den PlsBr begegnen aber mehrfach Beteuerungsformeln mit Schwurcharakter.

Das die Worte Jesu häufig einleitende „Amen" bewahrt seinen Charakter als Bekräftigungsformel und dient als Ersatz für Schwurformeln; besonders ausgeprägt ist dies der Fall bei der Formulierung: „Amen, ich sage euch: ... nicht ..." (z.B. Mk 9,1.41; 10,15; 13,30; 14,25). Mt 26,63f gestaltet die Befragung Jesu vor dem Hohen Rat (Mk 14,61) in ein feierliches Bekenntnis unter Eid um. Die Verleugnung des Petrus gipfelt nach Mk 14,71 in der durch Selbstverfluchung und Eid bekräftigten Beteuerung, Jesus nicht zu kennen.

Eine offene Auseinandersetzung mit der zeitgenössischen Praxis von Eiden und Gelübden findet in Mt 5,33.37; 23,16–22 statt. Mt 23,16–22 besteht wie CD 16,6-8 und die Schule Schammajs (Ned III,4, vgl. auch bNed 28a) darauf, daß alle Eide oder Gelübde, mit welchen Schwurgaranten (Tempel, Gold des Tempels usw.) sie auch beschworen werden, bindende Kraft haben. Die Gegner werden angeklagt, daß sie mit spitzfindigen Unterscheidungen je nach Schwurgaranten zwischen bindenden und nichtbindenden Eiden unterscheiden. Alle Schwüre sind im Grunde Schwüre bei Gott (vgl. Mt 5,34b–36; Jak 5,12b.d), auch wenn durch die Einführung von Schwurgaranten die Entweihung des Namens Gottes vermieden werden sollte. Das Schwurverbot Mt 5,33–37 (die gleiche Tradition in älterer nicht-antithetischer Form in Jak 5,12) setzt die in Mt 23,16–22 zitierte Schwurpraxis – Schwüre unter Vermeidung des Namens Gottes – voraus und fordert einen völligen Schwurverzicht, weil auch bei der Einführung von Schwurgaranten oder Schwurzeugen im Grunde immer Gott selbst für den Eid in Anspruch genommen wird (Mt 5,34c.35b.d.36b). Anstelle solcher Schwüre sollen die Jünger die Wahrheit ihrer Aussagen ohne jegliche Inanspruchnahme Gottes als Zeugen und Garanten durch ein schlichtes „Ja, ja" und „Nein, nein" beteuern. Bezugsrahmen des Schwurverbots sind wie bei der Schwurkritik in Mt 23,16–22

nicht die von der Tora geregelten Eide, sondern der Gebrauch von Schwüren und Schwurformeln im alltäglichen Leben.

In den PlsBr finden sich an vielen Stellen Beteuerungsformeln mit Schwurcharakter: Berufung auf Gott als Zeugen, Röm 1,9; 2 Kor 1,18.23; 11,11; 12,19; Gal 1,20; Phil 1,8; 1 Thess 2,5. 10; Berufung auf Christus als Zeugen, Röm 9,1; 2 Kor 11,10; 12,19; Selbstverwünschungen, 1 Kor 9,16c; 2 Kor 1,23; Röm 9,3; Entsagungsgelübde, 1 Kor 8,13. Sämtliche Beteuerungen sollen entweder der Unterstützung seiner Glaubwürdigkeit als Apostel dienen oder seiner Sorge um das Heil seines Volkes Ausdruck verleihen.

An verschiedenen Stellen (Lk 1,73; Apg 2,30; Röm 14,11; Hebr 3,11.18; 4,3) wird auf atl bezeugte Gotteseide Bezug genommen. Hebr 6,13–17 knüpft an die unter Eid gegebene göttliche Verheißung an Abraham Gen 22,16f an und reflektiert über Form, Sinn und rechtlich bindende Kraft menschlicher Eide und über die Angemessenheit des göttlichen Eids. Der Engeleid Offb 10,5–7 (vgl. Dan 12,7) versichert feierlich unter Berufung auf den Schöpfer des Himmels und der Erde, daß das Geheimnis Gottes sich so vollenden wird, wie er es den Propheten vorher angekündigt hat.

4. Der bibl. Befund zum Thema „Eid" ist vielfältig. Mit dem Schwinden der Volksreligiosität gehen auch die unbedachten Flüche und Schwüre im Alltag weiter zurück. In der deutschen Verfassungswirklichkeit ist der Eid im Rechtsbereich nicht mehr grundlegend mit dem Bekenntnis zu Gott verbunden. Ein Meineid gilt vor Gericht nicht als Mißachtung Gottes, sondern als

Verletzung des Rechtssystems. Christen steht es nach den besprochenen Texten frei, ob und wie sie schwören wollen. Wenn sie bei Gott schwören, sollte es nur bei schwerwiegenden Anlässen und in Achtung vor dem Namen Gottes geschehen.

Lit.: E. Grässer, An die Hebräer, 2 Bde. (EKK XVII), 1990.1993; R.Hirzel, Der Eid (Neudruck der Ausgabe 1902), 1966; U. Luz, Das Ev nach Mt, Bd. I: Mt 1–7 (EKK I/1), [3]1992, Bd. II: Mt 8–17 (EKK I/2), [2]1995; G. v. Rad, Theologie des AT, Bd. I (KT 1), [10]1992; C. Westermann, Gen, Bd. II: Kap. 12–36 (BK 1), [2]1989; D. Zeller, Die weisheitlichen Mahnsprüche bei den Syn (fzb 17), [2]1983.

Gerhard Dautzenberg

EIFER, Eiferer, Zelot, Eifersucht

→ Gott; Israel; Steuer; Zorn

1. „Eifersucht ist eine Leidenschaft, die mit Eifer sucht, was Leiden schafft" – stimmt diese bekannte volkstümliche Definition auch dann noch, wenn die Bibel von dem „eifersüchtigen Gott" spricht, „der keine fremden Götter neben sich duldet" (Ex 20,4)? Und wie ist das mit dem Eifer bzw. der Eifersucht Jesu für das Haus des Herrn, die bekanntlich zur Tempelreinigung führte (Joh 2,17)? War Jesus vielleicht doch ein Zelot?
2. „Eifer" *(zēlos)* bezeichnet ein affektgeladenes Sich-Ausrichten auf eine Person oder Sache, eine Erregung der menschlichen Leidenschaft, von der Begeisterung über eine gute Sache bzw. liebe Person bis hin zum Zorn über das Böse bzw. der „Eifersucht". Solche Affekte schreibt das AT ohne

Bedenken auch Gott zu: Jahwe ist ein „eifersüchtiger Gott". Diese Aussage steht immer im Zusammenhang mit dem ersten Gebot, der Grundforderung des Bundes. Israel reizt durch Götzendienst Jahwes Eifersucht (vgl. Ez 8,3.5), die sich dann als Zorn über das Volk entlädt. Zugrunde liegt im AT aber nicht die Vorstellung vom Neid der Götter – die Eifersucht Jahwes richtet sich nicht gegen die Götzen, sondern auf die ungeteilte Liebe Israels.

Seit der Eroberung Palästinas durch die Römer (63 v.Chr.) bis zur Eroberung Massadas (74 n.Chr.) kam es immer wieder zu bewaffneten Aufständen durch nationalistische Widerstandskämpfer, die man Zeloten (= „Eiferer", griech. *zēlōtēs*) nennt – ein Name, den sie sich im Anschluß an Elija (1 Kön 19,9f) vielleicht selbst gegeben hatten. Sie stimmten, so schreibt Josephus (ant. XVIII 1,6), theologisch weitgehend mit den Pharisäern überein, waren aber in der Praxis nicht bereit, die römische Herrschaft anzuerkennen. „Allein Jahwe ist Herr über Israel" – dieses Glaubensbekenntnis, das kompromißlose erste Gebot, hatte für sie politische Konsequenzen (z.B. Steuerboykott). Wenn sie auch einer militärischen Konfrontation mit den Römern nicht gewachsen waren, so konnten sie ihnen doch mit ihrer Guerillataktik immer wieder empfindliche Verluste zufügen. Daher bekamen sie auch, wenn man ihrer habhaft wurde, die ganze Härte der Römer zu spüren: Sie wurden als Banditen gekreuzigt. V.a. mit ihren sozialrevolutionären Versprechungen konnten sie aber große Teile des Volks als Sympathisanten gewinnen; das Verbrennen des Archivs in Jerusalem, „um die Schuldurkunden zu vernichten und die Eintreibung der Ausstände unmöglich zu machen" (Josephus, bell. II 17,6) ist ein Beispiel für eine solche Aktion. Sie waren die treibende Kraft im Jüdischen Krieg, den sie, in erster Reihe kämpfend, nicht überlebten.

3. In der syn Jesustradition fehlt der Begriff „Eifer, Eifersucht" fast völlig. Allerdings ist hier in den lk Zwölferlisten (Lk 6,16; Apg 1,13) von einem Jünger namens „Simon der Zelot" die Rede, also von einem Jünger mit zelotischer Herkunft; die Parallelen Mk und Mt bieten hier die aramäische Übersetzung *Kananaîos*.

Nach Joh 2,17 erinnern sich die Jünger (nach Ostern) zum Verständnis der Tempelreinigung Jesu an Ps 69,10: „Der Eifer (die Eifersucht) um dein Haus frißt mich auf". Jesu Eifer(sucht) umfaßt sowohl Verehrung wie hl. Zorn; „auffressen" ist vielleicht weniger emotional als objektiv gemeint („bringt ihn noch ums Leben"). Der Versuch, aufgrund dieses Textes und der zelotischen Herkunft des Simon aus dem Zwölferkreis Jesus selbst zum Zeloten zu stempeln, widerspricht aber wesentlichen Stücken seiner Verkündigung und ist daher verfehlt.

Auch Pls nennt sich im Rückblick auf seine vorchristl. Zeit „übermäßig (als) Eiferer für meine väterlichen Überlieferungen" (Gal 1,14); ähnlich nennt ihn Lk in Apg 22,3 „Eiferer Gottes". Mit der Unerbittlichkeit der Eifersucht Jahwes, die alles oder nichts will, wirbt Pls dann 2 Kor 11,2 darum, die Gemeinde von Korinth Christus als reine Braut zuzuführen; er wacht gleichsam über die exklusive Beziehung zu Christus. In 2 Kor 7,7.11 steht Eifer zusammen mit anderen Bekundungen der Gemeinde, ihr Verhältnis zu Pls in Ordnung zu bringen. Anders Gal 4,17f: Die Gegner des Pls werben um die Zuneigung der Galater; die Gemeinde soll Pls „ausgespannt" werden. Von Eifer(sucht) als einer die zwischenmenschliche Gemeinschaft vergiftenden Leidenschaft ist dann v.a. noch in Lasterkatalogen die Rede (Röm 13,13; 2 Kor 12,20; Gal 5,20; u.ö.).

4. „Zu eifern habe ich geeifert für Jahwe Gott", sagt Elija (1 Kön 19,10), und eigentlich besagt das uralte Glaubensbekenntnis Israels „Höre Israel, Jahwe, dein Gott, Jahwe ist ein einziger!" (Dtn 6,4) das gleiche. Solche Sätze sind nie so verstanden worden, daß es ihrer Wiederholung nicht bedürfte. Die Eifersucht Gottes ist daher so einmalig wie er selbst. Und der Eifer des Propheten Elija ist wie der Eifer Jesu kein blindwütiger Fanatismus, sondern ein Abwehrkampf gegen das Verlassen des Bundes, der „Ehe" Gottes mit seinem Volk Israel. Religiöser Fanatismus ist immer genauso eine Karikatur dieses Eifers, wie jeder Baal jeder Zeit eine Karikatur des wahren Gottes ist.

Lit.: O. Cullmann, Jesus und die Revolutionären seiner Zeit, [2]1970; M. Hengel, Die Zeloten (AGJU 1), [2]1976.

Michael Ernst

ENDE, Vollendung, Ziel, Eschaton

→ Ankunft; Bedrängnis; Botschaft; Gericht; Tod

1. Die den Jüngern gegebene Verheißung Jesu: „der Durchhaltende aber zum Ende, dieser wird gerettet werden" (Mk 13,13b), deutet die beiden Aussagemöglichkeiten an, die mit dem griech. Begriff *télos* (und stammverwandten Begriffen) in der ntl Verkündigung umschrieben werden können. Er bezeichnet einerseits den Abbruch einer bis dahin gültigen Wirklichkeit und andererseits die Erfüllung aller Wünsche und Hoffnungen, die Vollendung der Erwartungen und Verheißungen. Ähnlich läßt der Verfasser des vierten Ev den sterbenden Jesus mit seinem letzten Wort, „es ist vollendet" *(tetélestai*: Joh 19,30*)*, seinen Tod als Gottes Triumph deuten.

In außerbibl. Texten beschreibt das mit *télos* bezeichnete „Ende" unterschiedliche Befindlichkeiten und Situationen der Menschen. Es steht einmal für den Tod. Die Erfüllung der dem Menschen entsprechenden Bestimmung kann etwa in der Ehe (Artemidorus) oder in der Entfaltung körperlicher und geistiger Fähigkeiten (Platon, Aristoteles) gesehen werden. In der griech. Philosophie und Ethik steht *télos* als Bezeichnung für das Ziel des menschlichen Lebens, hat also häufig die Bedeutung von „Vollendung" in sittlicher Hinsicht. Dies gilt auch für die vom gleichen Wortstamm abgeleiteten Verben *teléō* bzw. *teleíō*, die neben der allgemeinen Bedeutung „zu Ende bringen" auch das Moment des „Vollendens" beinhalten. Für das Adjektiv *téleios* sind ebenfalls die Bedeutungen „vollständig" und „vollendet" bezeugt, bezogen auf die unterschiedlichen Ebenen des Lebens (etwa im Sinn von „erwachsen"). In der philosophischen Ethik bezeichnet es einen Menschen bzw. seine Verhaltensweisen, die als sittlich „vollkommen" vorgestellt werden.

2. Der Gedanke der „Vollkommenheit" steht in der atl Tradition v.a. in Verbindung mit dem hebr. Wort *tāmîm* (in der LXX aber nur viermal mit *téleios* übersetzt) und bezeichnet die „ungeteilte" Hingabe des Herzens an Jahwe (1 Kön 8,61). Wo alle Tugenden praktiziert werden, da ist nach Philo das „vollkommene Gut" verwirklicht. Im ungeteilten Gehorsam dem Gesetz als der Weisung Gottes gegenüber erfüllt sich nach den Qumranschriften für den Frommen der Anspruch, „vollkommen zu wandeln auf allen Wegen Gottes" (1 QS 3,9f; vgl. CD 2,15 u.ö.).

3. Die Vielfalt der Verbindungen kennzeichnet auch den ntl Befund.

Jesus verweist auf das „Ende" als die eschatologische Entscheidungssituation; es ist dies das Ende der Welt und die damit für die Jünger, d.h. für die Gläubigen, maßgebliche Gerichtssituation, welche für sie aber Rettung verheißt (Mk 13,13b par; vgl. Mt 10,22b). Der Auferstandene gibt den zu allen Völkern zur Verkündigung gesandten Jüngern die Zusage, daß er bei ihnen sein wird „bis zur Vollendung *(syntéleia)* des Aions" (Mt 28,20). Es zeigt sich darin deutlich die gläubige Zuversicht auf die Erfüllung der in der Verkündigung Jesu ausgesprochenen Verheißung des Kommens der Gottesherrschaft.

Solche vom christologischen Bekenntnis getragene Gewißheit über die Gegenwart des erhöhten Herrn in seiner Kirche zeigt sich auch in der fast gleichlautenden Abschlußwendung der fünf großen Lehrreden Jesu bei Mt: „als Jesus beendet hatte alle diese Worte" (26,1; vgl. 7,28; 19,1; ähnlich 11,1; 13,53). Jesus erscheint hier als der mit Vollmacht ausgestattete Lehrer seiner Kirche.

In der die Antithesen der Bergpredigt (Mt 5,21–47) abschließenden Forderung, „vollkommen" *(téleioi)* zu sein, „wie euer himmlischer Vater vollkommen ist", werden die Jünger, d.i. die christl. Gemeinde, aufgefordert, sich uneingeschränkt dem von Jesus als dem Herrn und Messias verkündeten Willen Gottes unterzuordnen (Mt 5,48; vgl. 19,21). Die im NT nur in Mt 5,48 belegte Bezeichnung Gottes als *téleios* zeigt, daß solches Vollkommen-Sein der Jünger nicht als Ergebnis eigenen Bemühens, sondern einzig als Geschenk Gottes, das entsprechendes Handeln möglich macht und dazu verpflichtet, verstanden werden kann.

Tod oder ewiges Leben ist nach Pls das „Endgeschick" *(télos)* des Menschen, entsprechend der Ausrichtung seines Lebens an der Sünde oder an der Gerechtigkeit (Röm 6,21f; vgl. auch 2 Kor 11,15; Phil 3,19). Mit der Übergabe der Herrschaft an den Vater durch Christus ist nach 1 Kor 15,24 das „Ende" gekommen; d.h. aber nicht nur das Ende der Welt, sondern die Vollendung der Christus von Gott übertragenen Vollmacht zur Überwindung der gott- und menschenfeindlichen Mächte (vgl. VV 21–28).

Die Doppeldeutigkeit von *télos* zeigt sich auch in der Aussage des Pls, daß Christus das „Ende (des) Gesetzes" ist (Röm 10,4). Bezogen auf das Gesetz ist dies, entsprechend der pln Rechtfertigungstheologie (vgl. Gal 2,16; Röm 3,20.21–26), eine negative Aussage; von Christus her gesehen aber liegt darin die Zusage, daß in ihm die Zuwendung Gottes über das Gesetz und über die mit dem Gesetz gezogene Grenze hinaus Wirklichkeit geworden ist und also in Christus die endgültige Vollendung, die vollkommene Offenbarung der Liebe Gottes gekommen ist.

Im Hebr hat von den verschiedenen Vorkommen der Wortgruppe *télos* das Verbum „vollenden" *(teleióō)* v.a. Bedeutung zur Profilierung der Christologie: Christus ist durch das Leiden „vollendet" und dadurch zum Urheber des ewigen Heils geworden (5,9; vgl. 2,10); im Gegensatz zur „Unvollkommenheit" der alten Kultordnung und des Gesetzes (7,11.19; 10,1) hat er durch seine Selbsthingabe auch die, die geheiligt werden, „vollendet" (10,14).

In den Ermahnungen zu Beginn des Jak wird „ein vollkommenes Werk" (1,4), und dies bedeutet auch die Vollkommenheit der Gläubigen, daran festgemacht, daß der Glaube in der Bedrängnis vom unbedingten Vertrauen auf Gott getragen ist (1,2–12).

Mit der Vorstellung von der „Vollendung" des 1000 Jahre dauernden Reichs verknüpft der Verfasser der Offb in 20,1–10 die endgültige Entmachtung Satans. Die Zeit und Welt umgreifende Vollmacht und Herrschaft Gottes und Jesu werden auch in der Prädikation „der Anfang und das Ende" festgeschrieben (21,6; 22,13).

4. Die sowohl für die Botschaft Jesu als auch die für frühchristl. Verkündigung charakteristische Spannung zwischen dem Anspruch der Gegenwärtigkeit des Heils (vgl. Lk 11,20; 2 Kor 5,17) und der Erwartung der noch ausstehenden Vollendung (vgl. Mt 6,10a; Röm 8,24a) muß Kennzeichen christl. Verkündigung bleiben: in der

Bereitschaft, für diese Welt verantwortlich zu handeln, und im Vertrauen auf die Vollendung, die Gott schenken wird.

Lit.: R. Hoppe, Der theologische Hintergrund des Jak (FzB 28), ²1985; H.-J. Klauck (Hg.), Weltgericht und Weltvollendung. Zukunftsbilder im NT (QD 150), 1994; E. Lohse, Vollkommen sein. Zur Ethik des MtEv, in: L. Oberlinner/ P. Fiedler, Salz der Erde – Licht der Welt (FS Vögtle), 1991, 131–140.

Lorenz Oberlinner

ENGEL, Bote

→ Botschaft; Gott; Satan

1. Eine ganze Flut von Engelbüchern in der gegenwärtigen Esoterikwelle zeigt: Es ist wieder „Mode geworden, von Engeln zu reden, bis in die Psychotherapie hinein. Darauf mit Ironie zu reagieren, ist wohl zu wenig. Zu fragen aber ist, welcher Hunger nach Erfahrung sich mit dem alten Seelenbild Engel zurückmeldet: Hunger nach der Erfahrung offenen Raumes, unerhörter Musik, überraschender Begegnungen … als Codewort für das Neue und andere" (L. Wachinger, Süddeutsche Zeitung vom 9.12.1995).
2. Engel (griech. *ággelos*, hebr. *mal'āk*) bedeutet menschlicher und/ oder göttlicher Bote; erst die lat. Übersetzung unterscheidet *nuntius* und *angelus*. Der Terminus kommt im AT rund 200mal vor, an gut der Hälfte der Stellen ist Engel auf Gott bezogen (Engel Jahwes/Gottes). Allgemein verbindet die Vorstellung von höheren Boten – Wesen, die zwischen Gott (Göttern) und Menschen kommunikativ wirken – die bibl. Welt mit vielen

religiösen Traditionen in Mesopotamien, Ägypten, Iran, Indien und China. Das AT ist insgesamt sehr zurückhaltend in seinen Aussagen über Engel und bietet keinerlei systematische Engellehre; Engel sind vielmehr die Personifizierungen der Botschaften Gottes an die Menschen.

Engel symbolisieren die Verbindung mit Gott (Sach 1,9–15; Gen 28,12; Ex 23,20–22), sind Ausdruck seiner Pracht und Größe (Ps 24,10), tauchen als Naturgewalten auf (Ps 104,4), bilden den Thronrat oder Hofstaat Gottes (Ijob 1f; Ps 29,1), sind Gottes Heer (-Scharen) (Dan 8,10). Engel vermitteln das rettende, wegbegleitende Wirken Gottes; von daher gibt es keinerlei „Engelverehrung" (vgl. Tob 12,6–21), und selbst die drei mit Namen bekannten (Erz-)Engel verweisen mit diesem auf ihre göttliche Funktion: Michael – die unvergleichliche Größe Gottes (Dan 12,1); Gabriel – die lebenzeugende Kraft Gottes (Dan 8,15f); Rafael – die heilsame Wirklichkeit Gottes (Tob 3,16f). Besonders typische Engelerzählungen sind Num 22,22–35 (Bileam wird unter Vermittlung seiner Eselin von seinem Vorhaben, Israel zu verfluchen, bekehrt) und Tob (Rafael tritt unerkannt als Reisebegleiter des Tobias auf und heilt die Beziehungsunfähigkeit der jungen Sara und die Blindheit des Tobit). V.a. in den außerbibl. und apokalyptischen Schriften treten Engel – wohl unter persischem Einfluß – immer zahlreicher und mehr und mehr „hierarchisch" geordnet auf (äthHen; syrApkBar; grApkBar; Qumran).
3. Das NT (175 Vorkommen) übernimmt die zeitgenössischen jüd. Engelvorstellungen auf breiter Front,

freilich sind Engel nun meist – soweit es nicht einfach menschliche Boten sind (Lk 7,24; 9,52) – auf die neue, in Jesus Christus sich verdichtende, rettende Nähe Gottes bezogen.

Mk 1,13 par zeigt mit der Bemerkung „und die Engel dienten ihm" Jesu erfolgreiches Bestehen der Versuchung durch den Satan. 8,38; 13,27.32 beschreiben in apokalyptischem Kontext die endgültige Ankunft des Menschensohns in der Begleitung von Engeln.

Wichtig für die Engellehre und die bibl. Anthropologie ist Jesu Antwort auf die Frage der Sadduzäer (12,25): Der auferstandene Mensch wird engelähnlich existieren, ohne Sexualität, körperlos, ewig (vgl. Apg 23,8f).

Mt betont die göttliche Führung und Begleitung im Leben Jesu durch zahlreiche Engelerscheinungen von den Kindheitserzählungen an (1,20.24; 2,13. 19) bis zur Passion (26,53) und der Deutung des leeren Grabs (28,2.5). 18,10 erwähnt den am Heil des einzelnen Menschen interessierten Schutzengel (vgl. Hebr 1,13f; Lk 16,22).

Lk/Apg erzählen vom engelgeleiteten Weg Jesu (Lk 1,26–38; 2,9–21; 22,43) und der Gemeinden (Apg 5,19; 8,26; 10,3; 12,7ff; 27,23), die somit entscheidende Schritte der Heidenmission als göttlichem Willen entsprechend deuten können.

Pls bezeugt die selbstverständlich zu seinem Weltbild gehörenden Engel (Röm 8,38; 1 Kor 4,9; 11,10; 13,1), spricht aber auch von einer gewissen Überlegenheit der Glaubenden bzw. des Apostels über Engel (1 Kor 6,3; Gal 1,8; vgl. dazu auch 1 Petr 1,12).

Offb bietet – durch die Literaturgattung „Apokalypse" bedingt – die meisten Vorkommen von Engeln (z.B. 2,1; 3,14; 7,1f; 14,6; 15,1 u.ö.): Engel vermitteln sowohl die Offenbarungen als auch das Gericht Gottes und sind dienende Geister vor seinem Thron (7,11 u.ö.).

Neben der aus zeitgenössischer Mythologie übernommenen Vorstellung vom „Engelsturz": Satan mit seinen Engeln (vgl. Mt 25,41; 2 Kor 12,7) wird vom (Erz-)Engel Michael (daneben nur noch Gabriel als Engelname, Lk 1,26) vom Himmel auf die Erde geworfen (Offb 12,7–12; vgl. Jud 6; 2 Petr 2,4), taucht im NT auch bereits eine kritische Sicht der sich verselbständigenden Engelverehrung auf: Kol 2,18; Hebr 2,16; Offb 19,10; 22,8f.

4. Die auch heute oft gestellte Frage, „ob es Engel gibt", kann man so beantworten: „Das Reden von Engeln ist nur im Rahmen eines lebendigen Gottesglaubens sinnvoll und hilfreich … wenn ein Glaubender … im Ernst damit rechnet, daß Gott ihn anredet … im eigenen Leben Hinweise und Zeichen gibt …, sich durch Ereignisse und Begegnungen herausfordernd und führend bemerkbar macht" (Heer 104). Vielleicht darf man nach der heutigen Erscheinungsweise der Engel so fragen: „Will Gott uns im Alltagsgewand eines Mitmenschen begegnen? Will er uns mit einem besonderen Ereignis unseres Lebenslaufes etwas sagen? Oder handelt er mit uns durch Gedanken, die in uns selbst aufsteigen, durch die Stimme des eigenen Gewissens und Herzens?" (Block 45).

Lit.: D. Block, Mein Engel soll bei euch sein, ²1993; J. Heer, Neues Gespür für Engel, BiHe 109 (1992) 98–104; V. Hirth, Gottes Boten im AT, 1975; H. Vorgrimler, Wiederkehr der Engel?, ²1994; C. Westermann, Gottes Engel brauchen keine Flügel, 1978.

Josef Wagner

ERBE, Los, Teil

→ König/in; Verheißung

1. Das Wort Erbe verbindet der heutige Zeitgenosse in erster Linie mit dem Nachlaß eines Verstorbenen oder vielleicht noch mit dem, was von einem Menschen oder einer Institution – positiv wie negativ (das „Erbe Adenauers" bzw. das „Erbe des DDR-Sozialismus") – hinterlassen wurde. Im religiösen Sprachgebrauch der Gegenwart hat der Begriff praktisch keine Bedeutung. Anders verhält es sich mit der Welt der Bibel.

2. Die Begriffsgruppe kommt im NT etwa 60mal vor (außer im joh Schrifttum) und schließt sich an eine verzweigte atl Tradition an. Im AT wird der Gedanke des Erbes vornehmlich auf das von Gott gegebene Land bezogen, das den Israeliten zugeteilt wurde (vgl. Num 26,52–56; Jos 13f). Abraham war in alter Zeit das Land verheißen (vgl. Gen 12,1–4.6f; Ex 32,13; Dtn 6,10); nach dessen Inbesitznahme durch das Jahwevolk wurde es auf die Stämme verteilt und ist nun Erbbesitz, so daß Salomo im Tempelweihgebet beten kann: „Spende Regen deinem Land, das du deinem Volk zum Erbbesitz gegeben hast" (1 Kön 8,36). Dabei liegt das Gewicht auf der Zuteilung durch Jahwe, so daß auch das von den Israeliten eroberte Land das von Jahwe als Erbteil bestimmte ist (Dtn 3,20). Das der Übersetzung „Erbe, Anteil" zugrunde liegende hebr. Wort *nah^{a}läh* meint sogar überwiegend das Volk Israel als Anteil Jahwes, jedenfalls öfter als das Land im Sinn des Erbteils Israels (vgl. Dtn 4,20; 7,6 u.ö.).

Nach Landverlust und Vertreibung ins Exil bleibt die Tradition der Abraham-Verheißung zwar lebendig (vgl. Ez 33,24–29), aber der Gedanke an das Erbe wird nun zum Bestandteil der Hoffnung auf eine Neuverteilung des Landes (Ez 36,12; 37,14; 47,14).

3. Der atl Sprachgebrauch bestimmt das ntl Verständnis von Erbe *(klêros)*. In Anknüpfung an den Gedanken vom Erben des Landes verbindet das NT – in der Tradition der nachexilischen Eschatologie stehend – das Erben mit dem Reich Gottes: In den Seligpreisungen sagt der mt Jesus den Sanftmütigen das Erbe des Landes zu (Mt 5,5), was im Anschluß an Mt 5,3 nichts anderes als das Reich Gottes ist. Mt 25,34 spricht der Weltenrichter denen, die die Jesusworte gelebt haben, das Reich Gottes zu. Ähnlich weiß Jak 2,5 um das Erbe der *basileia* derer, die Gott lieben. Umgekehrt werden Ungerechte das Reich Gottes nicht erben (1 Kor 6,9; Gal 5,21).

Mit dem Auferstehungsglauben verbindet Pls den Begriff, indem er nur den nach dem Bild des Auferweckten gestalteten Menschen die *basileia* erben läßt (1 Kor 15,50).

Dem Erben des Reiches Gottes kommt das des „ewigen Lebens" nahe (vgl. Mk 10,17; Tit 3,7). Damit wird der Begriff aus dem politischen Kontext des AT herausgenommen; in Korrespondenz dazu wird die Bindung des Erbes an Israel durchbrochen. Das zeigt sich v.a. an der Verbindung von Erbe und Verheißung: Im Hebr steht die Verbindung von Erbe und Verheißung im bundestheologischen Zusammenhang: Christus ist der Mittler des neuen Bundes; er hat durch seinen Tod den Berufenen die Verheißung des Erbes ermöglicht (Hebr 9,15).

Pls stellt den Zusammenhang von Abrahams Nachkommenschaft und Erbschaft kraft der in Christus ergangenen Verheißung in den Vordergrund (Gal 3,29). Da die Zugehörigkeit zu Christus das Erbe der Verheißung konstituiert, ist das Gesetz für die Erbschaft bedeutungslos (Röm 4,13f). Abraham wurde die Verheißung aus dem Glauben zuteil, nicht aber aus dem Gesetz (Röm 4,13f). Damit löst Pls die Vorstellung von der Erbschaft aus dem atl Kontext der Landverheißung für Israel und öffnet den Begriff für seine Heidenperspektive (s.o.).

Gegenüber der theologisch wichtigen Verbindung von Verheißung und Erbe treten die Aussagen vom Erben des „Namens" (Hebr 1,4), der „Rettung" (Hebr 1,14) oder des „Segens" (Hebr 12,17; 1 Petr 3,9) zurück.

Die Begriffsgruppe kann schließlich den Besitzstand der Christen zum Ausdruck bringen. Gott hat sie zur Teilhabe am Erbe befähigt, indem er sie in das Reich seines „geliebten Sohnes" aufnahm (Kol 1,13), d.h. hier handelt es sich um ein schon vollzogenes Geschehen. Dies ist im NT wohl die am stärksten auf die Gegenwart bezogene Aussage. Dagegen betont der vom Kol literarisch abhängige Eph stärker die Zukünftigkeit des Erbes. Der den Glaubenden geschenkte Geist ist der erste Anteil des künftigen Erbes (Eph 1,14), und Eph 1,18 ist die Aussicht auf das Erbe eingebettet in die christl. Hoffnung. Allerdings nimmt die Ermahnung Kol 3,24 den einseitigen Gegenwartsbezug des Begriffs wieder vorsichtig zurück, wenn der Verfasser die Christen daran erinnert,

daß sie das Erbe von Gott erhalten werden. Die Zukünftigkeit des Erbes geht auch aus der Kol 1,13 sachlich parallelen Stelle Apg 26,18 hervor: Voraussetzung für den Anteil am Erbe ist die Umkehr von der „Finsternis zum Licht", vom „Satan zu Gott".

Das griech. Grundwort *klêros* kann schließlich die Bedeutung von Los haben: Mk 15,24 parr läßt in Aufnahme von Ps 22,19 die Henker Jesu „ein Los" über seine Gewänder werfen, um sie unter sich aufzuteilen; auf einen Losentscheid hin wird Matthias nach dem Ausscheiden des Judas in den Apostelkreis aufgenommen (Apg 1,26).

4. Das Bildmotiv des Erbes will uns den Verheißungscharakter des Glaubens vor Augen stellen. Der Rückgriff auf die Gestalt Abrahams gibt dabei die Möglichkeit, Ur-Geschichte und Zukunft miteinander zu verbinden.

Lit.: R. Pesch, „Erbe der Welt" (Röm 14,4). Zur Weitung der Landverheißung im NT, in: C. Mayer u.a. (Hg.), Nach den Anfängen fragen (FS Dautzenberg) (GSTR 8), 1994, 501–520; H.D. Preuß, Theologie des AT, Bd. 1, 1991; G. v. Rad, Theologie des AT, Bd. I (KT 1), [10]1992.

Rudolf Hoppe

ERDE, Land, Erdkreis

→ Gericht; Himmel; Mensch; Schöpfung; Wasser; Welt

1. Die Vorstellung, daß ein Gott die Welt, also auch die Erde, erschaffen hat, ist den Autoren der atl und ntl Schriften selbstverständlich. Doch ist diese Überzeugung keineswegs eine Besonderheit bibl. Aussagen, sie ist vielmehr in fast allen Religionen angesiedelt. Mythologisch gesehen wird der Schöpfungsakt dargestellt als ein Kampf der Ordnungsmächte gegen die Chaosgewalten. Somit ist der Glaube an eine Erschaffung der Erde immer verbunden mit einem auf Zukunft hin orientierten Vertrauen, daß Gott den Erdbewohnern die dem Wandel und Wechsel unterliegende Erde in eine „neue", von Trauer erlöste Erde, umgestalten wird (Offb 21,1–5a).

2. Das AT kennt für Erde zwei verschiedene Begriffe: *'ªdāmāh* bezeichnet den Ackerboden als Träger von Vegetation im Gegensatz zur Wüste (Gen 1,25; 2,9), *'æræs* den Boden, auf dem sich Menschen, Völker und Nationen befinden (2 Sam 12,17.20; Ez 26,16; Ijob 2,13; *'æræs* meint auch ganz konkret den Fußboden Ez 41,16; 43,14). Von hier entwickelten sich geographische und politische Bedeutungen: Heimatland (Gen 12,1; 24,4; Ex 18,27; Num 10,30), Gebiet einer Stadt oder Herrschaftsgebiet eines Volks (Dtn 4,46f; 1 Sam 13,19; 2 Kön 5,2.4; 6,23).

Im übertragenen Sinn kann Erde die Erdbewohner meinen (Gen 6,11): „Auf der ganzen Erde" bedeutet dementsprechend „unter allen Menschen" (Jes 10,22f). Die Erde wird als Teil des Weltganzen gesehen, das mit „Himmel und Erde" umschrieben wird, da im Hebr. ein dem griech. *kósmos* analoges Wort fehlt (vgl. Gen 1,1; 2,1.4; 14,19.22). Als weiterer Bestandteil des Weltganzen werden genannt: das Meer (Ex 20,11; vgl. Gen 1,10.20), die Wasser unter der Erde (Ex 20,4; Dtn 5,8) und die Unterwelt: Ps 16,10 u.ö.

Zusammenfassend kann gesagt werden: Die Schriftsteller des AT entwerfen kein eigenes Weltbild, sondern bedienen sich der Vorstellungen ihrer Zeit. So erscheint die Erde in Anlehnung an orientalische Kosmographien als flache Scheibe (Jes 40,22; vgl. Spr 8,27), die auf Säulen ruht (1 Sam 2,8; Ps 104,5f), über der das Himmelsgewölbe sich erstreckt (Am 9,6); oder sie gleicht einem aufgehängten Tuch (Ijob 26,7) mit vier Säumen, Ecken und Enden.

Wichtig für die Schriftsteller des AT sind die Aussagen über die Beziehung der Erde zum Schöpfer. Gott hat die Erde zusammen mit dem Himmel geschaffen (Gen 1,1; 14,19.22), beide aber sind vergänglich (Ps 102,26–28). Die Erde ist Jahwes Eigentum (Ps 24,1), er ist der Herrscher aller Welt (Jos 3,11; Pss 97,5; 114,7). Wie der Himmel Thron Gottes, so ist die Erde Fußbank für seine Füße (Jes 66,1). V.a. aber ist die Erde auch Land der Verheißung, versprochen dem Volk Israel (Gen 15,18). Land als sicherer Wohnort Israels ist Tenor zahlreicher Landverheißungstexte im AT, vgl. besonders Mich 4 und Zef 3,19f: Israel wird ruhig und in Frieden wohnen in einem Land, in das es Gott geführt hat, damit es dort seiner religiösen Erwählung und Verantwortung gerecht werde.

3. Erde (griech. *gê*: Erdreich, Erde, Land) kommt im NT in gleicher Bedeutung vor wie im AT, z.B. als Erdboden (Mt 13,5), als Land im geographischen Sinn (Mt 2,6.20), als trockenes Land im Gegensatz zum Wasser (Mt 14,24 u.ö.), als Bezeichnung für die Erdbewohner (Mt 5,13). „Auf der Erde" bedeutet ntl soviel wie „unter den Menschen" (Mt 10,34; Lk 12,49 u.ö.). Auch die jüd. Vorstellung einer Unterwelt findet sich: Offb 5,3.13.

Doch anders als die jüd. Apokalyptik entwickeln die ntl Schriften keine eigenen kosmologischen Vorstellungen.

Theologisch gesehen ist die Erde (zusammen mit dem Himmel) Gottes Schöpfung (Apg 4,24; Offb 10,6) und wird (mit dem Himmel) einmal vergehen: Mt 5,18; 24,35; Hebr 1,10f; vgl. *kósmos* in 1 Kor 7,31. Grundsätzlich ist Gott Herr über den Himmel und die Erde (Mt 11,25; Apg 17,24) und auch ihr Richter (2 Petr 3,7).

Bei Joh stehen Himmel und Erde in dualistischem Gegensatz zueinander (3,31: *gê*; meistens verwendet Joh *kósmos*). Himmel steht dann für Leben, Wahrheit, Licht, Erde – *kósmos* für Lüge, Finsternis, Verderben.

Auch Pls betont den Gegensatz zwischen Himmel und Erde und verweist auf den Makel der irdischen Dinge (1 Kor 15,40.47; 2 Kor 5,1). Nach 2 Petr 3,7 muß die jetzige Welt durch Feuer vergehen, sie ist bewahrt „für (den) Tag (des) Gerichts und Verderbens der gottlosen Menschen"; an ihre Stelle werden ein neuer Himmel und eine neue Erde treten (2 Petr 3,10.13). Auch die Offb erwartet eine eschatologische Neuschöpfung (20,11; 22,1f); vorher wird die jetzige Welt, die eine Stätte der Sünde ist (17,5), abgeerntet werden (14,16; das hier vorliegende Motiv einer „neuen Schöpfung" begegnet ausdrücklich nur in 2 Kor 5,17 und Gal 6,15).

oikuménē (bewohnte Erde, Erdkreis, Menschheit; von *oikéō*, wohnen) ist ein weiterer Begriff für Land, aber mit nur 15 Vorkommen ein relativ seltener im NT (von Lk bevorzugt: Ev dreimal; Apg fünfmal); sonst wählt das NT *kósmos*, wenn die Welt insgesamt gemeint ist. Die Erklärung dafür liegt wohl darin, daß *oikuménē* in römischer Zeit vorwiegend politische Bedeutung hatte; der theologische Sinn der LXX wurde dadurch zurückgedrängt. Lk sieht im Gebrauch von *oikuménē* eine Möglichkeit, das Christusgeschehen in seiner Bedeutung für den ganzen Erdkreis aufzuzeigen: 4,5; Apg 11,28; 17,6; 24,5. Mt 24,14 ändert die Mk-Vorlage (13,20), um anzuzeigen, daß noch vor dem Tag des Gerichts dem ganzen Erdkreis (der gesamten Menschheit, allen Völkern) das „Evangelium vom Königtum" verkündet wird. Offb charakterisiert den Erdkreis negativ: Die endzeitliche Prüfung trifft alle Erdbewohner (Offb 3,10); denn sie sind Sünder (6,10; 8,13), verführt vom Gegenspieler Gottes (12,9; vgl. 16,14). Der Erdkreis, die ganze Menschheit, meint somit nicht unbedingt das Imperium Romanum, sondern alle Ungläubigen und Feinde Gottes.

4. Der atl Gedanke einer Landverheißung, der in Mt 5,5 („Selig die Sanften, denn sie werden erben die Erde") aufgegriffen wird, bestimmt das Verhältnis des Menschen zur Erde in dem Sinn, daß die Erde dem Menschen nicht zu freier (und willkürlich-ausbeuterischer) Verfügung steht. Der Auftrag Gottes: „Macht sie (die Erde) euch untertan" (Gen 1,28) ist kein Freibrief für rücksichtslosen Gebrauch (und Mißbrauch), sondern Appell an den Menschen, für seine Erde als Heger und Pfleger Verantwortung zu übernehmen.

Lit.: G. Lindeskog, Studien zum ntl Schöpfungsgedanken, 1952; M. Paeslack, Die „Oikumene" im NT, in: ThViat 2, 1950, 33–47; G. Schneider, Neuschöpfung oder Wiederkehr?, 1961.

Alfred Hübner

ERFÜLLUNG, Fülle, Übermaß, Überfluß

→ Ende; Verheißung

1. Erfüllung ist zusammen mit Verheißung ein Schlüsselbegriff v.a. für die Beziehungen zwischen AT und NT. Die klassische Deutung von der verhüllten Gegenwart des NT im AT und der enthüllten Präsenz des AT im NT (Augustinus) ist im Rahmen moderner Überlegungen über die theologische Kontinuität des einen Gottesbundes differenzierter gesehen und gedeutet worden. Das „alte" Testament ist nicht überholt oder „veraltet", sondern in den Rang neuer Verheißungen gehoben und auf die eschatologische Fülle hin ausgerichtet worden. Die sprachlichen Grundbedeutungen, die in den griech. Begriffen *plēróō/plérēs/ plérōma* auf räumlich-dingliche bzw. in *teléō* auf zeitliche Erfüllung abheben, können am Rande mitbedacht werden: Gottes Drohungen und Verheißungen oder die von Gott festgelegte Zeit gehen in Erfüllung (Weish 18,16; Jer 25,12; 1 Kön 2,27; Lev 8,33 [LXX] u.ö.). Weitere Bedeutungsfelder wie Übermaß, Überfluß, Ganzheit, Fülle müssen unter Berücksichtigung des griech. Substrats *plérōma* mitgehört und auf ihre spezifischen religionsgeschichtlichen Weiterentwicklungen in den Dtpln (Kol, Eph) abgehorcht werden. In der gegenwärtigen theologischen Diskussion ist der Terminus „Erfüllung" heilsgeschichtlich belegt und für das Verständnis des NT beansprucht.
2. Das AT und das Judentum kennen die Vorstellung von Erfüllung mit Bezug auf Gottes Handeln und Gegen-

wart in der Welt. In anthropomorpher Bildsprache ist von der Allgegenwart Gottes in der Terminologie des Füllens, Ausfüllens von Himmel und Erde (vgl. Weish 1,7; Jer 23,24; Philo; rabb. Literatur) die Rede. Die Leitidee der jüd. Überlegungen ist der Ausgleich zwischen der Überweltlichkeit und Gegenwärtigkeit Gottes. Das Begriffsfeld um „Erfüllen" stellt die sprachlichen Hülsen zur Verfügung.
3. Das Thema: Christus, die Erfüllung und das Ja so vieler Zusagen Gottes (vgl. 2 Kor 1,20) wird bei prinzipieller Konstanz des Grundmusters in den Schriften des NT entsprechend der jeweiligen theologischen Eigenart durchsichtig.
Mk 1,15a spricht von der im Kommen Jesu erfahrbar gewordenen Erfüllung in der nahen Gottesherrschaft und fordert entsprechende Verhaltensformen (Umkehr, Glaube an das Ev) ein. Erfüllung enthält das qualitative Moment der anbrechenden Vollendung.
Für Mt steht Erfüllung im Bezugsfeld „Gesetz und Propheten". Jesus ist nicht gekommen, Gesetz und Propheten aufzulösen, sondern zu erfüllen, d.h., den verborgenen Gotteswillen freizulegen (Mt 5,17). Die zahlreichen Erfüllungszitate machen diesen Zusammenhang deutlich.
Die Erfüllung aller Verheißungen findet in den verschiedenen Evv-typen ihren Höhepunkt im Christusgeschehen als ganzem; die vielen Schriftbezüge oder Reflexionszitate sind Orientierungshilfen und Signale. Die leitende Idee der diversen Erfüllungsprogramme und Verkündigungsmodelle ist die christologische Deutung des AT. Die Urgemeinde hat mit Hilfe des Korrelationspaares „Alt" und „Neu"

ein in der heilsgeschichtlichen Führung Gottes grundgelegtes und in den
Schriften des NT ins Wort gehobenes
Kontinuum aufgezeigt.
4. Die neu zu bedenkende Bezie-
hungsbestimmung von Erfüllung im
Kontext von „Alt" und „Neu" stellt
den Bibelleser vor neue Aufgaben.
Das „Alte" vom „Neuen" her lesen
und verstehen ist das eine, das „Neue"
vom „Alten" her interpretieren das
andere. Die moderne Hermeneutik
sieht in dieser rückwärtsgerichteten
Schriftlesung eine bisher kaum erkannte Aufgabe. Erfüllung will dann
sagen: „Das NT ist die erste und
grundlegendste christl. Auslegung des
AT" (N. Lohfink 26).

Lit.: Chr. Dohmen/ F. Mußner, Nur die hal-
be Wahrheit? Für die Einheit der ganzen
Bibel, 1993; T. Holtz, Das AT und das Bekenntnis der frühen Gemeinde zu Jesus
Christus, in: K. Kertelge u.a. (Hg.), Christus
bezeugen (FS Trilling), 1990, 55–66; W.G.
Kümmel, Verheißung und Erfüllung, ³1956;
N. Lohfink, Das AT christl. ausgelegt, 1988;
A. Obermann, Die christologische Erfüllung
der Schrift im JohEv (WUNT 2/83), 1996;
F.J. Schierse, Verheißung und Heilsvollendung, 1955; J. Schildenberger, Vom Geheimnis des Gotteswortes, 1950.

Josef Ernst

ERKENNTNIS, Erfahrung, Gnosis

→ Ehe; Geist; Gericht; Gott; Liebe

1. Der Begriff Erkenntnis *(gnôsis,
epígnōsis)* samt dem dazugehörigen
Verbum ist einer der am meisten gebrauchten im NT. „Gnosis" hat aber
später als Bezeichnung einer bestimmten Fehlentwicklung innerhalb der
frühen Jesus-Bewegung eine negative
Bedeutung angenommen und wird oft
sehr allgemein für Irrlehren und Ideo-
logien verwendet, andererseits aber
auch von modernen esoterischen Strömungen positiv in Anspruch genommen.
Die Evv vermeiden das Substantiv
Gnosis und beschränken sich fast ausschließlich auf verbale Wendungen.
Nach ihrem Sprachgebrauch zu schließen, bedeutet Erkenntnis in der Verkündigung Jesu die persönliche Einsicht und Gewißheit des Menschen.
Sprachliche Kommunikation, nüchterne Beobachtung und schlüssiges Denken sind die unabdingbaren Voraussetzungen für das Erkennen und Einsehen. Dieses selbst ist allerdings eine
unverfügbare Erfahrung, die wirksam
wird als existentielle Betroffenheit
und als entscheidendes Motiv zum
Handeln und zur Änderung von Le-
benseinstellungen.
Die Problematik des Begriffs Gnosis
liegt in seiner Verdinglichung. Kann
man die einmal erfahrene Erkenntnis
auf Dauer besitzen? Begründet oder
offenbart Erkenntnis eine unverlierbare höhere Seinsqualität des Menschen,
so daß man von einem Gnostiker sprechen kann? Befreit Erkenntnis zu einer gottähnlichen Seinsweise, in der
es keine moralischen Konflikte mehr
gibt? Und schließlich, ist Gnosis als
eine Art höheres Wissen vermittelbar?
Solche Fragen scheinen schon die Gemeinde in Korinth bewegt zu haben.
Die Evv sind sorgfältig bemüht, für
Mißverständnisse keinen Ansatz zu
bieten. Dennoch wird die Auseinandersetzung um die Gnosis die Jesusgläubigen für die ersten drei bis vier
Jh. unversöhnlich spalten.

2. Das AT spricht vom Baum der Erkenntnis von Gut und Böse (Gen 2,9), von dem zu essen Gott den Menschen verboten hat. Der Genuß von seinen Früchten nimmt den Menschen die Unschuld (Gen 3,5) und läßt sie das Paradies verlieren. Adam und Eva „erkennen" einander in der geschlechtlichen Begegnung (Gen 4,1).

3. In der ntl Begriffsentwicklung, die hier kurz nachgezeichnet werden soll, ist Erkenntnis zunächst die Gotteserkenntnis. Die Christen in Galatien redet Pls an als die, die Gott nun erkannt haben oder die vielmehr von Gott erkannt worden sind (Gal 4,9). Auch bei den Korinthern war Erkenntnis ein wichtiger und positiver Begriff. Pls wünscht ihnen, daß sie „reich werden in jedem Wort und in aller Erkenntnis" (1 Kor 1,5). Die Welt in ihrer Weisheit hat Gott nicht erkannt (1,21), auch „keiner von den Herrschern dieser Weltzeit", sonst hätten sie den Herrn der Herrlichkeit nicht gekreuzigt (2,8). Nur der Geist Gottes in uns erkennt, was Gottes ist (2,11). Der animalische und törichte Mensch ist zur Erkenntnis unfähig (2,14). Pls muß seinen Korinthern aber auch wegen ihrer Anmaßung ins Gewissen reden: Die Erkenntnis bläht auf, die Liebe aber erbaut (8,1). Wer meint, etwas zu erkennen, hat eben noch nicht erkannt, wie man erkennen muß (8,2). Die Erkenntnis ereignet sich nur in der Liebe und geht nicht vom Menschen, sondern von Gott aus: Wer Gott liebt, der ist von ihm erkannt (8,3). Es geht Pls um den Genuß des Götzenopferfleisches (8,1). Nicht allen ist die Erkenntnis gegeben, daß die heidnischen Götter nicht existieren (8,7). Das Beispiel dessen, der die Erkennt-

nis hat und an einem Opfermahl teilnimmt, kann für einen anderen verhängnisvoll sein (8,10). Der „Schwache" geht dann an der Erkenntnis des „Starken" zugrunde (8,11). Die Rede der Erkenntnis gehört zwar zu den Gnadengaben des Geistes (12,8). Ohne die Liebe ist sie aber wertlos (13,2.8). In unserem irdischen Leben bleibt die Erkenntnis auch immer bruchstückhaft, wie durch einen Spiegel, erst danach kommt sie in der reziproken Erkenntnis Gottes zur Vollendung (13,9.12).

Von der Erkenntnis Christi spricht Pls im 2 Kor und im Phil: Die Korinther stehen zwar im „Geruch" der Erkenntnis Christi (2,14). Aber wenn wir Christus im Fleisch erkannt haben, erkennen wir ihn noch nicht (5,16). Die Erkenntnis Christi übertrifft alle Werte: Durch die Gerechtigkeit aus dem Glauben an ihn und durch die Erkenntnis der Macht seiner Auferstehung und der Gemeinschaft seines Leidens hofft Pls zur Auferstehung von den Toten zu gelangen (Phil 3,7–11).

Im Röm geht es um die natürliche Erkenntnis Gottes durch die Heiden, die Formung der Erkenntnis im Gesetz (2,20), das Erkennen des Friedenswegs (3,17) und der Sünde (7,7) und das Erkennen der Schrift durch Israel (10,19), dann aber wieder um die Tiefe des Reichtums und der Weisheit und der Erkenntnis Gottes (11,33f). Es gilt für Pls zu erkennen, „daß unser alter Mensch" mit Christus „mitgekreuzigt wurde, damit aufgehoben wird der Leib der Sünde, damit wir nicht mehr versklavt sind der Sünde" (6,6). Pls weiß die römischen Christen „voll von Güte, erfüllt von aller Erkenntnis, imstande, auch einander zurechtzu-weisen" (15,14).

Von den Evv zeigt nur das JohEv ei-nen ähnlich signifikanten Gebrauch des Begriffs wie Pls, wenngleich es das Substantiv meidet und von Er-kenntnis nur in verbalen Formulierun-gen spricht. Eines der ganz großen Themen des Joh ist nach der Vorgabe im Prolog „Und die Welt erkannte ihn nicht" die Erkenntnis Jesu. Seinem Erkanntwerden geht sein Erkennen voraus. Jesus erkennt den Nathanael, noch bevor Philippos ihn gerufen hat (1,48), Jesus weiß, was im Menschen ist (2,24f). Er erkennt die Absicht sei-ner Feinde (6,15) oder was die Jünger fragen wollen (16,19), er erkennt die Seinen, die auch ihn erkennen. Wie ein Hirt erkennt er seine „Schafe" (10,14.27). Auch die Gotteserkenntnis Jesu ist reziprok. Der Vater erkennt Jesus, und er erkennt den Vater (10,15). Jesus ist transparent auf Gott hin: „Wenn ihr erkannt habt mich, auch meinen Vater werdet ihr erkennen" (14,7). Aber erst in der Erhöhung Jesu am Kreuz werden die Menschen so wie Mose vor dem brennenden Dorn-busch erkennen, „daß ich es bin" (8,28). Dann werden die Jünger erken-nen, daß „ich in meinem Vater bin und ihr in mir und ich in euch" (14,20). In der Erkenntnis des einzigen wahren Gottes und seines Gesandten Jesu be-steht das ewige Leben (17,3). Aus der Einwohnung Gottes in Jesus und Jesu in seinen Jüngern wird die Welt schließ-lich erkennen, daß Gott Jesus gesandt hat und die Jünger so liebt, wie er Je-sus geliebt hat (17,23). Die Welt hat Gott nicht erkannt, Jesus aber hat ihn erkannt, und die Jünger wissen, daß Gott ihn gesandt hat (17,25).

Mk meidet das Substantiv und auch fast jeden theologischen Gebrauch des Verbums: Jesus erkennt bei der Hei-lung der blutflüssigen Frau die von ihm ausgehende Kraft (5,30) oder auch die Sorgen der Jünger (8,17), und er mahnt die Jünger, wie vom Austreiben des Feigenbaums die Nähe des Sommers, so von den apokalypti-schen Zeichen das nahe Weltende zu erkennen (13,28f).

Ähnlich verwendet auch Mt den Be-griff. Jesus erkennt, daß man ihm nach dem Leben trachtet (Mt 12,15), die Bosheit in der Fangfrage nach der Er-laubtheit der Kaisersteuer (22,18), den Unwillen der Jünger gegenüber der Frau, die ihn salbt (26,10). Er ergänzt das Beispiel vom Feigenbaum durch das von der Sintflut, deren Hereinbre-chen die Menschen nicht erkannten (24,39). Jesus fordert auf, zu erken-nen, daß der Hausherr, wenn er wüßte, wann der Dieb kommt, wachen würde (24,43), und er erzählt das Gleichnis vom bösen Knecht, dessen Herr zu ei-ner Stunde kommt, die er nicht kennt (24,50). Denen, die zwar im Namen Jesu prophezeit, Dämonen ausgetrie-ben und Wunder gewirkt, aber den Willen seines Vaters im Himmel nicht getan haben, wird Jesus beim Gericht sagen: Ich habe euch nie gekannt (7,23). Den Baum erkennt man an seinen Früchten (12,33), und nur den Jüngern Jesu ist es gegeben, die Ge-heimnisse des Himmelreichs zu er-kennen, den anderen bleiben sie in der Gleichnisrede Jesu verborgen (13,11). Oft verwendet Mt den Ausdruck „er-kennen" im Sinn von „wissen". In den Geburtsgeschichten drücken Mt und Lk nach atl Vorbild mit „erkennen" das eheliche Zusammenkommen aus.

Lk gebraucht auch wieder das Substantiv und spricht von der Erkenntnis des Heils (1,77) und dem Schlüssel der Erkenntnis, den die Pharisäer aufgehoben haben, die selbst nicht eingetreten sind und die Eintretenden gehindert haben (11,52). Jerusalem wird zerstört werden, weil es die Zeit seiner Heimsuchung nicht erkannt hat. Am Brotbrechen erkennen die Emmausjünger den Auferstandenen (24,16.31. 35). Daß Gott die Herzen der Menschen kennt, betont Lk mehrmals (Lk 16,15; Apg 1,24; 15,8).

Der Kol schließt an die pln und joh Gnosistheologie an: Im Mittelpunkt steht die Erkenntnis Gottes, seiner Gnade und seines Willens (1,6.9f). Christus selbst ist das Geheimnis Gottes, das es zu erkennen gilt; in ihm sind alle Schätze der Weisheit und Erkenntnis verborgen (2,2f). Alle Sünde ist zu meiden; denn wir haben den alten Menschen abgelegt und den neuen angezogen, damit der Schöpfer in seinem Bild erkennbar wird (3,10).

Die Past sprechen besonders von der Erkenntnis der Wahrheit (1 Tim 2,4; 4,3; 2 Tim 2,25; 3,7; Tit 1,1), aber ebenso auch schon von der fälschlich sog. Gnosis (1 Tim 6,20).

Die deutlichsten Aussagen gegenüber einer nur intellektuellen Gnosis macht 1 Joh und bindet die Erkenntnis an die Lebensführung und an die Liebe: Darin haben wir Gott erkannt, wenn wir seine Gebote halten (2,3). Jeder, der liebt, ist aus Gott geboren und erkennt Gott, weil Gott die Liebe ist (4,7f). Zur Erkenntnis gehört aber auch der rechte Glaube an „Jesus Christos als im Fleisch Gekommenen" (4,2).

Mit dem Thema der Gnosis beschäftigt sich auch das jüngste Schreiben des NT, 2 Petr, und verbindet die Erkenntnis mit der Tugend und Askese (1,5f). In der Erkenntnis unseres Herrn und Retters Jesus Christus sind wir den Befleckungen dieser Welt entflohen (2,20). In seine Gnade und Erkenntnis gilt es zu wachsen (3,18). Erkenntnis ist Voraussetzung der Erlösung. Aber sie verleitet zu Stolz und falscher Sicherheit. Die „Erkenntnis der Tiefen Satans" nützt nichts (Offb 2,24). Nur eine Erkenntnis, aus der ein Leben der Gebote Gottes, der Liebe und der Tugend wächst, ist Erkenntnis und Erkanntsein von Gott.

4. Die Liebe ist auch für den frühchristl. Theologen Klemens von Alexandrien (ca. 150–215) die wahre Gnosis. Demgegenüber ist die Gnosis als Spekulation über die Geheimnisse Gottes, die Entstehung der bösen Welt und ihre Erlösung durch die Erkenntnis des verborgenen guten Gottes im 2. und 3. Jh. zu einer existentiellen Bedrohung der Kirche geworden. Der Perser Mani (216–274/7) bringt den gnostischen Schöpfungs- und Erlösungsmythos in eine letzte poetische Form und gründet eine gnostische Gegenkirche, die sich von Nordafrika bis China ausbreitet. Ihr schließt sich im 4. Jh. auch der junge Augustinus an. Der Manichäismus ist erst dem Ansturm des Islam erlegen.

Lit.: K. Prümm, Gnosis an der Wurzel des Christentums? Grundlagenkritik der Entmythologisierung, 1972; K. Rudolf, Die Gnosis (UTB 1577), 1990; L. Schottroff, Der Glaubende und die feindliche Welt (WMANT 37), 1970.

Peter Hofrichter

ERLÖSUNG, Lösegeld, Loskauf

→ Heil; Jesus; Kreuz; Sünde

1. Trifft die häufig gemachte Aussage, daß der Tod jemanden von seinem Leiden erlöst hat, die bibl. Erlösungsvorstellung? Ist möglicherweise auch eine theologische Engführung darin gegeben, wenn einseitig verkündet wird: Christus hat uns von den Sünden erlöst? Hat sich Jesus Christus nicht schon vor seinem Kreuzestod als Erlöser erwiesen?

2. Für unsere Rede von der Erlösung gibt es in der Bibel zahlreiche Begriffe; in bezug auf das NT ist neben dem Begriff Erlösung *(lýtrōsis)* im sprachlich engen Sinn als ein „Auslösen", „Befreien" v.a. auf die Stichwörter „Heil", „Rettung", „Versöhnung" und „Gerechtigkeit" zu verweisen. Im AT sind die beiden Begriffe für Erlösung *(pdh, g'l)* mit der Vorstellung vom Loskauf verbunden. Als „Erlöser" *(go'el)* erweist sich der Verwandte, der Leben und Besitz der in Not geratenen Familienmitglieder einlöst bzw. rächt. Auf Jahwe übertragen, wird dieser als Erlöser des Volkes (vgl. die Erlösung aus der Knechtschaft Ägyptens, aus dem Exil), aber auch des einzelnen angerufen (vgl. die Bitte um Erlösung von den persönlichen Feinden und um Bewahrung vor dem Tod: Jer 15,21; Ps 103,4). Der leidgeprüfte Ijob bekennt: „Doch ich, ich weiß: mein Erlöser lebt ..." (Ijob 19,25). Im Glauben, daß Jahwe „unser Erlöser von jeher" ist (Jes 63,16), hofft Israel auf das endzeitliche befreiende Heilshandeln Gottes (Jes 35,9f; 62,12).

3. Im NT ist die Erlösung unlösbar mit der Person und Geschichte Jesu verknüpft. Dabei taucht der Begriff Erlösung im Zusammenhang mit der Reich-Gottes-Verkündigung Jesu zwar nicht auf, obwohl an der befreienden und heilenden Dimension der von Jesus proklamierten und anfanghaft vergegenwärtigten Gottesherrschaft kein Zweifel besteht (vgl. Lk 11,20 par). Lk kann Zacharias in bezug auf Johannes d.T. als Wegbereiter Jesu in atl gebundener Sprache sagen lassen: „Gepriesen (der) Herr, der Gott Israels, daß er nachschaute und Erlösung wirkte seinem Volk, und er erweckte uns ein Horn (der) Rettung im Haus Davids, seines Knechtes ..." (Lk 1,68f). Von der Prophetin Hanna, die bei der Darstellung Jesu im Tempel neben Symeon zugegen war, heißt es: „Sie lobte Gott und redete über ihn zu allen Erwartenden (die) Erlösung Jerusalems" (Lk 2,38). Die Emmausjünger äußern: „Wir aber hofften, daß er (es) ist, der Israel erlösen werde ..." (Lk 24,21). Erst die Ostererfahrung öffnet ihnen die Augen dafür, daß Jesus wirklich Erlösung bringt. Diese bleibt in dieser Zeit im Zwielicht des Zweifels und Glaubens, und auch ihre Vollendung als eschatologische Erlösung steht noch aus (vgl. Lk 21,28; Röm 8,23; Eph 1,14; 4,30).

Viel erörtert ist das Wort Jesu über seinen Tod nach Mk 10,45 par: „Denn auch der Sohn des Menschen kam nicht, bedient zu werden, sondern zu dienen und zu geben sein Leben als Lösegeld *(lýtron)* anstelle vieler". Die Frage ist hier – ähnlich ist die exegetische Diskussion über die eucharistischen Einsetzungsworte –, ob Jesus seinen Tod im Sinn stellvertretender Sühne positiv gedeutet hat. Die urchristl. Verkündigung, wie sie insbesondere durch Pls vertreten ist, sieht dies so.

Nachdem der Apostel die Sündhaftigkeit, d.h. die Erlösungsbedürftigkeit aller Menschen, der Heiden und auch der Juden, dargestellt hat, kann er über die an Christus Glaubenden sagen: „gerechtgesprochen geschenkweise durch seine Gnade, durch den Loskauf *(apolýtrōsis)*, den in Christos Jesus; ihn stellte Gott hin als Sühnopfer durch [den] Glauben in seinem Blut zu Aufweis seiner Gerechtigkeit …" (Röm 3,24f). Schon vor Pls haben die Christen Jesu skandalösen Kreuzestod – gewiß auch dankbar bei der Abendmahlsfeier – als stellvertretenden Sühnetod für die Sünden anderer verstanden (vgl. 1 Kor 15,3). Für Pls ist in Jesu Tod dessen Leben eines Daseins für andere zusammengefaßt (vgl. Röm 15,3; 1 Kor 8,11): Die Selbstentäußerung des Gottessohns bei seiner Menschwerdung kommt hier zu ihrer Vollendung (vgl. Phil 2,5ff; 2 Kor 8,9); der Gekreuzigte hat den auf den Sündern lastenden Fluch auf sich genommen und uns von diesem „freigekauft" (Gal 3,13); „den Sünde nicht Kennenden machte er [Gott] für uns zur Sünde, damit wir werden Gerechtigkeit Gottes in ihm" (2 Kor 5,21). 1 Kor 1,30 heißt es über Christus, daß er „uns Weisheit wurde von Gott, Gerechtigkeit und Heiligung und Erlösung".

Auch in den dtpln und nachpln Schriften ist der Glaube an die Erlösung von den Sünden durch den Tod Jesu belegt (vgl. Kol 1,14; Eph 1,7; 1 Tim 2,6; Tit 2,14; Hebr 9,15; 1 Petr 1,18; Offb 1,5).

4. Die Aussagekraft der bibl. Erlösungsverkündigung wird dann bewahrt, wenn – wo dies gegeben ist – das bildliche Moment von „Auslösen" und „Befreien" bewußt bleibt und die gewiß auch zeitgebundene Deutung des Todes Jesu als eines Sühnetodes in ihrer Kernwahrheit, daß in der von Selbstsucht geprägten adamitischen Welt Erlösung nur vom Opfer der Liebe kommen kann, gewürdigt wird.

Lit.: I. Broer/ J. Werbick (Hg.), Auf Hoffnung hin sind wir erlöst (Röm 8,24). Bibl. und systematische Beiträge zum Erlösungsverständnis heute (SBS 128), 1987; H. Frankemölle (Hg.), Sünde und Erlösung im NT (QD 161), 1996; R. Schwager, Jesus im Heilsdrama. Entwurf einer bibl. Erlösungslehre (IThS 29), [2]1996; A. Weiser, Erlösung und Befreiung nach dem NT, LebZeug 30 (1975) 53–79.

Jost Eckert

ERMAHNUNG

→ Botschaft; Glaube

1. Der weniger Erkenntnis vermittelnde als an den Willen gerichtete Appell meist mit einer ethischen Forderung, wie er der Ermahnung eigen ist, scheint auf den ersten Blick in Spannung zur Frohbotschaft zu stehen. Doch hat die Ermahnung ihren festen Ort in der urchristl. Verkündigung.

2. Der oft mit Ermahnung übersetzte griech. Begriff *paráklēsis* bzw. das häufiger vorkommende Verb *parakaléō* meint ursprünglich das Herbeirufen, Anrufen, Auffordern, dann auch das Ermutigen, Trösten (vgl. Mt 5,4: „Selig die Trauernden, denn sie werden ermutigt werden"). Das Moment „ermahnen" steht gelegentlich dem des „Zurechtweisens" *(nouthetéō)* nahe (vgl. 1 Thess 5,14).

3. Seinen Schwerpunkt hat der Begriff der Ermahnung nicht in der Jesusverkündigung der Evv, sondern in der der Grundlegung des Glaubens nachfolgenden Ermutigung, als Christ zu leben. Sie gehört zur seelsorgerlichen Tätigkeit des Apostels Pls (1 Thess 5,14; Phil 4,2) und geschieht „im Herrn Jesus" (1 Thess 4,1), „durch den Namen unseres Herrn Jesus Christos" (1 Kor 1,10), „durch die Sanftmut und Milde des Christos" (2 Kor 10,1), „durch das Erbarmen Gottes" (Röm 12,1), und ist damit integraler Bestandteil des Ev. In diesem Sinn äußert Pls: „An Stelle (des) Christos nun sind wir gesandt, indem Gott ermahnt durch uns; wir bitten an Stelle (des) Christos, versöhnt euch mit Gott" (2 Kor 5,20; vgl. 6,1). Ja, der Apostel kann die Christen „ermahnen", im Glauben seine „Nachahmer" zu werden (1 Kor 4,16). Prophetischem Reden ist diese ermahnende Funktion eigen (1 Kor 14,31), und Röm 12,8 reiht die Ermahnung unter die Charismen ein.

Die Apg des Lk bestätigt die Bedeutung der Ermahnung für die Bejahung bzw. das Verbleiben im christl. Glauben (vgl. Apg 2,40; 9,31; 11,23; 13,15; 14,22; 15,31f; 16,40; 20,1).

Der Hebr, der die im Glauben schlaff gewordenen Christen ermutigen will, versteht sich selbst als „Wort der Ermahnung" (Hebr 13,22).

4. Der Ermahnung der Glaubenden muß stets die befreiende und frohmachende Botschaft des Ev vorausgehen, sonst wird sie zu einem belastenden Gesetz, das mehr den Menschen in Angst lähmt als ihn anfeuert und ermutigt, die durch den Glauben geschenkten neuen Lebensmöglichkeiten zu verwirklichen.

Lit.: J. Eckert, „Ich ermahne euch bei der Sanftmut und Milde des Christus" (2 Kor 12,1), TThZ 100 (1991) 39–55; H. Schlier, Die Eigenart der christl. Mahnung nach dem Apostel Pls, in: ders., Besinnung auf das NT, 1964, 340–357.

Jost Eckert

ERNTE

→ Botschaft; Frucht; Gericht; Heil

1. Mit Ernte bezeichnet man das Mähen, Sammeln und Einbringen von Feld- und Gartenfrüchten oder auch den Ertrag selbst. Wegen der großen Bedeutung der Ernte für das menschliche Leben wird Ernte im übertragenen Sinn u.a. für den Erfolg der eigenen Arbeit verwendet. Im bibl. Bereich gilt sie auch als Symbol für das Gericht.

2. Im Hebr. meint dasselbe Wort je nach Kontext die Ernte als Tätigkeit (Jes 17,5 u.ö.) und Ertrag (Jes 17,5; Rut 2,9 u.ö.) oder auch die Zeit der Weizen- oder Gerstenernte (Gen 30,14; Jos 3,15 u.ö.), also etwa die Monate Mai bis August. Ernte kann auch für Arbeit und Fleiß stehen. Der Fleißige wird daran erkannt, daß er sich um die Ernte bemüht (Spr 6,8 u.ö.). Die Ernte ist Grund zur Freude (Jes 9,2) und gibt Gelegenheit zum Feiern. So sind wichtige Feste Israels ursprünglich Erntefeiern: das Fest der ungesäuerten Brote, das später mit dem Exodusgeschehen verbunden wird (Ex 23,15), das Wochenfest zu Beginn der Weizenernte (Ex 34,22) und das spätere Laubhüttenfest am Ende der Obsternte (Ex 23,16). Wird die Ernte vernichtet, kann man das Heiligtum nicht mehr mit Abgaben beliefern. Das gilt wohl auch als Ausbleiben des Segens (Joël 1,11 u.ö.). In weisheitlichen Texten wird das Bild der Ernte verwendet, um Folgen von Verhalten auszudrücken: „Wer Unrecht sät, wird es auch ernten" (Spr 22,8; vgl. Ijob 4,8 u.ö.). Eine überreiche Ernte ist Bild für das künftige Heil (Am 9,13; Joël 4,18). Die Ernte ist aber auch Gerichtsmetapher (Hos 6,11; Joël 4,13).

3. Wie das AT kennt auch das NT die bildhafte Verwendung der Ernte *(therismós)*. Im Zusammenhang mit der Aussendung der Jünger zur Mission unterstreicht das Bild von der Ernte die Dringlichkeit der Aufgabe, die viele Arbeiter benötigt (Mt 9,37f par). Als Gerichtsbild dient sie in der Täuferpredigt (Mt 3,12 par), aber auch in Mt 13,36–43, wonach der Menschensohn seine Engel aussendet, damit sie das Unkraut, d.h., die Menschen, die andere verführt und Gottes Gesetz übertreten haben, zum Vernichtungsgericht sammeln. Im Gleichnis von der selbstwachsenden Saat ist die Ernte Bild für die Heilsvollendung (Mk 4,29).

Nach Joh 4,35–38 ist die Zeit der Ernte, d.h. die Heilszeit, schon gekommen, in der der Erntende, Christus, Lohn empfängt und Frucht zum ewigen Leben sammelt, damit der Säende (wahrscheinlich Gott) sich mit dem Erntenden gemeinsam freut. Den Jüngern wird zugesagt, daß ihre Missionsarbeit ebenso ein Ernten ist, ohne selbst zuvor gesät zu haben.

Weil Pls Geistiges gesät, d.h., den Korinthern das Ev gebracht hat, ist es nichts Großes, wenn er von der Gemeinde Fleischliches erntet, d.h., mit irdischen Gütern versorgt wird (1 Kor 9,11). Pls verwendet das Bild vom Säen und von der Ernte auch für den Tun-Ergehen-Zusammenhang, um an die Verantwortlichkeit der Christen für ihr Heil zu appellieren (Gal 6,7f; 2 Kor 9,6).

In Offb 14,14–16 ist die Ernte nicht Bild für die Sammlung der Erwählten, sondern – wie das Bild vom Keltertreten Gottes (14,17–20) – für das Gericht über die gottfeindlichen Menschen.

4. Sammeln ist ein wesentlicher Aspekt der Ernte. Deshalb hängt ihr übertragener Sinn davon ab, zu welchem Zweck gesammelt wird. Die Ernte kann so Bild für Gericht und Heil, aber auch für die Mission sein. Zugleich ist sie auch Bild für die Dringlichkeit der zu leistenden Aufgabe.

Lit.: P. v. Gemünden, Vegetationsmetaphorik im NT und seiner Umwelt (NTOA 18), 1993.

Heinz Giesen

ERSCHEINUNG, Sehen, Gesicht

→ Auferstehung; Heil

1. Das Sehen ist der wichtigste Sinn des Menschen. Was man sieht, ist „evident". Daher richtet sich auch die Offenbarung besonders an den Gesichtssinn. Der griech. Ausdruck für „gesehen werden, sich sehen lassen" meint erscheinen. Erscheinungen und Gesichte sind besonders deutliche Wahrnehmungen, unterliegen aber auch dem Zweifel. Manchmal kann „sehen" auch bedeuten: sich vorsehen und in acht nehmen.

2. Schon im AT erfährt der Mensch Gott nicht nur im Hören, sondern auch im Sehen *(r'h)*: Mose sieht den brennenden Dornbusch (Ex 3,2f). Jesaja und Ezechiel erhalten ihre Berufung in Gesichten. Aber auch von Gott heißt es, daß er sah, daß seine Schöpfung gut war. In der Spätzeit werden Erscheinungen und Gesichte Ausdrucksmittel der Apokalyptik, einer Literaturgattung, die sich im 2. Jh. v.Chr. im Judentum ausbreitet. Der Verfasser des Buches Dan läßt den Propheten eine großartige Vision über die politische Zukunft schauen. In außerbibl. Schriften berichten Adam, Noe, Patriarchen und Stammväter über ihre Schauungen göttlicher Geheimnisse.

3. Im NT ist das Sehen *(horáō, blépō, theáomai)* Ausdruck eines tieferen Verständnisses. Bereits zu Lebzeiten sollen nach Mk die Zeitgenossen Jesu das Kommen der Gottesherrschaft (9,1) sehen. In der Erscheinung *(epipháneia)* von Mose und Elia bei der Verklärung (9,4); die Jünger verstehen, daß Jesus ein dritter und anderer ist. Und der Engel am leeren Grab teilt den Jüngern mit, daß sie Jesus in Galiläa sehen werden (16,7).

Nach Q sollen die Täuferjünger ihrem Meister die messianischen Zeichen berichten, die sie bei Jesus gesehen haben: Blinde sehen, Lahme gehen, usw. (Mt 11,5 par).

Bei Mt ist Gott zu schauen die Seligkeit derer, die ein reines Herz haben (5,8). Und Jesus sagt den Jüngern: „Viele Propheten und Gerechte begehrten zu schauen, was ihr seht, und nicht schauten sie" (13,17).

In der Vorgeschichte des Lk erscheint dem Zacharias ein Engel, und der greise Symeon jubelt: „meine Augen sahen dein Heil" (2,30). Über den Aposteln erscheinen schließlich zu Pfingsten feurige Zungen.

Nach Pls ist der Auferstandene vielen „sichtbar geworden" oder erschienen: Kephas, 500 Brüdern, Jakobus; zuletzt erschien er dem Pls selbst (1 Kor 15,5–8; vgl. Apg 9,17). An dieser Erfahrung hängt für Pls der gesamte Glaube.

Vom Sehen und Schauen spricht besonders das JohEv. Es entfaltet, was der an seinem Beginn zitierte Hymnus vorgibt: „Und der Logos wurde Fleisch … und wir sahen seine Herrlichkeit" (1,14). Den Nathanael führt Philippos zu Jesus mit den Worten: „Komm und sieh!" (1,39.46) Die sich auf Jesus einlassen, werden noch mehr sehen: den offenen Himmel und die Engel auf- und niedersteigend (1,51). Jesus redet, was er beim Vater gesehen hat (8,38). Und das Gericht Jesu besteht darin, „daß die Blinden sehend und die Sehenden blind werden" (9,39). Zwar hat „niemand Gott je gesehen" (1,18), aber wer Jesus gesehen hat, hat auch den Vater gesehen (14,9). Der Jünger, den Jesus liebte, sieht das leere Grab und glaubt (20,8). Thomas glaubt nur, nachdem er den Auferstandenen gesehen hat. Doch allen Nachgeborenen wird gesagt: „Selig die nicht Sehenden und Glaubenden" (Joh 20,29).

1 Joh nimmt nochmals auf den Hymnus am Beginn des JohEv Bezug; das Sehen gilt hier ausschließlich dem irdischen Jesus: „Was war von Anfang, was wir gehört haben, was wir gesehen haben mit unseren Augen, was wir schauten und unsere Hände berührten über das Wort des Lebens" (1,1) „... verkünden wir auch euch" (1,3).

Demgegenüber blickt der Apokalyptiker und Seher Johannes in die jensei-

tige und zukünftige Welt. Seine groß-
artigen Visionen beginnen jeweils mit
den Worten: „Und ich sah ..." (Offb
4–21).

4. Aufmerksames Sehen ist erforderlich, um die Zeichen des Heils zu deuten. Dieses heilbringende Sehen richtet sich zunächst auf den irdischen Jesus, dann auf den auferstandenen
Herrn. Die Vollendung des Menschen
ist die Schau Gottes, die im Blick auf
den irdischen Jesus vorweggenommen
wird. Die Schau jenseitiger und zukünftiger Dinge bleibt demgegenüber
im Hintergrund.

Lit.: K. Lammers, Hören, Sehen und Glauben im NT (SBS 11), 1966; F. Mußner, Die
joh Sehweise und die Frage nach dem historischen Jesus (QD 28), 1965; R. Pesch,
Die Vision des Stephanus (SBS 12), 1966.

Peter Hofrichter

ERWÄHLUNG

→ Bekehrung; Berufung; Heil; Israel

1. Im theologischen Sinn bedeutet
Erwählung Heiligung und Absonderung von anderen Menschen und Völkern. Die Israeliten und die Christen
werden an ihre Erwählung durch Gott
bzw. durch Christus erinnert, um sie
in ihrer Glaubenstreue zu stärken. Erwählung ist nicht mit Vorausbestim-
mung zu verwechseln; denn der Erwählte muß sich im Leben bewähren.
2. Um allen Menschen das Heil zu
schenken, erwählt Gott im AT einzelne oder ein bestimmtes Volk. Die
Ausrichtung der Erwählung auf die
gesamte Menschheit bestimmt schon
die Urgeschichte, wird aber besonders
deutlich in der Erwählung Abrahams

(Gen 12,1–3). Die Erwählungsvorstel-
lung ist in Israel zwar alt, wird aber
erst im Rahmen der Volk-Gottes-Theo-
logie des Dtn systematisch entfaltet
(vgl. Dtn 7,6f). DtJes betont die universale Ausrichtung der Erwählung
auf die Völker. Historischer Hintergrund dafür dürfte die Krise des Babylonischen Exils (586–539 v.Chr.) sein,
als Israels Identität in Frage steht und
die Erwählung vor einem triumphali-
stischen Mißverstehen geschützt ist.
Die Erwählten müssen sich bewähren
(Dtn 30,19); Gott kann sie zur Rechenschaft ziehen (Am 3,1f).
Das Frühjudentum betont die Erwählung des eigenen Volks im Gegenüber
zu den nichterwählten Völkern (Jub
2,20). Das gilt v.a. für die Qumrangemeinde, die sich als den allein von
Gott erwählten Rest Israels versteht.
Der Erwählungsgedanke ist hier ein-
gespannt in den Dualismus von Erwählten und Frevlern (CD 2,6) bzw.
Nichterwählten (CD 6,2–4). Das Erwählungsbewußtsein hat jedoch einen
Gegenpol in einem ausgeprägten Sün-
denbewußtsein (1 QS 11,7–10).
3. Wegen seines eingeengten Verständnisses im Frühjudentum mißt Jesus dem Erwählungsthema nur geringe Bedeutung zu. Die Überzeugung
Jesu, daß jeder, der seine Botschaft
von der Herrschaft Gottes glaubend
annimmt, schon jetzt anfänglich in der
Heilsgemeinschaft mit Gott lebt,
schließt den Erwählungsgedanken jedoch ein. Die nachösterliche Verkündigung spricht deshalb mit Recht von
der Erwählung *(eklogé)* der Christen,
um sie in der Drangsal zum Glauben
zu ermutigen (Mk 13,20). Als Erwählte *(eklektoí)* bilden sie das endzeitliche Volk Gottes (13,22.27). Das Her-

renwort von den nur wenigen Erwählten (Mt 22,14) kritisiert die Selbstsicherheit der Frommen und schärft die Verantwortlichkeit der Berufenen ein. Nach Lk 9,35 gilt Jesus als „erwählter Sohn", in dem die atl Verheißungen vom messianischen Gottessohn (Ps 2,7), vom leidenden Gottesknecht (Jes 42,1) und dem Propheten wie Mose (Dtn 18,15) erfüllt sind. Als „den auserwählten Christus Gottes" verwerfen ihn die Vorsteher des Volks (Lk 23,35; vgl. Apg 3,13–15). Jesus erwählt aus seinen Jüngern die Zwölf (Lk 6,13), die nach Ostern als die „durch den heiligen Geist erwählten Apostel" (Apg 1,2) seine grundlegenden Zeugen für die Zeit der Kirche werden. Pls wird zum „erwählten Werkzeug" für Christus, um ihn „vor Völkern, Königen und den Söhnen Israels" zu bekennen (Apg 9,15).

Nach Joh 6,70 u.ö. erwählt Jesus seine Jünger, die ihm von seinem Vater gegeben sind (6,65).

Pls erinnert die Thessalonicher an ihre Erwählung (1 Thess 1,4), die sich in der Annahme des Ev unter widrigen Umständen (1,5–7) und als Umkchr zum „lebendigen und wahren Gott" (V 9) gezeigt hat. Erwählung und Berufung gehören zusammen (1 Kor 1,26–29). Die Glaubenden heißen nur in der eschatologischen Gerichtssituation Erwählte (Röm 8,33f), die untrennbar sind „von der Liebe Gottes, der in Christos Jesus, unserem Herrn" (V 39). Besonders wichtig ist Pls die Erwählung des Volkes Israel, das sich dem Glauben an Christus verschließt (Röm 9–11). Er zeigt in mehreren Argumentationsgängen, daß der Unglaube Israels die Treue Gottes nicht in Frage stellt. Denn Gott hat sein Volk

nicht verstoßen (11,1). Das belegen schon die Juden, die Christen geworden sind. Israels Fehlverhalten bedeutet nicht den endgültigen Fall (11,11); es hat vielmehr zum Ziel, das Ev von der „Versöhnung der Welt" den Heiden verkündigen zu lassen und Israel zur Nacheiferung zu reizen (11,15). Wenn aber die Vollzahl der Heiden das Heil erreicht hat, wird Gott beim Kommen des Parusiechristus die Verstockung von Israel nehmen, so daß „ganz Israel gerettet wird" (11,25–27). Für den Eph sind die Christen bereits im präexistenten Christus „vor Grundlegung der Welt erwählt" (1,4). Aus der Erwählung folgt die sittliche Verpflichtung, als Heilige und Fehlerlose vor Christus zu leben.

1 Petr akzentuiert die Erwählung durch die Existenz der Christen in der Fremde (1,1). Vorbild für sie ist Christus, der „lebende Stein, der von Menschen verworfen, bei Gott aber erwählt und kostbar ist" (2,4). Weil die Christen zu Christus, dem „in Sion gelegten erwählten Grundstein" (2,6), gehören, erhält die christl. Gemeinde u.a. den Ehrentitel des alten Israel: „erwähltes Geschlecht" (Jes 43,20). Als solches muß es sich im Alltag bewähren (1 Petr 2,5).

Der Zusammenhang zwischen Erwählung und Bewährung wird auch in Offb 17,14 deutlich. Denn von den Christen in der Heilsvollendung heißt es, daß sie ihre Berufung und Erwählung in Treue zu Christus bewahrt haben.

4. Das Stichwort Erwählung könnte heute bei vielen Menschen ein Unbehagen hervorrufen, zumal ein falsches Erwählungsbewußtsein zu Überheblichkeit und Stolz führen kann. Bibl.

ist Erwählung jedoch stets Ausdruck der Liebe und Treue Gottes zu uns Menschen, die im NT in Christus ihren Höhepunkt findet. Sie gibt den Menschen die Kraft, aus dieser Liebe heraus zu leben, so daß jede Überheblichkeit ausgeschlossen ist.

Lit.: J.G. de Fraine, Berufung und Auserwählung, 1966; H. Giesen, Herrschaft Gottes – heute oder morgen? (BU 26), 1995; B. Mayer, Unter Gottes Heilsratschluß (fzb 15), 1974.

Heinz Giesen

F

FALSCHPROPHET, Irrlehrer

→ Antichrist; Apostel; Beschneidung;
   Geist; Lüge; Prophet/in

1. In einer Zeit, in der Pluralität, Ökumene und Toleranz groß geschrieben
werden, erscheint die Rede von der
Irrlehre als eng, hartherzig und rückständig. Doch haben Israel und die
Kirche von Anfang an um ihrer Identität und der Wahrheit des Ev willen
Grenzen ziehen müssen.
2. Gelegentlich wird im NT Bezug
genommen auf den Falschpropheten
im Gottesvolk des Alten Bundes, der
Typos des christl. Irrlehrers ist. So
heißt es 2 Petr 2,1: „Auftraten aber
auch Lügenpropheten unter dem Volk
(Israel), wie auch unter euch Falschlehrer sein werden, welche einführen
Lehrmeinungen (des) Verderbens, auch
den Gebieter verleugnend, der sie erkauft hat" (vgl. Lk 6,26; Apg 13,6;
Offb 2,20).
3. Die Kirche, die „auferbaut ist auf
dem Fundament der Apostel und Propheten" (Eph 2,20), kennt das Phänomen des Falschpropheten bzw. Lügenpropheten *(pseudoprophḗtēs)* und
des „Falschbruders" *(pseudádelphos*;
vgl. 2 Kor 11,26*)*.
In der syn Apokalypse ergeht an die
Gläubigen die Warnung: „Und dann,
wenn einer zu euch spricht: Sieh, hier
der Christos, sieh, dort!, glaubt (es)
nicht! Denn aufstehen werden Lügenchristosse und Lügenpropheten, und
geben werden sie Zeichen und Wunder, um irrezuführen, wenn möglich,
die Auserwählten" (Mk 13,21f par;
vgl. Mt 24,11).
In der Bergpredigt des Mt wird ebenfalls „vor den Lügenpropheten" gewarnt, die „in Gewändern von Schafen kommen, innen aber … räuberische Wölfe" sind (7,15); sie „prophezeien" im Namen Jesu, treiben Dämonen aus und vollbringen Wunder, aber
tun nicht den Willen Gottes (7,21–23).
Die schon in Israel erörterte Frage
nach den Kriterien zur Erkenntnis des
echten Propheten stellt sich immer
wieder.
Pls verwendet zwar den Begriff Falschprophet nicht, muß sich aber – und
dies ist der Anlaß für viele seiner
Briefe – mit zahlreichen Konkurrenzmissionaren im Christentum und Strömungen in seinen Gemeinden auseinandersetzen, die das Ev seiner Meinung nach verwässern oder pervertieren. Die auf dem sog. Apostelkonzil in
Jerusalem für die Beschneidung der
Heidenchristen eintretenden Mitchristen nennt er „Falschbrüder", die
„danebenhereinkamen, zu belauern

unsere Freiheit, die wir haben in Christos Jesus, damit sie uns versklaven" (Gal 2,4; vgl. 2 Kor 11,26). Die Konkurrenzapostel in Korinth, die auf Wunder und Visionen setzen, den leidenden Apostel verachten und seine Kreuzestheologie nicht teilen, sind für ihn „Lügenapostel" (2 Kor 11,13). Unter den Charismen führt Pls die Gabe der „Unterscheidung der Geister" auf (1 Kor 12,10).

Die joh Schriften spiegeln die von Spannungen gezeichnete Geschichte der joh Theologie und Gemeinde wider. In 1 Joh 4,1 ergeht die Mahnung: „Geliebte, nicht jedem Geist glaubt, sondern prüft die Geister, ob aus Gott sie sind, weil viele Lügenpropheten ausgegangen sind in die Welt." Das Bekenntnis zu Jesus als im Fleisch Gekommenen entscheidet darüber, ob jemand vom Geist Gottes oder vom Geist „des Antichristos" beseelt ist (1 Joh 4,2f; vgl. 2,18; 2 Joh 7).

In Offb 16,13; 19,20; 20,10 ist der Falschprophet zusammen mit dem Drachen und dem Tier als dämonisches Wesen Gegenspieler Gottes.

4. Die in zahlreichen ntl Schriften mehr oder weniger deutlich zutage tretenden Auseinandersetzungen um das rechte Ev zeigen, daß es oft keineswegs leicht ist, zwischen Rechtgläubigkeit und Häresie zu unterscheiden. Die Orthodoxen von heute können die Häretiker von morgen sein. Jesu Wort: „Richtet nicht, damit ihr nicht gerichtet werdet!" (Mt 7,1) ist von bleibender Aktualität. Die endgültige Scheidung ist Gott vorbehalten (Mt 13,41f).

Lit.: W. Bauer, Rechtgläubigkeit und Ketzerei im ältesten Christentum (BHTh 10), ²1964; ders., Die Polemik gegen „Gesetzlo-

sigkeit" im Ev nach Mt und Pls, BZ 14 (1970) 112–125; J. Eckert, Die urchristl. Verkündigung im Streit zwischen Pls und seinen Gegnern nach dem Gal (BU 6), 1971; J. Ernst, Die eschatologischen Gegenspieler in den Schriften des NT (BU 3), 1967; A. Sand, „Falsche Zeugen" und „falsches Zeugnis" im NT, in: P.-W. Scheele/ G. Schneider (Hg.), Christuszeugnis der Kirche (FS Hengsbach), 1970, 69–89.

Jost Eckert

FASTEN, Nüchternheit

→ Bitte

1. Nach dem II. Vatikanischen Konzil scheint das Fasten fast völlig aus dem Bereich des Glaubens verschwunden und nur noch weltlich als Mittel zur Verbesserung von Figur und Gesundheit im allgemeinen Bewußtsein zu sein. Es stellt sich vor diesem Hintergrund die Frage, wie das NT Fasten *(nēsteía, nēsteúō, nêstis)* versteht, und welche Vorstellung es mit dem Begriff Nüchternheit *(nēphálios, néphō)* verbindet.

2. Wie im orientalischen und griech.-röm. Umfeld kannte man auch in Israel das Fasten. Das AT erwähnt es als Trauerritus nach Todesfällen (1 Sam 31,13), als Vorbereitung auf eine besondere Begegnung mit Gott (Dtn 9,9; Dan 10,1–3), als Ausdruck und Unterstützung von Bittgebeten (Dan 9,3; Neh 1,4), Reue und Buße (1 Kön 21,27; Jon 3,5ff). Verpflichtend war Fasten nur am Versöhnungstag (Lev 16,29ff), das wie das freiwillige Fasten vom Morgen bis zum Abend galt. Die Propheten wandten sich gegen ein rein äußerliches Fasten (Jes 58,1ff u.ö.).

3. Das NT steht ganz in dieser Überlieferung und kennt Fasten wie Fastenkritik. In Mk 2,18–20 parr verteidigt Jesus seine Jünger gegen den Vorwurf, daß sie nicht wie die Täufer- und Pharisäerjünger fasten. Deren Fasten wird hier also wohl als Unterstützung der Bitte um das Kommen des Messias gedeutet und daher abgelehnt, weil die Heilszeit in Jesus bereits angebrochen ist (vgl. Mk 1,15). Mt 9,15 hebt dagegen mehr den Gesichtspunkt der Trauer hervor, der sich mit der Freude der Hoch(= Heils)zeit nicht verträgt. Daß damit Fasten nicht gänzlich abgelehnt wird, zeigt der Hinweis auf die kommenden Tage in Mk 2,20 parr selbst, aber auch Jesu eigenes Fasten in der Wüste (Mt 4,2 par) oder Mt 6,16–18, wo Fasten ganz selbstverständlich neben Almosen und Gebet steht und wie bei diesen nur eine falsche Haltung beim Tun gerügt wird: Fasten soll nicht auf Menschen gerichtet sein (auf Leistung und Beifall), sondern ist Ausdruck des Gebets und der Beziehung zu Gott. Das drükken auch die übrigen ntl Belege aus, die Fasten immer im Zusammenhang mit Gebet nennen: Lk 2,37; Apg 13,2f; 14,23.

Lk 18,12 spielt auf den jüd. Brauch eines freiwilligen Fastens „zweimal die Woche" (Montag und Donnerstag) an, während in Apg 27,9 der Versöhnungstag als Zeitangabe (im Winter) gebraucht wird. In Mk 8,3 par; 2 Kor 6,5; 11,27 indes ist nur ein unfreiwilliger Mangel an Nahrung im Blick, eine nicht religiös begründete Nüchternheit also.

Kam Fasten fast nur in den Syn und der Apg und stets im wörtlichen Sinn vor, ist es bei Nüchternheit genau umgekehrt: Die entsprechenden Wörter, die in ihrer Grundbedeutung das Gegenteil von Trunkenheit bezeichnen, finden sich nur in den Briefen und sind immer bildlich als Ausdruck einer Haltung gebraucht, die die Wirklichkeit mit klarem Kopf wahrnimmt: In 1 Thess 5,6.8; 1 Petr 1,13; 4,7; 5,8 beschreibt Nüchternheit die ungetrübt aufmerksame Offenheit der Glaubenden für Gott, die ihnen hilft, seinem Willen gemäß zu leben und dem Bösen zu widerstehen. In 1 Tim 3,2.11; 2 Tim 4,5 wird sie als Haltung vom Aufseher *(epískopos)*, den Frauen der Diakone (oder Diakoninnen?) und von Timotheus verlangt, damit sie ihren Dienst ausüben können. Ebenso soll Nüchternheit die älteren Männer und Frauen auszeichnen (Tit 2,2f). Und wenn Pls in 1 Kor 15,34 dazu auffordert: „werdet nüchtern in rechter Weise" *(eknéphō)*, ist das eine Mahnung zur Vernunft angesichts ihrer Schwierigkeit mit der Auferstehung.

4. In der frühen Zeit der Kirche entwickelten sich schnell eigene Fastenbräuche, wie z.B. das Fasten am Freitag als Todestag Jesu, für das vielleicht bereits der etwas störende Ausdruck „an jenem Tag" in Mk 2,20, der ein redaktioneller Einschub sein dürfte, ein Hinweis ist. Sicher belegt ist es in Did 8,1 (Mittwoch und Freitag in Absetzung zum jüd. Fasten am Montag und Donnerstag) am Beginn des 2. Jh., als auch das Osterfasten entstand (Irenäus bei Eusebius, hist. eccl. V 24,12ff), aus dem sich die 40tägige Fastenzeit entwickelte. Bedenkenswert wäre für unsere Zeit, die untrennbare Verbindung von Fasten und Gebet im NT, die sichtbar macht, daß Fasten Ausdruck einer Beziehung zu

Gott und damit auch heute noch zeitgemäß ist. Ebenso ist die Nüchternheit als die klare Sicht des Glaubens eine jederzeit notwendige Haltung.

Lit.: E. Lövestam, Über die ntl Aufforderung zur Nüchternheit (StTh 12), 1958, 80–109; M. Waibel, Die Auseinandersetzung mit der Fasten- und Sabbatpraxis Jesu in urchristl. Gemeinden, in: G. Dautzenberg u.a. (Hg.), Zur Geschichte des Urchristentums (QD 87), 1979, 63–80; J.F. Wimmer, Fasting in the NT, 1982.

Sebastian Schneider

FEIND, Gegner, Feindschaft

→ Haß; Liebe; Satan

1. Die Beziehung unter Menschen ist im günstigen Fall von einer positiven Grundeinstellung geprägt. Sehr oft jedoch entstehen aus religiösen, kulturellen und wirtschaftlichen Unterschieden Spannungen, die zu Gegnerschaft, Krieg und gegenseitiger Vernichtung führen. Jede Feindschaft, v.a. wenn sie aus Haß entstanden ist, führt zu sinnlosen und häufig irreparablen Konfrontationen, weil einmal aufgerissene Gräben nur mühsam oder gar nicht mehr zugeschüttet werden können.

2. *echthrós* bezeichnet in der LXX fast immer den Kriegsgegner, den Feind bei kriegerischen Auseinandersetzungen: 1 Sam 29,8; Nah 3,11.13. Auch Israels Geschichte ist gekennzeichnet durch Bedrohung von Feinden, die zugleich, weil Israel sich als Gottes Volk versteht, die Feinde Jahwes sind: Ex 23,22; Jos 7,8f. Doch Israel selbst wird zum Feind, wenn es seinem Gott die Treue aufkündigt und

sich seine Rache zuzieht: Jes 1,24–28. Abfall von Gott hat den Zorn Gottes zur Folge; der Gottlose ist Feind der Frommen (Ps 55,4) und damit Feind Gottes (Ps 37,20: „die Feinde des Herrn … schwinden dahin, wie Rauch schwinden sie hin").

3. Das NT kennt den *echthrós* zunächst als persönlichen Feind, von dem befreit zu werden man sich erhofft: Lk 1,71.74. Selbst die Zeugen der Endzeit werden noch von Feinden bedroht (Offb 11,5.12), die ihnen aber nichts (mehr) anhaben können.

V.a. spricht das NT von den Feinden Christi, die (mit)gemeint sind, wenn Ps 110,1 („… und ich lege dir deine Feinde als Schemel unter die Füße") zitiert wird: Mk 12,36 parr; 1 Kor 15,25 u.ö. (vgl. auch die Feinde des „Kreuzes des Christos" in Phil 3,18). Nach Pls ist das Fernsein von Gott die Feindschaft schlechthin: Röm 5,10; vgl. Kol 1,21. In Röm 11,28 spricht Pls sogar davon, daß auch die Juden, gemessen am Ev, Feinde Gottes sind.

Vor dem Hintergrund später jüd. Zeugnisse ist auch Satan Feind des Menschen: Mt 13,24–30; Lk 10,19; in 1 Petr 5,8 wird er als *antídikos* bezeichnet, der den Glaubenden durch Leiden und Versuchungen bedroht (sonst meint *antídikos* den Prozeßgegner, der als Kläger vor Gericht auftritt: Mt 5,25 par Lk 12,58; vgl. auch Lk 18,3).

Hinter Mt 5,43–48 (vgl. Did 1,3; Justin apol. I 15,9) steht die in der christl. Gemeinde diskutierte Frage: Darf man den Feind hassen? Durch ein Jesuswort wird sie negativ beschieden. Vielleicht verbirgt sich hinter der Diskussion die Gemeinde von Qumran, in deren Schriften Aufforderungen zum Haß stehen: 1 QS 1,3f; 1,9f; 9,21f (auch Josephus, bell. II 8,7 weiß von einer Verpflichtung der Essener, Ungerechte zu hassen, Gerechten aber beizustehen). Im Lasterkatalog Gal 5,19–21 wird Feindschaft zu den „Werke des Fleisches" gezählt; denn „das Sinnen des Fleisches [ist] feindlich zu Gott" (Röm 8,7).

4. In der Friedensbewegung der Gegenwart, die versucht, aufbrechende Feindschaft unter den Menschen mit friedlichen Mitteln zu lösen, spielt v.a. Mt 5,43–48 eine wichtige Rolle (und damit verbunden die Bergrede des Mt insgesamt), wenn es darum geht, christl. Argumente heranzuziehen. Freilich reicht die Berufung auf den genannten Text nicht aus, dem (zweifellos gut gemeinten) Motto „Frieden schaffen ohne Waffen" gerecht zu werden. Die involvierten Probleme der Friedensdiskussion sind zu vielschichtig, als daß sie „einfach" gelöst werden könnten. Aber an der Vision eines umfassenden Friedens ist festzuhalten (vgl. schon Jes 2,1–4; 9,3f; 11,5–9); denn der Sieg eines verheißenen Friedensfürsten steht noch aus.

Lit.: J. Becker, Feindesliebe – Nächstenliebe – Bruderliebe, ZEE 25 (1981) 5–18; D. Lührmann, Liebet eure Feinde (Lk 6,27–36/ Mt 5,39–48), ZThK 69 (1972) 412–438; A. Sand, Mein Nächster, mein Bruder, mein Feind, in: J. Horstmann (Hg.), Und wer ist mein Nächster? (Dokumentation der Akademie Schwerte 5), 1982, 37–61; J. Sauer, Traditionsgeschichtliche Erwägungen zu den syn und pln Aussagen über Feindesliebe und Wiedervergeltungsverzicht, ZNW 76 (1985) 1–28; L. Schottroff, Gewaltverzicht und Feindesliebe in der urchristl. Jesustradition (FS Conzelmann), 1975, 197–221; G. Theißen, Gewaltverzicht und Feindesliebe (Mt 5,38–48/ Lk 6,27–38) und deren sozialgeschichtlicher Hintergrund, in: ders., Studien zur Soziologie des Urchristentums (WUNT 2/19), 1979, 160–179.

Alexander Sand

FEUER, Glut

→ Geist; Gericht; Glanz; Hölle; Leben

1. Die Religions- und Kulturgeschichte zeigt, daß dem Feuer im positiven wie im negativen Sinn große Bedeutung zukommt, und zwar als Lebenspender und Lebenzerstörer.

2. Das AT spricht in vielfältiger Weise vom Feuer, insbesondere von „Gottes Feuer". Die brennende Fackel, die den Weg weist, die aufzüngelnden Flammen des leicht brennbaren Dornbuschs, der feuerspeiende Berg und andere Feuererscheinungen werden für die Theologen der Bibel zu Bildern, um von Gott zu reden. Die Propheten Jesaja (Jes 33,14) und Jeremia (Jer 23,29) sind hier ebenso zu nennen wie die Verfasser der Priesterschrift und des deuteronomistischen Geschichtswerks. Symbolträchtig sind v.a. die Geschichten vom brennenden Dornbusch (Ex 3) und von den drei Männern im Feuerofen (Dan 3). Jahwe wird aber im AT nie als Feuer- oder Vulkangott bezeichnet; denn Israel unterscheidet zwischen Jahwe selbst und den Begleiterscheinungen seiner Epiphanien.

3. Im NT ist der Begriff *pýr* 73mal belegt und kommt v.a. in den syn Evv und in der Offb vor. Feuer als Bild für das göttliche Gericht findet sich in Mt 3,10; Lk 3,9; Joh 15,6. Hier veranschaulichen Bilder aus dem Bauernleben das eschato-

logische Gericht Gottes. In Mt 3,11 par sind die Aspekte der Sammlung und der Vernichtung im Nebeneinander von Geist- und Feuertaufe sichtbar: endzeitliche Reinigung und Erneuerung durch den Geist und Vernichtungsgericht für die nicht Umkehrenden. In Lk 12,49f wird Jesu Sendung als Erfüllung der Weissagung des Täufers dargestellt, aber so, daß der, welcher mit Geist und Feuer tauft, selbst leiden muß. Jesus bringt das Gericht so, daß er es selbst auf sich nimmt; damit wird das eschatologische Gericht in die Gegenwart der Passion Jesu hineingenommen.

Feuer, Feuerofen, Hölle bleiben aber in der christl. Paränese Gegenbegriffe zu „Reich Gottes" bzw. „Leben" (Mk 9,43.48; Mt 13,42; 18,8f; 25,41).

Mit dem Feuer als Gerichtsmetapher haben auch einige abgeblaßte bildliche Wendungen zu tun. Beispielsweise verwendet 1 Petr 1,7 das bereits in vielen atl Vergleichen vorkommende Bild von der Läuterung des Goldes. Hier geht es um die Echtheit des Glaubens, die wertvoller ist als das im Feuer geläuterte Gold (vgl. Offb 3,18). Besondere theologische Bedeutung erhält der Begriff als Zeichen himmlischer, göttlicher Herrlichkeit: Der erhöhte Christus hat Augen wie Feuerflammen (Offb 1,14; 2,18; 19,12). Der Engel von Offb 10,1 hat Beine wie Feuersäulen, und vor Gottes Thron brennen sieben Feuerfackeln (Offb 4,5). Ebenso erscheint der hl. Geist, da er himmlischen Ursprungs ist, in Zungen wie von Feuer (Apg 2,3). Nach Analogie von Num 11,25 kommt der Geist über die Versammelten und setzt sich in Gestalt von Feuerzungen auf jeden einzelnen. Daß die Feuerflammen hier von oben kommen und in unsere Welt „hineinzüngeln", korrespondiert mit der Vorstellung vom „Ausgießen des Geistes auf trockenes Land" (Jes 44,3). Das Bild der Flammenzungen wird bei Lk zum Bild für menschliche Zungen, mit denen Menschen reden. Der Geist muß wie Feuer aufsprühen, damit neue Gedanken entstehen und neue Worte hervorkommen. So läßt Lk nicht zufällig den vom Geist entflammten Petrus hervortreten und ihn eine feurige Rede halten (Apg 2,14–36). Diese Rede ist getragen von der Überzeugung des Petrus: Jesus macht den Weg frei für das Leben und nicht für das Vernichtungsgericht. Vielleicht gehört hierher auch das eher rätselhafte Wort vom Feuer in Mk 9,49: „Denn jeder wird mit Feuer gesalzen werden"; dabei könnte Feuer ursprünglich auf die Reich-Gottes-Botschaft Jesu bezogen gewesen sein.

4. Der Gott, der sich Mose im brennenden Dornbusch zeigt und seine Flammen nach Jesu Jüngern ausstreckt, gießt seinen Geist in die Herzen der Menschen. Nach dem Zeugnis der Bibel ist dieser Geist kein kümmerliches Flämmchen, sondern wie ein brennendes Feuer. Lk hat diese bleibend gültige Erfahrung in der Emmaus-Erzählung verdichtet, wenn er die Jünger über die Gegenwart des Auferstandenen zueinander sagen läßt: „War nicht unser Herz brennend (in uns), wie er redete mit uns auf dem Weg, wie er öffnete uns die Schriften?" (Lk 24,32)

Lit.: J. Jeremias, Unbekannte Jesusworte, [4]1965; B. v. Kienle, Studien zur Wortfelddimension „Feuer" in den Syn... (BBB 89), 1993; L. Muth, Feuer und Buch, StZ 212 (1994) 593ff; W. Speyer, Die Zeugungskraft des himmlischen Feuers in Antike und Ur-christentum, AuA 24 (1978) 57–75; H. Zimmermann, Mit Feuer gesalzen werden, ThQ 139 (1959) 28–39.

Andrea Link

FINSTERNIS, Nacht

→ Gericht; Licht; Schöpfung; Sünde

1. Der Wechsel von Tag und Nacht, von hell und dunkel, von Licht und Finsternis ist dem Menschen so ver-traut, daß er mehr im Unterbewußt-sein registriert wird. Ermöglicht doch die Technik, die Nacht zum Tag zu machen, die „schwärzeste Finsternis" in Helligkeit zu verwandeln. Damit hängt zusammen, daß es schwierig geworden ist, die Symbolik von Fin-sternis und Nacht in ethischem und religiösem Sinn verständlich zu ma-chen. Und doch spielt die übertragene Bedeutung in allen Religionen eine wichtige Rolle.
2. Das griech. *skótos* (und seine Ab-leitungen), mit dem die LXX das hebr. *tᵉhôm* in Gen 1,2 wiedergibt, drückt aus, daß Jahwe Herr der Schöpfung ist, also auch Licht und Finsternis ge-schaffen hat. Nach Jes 45,7 erschafft Gott das Licht und das Dunkel (der Parallelismus membrorum setzt beide gleich mit Heil und Unheil); er läßt Tag *(jôm)* und Nacht *(lajlāh)* entste-hen (Ps 104,20; Am 5,8) und bedient sich der Finsternis, um die Ägypter zu verwirren: Ex 10,22; vgl. auch Ps 105,28. Finsternis ist somit ein Bild für Unheil und Tod, für dunkle Mäch-te, die den Menschen bedrohen: Jes 8,22f; 9,1; 60,2. Sie ist der „Ort", an dem sich der Gottlose befindet (Ps

107,10–15); dem Gottesfürchtigen je-doch kann dieser „Ort" nichts anha-ben: „Muß ich auch wandeln in finste-rer Schlucht, ich fürchte kein Unheil" (Ps 23,4). Finsternis wird schließlich zum Bild des Gerichts, das als Tag des Unheils über die Sünder kommt: Joël 3,4; 4,15; Am 5,20; 8,9. In Qumran dient der Gegensatz von Licht und Finsternis v.a. dazu, die „Söhne des Lichts" von den „Söhnen der Finster-nis" zu unterscheiden.
3. Die atl Licht-Finsternis-Symbolik spielt auch im NT (v.a. im JohEv) eine wichtige Rolle. Ist sie auch in Mt 10,27 par noch nicht direkt negativ befrachtet, so ändert sich dies, wenn dem guten Auge und dem guten Leib ein böses Auge und ein finsterer Leib gegenübergestellt werden: Mt 6,23 par. In der Todesstunde Jesu drückt eine hereinbrechende Finsternis aus, daß das Böse scheinbar über das Gute gesiegt hat: Mk 15,33 parr (vgl. auch Lk 22,53b: Die Festnahme Jesu ist „eure Stunde und die Vollmacht der Finsternis").
Für Pls ist wichtig hervorzuheben, daß der Mensch dem Einfluß der Finster-nis widerstehen muß: Röm 13,11–14; 1 Thess 5,5f. Dieser Gedanke wird in den dtpln Schriften noch vertieft. Eph 5,8 betont sogar, daß Wandeln in der Finsternis und gleichzeitig Wandel im Licht nicht möglich sind: „denn ihr wart einst Finsternis, jetzt aber (seid ihr) Licht im Herrn; wie Kinder (des) Lichts wandelt"; die Macht der Finster-nis konkretisiert sich als „Frucht der Finsternis", die jetzt abgelöst werden muß durch die „Frucht des Lichts": Güte, Gerechtigkeit, Wahrheit.
Das Thema Licht/Finsternis bestimmt besonders die joh Theologie; es klingt

bereits im Prolog an: „und das Licht scheint in der Finsternis, aber die Finsternis hat es nicht ergriffen" (1,5). Licht und Finsternis gehören zu den sich ausschließenden Gegensatzpaaren wie Leben und Tod, Wahrheit und Lüge. Jesus selbst ist das Licht (12,46), und nur wer ihm glaubt und ihm nachfolgt, wandelt nicht in der Finsternis: 8,12; vgl. 12,35.46. Finsternis als Bild des Gerichts begegnet v.a. in den eschatologischen Texten des NT (Mt 8,12; 22,13; 25,30, alle Sondergut), besonders in der Offb (8,12; 9,2; 16,10; vgl. Joël 2,10; 3,15).

Beim Substantiv *nýx* überwiegt die Bedeutung von Nacht im Gegensatz zum Tag. Übertragen gebraucht steht *nýx* für *skotía*, d.h. in Gegensatz zu *phôs*/Licht (Joh 9,4; 11,10) oder zu *hēméra*/Tag (1 Thess 5,5–7; vgl. Röm 13,12). Wer sich an Jesus bindet, steht nicht im Bann der Nacht, ist kein Schlafender und Betrunkener, sondern „wach und nüchtern" (1 Thess 5,6f; vgl. 1 Kor 16,13; 1 Petr 5,8) und wird am Sieg Gottes über die Nacht teilhaben: Offb 21,25; 22,5.

4. Finsternis und Nacht sind Bilder, mit denen der Mensch unseres Jh. die äußerste existentielle Not und Verzweiflung auszudrücken versucht. „Nachtgesänge unter der Erde" waren häufig in den Konzentrationslagern der Schrei aus der Verlorenheit und Ausweglosigkeit. In solchen Erfahrungen drückt sich nicht immer der Gedanke der Gottesferne aus (M. Buber, Gottesfinsternis). Aber das Erleben, daß Menschen ihre Mitmenschen in die äußerste Nacht treiben können, wirft letztlich die Frage auf: Was ist das für ein Gott, der Menschen befähigt, über andere die Nacht des Grauens zu verhängen?

Lit.: R. Schnackenburg, „Ihr seid das Salz der Erde, das Licht der Welt". Zu Mt 5,13–16, in: ders., Schriften zum NT, 1971, 177–200; G. Schneider, Das Bild von der Lampe, ZNW 61 (1970) 183–209; O. Schwankl, Licht und Finsternis (Herders Bibl. Studien 5), 1995; L.R. Stachowiak, Die Antithese Licht – Finsternis, ThQ 143 (1963) 385–421.

Alexander Sand

FLEISCH

→ Geist; Leib; Mensch; Schwachheit; Seele; Sünde; Tod

1. Die Frage, wer der Mensch sei, formuliert ein Frommer des Ersten Bundes so: „Was ist der Mensch, daß du an ihn denkst?" (Ps 8,5). Die Frage drückt aus: Der Mensch ist klein und gering, unbehaust und ungeborgen. Solche Erfahrung meint: Das Leben des Menschen ist bedrängt und befristet, mehr von Schwachheit als von Kraft geprägt (Ps 144,3f). Diese Erfahrungen faßt der Fromme zusammen in der Feststellung: Der Mensch ist Fleisch (hebr. *bāśār*; griech. *sárx*).

2. Lapidar sagt der Prophet des AT: „Alles Fleisch ist Gras" (Jes 40,6), und: „Das Gras verdorrt, die Blume welkt" (Jes 40,7a und 8a); ein heißer Wind fährt darüber hin, läßt beide verdorren (dazu noch Jes 37,27; 51,12; Ijob 14,1f; Ps 90,5f). Auch das Frühjudentum hat dieses Menschenverständnis bewahrt.

3. Daß der Mensch Fleisch ist, ist auch die Überzeugung der Autoren des NT. Dabei bezeichnet Fleisch immer den ganzen Menschen (Mk 13,20 par). Wo dichotomische (Leib – Geistseele) bzw. trichotomische (Leib –

Seele – Geist) Aussagen begegnen (z.B. 1 Petr 2,11; Apg 2,17.26), liegt hellenistischer Einfluß vor (dies ansatzweise auch schon im Judentum).

Besondere Bedeutung hat Fleisch in den anthropologischen Aussagen des Pls. „Ich aber bin fleischlich" (Röm 7,14 Adj.) gehört zu den wichtigsten Selbstbestimmungen des pharisäisch geprägten Apostels (vgl. Phil 3,5–7), wenn er seine irdisch-menschliche Existenz beschreibt. Wie im AT drückt dabei Fleisch die Schwachheit und Hilflosigkeit aus, die Anfälligkeit für Krankheit (2 Kor 12,7: „Stachel für das Fleisch") und das Verfallensein an den Tod. Theologisch relevant ist der Gebrauch des Begriffs, wenn damit gesagt werden soll, daß mit dem „Leben im Fleisch" stets die Gefahr gegeben ist, auch „nach dem Fleisch" zu denken, zu handeln und zu leben (2 Kor 1,17; 5.16; 10,2f u.ö.). Solches Leben orientiert sich nicht an „dem des Christus", sondern an „dem Eigenen" (Phil 2,12; vgl. 3,14).

Hinter der Warnung vor einem Leben „nach dem Fleisch" steht die theologische Einsicht des Pls, „(ich bin) verkauft unter die Sünde" (Röm 7,14). Des Apostels subjektiv erfahrene Sündhaftigkeit wird zur allgemeinen Maxime, daß ausnahmslos alle Menschen unter der Herrschaft der Sünde stehen (Sünde als die alle Menschen versklavende Macht: Röm 5,12–21; 7,5.18.25; 8,5–8). Fleisch-Sein und Sünder-Sein stehen in einem unlöslichen Zusammenhang

Im Fleischsein liegt begründet, daß der Mensch unfähig ist, aus eigener Kraft (z.B. durch Gesetzesgehorsam) sich von der Macht der Sünde zu befreien. Gott selbst muß eingreifen: „...

schickend den eigenen Sohn in Gleichheit (des) Fleisches (der) Sünde und wegen (der) Sünde, verurteilte Gott die Sünde im Fleisch" (Röm 8,3). Kraft des Pneuma ist er ein neues Geschöpf (2 Kor 5,17) und besitzt die Kraft, statt der „Werke des Fleisches" die „des Geistes" zu tun (Gal 5,13–24; 6,8).

4. Die Aussage „der Mensch ist Fleisch" bot dem ganzheitlich denkenden jüd. und frühchristl. Frommen die Möglichkeit, mit einer eindeutigen Metapher das Wesen des Menschen zu bestimmen. Ansatzweise jedoch bereits in den ntl Spätschriften, dann aber durchweg bei den Kirchenvätern setzte sich das dualistisch geprägte hellenistische Menschenverständnis durch. Fleisch wurde zu einer bloßen Substanzaussage, die etwas am Menschen, nicht aber den ganzen Menschen bezeichnete. So ist auch heute noch Fleisch ein untauglicher Begriff, wenn es darum geht, eine theologisch relevante Aussage über den Menschen zu machen.

Lit.: E. Brandenburger, Fleisch und Geist, 1980; G. Klein, Sündenverständnis und theologia crucis bei Pls, in: C. Andresen/ G. Klein (Hg.), Theologia Crucis – Signum Crucis (FS Dinkler), 1979, 249–282; H. Merklein, Studien zu Jesus und Pls (WUNT 2/43), 1987, 1–106; A. Sand, Der Mensch als „Fleisch", KatBl 109 (1984) 608–612.

Alexander Sand

FLUCH, Bann

→ Böse; Eid; Gemeinde

1. Als Gegenteil von Segen ist Fluch die Auslieferung einer Person oder Sache an die Macht des Bösen, die

Unheil jeglicher Art wie z.B. zerbrechende Beziehungen, Krankheiten, Naturkatastrophen, Kriege, Tod usw. zur Folge hat (vgl. Dtn 28,16–46). Im NT stehen dazu die Wörter *katára* und *anáthema* zur Verfügung.

2. Wie in anderen Kulturen gründete auch in Israel der Fluch auf der Vorstellung von der Wirksamkeit des gesprochenen Worts, hatte aber keine magische Wirkung, sondern war Gottes Willen unterstellt. Er hat im AT einen festen Ort und diente u.a. zur Abwehr von Feinden, zum Schutz von Personen und Dingen (Dtn 27,16ff) und bekräftigte Gesetze und Eide (Dtn 28,15; 1 Sam 20,13).

Der Bann hängt hiermit zusammen, weil durch ihn eine Sache oder Person ausgestoßen und so, wie bei einem Fluch, dem Unheil anheimgegeben wird.

3. Im NT prägt v.a. die Weisung Jesu, Fluch *(katára)* mit Segen zu beantworten (Lk 6,28), das Bild; sie wird in Röm 12,14 fast wörtlich und in Jak 3,9f sinngemäß aufgegriffen. Trotz dieser Weisung, die sich auf die mitmenschliche Ebene bezieht, kommt Fluch als theologische Größe durchaus vor. Er bezeichnet dann die selbstverschuldete Folge einer Ablehnung Jesu wie in Mk 11,21 (der Feigenbaum als Symbol der verstockten Führer Israels) oder Mt 25,41 (die Ungerechten der Völker), die Jesus nur ausspricht; ähnlich Hebr 6,8, wo an die Verfluchung des Ackerbodens durch Gott als Folge des Sündenfalls erinnert wird (vgl. Gen 3,17f), um zu einem fruchtbaren Glauben zu ermuntern. Oder er meint in Gal 3 die in jedem Gesetz enthaltene Strafandrohung (V 10), von der Jesus befreite, indem er an unserer Stelle die Strafe (= den Fluch) trug (V 13).

Ebenfalls theologisch und aktiv eingesetzt ist Fluch als Wiedergabe von *anáthema*: Er ist dann entweder eine Selbstverwünschung, die einen Eid (Mk 14,71 par; Apg 23,12.14.21) oder einen wichtigen Wunsch (Röm 9,3) bekräftigt, oder eine Drohung, die vor Menschen, die den Herrn hassen (1 Kor 16,22) oder das Ev verfälschen (Gal 1,8f), schützen soll. Das „Verflucht (ist) Jesus" in 1 Kor 12,3 ist dagegen nur eine krasse pln Gegenformulierung zu dem „Herr (ist) Jesus", um die Jesusbezogenheit eines wahrhaft geisterfüllten Redens herauszustellen.

Bann findet sich im NT nur am Rande und lediglich der Sache nach als Ausschluß aus der Gemeinde (1 Kor 5,4f; Mt 18,15–18), der freilich keine endgültige Verfluchung darstellte, sondern zur Besserung des Betreffenden führen sollte.

4. Wegen Jesu Ablehnung des Fluches in Lk 6,28, die in Did 1,3 zitiert wird, hat er im christl. Raum in der Folgezeit keine Bedeutung mehr. Eine größere Wirkung hatte dagegen der Bann, da sich aus ihm die Exkommunikation entwickelte.

Lit.: H.D. Betz, Der Galaterbrief, 1988; L. Brun, Segen und Fluch im Urchristentum, 1932; W. Doskocil, Der Bann in der Urkirche (MThS.K 11), 1958.

Sebastian Schneider

FRAU / MANN, Jungfrau

→ Mensch; Schüler

1. Schon ein erster Blick in die bibl. Schriften macht deutlich, daß Sprache, Anrede und Aussage Mann-orientiert sind. In Israel, im Judentum und im Christentum dominierte der Mann; die Frau spielte eine untergeordnete, nicht selten eine unbedeutende Rolle. Da auch Gott (Jahwe, *theós, deus*) überwiegend männliche Attribute hat, also ein „Mann" ist, sah man im abwertenden Urteil über die Frau kein Problem; oft war sie einfach „mitgemeint". Diese Sicht wurde lange Zeit hindurch bewahrt und verteidigt, häufig mit entehrenden Konsequenzen für die Frauen.

2. In Israel war allein der Mann im Besitz der wichtigsten Rechte in der Familie, in der Öffentlichkeit und im kultischen Bereich (Ex 21,3.22; 23,17). Nur er war Mensch im Vollsinn des Wortes, die Frau stand neben und unter ihm (Ex 20,17: Eigentum des Mannes). Die volksetymologische Ableitung der '*iššāh* (Frau) von '*îš* (Mann) in Gen 2,22f hat dieses Verständnis noch verstärkt.

Dieses androzentrische Beziehungsverhältnis wurde allerdings relativiert durch den Hinweis, daß der Mann auf die Frau angewiesen ist, daß sie Partnerin ist (Gen 2,18–24), daß sich das Verhältnis Gott zu Mensch im Verhältnis Mann zu Frau fortsetzt (Gen 1,26f).

Tatsächlich war die Stellung der Frau in Israel bedeutsamer, als es frauenfeindliche Texte vermuten lassen. Die Fürsorgepflicht des Mannes galt in allen Bereichen. Auch in der Öffentlichkeit hatten große Frauengestalten eine hervorragende Position. Tempelprostitution hatte keine Chance. Das Hld zeugt von der großen Wertschätzung der Frau. Doch die patriarchalischen Strukturen dominierten.

3. Im NT bezeichnen *anér* (Mann) und *gyné* (Frau) ganz allgemein den Menschen (s. *ánthrōpos*, Mensch), wie er in allen Bereichen des Lebens, vorwiegend in Ehe und Familie, agiert, als Ehemann (Mk 10,2.12 par; Mt 1,16.19; Lk 2,36 u.ö.) und Ehefrau (Mt 5,28.31; 14,3 u.ö.).

Am häufigsten spricht Lk (Ev 27mal; Apg 100mal) vom Mann, meistens in der Bedeutung von Mensch. Das vergleichsweise seltene *gyné* hat gleichen Sinn. Die Tätigkeit der Frau ist in vielen Gleichnissen exemplarisch (Mt 13,33 par; vgl. EvThom 96).

Nach der Evv-Tradition pflegte Jesus unbekümmerten Umgang mit Frauen (auch in der Öffentlichkeit): Lk 10,38–42; Joh 4,27. Jesu Zuwendung zu den Entehrten und Entrechteten schließt besonders die Frauen ein; er heilt sie (Mk 1,29–31; 5,21–43; 7,24–30) und nimmt sie als Jüngerinnen an (Mk 15,40f; Lk 8,1–3). Frauen sind die einzigen Zeugen des Todes Jesu, sind die einzigen und ersten Zeugen der Osterbotschaft (Mk 16,1–8 parr; v.a. Lk 24,9: „Und zurückkehrend vom Grab, meldeten sie dieses alles den Elf und allen übrigen").

Auch in den urchristl. Gemeinden sind die Frauen voll integriert (Apg 1,14; 12,12) und als Mitarbeiterinnen akzeptiert (Apg 16,13–15; 17,4.12). Zu den männlichen Diakonen treten schon bald Frauen, zuerst als freie Mitarbeiterinnen (Apg 9,36–43), später als eigenständige Diakoninnen (Röm 16,1; vgl. auch 1 Tim 5,3.9). In den ersten Anfängen der Bildung von Ämterstrukturen sind also auch Frauen beteiligt.

Für das Verhältnis des Pls zu den Frauen ist entscheidend Gal 3,28: „Nicht ist Judaier und nicht Hellene, nicht Sklave und nicht Freier, nicht ist männlich und weiblich; denn alle seid ihr einer in Christos Jesus." In diesem Sinn hat Pls die Gemeindeaktivitäten charismatischer Frauen akzeptiert (1 Kor 11,5; v.a. 11,16). Dennoch bleibt er der Tradition verhaftet, wenn er für besondere Anlässe die Rolle der Frau kritisch reflektiert (1 Kor 11,7–16, die „unverhüllte" Frau: Pls beugt einem Mißverständnis vor); es gibt Schranken, die eine Frau nicht überschreiten darf (1 Kor 14,34f; möglicherweise liegt hier aber eine spätere Glosse vor). Jüd. Tradition folgend, bezeichnet Pls die Frauen als „Gefäß" des Mannes (1 Thess 4,4). Die dtpln Schriften (z.B. Kol 3,18) zeigen noch deutlicher, in welchem Maß jüd. Denken über die Frau die kirchlichen Anweisungen beeinflußt hat: 1 Tim 2,11–15 (anders in 1 Petr 3,7).

Der Begriff Jungfrau (die Herkunft von *parthénos* ist unsicher) kommt im NT nur 15mal vor. Jungfrau meint das junge Mädchen, dann die vom Mann unberührte junge Frau; die hebr. Sprache hat dafür '*almāh* und *betûlāh* (in der LXX in 44 von 50 Fällen mit *parthénos* übersetzt). An der für das NT wichtigen Stelle Jes 7,14, wo der hebr. Text nicht eine Unberührte meint, übersetzt LXX mit *parthénos* und ermöglicht so den Gebrauch des Zitats in Mt 1,23 im Sinn der „Jungfrauengeburt". Allgemeiner Sprachgebrauch von Jungfrau liegt im Gleichnis von den zehn Jungfrauen vor. An jungfräuliche Enthaltsamkeit denkt Pls in 1 Kor 7,25.28–34.36–38. Jungfrau im theologischen Sinn (durch Eingebung des hl. Geistes) liegt außer in Mt 1 und 2 und Lk 1 und 2 (Lk 2,36: Jungfrau-

enschaft = *parthenía*) noch in Mt 25,1–12; Apg 21,9 (prophetisch begabte Töchter); 2 Kor 11 (zweimal) und Offb (einmal) vor. Wo das NT von der Jungfrau Maria spricht, ist – entsprechend dem Zitat Jes 7,14 – die Zeit bis zur Geburt Jesu gemeint; Gal 4,4 denkt an eine Frau, die auf natürliche Weise empfangen hat. Auch in Röm 1,3 ist Jesus der „nach dem Fleisch" entstandene Sohn Gottes.

4. Das androzentrierte Menschenbild hat sich auch nach der Anpassung an eine „bürgerliche Moral" durchgehalten. Dies geschah durch Übernahme atl-jüd. Vorgaben hinsichtlich der Bewertung von Mann und Frau und durch Übernahme des hellenistischen Leib-Seele-Dualismus. Heute, etwa seit hundert Jahren, „mischen" sich Frauen in die von Männern dominierte Exegese bibl. Texte ein. Diese Frauenbewegung sucht nicht zuletzt auch in der Schriftauslegung ihren vom Mann unabhängigen Ort zu finden. Solche feministische „her-story"-Exegese (Wacker 6) sucht die Patriarchatsgeschichte zu untergraben, um die „Frau der Geschichte" und so „der Frau ihre Geschichte" zurückzugeben. Dieser feministische Ansatz ist legitim: Er ist sachlich notwendig, damit auch kirchenverändernd; Überzeichnungen werden dabei nicht ausbleiben. Sie zu korrigieren ist sicher besser und leichter, als zementierte Vorurteile weiterhin zu betonieren.

Lit.: N. Baumert, Frau und Mann bei Pls, [2]1993; G. Dautzenberg u.a. (Hg.), Die Frau im Urchristentum (QD 95), 1983; K. Engelken, Frauen im Alten Israel (BWANT 130), 1990; Ch. Munier, Ehe und Ehelosigkeit in der Alten Kirche (TC 6), 1987; L. Schottroff/ S. Schroer/ M.Th. Wacker, Feministische Exegese, 1995; W. Schrage, Frau und

Mann (BiKon), 1980; E. Schüssler Fiorenza, Zu ihrem Gedächtnis, ²1993.

Alexander Sand

FREIHEIT, Befreiung

→ Erlösung; Gesetz; Herr; Knecht;
Nächster; Sünde

1. Freiheit als die Möglichkeit, in einer Entscheidungssituation wählen zu können, ist unter allen Lebewesen nur dem Menschen gegeben. Sie findet ihre Grenze in seiner eigenen Natur und in den Bedingungen der Umwelt. Extrem eingeschränkt wird die Freiheit durch Gefangenschaft, Exil und Sklaverei. Befreiung bewirkt die Aufhebung dieser Einschränkungen. Freiheit ist jedoch nicht mit Willkür zu verwechseln. Deshalb ist sie nach bibl. Verständnis nur möglich in Bindung an Gott.
2. Während für Griechen die soziale und politische Freiheit des Bürgers im Mittelpunkt steht, thematisiert die Bibel Freiheit am Gegenüber von Freien und Sklaven (Ex 21,2.5) bzw. Kriegsgefangenen (Dtn 21,14). Durch die gemeinsame Zugehörigkeit von Freien und Sklaven zum Volk Gottes ist der Unterschied zwischen beiden in Israel erheblich geringer als anderswo. Hebr. Sklaven müssen im siebten Jahr in die Freiheit entlassen werden, es sei denn, sie wünschen, bis zum Lebensende Sklaven zu bleiben (Ex 21,2–11; Dtn 15,1–18). Lev 25,44–46 läßt durchblicken, daß Einheimische eigentlich gar keine Sklaven eines Israeliten sein dürfen. Israel erinnert sich immer wieder an sein eigenes Sklavendasein in Ägypten, aus dem Gott es „herausgeführt" (Ex 20,2) bzw. „ausgelöst" hat (Dtn 7,8). Dieses grundlegende Heilshandeln Gottes befähigt sein Volk dazu, die Gebote zu erfüllen. Die Befreiung aus der Knechtschaft Ägyptens wird in der Folge nicht nur durch Unterwerfung unter die Fremdherrschaft bedroht, sondern auch durch Anpassung an die gesellschaftlichen Strukturen der Umwelt eingeschränkt (1 Sam 8,10–17).
Unter Einfluß der hellenistischen Königsideologie deutet man die Freilassung von Sklaven im Frühjudentum als Zeichen von Großmut (Arist 26f. 37; 1 Makk 10,33). In TestJos 1,5 ist Gott Befreier aus der Sklaverei. Religiös gilt Freiheit als Folge der eschatologischen Befreiung von den Sünden (11 QMelch 6) oder als eschatologische Vergeltung (6 Esr 16,68.74).
3. Im NT ist fast ausschließlich von der von Gott in Christus geschenkten Freiheit *(eleuthería)* die Rede. Das zeigt sich bei Jesus darin, daß er mit seiner Verkündigung der Herrschaft Gottes in Wort und Tat die Macht Satans überwindet und jene, die seine Botschaft glaubend annehmen, von ihren Sünden befreit und sie so zu Söhnen und Töchtern Gottes macht. Weil ihr Handeln nun auf Gott, ihren Vater, zurückverweist, bewegt es andere Menschen zum Gotteslob (Mt 5,16). Jesu befreiendes Handeln wirkt sich am ganzen Menschen aus. Das zeigt sich konkret v.a. in seinen Heilungswundern und in seiner Zuwendung zu den Armen und Unterdrückten, die er aus ihrer Isolierung befreit.
Nach Joh 8,32 macht die Wahrheit, d.h. Christi Leben schenkendes Wort, frei. Nicht die Nachkommenschaft Abrahams garantiert Freiheit, sondern

allein die Zugehörigkeit zu Christus, der als Sohn Gottes aus der Knechtschaft der Sünde befreit und so zur wahren Freiheit führt (8,33–36).

Pls verwendet die Freiheitsterminologie einerseits im Zusammenhang mit der Rechtfertigung und andererseits im Zusammenhang mit der Ethik. Im Hintergrund steht auch bei ihm der Gegensatz Sklaven – Freie. Für ihn steht zweifelsfrei fest, daß der Gottlose (Röm 4,5) allein aus Glauben ohne die Werke des Gesetzes durch die Gnade Gottes gerechtfertigt wird. Alleinige Voraussetzung dafür ist der Sühnetod Jesu, durch den Gott die Menschheit grundsätzlich von den Sünden (Röm 6,6.11; 2 Kor 5,19) und vom Fluch des Gesetzes (Gal 3,13) befreit hat. Der Christ steht nicht mehr unter dem Gesetz und damit nicht mehr unter der Sünde (Gal 3,22f), sondern unter der Gnade (Röm 6,14). Als mit der Gabe der Gerechtigkeit Gottes Beschenkte sind allein die Christen wahrhaft Freie (Gal 4,21–31). Freiheit ist Gabe Christi (Gal 5,1), so daß der Christ sie „in Christus Jesus" besitzt (Gal 2,4). Sie kann es deshalb nur dort geben, „wo der Geist des Herrn ist" (2 Kor 3,17). Freiheit schließt eine neue Bindung ein; denn die von der Sünde Befreiten sind Sklaven der Gerechtigkeit (Röm 6,18) bzw. Sklaven Gottes (6,22) oder Christi (Gal 1,10) geworden. Echte Freiheit findet ihren Ausdruck im Dienst am Nächsten (1 Kor 9,19; Gal 5,13). Wer wirklich liebt, tut in Freiheit, was das Gesetz gebietet (Röm 13,8–10; Gal 5,14). Die christl. Freiheit wird sich in der Herrlichkeit vollenden, die die unverlierbare Gemeinschaft mit Gott bedeutet. An ihrer Herrlichkeit wird die gesamte Schöpfung teilhaben, die „befreit werden wird von der Sklaverei der Vernichtung zur Freiheit der Herrlichkeit der Kinder Gottes" (Röm 8,21).

Das vollkommene Gesetz der Freiheit nach Jak 1,25 ist das Gesetz, das den Menschen in die Freiheit führen kann. Es ist identisch mit dem eingepflanzten Wort der Wahrheit, durch das uns Gott geboren hat (VV 18.21). Der Mensch muß Gottes Angebot annehmen, indem er das Wort in Taten umsetzt, wenn er gerettet werden (V 21) und in die Freiheit gelangen will.

Die Christen erweisen sich mit guten Taten als Freie, wenn sie die Freiheit nicht als Deckmantel für das Böse benutzen, sondern sich als Knechte Gottes an Gottes Willen ausrichten (1 Petr 2,16).

4. Freiheit ist für die Bibel somit v.a. ein Freisein von allem, was der Beziehung zwischen Gott und den Menschen im Weg steht. Weil nach bibl. Verständnis die Befreiung den ganzen Menschen betrifft, ist sie geeignet aufzudecken, daß Unfreiheit und Unterdrückung dem Willen Gottes widerspricht. Hier kann die in der Dritten Welt entstandene Befreiungstheologie anknüpfen, die sich v.a. am befreienden Handeln Gottes an seinem Volk und an der Zuwendung Jesu zu den Armen und zu den in der Gesellschaft Verachteten orientiert.

Lit.: H. Frankemölle, Gesetz im Jakobusbrief, in: K. Kertelge (Hg.), Das Gesetz im NT (QD 108), 1986, 175–221; F.S. Jones, „Freiheit" in den Briefen des Apostels Pls (GTA 34), 1987; K. Kertelge, Freiheitsbotschaft und Liebesgebot im Galaterbrief, in: ders., Grundthemen pln Theologie, 1991, 197–208; S. Vollenweider, Freiheit als neue Schöpfung (FRLANT 147), 1989.

Heinz Giesen

FREMDER

→ Gemeinde; Welt

1. Fremder ist jemand, den eine Gruppe als nicht zu ihr gehörig betrachtet. Auf den Fremden sind unterschiedliche Reaktionen möglich: Man kann ihn ablehnen, aber auch mit Wohlwollen aufnehmen und ihn in die eigene Gruppe integrieren. Der Fremde ist in außerbibl. Tradition auch Bild für die Begrenztheit, Flüchtigkeit und Vergänglichkeit menschlicher Existenz. In der bibl. Tradition ist er Bild für die Existenz des Menschen vor Gott und in der Welt. Der Christ hat seine eigentliche Heimat bei Gott und lebt deshalb in der Welt als Fremder.
2. In Israel unterscheidet man den Fremden als „Beisassen" mit dauerndem Wohnrecht *(ger:* Dtn 14,21*)* von dem sich zeitweilig in Israel aufhaltenden Ausländer *(nŏkrî).* Nur dem Fremden, der dauerndes Wohnrecht in Israel hat, ist göttliche Hilfe und menschliche Solidarität ausdrücklich zugesichert (Lev 19,33; Dtn 10,18f). Aber auch dem Ausländer gewährt man Gastfreundschaft (Gen 18f). Im Gegensatz zum Fremden wird der Ausländer jedoch nicht integriert, sondern ausgegrenzt (Lev 21,14; Esr 9f). Die Abgrenzung von allen Nichtisraeliten dient dazu, Israels Identität im Zeugnis für Gott zu wahren (Ex 23,20–33; Dtn 7), damit die Völker zum Gott Israels finden (1 Kön 8,41–43; Rut; Jon). In Pss 39,13; 119,19 und 1 Chr 29,15 ist der Fremde im bildhaften Sinn für die Existenz des Menschen in der Welt und vor Gott verwendet.
Fremdenfeindlichkeit entsteht erst infolge von Unterdrückung durch die Fremdherrschaft im Frühjudentum (vgl. Rut 2,10). In radikalen jüd. Gruppen kann Fremder zur programmatischen Selbstbezeichnung werden. Die positive Bedeutung des Fremden wird im Frühjudentum nur in der Diaspora (Philo) und in der Qumrangemeinde (CD 3f) aufgenommen.
3. Der Fremde *(xénos)* hat im NT einen hohen Stellenwert. So wird die Beherbergung Fremder (Mt 25,35.38. 43f) zu einem Kriterium im Weltgericht. Fremdsein ist v.a. charakteristisch für die christl. Existenz. Sie hat ihr Vorbild im Leben Jesu, das besonders im Prolog des Joh bedacht wird. Die Welt lehnt in Jesus, dem Logos, den ab, dem sie ihre Existenz verdankt und läßt ihn zu einem Fremden werden (Joh 1,11).
Die Gastfreundschaft *(philoxenía),* die für die Arbeit der frühchristl. Missionare unerläßlich ist, läßt aus dem Fremden einen Gast werden (Röm 12,13). Mit der Aussage, daß die eigentliche Bürgerschaft/Heimat des Christen in den Himmeln ist (Phil 3,20), betont Pls die kritische Distanz der christl. Gemeinde zur Welt.
Nach Eph 2,12–22 wird die Fremdheit zwischen Juden und Heiden durch Jesu Kreuzestod in der Kirche aufgehoben, so daß nun auch Heiden „Mitbürger der Heiligen und Hausbewohner Gottes" (V 19) werden können. Das Verlangen der Patriarchen, die bekannt haben, das Verheißene nicht erlangt zu haben, sondern „Fremde und Beisassen (Gen 23,4 LXX) auf Erden" gewesen zu sein, gilt Hebr 11,13–16 als Beispiel für die Christen. Glaubende Existenz wird so grundsätzlich als Existenz in der Fremde beschrieben. Weil Gott das Ziel dieser Glaubens-

wanderung schon bereitet hat, kann der Christ gewiß sein, dieses Ziel auch zu erreichen (V 16).

Für 1 Petr ist Fremder die zentrale Selbstbezeichnung des Christen. Vermittelt v.a. durch das zeitgenössische hellenistische Diasporajudentum, kann er dabei an die LXX anknüpfen. Im Unterschied zu Philo und Hebr verweist 1 Petr die Glaubenden auf eine irdische Gemeinschaft und nicht auf einen himmlischen Ort. Die Christen werden durch die Gesellschaft in eine Außenseiterrolle gedrängt. Man sagt ihnen zwar auch unmoralisches Verhalten nach (3,16), aber der Hauptgrund für ihre Zurückweisung ist die Weigerung, am heidnischen Kult teilzunehmen und eigene Gottesdienste zu feiern, die andere ausschließen. Wie ihre gesellschaftliche Ächtung gründet auch ihre politische Bedrängnis in ihrer exklusiven religiösen Bindung, die ein eigenes soziales und ethisches Bezugssystem schafft und deshalb ihre Mitwelt befremdet (4,4). In 1 Petr ist deutlich ein Zusammenhang zwischen der Fremd- und Selbsteinschätzung erkennbar: Weil sie zur Gemeinde Gottes gehören, haben die Christen auf Erden keine bleibende Heimat. Ihre Abgrenzung von der Gesellschaft ist Erwählung und Berufung. Von daher ist verständlich, daß der Verfasser die Worte Fremder *(parepídēmos)* bzw. Beisasse *(pároikos)* als Schlüsselbegriffe bewußt gleich zu Beginn des Briefs als zentrale Anrede (1,1) einsetzt und mit ihnen zu Beginn des Hauptteils seines Briefs (2,11) seine Paränese begründet. In ihrem Fremdsein, das seinen tiefsten Grund in ihrer eschatologischen Existenz hat, sollen sich die Christen von der Mit-

welt unterscheiden. Das schließt ihre Verantwortung für die Welt nicht aus, wie die sozialethischen Forderungen von 1 Petr deutlich erkennen lassen.

Auch die Offb versteht Christsein als eine Existenz in der Fremde, auch wenn der Ausdruck Fremder nicht verwendet wird. Die Christen sind wie in 1 Petr gesellschaftliche Außenseiter, die ihre Heimat in der Gegenwart im königlichen Volk für Gott (1,6; 5,10) haben und in der Zukunft das neue Jerusalem, das Sinnbild für die vollendete Heilsgemeinschaft ist (21,9–22,5), erwarten.

4. Mehr oder weniger ausdrücklich wird in allen ntl Schriften deutlich, daß der Christ in der Welt keine bleibende Heimat hat. Der Christ trägt jedoch zugleich Verantwortung für die Schöpfung, da auch ihr Gottes Heilszusage gilt.

Lit.: Chr. Bultmann, Der Fremde im antiken Juda (FRLANT 153), 1992; R. Feldmeier, Die Christen als Fremde (WUNT 2/64), 1992; H. Giesen, Ermutigung zu Glaubenstreue in schwerer Zeit, TThZ 105 (1996) 61–76; R. Kampling, Fremde und Fremdsein in Aussagen des NT, in: O. Fuchs (Hg.), Die Fremden (TzZ 4), 1988, 215–239.

Heinz Giesen

FREUDE

→ Gnade; Gott; König/in

1. Fragt man, welche Empfindungen Menschen heute mit dem Glauben verbinden, bekäme man wahrscheinlich Stimmungen wie Ehrfurcht, Ernst, Andacht, Stille o.ä. genannt. Aber Freude? Für sie scheint es in diesem Zusammenhang keinen Platz zu geben, da sie für uns eine rein weltliche Größe ist.

2. Das AT indes sieht das anders; denn obwohl es auch die natürliche Freude z.B. über einen lieben Menschen (Ex 4,14), über einen Sieg (1 Sam 18,7), über Wein (Ps 104,15) usw. kennt, spricht es doch hauptsächlich von Freude als religiöser Erfahrung: Sie ergibt sich aus dem Wissen um Gottes Nähe (Ps 16,9.11), aus seinem Wort (Jer 15,16) und Gesetz (Ps 119,16), und wird im Gottesdienst erfahren (Pss 42,5; 43,4; 122,1).

3. Ähnliches gilt auch für das NT, in dem „Freude, sich freuen" insgesamt 165mal vorkommt, wobei sich diese Zahl auf die drei griech. Wörter *chará, chaírō* (133mal), *euphrosýnē, euphraínō* (16mal) und *agallíasis, agalliáō* (16mal) verteilt.

Mk gebraucht von den Syn Freude am wenigsten, nämlich nur einmal religiös als Begleiterscheinung beim Aufnehmen des Ev (Mk 4,16 parr) und einmal normal vom Gefühl der Hochpriester beim Angebot des Judas (14,11 par). Mt spricht öfter von ihr, doch nur im religiösen Sinn: Freude ist Empfindung Gottes über die Rettung des Verlorenen (Mt 18,13 par) und Reaktion von Menschen, wenn ihnen Gott selbst (13,44) oder sein Handeln (2,10; 28,8) bewußt wird. Freude ist für Mt sogar ein anderer Name für ewiges Leben (25,21.23), das stärker ist als alle Bedrängnisse. Deshalb können und sollen die Glaubenden sich im (nicht: über!) Leid freuen, das sie um Jesu willen erfahren, zumal Gott ihnen diese Pein mit Lohn „in den Himmeln" (jetzt und in Ewigkeit) vergilt (5,12 par). Lk, der von den Syn das Wortfeld mit Abstand am häufigsten gebraucht, kennt neben der berechtigten natürlichen Freude (Lk 1,14; 19,6; 23,8) diese auch als die sorglose Haltung mancher Reichen, die sie Gott und die Not des Nächsten vergessen läßt (12,19; 16,19) und die Jesus scharf rügt. Sonst spricht auch er nur von der Freude, die durch Gottes Wirken (1,47; 10,17–21; 24,41.52) oder durch die Umkehr bei Gott und Menschen (15,7.10.32) entsteht.

Ähnlich die Apg, die außer einmal (12,14) nur von der Freude über Gottes Handeln (8,8.39; 11,23), von der Freude, für Jesus leiden zu dürfen (5,41; vgl. Lk 6,23), und von Jubel beim Mahl in der Gemeinde spricht (2,46), oder Freude fast mit dem hl. Geist gleichsetzt (13,52).

Im JohEv gehen an vielen Stellen natürliche und religiöse Freude nahtlos ineinander über (3,29; 5,35; 11,15; 16,20–22). Daneben gibt es aber auch die klaren Aussagen von der Freude an Gottes Wirken (8,56; 20,20) und diejenigen Belege, wo Freude mit der Liebe (15,11) oder dem ewigen Leben Gottes im Glaubenden gleichgesetzt und deren Vollkommenheit als Ziel angegeben wird (16,24; 17,13; vgl. 1 Joh 1,4; 2 Joh 12).

Bei Pls nimmt die alltägliche Freude einen viel breiteren Raum ein als in den zuvor besprochenen Schriftgruppen, was daran liegt, daß er in seinen Briefen nicht nur Fragen des Glaubens behandelt, sondern auch die Beziehung zu seinen Gemeinden pflegt. Es ist daher nicht verwunderlich, wenn er öfter davon spricht, daß er sich über einzelne Personen (1 Kor 16,17; Phlm 7) oder über die ganze Gemeinde (Phil 1,4; 4,1) freut. Daneben betont er aber

genauso stark, daß Freude eine Frucht des Geistes (Gal 5,22) und mit der Königsherrschaft Gottes gleichzusetzen ist (Röm 14,17; vgl. Mt 25,21.23), und daß der Glaube Freude schenkt (Röm 15,13). Wegen dieser engen Verbindung fordert er oft zur Freude auf (1 Thess 5,16; 2 Kor 13,11; Phil 2,18; 3,1; 4,4), spricht häufig davon, daß sie auch im Leid vorhanden ist (1 Thess 1,6; 2 Kor 6,10; 7,4; 8,2). V.a. dieser Gesichtspunkt wird in den Dtpln, im Hebr und den KathBr aufgegriffen (Kol 1,24; Hebr 10,34; Jak 1,2; 1 Petr 1,6–8; 4,13), während die Offb neben atl Zitaten, die die Freude an Gott aussprechen (12,12; 19,7), nur die natürliche Freude erwähnt (11,10; 18,20). Öfter findet sich die zur Grußformel abgeschliffene Aufforderung „*chaíre* – sei gegrüßt" (in Briefen: Apg 15,23; 23,26; Jak 1,1, bei persönlichen Begegnungen: Mt 26,49; Mk 15,18 parr; Mt 28,9; Joh 19,3; 2 Joh 10f). Bei dem Gruß des Engels in Lk 1,28 ist es indes möglich, daß weniger der formelhafte Gruß *(Ave)* als vielmehr die Grundbedeutung „Freu' dich" im Vordergrund steht.

4. Entgegen unserer heutigen Auffassung bleibt also festzuhalten, daß sowohl im AT als auch im NT Freude eine Haltung ist, die notwendig zum Glauben gehört, was sich daran zeigt, daß sie sogar zur Umschreibung für das ewige Leben jetzt und in der Vollendung herangezogen werden kann. Ist es vielleicht deshalb heute so schwer, Glauben weiterzugeben, weil bei uns dessen frohmachende Kraft kaum erfahren wird? Die Aufforderung des Pls: „Allzeit freut euch" (1 Thess 5,16), hat wohl nichts von ihrer Aktualität eingebüßt!

Lit.: Chr. Dietzfelbinger, Die eschatologische Freude der Gemeinde in der Welt der Angst (Joh 16,16–33), EvTh 40 (1980) 420–436; E.G. Gulin, Die Freude im NT, Bd. I/II (AASF 26/2; 37/3), 1932/1936; O. Knoch, Menschsein in Freude, 1980; E. Otto/ T. Schramm, Fest und Freude, 1977.

Sebastian Schneider

FREUND/IN, Freundschaft

→ Schüler

1. Freundschaft als eine Beziehung zwischen Menschen oder Gruppen äußert sich auf unterschiedliche Weise. Das für sie ursprünglich geltende Prinzip der Gegenseitigkeit wird von Jesus zurückgewiesen. Weil Christen sich nicht nur als Freunde/Freundinnen, sondern als Geschwister verstehen, spricht das NT relativ selten von Freundschaft.

2. Die in der griech.-röm. Antike hochgeschätzte Freundschaft basiert auf Freiwilligkeit, Gleichheit und Offenheit. Im AT ist die Spannbreite der Verwendung des Worts Freund sehr groß. Daß Mose mit Gott wie ein Mann mit seinem Freund redet (Ex 33,11), besagt nur, daß er persönlich mit ihm redet und nicht etwa in einem Traum oder einer Vision. Nach Dtn 13,7 ist auch der eigene Freund, den man liebt, zu töten, wenn er zum Götzendienst verführt (VV 8–12). Besonders eindrucksvoll wird die Freundschaft zwischen David und Jonathan beschrieben (1 Sam 18,1.3; 20,17). David vergleicht das Empfinden seines Freundes für ihn mit der Liebe der Frauen (2 Sam 1,26). Während das Thema der Freundschaft bei den Propheten und in den Psalmen keine große Rolle spielt, lehrt die jüngere Weisheit unter Einfluß des Hellenismus umfangreich über die Freundschaft (Sir 6,5–17; 12,8–12; 37,1–6 u.ö.). Die Liebe des Freundes ist zeitlich unbegrenzt und bewährt sich v.a. in Notzeiten (Spr 17,17).

Philo unterscheidet ausdrücklich zwischen wahrer und falscher Freundschaft (her. 40,4). Echte Freundschaft setzt Gleichberechtigung voraus (prob. 79), wächst nach und nach (spec. leg. IV 161) und braucht Freimut und Offenheit (migr. 116). Höher als Freundschaft wertet er nur die Frömmigkeit (spec. leg. I 52.68). Gott will Freund aller Menschen sein (plant. 90).

3. Der Umgang Jesu mit Zöllnern und Sündern bringt ihm den Vorwurf ein, ein Fresser und Weinsäufer zu sein, „von Zöllnern ein Freund und von Sündern" (Mt 11,19 par). Das Gleichnis vom bittenden Freund (Lk 11,5–8) verdeutlicht, worin Freundschaft bestehen sollte: Der Freund bittet um Hilfe und erhält sie. Weitere Aspekte lassen die Gleichnisse vom Verlorenen erkennen: Man teilt mit dem Freund Freud und Leid (Lk 15,6.9) und lädt ihn als Gast ein (15,29). In der Anrede des Arbeiters im Gleichnis von den Arbeitern im Weinberg durch den Gutsbesitzer ist Freund nur eine geläufige Bezeichnung für einen Landarbeiter (Mt 20,13). Der König im Gleichnis vom königlichen Hochzeitsmahl verschärft durch seine Anrede „Freund, wie kamst du hier herein?" (Mt 22,12) seinen Vorwurf. Ähnliches gilt für Jesu Frage an den Verräter: „Freund, für was bist du da?" (Mt 26,50). Während Judas seine Freund-

schaft mit Jesus aufgibt, schließen Herodes und Pilatus angesichts des Prozesses Jesu Freundschaft miteinander (Lk 23,12).

Für das ntl Verständnis von echter Freundschaft ist es bedeutsam, daß Jesus das für Griechen selbstverständliche Prinzip der Gegenseitigkeit zurückweist: Zum Mahl werden nicht nur Freunde/Freundinnen *(phíloi)*, sondern auch Arme geladen (Lk 14,12–14). Die Jünger/innen sollen sich mit dem ungerechten Mammon, d.h. durch kluges Verteilen des eigenen Reichtums, Freunde/Freundinnen machen, um so zum Heil zu finden (16,9). Zu denen, die die Jünger/innen nach Ostern denunzieren werden, gehören auch Freunde/Freundinnen von ihnen (21,16). Jesus nennt vereinzelt auch seine Jünger (12,4) und Lazarus (Joh 11,11) ausdrücklich Freunde.

Nach Joh 15,13–15 liebt er seine Jünger so sehr, daß er sein Leben für sie als seine Freunde hingibt. Die Jünger sind Freunde Jesu, weil er ihnen alles mitgeteilt hat, was er vom Vater gehört hat. Die Beziehung zwischen dem Täufer und Jesus ist so eng, daß sie bildhaft mit der uneigennützigen Freude des „Freundes des Bräutigams" verglichen werden kann (Joh 3,29).

In Apg 27,3 erlaubt der römische Hauptmann Julius dem Pls in Sidon, zu seinen Freunden/Freundinnen zu gehen, um sich von ihnen versorgen zu lassen. Die Freunde/Freundinnen, die in 3 Joh 15 Freunde/Freundinnen grüßen, sind Christen, die treu zur Wahrheit stehen und sich nicht dem Gemeindevorsteher Diotrephes angeschlossen haben, mit dem der Briefverfasser im Streit liegt. Jak 2,23 nennt Abraham wie schon Philo „Freund", weil er der Verheißung geglaubt hat (Gen 15,6). Jak 4,4 stellt dualistisch fest, daß die Freundschaft mit der Welt die Freundschaft mit Gott ausschließt.

4. Das NT nimmt somit das antike Verständnis von Freundschaft auf, läßt aber an einigen Stellen deutlich eine Wandlung erkennen. Dazu zählt v.a. die Zurückweisung des Prinzips der Gegenseitigkeit. Wirkungsgeschichtlich wird v.a. das joh Wort von der Lebenshingabe für seine Freunde bedeutsam (Joh 15,13–15).

Lit.: H.-J. Klauck, Kirche als Freundesgemeinschaft?, MThZ 42 (1991) 1–14; F. Reiterer (Hg.), Freundschaft bei Ben Sira (BZAW 244), 1996; H. Thyen, „Niemand hat eine größere Liebe als die, daß er sein Leben für seine Freunde hingibt" (Joh 15,13), in: C. Andresen/ G. Klein (Hg.), Theologia Crucis – Signum Crucis (FS Dinkler), 1979, 467–481.

Heinz Giesen

FRIEDE

→ Gemeinde; Gewalt; Heil; König/in; Krieg

1. In einer durch Mangel an Friede und Gerechtigkeit und (als Folge) durch Angst vor der Zukunft gekennzeichneten Welt stellt sich die Frage nach entsprechender Abhilfe, wie dies auch im ökumenischen Bestreben nach „Frieden, Gerechtigkeit und Bewahrung der Schöpfung" unmißverständlich zum Ausdruck kommt. Kann hier eine der in der Geschichte des Christentums immer wieder vertretenen Grundhaltungen (Pazifismus, gerechter Krieg/gewaltanwendende Selbst-

verteidigung, hl. Krieg) Genüge leisten? Eine Begriffsbestimmung für Friede von der Bibel her ist in dieser existentiellen Frage unerläßlich, soll es eine theologische Basis für die Befriedung des Menschen und seiner Mitwelt geben.

2. Das AT gebraucht den mit Friede übersetzten hebr. Begriff *šālôm* am häufigsten als Gruß (ähnlich auch im NT und im heutigen Israel). Mit ihm verbindet sich im alten Israel die Bedeutung „Wohl" im Sinn von Wohlergehen, Wohlfahrt. Die Grundbedeutung ist Ganzsein oder Heilsein. Damit ist überwiegend das Ganz- oder Heilsein einer Gemeinschaft gemeint. Neben dem sozialen umfaßt *šālôm* den individuellen Bereich, es kann aber auch der der Natur gemeint sein. Schließlich gibt es auch eine theologische Bedeutung: Man begann vom Frieden Gottes oder von dem von Gott erhofften Frieden dort zu reden, wo der Friede rettungslos verloren schien. Diese Hoffnungen wurden im AT schon sehr früh mit der Erwartung eines zukünftigen Friedenskönigs verknüpft. Nach der messianischen Deutung von Jes 9,1–6 ist der Messias gemeint. In der nachexilischen Zeit verbindet sich mit dem Friedenswunsch die eschatologische Erwartung eines von Gott herbeigeführten Friedensreichs (Frühjudentum, Apokalypsen).

3. Das ntl griech. Wort *eirēnē* knüpft inhaltlich voll und ganz an das atl an, besonders auch in der Betonung dieses Friedens als Gabe Gottes, wobei zum theologischen Aspekt der christologische hinzukommt. Die Evv stellen zunächst Jesus selbst mit Bezugnahme auch auf die atl messianischen Weissagungen als Friedensbringer dar. Fragt man nach Jesu eigenen Friedensvorstellungen, so geben nicht nur entsprechende Jesuslogien, sondern auch seine Lehre insgesamt und seine Lebensweise, sein Verhalten und Auftreten Auskunft. Auch wenn das Wort Friede für seine Bedeutung verhältnismäßig selten in den Evv und ganz selten im Munde Jesu vorkommt, so ist die damit gemeinte Sache breit dargelegt. Das Werk des Friedens ist mit der Person (vgl. Lk 2,13f; Mk 5,34 par: „geh fort in Frieden und sei gesund von deiner Plage"; vgl. Lk 7,50) und dem Auftrag Jesu (Lk 10,5f: „In welches Haus immer ihr aber hineingeht, zuerst sagt: Friede diesem Haus! …" u.ö.) untrennbar verbunden. Dies gilt auch für das befremdende Friedenswort: „Meint nicht, daß ich kam, Frieden zu werfen auf die Erde; nicht kam ich, Frieden zu werfen, sondern ein Schwert" (Mt 10,34 par). Man kann sich ein solches Wort vorstellen in einer Situation, in der Jesus sich zu Gefahr vermeidendem oder faulen Frieden stiftendem Verhalten herausgefordert sah. So aber wollte er seinen Friedensauftrag, der seit Jes 9,5f; 11,1–16 im israelitischen und jüd. Volk vorstellungsmäßig wach war, nicht mißdeutet sehen.

Insgesamt hat sich nach der syn Tradition Jesus als Friedensbringer gesehen. Es fällt dabei auf, daß Jesus, obwohl er es mit religiösen und politischen Obrigkeiten zu tun hatte und seine Zeit eine äußerst aufgeregte war, keine unmittelbaren Ratschläge politischen Verhaltens erteilt hat. Oder, was zu bedenken wäre, zwischen politischem und privatem Leben und Handeln keinen Unterschied machen wollte. Was seine Person und sein Werk angeht, so ist das so auch ganz zutreffend. Es fragt sich nur, was er den Nachfolgenden zumutet. In der Bergpredigt steht das Wort von den Friedensstiftern (Mt 5,9), und anderswo begegnet die Vorstellung von einer Gemeinde, die friedvoll sein und in dadurch gestärkter Eintracht den Herausforderungen der Zeit begegnen soll (Mk 9,33–50, v.a. 50c: „Habt in euch Salz und haltet Frieden untereinander!"). Auf die Frage, wie ein Jünger Jesu, eine christl. Gemeinde friedensstiftend aktiv werden kann, antwortet die Bergpredigt mit dem Hinweis auf den Verzicht auf Gewaltanwendung bzw. Wiedervergeltung und auf das Gebot der Feindesliebe (Mt 5,38–42. 43–48 par). Für diese und für sämtliche radikalen Forderungen Jesu gilt: Jesus schafft eine völlig neue Ordnung, die des Reiches Gottes, als Basis für seine Ethik der Friedensverwirklichung. Dieser „Reich-Gottes-Ordnung" steht die gegenwärtige „Weltordnung" gegenüber, welche die Erfüllung der genannten Forderungen erschwert.

Für Pls ist Friede im Vollsinn durch das Christusgeschehen (also durch Kreuz und Auferstehung), das Versöhnung zwischen Gott und den Menschen bedeutet, herbeigeführt (Röm 5,1–11). Diese christologische Sicht zeigt sich dann besonders in den Grußformeln der pln und nachpln Briefe: „Gnade euch und Friede von Gott, unserem Vater, und (dem) Herrn Jesus Christos" (Phil 1,2 u.ö.). Pls spricht seinen Gemeinden den von Gott ausgehenden und durch Christus zukommenden Frieden zu. Analog zur atl-jüd. Grußformel „Erbarmen und Friede" weist auch die pln weit über unseren Friedensbegriff im Sinn einer ganzheitlichen Heilsgabe hinaus. So wie Gott in Jesus Christus zum „Heiland" wird, kann Pls auch vom Gott des Friedens (Röm 15,33 u.ö.) sprechen, der in Christus „unser Friede" (Eph 2,14) geworden ist.

Über Röm 5 hinausführend, meint Friede in Eph 2,14–16 nicht nur den Frieden mit Gott, sondern auch den durch das Christusgeschehen gestifteten Frieden zwischen den Menschen, der so zum Einheitsband geworden ist. In diesem zwischenmenschlichen Bereich ist auf der Basis des von Gott in Jesus Christus geschenkten Friedens auch die Aufgabe des Menschen als Friedensstifter angesprochen: „Folglich nun laßt uns das des Friedens verfolgen und das der Erbauung, der für einander" (Röm 14,19). Röm 12,18 rechnet zwar damit, daß es durchaus Situationen geben kann, in denen die Friedensaufgabe erschwert, wenn nicht sogar verunmöglicht wird, doch ist dies kein Grund zur Resignation; der Mensch ist in seinem Gewissen gefordert und in die Entscheidung gerufen (Röm 12,16–21).

In solcher Konsequenz spricht das JohEv, seinem theologisch-christologischen Konzept entsprechend, von Jesu eigenem Frieden als einem eschatologischen Gut, das der scheidende Jesus seinen Jüngern und der Kirche als Vorweggabe zukünftiger Heilsvollendung zusagt (Joh 14,27).

4. In der nachntl Geschichte des Friedensauftrags ist bis heute die schwierigste Frage die der Verwirklichung. Stehen ihr Vorstellungen wie die vom „hl." Krieg diametral und jene vom „gerechten" Krieg unvereinbar gegen-

über, so muß auch der Pazifist wissen: Ein Ausgleich der am Ziel der endgültigen Gottesherrschaft orientierten Forderungen Jesu mit den Verhältnissen in dieser Welt ist nicht möglich. Jesus hat auf der Basis seiner Reich-Gottes-Botschaft Forderungen an die Adresse aller seiner Nachfolger/innen (keine Elitegruppe; keine zweifache Moral!) aufgestellt, Frieden zu stiften, Feindesliebe zu üben, Wiedervergeltung zu vermeiden. Aber auch nach den Evv scheint Jesus mit der Möglichkeit, den Frieden mit allen Menschen halten zu können, nicht zu rechnen (Mt 10,34; Lk 22,36f; Mk 13,9–13). Jesus hat Widerstand verspürt und gewaltlos ertragen (sog. Beweisstellen für jesuanische Gewaltanwendung bzw. Legitimierung solcher wie Mt 8,5–13; Lk 3,14; Apg 23,12–35; Mk 12,17; Mt 11,12; Lk 22,36; Joh 2,13–22; Röm 13,1–7 halten einer kritischen Exegese nicht stand). Dies darf als Appell an seine Jüngerschaft, niemals aber als ein „Gesetz" für alle Menschen verstanden werden.

Lit.: J. Kremer, Der Frieden – eine Gabe Gottes, StZ 3 (1981) 161–173; R. Schnakkenburg, Die Bergpredigt (SKAB 107), 1982; F.G. Untergaßmair, Friede nach den Evv, 1983.

Franz Georg Untergaßmair

FRÖMMIGKEIT, Gottesfurcht, Verehrung, Anbetung, Gottesdienst

→ Angst; Gehorsam; Gesetz; Heil; Hoffnung; Reinheit; Vater

1. Frömmigkeit meint eine religiöse Grundhaltung, in der der Mensch in ganzheitlicher Gläubigkeit seine Anerkennung der Autorität Gottes zum Ausdruck bringt. Der Begriff Frömmigkeit hat kein direktes griech. Äquivalent in der Bibel. Vielmehr sind es die Begriffe Gottesfurcht *(eulábeia)*, Heiligkeit, Bundestreue *(hosiótēs)* und praktizierte Gottesverehrung *(eusébeia)*, die den ursprünglichen bibl. Sinn von Frömmigkeit gemeinsam zum Ausdruck bringen.

2. Im AT bildet die Gottesfurcht das Wesentliche der Frömmigkeit, die ihren Grund in einem Distanz wahrenden Kreaturbewußtsein hat (vgl. Pss 8,5; 144,3f; Ijob 14), das in Wort und Tat zum Ausdruck kommt. Beispiele atl Frömmigkeit sind Abraham, der bereit ist, sich Gottes Willen voll und ganz zu unterstellen; die Propheten, denen Gott einen ganzheitlichen Gottesdienst abverlangt; der 'æbæd Jahwe (Gottesknecht in DtJes) als personifizierter Ausdruck von Frömmigkeit. Insofern Frömmigkeit eine kultische Komponente hat, ist von atl Frommen *(hᵃsîdîm)* die durch das Reinheits- bzw. Heiligkeitsgesetz (Lev) geregelte Reinheit gefordert.

In der folgenden Periode des Frühjudentums erfolgt eine gewisse Institutionalisierung der Frömmigkeit dadurch, daß Frömmigkeit von Gesetzeskenntnis abhängig gemacht wurde. Die nun einsetzende Gesetzesfrömmigkeit fordert einen rein formalen, dem Gesetz genügenden, freilich auch durch besondere Leistungen wie Almosen, Gebet und Fasten Gottes Gegenleistungen entsprechenden Gehorsam. Neben die Gesetzesfrömmigkeit gesellte sich dann im Rahmen der apokalyptischen Strömungen eine Frömmigkeit der Hoffnung, die auch den Gedanken an eine allgemeine Auferstehung einschloß.

3. Jesu Frömmigkeit hat ihre Wurzeln im AT und im Judentum, war aber keine Gesetzesfrömmigkeit im Sinn von Leistungsfrömmigkeit, sondern war, ganz dem oben genannten allgemeinen Frömmigkeitsverständnis entsprechend, in seiner Reich-Gottes-Verkündigung grundgelegt. Ohne Gottes Autorität auszuhöhlen bzw. das Bewußtsein vom Schöpfergott und Herrn der Geschichte zu tangieren, stellt er Gott als den alle Menschen liebenden Vater hin, zu dem alle vertrauensvoll Zugang haben dürfen. Nicht das lähmende Gefühl ungenügender Werkgerechtigkeit, sondern die vorbehaltlose, radikale und restlose Ausrichtung auf Gottes Verheißungen (s. Seligpreisungen, Vaterunser-Gebet) bestimmen Jesu Frömmigkeit, die in den atl-jüd. Frömmigkeitsübungen (Almosen, Gebet, Fasten: Mt 6,1–18) auf den Prüfstand gehoben ist. Aber auch wenn wir alles getan hätten, was Gott befohlen hat, wären wir doch nur „unnütze Sklaven" (Lk 17,10), deren wahre Frömmigkeit mit Gottes Zuwendung rechnet, deren falsche Frömmigkeit in Selbstgenügsamkeit aufgeht.

Für die nachjesuanische Zeit des Urchristentums gilt zur Bestimmung der Frömmigkeit zunächst auch das Gottesbild Jesu, demgemäß man in der Nachfolge Jesu aufgrund des Christuswerks in der Gotteskindschaft steht und Gott mit „Vater" anredet (Vaterunser; Abba: Röm 8,15; Gal 4,6). Seither ist die Frömmigkeit christuszentriert (vgl. Röm 6,3; Eph 3,21: „in Christus"; Joh 14,6: „keiner kommt zum Vater, wenn nicht durch mich") und in der Geist spendenden Taufe grundgelegt. Diese so geschaffene neue Existenz muß vom Menschen entsprechend dem Prinzip von Heilsindikativ und Heilsimperativ (Gott gibt, der Mensch entspricht) durch die sittlich-religiöse Tat tagtäglich in der Kraft des hl. Geistes verwirklicht werden (vgl. Apg 10,2.7; 1 Tim 3,16; 4,7f; 2 Tim 3,5; 3,12; Tit 1,1). Ntl Frömmigkeit geht einerseits vom heilsstiftenden Christusereignis (Kreuz und Auferstehung, Taufe) aus, ist aber andererseits der Zukunft im Sinn noch ausstehender Vollendung zugewandt. Als Geschenk Gottes für die Gegenwart (vgl. 1 Tim 6,6; 2 Petr 1,3) hat die Frömmigkeit stets das endgültige Heil (vgl. Tit 2,12f) im Auge.

4. Bibl. Frömmigkeit hat in der nachbibl. Zeit im Rahmen theozentrischer, christozentrischer, ekklesialer, sakramentaler, personaler und gemeinschaftlicher Gewichtung und Ausgestaltung mannigfache Frömmigkeitstypen hervorgebracht, die die Spiritualität (auch und besonders in Form von Anbetung) nicht nur von „Klerus" und „Laien", sondern einzelner, von Gemeinschaften und Gruppen bestimmen.

Lit.: R. Albertz, Persönliche Frömmigkeit und offizielle Religion (CThM 9), 1978; H. Cazelles, Volksfrömmigkeit und Volks-Theologie in der Bibel, IKaZ 16 (1987) 385–395; Ch.H. Donin, Jüdisches Gebet heute, 1986; J.P. Floss, Jahwe dienen – Göttern dienen, 1975; R. Schnackenburg, Christl. Existenz nach dem NT, Bd. 2, 1968, 75–96.

Franz Georg Untergaßmair

FRUCHT

→ Ernte; Kollekte; Wein; Werk

1. Welche Konsequenzen sich aus dem Bekenntnis zu Jesus, dem Christos, für das Tun und das Verständnis vom Menschen ergeben, versuchen die ntl Autoren u.a. mit Hilfe des Begriffsfelds „Frucht" darzustellen. Dabei gilt es zu beachten, daß das Begriffsfeld sowohl real (Mk 11,14 par; Apg 14,17; 1 Kor 9,7) als auch innerhalb von Vergleichen (Mt 3,8; Mk 4,1–9.13–20 parr) verwendet wird. Frucht wird man zunächst mit „Ertrag, Folge, Nutzen" wiedergeben können.

2. Reicher Fruchtertrag ist im AT gleichbedeutend mit von Gott geschenktem Wohlergehen und Leben (Ps 72,16; Joël 2,19). Er ist Zeichen für die Vollkommenheit des Lebens am Anfang und am Ende der Welt (Gen 1,22.28; Ez 47,7–12). Im übertragenen Sinn ist Frucht auf Nachkommenschaft bezogen (Ps 127,3; vgl. Lk 1,42) und auf all das, was der Mensch durch seine Arbeit und sein Wort hervorbringt (Spr 31,16.31). Das Bild vom Weinberg Gottes bezeichnet zunächst das Volk Israel, an das Gott besondere Ansprüche stellt (Jes 5,1–7). In der zwischentestamentarischen Literatur wird das Bild verengt auf bestimmte Gruppen im Volk (Pharisäer: PsSal 14,2–5; Jub 1,16; 1 QS 8,5; 11,8; CD 1,17), um dadurch eine besondere Erwählung zum Ausdruck zu bringen.

3. Im vormk Winzergleichnis (Mk 12,1–9) wird das Bild von der Frucht *(karpós)* in seiner ursprünglichen Bedeutung aufgegriffen. Durch das Versagen der Führer entspricht das Volk in seinem Leben nicht der Erwählung durch Gott, bringt es also keine Frucht. Die Sorge um Israel als „Weinberg Gottes" wird deshalb denen anvertraut, die das Wirken Gottes in Jesus erkennen und zusammen mit dem Volk entsprechend leben. Im Gleichnis vom Sämann (4,1–9 parr und in der Deutung in 4,13–20 parr) reflektiert dann die Gemeinde des Mk darüber, unter welchen Bedingungen sich die Botschaft Jesu in entsprechendes Leben überführen läßt. Frucht ist das, was der Mensch durch Hören, Aufnehmen und Bewahren des Wortes hervorbringt.

Bei Mt und Lk ist Frucht ganz auf die Taten der Menschen bezogen (Mt 7,15–20; Lk 3,8f par; 6,43–45 par). Sie lassen, wie die Frucht beim Baum, Rückschlüsse auf die sittliche Verfaßtheit zu. Die schlechte Tat wurzelt in der sittlichen Verderbtheit, die wiederum Ausdruck fehlender Umkehr zur Verkündigung Jesu bzw. Johannes' d.T. ist. So kann der fruchtlose Feigenbaum (Lk 13,6–9) Bild für die Hörer der Botschaft Jesu sein, die nicht zu Umkehr und Buße bereit sind.

Bei Pls beschreibt Frucht die Auswirkungen des in der Taufe dem Menschen zugeeigneten und in Christi Tod und Auferstehung gründenden neuen Seins des Menschen. Die erste Frucht dieses neuen Seins ist das ewige Leben (Röm 6,19–23). Aber auch der finanzielle Beitrag zum Lebensunterhalt der Jerusalemer Gemeinde kann Ausdruck dieser nun geschenkten Zugehörigkeit zu Christus sein (Röm 7,4–6; 15,29). Außerdem erhielt der Mensch in der Taufe Gottes Geist, der nun die Frucht der Liebe, des Friedens, der Geduld und der Gerechtigkeit im Menschen hervorbringt (Gal 5,22; Phil 1,11).

Bei Joh dienen im Bild vom Weizenkorn (12,24) die Aussaat und das Wachstum des Korns dazu, das Sterben Jesu als notwendige Voraussetzung für seine Verherrlichung für die Hörer nachvollziehbar zu machen. Das Tun der Jünger ist dagegen angezielt im Bild vom Weinstock, der Frucht bringt (Joh 15,1–8.16). Damit soll spiritualisierenden Tendenzen in der Theologie des joh Gemeindeverbands entgegengewirkt werden, die das ewige Leben bereits allein im Glauben gewonnen sehen. Im Gespräch am Jakobsbrunnen ist Frucht gleichbedeutend mit Menschen, die Jesus folgen und seiner Verkündigung Glauben schenken (4,35f).

4. Die Verwendung des Begriffsfelds „Frucht" im NT macht deutlich, daß Christsein immer auch zu konkreter Praxis hindrängt und sich in ihr bewähren muß. Gleichzeitig wird aber auch klar, daß alles Tun des Christen seinen Grund in dem durch Jesus von Gott geschenkten Leben hat. Die Hinkehr zu Gottes Barmherzigkeit bedeutet ewiges Leben und stellt somit eine neue Ausgangsbasis für das Tun des Menschen dar.

Lit.: R. Borig, Der wahre Weinstock (StANT 16), 1967; R. Heiligenthal, Werke als Zeichen (WUNT 2/9), 1981; H. Schlier, Grundzüge einer pln Theologie, 1978.

Armin Wouters

G

GEBOT, Weisung, Anordnung, Befehl

→ Gehorsam; Gesetz; Liebe; Nächster

1. Nach atl-jüd. Glauben ist die Weisung Gottes zum Leben, das Gesetz, in einer Vielzahl von Geboten für unterschiedliche Lebensbereiche gegeben. Auch das NT spricht 67mal von Gebot *(entolḗ)* und meint meistens eine von Gott bzw. Christus erlassene Weisung, in Einzelfällen aber auch einen Auftrag von Menschen (Lk 15,29; Joh 11,57 u.ö.). Darüber hinaus werden im NT andere Wörter für den verpflichtenden Charakter von Anordnungen und Befehlen verwendet, so die Substantive *dógma* (Lk 2,1: kaiserliches Edikt; Apg 16,4: Aposteldekret) und *paraggelía* (Apg 5,28; 1 Thess 4,2) sowie häufiger die Verben *entéllomai* und *paraggéllō*. Diese Wörter verweisen auf Dimensionen der Verpflichtung, der Öffentlichkeit und des geforderten Gehorsams, von denen Menschen allgemein und Glaubende im besonderen betroffen sind.
2. Schon in der Bibel für die griech. sprechenden Juden (LXX) meint *entolḗ* meist den in der Tora ergehenden göttlichen Befehl, das Gebot, die Anweisung (Gen 26,5; Ex 15,26 u.ö.). Das Gesetz begegnet den Menschen als Gebot (so bereits Dtn 6,1; 7,11), das Gebot des Gesetzes aber entfaltet sich in den Einzelgeboten. Die Vielzahl der Einzelgebote überdeckt dennoch nicht die Einheit des göttlichen Willens, der durch das Gesetz gegeben ist. Deshalb ist es bereits dem Frühjudentum nicht möglich, zwischen dem Gesetz und seinen Einzelgeboten zu unterscheiden. Das ganze Gesetz wie die einzelnen Gebote müssen bewahrt und befolgt werden, eine Sicht, die auch das gesetzestreue Judenchristentum im NT teilt (Mt 5,17–19; Jak 2,10f). Davon sind allerdings die Heidenchristen ausgenommen, die von einzelnen Geboten befreit werden (besonders Beschneidung, Speisegesetze), nach der Apg aber durch die Einhaltung des Aposteldekrets die Gemeinschaft mit den Judenchristen ermöglichen sollen (Apg 15,19f.28f).
3. Im NT werden häufig atl Gebote angesprochen. Nach dem MkEv hat Jesus für die Einhaltung von Dekaloggeboten gekämpft (Mk 7,8–13 par) und sie als Weg zum ewigen Leben verstanden (Mk 10,17–22 parr). Die Gottes- und Nächstenliebe (Dtn 6,5; Lev 19,18) aber betrachtet er als die zentralen Gebote des Gesetzes (Mk 12,28–31 parr).

Nach dem gesetzestreuen MtEv hat Jesus durch die Antithesen der Bergpredigt das Gesetz nicht gebrochen, sondern an allen Geboten festgehalten (Mt 5,17–19; vgl. auch Lk 16,17).

Pls hält grundsätzlich am Ziel der Befolgung der Gebote fest (1 Kor 7,19) und bezeichnet das von Gott zum Leben gegebene Gebot (Röm 7,10) als heilig, gerecht und gut (Röm 7,12). Er weiß aber, daß der Mensch als Sünder an den Geboten scheitert und deshalb nur aufgrund des Glaubens an Christus und der darin geschenkten Rechtfertigung das Heil finden kann. Die Heidenchristen werden von Pls nicht auf alle atl Gebote verpflichtet, weshalb der nachpln Eph davon sprechen kann, daß Christus das Gesetz der Gebote in Satzungen außer Geltung gesetzt habe, um so die Juden- und Heidenchristen im Frieden in der Kirche zu vereinen (Eph 2,14–16; vgl. Kol 2,14).

Die joh Schriften sprechen auffallend häufig (28mal) vom Gebot im Singular und Plural. Dabei werden die Gebote im Plural im JohEv meist als Jesu Gebote (Joh 14,15.21), im 1 Joh als Gebote Gottes bezeichnet (1 Joh 3,22; 5,2f), aber nicht näher umschrieben. Das Gebot im Singular wird dagegen im Liebesgebot näher bestimmt, das als neues Gebot in der Liebe des Christus bis zum Tod vertieft begründet wird: Liebt einander, wie ich euch geliebt habe (Joh 13,34; 15,12). Von daher denken die meisten Ausleger, daß die Gebote in den joh Schriften nichts mit dem atl Gebot zu tun haben. Dies dürfte schwerlich zutreffen, spricht doch der 1 Joh siebenmal von den Geboten Gottes, welche die Adressaten halten müssen (1 Joh 2,3f; 3,22.

24; 5,2f). Auch die joh Schriften werden bei den Geboten Weisungen des atl Gesetzes aufnehmen, diese werden aber sehr deutlich christologisch im Liebesgebot vertieft und zentriert. Das „alte Gebot" der Liebe zu Gott und zum Nächsten (Dtn 6,5; Lev 19,18; 1 Joh 2,7; vgl. 2 Joh 5) wird durch die Todeshingabe Christi zum „neuen Gebot" vollendet (Joh 13,34; 1 Joh 2,8).

Im NT ist aber auch von Weisungen, Anordnungen und Befehlen die Rede, wo nicht atl Gebote angesprochen sind. So gebietet Jesus den ausgesandten Jüngern (Mk 6,8; Mt 10,5), dem Volk (Mk 8,6 par) und dem unreinen Geist (Lk 8,29). In der Apg gebieten der Auferstandene (1,4; 10,42) und Gott selbst (17,30), während die Apostel und Pls von Geboten und Verboten der jüd. und röm. Behörden betroffen sind (4,18; 16,23). Auch Pls gibt in den Briefen Anweisungen an die Gemeinden (1 Thess 4,2.11), wobei er in eigener Autorität sprechen (1 Kor 7,1–9) oder sich auf den Herrn berufen kann (1 Kor 7,10; 11,17.23).

Das rettende Handeln und die Weisungen des Herrn insgesamt kann Pls im „Gesetz des Christus" zusammenfassen (Gal 6,2; 1 Kor 9,21), dem Grund und der bleibend gültigen Norm für alle Glaubenden, Juden- und Heidenchristen. In ähnlicher Weise spricht der 2 Petr vom „hl. Gebot" und vom „Gebot des Herrn und Retters" (2,21; 3,2), das die Apostel überliefert haben, während in den Past die apostolische Weisung des Pls zur gebietenden Norm für die Adressaten wird (1 Tim 1,3.5.18; 4,11).

4. Im NT bleiben atl Gebote als autoritative Weisungen Gottes für judenchristl. Adressaten weitgehend in Kraft, während sie für Heidenchristen teils außer Geltung sind. Für beide aber bleiben die Zehn Gebote und das doppelte Liebesgebot zentrale Weisung Gottes, wobei das Liebesgebot durch Christi Handeln noch vertieft wurde. So läßt sich die christl. Botschaft als „Gesetz Christi" (Gal 6,2) und „Gebot des Herrn und Retters" (2 Petr 3,2) zusammenfassen, womit die rettende Verkündigung in ihrem verpflichtenden Forderungscharakter an die Glaubenden gemeint ist, welcher im doppelten Liebesgebot zentriert ist (vgl. auch das „vollkommene Gesetz der Freiheit" Jak 1,25). Wenn in nachntl Schriften des 2. Jh. das Wesen des christl. Glaubens in den Geboten, im Gesetz Gottes oder Christi gesehen wird, dann kann sich diese Sicht auch auf Aussagen und Aspekte des ntl Gebots- und Gesetzesverständnisses beziehen.

Lit.: H. Schürmann, Das Gesetz des Christus (Gal 6,2), in: ders., Jesu ureigener Tod, 1975, 97–120.

Peter Dschulnigg

GEBURT, Zeugung, Empfängnis

→ Frau / Mann; Gemeinde; Kind

1. Das Wortfeld Zeugung, Empfängnis und Geburt *(gennáō, tíktō, gínomai, génesis)* hat im bibl.(-ntl) Sprachgebrauch eine doppelte Bedeutungsrichtung: Es bezeichnet im profan-irdischen Lebensbereich den Beginn des menschlichen Lebens und im religiösen, übertragenen Sinn die Menschwerdung Gottes sowie die Neuschaffung des Menschen (Erlösung). Atl ist der Themenkomplex v.a. in seiner profanen Bedeutung zu finden, hat aber auch dort bereits eine religiöse Konnotation im Zusammenhang der Sohnesverheißungen und Geburtsankündigungen durch Jahwe.

2. Im AT und im Judentum ist die Zeugung, Empfängnis und Geburt eines Menschen zunächst im Zusammenhang mit dem Tun-Ergehen-Zusammenhang zu sehen: Die Geburt eines Kindes gilt als Geschenk, während bei Kinderlosigkeit einer Frau eine Schuld vermutet wird. Es wurden besondere Reinheitsvorschriften v.a. für die Zeit nach der Geburt eines Kindes erlassen, die im Zusammenhang der kultischen Vorstellungen besonders das Buch Lev geprägt haben (vgl. Lev 12,1–8; im NT Lk 2,22–24). Die Zeugung, Empfängnis und Geburt eines Kindes werden an verschiedenen Stellen des AT als Geschenk oder Verheißungsgut Jahwes verstanden. Die Sohnesverheißungen an Abraham zu Beginn der Vätererzählungen (Gen 15,4; 17,16; 18,10) ist Ausdruck der besonderen Erwählung Israels; sie ist der Beginn der Volkwerdung Israels. Die Gattung Geburtsankündigung findet sich v.a. im Zusammenhang mit Rettergestalten des AT, deren besonderer Auftrag durch die außergewöhnlichen Umstände der Geburt unterstrichen wird (vgl. Ex 2,1–10; 1 Sam 1). Die Berufung zum Propheten wird im AT häufig rückblickend als eine Berufung vom Mutterleib an (vgl. Jes 49,5) gedeutet; auch so wird die besondere Beziehung zu Jahwe und die Authentizität des prophetischen Auftrags unterstrichen.

3. Auch ntl findet sich die Gattung Geburtsankündigung (vgl. besonders

Mk 1,18–25; Lk 1,5–25.26–38); auch hier unterstreicht sie die besondere Bedeutung der Kinder (Johannes d.T. und Jesus) und ihres Auftrags von Gott her. Die Menschwerdung Gottes in seinem Sohn Jesus wird als eine geistgewirkte Geburt aus der Jungfrau Maria und so als Handeln Gottes gedeutet; damit wird eine christologische Aussage über das göttliche Wesen Christi zum Ausdruck gebracht.

Die Auferstehung Christi wird ebenfalls mit der Metapher der Geburt beschrieben: So ist vom „Erstgeborenen aller Schöpfung" und vom „Erstgeborenen aus den Toten" die Rede (Kol 1,15.18b).

Im übertragenen Sinn werden die Christen in der Nachfolge Jesu als Gotteskinder, die nicht aus dem Willen des Menschen, sondern aus Gott geboren sind, bezeichnet (vgl. Joh 1,13). Die christl. Erlösung durch die Geisttaufe wird ebenfalls als eine Neugeburt (Joh 3,3.5) verstanden.

In den pln Briefen wird die Geburt Christi aus Maria nur kurz gestreift (Gal 4,4); im übertragenen Sinn versteht Pls die Mitglieder der von ihm gegründeten Gemeinden als seine Kinder, die durch den Glauben und das Ev gezeugt wurden (1 Kor 4,14f; Phlm 10; vgl. dazu auch 1 Tim 1,2; 2 Tim 2,1; 1 Petr 5,13).

Durch die Geburt eines Kindes, aber auch durch die besonnene Lebensführung in Glaube, Liebe und Heiligkeit kann nach 1 Tim 2,8–15 eine Frau – die hier typologisch als Abbild von Eva verstanden wird – gerettet werden.

Die endgültige Erlösung in der Endzeit wird in Offb 12,1–6 durch die Geburt des Messias aus der endzeitli-chen Heilsgemeinde in der Drachenvision bildhaft ausgesagt.

4. Zeugung, Empfängnis und Geburt haben in bibl. Bedeutungszusammenhängen – sowohl im profanen wie im übertragenen Sinn – positive Konnotationen. Es ist keinerlei Abwertung oder Leibfeindlichkeit aus dem bibl. Wortfeld zu entnehmen, wie dies in der Wirkungsgeschichte mancher Aussagen (Reinheitsvorschriften) geschehen ist. Die positive Füllung des Metaphernfelds Geburt müßte in der Pastoral noch stärker aufgegriffen werden. V.a. aber müssen heutzutage Differenzen zwischen christl. Erlösungslehre und der nichtchristl. Reinkarnationslehre besonders herausgestellt werden.

Lit.: F. Bovon, Die Geburt und die Kindheit Jesu, BiKi 42 (1987) 162–170; G. Lohfink, Gehört die Jungfrauengeburt zur bibl. Heilsbotschaft?, ThQ 159 (1979) 304–306; J. Riedl, Mt 1 und die Jungfrauengeburt, in: L. Oberlinner/P. Fiedler (Hg.), Salz der Erde – Licht der Welt (FS Vögtle), 1991, 91–109; Th. Söding, Wiedergeburt aus Wasser und Geist, in: K. Kertelge, Metaphorik und Mythos im NT (QD 126), 1990, 168–219; U. Steffen, Jona und der Fisch. Der Mythos von Tod und Wiedergeburt, 1982; D. Zeller, Die Ankündigung der Geburt – Wandlungen einer Gattung, in: R. Pesch (Hg.), Zur Theologie der Kindheitsgeschichten, 1981, 27–48.

Beate Kowalski

GEDENKEN, Gedächtnis

→ Dank; Heil; Mahl

1. Im heutigen Sprachgebrauch ist mit Gedenken vorwiegend ein Bewußtseinsakt gemeint. Man ruft sich jemanden oder etwas aus der Entfernung oder Vergangenheit ins Bewußtsein.

2. In der bibl. Denk- und Ausdrucksweise ist mit dem Gedenken (hebr. *zkr*, griech. *anámnēsis*) viel stärker auch das Wirksamwerden und das Handeln verbunden. Wenn es z.B. heißt, Gott gedachte des Noe oder des Abraham, so bedeutet dies, daß er ihnen oder so wie ihnen Hilfe gewährt (Gen 8,1; 19,29). Dementsprechend ruft der Beter, daß Gott seiner gedenke, d.h. ihm beistehe (Pss 25,7; 74,2). V.a. geht es immer wieder darum, daß Gott seines Bundes und seiner Heilstaten gedenke, damit der einzelne oder Israel seine Hilfe aufs neue erfahre (Ps 105). Gottes Gedenken ist also wirksam und schaffend. In kultischer Feier gedenkt Israel der rettenden Taten Gottes und ist überzeugt, daß sie sich in der kultischen Begehung erneut verwirklichen. So gilt z.B. Pascha als „Gedenken", d.h. als Vergegenwärtigung des einstigen Befreiungsgeschehens, das sich nun erneut verwirklicht (Ex 12,14; mPes X,5).

3. Dieses Verständnis liegt auch zugrunde, wenn es in der pln und lk Überlieferung der Abendmahlsworte Jesu heißt: „Tut dies zur Erinnerung an mich!" (1 Kor 11,24; Lk 22,19) Weil dieser Auftrag bei Mk 14,22–25 fehlt, ist anzunehmen, daß er erst urchristl. hinzugefügt wurde. Außer der Aufforderung zur Wiederholung bringt das Gedächtnis-Wort zum Ausdruck, daß es sich bei der Feier nicht nur um Erinnerung *(mnémē)* handelt, sondern daß das Heil vergegenwärtigt und wirksam vermittelt wird, das durch Jesu liebende Lebenshingabe und durch seine Auferweckung ermöglicht worden ist.

4. Für das Leben der Christen und der gesamten kirchlichen Glaubensgemeinschaft ist und bleibt das Gedächtnis des Heilswirkens Gottes, besonders wie es sich in Leben, Sterben und Auferstehen Jesu Christi erwies, unüberholbar wichtig. Im Gedenken kann das geschichtlich einst und einmalig Geschehene heilswirksam werden für uns heute. Es vollzieht sich eine Vergegenwärtigung der ursprünglichen Heilstat. Das Gedenken geschieht v.a. im Wort der Verkündigung *(martyría)*, in der liturgischen Feier *(leitourgía)* und in der gelebten Christusnachfolge dienender Hilfsbereitschaft *(diakonía)*.

Lit.: E. Arens/ O. John/ P. Rottländer, Erinnerung, Befreiung, Solidarität, 1991; G. Braulik, Das Dtn und die Gedächtniskultur Israels, in: ders./ G. Gross/ S. McEvenue (Hg.), Bibl. Theologie und gesellschaftlicher Wandel (FS N. Lohfink), 1993, 9–31; H.-J. Fabry, „Gedenken" im AT, in: J. Schreiner (Hg.), Freude am Gottesdienst (FS Plöger), 1983, 177–187; X. Léon-Dufour, Abendmahl und Abschiedsrede im NT, 1983.

Alfons Weiser

GEDULD, Ausdauer, Großmut

→ Bedrängnis; Glaube; Gott; Hoffnung

1. Die Bedeutung des deutschen Worts Geduld umfaßt recht unterschiedliche Aspekte. Dasselbe gilt für die beiden griech. Entsprechungen im NT. Menschen gegenüber hat Geduld oft den Aspekt der Großmut oder Langmut *(makrothymía)*, d.h. des großherzigen Verzichts auf zorniges Eingreifen. Im Blick auf länger dauernde Schwierigkeiten, Leiden und Anfechtungen wird

Geduld zur Ausdauer oder Standhaftigkeit (seltener *makrothymía*, meistens *hypomoné*, wörtlich „Bleiben unter etwas"). Wenn diese Ausdauer auf ein Ziel ausgerichtet ist, kann Geduld geradezu die Bedeutung von beharrlicher Erwartung bekommen. Im Deutschen ist es oft angezeigt, das für viele etwas abgenützte Wort Geduld durch die in den Zusammenhang passende Entsprechung zu ersetzen.

2. Im profanen Griech. kommt die Geduld v.a. im Sinn der Standhaftigkeit und Beharrlichkeit vor. In der Tugendlehre gehört sie zur Tapferkeit (Aristoteles, Stoa). Es kennzeichnet die Kraft eines Helden, sich gegen mächtige Feinde und in schwierigen Situationen zu behaupten und Stehvermögen zu zeigen (Beispiele sind besonders Herakles und Odysseus). Hingegen gilt es als schimpflich, Demütigungen passiv („geduldig") zu ertragen.

In der LXX ist die Geduld als Großmut eine häufig genannte Eigenschaft Gottes, der aus Güte und Barmherzigkeit seinen Zorn zurückhält und Israel Zeit zur Umkehr gibt (z.B. Ex 34,6; 2 Makk 6,14). Für die Haltung des israelitischen Frommen ist die Geduld kennzeichnend und bedeutet (v.a. häufig in eschatologischen Zusammenhängen) das standhafte Harren auf Gott und sein Heil (z.B. Pss 24,5; 51,11; Mi 7,7). Sie rückt in diesen Fällen ganz nahe an die Bedeutung von „Vertrauen" und „Hoffnung" heran. In einer wiederkehrenden Formel werden die Gläubigen als „die auf den Herrn Harrenden" (z.B. Pss 24,3; 36,9) bezeichnet. Nur selten und in späten Schriften (v.a. in Ijob) liegt der Akzent auf dem tapferen Durchhalten von schwierigen Situationen.

3. Der ntl Begriff der Geduld schließt sich dem griech. und dem atl Gebrauch an, setzt aber charakteristische eigene Akzente. Im Sinn der Großmut ist die Geduld in der ntl Briefliteratur zunächst eine Eigenschaft Gottes. Sie ist Kennzeichen einer Frist, in der er aus Güte seinen Zorn zurückhält, um die Menschen zur Umkehr zu führen (Röm 2,4) und an ihnen seine Herrlichkeit kundzutun (Röm 9,22). Dieselbe Großmut wird in 2 Petr 3,9 Christus zugeschrieben, der mit seiner Wiederkunft zuwartet, um Zeit zur Umkehr zu geben. Die Geduld im Sinn der Großmut soll aber auch die Glaubenden prägen. Sie ist Frucht des Geistes (Gal 5,22) und ein Aspekt der Liebe (1 Kor 13,4). So erscheint sie mehrmals in Tugendkatalogen und Ermahnungen (1 Thess 5,14; Eph 4,2; Kol 3,12). Insbesondere soll sie das Werk des Apostels (2 Kor 6,6) und des mit der Verkündigung Beauftragten (2 Tim 3,10; 4,2) kennzeichnen.

Was die Geduld im Sinn der Ausdauer betrifft, lassen sich zwischen den ntl Schriftengruppen charakteristische Unterschiede feststellen. Im JohEv und in den JohBr fehlt sie ganz. Bei den Syn kommt sie nur selten und meist in eschatologischen Zusammenhängen vor: Wer in den Leiden und Verfolgungen der Endzeit geduldig durchhält, wird gerettet (Mk 13,13 parr; Mt 10,22).

Häufiger ist sie bei Pls. In unserer heilsgeschichtlichen Situation zwischen der schon erfolgten Erlösung und der noch ausstehenden Vollendung hat die Geduld als Grundhaltung des Glaubenden einen wichtigen Platz. Diese Zeit ist geprägt durch vielerlei Anfechtungen, Leiden und Verfolgungen. „Denn wir wissen, daß die ganze Schöpfung mitjammert und mitklagt bis zum Jetzt … Denn auf Hoffnung (hin) wurden wir gerettet … Wenn wir aber, was wir nicht schauen, hoffen, durch Geduld empfangen wir (es)" (Röm 8,22.24f). Die Geduld ist bei Pls somit ein Wesenszug der Hoffnung (vgl. auch Röm 5,4; 12,12; 15,4; 1 Thess 1,3) und bekommt von ihr die Kraft. Dabei ist Geduld durchaus eine aktive Tugend (Röm 2,7; 2 Kor 12,12). Anders als in der griech. Welt gehört für Pls aber auch das geduldige Ertragen von Leiden und Schmach zur Tugend der Geduld (Röm 5,4; 12,12; 2 Kor 1,6). Ihn selbst weist die Ausdauer in Leiden und Verfolgung als „Gottes Diener" aus (2 Kor 6,4) und macht ihn dem Herrn gleichförmig.

Ganz geprägt von der eschatologischen Spannung ist auch Jak 5,7–11, ein eindringlicher Aufruf zu Geduld und Beharrlichkeit. Aber sonst ist in den nachpln und den KathBr die Geduld nicht mehr so sehr von der Zukunftsperspektive bestimmt, als vielmehr mit dem Glauben und der Liebe verknüpft (1 Tim 6,11; 2 Tim 3,10; Tit 2,2). Stehvermögen im Glauben und von der Liebe geprägtes Handeln werden nun eingeschärft. So wird die Geduld zu einer christl. Tugend, die sich im Alltag (Kol 1,11) wie auch in Leiden und Verfolgungen (2 Thess 1,4; 2 Tim 3,10f; Hebr 10,32; 12,7; 1 Petr 2,20) bewähren muß. Entsprechend erscheint sie in Tugendkatalogen (1 Tim 6,11; 2 Tim 3,10; Tit 2,2; 2 Petr 1,6). In Jak 1,12 bekommt die Geduld eine ethische Wendung, wenn sie für die Standhaftigkeit in der Versuchung steht. Mehrmals wird auf Vorbilder der Geduld hingewiesen (in 2 Tim 3,10f auf Pls; in Jak 5,11 auf Ijob). Schließlich ist in Hebr 12,1–3 Jesus selbst das Vorbild; Geduld gehört zur Nachfolge Christi.

Für die Offb ist die beharrliche Geduld die entscheidende Haltung des Glaubenden in der schwierigen Zeit vor dem Ende. Gerade wegen ihrer Ausdauer werden die Gemeinden von Ephesus, Thyatira und Philadelphia besonders gelobt (Offb 2,2–3.19; 3,10). Dabei ist an die Standhaftigkeit in den Bedrängnissen und Verfolgungen gedacht, die Glauben und Leben der Christen bedrohen (Offb 1,9; 2,2f). Die Geduld wird so gleichbedeutend mit Christustreue und Martyriumsbereitschaft. Diese Treue wird der Herr mit seiner Solidarität in den kommenden Prüfungen und im Gericht vergelten: „Weil du bewahrtest mein Wort von der Ausdauer, werde auch ich dich bewahren …" (Offb 3,10).

4. Für viele Zeitgenossen hat die Tugend der Geduld einen schlechten Ruf. Sie gilt weithin als passive Tugend, die kraftlos wirkt und etwas Duckmäuserisches an sich hat. Der Blick ins NT macht deutlich, daß das ein Mißverständnis ist. Sie ist vielmehr eine ausgesprochen kraftvolle Tugend. Sie drückt die Standfestigkeit im Wirken und das Stehvermögen in widrigen Umständen aus. Wer hoffende Glaubensüberzeugung und apostolisches Engagement gegen alle Anfechtungen durchhält, ist im Sinn des NT geduldig.

Lit.: H. Riesenfeld, Zu *makrothymeín* (Lk 18,7), in: FS J. Schmid, 1963, 214–217; R.C. Spicq, Patientia, RSPhTh 19 (1930) 95–106; D. Zeller, Sühne und Langmut, ThPh 43 (1968) 62–70.

Franz Annen

GEHORSAM, Hören

→ Berufung; Botschaft; Freiheit; Geist;
   Glaube; Wort

1. „Hören" und „Gehorsam" sind heute gerade für Menschen der westlichen Welt aus unterschiedlichen Gründen umstrittene und schwierige Wörter: (a) Viele Menschen aus den reichen Industrie-, Freizeit- und Wohlstandsnationen sind einer sie betörenden und sich immer noch steigernden akustischen und visuellen Sinnesüberforderung ausgesetzt. Eine Kultur des Hörens und Sehens, auf der der christl. Glaube aufruht, wird dadurch in ihrem Kern massiv bedroht und tendenziell zerstört. (b) Das Wort Gehorsam trifft insbesondere durch die perverse Auslegung in der Ideologie des Nationalsozialismus zu Recht auf sehr sensible Ohren. Zu oft ist Gehorsam als Tugend mit dem Rücken zur Freiheitsgeschichte des Menschen eingefordert worden.

Gibt es nicht dennoch, vielleicht gerade wegen dieser nur angedeuteten Probleme guten Grund, „hören" und „Gehorsam" im Sinn der Bibel (!) neu zu befragen und in ihrem kritischen Potential neu zu entdecken? „Hören" und „Gehorsam" werden im NT vornehmlich mit *akoúō* (ca. 430 Vorkommen) und seinen Ableitungen, u.a. *akoē* (Kunde), *hypakoúō* (gehorchen) und (als bibl. Neubildung!) *hypakoḗ* (Gehorsam), zum Ausdruck gebracht. Übereinstimmend mit dem profangriech. Sprachgebrauch begegnen vorzugsweise die Verbformen (neben *akoúō* auch *peíthomai*; *peitharchéō*). Als Nominalbildung findet sich „Gehorsam" bei Pls (Röm 5,13; 6,16;

10,16; Phil 2,12) und in Eph 6,1.5; 2 Thess 1,8; 3,14; Hebr 5,9; 11,8 und 1 Petr 3,6. Zur Kennzeichnung familiärer, gesellschaftlicher und staatlicher Gehorsamsforderungen verwendet das NT auch *hypotássō* bzw. *hypotagḗ* (vgl. Röm 13,1–7; Eph 5,21.24; Kol 3,18; 1 Tim 2,11; 3,4; Tit 2,9; 3,1; 1 Petr 2,18; 3,1).

Im folgenden wird insbesondere das genuin bibl. Verständnis von „hören" (des Wortes Gottes) und dem Gehörten (als angenommenem Wort Gottes) entsprechend (= „gehorchen") herausgestellt.

2. Nach einem weitverbreiteten Urteil kommt dem Hören in der atl-jüd. Überlieferung (1159 Belege allein von *šm'* im AT) anders als in der geistesgeschichtlichen Tradition der griechischen Antike (von der sich Philo von Alexandrien beeinflußt zeigt) Vorrang vor dem Sehen zu. Diese Annahme hat Fuhs widerlegt.

Hören hat in der bibl. Überlieferung einen eminent schöpfungstheologischen und heilsgeschichtlichen Rang. Im Blick auf die Erwählung Israels ist es Gott, der beruft, dessen Wort ergeht, der gehört zu werden beansprucht (vgl. Dtn 6,4–7), der seinerseits auf die Klagen des Volkes hört und dem Israel Gehorsam schuldet (vgl. 1 Sam 15,22; vgl. die Forderung nach dem Bundesgehorsam als Gesetzesgehorsam, besonders in Dtn).

Die Propheten Israels mahnen und werben immer wieder für das je neue Hören des Wortes Gottes (u.a. Jes 1,2; 55,1–5; Jer 2,4; Am 3,1; Mi 1,2). In der bibl. Anthropologie und Bundestheologie meint Hören über das akustische Vernehmen hinaus die rechte ganzheitliche Disposition des Menschen, die ihn zu einer frei gewählten Bindung an den allein verpflichtenden und maßgebenden Willen Gottes (= Gehorsam) führen kann.

Auf diesem Hintergrund ist Hören ein bedeutendes weisheitliches Ideal (vgl. „Verleih deinem Knecht ein hörendes Herz"; vgl. 1 Kön 3,9.11; Spr 1,5; 8,32–34; 23,19).

3. Übereinstimmend mit der atl-jüd. Gewichtung des Hörens auf das Wort Gottes und des Gehorsams als freier willentlicher Annahme und Erfüllung seines Willens, liegt ntl hohes Gewicht auf der Ev-Verkündigung, die nur im gläubigen Hören und Annehmen an ihr Ziel gelangt (vgl. 1 Thess 2,13; Hebr 4,2). Christen sind in einem grundsätzlichen Sinn Hörer „des Wortes Gottes" (vgl. Lk 5,1; 8,21; 11,28; Apg 13,7), des „Wortes vom Kreuz" (1 Kor 1,18), des „Wortes des Herrn" (vgl. Apg 13,44; 19,10), „des Wortes der Wahrheit" (Eph 1,13).

Der Lebensweg Jesu, sein Leben und Sterben für die nahe Gottesherrschaft, ist in seiner Tiefe nur von seinem Eifer für die Erfüllung des hl. Willens Gottes her zu erfassen (Mt 4,1–11; Lk 11,2; Mk 11,15–19; 14,36; vgl. die reflektierenden Auskünfte Phil 2,6–11; Gal 4,4; Röm 5,19; Hebr 10,5–7; Joh 2,17; 4,34; 5,30; 6,38).

Die Jesusüberlieferung der syn Evv bewahrt und entfaltet die konstitutive Bedeutung und den Ernst des angemessenen Hörens für die Annahme der Reich-Gottes-Verkündigung Jesu und seiner Boten (vgl. Lk 8,18; 10,16; Mk 4,1–34; 6,11). Hören auf das Wort Gottes im Munde Jesu erfordert die ungeteilte Aufmerksamkeit und ganzheitliche Zugewandtheit zu Jesus (vgl. Lk 10,38–42). Zutrauendes Hören ist

bereits keimender Glaube. Solch anfanghaftes Vertrauen wächst im aufmerksamen Vernehmen der Botschaft Jesu zu dem von ihm geforderten Glauben (vgl. Mk 1,15), der in der entschlossenen Nachfolge praktische Gestalt annimmt. Umgekehrt ist es der in skeptischer Distanz verharrende Unglaube (vgl. Lk 7,31–35; Mk 5,17; 6,1–6a) bis hin zur Verstocktheit der Herzen (vgl. Mk 3,5; 6,52; 8,17), der ein gelingendes, das Leben umwendendes Hören nahezu unmöglich macht.

Vor- wie nachösterlich bleiben die Jünger Jesu Hörende: Als Nachfolgende sind sie bleibend in der Jüngerschule Jesu an sein Wort verwiesen. Ausweislich der Himmelsstimme: „Auf ihn sollt ihr hören!" (Mk 9,7) sind es die Worte Jesu, die Gottes eschatologischen Heilswillen vollmächtig (vgl. Mk 1,21–28) und verbindlich mitteilen und Gehorsam erheischen (vgl. Mk 8,31–38). Jesus selbst faßt seine ethische Forderung im Doppelgebot der Liebe zusammen: Mk 12,28–32.

Pls hält in Röm 10,17 fest: „So gründet der Glaube in der gehörten Botschaft, die gehörte Botschaft aber im Wort Christi" (vgl. 1 Thess 2,13; Gal 3,2; Eph 1,13). Das Hören der Frohen Botschaft setzt voraus, daß Gott „Freudenboten" sendet, die „Gutes verkündigen"; ihre Sendung kommt nur dann zum Ziel, wenn ihre Botschaft gehört und im Glauben angenommen wird (vgl. Röm 10,13–16). Bei Pls (und Joh) wird aus dieser inneren Konsequenz glauben und gehorchen mitunter synonym gebraucht: Röm 10,16; Gal 5,7; 2 Kor 9,13 (vgl. Joh 3,36; 12,47f; Hebr 2,2; 4,6.11). Als autorisierter Apostel Jesu Christi weiß Pls sich berufen, die Heiden zum „Glaubensgehorsam" zu führen (Röm 1,5; 15,18). Der geforderte Gehorsam gilt zunächst Gott (vgl. Apg 5,29) und Jesus Christus (vgl. 2 Kor 10,5f) bzw. der „Wahrheit des Ev" (Gal 2,14). Grundsätzlich gilt: „Die Verkündigung des Ev zielt auf jenen ‚Gehorsam', der im Glauben an Jesus besteht und in dem Jesu Anspruch in liebender Hingabe entsprochen wird" (Kertelge 24). In dieser Hinsicht ist sachgemäß auch von innergemeindlichem (und innerkirchlichem) Gehorsam zu sprechen – im Blick auf die ausdrückliche Bevollmächtigung durch Jesus (vgl. Lk 9,1–6; 10,1–16; Mt 16,18f) und auf die Vorsteher der Gemeinden bzw. die Gemeinde selbst (Mt 18,15–18; 1 Thess 5,12; 1 Kor 16,16; 1 Petr 5,5; Hebr 13,17).

In der Situation nachlassender Glaubenszuversicht, die er treffend als „Schwerhörigkeit" (5,11) diagnostiziert, sucht der Verfasser des Hebr seine Leser und Hörer neu für das „heute" notwendende und heilbringende Hören und Annehmen des Wortes Gottes zu gewinnen (vgl. 3,7f; 4,2). Dazu stellt er ihnen den Lebensweg ihres Vorläufers und Anführers im Glauben, Jesus Christus, vor Augen: Der, der selbst „durch Leiden den Gehorsam gelernt hat", ist „für alle, die ihm gehorchen, der Urheber ewigen Heils geworden" (Hebr 5,7–10). Das JohEv (vgl. die Worte über den „Parakleten": 14,16f.26; 15,26; 16,7–14) und die Offb bringen in dieses ntl Verständnis des Hörens auf den Willen Gottes die Wirksamkeit des hl. Geistes in und an der christl. Gemeinde ein: „Der Habende ein Ohr höre, was der Geist sagt den Gemeinden" (Offb 2,11 u.ö.).

4. Die Spiritualitätsgeschichte (vgl. nur den Prolog der Regula Benedicti) birgt viele wertvolle spirituelle Zeugnisse, die die grundlegende Bedeutung des Hörens auf die Stimme Gottes (vermittels der hl. Schrift, der lebendigen Verkündigung des Ev in der Kirche, des Geistwirkens) bekräftigen. Nach dem II. Vatikanischen Konzil ist die Gemeinschaft der Glaubenden (einschließlich der Inhaber des Lehramtes) zuallererst hörende Kirche; dies gilt auch bezüglich des ihr aufgetragenen Verkündigungsdienstes (vgl. Dei Verbum 10).

Vielleicht kann eine Rehabilitation des Hörens im Sinn der Bibel auch den spezifisch jüd.-christl. Sinn und Wert des Gehorsams aus vielfachen Engführungen und Abwegen herausführen: „Der Gehorsam gegen Gott macht frei angesichts menschlicher Totalitätsansprüche. Gott begrenzt die Freiheit des Menschen nicht. Er befreit sie zu ihren vollen Möglichkeiten" (Demmer 473).

Lit.: K. Demmer, Gehorsam, in: PLSp, [2]1992, 472f; H.F. Fuhs, Sehen und Schauen. Die Wurzel *hzh* im Alten Orient und im AT (FzB 32), 1978; J. Gnilka, Zur Theologie des Hörens nach den Aussagen des NT, BiLe 2 (1961) 71–81; K. Kertelge, Der Brief an die Römer (GS 6), [3]1989; W. Kirchschläger, Gott spricht verbindlich, 1992; H. Schürmann, Der Jüngerkreis Jesu als Zeichen für Israel, in: ders., Jesus – Gestalt und Geheimnis, 1993, 64–84; H. Schützeichel, Der Gehorsam in der Kirche, TThZ 101 (1992) 190–205; F.G. Untergaßmair, Ordensleben im Sinne der Bibel, 1994.

Klaus Scholtissek

GEIST, Wehen, Wind, Geistesgabe,
Paraklet

→ Auferstehung; Besessenheit; Fleisch;
Gemeinde; Gnade; Leib; Ostern;
Schöpfung; Seele; Zungenrede

1. Das oft mit Geist wiedergegebene
griech. Wort *pneûma* weist im NT
nicht immer schon auf den „hl. Geist"
im Sinn des späteren trinitarischen
Gottesglaubens. Seine Grundbedeutung ist Wehen, so daß es oft Wind
bedeutet oder Atem. Wie „der Wind
weht, wo er will", ohne daß man weiß,
„woher er kommt und wohin er
fortgeht" (Joh 3,8), so ist es auch mit
dem Geist und dem Atem. Erst wenn
der Mensch seinen Geist aushaucht
(vgl. Mt 27,50), wird erkennbar, daß
Atem und Geist Gaben sind, die der
Mensch besitzt, über die er aber nicht
verfügt. Wind, Atem, Geist sind Medium des Wirkens Gottes in Welt und
Mensch. Das erklärt die Besonderheit
des ntl Sprechens vom Geist, der v.a.
im Leben und Wirken Jesu erfahren
wurde, aber auch im Leben und Wirken seiner Jünger.
2. Basis des ntl Sprachgebrauchs ist
das AT. Gen 1,2 führt Gottes Geist
(rū͗ah) ein, der bei der Schöpfung am
Werk ist: Wie Wind zittert er über den
Wassern, wie Gottes Atem belebt er
die geschaffene Welt. Wind gilt selbst
als Gottes Atem (Ex 15,8.10), Winde
macht er zu seinen Boten (Ps 104,4).
Wie der Wind in der Schöpfung, so ist
der Atem der Hauch Gottes im Menschen (Ijob 27,3; Spr 20,27). Das bedeutet Lebenskraft, Elan, Wirkmög-
lichkeiten. Die Schöpfung lebt, wenn
Gott seinen Atem gibt; sie stirbt, wenn
er ihn entzieht (Ps 104,29f). Wie aus-

tauschbar Atem und Geist sind, wird
deutlich, wenn vom Geist gesagt wird,
daß er die Menschen erleuchtet, und
vom Hauch des Allmächtigen, daß er
sie verständig macht (Ijob 32,8). Wind,
Atem, Geist sind also wechselnde
Ausdrücke für Gottes machtvolles
Wirken in Welt und Geschichte, in der
belebten Natur allgemein und im
Menschen im besonderen. Der Geist
im Menschen ist im AT weithin
gleichbedeutend mit Seele; der Mensch
als ganzer ist geistgewirkt. In manchen Menschen aber – Kriegern, Propheten, Charismatikern – wirkt der
Geist in auffallender Weise (vgl. die
Bücher Ri und 1 Sam); auch bestimmte Phänomene – wie Ekstase, Entrük-
kungen, Offenbarungen – sind herausragende Wirkungen des Geistes (vgl.
Ez, Hos, Sach, Joël). Der Geist als
Sitz der Emotionen hat freilich nicht
nur positive Seiten: Zorn, Hochmut,
Bosheit, niedere Gesinnung usw. sind
zu beklagen; darum prüft Gott die
Geister und Herzen (Spr 16,2; 21,2).
In Qumran unterscheidet man Geister
der Wahrheit und der Lästerung (1 QS
3,13–4,26). Solches dualistisches Denken, das die vergängliche Welt des
Fleisches Gott und dem Geist entge-
genstellt (vgl. Jes 31,3), verstärkt sich
in der zwischentestamentlichen Zeit,
was im NT nicht ohne Spuren bleibt.
Andere Brücken zum NT bauen die
atl Aussagen, die den Geist Gottes
und sein Angesicht synonym für seine
Gegenwart verwenden (Ps 139,7), und
solche, die von der Geistausrüstung
des messianischen Königs sprechen
(Jes 11,2; 61,1ff).
3. Das NT nimmt *pneûma* in dieser
ganzen Bedeutungsvielfalt auf: Wehen, Wind, Hauch(en) kommen eben-

so vor (vgl. Joh 3,8; 2 Thess 2,8; Hebr 1,7) wie Atem, Odem, Seele (vgl. Mt 27,50; Joh 19,30; Apg 7,59; Jak 2,26 u.ö.). Geist im Sinn von Lebensgeist oder Lebenskraft ist dabei im allgemeinen von Seele nicht unterscheidbar; nur 1 Thess 5,23 findet sich die Dreiteilung Geist – Seele – Leib, aber solche Aufzählung darf man nicht sogleich systematisieren. Ansonsten stehen sich nämlich gegenüber: Geist bzw. Seele und Fleisch bzw. Leib (vgl. Röm 8,10; 1 Kor 5,3–5; 7,34 u.ö.). Typisches Beispiel: „Der Geist ist zwar bereit, das Fleisch aber schwach" (Mk 14,38). Geist meint in dieser Entgegensetzung den Sitz des Innenlebens, der Gefühle und des Willens, geistiger Haltungen und Gesinnungen, ist also Ausdruck des inneren Seins des Menschen, seines Ichs, seiner Personalität (vgl. Röm 1,9; 8,16; 2 Kor 2,13 u.ö.).

Nun rechnet das NT aber mit verschiedenartigen Geistern: Da gibt es die (dienstbaren) Geister (Gottes) (Hebr 1,14; 12,9; Offb 1,4; 3,1 u.ö.), daneben jedoch auch dämonische Geister (Mk 9,20; Lk 10,20 u.ö.). Insofern ist der Mensch – wie die ganze Welt – geradezu ein Kampfplatz guter und böser Geister (2 Kor 11,4; 2 Thess 2,2; 1 Joh 4,1–3; vgl. dazu 1 QS 3,13–4,26), und es gilt zu prüfen, wes Geistes Kind ein Mensch ist (1 Kor 12,10; 1 Joh 4,1b). Geist Gottes und Geist der Welt widerstreiten einander (vgl. 1 Kor 2,12–14; Gal 5,1; Joh 4,23f).

Jesus kam, die Herrschaft der bösen, unreinen Geister zu beenden und diese zu vernichten (vgl. Mk 1,23–27). Er wird – in den syn Evv – gedeutet als vom Geist (Gottes) erwählt, erfüllt

(Mk 1,10), ja in seiner ganzen Existenz bestimmt (Lk 1,35; Mt 1,18–20). In der Kraft des Geistes bewirkt seine Predigt den Anbruch des Reiches Gottes (Mt 12,28), in Dämonenaustreibungen und Krankenheilungen zeigt sich seine Macht über die unreinen Geister, wird der Durchbruch der Gottesherrschaft erfahrbar. Sein ganzes Wirken bezeugt den auf ihm ruhenden, durch ihn wirkenden Geist (Lk 4,18–21); er ist gesalbt mit hl. Geist und Kraft (Apg 10,38). Daher ist es eine Sünde wider den hl. Geist (Mk 3,28–30), ihm den Besitz göttlichen Geistes abzusprechen. Diesem verdankt Jesus schließlich auch seine Auferweckung von den Toten und seine Einsetzung zum Sohn Gottes (Röm 1,3f; 1 Petr 3,18). Als der Erhöhte gibt er seinen Jüngern den Geist (Joh 20,22; Apg 2,1–13.33).

Bei Pls findet sich eine Fülle von Texten, in denen sich diese lebendigen Geisterfahrungen der Anfangszeit spiegeln. In Korinth kommt es über der besonderen Wertschätzung auffälliger Geistesgaben zu Konflikten, die Pls zwingen, über den Geist und seine Wirkungen nachzudenken, Kriterien für wahre und falsche Geistphänomene zu entwickeln, um eine Unterscheidung der Geister zu ermöglichen. 1 Kor 12–14 zeigen sein Ringen. Erste Antwort: Es gibt zwar Unterschiede in den Begabungen, aber hinter allen stehen: derselbe Geist, derselbe Herr, derselbe alles in allen wirkende Gott (12,4–6). Solche „triadischen" Formeln wird man nicht schon als „trinitarische" verstehen dürfen: Bei Pls ist der Geist immer Medium des Wirkens von Gott und Christus, Kraftfeld, in dem die Christen leben. Das gilt insbesondere für die Gemeinde als „Leib Christi" (vgl. 12,12–31), in den der einzelne Gläubige bei der Taufe durch den Geist eingegliedert wird und in dem der Geist jedem Glied seine spezielle Funktion zuweist. Das steht hinter der zweiten Antwort des Pls: „Jedem aber wird gegeben die Offenbarung des Geistes zum Nutzen" (12,7); d.h., die gegenseitige Erbauung ist Sinn und Zweck aller Geistesgaben *(pneumatiká)*, die Pls gezielt als „Gnadengaben" *(charísmata)* interpretiert und an die Gemeinde bindet, um törichten Streit wegen herausragender Geistesgaben zu verhindern. So relativiert er, daß es einen objektiven Vorrang einzelner Funktionen in der Gemeinde gibt, v.a. den der Apostel, Propheten und Lehrer (12,28), und er kann auffordern, nach größeren (= wichtigeren, besseren) Gnadengaben zu streben (12,31): Alles ist Gnade, nicht Verdienst; und alles muß in Liebe geschehen (12,31b–13,13).

Der Geist ist es, der nach Pls die Gemeinde zu einer eschatologischen macht und sie zugleich geschichtlich durchwirkt. Nach 2 Kor 3,3 ist eine Gemeinde „ein Brief Christi" – besorgt durch den Apostel, geschrieben nicht mit Tinte, „sondern mit dem Geist des lebendigen Gottes": Der Geist gehört zum Wesen Gottes, geht von Gott aus, teilt sich den Glaubenden und Getauften mit und bestimmt ihre Existenz. Nach 1 Kor 2,10–16 ist der Geist mit Gott fast identisch: „Wir haben nicht den Geist der Welt empfangen, sondern den Geist aus Gott." Ähnlich spricht Pls auch vom „Geist Christi", dem „Geist des Sohnes" (Gal 4,6). Nach Röm 8,9–11 kann man geradezu von einer Austauschbarkeit der

Größen „Geist Gottes" und „Geist Christi" sprechen, und 2 Kor 3,17 scheint den Herrn und den Geist zu identifizieren. Dennoch bleibt eine Relation zu Gott und Christus als Differenz: Gott und Christus wirken durch das Medium des Geistes an und in der Gemeinde, in der alle erfüllt sind vom Geist, daher „Geistliche", ein „Tempel Gottes"; „der Geist Gottes wohnt in ihnen" (1 Kor 3,16). Dieser Geistbesitz aber muß sich auswirken: „Wenn wir im Geist leben, laßt uns auch im Geist wandeln" (Gal 5,25), d.h., der Geistbesitz ist Gabe und Aufgabe zugleich; er drängt zum Handeln und zur Veränderung der Welt. Die Früchte des Geistes sind vergleichbar dem, was die Jesustradition „Anbruch des Reiches Gottes" nennt: Gerechtigkeit, Freude, Friede usw., v.a. aber Liebe (vgl. Gal 5,22). Dabei ist der Geist nur Erstlingsgabe (Röm 8,23), Angeld (2 Kor 1,22) für eine Zwischenzeit, deren Vollendung aussteht (1 Kor 15,44–46).

Im Unterschied zu Pls, bei dem die lebendigen Geisterfahrungen im Zentrum stehen, realisiert Lk in seinem Doppelwerk ein heilsgeschichtliches Konzept, in dem zwar der Geist eine zentrale Rolle spielt, aber mehr im Sinn eines Glaubensbekenntnisses als einer erfahrenen Wirklichkeit. In strenger Parallele zu Jesus, der im Ev als alleiniger Geistträger vorgestellt wird, der als der Geistgezeugte (Lk 1–2), Geisterfüllte (Lk 3) und Geistgesalbte (Lk 4) kraft des Geistes sein Werk wirkt, sollen Pfingsterzählung, Pfingstpredigt und die Anfänge des Lebens der Urgemeinde (Apg 2) durch die Geistausgießung Kirche als vom Geist gewirkt und vom Geist geleitet vorstellen.

D.h., Lk ist überzeugt vom Wirken des Geistes in der Kirche, von der Lenkung der Kirche durch ihn usw., aber er hat keine lebendige Erfahrung mehr vom Geist. Pfingsten ist für ihn die Geisttaufe der Kirche durch den zum Messias und Gottessohn Inthronisierten (Apg 2,33). Die Ausgießung des Geistes über die Jünger markiert den Anfang des Weges des Zeugnisses (vgl. Apg 1,8); der Geist bestimmt den Weg der Zeugen (Apg 8,29; 10,19.44; 11,28; 13,2.4; 16,6f usw.); er ist es auch, der die Grenzen der Länder, Völker und Sprachen überwinden hilft. Mit „Pfingsten" liefert Lk also keinen Bericht, sondern eine Reflexion und eine Veranschaulichung einer Grundüberzeugung: Kirche lebt aus dem Geist, dem sie sich verdankt und der sie von Anfang an leitet.

Im joh Schrifttum stehen verschiedenartige Geistaussagen unvermittelt nebeneinander: apersonale und personale. In 11,33; 13,21 und wohl auch 19,30 ist die Geist-Seele Jesu angesprochen: Er „schnaubte im Geist", ist „erregt im Geist", „übergibt seinen Geist". Nach 1,32f erkennt der Täufer in Jesus den „Taufenden mit hl. Geist"; das erinnert an den vom Geist erfüllten Messias von Jes 11,2; 42,1–4 und verheißt besondere Geistbegabung für die Getauften. Als Messias hat Jesus den Geist „nicht nach Maß" (3,34); er ist mit Gottes Geist in unbeschränktem Maße ausgestattet. Dieser ist ein „lebenschaffender" Geist und steht im Gegensatz zur Welt des Fleisches (6,63). Wenn es 4,24 heißt: „Geist ist Gott, und die ihn Anbetenden müssen in Geist und Wahrheit anbeten", liegt keine Identifikation vor; der Geist ist vielmehr etwas von Gott Ausgehendes wie Licht, Liebe, Wahrheit usw. Auch in 20,22f liegt noch kein personales Verständnis vor: Der auf die Jünger ausgehauchte Geist meint und begründet die Wirk-Vollmacht, Sünden zu vergeben oder zu behalten. D.h., der Geist gehört zur Welt Gottes und der Wahrheit, als wirkende Macht vermittelt er die Geburt von oben, den Zugang zum Leben (vgl. 3,3.5).

All diesen apersonalen Aussagen stehen in den sog. Abschiedsreden (14–16) die als „typisch joh" geltenden Paraklettexte gegenüber, in denen den Gläubigen ein „anderer" Beistand, Anwalt, Fürsprecher usw. verheißen wird. Er ist Gabe des Vaters (14,16f), identisch mit dem „hl. Geist" (14,26), geschickt im Namen Jesu, und zwar in der Zukunft. Daß in 15,26f Jesus der Sendende ist, hebt nicht auf, daß der Vater der eigentliche Geber ist. Ziel der Sendung des Geistes ist: Zeugnis für Jesus und Gericht für die Welt (16,7b–11). Der Paraklet hat offenbar Stellvertreterfunktion; er bringt nichts Neues, führt nur ein in die ganze Wahrheit. Er kann daher erst kommen nach dem Weggang Jesu (7,39; 16,7). Sein Kommen konkurriert also mit der traditionellen Auffassung von der Wiederkunft Christi. Vermutlich stoßen im JohEv verschiedene theologische Konzeptionen aufeinander: In der judenchristl. Grundschrift dominiert die messianische Geisttaufe. Der Evangelist interpretiert diese neu als „Geburt von oben" (3,3.5). Charakteristisch für ihn ist der Dualismus einer Welt des Geistes, der Leben schafft, und einer Welt des Fleisches, das nichts nützt (vgl. 6,63). Mit seiner Gegenwartseschatologie vertragen sich aber keine traditionellen Wiederkunftgedanken. Diese wird vom Redaktor (v.a. in Kap. 15f) uminterpretiert in die Sendung des Parakleten; das bedeutet: Die Wiederkunft ist nicht ausgeblieben, sie erfolgte in der Sendung des Geistes; in ihm ist eigentlich Christus selbst präsent.

4. Hiermit ist im frühen Christentum der Weg beschritten zur trinitarischen Entfaltung des jüd. Monotheismus, wie er in der späten Taufformel von Mt 28,19 endgültig vollzogen scheint. Hatte sich das Christentum zuerst durch seine Christologie vom Judentum entfernt, so jetzt auch durch seine Pneumatologie. Zugleich zeigt sich eine „Entwicklungslinie" innerhalb des NT: Während Pls noch von den lebendigen Erfahrungen des Geistes ausgehen und seine vielfältigen Wirkungen schildern konnte, ist bei Lk diese lebendige Erfahrung verblaßt und der Weg von der Geisterfahrung zur Geistlehre beschritten, der im joh Schrifttum zu Ende geführt wird. Die Wirkungen des Geistes auf das Leben der Gemeinde und der einzelnen treten in den Hintergrund, trinitarisch-theologische Reflexionen dominieren. Wir, die wir so oft die „Geistvergessenheit" in der Kirche beklagen, stehen also am Ende einer langen Entwicklung.

Lit.: J. Adai, Der hl. Geist als Gegenwart Gottes in den einzelnen Christen, in der Kirche und in der Welt (RSTh 31), 1985; O. Kuss, Exkurs „Der Geist", in: ders., Der Römerbrief, 1. Lief., 1959, 540–595; J. Wijngaards, The Spirit in John, 1988.

Josef Hainz

GELD, Reichtum, Mammon

→ Armut; Besitz; Kollekte

1. Unter den Stichwörtern Geld, Reichtum, Mammon stoßen wir auf ein Grundproblem menschlichen Verhaltens, das sich in unterschiedlicher Weise zu allen Zeiten stellt und die Gesellschaft mehr oder weniger stark differenziert oder spaltet. Das Verfügen oder Nichtverfügen über Geld und Reichtum teilt Gesellschaften grundlegend in eine Ober- und Unterschicht mit unterschiedlichen Abstufungen im Zwischenbereich.
2. In ntl Zeit war die soziale Schichtung der Bevölkerung im Römischen Reich ziemlich ähnlich: Sie spaltete sich in eine Oberschicht aus Reichen und eine Unterschicht aus sehr und relativ Armen. Besonders in Palästina ging es auch der Gruppe der relativ Armen schlecht, breite Volksmassen verelendeten. In dieser Lage wurde die Kritik der Propheten an den Reichen neu vernommen und in apokalyptischem Horizont noch verschärft. In apokalyptischen Texten werden die Reichen in ihrem ungerechten Verhalten gegen die Armen verurteilt und mit ewigem Verderben bedroht (äthHen 94,6–9; 97,8–10; 1 QpHab 8,8–13; Jak 5,1–6; Offb 18,9ff). Während andere Texte des AT den Reichtum noch in positivem Licht gesehen und Armut als schweres Los beklagt haben, werden die Armen immer mehr zum Typus der Glaubenden, welche von Reichen bedrängt und unterdrückt werden. In diesem Horizont stehen auch die Jesusüberlieferung und einzelne Schriften des NT.
3. Geld wird als Zahlungs- und Besitzmittel auch in den ntl Schriften

selbstverständlich vorausgesetzt. Im 1. Jh. sind die verschiedensten Währungen und Münzen im Umlauf, eine größere Anzahl von ihnen wird auch im NT beiläufig erwähnt (Mk 6,37; 12,15; 14,5). Geld wird im NT nicht als Zahlungsmittel, wohl aber in bezug zu Gott und seinem Reich zum Problem. Nach der syn Instruktion dürfen die ausgesandten zwölf Jünger in zeichenhafter Armut kein Geld mit sich nehmen (Mk 6,8 parr). Habsucht und Vergötzung des Geldes werden radikal zurückgewiesen (Mt 6,24 par; Lk 12,15).

Reichtum *(ploûtos)*: In den syn Evv bezeugen drei Überlieferungsbereiche die kritische bis negative Haltung Jesu gegenüber materiellem Reichtum (Mk, Q, Lk Sondergut). Ein Reicher soll seinen Besitz an Arme verschenken und so Jesusjünger werden; er wagt den Schritt aber nicht und macht damit deutlich, wie schwer es für Reiche ist, in das Reich Gottes zu kommen (Mk 10,17–27 parr). Jesus warnt vor dem Schätzesammeln auf Erden (Mt 6,19–21 par) und fordert ein radikales Entweder-Oder zwischen Gott und dem Mammon (Mt 6,24 par). Die Jesusjünger/innen sollen alles Vertrauen auf Gott setzen, der für sie sorgt und sie damit von Sorge um Nahrung und Kleidung frei macht (Mt 6,25–34 par). Über diese Mk- und Q-Überlieferungen hinaus bietet das LkEv aus seinem Sondergut vielfältige besitzkritische Texte, darunter auch fünf Gleichnisse (Lk 12,16–21; 14,28–33; 16,1–9.19–31). Der Verfasser des LkEv will seinen Adressaten wohl zwei Alternativen bieten: den völligen Verzicht auf Besitz und Reichtum (Lk 14,33) oder großzügiges Verschenken eines Teils an Arme (Lk 19,1–10).

In der Apg bringt Lk die Kritik am Reichtum eher indirekt zum Ausdruck. Sie zeigt sich besonders in der idealisierend gezeichneten Gütergemeinschaft der Jerusalemer Urgemeinde (Apg 2,44f; 4,32–35). Danach haben Reiche ihren Besitz veräußert und den Aposteln gegeben, welche den Erlös für die Versorgung der Armen eingesetzt haben.

Mammon *(mamōnâs)* ist ein aram. Lehnwort, das nur in Jesusworten belegt ist (Mt 6,24; Lk 16,9.11.13). Mt 6,24 par erscheint der Mammon wie eine personifizierte, dämonische Macht, der gegenüber sich die Glaubenden ausschließlich für Gott entscheiden müssen. Der „Mammon der Ungerechtigkeit" (Lk 16,9) wird nur im Verschenken an die Armen recht genutzt und zu einem Mittler des bleibenden Lebens mit Gott.

Die besitzkritische Haltung der Jesusüberlieferung wird in 1 Tim 6,6–10. 17–19 in einer Warnung vor Reichtum und Ermahnung der Reichen aufgenommen und nur leicht, mit hellenistischen Wertungen verbunden, abgemildert. Der Jak ist im negativen Urteil über den Reichtum und die Reichen noch schärfer und übertrifft darin selbst die Wertungen der Jesusüberlieferung (Jak 1,9–11; 2,1–7.15f; 4,13–17; 5,1–6). Pls spricht fast ausschließlich vom Reichtum Gottes, der sich in Erbarmen, Gnade und Herrlichkeit an den Glaubenden in Christus erweist (1 Kor 1,5; Phil 4,19) und der auch letzter und unerforschlicher Grund der endzeitlichen Rettung Israels sein wird (Röm 11,12.33). Im Zusammenhang der Kollekte für Jerusalem erwartet er freilich auch, daß der geschenkte geistliche Reichtum des Glaubens in der Lauterkeit der materiellen Gabe für die bedürftige Gemeinde der Heiligen wirksam werde (2 Kor 8,9; 9,11). **4.** Für die Gegenwart bieten die Schriften des NT in der wichtigen Frage der Stellung der Christen zu Reichtum und Besitz weder für einzelne Glaubende noch für die Gemeinschaft der Kirche(n) Rezepte und klare Verhaltensnormen. Die kritische Distanz Jesu und wichtiger Bereiche der frühen Kirche zum Reichtum steht allerdings fest. Sie erlaubt Christen auch in der Gegenwart keinen selbstverständlichen Umgang mit Besitz, stoßen wir hier doch auf einen sensiblen Bereich, in dem sich der einzelne Glaubende wie die kirchliche Gemeinschaft zu bewähren haben.

Lit.: P. Dschulnigg, „Eher geht ein Kamel durch ein Nadelöhr…", in: G. Lange (Hg.), Reichtum der Kirche – ihr Armutszeugnis (Theologie im Kontakt 3), 1995, 61–82; M. Hengel, Eigentum und Reichtum in der frühen Kirche, 1973; R. Schnackenburg, Die sittliche Botschaft des NT, 2 Bde. (HThK.S 1.2), 1986.1988; F. Schnider, Der Jak (RNT), 1987.

Peter Dschulnigg

GEMEINDE, Gemeinschaft, Kirche

→ Apostel; Aufseher; Diener/in; Geist; Haus; Israel; Kopf; Lehre; Leib; Mahl; Prophet/in; Sünde

1. Bei Kirche denkt der heutige Mensch entweder an einen Kirchenbau oder an die Institution Kirche, bei Gemeinde an die sich zum Gottesdienst versammelnde bzw. durch ihn sich bildende Gemeinschaft. Das griech. NT hat für Kirche und Gemeinde nur ein einziges Wort: *ekklēsía*, und nur der Zusammenhang läßt erkennen, was gemeint ist. Allerdings kennt die ntl Zeit Kirche weder als Bau noch als Institution; hier steht Gemeinde für die konkrete Kirche am Ort, die Ortsgemeinde und ihre Versammlung, Kirche hingegen bezeichnet die universale Gemeinschaft der Gläubigen. Hinter dem deutschen Wort Kirche steht das griech. *kyriakè (oikía)*: „das dem Herrn gehörige (Haus)".

2. Die Herkunft des ntl Begriffs *ekklēsía toû theoû* (Gemeinde Gottes) ist ungeklärt. Eine Ableitung vom Verbum „heraus- oder zusammenrufen" führt zwar zu „Versammlung", aber dieser Aspekt spielt erst in der Mission auf hellenistischem Gebiet eine größere Rolle. Nun wird der Begriff in der LXX häufig benutzt, um den hebr. Ausdruck *qāhāl* Jahwe zu übersetzen, und viele halten diese „Sammlung oder Gemeinde Gottes" für die Vorlage der ntl Wortverbindung. Da Jesus seine Aufgabe in der Tat in der „Sammlung Israels" erblickte (vgl. Mt 15,24; 10,6), liegt es nahe, daß die Urgemeinde in Jerusalem sich selbst als diese „Sammlung Gottes" auslegte. Allerdings zunächst als Sammlung innerhalb Israels; denn daß die Kirche sich selbst als das „wahre Israel" und dessen Erbin verstehen lernte, ist erst das Ende eines längeren Prozesses der Ablösung der Kirche aus dem Kultverband Israel.

3. Damit stimmt überein, daß Pls – der als erster den Begriff „Gemeinde (Gottes)" verwendet – mehrfach erwähnt, die „Gemeinde bzw. Kirche Gottes" verfolgt zu haben (1 Kor 15,9; Gal 1,13; Phil 3,6). Verfolgt hat er nur die Jerusalemer Gemeinde, die Mutter aller Christengemeinden; schon die

Gemeinden in Judäa kannten den Verfolger Pls nicht mehr von Angesicht (vgl. Gal 1,22f). Pls übernimmt vermutlich das Selbstverständnis der Jerusalemer Urgemeinde als endzeitliche Heilsgemeinde, überträgt es aber auf jede einzelne Christengemeinde. Jede Gemeinde ist Kirche, „Sammlung bzw. Gemeinde Gottes" an ihrem Ort (vgl. 1 Kor 1,1f u.ö.). Nur betont Pls mehr nach hellenistischer Art den Versammlungscharakter von Gemeinde bzw. Kirche: Man versammelt sich, um Gemeinde zu sein bzw. zu werden (vgl. 1 Kor 11,18.20). Damit kommt zugleich stärker der Ereignischarakter von Kirche zum Ausdruck, den das Verständnis von Kirche als Institution verdeckt. Freilich ist das Zusammenkommen nur die Voraussetzung. Was die Versammlung zur „Gemeinde Gottes" macht, ist die Feier des Vermächtnisses Jesu. Die Gemeinde wird, was sie dann bleibend ist: „Gottes Ackerfeld, Gottes Bau" (1 Kor 3,9) bzw. „Leib Christi" (1 Kor 12,12ff; Röm 12,4ff). Gerade diese Auslegung einer christl. Gemeinde wird bei Pls besonders entfaltet. 1 Kor 10,16f verdeutlicht den Grundgedanken: Der Becher des Segens und das gebrochene Brot, an denen die Gläubigen beim Herrenmahl Anteil bekommen, stiften nicht nur eine individuelle personale Gemeinschaft mit Christus, sondern verbinden die Empfangenden zur Gemeinschaft des „Leibes Christi". Gemeinde bzw. Kirche sind also kein Interessenverband, sie sind eine durch den erhöhten Christus gestiftete Gemeinschaft *(koinōnía)*. Weil es aber die Korinther gerade daran fehlen ließen, kreisen 1/2 Kor so stark um die Themen Gemeinde und Gemeinschaft.

Gefährdet ist in Korinth die für Gemeinde konstitutive Feier des Herrenmahls selbst (vgl. 1 Kor 11,17ff). Sinnwidrige Feier des Herrenmahls kommt einer Verachtung der Gemeinde Gottes gleich (11,22). Gefährdend sind aber auch die gezogenen und v.a. die nicht gezogenen Konsequenzen im Blick auf die Gemeinschaft der Gemeinde (vgl. 1 Kor 11–14). Wenn nämlich Gemeindeglieder vom gemeinsamen Essen vom Herrenmahl ausgeschlossen (11,21f), Geistesgaben gegeneinander ausgespielt werden (12,1–31), zerstört das die Gemeinschaft ebenso, wie wenn Glieder des Leibes Christi nicht liebevoll miteinander umgehen (12,12ff) oder wenn gottesdienstliche Versammlungen aus dem Ruder laufen. Gemeinschaft braucht Ordnung. Darum erinnert Pls an den Sinn der Herrenmahlsstiftung beim Letzten Abendmahl (11,23–26), liefert er Kriterien für Geistes- bzw. Gnadengaben (12,4–11), erläutert er die Gemeinschaft einer Gemeinde als „Leib Christi" (12,12ff), gibt er Anordnungen für gottesdienstliche Versammlungen (14,1ff) – der Hausgemeinden bzw. der Gesamtgemeinde (dazu 14,23) – und stellt er Liebe, gegenseitige Erbauung und Ordnung als Leitbilder vor (13,1ff; 14,5.12.31.40). Zur Ordnung gehören auch die Amts- bzw. Funktionsträger, die Pls in seinen Briefen nennt: die Apostel, Propheten, Lehrer (12,28), die Aufseher und Helfer (Phil 1,1) – aus denen sich später Bischöfe und Diakone entwickeln –, alle, die sich um die Gemeinde kümmern (1 Thess 5,12), sich in den Dienst an der Gemeinde einordnen (1 Kor 16,15). So sollen alle unanstößig sein – nicht nur gegenüber Juden und Hellenen nach außen, sondern auch gegenüber der Gemeinde Gottes, also nach innen (vgl. 1 Kor 10,32). Nirgends scheint Pls von einer Gesamtkirche zu sprechen, immer hat er die einzelne Ortsgemeinde im Blick. Zwar hat so manche Aussage generelle Bedeutung (z.B. 1 Kor 10,32; 12,28), aber wenn Pls die Gesamtheit der Gläubigen ansprechen will, redet er von „Israel", „Volk Gottes" usw. Auch „Leib Christi" ist bei ihm nur die konkret am Ort Herrenmahl feiernde Gemeinde bzw. Gemeinschaft.

Das ändert sich in den dtpln Briefen an die Kol und Eph, die die Christologie ekklesiologisch und kosmologisch ausweiten, so daß der „Leib Christi" ein kosmologischer Begriff wird, geeignet, die weltweite bzw. universale Kirche zu umfassen (Kol 1,24). Als Weltenherrscher wird Christus jetzt als „Haupt" des Leibes Christi verstanden (Kol 1,17f; Eph 1,22f). Auf ihn hin wächst die Gemeinde bzw. die Kirche (Eph 2,20f; 4,15); von ihm her soll sie sich verstehen lernen (5,25ff).

Lk spiegelt in der Apg den Weg von den Anfängen mit ihren Ortsgemeinden bis hin zur Ausprägung eines universalen Kirchenbegriffs. Zunächst spricht er nur von der Gemeinde von Jerusalem und anderen Ortsgemeinden (vgl. 5,11; 8,1.3; 11,22; 12,1.5 u.ö.), wobei Stellen wie 8,1.3; 12,1.5, aber auch 18,22 die bei Pls gefundenen Sachverhalte stützen, daß Jerusalem zuerst sich „Gemeinde (Gottes)" nannte und daß Pls nur die Gemeinde von Jerusalem verfolgte. Jerusalem mit seiner Ordnung (vgl. Apg 15,4. 22f: Apostel, Presbyter = Älteste, Gemeinde) beeinflußt als Muttergemeinde aller Christengemeinden auch die weitere Entwicklung; bis zu seiner Zerstörung im Jahre 70 bleibt es Mittelpunkt der werdenden Kirche, und die Apostel in Jerusalem bleiben ihre Autoritäten. Das weitere Werden der Kirche spiegelt sich bei Lk in Apg 9,31, wo im Singular von „der Gemeinde in der ganzen Judaia und Galilaia und Samareia" die Rede ist, wo allerdings noch viele Handschriften richtig empfinden, daß eigentlich im Plural gesprochen werden müßte. In Apg 20,28 erreicht die Entwicklung schließlich ihren Höhepunkt; denn hier ist unbestritten erstmalig von „der Kirche Gottes" im Singular gesagt, daß Gott sie „sich erwarb durch das Blut des eigenen (Sohnes)". Und wenn im selben Text die anwesenden Presbyter auf ihre Bestellung als Episkopen (= Aufseher) hingewiesen werden, dürfte das zeigen, wie zur Zeit des Lk (in den 80er Jahren) die von Jerusalem herkommende presbyteriale Ordnung sich mit der in pln Tradition erwähnten episkopalen Ordnung verbindet. Der Weg zur *una, sancta, apostolica ecclesia* ist beschritten.

Ein auffälliger Tatbestand ist, daß weder Mk (um 70) noch Joh (um 100) noch der „Kirchentheologe" Lk (um 80/90) in ihren Evv etwas von einer Kirchengründung durch den historischen Jesus wissen. Von Gemeinde bzw. Kirche spricht allein Mt (ebenfalls um 80/90): Mt 16,18 bezeugt mit seiner Ausdeutung des „Petrus"-namens die „Felsen"-rolle des Petrus in der für die Zukunft verheißenen „Kirche Jesu". Daß Petrus diese Rolle gespielt hat, leidet keinen Zweifel. Sogar von Pls wird sie anerkannt (Gal 1,18).

Aus diesen mt Reflexionen über die nachösterlichen Entwicklungen zur Kirche als dem „wahren Israel" und die Rolle des Petrus in ihr darf man keine falschen Schlüsse ziehen: Weder Kirche noch Papsttum lassen sich so einfach aus dieser Stelle deduzieren. Und daß auch für Mt die Kirche aus Ortsgemeinden besteht, zeigt 18,17. Den Gemeinden wird dieselbe Vollmacht zugeschrieben, Sünden zu binden und zu lösen, wie in 16,19 dem Petrus – was bis heute bedeutet, daß der Papst keine andere Vollmacht hat als die, die der ganzen Kirche zukommt.

Hebr 2,12 und 12,23, v.a. aber die Gemeinde-Texte der Offb (v.a. Kap. 2 und 3) ergänzen die bisherigen Aussagen über Gemeinde bzw. Kirche mit dem Gedanken, daß die irdischen Gemeinden himmlische Entsprechungen haben.

Alle übrigen ntl Vorkommen (Jak 5,14; 3 Joh 6.9f) spiegeln nur das Leben von Ortsgemeinden.

4. Die meisten Impulse für Gemeinde bzw. Kirche von morgen dürften die PlsBr enthalten: Gemeinde als Gemeinschaft des „Leibes Christi"; geordnet, aber doch so, daß dabei die Fülle der Gnadengaben nicht verlorengeht, sondern fruchtbar wird zur gegenseitigen Erbauung; Gemeinschaft der Gemeinde als Frucht der Herrenmahlfeier, Gabe und Aufgabe zugleich; Einheit, aber eine geschenkte und nicht von Menschen herzustellende; jede Gemeinde eine Repräsentantin von Kirche; Kirche als Ereignis und weniger als Institution – uneingelöste Perspektiven für eine ökumenische Entwicklung. Und Schluß mit dem Streit über Jesus und Kirche:

Kirche ist das Ergebnis einer nachösterlichen Entwicklung, ausgelöst durch Jesu „Sammlung Israels" und bestimmt von seiner bleibenden Gegenwart als erhöhter Herr der Kirche, ein neues Gottesvolk aus allen Völkern (vgl. Mt 28,18–20). Und Hoffnung für „ganz Israel" – unter Einschluß des Judentums (vgl. Röm 9–11, v.a. 11,25f).

Lit.: H. Frankemölle, Jahwe-Bund und Kirche Christi (NTA 10), [2]1984; J. Hainz, Ekklesia, 1972; ders. (Hg.), Kirche im Werden, 1976; ders., Koinonia. „Kirche" als Gemeinschaft bei Pls, 1982; G. Lohfink, Wie hat Jesus Gemeinde gewollt?, 1982.

                                                                        Josef Hainz

GERICHT, Entscheidung, Richter

→ Bekehrung; Böse; Gut; Lohn; Recht

1. In der Theologie des AT, noch mehr in jener des Frühjudentums, des NT und in der christl. Tradition, nimmt der Gerichtsgedanke einen beherrschenden Platz ein. Er hat im Lauf der Geschichte viele Wandlungen und Neugestaltungen erfahren. Angesichts undifferenzierter und daher oft einschüchternder und erschreckender Pauschalvorstellungen von Gott als Richter ist an die Differenziertheit bibl. Gerichtskonzeptionen zu erinnern.

Bereits im 3. Jh. v.Chr. gibt es Hinweise auf ein Gericht Gottes, das die Taten des Menschen belohnt oder bestraft. Platon knüpft das Schicksal der Toten an den Richterspruch über ihr vorangegangenes Leben: Die Gerechten gelangen in den Himmel, die Ungerechten in den Tartarus. Ist eine Sühnemöglichkeit gegeben, können sie nach Sühnung ihrer Taten vom Tartarus in den Himmel gelangen. Aus der Grundbedeutung des Verbums *krínō* „sondern, scheiden, auswählen" werden die Wertung von Ausgesondertem („beurteilen, unterscheiden, auswählen" und „richten"), der/die Entscheidende bzw. Richtende, Beurteilende *(krítēs)* wie das Ergebnis des Richtens, die Entscheidung, der Beschluß *(kríma* oder *krísis)*, abgeleitet. Schließlich ergibt sich aus dem Vorgang des Beurteilens das Adjektiv „urteilsfähig" *(kritikós)*, das als Substantiv neben *krítēs* auch als Bezeichnung für Richter/in gebraucht wird.

2. Mit *krínō* (= richten) übersetzt die LXX v.a. die hebr. Wörter *šp̄t, dîn* (richten, strafen, hadern, zum Recht verhelfen) und *rîb* (zanken, prozessieren, einen Rechtsstreit führen). Dadurch erweitert sich die Bedeutung von *krínō* um die Begriffe „strafen, zum Recht verhelfen, prozessieren"; *šp̄t, mišpaṭ* drückt aber auch das Richten aus, das dem Herrscher als Funktion seines Herrscheramtes zukommt. In Israel liegt das Recht bei Gott (Dtn 1,17), sein Richterspruch richtet die Völker (Gen 11,1ff; Ps 67,5; Am 1,2; Joël 4,2; Mal 3,2ff). Bereits zu Beginn der Urgeschichte wird eine enge Verbindung von Volk und Gericht Gottes deutlich. Vom Sündenfall, der Ermordung Kains bis zum Turmbau von Babel steigern sich die Sünden der Menschen, die mit immer schwererem Gericht Gottes gestraft werden. Dennoch führt das nicht zur Vernichtung, sondern jede Strafe enthält noch die Möglichkeit der Bewährung. Der Strafaufschub, der auch in späterer Zeit immer wieder bei allen Strafen zutage tritt, wird mit der Gnade

Jahwes (1 Kön 21,29; 2 Kön 21,10ff; 23,26; 24,2) erklärt. Der Mensch akzeptiert das strafende Handeln Gottes, er preist das zu Recht ergehende Gericht Gottes. Diese Lobpreisungen (Gerichtsdoxologien) des gerechten Gerichts Gottes finden ihre extreme Form bei Ijob (9,3ff; 12,9–25; 26,5–13) und in den Lobpreisungen Achans vor seiner Hinrichtung (Jos 7,19). Gott ist Herr über Israel, er bestraft die Sünden, verwirft aber sein treuloses Volk nicht, der Bund bleibt bestehen. Dieses Verhältnis zu Gott sehen die großen Propheten grundlegend durch das auf Israel hereinbrechende Gericht in Frage gestellt, so, wenn Amos und die nachfolgenden Propheten das Ende Israels voraussagen: „Ich zerschlage das Winterhaus" (Am 3,15), „ich führe euch in die Verbannung" (5,27), „ich tilge es aus von der Erdoberfläche" (9,8). Nach Hosea ist das Gericht über Israel schon angebrochen. Die Taten Israels sind „vor seinem Angesicht" (Hos 7,2). „Er wird es züchtigen" (5,2); „er fängt es wie ein Jäger" (7,12).

Innerhalb des Rechtssystems des Volkes dient das Gericht zur Wiederherstellung des gestörten Friedens der Gemeinschaft durch die Gemeinschaft selbst. Nach der Landnahme wurde das Gericht durch die Stammesältesten und Oberen im Dorf und der Stadt ausgeübt, später ging die Funktion auf Amtsleute über, so in Jerusalem (Dtn 1,15ff; Jes 1,23; Jer 26).

In der nachexilischen Zeit und im Frühjudentum gewinnt der Gedanke des göttlichen Gerichts an zentraler Bedeutung, da dieses im Gegenzug zur Störung der Schöpfungsordnung und des göttlichen Weltregiments

durch die sündige Menschheit endgültig Gottes Gerechtigkeit und seine
siegreiche Herrschaft erweist. Das
Gericht wird als ein zentrales Moment
in einer Abfolge endzeitlicher Ereignisse und Glaubensinhalte wie Tag
des Herrn, Sammlung der verstreuten
Israeliten, Herrschaft des Messias,
Auferstehung der Toten, Erscheinen
des Paradieses und des endzeitlichen
Strafortes, der Hölle, erwartet. Innerhalb dieser Enderwartung haben sich
unterscheidbare Gerichtskonzeptionen
ausgebildet: 1) der Zorn Gottes: Zorn
bezeichnet sowohl das Aufwallen des
göttlichen Unmuts gegenüber dem
Frevel seiner Geschöpfe wie das von
diesem Unmut ausgelöste, vom Himmel herab andringende Unheils- oder
Vernichtungsgeschehen (1 Makk 3,8;
Sir 7,16; Jub 24,30; äthHen 55,3; Sib
5,75ff; vgl. im NT Mt 3,7; Röm 1,18;
2,5; 1 Thess 1,10; Offb 6,16f; 11,18).
2) das Erlösungs- oder Heilsgericht:
Gott kommt aus seiner himmlischen
Wohnung, um zugunsten seines Volkes bzw. der Auserwählten siegreich-
heilschaffend in das Weltgeschehen
einzugreifen (äthHen 1,3b–8; AssMos
10; 4 Esr 4 [6],13–20; im NT bezogen
auf die Parusie des Christus: Mk
13,24–27 parr; 2 Thess 1,5–10; Offb
11,15.17f). 3) das Vernichtungsgericht:
Es droht allen jenen, welche Gott die
schuldige Anerkennung verweigern,
den endzeitlichen Untergang an; in
seinen Auswirkungen trifft es sich mit
der Konzeption vom „Zorn Gottes";
die Feinde Gottes müssen vor ihrer
Vernichtung noch die schuldige Unterwerfung nachholen, allerdings nun
ohne Aussicht auf die Heilsteilhabe
(äthHen 62,9f; 63,5–10; vgl. im NT
Mt 24,30). 4) das Rechtsverfahren vor

dem Richterthron: Konstitutiv für diesen Gerichtstyp ist, daß auf ein gere-
geltes Verfahren Wert gelegt wird; der
folgenden Abstrafung oder Vernichtung der Sünder liegt ein begründetes
Urteil zugrunde (Dan 7,9f; äthHen
62,3; 90,20; vgl. Weish 4,20–5,14).
Richter ist gewöhnlich Gott, der Wel-
tenherr (Jes 33,22; Mal 3,5; Dan 7,9–
12; äthHen 91,7; 4 Esr 5 [7],33); in
den Bilderreden des äthHen ist die
Durchführung des Gerichts dem „Menschensohn" oder „Erwählten" übertragen (äthHen 45,3; 46,3 u.ö.).
3. Im NT wird die Wortgruppe *krínō*
und *kríma* mit ihren Ableitungen sowohl im Sinn von „urteilen, entscheiden, den Vorzug geben und gut heißen" (z.B. Mt 7,1f; Lk 7,43) als auch
im engeren juristischen Sinn von „vor
Gericht ziehen, verurteilen, richten,
strafen, streiten (vor Gericht)" gebraucht. So findet sich unter Gericht:
die Behörde (Mt 5,21), das Urteil des
Menschen über andere (Joh 7,24) und
der Richter (Mt 12,27; 20,18; 27,3;
Mk 14,64; Lk 24,20). Im Rückgriff
auf die LXX kommt *krínō, kríma* auch
in der Bedeutung „richten" als Befugnis der Jünger und Märtyrer (Mt
19,28; Lk 22,30) und im Sinn von
„Gericht, Recht" (Mt 12,18; 23,23;
Apg 8,33) vor.
In Q erscheint *krínō* in der Warnung
Jesu vor dem menschlichen Richten.
Nur Gott steht ein Urteil zu, der Richtende wird selbst gerichtet (Mt 7,1
par). Q bezeugt, daß die Predigt Johannes' d.T., die Reich-Gottes-Botschaft
Jesu und die nachösterliche Israelpredigt der „Gruppe Q" vom Gedanken
des andringenden Gerichts Gottes bestimmt war, welches nun gerade Israel
bedroht. In der Täuferpredigt steht der

Gedanke des nahen Zorngerichts Gottes im Vordergrund, welches für Israel
die Vernichtung bedeutet, wenn es
sich nicht bekehrt und der Taufe unterzieht (Mt 3,7–10). Die Predigt Jesu
setzt die Gerichtsankündigung und die
Umkehrpredigt des Täufers voraus; im
Vordergrund steht der Heilsaspekt der
Zeitenwende. Die Israelpredigt der
„Gruppe Q" stellt zunehmend heraus,
daß Israel durch die Abweisung der
Boten Jesu seine letzte Heilschance
vor dem Gericht verpaßt hat (Mt
10,15; 11,22.24; 12,41f).

Im MtEv ist der Gerichtsgedanke von
zentraler Bedeutung; so in der Bergpredigt (Mt 5,22.26.29f; 7,1f), der
Jüngerrede (10,28.33), den Himmel-
reichsgleichnissen (13,30.47–50), den
Wiederkunftsgleichnissen (24,50f;
25,1ff.30.41–46), in der Auseinandersetzung mit dem Volk (11,20–24;
12,41f; 21,40f; 22,7; 23,28), den
Schriftkundigen und den Pharisäern
(12,32; 23,13–33). In Mt 8,11f; 13,42.
50; 22,13; 24,51; 25,30 wird auf den
Vollzug des Gerichts, die Trennung
von Bösen und Gerechten (13,47–50),
den Lohn für die Frommen und die
Strafe für die Ungerechten (22,13)
hingewiesen. Dabei werden vom Gericht und der Strafe nicht nur Personen und Personengruppen wie z.B.
Reiche (19,23), Schriftkundige und
Pharisäer (23,33) erfaßt. In besonderen Gerichtsreden droht Mt den un-
bußfertigen Städten Israels (11,20–
24). Die Strafandrohung gegen Israel
(23,34–36) als Vergeltung für den Tod
der christl. „Propheten und Weisen
und Schriftkundigen" wird fortgesetzt
durch die Gerichtsrede gegen Jerusalem (23,37–39) und endet schließlich
in der Ankündigung des Gerichts über

alle Völker (25,31–46). Der Menschensohn richtet und grenzt Gute und
Böse gegeneinander ab. Die Bösen
gehen „ewiger Strafe" entgegen, „die
Gerechten aber zum ewigen Leben"
ein. Vor dem göttlichen Gericht gibt
es Rettung nur durch Vergebung, nicht
durch menschliche Leistungen. Jesus
verheißt den Jüngern, daß er sich vor
dem göttlichen Richter zu ihnen bekennt (Mt 10,32). Durch ihn gibt es
eine Befreiung vom göttlichen Gericht; er bringt Gottes Vergebung (Mk
2,10).

Im JohEv steht der Rettungsgedanke
im Vordergrund. Jesus ist gesandt, die
Welt zu retten, nicht sie zu richten
(3,17f; 8,15; 12,47). Die Stunde des
Gerichts ist gegenwärtig mit dem Tod
des Sohnes, dem Heimgang zum Vater. Das Gericht entmachtet den Für-
sten der Welt und macht die Welt frei.
Wer an Christus glaubt, wird nicht
gerichtet, er ist vom Bereich des Todes in das Leben hinübergegangen
(5,24). Die Gegenwart des Gerichts
schließt das Endgericht nicht aus; die
Verheißung an den Glaubenden, er
„werde nicht ins Gericht kommen",
setzt ein Endgericht voraus.

Die PlsBr lassen erkennen, daß die
Missionsbotschaft des Pls sich gleichfalls vor dem Hintergrund des von Johannes d.T. angekündigten nahen Ge-
richtsgeschehens vollzog; dieses bedroht die Heidenvölker ebenso wie Israel; Bekehrung, Glaube und Rechtfertigung bringen Verschonung und
Rettung aus dem drohenden Untergang (Röm 1,16.18ff; 1 Thess 1,10).
Differenzierter wird das Endgericht in
Röm 2,5–11 als ein universales, alle
Menschen ohne Rücksicht auf religiöse Privilegien betreffendes Gericht

nach rechtlichen Maßstäben dargestellt (vgl. Mt 16,27; Joh 5,27–29;
Apg 17,31; 1 Petr 1,17; Offb 20,11–
15). Röm 14,10 und 2 Kor 5,10 (vgl.
1 Kor 3,13; 4,1–5) erinnern die Gemeinde bzw. die einzelnen Christen
daran, daß auch sie vor den Richter-
stuhl Christi treten und ein Gericht
nach den Werken erfahren werden.
Taufe und Rechtfertigung verpflichten
sie zu einem Wandel im Dienst der
„Gerechtigkeit" (Röm 6,15–23), verheißen ihnen Verschonung vor dem
göttlichen Zorngericht und die Teilhabe an der endzeitlichen Herrlichkeit
und Gottesgemeinschaft (Röm 5,1–
2.9–10; 8,1f).
Im NT wird häufig von Gott als dem
Richter gesprochen (Mt 18,34f; Joh
8,50; Röm 2,2–11; 3,6; 14,10; Hebr
10,30f; 1 Petr 1,17; 2,23; Offb 18,8);
daneben erscheinen Jesus, der Menschensohn oder Christus als Richter
(Mt 16,27; 25,31–46; Lk 21,36; Apg
10,42; 17,31; 2 Kor 5,10; 2 Tim 4,1).
Im Rahmen der Vorstellung von einem himmlischen Gerichtshof, die
sich u.a. aus Dan 7,9–14 entwickeln
konnte, oder von der Throngemein-
schaft zwischen Gott und dem erhöhten Christus wird auch von einem von
Gott und Christus durchgeführten Gericht gesprochen (Röm 2,16; 1 Kor
4,5; Offb 6,16f); weitere Teilhaber am
Gerichtsgeschehen: die Zwölf (Mt
19,28; Lk 22,30) oder die „Heiligen"
(= die Christen) (1 Kor 6,2f) als Teilhaber an der Herrschaft Gottes.
4. Der Begriff „Gericht Gottes" wurde
später – möglicherweise zurückge-
hend auf Gottes Strafgericht in Apg
5,5.10 – im christl. Gemeinschaftsle-
ben, dann im Rechtssystem (z.B. in
der Inquisition) für einen geforderten

sofortigen – oder bereits eingetreten–
angeblichen – göttlichen Richterspruch
zur Entscheidung einer Rechtssache
gebraucht. Weiter wurde der Gerichtsgedanke mit der bevorstehenden Ab-
rechnung der irdischen Verfehlungen
(Fegefeuer, ewige Verdammnis) und
der Strafe Gottes beim Endgericht,
dem „Jüngsten" Gericht, in Verbindung gebracht und entsprechend konkretisiert und ausgeschmückt. Die
theologische Reflexion hat die bibl.
Aussagen aufgenommen und eine gerechte und endgültige Scheidung von
Guten und Bösen durch das Gericht
des Menschensohns angenommen.
Thomas von Aquin hat erstmalig in
aller Deutlichkeit die bis dahin schon
häufiger vorgenommene Zweiteilung
des Gerichts Gottes begründet. Danach
untersteht der Mensch sowohl als einzelner als auch als Teil der Menschheit dem Gericht. Direkt nach dem
Tod wird er dem besonderen Gericht
unterworfen, das über seine Taten
Strafe oder Belohnung verhängt, beim
Endgericht wird der Mensch, wenn
der Leib aufersteht, als Teil des Men-
schengeschlechts in bezug auf Leib
und Seele gerichtet. Während in der
lat. Kirche der Strafcharakter des göttlichen Gerichts im Vordergrund stand,
wird seit Luther in der protestanti-
schen Theologie der Strafcharakter
des Gerichts zwar nicht aufgehoben,
er tritt aber zurück; denn der im Glauben gerechtfertigte Mensch braucht
das Gericht Gottes nicht zu fürchten.

Lit.: J. Blank, Krisis, 1964; E. Brandenburger, Studien zur Geschichte und Theologie
des Urchristentums (SBAB 15), 1993; H.-J.
Klauck (Hg.), Weltgericht und Weltvollendung (QD 150), 1994; M. Mattern, Das Verständnis des Gerichts bei Pls, 1966; G. v.

Rad, Theologie des AT, 2 Bde. (KT 1.2), [10]1992.[10]1993; A. Sand, Das Ev nach Mt (RNT), 1986; E. Synofzik, Die Gerichts- und Vergeltungsaussagen bei Pls (GTA 8), 1977.

Lutz Simon

GESETZ, Brauch

→ Beschneidung; Freiheit; Gebot; Glaube; Israel; Reinheit; Schrift; Sünde; Weisheit

1. Im Griechentum ist das Gesetz *(nómos)* die in Geltung stehende Lebensordnung und auch Willensausdruck der Gottheit. Im AT werden Weisungen Gottes mit unterschiedlichem Inhalt immer mehr unter den Leitbegriff *tôrāh* gestellt, was in der LXX meistens mit *nómos* (Gesetz) übersetzt wird. Gesetz wird so zum leitenden Ausdruck für die Weisungen, die Gott an Israel gegeben hat, nachdem er es aus der Knechtschaft befreit hat. Es wird so auch Inbegriff der Lebensordnung von Gott her, in der sein Volk steht und bleiben soll. Im NT wird das Wort Gesetz *(nómos)* 195mal verwendet, davon allein 118mal von Pls. Dabei werden Bedeutung und Funktion des Gesetzes in den einzelnen ntl Schriften verschieden gesehen, was auch davon abhängt, ob sie besonders auf juden- oder heidenchristl. Adressaten ausgerichtet sind. Grundsätzlich aber wird das Gesetz im NT überall anerkannt, wenn es auch in unterschiedlichem Ausmaß durch Christus relativiert wird und in Teilbereichen außer Geltung gestellt werden kann. Von Brauch, Sitte *(éthos)* spricht das NT nicht häufig; am meisten wird das Wort im lk Doppelwerk verwendet, wo es in der Apg mehrfach praktisch die Bedeutung mosaisches Gesetz annimmt (Apg 6,14; 15,1).

2. Das AT verwendet für Gesetz verschiedene Begriffe. Gesetze umfassen inhaltlich Anordnungen zum Zivil- und Strafrecht, zu Ethos und Kult. Im Dtn wird dann für Gesetz umfassend die Bezeichnung Tora verwendet und von hier aus später auf die fünf Bücher Mose insgesamt übertragen. Im Dtn wird auch die theologische Grundlage des Gesetzes deutlich: Israel ist das von seinem Gott in Liebe erwählte Volk, das er aus Ägypten befreit hat. Gott gibt Israel mit dem Land zugleich das Gesetz. An der Stellung zum Gesetz entscheiden sich Leben und Tod, Segen und Fluch. Bund und Gesetz, Zusage und Verpflichtung gehören zusammen. Das Gesetz wird zu einem Wesenselement der Identitätsfindung und -bewahrung Israels. Von der nachexilischen Gesetzesfrömmigkeit zeugen einzelne Psalmen (Pss 1; 19,8–15; 119). Ihr Grundton ist die Freude am Gesetz, das gut, glückbringend, aufbauend und lebensfördernd ist. In Sir 24 wird die Weisheit mit dem Gesetz identifiziert, womit die universale Dimension des Gesetzes herausgestellt und zugleich auch weisheitliche Überlieferung und Paränese zum Gesetz wird. Im Frühjudentum herrschte weitgehend ein Grundkonsens über das Gesetz: Es ist Grundlage der Existenz Israels, wird als Gabe und Geschenk Gottes verstanden und allen anderen Überlieferungen vorgeordnet, so daß Mose die entscheidende Offenbarergestalt ist. Grundsätzlich sind die Gebote der Tora zu halten, aber nicht äu-

ßerlich, sondern aus Gottesfurcht und ganzheitlichem Gehorsam. Allerdings gab es auch kritischere Einzelstimmen: In 4 Esr wird eingewendet, daß das gute Gesetz am bösen Herzen des Menschen scheitert (3,20–22). Prophetische Einzelverheißungen sprechen davon, daß das Gesetz nur in einem (neuen) Herzen und Geist gehalten werden kann (Jer 31,31–34; Ez 36,26f). Diese kritischen Einzelstimmen werden im NT besonders von Pls aufgenommen, aber auch andere wissen darum, daß das Ziel des Gesetzes, die umfassende Liebe, nur aufgrund der Befreiung durch Christus möglich wird.

3. Die Stellung Jesu zum Gesetz ist umstritten und nicht sicher zu klären. Im Unterschied zum Frühjudentum steht bei Jesus allerdings nicht das Gesetz im Zentrum, sondern die Verkündigung des anbrechenden Reiches Gottes. Damit wird das Gesetz vorweg relativiert, aber nicht aufgehoben. Jesus anerkennt vielmehr den Dekalog (Mk 10,19 parr; 7,10 par) und bestimmt die Gottes- und Nächstenliebe (Dtn 6,5f; Lev 19,18) zur Mitte aller Weisungen Gottes (Mk 12,28–31 parr). Von diesem Zentrum her aber werden kritische Korrekturen an Einzelweisungen des Gesetzes möglich (Mk 10,2–9 par; Mt 5,34 37), aber auch konkrete Übertretungen der Reinheitstora (Mk 1,41 parr), die Jesus selbst aber noch kaum grundsätzlich verworfen hat (trotz Mk 7,15 par).

Das MtEv spricht ausdrücklich vom Gesetz und thematisiert es in grundsätzlicher Weise, so besonders 5,17–20. In dieser Grundsatzerklärung vor den folgenden Antithesen wird festgehalten: Jesus ist nicht gekommen, das Gesetz aufzuheben, sondern zu erfüllen. Das Gesetz bleibt in allen Teilen bis zur Weltenwende in Kraft. Vor diesem Hintergrund sind die Antithesen (5,21–48) als Radikalisierungen und Transformierungen von Gesetzen, nicht aber als Auflösung zu verstehen. Das Gesetz wird von Jesus in der goldenen Regel (7,12) und im doppelten Liebesgebot zentriert (22,34–40). So bleibt das Gesetz im MtEv grundsätzlich und in allen Teilen gültig, aber seine Autorität ruht nun in Jesus, dem Messias, der es vertieft, radikalisiert, vom Liebesgebot her auslegt und es gerade so vollendet aufrichtet. Das MtEv entstammt dem gesetzestreuen Judenchristentum, das sich aber dennoch für die Mission der Völker geöffnet hat und diese durch Taufe und Befolgen der Gebote Jesu an der Jüngerschaft teilhaben lassen will (28,16–20).

Das lk Doppelwerk betont im LkEv zunächst auffallend die Gesetzestreue der Eltern des Täufers und Jesu (Lk 1f). Aber auch Jesus selbst werden Konflikte mit dem Gesetz erspart (Fehlen von Mk 7 und 10,1–9 im LkEv). Jesu Verkündigung des Reiches Gottes bestimmt zwar die neue Zeit, sie setzt aber Gesetz und Propheten nicht außer Kraft, das Gesetz bleibt vielmehr in allen Einzelheiten gültig (16,16f). Das Gesetz und die ganze Schrift sind als Verheißung auf Jesus hin zu lesen und werden in Tod und Auferstehung des Messias erfüllt (24,26f.44ff). Auch die Apg betont die Gesetzestreue der Jerusalemer Urgemeinde unter Führung der Apostel und hebt diese selbst bei Pls auffallend hervor. Nur Stephanus, der Führer der Hellenisten, verwirft den Tempel, klagt aber gerade seine Gegner der Untreue zum Gesetz an (6,8ff; vgl. 7,53). Die Judenchristen und ihre Exponenten werden so als gesetzestreu dargestellt. Allein für die Heidenchristen werden durch Petrus Reinheitsgebote und Beschneidung aufgehoben (Apg 10,1–11.18; 15,5–12), der Apostelkonvent macht die Heidenchristen aber durch die Auflage des Aposteldekrets (15,20.29) für die Judenchristen gemeinschaftsfähig.

Das JohEv spricht 14mal vom Gesetz und macht gleich bei 1,17 deutlich, daß die Gnade und Wahrheit in Christus das Gesetz des Mose überragt. Dennoch wird das Gesetz grundsätzlich positiv gesehen. Das Gesetz, die Propheten und die Schrift legen einhellig Zeugnis für Christus ab (1,45; 2,22; 5,39.45–47). Die Juden sind wegen ihres Unglaubens zu Feinden Jesu geworden. Sie handeln so gegen das Gesetz, auf das sie sich zu Unrecht berufen (5,45–47; 7,19–24.51). So haben sie das Gesetz des Mose verkehrt und zu ihrem eigenen gemacht, das jetzt sogar den Tod des Sohnes gebietet (19,7). Die joh Gemeinde aber hält anders als ihre Gegner das Gesetz (7,19.23; 10,35; 1 Joh 3,4) und betrachtet Christus als den Vollender und Erfüller des Gesetzes, durch den ihr Gnade, Wahrheit und Leben geschenkt ist (1,17).

Pls behandelt im NT das Gesetz am ausführlichsten (v.a. im Gal und Röm). Dennoch entwickelt er keine Lehre über das Gesetz, sondern kommt im Gal im Kampf gegen Judaisten polemisch auf das Gesetz zu sprechen, während er im Röm das Gesetz positiver sieht. Die Aussagen des Pls sind schwierig zu verstehen und werden kontrovers beurteilt. Am Ausgangspunkt stehen biographisch-christologische und missionarische Grunderfahrungen: Pls hat als Jude das Gesetz untadelig gehalten, aber in der Berufung durch Christus erfahren, daß Gerechtigkeit und Heil allein von Christus kommen (Gal 1,13–16; Phil 3,5–11). Die Heiden sollen in der Mission allein durch den Glauben an Christus zum Heil finden, Beschneidung und Einhaltung aller Gesetze sind von ihnen nicht zu fordern; denn durch Werke des Gesetzes wird niemand gerecht (Gal 2). Aus diesem Erfahrungshorizont formuliert Pls negative (Gal 2,16; 3,10.13; Röm 4,15) und positive (Röm 2,20; 7,12.14) Aussagen über das Gesetz. Wie aber kann das gute und geisterfüllte Gesetz, das Gott den Menschen zum Leben gegeben hat, ihnen zu Fluch und Tod werden? Ist es etwa selbst Sünde? Dies weist Pls energisch ab (Röm 7,7). Das Gesetz ist nicht Sünde, vielmehr ist der Mensch von der Sünde geprägt, Sklave der Sünde, und so wird ihm das Gesetz zur Veranlassung zur Sünde (vgl. Röm 7,7–13). Er wird deshalb zum Übertreter des Gesetzes, das ihn verurteilt, so daß er unter dem Fluch des Gesetzes steht. Aus dieser Situation des Fluches und des Todes infolge der Sünde befreit Christus die Glaubenden, indem er den Fluch des Gesetzes in seinem Tod auf sich genommen hat (Gal 3,13). Die Glaubenden stehen nun nicht mehr unter dem Gesetz, sondern leben in der Gnade, im Bereich des Gesetzes Christi (Gal 6,2; 1 Kor 9,21), dem Raum des Geistes und der Freiheit, in dem ihnen die Erfüllung des Gesetzes in der Liebe möglich wird (Gal 5,13f; Röm 13,8–

10). In dieser Weise wird das Gesetz durch den Glauben nicht außer Kraft gesetzt, sondern aufgerichtet (Röm 3,31).

Im Jak ist das Wort der christl. Verkündigung (1,18–23) auch das „vollkommene Gesetz der Freiheit" (1,25), das zu tun ist und so zum Heil führt. Dieses „königliche Gesetz" hat sein Zentrum im Liebesgebot (2,8; Lev 19,18). Jede Einzelweisung des Gesetzes bleibt in Kraft (2,10f). Das Gesetz der Freiheit ist Gerichtskriterium (2,12). Die Glaubenden sollen sich als Täter des Gesetzes erweisen, Richter und Gesetzgeber ist allein Gott (4,11f). Die Aussagen des Jak lassen sich am besten verstehen, wenn das Gesetz bei den Adressaten insgesamt in Geltung ist und bleiben soll. Freilich ist das atl Gesetz durch den Messias Jesus radikalisiert, im Liebesgebot konzentriert und so zum vollkommenen Gesetz der Freiheit geworden (1,25; 2,12). Der Jak ist wie das MtEv aus einem gesetzestreuen judenchristl. Horizont geschrieben.

4. Die Frage des atl Gesetzes und seiner Bedeutung für die christl. Gemeinden war in ntl Schriften ein Grundproblem, in dem sich Kontinuität und Differenz zum atl-jüd. Ursprung mitentschieden. Hier zeigte sich in Anerkennung und Relativierung der eigene Weg an, der sich aus dem innerjüd. Konflikt und der Völkermission anbahnte. Während das strenge Judenchristentum gesetzestreu lebte, wurde den Heidenchristen teilweise Freiheit vom Gesetz gewährt. Beide Grundströmungen aber erkannten an, daß das Heil nun nicht mehr im Gesetz, sondern in Christus zu finden sei. Die Auseinandersetzung um das Gesetz im

NT hat für die Glaubenden aus den Völkern an Gewicht und Bedeutung verloren. Sie erinnert die Heidenchristen aber bleibend an die atl-jüd. Wurzeln und daran, daß Glaube Handeln im Gehorsam gegenüber Gottes Willen ist.

Lit.: I. Baldermann u.a. (Hg.), „Gesetz" als Thema Bibl. Theologie (JBTh 4), 1989; P. Dschulnigg, Rabb. Gleichnisse und das NT (JudChr 12), 1988; H. Hübner, Das Gesetz bei Pls (FRLANT 119), [2]1980; K. Kertelge (Hg.), Das Gesetz im NT (QD 108), 1986; R. Smend/ U. Luz, Gesetz, 1981.

Peter Dschulnigg

GEWALT, Gewaltlosigkeit

→ Diener/in; Friede; Kraft; Macht

1. Der Begriff Gewalt im engen Sinn wird ntl mit *bía* (nur Apg 5,26) und verbal durch *biázomai* (Mt 11,12 par) ausgedrückt. Das Begriffsfeld und das Themenspektrum zu Gewalt, Gewaltlosigkeit sind im NT jedoch weiter zu fassen und nicht durch eine Vokabel allein abgedeckt. Zum Aspekt der Gewalt müssen die Begriffe Vollmacht *(exousía)*, Kraft *(dýnamis)*, Macht *(krátos, kratéō)* und Rauben *(harpázō)* hinzugezogen werden. Aber auch mit diesem Wortfeld ist noch nicht die Weite des Gemeinten ausgesagt. So bleibt die zentrale Aufforderung Jesu zum Gewaltverzicht in der Bergpredigt (Mt 5,39b–42; Lk 6,29f) in dieser Aufzählung unberücksichtigt. Der Sache nach müssen die Aufforderung Jesu zur Feindesliebe (Mt 5,43–48 par) sowie der Auftrag zum gegenseitigen Dienen *(diakonéō;* 36mal im NT*)* mitbeachtet werden.

2. Das Themenfeld „Gewalt" hat eine lange atl Vorgeschichte, die durch verschiedene Begriffe ausgedrückt wird: *'el, jād, ḥŏzqāh* und *ḥāmās*. Kaum eine andere menschliche Tätigkeit wird im AT so oft erwähnt wie die Gewalttat: Über 600mal wird davon gesprochen, daß Völker, Könige oder einzelne über andere hergefallen sind, sie vernichtet und getötet haben, über 1000mal wird vom Zorn Jahwes gesprochen, der mit Tod und Untergang straft, es finden sich sogar 100 weitere Stellen, an denen Gott den Befehl gibt, Menschen zu töten. Zu beachten sind in diesem Kontext auch die zahlreichen Feindbilder und Gewalterfahrungen in den (Klage-/Fluch-)Psalmen.
Gegenbegriff zu Gewalt ist *šālôm*, aber auch hier ist das Motivfeld durch den Gebrauch atl Bildersprache weiter zu fassen (vgl. Jes 2,1–5; Mi 4,1–5). Ebenso ist im Kontext des Verzichts auf Gewaltausübung auf das Tötungsverbot im Dekalog (Ex 20,13; Dtn 5,17) zu verweisen.
3. Das Substantiv *bía* findet sich nur im Kontext der Vorführung der Apostel vor das Synhedrion (Apg 5,26). Das Verbum *biázomai* bzw. das Nomen *biastḗs* sind im sog. „Stürmerspruch" zu finden, der ein exegetisches Problem darstellt. Es geht hier um die Schwierigkeiten bei der Durchsetzung der Gottesherrschaft, die sich in gewalttätiger Bedrängnis äußert.
exousía als Befehlsgewalt eines Herrschenden findet sich Mt 8,9 par; Lk 19,17; 20,20; Offb 17,12. In Röm 13,1 wird das für Christen geforderte Verhältnis zur staatlichen Gewalt *(exousía)* mit dem notwendigen Gehorsam beschrieben.

Die jesuanische Einstellung zu Gewalt und Gewaltlosigkeit läßt sich am besten jedoch den Aussagen der Berg- bzw. Feldrede entnehmen. In der Aufforderung, die Feinde zu lieben und für die Verfolger zu beten, konkretisiert, überbietet und radikalisiert Jesus das atl Liebesgebot (Lev 19,18). Ferner zeigt sich in den Aufforderungen Jesu zum gegenseitigen Dienen die christl. Grundhaltung des Gewaltverzichts. Besonders Mk 10,42–45 ist die Differenz zwischen normalen Herrschaftsverhältnissen in der Welt und der Grundhaltung des Dienens als Bestandteil der Jüngernachfolge zu erkennen.
4. Die Ethik vom Gewaltverzicht wird in unterschiedlichen Kontexten (v.a. im politischen Bereich und bezüglich der Erfüllbarkeit der Bergpredigt) diskutiert.

Lit.: O. Keel, Feinde und Gottesleugner. Studien zum Image des Widersachers in den Individualpsalmen (SBM 7), 1965; G. Lohfink, Der ekklesiale Sitz im Leben der Aufforderung Jesu zum Gewaltverzicht (Mt 5,39b–42/ Lk 6,29f), ThQ 162 (1982) 236–253; ders., Schwerter zu Pflugscharen, ThQ 166 (1986) 184–209; N. Lohfink, „Gewalt" als Thema atl Forschung, in: ders. (Hg.), Gewalt und Gewaltlosigkeit im AT (FS Hamp) (QD 96), 1983, 15–50; R. Schwager, Brauchen wir einen Sündenbock?, [3]1994.

Beate Kowalski

GEWISSEN

→ Glaube; Herz; Vernunft

1. Entscheidungen nach „bestem Wissen und Gewissen" zu treffen, gehört zur Maxime eines jeden Menschen, der Verantwortung für eine Sache oder gar für Menschen trägt. Allein nach dem eigenen Gewissen handeln zu können, gehört zu den Fundamenten einer humanen Gesellschaft. Das Gewissen ist ein letztlich unangreifbarer Freiraum der Person; nach der Richtschnur des eigenen Gewissens zu leben, ist aber auch ein hoher Anspruch.

2. Die abendländische Ausprägung der Gewissensvorstellung hat einen, wenn auch nicht ursächlichen, bibl. Hintergrund. Das AT kennt zwar kein Äquivalent für den Begriff Gewissen (außer in dem in griech. Sprache geschriebenen Weisheitsbuch; vgl. Weish 17,10), aber in der hebr. Bibel erfüllt das Herz als Zentrum von Vernunftentscheidung und emotionalem Ausdruck das, was mit dem Gewissen gemeint ist (vgl. 1 Kön 2,44; 1 Sam 24,6–10; Ri 19,3; Ps 7,10; Jer 11,20).

In der griech. Tradition hatte sich schon lange die Vorstellung vom Gewissen als einer subjektiv-moralischen, auf das eigene Verhalten ausgerichteten Beurteilungsinstanz entwickelt. Philo, der griech. Denken und bibl. Glauben miteinander verbindet, hat den Begriff Gewissen theologisch reflektiert. Das Gewissen ist zwar Sache der Vernunft, aber doch gottgegeben (Philo, somn. I 111–114). Es ist eine Instanz im Menschen, nicht aber eine vom konkreten Menschen unabhängige Stimme, die zu einem bestimmten Verhalten drängt; vielmehr hat es eine richtende Funktion.

3. Hatte schon Philo die gedanklichen Ansätze der hellen.-röm. Ethik aufgenommen, so werden diese über das hellenistische Judentum in das NT hinein vermittelt. Bezeichnenderweise kommt bei Pls der Begriff Gewissen *(syneídēsis)* hauptsächlich in 1 Kor, dann auch noch im Röm vor, also in Briefen an Gemeinden, welche im weitesten Sinn mit Kreisen in Berührung standen, in denen das Denken der griech.-hellen. Geisteswelt vorherrschte und mit denen sich Pls theologisch und ethisch auseinandersetzte. Gewissen ist bei ihm ein anthropologischer, doch auch da dem Urteil Gottes untergeordneter Begriff, aber immerhin eine Instanz, die das Verhalten im Rückblick beurteilt. Die entscheidende Motivation und Richtschnur menschlichen Handelns ist freilich der Glaube.

Eine beträchtliche Bedeutungsverschiebung erfährt der Begriff Gewissen in der nachpln ntl Literatur. In den Past ist das Gewissen „ein Bewußtseinszustand, der sich als Folge des den vorgegebenen Normen entsprechenden Verhaltens einstellt" (Roloff 69). Das Gewissen wird meist mit den Attributen „gut" oder „schlecht" versehen: Ein gutes Gewissen „hat" man, wenn man den vorgegebenen Normen entspricht. Gewissen wird so für die gemeindliche Normgebung instrumentalisiert. In 1 Petr wird das „gute Gewissen" ganz zu einer Gabe, um die Gott bei der Taufe gebeten wird (1 Petr 3,21); ähnlich verortet es der Hebr (10,22).

Gemeinsam ist der nachpln Deutung des Gewissens, daß es heilschaffende Gabe Gottes an die sündige menschliche Existenz ist und sie in den Horizont des kommenden Heils versetzt.

4. Das, was wir heute unter Gewissen verstehen, entspricht eher der nachpln Bedeutung als der pln. Gemeinsam ist der bibl. Tradition, daß der „gewissenhafte" Mensch im eigentlichen Sinn sein Gewissen vom Glauben an Gott versteht, dem er letztlich gegenüber verantwortlich ist.

Lit.: G. Dautzenberg, Das Gewissen im Rahmen einer ntl Ethik, in: J. Gründel (Hg.), Das Gewissen (SKAB 135), 1990, 10–33; H.-J. Eckstein, Der Begriff Syneidesis bei Pls (WUNT 2/10), 1983; E. Lohse, Die Berufung auf das Gewissen in der pln Ethik, in: H. Merklein (Hg.), NT und Ethik (FS Schnackenburg), 1989, 207–219; R. Schnackenburg, Die sittliche Botschaft des NT, Bd. 2 (HThK.S 2), 1988, 48–58; W. Schrage, Ethik des NT (GNT 4), ²1989, 185–189; J. Stelzenberger, Syneidesis im NT, 1961.

Rudolf Hoppe

GLANZ, Herrlichkeit

→ Ehre; Feuer; Glaube; Gott; Wort

1. Keiner hat Gott je geschaut (Joh 1,18). Wie soll man da angemessen von ihm reden? Die Bibel versucht eine Annäherung mit den Begriffen *kabôd* (hebr.) bzw. *dóxa* (griech.), die mit „Herrlichkeit", „Glanz" nur ganz unzureichend wiedergegeben werden können. Wer angesichts des Kreuzes Jesu weiterhin von der Herrlichkeit Gottes sprechen will, muß sich vollends bewußt sein, daß er schier Unvereinbares vereinbaren muß.
2. Wenn das AT *kabôd* (und analog die LXX *dóxa*) verwendet, um Aussagen über Gott zu machen, kann es auf einen allgemeinen Sprachgebrauch zurückgreifen. *kbd* bedeutet „schwer sein"; *kbd* kann daher für alles verwendet werden, was Gewicht hat, Kraft, Masse, Macht, Reichtum usw. Was gewichtig ist, hat meist auch Ansehen, Ehre, Glanz, Schönheit, Pracht usw. Da das alles in höchstem Maße von Gott gilt, müßte man die verwendeten Attribute in den verschiedenen Zusammenhängen auch ganz verschieden übersetzen. Herrlichkeit ist daher ein schillernder Sammelbegriff. Gott offenbart seine Herrlichkeit z.B. in der Natur: „Der Gott der Herrlichkeit donnert" (Ps 29,3), „verzehrendes Feuer geht vor ihm her und rings um ihn ist ein mächtiges Wetter" (Ps 50,3; vgl. Ez 1,4), „die Herrlichkeit des Herrn thronte auf dem Berg Sinai, und die Wolke bedeckte den Berg" (Ex 24,16). Die Gewalt des Donners, das Feuer der Blitze, die Kraft der Sturmwinde, der Schrecken des Erdbebens usw.: Alles redet von Gottes Herrlichkeit (vgl. Jes 6,3), die freilich immer verborgen bleibt (wie) hinter einer Wolke. Kein Mensch könnte Gottes Herrlichkeit schauen und am Leben bleiben; man erlebt sie nur im Vorübergang (vgl. Ex 33,18ff.20.22). Nicht anders ist es mit der Offenbarung der Herrlichkeit Gottes in der Geschichte (vgl. die priesterschriftlichen Anteile der Bücher Ex, Lev, Num, v.a. Ex 24,15; Lev 9,24) und mit seiner Gegenwart im Tempel (vgl. Ps 26,8 und v.a. Ez). Eine Wolke erfüllte den Tempel, so daß die Priester nicht ihres Amtes walten konnten, heißt es 1 Kön 8,10f. Herrlichkeit ist also zusammenfassender Ausdruck für die Weise, wie Menschen von ihren Gotteserfahrungen sprechen: von seiner überwältigenden Größe, Macht und Majestät. Herrlichkeit kann daher den Gottesnamen selbst ersetzen (vgl. Ps 79,9). Beim Menschen weckt Gottes Herrlichkeit Ehrfurcht; sie zwingt ihn, Gott die Ehre zu geben (vgl. v.a. die Pss 19.24. 66.96.138.145) und niemandem sonst (Jes 42,8; 48,11).

Sprach schon Ez vom Auszug und Wiedereinzug der Herrlichkeit Gottes aus dem bzw. in den Tempel (vgl. 8,1ff; 11,22f bzw. 43,4f; 44,4), so verstärken die nachexilischen Propheten derartige Erwartungen für die Zukunft Israels, Jerusalems und des Tempels (Jes 4,2.5; 11,10; Hag 2,7.9; Sach 2,9; Ps 102,17). Die späteren Rabbinen lehren, daß die Seligkeit der Gerechten darin bestehen wird, Gottes Herrlichkeit zu schauen.

3. Christen bekennen: „Wir sahen seine Herrlichkeit, Herrlichkeit wie des Einziggeborenen vom Vater, voll Gnade und Wahrheit" (Joh 1,14). Gemeint ist der als Logos besungene Jesus Christus (1,17), der „im Anfang bei Gott" war (1,2) und als einziger in der Lage, ihn auszulegen (vgl. 1,18), seine Herrlichkeit sichtbar zu machen (11,40). Er ist für Christen der „Widerschein" der Herrlichkeit Gottes (Hebr 1,3) bzw. „Bild Gottes"; was er bringt, ist „das Ev der Herrlichkeit" (2 Kor 4,4). Herrlichkeit offenbaren aber nicht nur die Zeichen und Wunder, die er wirkt (vgl. Joh 2,11; 11,4.40); gerade als der Logos, gekommen ins Fleisch (1 Joh 4,2), bringt er „Gnade und Wahrheit" (Joh 1,14). Erfassen können diese freilich nur die an ihn Glaubenden (vgl. das „wir" in Joh 1,14ff; 1 Joh 1).

In den syn Evv ist nur sehr verhalten von der Herrlichkeit Jesu die Rede: Bei der Geburt Jesu umstrahlt die Hirten „die Herrlichkeit des Herrn" (Lk 2,9); bei der „Verklärung" kommt dann Jesu eigene Herrlichkeit gleichsam kurz „zum Vorschein" (Lk 9,32; vgl. Mk/Mt, die allerdings den Ausdruck *doxa* nicht verwenden); ansonsten ist die Offenbarung seiner Herr-

lichkeit eine Sache der Zukunft (vgl. Mk 8,38 parr; 10,37; Mt 19,28; Tit 2,13; 1 Petr 4,13): Bei der Ankunft des Menschensohns wird alle Welt seine bzw. des Vaters Kraft und Herrlichkeit sehen (vgl. Mk 13,26 parr; Mt 16,27; 25,31f).

Jesu Erhöhung bzw. „Himmelfahrt" wird ganz in den Kategorien von Herrlichkeit gedeutet: „Der offenbart wurde im Fleisch ... wurde aufgenommen in Herrlichkeit" (1 Tim 3,16); ihm wurde ein Name gegeben (nämlich *kýrios*, der Gottesname), „der über jeden Namen ist" (Phil 2,9.11); aber auch hier ist es – wie im AT – eine „Wolke", die seine Herrlichkeit verbirgt (vgl. Apg 1,9); nur ein Glaubender darf einen Blick werfen in den Himmel und die Herrlichkeit Gottes sehen (vgl. Apg 7,55).

Pls hat als erster das ganze Christusgeschehen im Licht atl Herrlichkeitsaussagen gedeutet. Menschwerdung, Tod am Kreuz, Erhöhung und Verherrlichung: Alles geschah „zur Herrlichkeit Gottes des Vaters" (Phil 2,11) und zur Wiederaufrichtung seiner Herrlichkeit unter den Menschen, die als Sünder „der Herrlichkeit Gottes ermangeln" (Röm 3,23). Ja, sie haben „den Herrn der Herrlichkeit gekreuzigt" (1 Kor 2,8; vgl. Jak 2,1), nicht erkennend „Gottes Weisheit im Geheimnis, die verborgene, die Gott vorherbestimmte vor den Aionen zu unserer Herrlichkeit" (2,7). Gott aber hat „den Reichtum seiner Herrlichkeit" kundgetan „an den Gefäßen des Erbarmens, die er vorbereitete zu Herrlichkeit" (Röm 9,23). In beiden Texten kommt Gottes ewiger Heilsplan zur Sprache; er beruft Menschen zur Herrlichkeit (1 Thess 2,12; vgl. 2 Thess

2,14; 1 Petr 5,10), die er immer schon vorbereitete (1 Kor 2,7), jetzt aber in Christus offenbar macht. Verdeckt bleibt „das Ev der Herrlichkeit des Christos" nur den Ungläubigen, „bei denen der Gott dieses Aions blendete die Gedanken" (2 Kor 4,4; vgl. Mt 4,8 par). Vermittler dieser „Offenbarung der Wahrheit" sind zunächst die Apostel, nach Pls „Diener eines neuen Bundes", dessen Glanz (Glanz hier besser als Herrlichkeit) noch weit größer ist als der Glanz, der auch über den Offenbarungen und Diensten des „alten" Bundes lag (vgl. 2 Kor 3,5–11, wo Pls ausgiebig mit dem Begriffsfeld spielt). Israels Geschichte wird also von Pls keineswegs völlig abgewertet. Im Gegenteil: Zu den bleibenden Vorzügen Israels gehören „die Sohnschaft und die Herrlichkeit und die Bünde" usw. (Röm 9,4); es liegt nur eine Decke auf ihren Augen. So können sie nicht „mit enthülltem Gesicht den Glanz des Herrn" sehen, den allerdings auch die Gläubigen jetzt nur „im Spiegel" zu sehen vermögen (vgl. dazu 1 Kor 13,12); sie aber „werden in dasselbe Bild umgestaltet, von Glanz zu Glanz, gleichwie von des Herrn Geist" (2 Kor 3,12ff. 18). Das „von Glanz zu Glanz" ist schwer zu deuten; es kann darauf anspielen, daß Christus „umgestalten wird den Leib der Niedrigkeit, gleichförmig dem Leib seiner Herrlichkeit" (Phil 3,21); es kann eine sich steigernde Entwicklung meinen, analog zur Freiheitsgeschichte, die dort beginnt, wo der Geist des Herrn am Werk ist (vgl. 2 Kor 3,17); es kann auch einfach die sich künftig voll offenbarende Herrlichkeit meinen, die „von Übermaß zu Übermaß ewige Fülle an Herrlichkeit" (2 Kor 4,17). Auf sie verweist auch das „jetzt im Spiegel". Die Gegenwart ist noch bestimmt vom Leiden; die Herrlichkeit aber wird in der Zukunft offenbar werden (Röm 8,18); dann wird die ganze der Sklaverei der Vernichtung unterworfene Schöpfung befreit werden „zur Freiheit der Herrlichkeit der Kinder Gottes" (Röm 8,21). Auch an den Glaubenden und Getauften wird dann erst voll in Erscheinung treten, was jetzt nur verborgen und im Glauben erkennbar gegeben ist (1 Kor 15,43f; Phil 3,20f; vgl. Kol 3,4). Ihre Aufgabe jetzt formuliert Pls so: „Verherrlicht also Gott in eurem Leibe!" (1 Kor 6,20), und er selbst lebte es vor (vgl. Phil 1,20).

Nach Joh kann der Glaube aber noch mehr erfassen von der Herrlichkeit, die in Jesus Christus offenbar geworden ist; denn er hatte nicht nur Herrlichkeit vor dem Sein der Welt (Joh 17,5), er hat die Herrlichkeit, die ihm der Vater gab, den an ihn Glaubenden gegeben, „damit sie eins sind" gleichwie er und der Vater und „damit sie sehen" seine Herrlichkeit (Joh 17,20. 22.24). Sein ganzes Leben wird bei Joh als Offenbarung seiner Herrlichkeit und als Verherrlichung gedeutet (sowohl des Vaters wie des Sohnes bzw. des Vaters durch den Sohn und des Sohnes durch den Vater; zu Joh 11,4; vgl. 13,31f; 14,13; 15,8; 17,1.4; auch 21,19) – die Wunder (vgl. Joh 2,11; 11,4.40), das ganze Wirken (Joh 1,14), aber insbesondere sein Leiden, sein Kreuz, sein Sterben und seine Auferstehung: Das ist „die Stunde, daß verherrlicht wird der Sohn des Menschen" (Joh 12,23; vgl. 12,16. 28ff). So wird die Stunde seiner tiefsten Erniedrigung am Kreuz zur Stunde seiner Erhöhung und Verherrlichung; sie wird „seine" Stunde (vgl. Joh 2,4), um derentwillen er in die Welt gekommen ist (vgl. Joh 12,27). Seine Verherrlichung wird nach seiner Erhöhung vom Geist der Wahrheit fortgeführt (zu Joh 16,14 vgl. 7,39), den der Vater bzw. Christus als „anderen" Beistand senden werden (vgl. die übrigen Parakletsprüche in Joh 14–16). Diese Rede von Herrlichkeit bzw. Verherrlichung bei Joh ist paradox; denn die Herrlichkeit offenbart sich im Fleisch der Niedrigkeit des Menschgewordenen und dessen Verherrlichung vollzieht sich gerade in seiner Erniedrigung; das erschließt sich nur Glaubenden (vgl. Joh 17,20ff).

So sehr mithin die Schriften des NT, und hier v.a. Pls und Joh, mit dem Begriffsfeld Glanz. Herrlichkeit. Verherrlichung spielen, mehr als Eindrücke von der Größe, Erhabenheit und Majestät Gottes und seines Gesandten vermögen sie nicht zu vermitteln; und mit der Paradoxie der Offenbarung der Herrlichkeit in Niedrigkeit muten sie dem Glaubenden einiges zu.

4. Die „negative Theologie" brachte immer schon zum Ausdruck, daß alles, was wir von oder über Gott sagen können, nicht mehr als ein Stammeln ist. Gott ist immer größer, als wir denken und sagen. Anerkannte große Theologen, die besonders viel und Geistreiches über Gott geschrieben haben – wie K. Rahner in unserer Zeit oder Thomas von Aquin im Mittelalter – waren am Ende ihres Lebens immer geneigt, alles Geschriebene zu zerreißen und vor dem „unaussprechlichen Geheimnis" zu verstummen.

Lit.: H. Schlier, Doxa bei Pls als heilsgeschichtlicher Begriff, in: ders., Besinnung auf das NT, [2]1967, 307–318; B. Stein, Der Begriff *kabôd* Jahwe und seine Bedeutung für die atl Gotteserkenntnis, 1939; U. Struppe, Die Herrlichkeit Jahwes in der Priesterschrift (ÖBS 9), 1988.

Josef Hainz

GLAUBE, Treue, Vertrauen

→ Erkenntnis; Gesetz; König/in; Werk; Wunder

1. Dem Christentum wird zuweilen der Vorwurf gemacht, daß es zu sehr den Glauben als ein Fürwahrhalten bestimmter Glaubensinhalte verstehe, so daß die personale, von Vertrauen getragene Beziehung des einzelnen zu Gott zu kurz komme. Doch ist auch dieser Glaube in einer säkularen Welt fragwürdig geworden. Welche Kernelemente weist das ntl Glaubensverständnis auf?

2. Im NT nimmt der Glaubensbegriff in seiner christologischen Ausrichtung im Sinn einer Bejahung der mit Jesus Christus verbundenen Heilsgeschichte eine beherrschende Rolle ein (vgl. die besondere Bedeutung der Begriffe: „glauben" [*pisteúō*] 241mal, „Glaube" [*pístis*] 243mal und „gläubig" [*pistós*] 18mal). Dennoch bleibt, wie ja auch die ntl Schriften auf das AT bezogen sind, die bibl. Grundkomponente des Glaubens als eines Sichfestmachens (*'mn* [LXX *pisteúō*]; vgl. das Wort Amen) in den Gott, den Israel in seiner Geschichte erfahren hat, erhalten. Während in der Bibel der Glaube Menschen gegenüber leicht eine negative Note erhalten kann (vgl. Gen 45,26; 1 Sam 27,12; Jer 12,6; 40,14; Mi 7,5; Spr 14,15; 26,25), gilt Gott als das verläßliche Gegenüber. Von Abraham, dem auch im NT gepriesenen Urbild und Vorbild des Glaubens (vgl. Gal 3,6–9; Röm 4,3–5; Hebr 11,6–10; Jak 2,20–24), heißt es Gen 15,6: „Und Abraham glaubte Jahwe, und der rechnete es ihm zur Gerechtigkeit an." Beklagt wird, daß Israel keinen Glauben gezeigt (2 Kön 17,14), Gottes Zeichen und Wunder nicht verstanden (Num 14,11; Ps 78,22.32) und sich seiner Führung widersetzt hat (Dtn 1,32; 9,23; Ps 106,24). So kann die prophetische Botschaft lauten: „Glaubt ihr nicht, so bleibt ihr nicht" (Jes 7,9). In nachexilischer Zeit ist der Glaube stark mit der Beobachtung der Tora als der Willensoffenbarung Gottes verbunden.

3. Jesu Wort vom „bergeversetzenden Glauben" (Mk 11,23 par; Lk 17,6 par; vgl. 1 Kor 13,2) ist wohl bezeichnend für den hohen Stellenwert des Glaubens im Kontext der von größter Zuversicht erfüllten Ausrichtung auf das Kommen des Reiches Gottes. Die Wundergeschichten spiegeln diese Bedeutung des Glaubens wider, wobei dieser vom Vertrauen zu Jesus als dem Boten und Vermittler der endzeitlichen Heilsherrschaft Gottes getragen ist (vgl. Mk 2,5 parr; 5,34 parr; 5,36 par; 9,24; 10,52 parr). Wo dieser Glaube fehlt, kann Jesus keine Wunder tun (Mk 6,5). Mangelhafte Offenheit für Jesus, den Christus, wird israelkritisch als ungenügender Glaube bezeichnet (vgl. Mt 8,10–12; Lk 7,9; 13,28f; 17,19). Mk läßt Jesus zu Beginn seines Wirkens programmatisch verkünden: „Erfüllt ist die Zeit, und nahegekommen ist das Königtum Gottes; kehrt um und glaubt an das Ev" (1,15). Der fehlende Glaube der angsterfüll-

ten Jünger wird getadelt (Mk 4,40 par); er kann Ausdruck von Verstockung sein (Mk 6,52; 8,14–21). Auch Mt, der um die Heilskraft des Glaubens an Jesus, den Sohn Davids, weiß (Mt 9,27–29), stellt die Jünger – Petrus eingeschlossen – in ihrem Glauben und „Kleinglauben" dar (Mt 8,26; 14,8–31; 16,8; 17,20), wobei der Glaube, daß Jesus „der Christos, der Sohn des lebendigen Gottes" ist, jedoch nicht als Leistung des Menschen, sondern als Annahme der Offenbarung des himmlischen Vaters begriffen wird (Mt 16,16f). In der Deutung des Gleichnisses vom Geschick der Saat (Mk 4,13–20 parr) fügt Lk den Begriff „glauben" ein (Lk 8,12f) und erörtert damit die verschiedene Qualität von Glauben, wie er sich denn auch der Schwierigkeit des Glaubens an die Auferstehung Jesu in der Verkündigung bewußt ist (vgl. Lk 24,11; Apg 17,32). Grundlegend gilt für die christl. Missionspredigt: „Glaube an den Herrn Jesus, und gerettet werden wirst du und dein Haus!" (Apg 16,31)

Der ntl Glaubensbegriff hat bei Pls seine markanteste Ausprägung. Die aus Juden und Heiden sich zu Christus Bekennenden sind „die Glaubenden" (1 Thess 1,7; 2,10; 1 Kor 1,21; Gal 3,22 u.ö.). Das Ev, das der Apostel in aller Welt verkündet, ist „Kraft Gottes" „zu Rettung jedem Glaubenden, (dem) Judaier zuerst wie auch (dem) Hellenen" (Röm 1,16). „Das Wort des Glaubens", das der Apostel verkündet, bedeutet: „Denn wenn du bekennst in deinem Mund als Herrn Jesus und glaubst in deinem Herzen, daß Gott ihn erweckte aus Toten, wirst du gerettet werden; denn mit (dem) Herzen wird geglaubt zur Gerechtigkeit, mit (dem) Mund aber wird bekannt zur Rettung. Denn (es) sagt die Schrift: Jeder Glaubende an ihn wird nicht beschämt werden" (Röm 10,9–11). In Auseinandersetzung mit seiner Vergangenheit im Judentum als Eiferer für das Gesetz, das ihn nicht zu Christus gebracht hat (vgl. Gal 1,13f; Phil 3,6), und christl. Judaismus betont Pls polemisch, daß nicht „die Werke des Gesetzes" zur Gerechtigkeit führen, sondern allein der Glaube an Christus (Gal 2,16; 3,11 mit Bezug auf Hab 2,4 [vgl. Röm 1,17]; Röm 3,20.28; 4,6; 11,6; Phil 3,9). Für seine jetzige Existenzweise gilt: „Ich lebe, aber nicht mehr ich, (es) lebt aber in mir Christos; was aber jetzt ich lebe im Fleisch, im Glauben lebe ich an den Sohn Gottes, den mich Liebenden und sich Hingebenden für mich" (Gal 2,20). Allein der Glaube ermöglicht die Gemeinschaft mit, das neue Leben in Christus und den Empfang des Geistes Gottes (vgl. Gal 3–6; Röm 8). Pls kann in diesem Sinn von der eschatologischen Heilszeit, die mit Christus gekommen ist (vgl. Gal 4,4), sagen, daß sie durch das „Kommen des Glaubens" bestimmt ist (Gal 3,23–25). Deshalb gilt: „Denn Ende (des) Gesetzes (ist) Christos zur Gerechtigkeit jedem Glaubenden" (Röm 10,4). Gegen christl. Schwärmertum, das sich schon in himmlischer Vollendung wähnt, ist jedoch die kritische Bemerkung gerichtet: „Denn im Glauben wandeln wir, nicht im Schauen" (2 Kor 5,7). Die Trias Glaube, Liebe, Hoffnung (1 Thess 1,3; 5,8; 1 Kor 13,13; vgl. Kol 1,4f) beschreibt christl. Grundhaltungen. Bei dem unter den Charismen aufgeführten Glauben (1 Kor 12,9) muß es sich um eine außergewöhnliche und andere erbauende Gabe handeln. Pls hofft, daß seine Gemeinde im Glauben wächst (2 Kor 10,15), und er ermahnt zur Rücksichtnahme auf „den Schwachen im Glauben" (Röm 14,1). Der Glaube kann zur Norm für das persönliche Handeln werden (vgl. Röm 14,23: „Alles aber, was nicht aus Glauben [geschieht], ist Sünde"). Die ethischen Konsequenzen des Glaubens, „der durch Liebe wirksam ist" (Gal 5,6), bringt der Apostel insbesondere in seinen Paränesen zur Sprache (vgl. etwa Gal 5–6).

Die Polemik des Jak gegen den Glauben ohne Werke (2,14–26) trifft insofern nur ein Mißverständnis des pln Glaubensbegriffs. Für den Hebr gehört „die Umkehr von toten Werken" und „der Glaube an Gott" zur Grundlegung christl. Existenz (6,1). Der Glaube wird fast philosophisch definiert als „Grundlage (des) Erhofften, ein Überführtsein von nicht sichtbaren Dingen" (11,1), wobei die sich anschließende Litanei (11,2–12,2) über die „Wolke von Zeugen" des Glaubens (12,1) in der Heilsgeschichte und der Ausblick auf Jesus, „des Glaubens Anführer und Vollender", die bibl. und christl. Perspektive eröffnen.

Im JohEv, das nur das Verb glauben kennt, sind Glauben und Erkennen einander zugeordnet (6,69; 17,8). An Jesus als den vom Vater gesandten Offenbarer der Wahrheit zu glauben, bedeutet, dem Gericht und Verderben entronnen zu sein und das ewige Leben erlangt zu haben (3,15–18.36; 5,24; 6,47; 8,24; 11,25f; 20,31; vgl. 6,29.35; 7,38f).

4. Die Glaubensaussagen des NT, die vom Vertrauen in den in Jesus Christus unüberbietbar nahegekommenen himmlischen Vater getragen sind, finden in gewisser Weise ihre Zusammenfassung in dem zuversichtlichen Bekenntnis: „Und dies ist der Sieg, der besiegte die Welt: unser Glaube" (1 Joh 5,4).

Lit.: A. v. Dobbeler, Glaube als Teilhabe (WUNT 2/22), 1987; F. Hahn/ H. Klein (Hg.), Glaube im NT (FS Binder) (BThSt 7), 1982; D. Lührmann, Glaube im frühen Christentum, 1976; Ch. Rose, Die Wolke der Zeugen (WUNT 2/60), 1994; T. Söding, Glaube bei Mk (SBB 34), 1996; ders., Die Trias Glaube, Hoffnung, Liebe bei Pls (SBS 150), 1992.

Jost Eckert

GNADE, Gnadengabe, Wohlwollen

→ Almosen; Bund; Gebot; Geist; Leid

1. Gnade ist ein, wenn nicht sogar der Hauptbegriff christl. Theologie. Um so schwerer wiegt daher, daß wegen eines jahrhundertelangen sehr dinghaften Verständnisses und vielleicht auch wegen eines allzu häufigen und selbstverständlichen Gebrauchs in Liturgie und theologischer Auseinandersetzung (katholisch – protestantisch, christlich – jüdisch) Gnade heute fast nur noch eine Worthülse ist, deren Inhalt oft genug verborgen bleibt und die man deshalb auch kaum noch gebraucht. Was aber ist mit Gnade eigentlich gemeint?
2. Eine erste Antwort gibt das griech. Wort für Gnade, *cháris*, dessen Bedeutungen uns z.T. von damit zusammenhängenden Fremdwörtern („Charme", „Grazie") bekannt sind und zu dessen Hauptaussage die Elemente „Schönheit" und „Zuneigung" gehö-

ren. Eine zweite, vertiefende Antwort ergibt sich aus dem AT, das bei Gnade andere Schwerpunkte setzt, die dann über die hebr. Wörter *ḥen* (Zuneigung, Gunst; Anmut), *ḥæsæd* (gegenseitige Güte, Freundlichkeit) und *rāsôn* (Wohlgefallen) in der LXX auch auf das griech. *cháris* abfärben. Es sind dies die Elemente der Freiheit und die höhere Stellung des Gnade Gewährenden. Von Gott ausgesagt, entsteht folgendes Bild: Gnade ist unverdiente liebende Zuwendung, die das Volk und den einzelnen ständig tatkräftig begleitet (Hos 2,21), aus Bedrängnis (Ex 15,13) und Sünde (Ps 25,6f) rettet, ewig ist (Ps 136) und vom Empfänger ein entsprechendes Leben als Antwort erwartet (Hos 6,6; Mich 6,8). Sogar der Bund, und damit die Gebote und das Gesetz, ist Ausdruck der Gnade (Dtn 5,10; 7,9.12f), und Gott selbst ist geradezu „definiert" als „ein barmherziger und gnädiger Gott, langmütig, reich an Huld und Treue" (Ex 34,6 u.ö.).
3. Das NT übernimmt dieses Gnadenverständnis und führt es weiter, indem es in Jesu Leben, Sterben und Auferstehen den nicht mehr überbietbaren Erweis der Gnade Gottes sieht, ohne dadurch sein früheres Gnadenhandeln (Exodus, Bund) abzuwerten. Auffällig ist, daß das Wort Gnade v.a. bei Pls (100 von 155 Belegen), aber kaum in den Evv (Lk achtmal und Joh dreimal) vorkommt. Das will jedoch nicht heißen, daß die mit Gnade angesprochene Sache bei den Syn fehlt. Vielmehr wird dort die liebende Zuwendung Gottes, mit Jesu Worten und Taten erzählend, aufgezeigt, etwa wenn Jesus von Gott als von dem für seine Kinder sorgenden Vater spricht (Mt 6,8–15.

25–34 par; Mt 7,7–11 par) oder sein Leben als ein ständiges Werben um Israel bezeichnet (Mt 23,37 par) und diese Zuwendung durch seine Werke (z.B. Mt 8,1–9,34) bis hin zu seinem Sterben „für viele" (Mk 14,24 parr) anschaulich werden läßt. Die angesprochene ungleiche Verteilung des Wortes Gnade bei Pls und in den Evv vertieft sich noch dadurch, daß bei Lk *cháris* in vier von acht Fällen keine theologische, sondern die alltägliche Bedeutung „Dank" hat (Lk 6,32–34; 17,9). Gnade im engeren Sinn findet sich bei ihm nur bei der Verkündigung an Maria (1,30: „Du fandest Gnade bei Gott"), den beiden Hinweisen auf die Entwicklung Jesu (2,40.52) und bei Jesu Predigt in Nazaret, die Lk programmatisch für das ganze Wirken Jesu mit der Bezeichnung „Worte der Gnade" belegt (4,22).

Letzteres findet sich auch in Apg 14,3; 20,24.32, die Gnade sonst meist als diejenige Zuwendung Gottes deutet, die in allen Glaubenden (4,33; 11,23) wie auch, bei bestimmten Aufgaben, in einzelnen (Stephanus: 6,8; Pls: 14,26; 15,40; Apollos: 18,27) sichtbar wirkt – und damit fast eine Umschreibung für den Geist ist. Daneben kennt sie auch Gnade als menschliche „Gunst" (2,47; 24,27; 25,3.9).

Joh benutzt das Wort Gnade nur im Prolog für die liebende Zuwendung Gottes zu uns in der Menschwerdung des Logos (1,14.16f) und umschreibt wie die Syn diese Zuneigung Gottes im übrigen Ev (z.B. 3,16; 10,11.14f; 15,1–3).

Bei Pls, dem „Gnadentheologen" des NT, ist Gnade nicht zwangsläufig ein theologisches Wort; denn wie Lk kann auch er es im alltäglichen Sinn „Gunst,

Gefälligkeit" gebrauchen, die in einer Geldspende im Rahmen der Kollekte für Jerusalem (1 Kor 16,3; 2 Kor 8,19) oder in einem Besuch (2 Kor 1,15) bestehen kann. Wenn er es aber theologisch gebraucht, ist Gnade für ihn neben seinem Apostelamt (1 Kor 15,10) v.a. die unverdiente, liebende Zuwendung Gottes in Jesu Sterben und Auferstehen, die die sündige Menschheit gerechtspricht (Röm 3,24–26). Sie ist das Geschenk der Sünde und Tod überwindenden neuen Heilswirklichkeit (Röm 5,15–21), deren Geschenkcharakter er sehr deutlich betont, indem er Gnade dem an sich guten (Röm 7,12), aber als Heilsweg mißverstandenen Gesetz scharf gegenüberstellt (Röm 6,15–17; Gal 2,21; 5,4). Dabei ist Gnade ihm so wichtig, daß er sie in Anfangsgruß und Schlußsegen seiner Briefe den Adressaten immer wieder in Erinnerung ruft. Auch bei den Dtpln ergibt sich hier ein ganz ähnliches Bild.

Im 1 Petr kommt noch der Schwerpunkt hinzu, daß auch das unschuldige Leiden eine Gnade, ein Geschenk Gottes ist (2,19f).

Mit Gnadengabe *(chárisma* = Geschenk*)*, das mit 17 ntl Belegen bis auf 1 Petr 4,10 ein rein pln Wort ist, werden dann in der Zuwendung Gottes einzelne Geschenke besonders bezeichnet, etwa ein Ruf zu einer bestimmten Lebensform (1 Kor 7,7), auffällige Geistwirkungen (1 Kor 12,4–11), Glaube, Hoffnung, Liebe (1 Kor 12,31–13,13), eine Ausrüstung zu einem Dienst (1 Tim 4,14) usw.

4. Zusammenfassend können wir nach diesem Überblick über die Schrift festhalten, daß Gnade die freundliche Grundhaltung Gottes bezeichnet, in der er sich in Liebe den Menschen zuwendet, und zwar im AT (Exodus, Bund) genauso wie im NT durch Jesus, in dem er dieses Wohlwollen jetzt allerdings unüberbietbar gezeigt hat und es seitdem jedem Menschen schenken will.

Lit.: N. Baumert, „Charisma" – Versuch einer Sprachregelung, ThPh 66 (1991) 21–48; M. Theobald, Die überströmende Gnade (fzb 22), 1982; D. Zeller, Charis bei Philon und Pls (SBS 142), 1990.

Sebastian Schneider

GOTT, Göttin, Götze

→ Ankunft; Bild; Böse; Ehre; Engel; Glanz; Gut; König/in; Opfer; Vater

1. Von Gott *(theós)* wird noch immer (in Sonntagspredigten, Morgenansprachen, in der Literatur, im Fernsehen) viel gesprochen. Noch mehr aber wird über Gott geschwiegen. Die Naturwissenschaft kann auf ihn verzichten, auch die Philosophie kommt ohne ihn aus. Ist Gott tot, also endgültig passé in der modernen Welt? Selbst für die Theologen, bei denen doch die Rede von Gott nie verstummen sollte, scheint Gott zu einer Chiffre geworden zu sein, die mehr verschweigt, als sie aussagt.
Die Erfahrung zweier Weltkriege, der Genozid an Millionen von Menschen, Hiroshima und Auschwitz, rücken Gott in die fatale Nähe von Grausamkeit und Vernichtung, so daß sich die Frage aufdrängt: Hat sich der Gott voller Blutrausch (Jes 63,1–6), der die ägypt. Erstgeburt hinschlachten ließ (Ex 12,29 u.ö.), endgültig aus unserer Mitte verabschiedet, verabschieden

müssen? So daß selbst der kleine Rest der an Gott Glaubenden, weil die dunklen Seiten seines Gottesbildes dominieren, zunehmend geneigt ist, den esoterischen Weg der Selbstfindung und Selbsterlösung zu gehen?
2. Das Bild von Gott *(JHWH, 'ᵃlôhîm, šaddaj)* im AT ist komplex, wenngleich nicht ohne Widersprüche. Grundaussage ist die Deutung der Geschichte Israels: Ex 3,14. Nicht die Frage ist wichtig, wie Gott definiert werden kann; das Reden von Gott ist vielmehr Mitteilung von Erfahrungen, die der einzelne oder das ganze Volk gemacht hat *(theós* ist eigentlich nicht Gottesname, sondern Bestimmung der Beziehung: Gott und Mensch)*. Daher hat der Gott Israels stets auch menschliche Züge, verhält sich wie die Menschen sowohl im guten wie im bösen Sinn. Er nimmt sich der Hilflosen an (Ex 22,20–22; Ps 61,2–4), kann aber auch, einem Dämon gleich, töten und vernichten (Ex 4,24); er ist zuverlässiger Partner, der mit seinem Volk spricht (Ex 19–23).
Dem antiken Weltbild entsprechend, wohnt Gott „oben", im Himmel (Ps 29,10; Mich 1,3). Von dort steigt er herab, um „da" zu sein, d.h., dem Menschen nahe zu sein. Und doch bleibt er immer ein „gesichtsloser Gott", von dem der Mensch sich kein Bild machen kann und darf. Dennoch ist oft von seinem Antlitz die Rede, welches Leben spendet (Ps 31,17 u.ö.), aber auch Leben vernichtet (Lev 17,10; 20,3.6): Die Abkehr des Gesichts stürzt den Menschen in Verlassenheit und Verzweiflung, so daß dieser nach dem „warum" und „wie lange" fragt (Pss 44,25; 88,15; 13,2). Das vertrauende Wissen, daß Gott Israels

Wegführer ist, ist unlösbar verbunden mit der Erfahrung von Rätselhaftigkeit und Unbegreiflichkeit.

Die Babylonische Gefangenschaft hatte dieses Vertrauensverhältnis weitgehend erschüttert. Israel ist nun überzeugt: Gott hat sich zurückgezogen, wohnt in einem fernen Himmel und verkehrt mit den Menschen nur noch durch Zwischenwesen, seine „Stimme" oder „Herrlichkeit", seine „Engel". Ehrfurcht und Furcht bestimmen nun den gebotenen Abstand, Opferkult und Toragehorsam kennzeichnen das Bemühen, Gott die geschuldete Reverenz zu erweisen. Besonders die apokalyptische Literatur und die Texte von Qumran sind Niederschlag dieses religiösen Eifers.

3. Wie jeder fromme Jude rechnet auch Jesus mit dem Wirken Gottes in der Geschichte. Der Einfluß der jüd. Apokalyptik aber macht sich nachhaltig bemerkbar in der Naherwartung der Gottesherrschaft. Die damit verbundene Gerichtsansage (vgl. bei Johannes d.T.) tritt allerdings bei Jesus in den Hintergrund. Unaufgebbar aber bleibt die Forderung des Umdenkens. Bestimmend für Jesus ist die Verkündung eines Gottes, der sich als Vater seinen Kindern zuwendet. Schon AT und Judentum wußten, daß Gott Vater ist; jetzt aber wird diese „Erfahrung" zum beherrschenden Thema der Predigt Jesu (Mk 14,36; vgl. auch Gal 4,4–9; Röm 8,15–17). Die Erwartung der anbrechenden Gottesherrschaft ist im Vaterunser konzentriert festgehalten und als Bittgebet der Jüngergemeinde übergeben (Lk 11,2–4; Mt 6,9–13). In zahlreichen Bildern und Gleichnissen ist Jesus bemüht, seinem Volk diesen Vater-Gott zu verkünden.

Und nicht zuletzt kann sich der Jünger in den Sohnesgleichnissen selbst erkennen, wenn er den Willen des Vaters zu tun sich bemüht.

Die Tradenten der „Theologie" Jesu haben den Gedanken, daß der Mensch von Gott angenommen ist, noch vertieft: Der Gott Jesu ist ein Gott der Entrechteten, Ausgegrenzten und Sünder. Doch wird nun in der nachapostolischen Zeit diese Heilserfahrung auf die Probe gestellt: Die Gemeinden müssen sich auseinandersetzen mit der Erfahrung, daß Gottes Nähe noch nicht endgültig ist, sein *šālôm* noch nicht allen Menschen zuteil geworden ist. Die (neue) Situation des „Dazwischen" verlangt neue Überlegungen. Da die Geschichte weitergeht, kommt dem „Bewahren" der ursprünglichen Lehre unter anderen Gegebenheiten eine neue Bedeutung zu: Die Zeichen einer veränderten Zeit sind nun zu prüfen und neu zu deuten. V.a. ist die Verlockung des Götzendienstes *(eidōlolatría:* 1 Kor 10,14; Gal 5,20; Kol 3,5; 1 Petr 4,3*)* wie schon im AT/Judentum eine Gefahr, der es in Treue zu dem einen Gott zu widerstehen gilt; vgl. Apg 7,42f.

Diese Neubesinnung ging nicht ohne Brüche und Glaubenskrisen vor sich. Zwar bleibt Gott auch für die urchristl. Gemeinden der „allein wahre Gott" (Joh 17,3; 3,33; vgl. Röm 3,4 u.ö.), der „lebendige Gott" (Mt 16,16 u.ö.); aber vom Glauben an Christus her wird nun das streng monotheistische Bekenntnis des Alten Bundes erweitert durch neue christologische, v.a. auch soteriologische Bekenntnisformeln (Röm 15,6; 2 Kor 2,17; 13,13; Gal 1,1.3f). Zwar blieb der Ein-Gott-Glaube im wesentlichen unangetastet, aber unüberhörbar stellte sich die drängende Frage, wie dieser All-Eine verantwortlich zu machen ist für das Gute und Böse in der Welt, für Heil und Unheil, Frieden und Krieg, für das Schöne und zugleich Gemeine in der Welt. Denn die Ablehnung etwa eines griech. Olymps für viele Götter machte es unmöglich, die unterschiedlichsten menschlichen Schicksale verschiedenen Göttern und Göttinnen zuzuteilen (Göttinnen – *theaí* – blieben im NT eine Marginalie: Apg 19,27.35. 37 *varia lectio*).

Für die christl. Gemeinde bedeutete die neue Situation, daß sie die Welt (diesen Aion) bis zum endgültigen Anbruch des Reiches Gottes als Ort der Bewährung ansehen muß. Die Gemeinde in der Auseinandersetzung zwischen dem guten Gott im Himmel und den bösen Mächten der Unterwelt muß durch Festhalten am Bewährten und Hoffen auf das Neue dem Bösen widerstehen; die Bewältigung dieser Spannung hat sich die Offb zum Thema gemacht. In prophetischer Trost- und Mahnrede und mit Hilfe der apokalyptischen Bildwelt wird die Gemeinde verwiesen auf die Botschaft des Anfangs (Predigt Jesu) und die aktuelle Prophetenrede des Sehers Johannes: Gott bleibt Herr der Geschichte auch in Zeiten der Drangsal; er ist das Alpha und Omega (1,8; 21,6; 22,13), der seinen Christus schon jetzt zum Allherrscher *(pantokrátōr)* gemacht hat (zehnmal im NT, neunmal in der Offb), der alle widergöttlichen Gegenmächte und Gegenspieler vernichten wird.

4. Das bibl. Gottesbild blieb in der Zeit der Kirche solange „unangetastet", als das dreigeteilte Weltbild der Antike Bestand hatte. Aufklärungsepochen der Neuzeit jedoch haben dieses Weltbild erschüttert: Die Erde war nicht mehr Mitte des Kosmos, die ursprüngliche Größe des Menschen wurde relativiert. Außerdem macht es die kritisch denkende Vernunft dem Glauben zunehmend schwer, einem personalen Gott einen festen Ort im Universum zuzuweisen. „Gott ist tot", so lautet die radikale Antwort, „Gott ist fortgegangen", so die weniger radikale Lösung (s.o.). Damit zusammenhängend stellt sich die drängende Frage: Wo ist Gott, wenn sich das Böse in der Welt in einem Ausmaß darstellt, welches ein Vertrauen auf einen guten Gott (fast) unmöglich macht. Die Hilflosigkeit, die sich auch bei den Theologen beim Reden über Gott zeigt, ist Ausdruck des Unvermögens, die Trias „Gott ist allmächtig, allwissend, allgütig" mit der erlebten Realität in Einklang zu bringen.

Lit.: I. Baldermann u.a. (Hg.), Der eine Gott der beiden Testamente (JBTh 2), 1988; W. Dietrich/ Ch. Link, Die dunklen Seiten Gottes, 1995; M. Görg, Der un-heile Gott, 1995; D.-A. Koch/ G. Sellin/ A. Lindemann, Jesu Rede von Gott und ihre Nachgeschichte im frühen Christentum (FS Marxsen), 1989; H. Merklein/ E. Zenger, Ich will euer Gott werden (SBS 100), [2]1982.

Alexander Sand

GUT, Güte

→ Gericht; Glaube; Gott; Liebe; Recht; Schöpfung

1. Güte und Gutsein gehört fast sprichwörtlich zur jüd.-christl. Rede von Gott. Gott allein ist der unendlich Gute, seiner Güte verdankt sich der

Mensch in jeder Hinsicht. Ohne Gott vermag der Mensch nichts wirklich Gutes zu tun. Ähnlich wie die Liebe kann auch die Güte Gottes einseitig und verzerrend mißverstanden werden, so daß die bibl. Gottesrede um wichtige Essentials gebracht wird: Gott ist der allein Gute und zugleich der gerechte, der befreiende, der erwählende, der eifersüchtige und richtende, der Heil wirkende und Unheil schaffende Gott (vgl. Jes 45,6–8; Hos 6,1f; Ijob 5,18). Wie ist die bibl. Rede von der Güte Gottes zu verstehen, wenn sie Bestand haben soll gegen romantische Vereinnahmungen einerseits und gegenüber der Gefahr, die Wirklichkeit des Bösen und Unheilen auszublenden, andererseits?

Das Adjektiv gut und das Hauptwort Güte (vgl. hebr. *tôb*; *hæsæd*; *ræhæm*; *hnn*; griech. *agathós, kalós, chrēstós*) werden im bibl. Sprachgebrauch in vielstimmigen Sinnzusammenhängen verwendet: Neben den Grundbedeutungen (vgl. angenehm, nützlich, geeignet, zweckdienlich, das Rechte bzw. Richtige, das empfangene Glück, Liebe, Gunst, Wohlwollen) werden gut und Güte mit fließenden Übergängen in einem spezifisch theologischen Sinn verwendet (vgl. die Nähe zu: Huld, Erbarmen, Gnade). Die Aufmerksamkeit der folgenden Ausführungen gilt der theologischen Rede von der Güte Gottes, von seinen guten Werken und der Gott entsprechenden Güte des Menschen und dessen guten Taten.

2. Im AT ist Güte eine herausragende Eigenschaft Gottes (vgl. Jes 63,7; Pss 27,13; 30,6.8; Weish 12,22). Gott ist bzw. handelt gut bzw. gütig (vgl. u.a.: Ex 18,9; Num 10,29.32; 2 Chr 5,13;

Esr 3,11; Jer 32,41f; 2 Makk 1,24; Pss 106,1; 118,1.29; 136,1; 145,9). Entfaltet ist dieses Bekenntnis in Ps 103,8: „Der Herr ist barmherzig und gnädig, langmütig und reich an Güte" (vgl. Ex 34,6; Joël 2,13; Jon 4,2 u.ö.). In den Psalmen ist die Güte Gottes ein überragendes Motiv für den Dank und Lobpreis Gottes (vgl. Pss 33.103.106. 145). Gottes Schöpfung ist „gut" (Gen 1,4 u.ö.), „sehr gut" (Gen 1,31). Damit ist eben nicht allein auf eine Zweckmäßigkeit der Schöpfungswerke angespielt, sondern ihre geschöpfliche Qualität benannt: Als Schöpfung Gottes spiegeln die geschaffenen Dinge (von Licht und Finsternis bis zu Mensch und Sabbatruhe) die Gutheit ihres Schöpfers. In einem in der bibl. Überlieferung vertrauten Analogieschluß wird vom Sein bzw. vom Verhalten Gottes auf das Sein bzw. Verhalten des sich an Gott orientierenden Menschen geschlossen: So wie Gott heilig, vollkommen, gütig und barmherzig ist, so soll auch der Mensch heilig (vgl. Lev 19,2; 1 Petr 1,15f), vollkommen (Mt 5,48), gütig (Lk 6,35) und barmherzig (Lk 6,36) sein (vgl. Eph 4,32; 5,1f.8f). Dem Menschen ist es aufgetragen, Recht und Gerechtigkeit, das Gute und die Treue zu suchen und zu verwirklichen (vgl. Am 5,7.14f; Jes 1,17). Mi 6,8 ist ein kleines Kompendium dieses bibl. Ethos: „Es ist dir gesagt worden, Mensch, was gut ist und was Jahwe von dir erwartet: Nichts anderes als dies: Recht tun, Güte und Treue lieben, in Ehrfurcht den Weg gehen mit deinem Gott" (vgl. Dtn 6,18; 12,28; Jes 1,17; Sach 7,9).

3. Das NT setzt diese Überzeugungen voraus und bedenkt sie im Horizont des Ev: Bei den Ausführungen zum Gebot der Feindesliebe (Lk 6,27–36 par) spricht Jesus von der Güte Gottes auch gegenüber Undankbaren und Bösen (Lk 6,35; vgl. Mt 5,45; 20,15; 22,10) und leitet daraus die Forderung ab, über das vom Gegenseitigkeitsprinzip geforderte Maß hinaus Gutes zu tun. Letzter Grund für die von den Menschen geforderte Güte ist die maßlose Liebe Gottes (vgl. Lk 6,38; vgl. bei Pls die „überfließende" Gnade: Röm 5,15.17.20f). In dem katechetischen Schulgespräch zwischen Jesus und einem reichen Mann um den Gewinn des ewigen Lebens (Mk 10,17–31 parr) weist Jesus die Anrede „Guter Meister" (Mk 10,17 diff. Mt 19,16) mit dem Hinweis auf den allein guten Gott (vgl. Dtn 6,4f) zurück. Die Erfüllung seiner Dekalog-Gebote (Mk 10,19) und der Eintritt in die Nachfolge Jesu (10,21) sind gemeinsam die Antwort auf den Anspruch Gottes und der Weg zu „ewigem Leben" (10,17). In der Erzählung von der Heilung eines Mannes am Sabbat (Mk 3,1–6 parr) bringt Jesus mit der Grundsatzfrage „Ist es erlaubt, an den Sabbaten Gutes zu tun oder Schlechtes ...?" (Mk 3,4) das entscheidende Kriterium ethischen Handelns zur Sprache. Mt 12,33–35 bindet alles gute oder böse Tun des Menschen an seine innere Einstellung zurück (vgl. Mk 7,1–23). Die Forderung, Gutes zu tun, ist die dem Glauben entsprechende Handlungsweise und damit zugleich sein Echtheitskriterium (3 Joh 11; vgl. 1 Joh 2,3–6; 3,10). Innerhalb der Darstellung der menschlichen Verlorenheit vor dem Gericht Gottes in Röm 1,18–3,20 spricht Pls von dem „Reichtum seiner (d.h. Got-

tes) Güte". Gottes Güte „treibt zur Umkehr" (Röm 2,4). Denen, die umkehren und beharrlich Gutes tun (Röm 2,7), ist ewiges Leben verheißen (vgl. Röm 2,10; 1 Thess 5,21; Gal 6,9f). Aufgrund des Gnadenhandelns Gottes in Jesus Christus wird die Unheilssituation des Menschen vor Gott (vgl. Röm 3,9–18; vgl. Ps 14,1–3) radikal verändert, so daß er im Glauben die Rechtfertigung erlangen kann und durch den Eintritt in den Machtbereich der Gnade und des Geistes befähigt ist, an Gottes Güte teilzuhaben und sie im eigenen Leben zu bezeugen (vgl. Röm 12,2; 15,14). Die Güte ist wie die Liebe „Frucht des Geistes" (Gal 5,22). Genauerhin bestimmt Pls die Güte – insbesondere neben der Langmut – als Ausdrucksgestalt der Liebe (vgl. 1 Kor 13,4; 1 Thess 5,15; Röm 12,9.21) und als Charakteristikum seines apostolischen Dienstes (2 Kor 6,6). Die Güte der Christen ist somit ganz und gar bestimmt von dem „Glauben durch Liebe wirkend" (Gal 5,6). Im Zusammenhang seines Bildes vom Ölbaum, mit Hilfe dessen Pls den Heidenchristen das Geschick der Angehörigen seines Volkes warnend vor Augen führt (Röm 11,13–24), stellt er die Güte und Strenge Gottes gegenüber (11,22): Wer nicht „in seiner Güte bleibt", d.h., wer nicht im Glauben feststeht (vgl. 11,20), den wird das gleiche Geschick treffen wie die nichtchristusgläubigen Juden. Umgekehrt ist es der Glaube, der jeden aus dem Ölbaum herausgehauenen Zweig wieder einzupfropfen vermag (11,23f). In Kol 3,1–17 werden die in der Taufe mit Christus Auferweckten (vgl. 3,1.3. 9f) aufgefordert, ihrem Gnadenstand gemäß (vgl. 3,16) zu leben, d.h., der

Liebe Gottes (vgl. 3,12) in gegenseitiger Liebe zu entsprechen (vgl. 3,13f). Dazu gehört die Bekleidung mit „innigem Erbarmen, Güte, Demut, Milde, Großmut" (3,12). 1 Petr 2,3 („wenn ihr kostetet, daß gütig der Herr" [= LXX Ps 33,9]) bezieht sich auf die Taufe als Ort der Wiedergeburt „zu lebendiger Hoffnung" (1,3), als Begründung priesterlicher Existenz (2,5.9f; vgl. Tit 2,14) und als Einsetzung zu „des Guten Nacheiferer" (3,13; vgl. Tit 2,14; 3,8.14). Tit 2,11 und 3,4 zeigen, daß Güte und Menschenliebe gleichbedeutend mit Gnade verwendet werden können (vgl. Röm 2,4; 11,22). **4.** Im Rückblick auf das Gesamtzeugnis des NT offenbart sich die Güte Gottes in seinem eschatologischen Heilshandeln in Jesus Christus in letzter überfließender Dichte und Klarheit (vgl. Röm 8,31–39).

Lit.: U. Luck, Die Frage nach dem Guten, in: W. Schrage (Hg.), Studien zum Text und zur Ethik des NT (FS Greeven) (BZNW 47), 1986, 282–297; Th. Söding, Das Liebesgebot bei Pls (NTA 26), 1995.

Klaus Scholtissek

HABGIER, Geiz

→ Aufseher; Diener/in; Gemeinde

1. Die griech. Sprache kennt für Habgier zwei Begriffe: Bei *pleonexía* (mit dem Verbum *pleonektéō* und dem Adj. *pleonéktēs*) wird das Mehr-haben-Wollen akzentuiert, bei *philargyría* (mit dem Adj. *philárgyros*), d.h. der „Liebe zum Geld", ist die emotionale Bindung betont.
2. In der philosophisch-ethischen Literatur der griech. und röm. Umwelt des NT und bei den jüd. Autoren (Philo, Flavius Josephus) wird vor Habgier gewarnt, da sie die Ordnung menschlicher Gemeinschaft zerstört. Die wenigen Belege im AT (LXX) charakterisieren die Willkür der Mächtigen (2 Makk 4,50; Ez 22,27); Habgier steht im Widerspruch zur „Weisung des Herrn" (Ps 118,36 LXX).
In außerbibl. Texten steht das Wort *philargyría, philárgyros* häufig in katalogartigen Aufzählungen von Untugenden und Lastern. „Freiheit von Geldgier" zählt zu den Tugenden, die von Personen in Politik (Herrscher, Feldherrn) und Gesellschaft (z.B. Hebammen) gefordert wird.
3. Die ntl Autoren greifen die beiden Begriffe auf und auch die Art und Weise der Verwendung in katalogartigen Aufzählungen von Fehlhaltungen, die die Gemeinschaft mit Gott und mit den Menschen gefährden bzw. zerstören (vgl. Mk 7,22; Röm 1,29; Eph 4,19). In Kol 3,5 wird Habgier *(pleonexía)* sogar gleichgesetzt mit Götzendienst *(eidōlolatría)*.
Im NT findet sich der allgemeine und allgemeingültige Gebrauch für die Christen etwa in der Übernahme der sprichwörtlichen Wendung, daß die Geldliebe die „Wurzel aller Übel" ist (1 Tim 6,10). In den Spätschriften ist auch die in der hellenistischen Literatur vorgegebene Anwendung auf besondere Personengruppen aufgenommen: Zu den Anforderungen an einen guten Gemeindeleiter gehört, daß er u.a. „nicht geldgierig" ist *(aphilárgyros* in 1 Tim 3,3 zum Episkopos; vgl. V 8 zu den Diakonen: „nicht schandgewinnsüchtig" *[aischrokerdḗs])*. Kennzeichen derer, die vom rechten Glauben abfallen, ist entsprechend, daß sie „geldliebend" sind (2 Tim 3,2).
Vergleichbare polemische Verwendung zeigt sich in Lk 16,14 in der Bezeichnung der Pharisäer als solche, „die geldgierig sind".
4. Die in der Jesusüberlieferung belegte Warnung vor dem Reichtum, der die Menschen ganz in Beschlag nimmt

(vgl. Mt 6,19–21.24), ist sicher Bestandteil der Verkündigung Jesu; Offenheit für die Botschaft vom Anbruch der Gottesherrschaft verlangt Freiheit von Bindung an irdische Güter, um für Gott und für die Menschen da sein zu können.

Bei der Konkretisierung ethischer Weisungen orientiert sich die frühchristl. Gemeinde dann auch an Begriffen und Normen, die zeitgleich in der philosophischen Ethik der griech.-röm. Umwelt anerkannt waren und sich bewährt hatten.

Lit.: R. Schwarz, Bürgerliches Christentum im NT? (ÖBS 4), 1983.

Lorenz Oberlinner

HASS

→ Gericht; Liebe; Nächster

1. Haß ist Gegenbegriff zu Erwählung und Liebe und bezeichnet eine feindliche Gesinnung, eine leidenschaftliche Abneigung gegen Personen, Sachen und Einstellungen. Haß gegen Personen gibt es in der Bibel nur bei gottfeindlichen Menschen. In Texten, die zur Entscheidung aufrufen, bedeutet Haß soviel wie „weniger lieben", „hintansetzen".
2. Haß äußert sich im AT im Verhalten (Gen 31,12), in Worten (37,4.8) und in Taten (Dtn 19,11f; Spr 10,12). Wenn von Haß zwischen Eheleuten die Rede ist, meint das oft dasselbe wie „nicht mehr lieben" (Dtn 22,13.16). Jahwes Haß wendet sich gegen gottwidrige Handlungen, Verhaltensweisen und Dinge (Dtn 12,31; Jes 1,14), aber auch gegen ganz Israel

(Hos 9,15). Sein Haß gegen sein Haus zeigt sich darin, daß er es verläßt und es seinen Feinden ausliefert (Jer 12,7f).

In Qumrantexten steht der Haß im Zusammenhang mit dem Gegensatz der Söhne des Lichts und der Finsternis (1 QS 1,9f). Gottes Haß richtet sich gegen die Wege derer, die auf Abwege geraten (1 QS 4,1).
3. Da die Liebe zum Nächsten im Verständnis Jesu den Feind einschließt, kann es für den Christen/die Christin keinen Grund geben, den Feind zu hassen *(miséō)* (Mt 5,43f par). Damit ist der Haß gegenüber Personen grundsätzlich aus dem Leben des Christen/der Christin verbannt. Haß charakterisiert indes das Verhalten der Feinde des Gottesvolks (Lk 1,71). Deshalb ist es nur konsequent, daß Jesusjünger/innen um Jesu willen gehaßt werden (Mk 13,13). Die Forderung Jesu an seine Jünger/innen, die Verwandten und sich selbst um seinetwillen zu hassen (Lk 14,26), widerspricht nicht der Verbannung des Hasses aus dem Leben des Christen/der Christin, sondern ruft dazu auf, alles hintanzusetzen, was der Entscheidung zur Nachfolge im Weg steht. Wer dagegen Jesus haßt und sein Königtum zurückweist (Lk 19,14), dem droht das Vernichtungsgericht (19,27). Denn wer Christus, das Licht, haßt, indem er Böses tut, offenbart, daß er die Finsternis mehr liebt als das Licht (Joh 3,19f). Wer sich aber für Christus entscheidet und sein Leben in dieser Welt haßt, wird es bewahren bis ins ewige Leben (Joh 12,25).

Nach pln Heilslehre tut der unerlöste Mensch genau das, was er haßt (Röm 7,15f), und offenbart so seine Erlösungsbedürftigkeit. Die Erwählung Jakobs und die Verwerfung (Haß) Esaus gilt Pls als Vorausbild dafür, daß sich nicht ganz Israel der christl. Botschaft anschließt (9,6).

Für den Verfasser des Tit gehört es zu den Wesenszügen der vorchristl. Existenz, daß die Menschen einander haßten (3,3).

1 Joh konkretisiert den Haß in seinem Gegenüber zur geschwisterlichen Liebe. Wer den Bruder/die Schwester haßt, ist noch in der Finsternis (2,9.11) und damit orientierungslos. Er ist ein Mörder (3,15), weil er das wahre Leben vernichtet, das durch die Liebe bestimmt ist (3,14). Wer vorgibt, Gott zu lieben, aber seinen Bruder/seine Schwester haßt, ist ein Lügner/eine Lügnerin (4,20). Denn er/sie dokumentiert damit, daß die zuvorkommende Liebe Gottes in ihm/ihr unwirksam geblieben ist (4,18f). Wenn die Welt die Christen/Christinnen haßt (3,13), erleiden sie dasselbe Schicksal wie Abel, durch dessen gerechte Taten Kain zum Mord provoziert wurde (3,12).

Auch in der Offb richtet sich der Haß der Christen/Christinnen nicht gegen Personen, sondern gegen deren Verhalten. So lobt der Seher die Gemeinde zu Ephesus ausdrücklich dafür, daß sie den Lebenswandel der Nikolaiten haßt (Offb 2,6). Nach 17,16f hassen die zehn gottfeindlichen Könige die als Frau und Hure dargestellte große Stadt (Babylon/Rom) so sehr, daß sie diese vernichten.

4. Gottes Haß gegen das Verhalten des Menschen bedeutet für diesen das Gericht. Nach dem Vorbild Gottes sollen auch die Christen/Christinnen die verabscheuenswerten Taten des Menschen hassen, nicht aber den Men-

schen selbst. Denn Haß gegen Gott und gegen den Menschen ist in der Bibel ein Charakteristikum der Gottlosen. Wer Christus nachfolgt, muß alles hassen, was dem entgegensteht, und erfährt den Haß seiner Gegner.

Lit.: H. Giesen, Christl. Handeln (EHS.T 181), 1982, 126f.130–132.

Heinz Giesen

HAUS, Hausgemeinde, Haustafel

→ Ermahnung; Gemeinde; Mahl

1. Wenn wir im Deutschen sagen, daß jemand einem Hauswesen vorsteht, meinen wir, daß er für ein Haus, die darin lebenden Personen und die dazu gehörenden Sachen verantwortlich ist; Haus dagegen bezeichnet nur das Gebäude. Das ist im NT anders, da hier die Wörter für Haus *(oîkos* 114 und *oikía* 93 Belege)* selbst all das bezeichnen können.

2. Dieser Sachverhalt geht sowohl auf das Griech. zurück, wo Haus das Gebäude mit den Bewohnern, zu denen der *pater familias,* Frau, Kinder, Verwandte und Sklaven gehörten, und das zugehörige Hab und Gut umfaßt, als auch auf das Hebr., da *bajit* hier eine ähnliche Bedeutungsbreite hat: Es benennt den Ort des Wohnens (Zelt: Gen 9,21; Haus: Dtn 6,7; mit Zusätzen auch Palast: Gen 12,15 oder Tempel: Dtn 23,19), die Familie, Hausbewohner (Gen 7,1; 50,8), zu denen auch der Besitz gehört (Ex 20,17) und die Nachkommen, das Geschlecht (1 Kön 13,2).

3. Im NT spiegelt sich all das wider, wobei die meisten Belege von Haus in den mehr erzählenden Schriften Syn, Joh und Apg zu finden sind und insgesamt der Gebrauch von Haus = Gebäude überwiegt.

Mit Ausnahme von Mt 11,8 (Häuser der Könige) handelt es sich bei den in den Syn genannten Häusern immer um Privathäuser, die nicht selten bestimmten Besitzern zugewiesen werden wie z.B. Mk 1,29 parr: „Das Haus von Simon und Andreas". Dementsprechend begegnen auch Wendungen wie „zu Hause" (Mk 2,1: von Jesus) oder „nach Hause" (Mk 2,11 parr: vom geheilten Gelähmten) häufiger. Besonders Mk berichtet, daß Jesus sich vor der Menge in ein Haus zurückzog, was mehrfach mit einer Unterweisung der Jünger verbunden ist (7,17.24; 9,28.33; 10,10). So gesehen sind Häuser oft Schauplatz von Taten und Worten Jesu (vgl. die zuvor genannten Stellen) oder werden zum Ort, wo diese erzählt werden (Mk 5,19 par; 8,26) und die von Jesus ausgesandten Jünger die Verkündigung der Frohen Botschaft beginnen (Lk 10,5a). Es ist aber auch das Gut, das ein Jünger, wenn sein Ruf es erfordert, um Jesu willen verlassen soll (Mk 10,29 parr). Seltener wird Haus im Sinn von Familie gebraucht (Mk 6,4 par; Lk 10,5b–7 par; 19,9) und in der Bedeutung Nachkommen, Geschlecht findet es sich in Mt 10,6; 15,24 (Haus Israel), Lk 1,27.69; 2,4 (Haus Davids), Lk 1,33 (Haus Jakob). Und einmal steht Haus, um den Leib des Menschen als Wohnung eines Dämons zu bezeichnen (Mt 12,44 par).

Bei Joh, der Haus viel seltener verwendet, findet sich neben der soeben dargestellten Bandbreite (Privathaus als Haus des Lazarus: 11,20.31; 12,3, die Wendung „nach Hause": 7,53; Familie: 4,53) noch der Ausdruck „Handelshaus" (2,16) und zweimal die Wendung „Haus meines Vaters", die bei der Vertreibung der Händler den Tempel (2,16) und innerhalb der Abschiedsreden das Reich Gottes bezeichnet, in dem für die Glaubenden „viele Bleiben" sind (14,2).

In der Apg ist das Privathaus, dessen Besitzer oft genannt werden (10,6; 17,5; 18,7; 21,8), der bevorzugte Versammlungsort der Gemeinde: Dort ereignete sich Pfingsten (2,2), wurde gebetet (12,12), das Brot gebrochen (2,46) und gelehrt (5,42). Es ist daher kein Wunder, daß Saulus bei seiner Christenverfolgung „in die einzelnen Häuser" hineinging (8,3). Daneben ist gelegentlich auch die Familie im Blick, besonders in der Wendung, daß sich jemand „mit seinem ganzen Haus" bekehrte und taufen ließ (16,15.31).

Bei Pls kommt Haus nur selten vor. Es ist dann Bezeichnung für den Wohnort (1 Kor 11,22.34; 14,35) oder für eine Familie (1 Kor 1,16; 16,15; Phil 4,22). Lediglich in 2 Kor 5,1 ist es bildlich als Umschreibung für den alten, sündigen Menschen einerseits und den neuen geisterfüllten Menschen andererseits.

Daneben begegnet, was sachgemäß auch in der Apg mit dem Privathaus als Versammlungsort der Gemeinde vorausgesetzt war, im Corpus Paulinum viermal der Ausdruck „Hausgemeinde" *(hē kath' oîkon ekklēsia)*: Röm 16,5; 1 Kor 16,19f; Phlm 2; vgl. Kol 4,15. In diesen Häusern versammelte man sich zu Herrenmahl, Gebet, Lehre, Mahlzeiten, wobei man an etwa 20–30 Mitglieder denken kann.

In den Past hat Haus meist die Bedeutung „Familie" (1 Tim 3,4–6; 2 Tim

1,16 u.ö.) und dient kaum zur Bezeichnung von Gebäuden (so wohl nur 1 Tim 5,13). In einem mehr bildlichen Sinn wird in ihnen zweimal die Kirche als „Haus Gottes" beschrieben (1 Tim 3,15; 2 Tim 2,20). Dieses Bild begegnet auch in Hebr 3,2.5f; 10,21 sowie in 1 Petr 2,5; 4,17.

An der Bezeichnung Haus für Familie knüpft eine Gattung an, für die es im NT kein Wort gibt und die man seit Luther Haustafel nennt. In ihr werden Mahnungen an die verschiedenen Mitglieder der Hausgemeinschaft gerichtet, die jeweils paarweise angesprochen sind: Frau – Mann, Kinder – Eltern, Sklaven – Herren (vgl. Kol 3,18–4,1; Eph 5,21–6,9). Dabei müssen nicht immer alle Paare vorkommen, wie 1 Petr 2,18–3,7 zeigt. Wohl in der Vorstellung von der Gemeinde als Haus Gottes begründet, wurden diese Haustafeln auch auf die einzelnen Stände innerhalb der Gemeinde bezogen (1 Tim 2,8–3,1a: Männer und Frauen; 6,1f: Sklaven; Tit 1,5–9: Älteste und Aufseher; Tit 2,1–10: Alte Männer, alte Frauen, junge Frauen, junge Männer, Sklaven).

4. Bei den Überlegungen um den Sinn der Kindertaufe erhielt die ntl Wendung „NN ließ sich mit seinem ganzen Haus taufen" eine besondere Aufmerksamkeit: Wurden hierbei auch kleine Kinder oder Säuglinge getauft, so daß diese Stellen als ntl Zeugnis für die Kindertaufe zu werten sind? Die Antwort auf diese Frage ist bis heute heftig umstritten und wird völlig gegensätzlich beantwortet. Ebenfalls von Bedeutung sind die ntl Haustafeln, da sie mit ihren Mahnungen, die ganz vom damaligen patriarchalischen Umfeld geprägt sind, heute auf Unver-

ständnis stoßen. Hier ist auf die Zeitbedingtheit ihrer Aussagen zu achten und nach einem Weg zu suchen, der ihrem Anliegen, ein geordnetes menschliches Miteinander zu ermöglichen, einen Ausdruck verleiht, der heutigem sozialen Empfinden angemessen ist. Und ob das Privathaus als Ort von Gemeindezusammenkünften für uns auch wieder wichtig werden wird? Im Hinblick darauf, daß Glauben und gegenseitiges Beistehen in kleinen Gruppen (Hauskreis, Basisgemeinde) einfacher ist als in einer Großgemeinde, wäre das vielleicht ein Punkt, der unsere Gemeindewirklichkeit bereichern könnte.

Lit.: K. Aland, Die Stellung der Kinder in den frühen christl. Gemeinden – und ihre Taufe (TEH 138), 1967, 30–33; M. Gielen, Tradition und Theologie ntl Haustafelethik (AM.T 75), 1990; H.-J. Klauck, Gemeinde zwischen Haus und Stadt, 1992; U. Wagener, Die Ordnung des „Hauses Gottes" (WUNT 2/65), 1994; A. Weiser, Evangelisierung im „Haus", BZ 34 (1990) 63–86.

Sebastian Schneider

HEIL, Heiland, Retter

→ Berufung; Freiheit; Gericht; Recht; Sünde

1. Spricht man heute von Heil *(sōtēría,* dazu das Verbum *sōzō:* heilen, retten lösen, erlösen*)*, so ist zunächst an Heil und Rettung im natürlichen Sinn gedacht: aus physischer Not, aus Krankheit und Todesgefahr. Nur noch selten rückt auch der religiöse Gesichtspunkt ins Blickfeld: Heil als Befreiung, Erlösung von Sünde.

Das deutsche Wort „Heiland" hat kein griech. Äquivalent; es ist eine den westgermanischen Sprachen gemeinsame „Lehnübersetzung des kirchen-lat. *salvator*, das seinerseits griech. *sōtếr* übersetzt" (Kluge, Etymologisches Wörterbuch 298).

Heiland, Retter *(sōtếr)* wird im NT 8mal von Gott und 17mal von Jesus gebraucht (formelhaft v.a. in den späten ntl Texten). Heil, Rettung *(sōtēría)* begegnet v.a. in der Briefliteratur (31mal). Für das Begriffsfeld dominierend ist im NT das Verbum: heilen, retten (106mal, ziemlich gleichmäßig verteilt auf die 27 Schriften des NT).

2. Heil im Sinn von Errettung aus physischer Bedrängnis ist herausragendes Thema im AT. Israel ist überzeugt (hat „erfahren"), daß Jahwe sein Volk zum einen aus ägypt. Knechtschaft, zum andern aus babyl. Gefangenschaft errettet hat. Diese Rettung geschah, indem Gott Menschen (Helden, Könige, Propheten) erweckte, die dem Volk in hoffnungsloser Situation einen Weg in die Freiheit eröffneten.

Daß auch dem einzelnen Heil und Rettung zuteil wird, betonen v.a. die Psalmen (Pss 107.109 u.ö.); dieser Aspekt wird besonders in nachbabylonischer Zeit hervorgehoben. So spricht die Weisheitsliteratur oft vom persönlichen Heil; in den Lobliedern (Hymnen) der Texte von Qumran wird dann dieser Gedanke noch vertieft: „Du hast erlöst die Seele der Armen aus der Gemeinde derer, die nach Trug trachten" (1 QH 2,32). Allerdings wird die individuelle Heilserfahrung von der ganzen Gemeinde mitgetragen.

3. Im NT werden die atl-jüd. Heilshoffnungen aufgegriffen, nun aber erweitert durch die Erwartung, daß es umfassendes Heil geben wird als Rechtfertigung der Sünder und Berufung zur Fülle des Lebens.

In den Wunderberichten der Evv wird erzählt von vielfacher Hilfe in physischer und psychischer Bedrängnis. Sie weisen darauf hin, daß Jesus der Heiland und Retter der Armen und Hilflosen ist.

Die Seesturmperikope gipfelt in dem Ruf: „Herr, rette, wir werden vernichtet!" (Mt 8,25; vgl. Mt 14,30: „Herr, rette mich!") Errettung in diesem Sinn ist v.a. Thema der Apg, z.B. Hilfe aus Seenot: 27,20.31.34.44.

Bei der Kreuzigung Jesu dient das Rettungsmotiv dazu, über den „hilf"-losen Jesus beißenden Spott auszugießen (Mk 15,27–32; Mt 27,38–44; Lk 23,35–37.39; vgl. Justin, apol. I 38,8: „Als er nämlich gekreuzigt war, verdrehten sie die Lippen und schüttelten die Köpfe [und] sagten: Der du die Toten auferweckt hast, errette dich selbst!"). Auch Hebr 5,7 hat diesen Gedanken bewahrt, wenn es heißt, daß der, welcher „in den Tagen seines Fleisches, hinbringend Gebete und Hilferufe mit starkem Geschrei und Tränen zu dem, der ihn retten konnte aus (dem) Tod", Gehorsam lernen mußte (vgl. Hebr 7,25; 9,28).

Von besonderer Bedeutung sind die über alle ntl Schriften verteilten Heilsaussagen im Sinn von Rechtfertigung des Sünders und Gewährung von Leben. V.a. in der ntl Briefliteratur und in der Offb tritt dieser Gedanke in den Vordergrund: Röm 5,9f; 9,27; 2 Thess 2,13; Eph 2,5.8; 1 Petr 2,20, sowie Offb 7,10; 12,10; 19,1f. Gott ist es, der Heil gewährt durch seinen Sohn: „Denn nicht schickte Gott den Sohn in die Welt, damit er richte die Welt, sondern damit gerettet werde die Welt durch ihn" (Joh 3,17). Hebr 5,9 faßt diese heilsgeschichtliche Tatsache kurz so zusammen: Jesus lernte, obwohl er Sohn war, „den Gehorsam, und vollendet, wurde er allen ihm Gehorchenden Grund ewiger Rettung" (vgl. Hebr 7,25; 9,28).

Daß Heil und Rettung durch das Gericht geschehen, sagen ausdrücklich 1 Kor 3,15; 5,5; 1 Petr 4,17f; Jud 23 (einschlußweise findet sich dieser Gedanke auch in vielen Evv-Texten). Pls konzentriert diese von der Apokalyptik bestimmte Vorstellung in der Aussage: „Um vieles mehr nun als Gerechtgesprochene jetzt in seinem Blut werden wir gerettet werden durch ihn vom Zorn" (Röm 5,9; Zorn – *orgē* – steht im NT häufig für Gericht).

4. Während sich im NT die Heilstaten Jesu gemäß seinem Auftrag (vgl. die Aussendung der Jünger) in den Taten der Apostel und Jünger fortsetzten (Apg 4,9; 14,9; Jak 5,15), tritt später die Verpflichtung zum Heilen, Retten und Helfen mehr und mehr in den Hintergrund. Verkünden, Betreuen und Bewahren werden allmählich die Eckpfeiler christl. Pastoral. So konnte es kommen, daß das heute festzustellende Bedürfnis vieler Menschen nach sehr konkreter Hilfe in physischen und psychischen Nöten innergemeindlich nicht befriedigt werden kann. Nicht zuletzt auch darin dürfte der innere Exodus vieler Getaufter seinen Grund haben.

Lit.: B. Bron, Das Wunder (GTA 2), 1975; O. Knoch, Dem, der glaubt, ist alles möglich, 1986; D. Trunk, Der messianische Heiler (Herders Bibl. Studien 3), 1994.

Alexander Sand

HEILIGKEIT, Heiligtum, Tempel

→ Geist; Gott; Jesus; Recht; Reinheit

1. Heiligkeit, spezifische Charakteristik des Göttlichen, bezeichnet ursprünglich Absonderung und Distanz gegenüber dem Profanen. Nach AT und NT ist Gott allein der Heilige (Jes 6,3; Offb 4,8). Insofern ist es keiner Kreatur oder Kreatürlichem möglich, sich aus sich selbst heraus zu heiligen. Allerdings ist Gott in seiner Heiligkeit auch als der die Gemeinschaft mit den Menschen suchende, personale Gott bezeugt. In ihrer Beziehung zu Gott (Bund: Ex 19,6) können deshalb sowohl Personen, Handlungen, Institutionen, Zeiten, Orte, Dinge oder geistige Mächte als geheiligt bezeichnet werden. Im NT kommt es zu Bedeutungsverschiebungen des Heiligkeitsbegriffs aufgrund des Christusereignisses. Durch den Heiligkeitsbegriff wird Jesu Wesen grundsätzlich in Beziehung zu Gott charakterisiert (Mk 1,24; Joh 17,19). V.a. in den ntl Briefen findet sich eine Neuinterpretation des atl Kultverständnisses. Der hl. Geist wird zu einem Zentralbegriff in der Beziehung zwischen Gott und den Menschen.

2. Im Hebr. bezeichnet Heiligkeit *(qôdœš)* und heilig *(qdš)* ursprünglich Andersartigkeit in Antithese zum profan Gewöhnlichen (Lev 10,10). Heiligkeit verweist auf Gottes vollkommene Andersartigkeit und Majestät allem Geschaffenen gegenüber, welche ihren Ausdruck in der Forderung nach ausschließlicher Verehrung Gottes findet (Ex 20,1–5). Darüber hinaus wird Gottes Heiligkeit zugleich als segenbringende Gegenwart erfahren. In dieser Hinsicht erhalten Kult und mit ihm in Verbindung stehende Dinge, Plätze wie auch Menschen (z.B. Tempel, Sabbat, Priester, Gesetz) besondere Bedeutung. Gottes Gegenwart ermöglicht den Menschen Teilhabe an seiner Heiligkeit, welche, von seiten des Menschen, in Anbetung und Gehorsam zu seinem Gesetz besteht (Lev 19,1ff). Damit kommt, neben dem kultischen Aspekt, dem Begriff Heiligkeit eine bedeutende ethische Dimension zu. V.a. die prophetische Kritik weist auf die Bedeutung der Heiligung des Volkes hin (Jer 7), welche ihren Ausdruck in der grundlegenden Veränderung des Menschen findet (Abkehr von Sünde und Zuwendung zu Gott). In diesem Zusammenhang kommt in der prophetischen Kritik in besonderer Weise der Aspekt der sozialen Gerechtigkeit zur Sprache, während in der Weisheitsliteratur vornehmlich die Reinheit des persönlichen ethischen Handelns entfaltet wird.

Aus einer Reihe von Texten in Qumran geht hervor, daß sich die Gemeinschaft selbst als göttliches Heiligtum verstanden hat, vermutlich in Kritik am offiziellen Jerusalemer Tempelkult (1 QS 5,1–6). Das gesamte Leben der Gemeinde wird in den Kult einbezogen und tritt an die Stelle des Opferkults (1 QS 9,5).

3. Im NT begegnen das Adjektiv heilig *(hágios)* und dessen Wortfeld (Heiligung = *hagiasmós*; Heiligkeit = *hagiótēs, hagiōsýnē*; heiligen = *hagiázō*) überwiegend als Ausdruck des Konzepts der Heiligkeit (weniger häufig für heilig: *hierós, hósios* [adj. und subst.] und davon abgeleitet Heiligtum = *hierón*). Die Gesamtheit des

Bauwerks, der Tempel, wird mit dem griech. Wort *naós* bezeichnet.

Gott gilt im NT als der Heilige. Dieses Bekenntnis findet sich (im Vergleich zum AT) überraschend selten, allerdings an zentralen Stellen: im Vaterunser (Mt 6,9 par), in welchem der Name Gottes, damit seine Wesenhaftigkeit, in Zusammenhang mit dem Kommen seines Reichs gepriesen wird. Im hochpriesterlichen Gebet spricht Jesus Gott als Heiligen Vater an, eine Anrede, die größte personelle Nähe, aber auch Distanz zu Gott als dem Heiligen ausdrückt (Joh 17,11). In Offb 4,6–10 wird Gott als der Heilige gepriesen. Gottes Heiligkeit findet somit, im AT wie im NT, ihren Ausdruck in besonderer Weise in Anbetung und Gottesdienst.

Die Heiligkeit Jesu dient im NT zur Charakteristik seiner Person. Er ist der alles Menschliche transzendierende, Gott in einzigartiger Weise nahestehende Mensch (Mt 1,20; Lk 1,35). In Mk 1,24 wird er durch einen Dämon mit dem Hoheitstitel der „Heilige Gottes" (vgl. 1 Kön 17,18) belegt, während in anderen Texten das Erscheinen Christi in Begleitung Heiliger (Engel) (Mk 8,38 parr; 1 Thess 3,13) an das machtvolle Auftreten Gottes erinnert (vgl. Jes 6,1–3 u.ö.).

Apg 3,13f interpretiert Jesu Leiden und Sterben als Zeichen seiner Heiligkeit, in Reminiszenz an den atl leidenden Gottesknecht (Jes 52,13; 53,11). In besonderer Weise ist das Thema des Todes Christi im Hebr entfaltet, in welchem der atl Priester- und Opferbegriff durch das Christusereignis ein neue Begründung erhält. Christus ist als der Hochpriester heilig, der Vermittler des neuen Bundes, der selbst für immer zum Opfer geworden ist (Hebr 7,23–28).

Grundsätzlich bekundet das NT Jesus und die frühen Christen als dem jüd. Kult gläubig angehörend (z.B. Mt 21,14). Zugleich aber hat die Kritik an Kult und Tempel im NT ihre Wurzeln (neben der Kritik von Propheten und Qumran, s.o.) in Jesu Verhalten gegenüber Gesetz und Tempel. In bezug auf Jesu Kritik am Tempel (Mk 11,15–19 parr) ist allerdings nicht mit letzter Sicherheit zu sagen, worin diese begründet liegt: im Handel, der im Tempel vollzogen wurde (Joh 2,16); in der Ungerechtigkeit der Handelnden (Mk 11,17 parr; vgl. Jer 7) oder, in Anlehnung an Sach 14,21, im messianischen Angebot einer Alternative zum korrupten Tempelkult? Ebenso ist Jesu Prophetie von der Zerstörung des Tempels nicht mit letzter Sicherheit zu bestimmen (Mk 13,1f parr). Von den Evangelisten wird die Frist von drei Tagen auf Jesu Auferstehung bezogen (entsprechend Joh 2,19ff). Implizit kann dieses Wort als Hinweis verstanden werden, daß Jesus den physischen Tempel durch den geistigen Tempel der Gemeinschaft der Christen ersetzen wird (Mk 14,58), eine Vorstellung, die jedoch vermutlich erst relativ spät und von hellenistischem Denken beeinflußt ist. Deutlich wird in den Evv die Überzeugung, daß durch Jesu Leben, Tod und Auferstehung die Rolle des Kults und damit des Tempels als zentrales Heiligtum für immer durch eine neue Ordnung ersetzt ist (Mt 12,6–8; Joh 4,20–24).

Heiligung der Christen liegt von daher in der Liebe zu Jesus Christus, durch welche zugleich die ethische Forderung der Liebe und Mitmenschlichkeit begründet ist (Joh 15,9–13).

Ist Jesus Christus vollkommenes Vorbild als der hl. Sohn Gottes, so erfolgt Heiligung des Menschen im hl. Geist (im AT meistens bezeichnet als der „Geist Gottes"), durch welchen die Gemeinschaft der Christen über Jesu Tod hinaus ihre Fortführung findet (Apg 1,8; 2,4 u.ö.).

Die Beziehung des gläubigen Menschen zum hl. Geist wird v.a. in den ntl Briefen entfaltet. Pls kann in seinen Briefen die Gläubigen als die „Geheiligten in Christos Jesus, berufenen Heiligen" (1 Kor 1,2) anreden, welche durch den Geist Gottes (Gal 5,22), in der Nachfolge Jesu Christi, zum Tempel Gottes (1 Kor 3,16) und zum lebendigen Opfer werden (Röm 12,1). Diese Lebenshingabe der Christen im Glauben ist geheiligtes Opfer von Juden und Heiden (Röm 15,1).

1 Petr und Hebr deuten Heiligung in besonderer Weise als Charakteristik christl. Lebens im Geist. Das Bundesopfer Christi (1 Petr 1,15–19; Hebr 10,10) begründet Sündenvergebung und Nachfolge Christi. Damit sind unterschiedliche Aspekte des Heiligkeitsbegriffs aufgegriffen. Heiligkeit der Christen ist die schon von Anfang an durch Gott geschenkte Heiligung im Geist (2 Thess 2,13), die jedoch zugleich in der eschatologischen Erwartung des Reiches Gottes für den Menschen zum stets neuen Aufruf zur Nachfolge Christi, damit zum ethischen Anspruch wird (1 Petr 1,13–24).

4. Die Diskussion, in welcher Weise Heiligkeit ihren Ausdruck in der Welt und im Leben des einzelnen Menschen findet, sollte von der frühen

Kirche an durch die Jh. nicht mehr abreißen. Das Verhältnis zwischen schon erlangter Heiligkeit im Glauben, der Sündigkeit des Menschen und den damit gegebenen ethischen Konsequenzen sollte zu einer zentralen Frage für die unterschiedlichen sich entwickelnden religiösen Gruppen werden (Gerechtigkeit, Gnade). Auf der einen Seite entstehen Lebensformen, welche in strenger Absetzung vom profanen Leben höchstmögliche Vollkommenheit in dieser Welt anstreben (asketische Lebensformen). Auf der anderen Seite, nicht zuletzt durch das Anwachsen der Kirche bedingt, findet sich das Verständnis, daß Christen im täglichen Ringen mit der Sünde zur Heiligkeit Berufene sind.

Lit.: J.G. Gammie, Holiness in Israel, 1989; G. Klinzing, Die Umdeutung des Kultes in der Qumrangemeinde und im NT, 1971; E. Schillebeeckx, Jesus, 1992; ders., Christus und die Christen, 1977.

Eva Maria Räpple

HERR, Hausherr, Herrscher, Herrschaft

→ Ankunft; Diener/in; Knecht

1. Wer an „Herr" denkt, meint fast immer auch den Antipoden mit: den Untergebenen, Knecht, Sklaven. Mit „Herr" verbindet sich unausweichlich die negative Erfahrung, daß Macht über Ohnmacht siegt, daß es zur Grundgegebenheit menschlicher Beziehung gehört, daß wenigen Mächtigen (Weisungsbefugten, Entscheidungsträgern) viele „Ohn-Mächtige" gegenüberstehen. Das im Griech. viel gebrauchte Herr *(kýrios)* drückt die rechtmäßig erworbene, legitim ausgeübte und allgemein anerkannte Autorität aus, während Besitzer *(despótēs)* mehr den Eigentümer im familiären und öffentlichen Bereich bezeichnet, mit dessen Herrschaft nicht selten Härte und Willkür (also Despotismus) verbunden ist.
2. Herr *(kýrios)* in der LXX, ist Wiedergabe des hebr. *'ādôn/ᵃdonāj* und fast immer „Übersetzung" des Tetragramms *JHWH*. Gemeint ist: Jahwe ist der Herr Israels, der sein Volk aus Ägypten geführt und zu seinem Eigentum erwählt hat. In den jüd. Schriften begegnet *kýrios* zur Bezeichnung des Gottes Israels zum erstenmal in der Weisheitsliteratur, dann v.a. bei Philo von Alexandrien und Josephus Flavius.
3. Im NT ist Herr der Gebieter, der über Menschen herrscht oder über Sachen verfügt. Herr wird sowohl im profanen als auch im religiösen Sinn gebraucht.
Profaner Gebrauch liegt vor, wo der Sklave dem Herrn gegenübersteht (Mt 10,24f u.ö.), wo Herr „Besitzer" oder „Arbeitgeber" bedeutet (Lk 16,3.5). Häufig ist Herr Anrede, um die Autorität des Angesprochenen hervorzuheben, etwa in der Frage des Petrus. „Herr, wievielmal wird sündigen gegen mich mein Bruder, und ich werde ihm erlassen?" (Mt 18,21).
In Anbindung an den Sprachgebrauch der Synagoge wird auch im NT Gott als Herr bezeichnet, v.a. in atl Zitaten, in denen für Jahwe *kýrios* stand, z.B. Röm 4,8: „Selig ein Mann, dem nicht zurechnet (der) Herr die Sünde" (Zitat aus Ps 32,1f LXX). So entspricht auch ntl Sprachgebrauch dem des AT, wenn einem Begriff der Genitiv „des Herrn" beigefügt wird: Hand, Engel, Name

usw. „des Herrn" (Lk 1,66; Mt 1,20; Jak 5,10 u.ö.).

Auch Jesus ist Herr, sowohl in bezug auf den irdischen als auch auf den erhöhten Christus. Beim irdischen Jesus wird die Anrede Herr wohl auf den jüd. Titel Rabbi zurückgehen.

Rabbi in Mk 9,5 wird von den Seitenreferenten mit Meister *(epistátēs*: Lk 9,33*)* bzw. Herr *(kýrios*: Mt 17,4) wiedergegeben. In der häufigen Anrede Herr drückt sich die Bereitschaft aus, Jesus zu gehorchen: „Nicht jeder Sagende zu mir: Herr, Herr, wird hineingehen in das Königtum der Himmel, sondern der Tuende den Willen meines Vaters in den Himmeln" (Mt 7,21 par; vgl. 25,11f).

Die Anrede Herr für den erhöhten Christus findet sich v.a. in der ntl Briefliteratur und in der Offb. „Herr ist Jesus" ist altes christl. Bekenntnis zu Jesus als dem einzigen Herrn: Röm 10,9a; 1 Kor 12,3; Phil 2,11. In der Erweckung vom Tod hat Gott dem Christus seinen eigenen Namen Herr übergeben: „Deshalb auch erhöhte ihn Gott und schenkte ihm den Namen, der über jeden Namen (ist) …" (Phil 2,9; vgl. Jes 45,23f). Damit ist Christus der Herr über alle Herrscher der Erde (Offb 1,5; 17,14; 19,15f). Schriftbeweis dafür ist Ps 110,1: „So spricht der Herr zu meinem Herrn: Setz dich mir zur Rechten, und ich lege dir deine Feinde als Schemel unter die Füße" (Mk 12,36 parr; Apg 2,34f; Röm 8,34; Hebr 1,13).

In den ntl Parusieaussagen ist Jesus Herr in dem Sinn, daß bei seiner Ankunft noch lebende Christen dem Herrn entgegengerückt werden (1 Thess 4,17). Die Parusie erwirkt die endgültige Vereinigung mit Christus; vgl.

1 Kor 1,8; 5,5; 2 Kor 1,14 u.ö. Im aram. Gebetsruf *maranatha* drückt die Gemeinde die Erwartung des kommenden Herrn aus: 1 Kor 16,22; Did 10,6 (Offb 22,20b bietet eine Übersetzung des aram. Rufs).

4. Die Frage, wie sich die christologische Aufwertung Jesu zum strengen Monotheismus des AT verhalte, wurde in den ntl Schriften ausgespart; sie war kein Thema der urchristl. Diskussion. Erst spätere kirchliche Theologie bemühte sich um eine Antwort, indem man einerseits bedacht war, die Einzigartigkeit Gottes zu bewahren, andererseits der heilsgeschichtlichen Bedeutung Jesu gerecht zu werden. In den arianischen Streitigkeiten erfuhr diese Diskussion ihre erste große Zerreißprobe.

Kennt auch das NT keine explizit ausgeführte Trinitätslehre, so ermöglichen dennoch triadische Aussagen (z.B. Mt 28,19; 2 Kor 13,13) trinitarische Bekenntnisformen, die freilich dem Ein-Gott-Glauben nicht geringe Schwierigkeiten bereiten.

Lit.: F. Hahn, Christologische Hoheitstitel (UTB 1873), [5]1995; O. Hofius, Der Christushymnus Philipper 2,6–11 (WUNT 2/17), [2]1991; W. Kramer, Christos, Kyrios, Gottessohn, 1963; K. Wengst, Christologische Formeln und Lieder des Urchristentums, 1971.

Alexander Sand

HERZ, Herzenshärte

→ Botschaft; Gewissen; Leben

1. Das Herz meint in der Bibel zwar gelegentlich das menschliche Organ, meist aber hat es den übertragenen Sinn Leben, Lebenskraft, Mitte und

Wille. Es ist Sitz der Emotionen, der Gefühle und der geistigen Fähigkeiten, aber auch des Gewissens.

2. In der Wendung „das Herz stützen" für essen (Gen 18,5; Ri 19,8; Ps 104,15) ist das Herz *(leb, lebāb)* die Lebenskraft. Als Sitz für Emotionen und Gefühle kennt das Herz Schmerz (1 Sam 1,8; Jes 57,15), Freude (Ex 4,14), Angst (Dtn 20,3.8), Verzweiflung (Koh 2,20) und Mut (Ps 40,13). Vom Herzen gehen die sexuelle Kraft und die Begierde aus (Hos 4,11; Ijob 31,9). Mit der Wendung „zu Herzen reden" will man trösten und ermutigen (Gen 34,3; Jes 40,2). Wichtige intellektuelle Fähigkeiten wie die Erkenntnis (Ex 7,23; 1 Sam 4,20) und die Einsicht (Dtn 8,5; Ijob 17,4) werden auf das Herz zurückgeführt. Das Herz beschreibt auch den Zustand des ganzen Menschen: Es wankt (Ez 21,20) oder zerfließt (Dtn 20,8; Jos 2,11). Auch mit der Gottesbeziehung des Menschen hat das Herz zu tun: Es vertraut auf Gott (Ps 7,10) oder fällt von ihm ab (Ex 9,7). Gottes Heilshandeln geschieht am Herzen der Menschen: Er wird das Herz der Israeliten beschneiden (Jer 30,6) und ihnen ein neues Herz aus Fleisch geben, das das Herz aus Stein ersetzt (Ez 36,26). Weil der Mensch seine Entscheidungen im Herzen trifft, kann es die Funktion des Gewissens übernehmen (Gen 20,5f; 1 Sam 24,6). Die Weigerung Pharaos, Gottes Weisung zu folgen, wird darauf zurückgeführt, daß Jahwe sein Herz verhärtet hat (Ex 4,21; 9,12). Die Erfahrung des Ungehorsams Israels deutet Jes 6,10 ebenfalls als Herzensverhärtung. Die Rede vom Herzen Gottes umschreibt seine Beziehung zum Menschen (Gen 6,6; 8,21; Jer 3,15).

Die Qumranschriften betonen den religiös-sittlichen und intellektuellen Aspekt des Herzens. So stehen sich die „Redlichkeit des Herzens" (1 QS 11,2) und die Falschheit („geteiltes Herz") gegenüber (1 QH 4,14). Hierher gehört auch die Herzensverhärtung der Nichtmitglieder der Gemeinde (1 QS 1,6; 1 QM 14,7). Neu gegenüber dem AT ist, daß auch gottfeindliche Kräfte ihren Sitz im Herzen haben. So streiten die Geister der Wahrheit und der Finsternis im Herzen des Frommen gegeneinander (1 QS 4,23). Vom Frommen wird verlangt, daß er Belial aus seinem Herzen vertreibt (10,21).

3. Das NT knüpft an die atl und frühjüd. Verwendung des Herzens *(kardía)* an. Da Jesu Botschaft den ganzen Menschen angeht, wird sie in das Herz gesät (Mt 13,19 par). Im Herzen entscheidet sich auch deren Annahme oder Zurückweisung (Mt 13,15). Herz, Wort und Tat müssen im Einklang stehen (Mt 12,34 par). Das reine Herz bedeutet eine lautere Gesinnung, die Merkmal des Frommen ist (vgl. Dtn 9,5). Von daher ist die Seligpreisung der Reinen im Herzen zu verstehen, denen die Zusage gilt, Gott zu schauen (Mt 5,8). Aus dem Herzen kommt umgekehrt alles Böse und macht den Menschen unrein (Mk 7,20–23). Das erste Gebot, Gott mit ganzem Herzen und ganzer Seele, d.h. aus seiner innersten Wesensmitte heraus, zu lieben (Mk 12,30.33; vgl. Dtn 6,5), fordert, daß der Mensch sich ganz auf Gott ausrichtet. Gott kennt oder prüft das Herz des Menschen (Lk 16,15), d.h., er durchschaut den Menschen in seinem tiefsten Wesen. Jesu Anspruch, Gott vergebe durch ihn Sünden (Mk

2,6–8), schließt ein, daß er ebenfalls diese Fähigkeit hat. Als Ort der Affekte und Leidenschaften ist das Herz Sitz von Gedanken und Verstand (Mk 7,21; Lk 1,51), aber auch von Verhärtung. Mose hat den Israeliten wegen ihrer Hartherzigkeit *(sklērokardía)* erlaubt, ihre Frauen zu entlassen (Mt 19,8; Mk 10,5). Der Unglaube der „Juden" ist nach Joh 12,40 (Zitat Jes 6,9f) Herzensverhärtung. Vom Herzen gehen Erregung und Verzagtheit (Joh 14,1.27) aus, und es wird von Betrübnis gefüllt (Joh 16,6). Umgekehrt freut sich das Herz über die Auferstehung Jesu (Apg 2,26). Die Wendung „im Herzen durchbohrt werden" drückt die Betroffenheit der Hörer durch die Pfingstpredigt des Petrus aus (Apg 2,37).

„Die Begierden des Herzens", denen Gott den Menschen infolge seines Glaubensabfalls preisgibt (vgl. Röm 1,23f), meinen ein fehlgerichtetes Streben, in dem der Mensch auf Kosten seiner Mitmenschen zu sich selbst finden will. Dem Heil des Menschen dient es dagegen, wenn sein Herz nicht nach der Vorschrift des Gesetzes, sondern durch den Geist beschnitten wird (2,26–29). Die Rettung seines Volkes ist Pls ein so großes Anliegen, daß er mit dem „Gefallen seines Herzens", d.h. mit vollem Einsatz, dafür eintritt (10,1). Was im Herzen ist, bleibt dem Mitmenschen verborgen. Der Herr aber deckt die „Pläne des Herzens" beim Gericht auf (1 Kor 4,5). Wenn die Christen in der Gemeindeversammlung nicht in Zungen, sondern prophetisch reden, wird der Ungläubige überführt und „das Verborgene seines Herzens offenbart" (1 Kor 14,23–25). Die Bitte, Gott möge die Herzen der Glaubenden stärken (1 Thess 3,13),

ist nur verständlich, weil das Herz für die Persönlichkeit des Menschen steht. Wenn 1 Joh 3,20f davon spricht, daß das Herz uns (nicht) verurteilt, dann ist damit eindeutig das Gewissen gemeint. Eine falsche Grundorientierung liegt vor, wenn jemand bitteren Eifer und Streitsucht in seinem Herzen hat (Jak 3,14). Der Mensch soll sich nach 1 Petr 3,4 von dem bestimmen lassen, was im Herzen verborgen ist. Konkret bedeutet das, daß die Frau keine besonderen Ansprüche stellen, sondern sich entsprechend der damaligen Konvention dem heidnischen Ehemann unterordnen soll, um ihn durch ihr Leben – nicht durch Worte – für den christl. Glauben zu gewinnen (3,1f).

4. Herz hat somit aus bibl. Sicht den Menschen in seinem emotionalen und rationalen Wesen und damit seine Persönlichkeit im Blick, so daß Herz und Person oft auswechselbar sind. Viele Redewendungen im Deutschen lassen ein ähnliches Verständnis erkennen, z.B.: Jemandem blutet das Herz, geht das Herz auf oder bleibt das Herz stehen; wes das Herz voll ist, des geht der Mund über (vgl. Mt 12,34).

Lit.: G. Dautzenberg, Sein Leben bewahren (StANT 14), 1966; H. Rusche, Das menschliche Herz nach bibl. Verständnis, BiLe 3 (1962) 201–206; H. Schlier, Das Menschenherz nach dem Apostel Pls, in: ders., Das Ende der Zeit, 1971, 184–200.

Heinz Giesen

HIMMEL

→ Brot; Erde; Gott; Seele

1. Himmel (griech. *ouranós*, dazu die Adjektive *ouránios*: zum Himmel gehörig, und *epouránios*: himmlisch) ist in der Erfahrung der Menschen der kosmische Bereich, der sich als Firmament (Himmelsgewölbe, hebr. *rāqîa'*) über die Welt erstreckt, im Gegensatz zur Erde, dem Wohnbereich des Menschen. Die deutsche Sprache verfügt – anders als die englische, die zwischen *sky* und *heaven* unterscheidet – nur über einen Begriff, so daß sprachlich nicht zum Ausdruck kommt, daß es neben einem immanenten noch einen transzendenten Himmel gibt, der einen „Ort" meint, der als Sitz Gottes dessen Herrsein bezeichnet. Diesem Himmel gegenüber ist der Mensch '*ādām*, Erdenwesen; dadurch wird die Erfahrung der Endlichkeit und Abhängigkeit besonders deutlich. Die religiöse Rede vom Himmel bedarf also immer einer Näherbestimmung; die vertraute Hilfskonstruktion: Himmel oben – Erde unten ist eine mißverständliche Vereinfachung.

2. Im Gegensatz zu griech. und altorientalischen Vorstellungen sieht das AT im Himmel keine numinose Macht. Himmel (und Erde) sind vielmehr von Gott geschaffen (Gen 1,1; Jes 42,5) und daher vergänglich (Ps 102,26f; Jes 51,6). Im übertragenen Sinn ist Himmel Näherbestimmung Gottes: Er wohnt im Himmel (Dtn 26,15; Ps 2,4), der Himmel ist sein Machtbereich (1 Kön 22,19; Jes 6,1–3; Ps 11,4), sein Wort steht fest wie der Himmel (Ps 119,89). Doch bedeutet dies keine Beschränkung Gottes: Alle Himmel können ihn nicht fassen (1 Kön 8,27; 2 Chr 2,5; 6,18), er ist allgegenwärtig (Ps 139,8–10). V.a. wirkt Gott unter den Menschen (Gen 24,7; 2 Chr 20,6f): Er steigt vom Himmel (Gen 11,5; Mich 1,3), redet (Gen 21,17; Ex 20,22), belehrt (Dtn 4,36); er segnet (Gen 49,25; Dtn 26,15) und bestraft (Gen 19,24), er kommt den Bedrängten zu Hilfe (1 Kön 8,30–53; Ps 102,20f).

In nachbabylonischer Zeit erhält der Gott Israels unter persischem Einfluß das Attribut „Gott des Himmels" (Esr 1,2 u.ö.; Neh 1,5; Jon 1,9). Das Judentum entwickelt, wieder unter altorientalischem Einfluß, die Vorstellung von mehreren Himmeln (2 Makk 15,23; Weish 9,10; Tob 8,5); Himmel kann als Bezeichnung für Gott selbst verwendet werden (1 Makk 3,18f; 4,10f; 12,15; Dan 4,23). Mit der Übernahme des Glaubens an die Unsterblichkeit der Seele entsteht die Lehre vom himmlischen Paradies, dem Ort der Gerechten (slavHen 8 und 9).

3. Das NT greift die durch AT und Judentum entwickelten Himmelsvorstellungen auf. Himmel (und Erde) bedeuten die ganze Welt (Mt 5,18 u.ö.), die einmal vergehen wird (Mt 5,18; Mt 13,31 parr). Doch dominieren auch im NT die theologischen Aussagen über den Himmel; dabei setzen die einzelnen Schriften unterschiedliche Schwerpunkte.

Bei den Syn ist Himmel Bezeichnung für Gott und seinen Machtbereich (Mk 1,10 parr; 8,11 par; Lk 15,7.21). Der von Mt häufig gebrauchte Plural ist wörtliche Übersetzung des hebr. *šamajim*: Gott ist der „Vater in den Himmeln" (Mt 5,16.45; 6,1.9; 7,11.21; 10,32f; 12,50); dabei ist Himmel nicht räumlich verstanden, sondern im Sinn einer dynamischen Beziehung Gottes zu den Menschen. Der für Mt wichtige Begriff „Königtum der Himmel" (3,2 u.ö.) ist Bild für Gottes Herrschaft, die mit Jesus auf der Erde anbricht. Das Heilshandeln Gottes manifestiert sich ferner in dem in der Gemeinde fortlebenden Jesus (Mt 16,19; 18,18; 28,16–20), bis bei der Vollendung der Welt das Zeichen des Menschensohns am Himmel erscheinen wird (Mt 24,30).

Im JohEv sind Himmel (Herrschaftsbereich Gottes) und Kosmos (Herrschaftsbereich der Sünde) streng, fast dualistisch, von einander getrennt. Himmel ist als „das Oben" (8,23) Wohnung Gottes und Heimat des präexistenten Christus (3,13; vgl. 1,14), der von dort herabgestiegen ist (6,38. 42) und nach seiner Erhöhung dorthin zurückkehrt (3,13; 6,62; 20,17). Christus bewirkt die Öffnung des Himmels, der sonst dem Menschen verschlossen bleiben würde (3,13.31–36); als „Brot vom Himmel" (6,32f) vermittelt er den Menschen die Fülle des Lebens (6,51).

Auch Pls bezeichnet mit Himmel zunächst den Bereich Gottes im Gegensatz zur Erde (1 Kor 15,40.47). Vom Himmel wird die Wiederkehr Jesu erwartet (1 Thess 1,10; 4,16; vgl. 2 Thess 1,7). Ein endzeitliches Gericht offenbart den Zorn Gottes vom Himmel her (Röm 1,18), aber Jesu Auferweckung von den Toten ermöglicht die Auferweckung aller Toten (1 Thess 1,10; 1 Kor 15,4.12) und somit Rettung vor Gottes Zorn. Kol betont, daß *tà pánta* (alles) im Himmel und auf der Erde in Christus geschaffen ist und in ihm Bestand hat (1,16f). Im Streit zwischen Himmel und Erde schafft Christus Versöhnung „durch das Blut seines Kreuzes" (1,20) – er ist das Haupt der Kirche, die als Leib interpretiert wird (1,18.22; vgl. Eph 1,22f). Nach dem Eph sind *tà epouránia* (der himmlische Bereich) der Sitz der Gottheit

(Gottes bzw. Christi); vgl. 1,3.20; 2,6; aber auch widergöttlicher Mächte und Gewalten: 3,10; 6,12. Der Weg des Erlösers wird als Abstieg zur Erde und Erhöhung über alle Himmel beschrieben, „damit er erfülle alles" (4,9f); die durch böse Mächte verursachte Trennung der Menschen von Gott ist damit aufgehoben, jedem gnostisch-kosmischen Dualismus wird eine Absage erteilt.

Hebr unterscheidet zwischen einem vergänglichen kosmischen Himmel (12,26) und einem Himmel als dem jenseitigen Bereich Gottes (9,24; 12,23. 25), auf den sich die Hoffnung der Christen richtet (11,16; 12,22; vgl. 3,1). Himmel ist somit umfassendes Symbol der Heilstätigkeit Jesu: Der geschichtliche Kreuzestod Jesu wird kulttheologisch als hochpriesterlicher Dienst gedeutet, der ins Allerheiligste führt (9,11f), d.i. in den Himmel selbst (9,24). In Abhebung vom atl Priestertum wird der Dienst Jesu als endgültig, himmlisch-ewig deklariert (9,12; vgl. 7,21–25).

Die theologische Reflexion der Offb greift Bilder der jüd. Apokalyptik auf (vgl. den himmlischen Tempel: 11,19; 15,5–8, bzw. den Altar: 8,3.5; 9,13). Doch auch sie werden umgedeutet: Ein neues Jerusalem wird vom Himmel herabkommen (21,10–27), ein Menschensohn wird auf den Wolken des Himmels erscheinen (14,14.16).

4. Die bibl. Schriften machen deutlich, daß Himmel als Bestandteil eines naturwissenschaftlichen Weltbildes (vgl. Aristoteles sowie die ptolemäische Kosmologie) nie Thema der bibl. Heilsökonomie gewesen ist. Erst eine Verabsolutierung dieser spätantiken Weltanschauung im Sinn einer Glau-

benslehre führte zu der Annahme, daß Gott gleichsam der Bewohner eines oberen Stockwerks sei, dem gegenüber sich der Mensch „unten", also im Erdgeschoß (bzw. Kellergeschoß) befindet. Als vereinfachende Darstellung mag diese Auffassung richtig sein, aber jeder Versuch, sie im wirklichen Lebensvollzug einsichtig zu machen, scheitert an der Tatsache, daß eine konkrete Rückbindung an die bibl. Aussagen nicht mehr Klarheit verschafft, sondern stets neue Fragen provoziert.

Lit.: H. Bietenhard, Die himmlische Welt im Urchristentum und Spätjudentum, [2]1954; A. Cody, Himmel im NT, Concilium 143 (1979) 37–45; B. Ego, Im Himmel wie auf Erden (WUNT 34), 1989; E. Lerle, das Weltbild der Bibel, 1973; W. Staudacher, Die Trennung von Himmel und Erde, 1942.

Alfred Hübner

HIRT, Herde

→ Ältester; Apostel; Aufseher; Gott; Herr; Israel; Jesus

1. Im bibl. Palästina war die Kleinviehzucht von Schafen und Ziegen neben dem Ackerbau die Grundlage der Volkswirtschaft. So ist im NT häufig von Schaf- und Ziegenhirten bzw. -herden die Rede. Nur in Mk 5,1–20 parr und in Lk 15,15f kommen Schweinehirten und -herden vor.
2. Im alten Orient (Mesopotamien, Ägypten) wurde der Herrscher bildlich als „Hirt" gesehen, das Volk als die „Herde", die er „weidet", d.h. regiert. Dabei wurde es v.a. als seine Aufgabe angesehen, die Zerstreuten zu sammeln, die Gerechtigkeit zu garantieren und die Fürsorge für die

Schwachen wahrzunehmen. Manchmal bezeichnete man auch Götter in ähnlichem Sinn als Hirten.

In Israel wurde diese Bilderwelt im religiösen Sinn gebraucht. V.a. in Psalmen (v.a. Ps 23) und in der Trostprophetie der Exilszeit (v.a. Ez 34,11–22) ist Jahwe der Hirt und Israel seine Herde. Dagegen findet sich im AT kein Beleg dafür, daß der regierende König „Hirt" genannt worden wäre. Aber es ist in Drohworten eine geläufige Bezeichnung für die religiösen und politischen Führer Israels, denen Versagen vorgeworfen wird (z.B. Jer 23,1–4; Ez 34,2–10). In der Exilszeit wird auch der verheißene Messias als Hirt bezeichnet (Ez 34,23f). Im Hinblick auf das NT ist auf den Hirten der Endzeit, den Vertrauten Jahwes, in Sach 13,7 hinzuweisen, der vom Schwert geschlagen wird.
3. Im NT kommen in der Weihnachtsgeschichte Lk 2,8–20 Hirten im eigentlichen Sinn vor. Sonst ist fast immer bildlich von ihnen die Rede. Dabei fällt auf, daß nirgends im NT Gott selbst als Hirt (poimén) bezeichnet wird. Wenn die Kirche in 1 Petr 5,2 „die Herde (poímnion) Gottes" genannt wird, ist Gott als Besitzer gedacht. Ihre Hirten sind die Ältesten.
An der Mehrzahl der ntl Stellen wird das Bild vom Hirten und der Herde im christologischen Sinn gebraucht. In der syn Überlieferung ist Jesus über die Volksmenge ergriffen, weil sie „wie Schafe, nicht habend einen Hirten", sind (Mk 6,34 par, Aufnahme einer atl Redewendung für ein führerloses Volk). Im Hinblick auf seinen Tod bezeichnet der syn Jesus sich selbst als den Hirten von Sach 13,7, der geschlagen wird und dessen Schafe sich

zerstreuen (Mk 14,27 par). Bei der Wiederkunft wird der Menschensohn alle Völker vor seinem Thron versammeln und wie ein Hirt die Schafe von den Böcken trennen (Mt 25,31–33).

Von zentraler Bedeutung für die Christologie, die sich mit dem Hirtenbild verbindet, ist die „Hirtenrede" in Joh 10,1–21. Im Gegensatz zu Dieben und Räubern, aber auch zu Lohnhirten bezeichnet sich der joh Jesus als „der gute Hirt". Als solcher erweist er sich durch sein vertrautes Verhältnis zu den Seinen, die er kennt und die ihn kennen (VV 4.14) und die seinem Ruf folgen, weil ihnen seine Stimme vertraut ist (VV 3–5). Der Hauptakzent aber liegt darauf, daß der gute Hirt sein Leben für die Herde hingibt. Das Hirtenbild deutet so den Tod Jesu als Hingabe für das Leben der Seinen. Daß diese Herde nicht einfach mit dem Jüngerkreis oder der Kirche identisch ist, zeigt V 16, der von anderen Schafen „nicht aus diesem Hof" spricht, die der gute Hirt zusammenführen will.

Daß das Bild von Jesus, dem Hirten, in verschiedenen ntl Schichten präsent ist, zeigen auch Hebr 13,20 („den großen Hirten der Schafe"), wo es mit seinem Tod und seiner Auferstehung verbunden wird, sowie 1 Petr 2,25 („zum Hirten und Aufseher eurer Seelen") und 1 Petr 5,4 („der Ersthirte"). Auffallend ist die Umkehrung des Bildes in Offb 7,17, wo „das Lamm" zum Hirten wird. Einen harten Akzent setzen Offb 12,5 und 19,15, wo vom Messias, der die Völker mit eisernem Stab weiden wird, die Rede ist.

Als direkte Bezeichnung eines kirchlichen Amtes erscheinen die „Hirten" neben den Aposteln, Propheten, Evangelisten und Lehrern nur in Eph 4,11. Aber das Bild des Hirten wird an mehreren Stellen auf die Verantwortlichen der Kirche(n) angewandt: Petrus (Joh 21,15–18), die Ältesten und Aufseher von Ephesus (Apg 20,17–35), die Ältesten (1 Petr 5,1–4) und in negativem Sinn die Irrlehrer (Jud 12). Nach Apg 20 ist es Aufgabe dieser Hirten, auf die Herde achtzugeben, sie zu hüten, sich besonders der Schwachen anzunehmen und wachsam gegen Irrlehrer zu sein. 1 Petr 5 betont, daß das ohne Gewinn- und Herrschsucht geschehen muß; die Hirten sollen Vorbilder für die Herde sein. Dabei müssen sie sich vor Augen halten, daß die Herde nicht ihnen selbst gehört, sondern „die Herde Gottes" ist (1 Petr 5,2), „die Kirche Gottes, die er sich erwarb durch das Blut des eigenen (Sohnes)" (Apg 20,28). Sie werden sich vor Christus, dem „Ersthirten" (1 Petr 5,4), verantworten müssen.

4. In der christl. Kunst und Frömmigkeit hat das Bild von Jesus, dem „guten Hirten", durch die Jh. stark nachgewirkt, v.a. als Ausdruck der Fürsorge des Herrn für die Seinen. Andererseits kennt die (kath.) Theologie das „Hirtenamt" der Kirche und meint damit in erster Linie die Leitungsvollmacht („Hirtengewalt") ihrer Amtsträger. In diesem Sinn spricht man bis heute von „Hirten" (Priester) und „Oberhirten" (Bischöfe) der Kirche.

Lit.: J. Beutler (Hg.), The Shepherd Discourse of John 10 and Its Context (MSSNTS 67), 1991; O. Kiefer, Die Hirtenrede (SBS 23), 1967; A.J. Simonis, Die Hirtenrede im JohEv (AnBib 29), 1967.

Franz Annen

HOFFNUNG, Erwartung

→ Auferstehung; Geduld; Glaube; Heil

1. Sinnvolles Leben ist dem Menschen nur möglich, wenn er Zukunftserwartungen hat. Deshalb richtet der Mensch seit alters her seinen Blick auf die Zukunft, um die Gegenwart zu bewältigen. Im griech. Altertum umfaßt die Hoffnung nicht nur das Gute, das man erwartet bzw. erwünscht, sondern auch das Unheilvolle, das man befürchtet. Da die Zukunft als unsicher erscheint, können Hoffnungen wahr oder falsch sein, weil ihnen richtige oder falsche Auffassungen darüber, was das Künftige ist, zugrunde liegen können.

2. Nach dem AT dagegen ist die Hoffnung immer auf eine gute Zukunft gerichtet. Der atl Fromme kennt zwar auch falsche Erwartungen und Hoffnungen, die sich nicht erfüllen (vgl. Spr 11,7). Hoffnung ist jedoch v.a. eine Dimension des Glaubens. Daraus folgt, daß sie wesentlich durch das Gottesverständnis Israels bestimmt ist. Die Hoffnung Israels gründet im Bund Jahwes mit seinem Volk und in seinen Heilszusagen. Erfüllte Verheißungen, v.a. die Herausführung aus Ägypten und die Landnahme (Dtn 4,40 u.ö.), geben die Zuversicht, daß Jahwe auch in Zukunft seine Verheißungen erfüllt. Die Hoffnung richtet sich mehr und mehr auf Jahwe selbst, so daß der Psalmist beten kann: „Du bist meine Hoffnung" (Ps 71,5; vgl. auch Jer 14,8; 17,13). Die Hoffnung nimmt deutlich die personalen Züge des Vertrauens an (vgl. Ps 25,1–3). In diesem Vertrauen überläßt der Israelit Gott allein, wann und wie er seine Verheißungen erfüllt.

Die Hoffnung des Volks und jedes einzelnen richtet sich auf Wohlergehen, Frieden, Heil, Rettung aus der Not und aus den Händen der Feinde. In späterer Zeit erwartet man das Kommen Jahwes in Herrlichkeit, seine königliche Herrschaft auf einer neuen Erde, die Umkehr Israels und die Teilhabe der Völker am zukünftigen Heil (Jes 2,2–4), den neuen Bund (Jer 31,31–34) und einen Heilskönig (Jes 9,1–6 u.ö.). Als auf dem Hintergrund der Unterdrückung Israels durch Antiochus IV. Epiphanes (175–164 v.Chr.) in der frühjüd. Apokalyptik der Glaube an die Auferstehung entstand (Dan 12,1f), gilt diese ebenfalls als Hoffnungsgut (Weish 3,4; 2 Makk 7,11.14.20). Die Apokalyptiker erwarten, daß Gott in naher Zukunft ohne Zutun der Menschen die Wende von der gegenwärtigen Weltzeit, die durch kosmische Katastrophen zugrunde geht, zur kommenden Weltzeit herbeiführt, die für die Frommen das endgültige Heil bedeutet.

3. Hoffnung *(elpís,* bei Pls auch *apokaradokía)* bzw. hoffen *(elpízō)* wird im NT zwar gelegentlich auch im Sinn der Alltagssprache verwendet (Lk 6,34; Apg 16,19; 1 Kor 16,7 u.ö.). Meist ist die Hoffnung jedoch wie im AT eine Dimension des Glaubens. Die heilsgeschichtliche Situation hat sich nun jedoch durch das Christusereignis grundlegend geändert. Nun gibt es – anders als in der Apokalyptik – Heil auch schon in der Gegenwart. Der Glaube ist nunmehr bestimmt durch die eschatologische Spannung des schon jetzt geschenkten Heils und der noch ausstehenden Heilsvollendung, die wesentlich Gegenstand der Hoffnung ist. Daraus ergibt sich, daß von

Hoffnung der Sache nach auch dann die Rede ist, wenn die Terminologie fehlt. In den syn Evv kommt die Hoffnung in der Botschaft Jesu von der nahen Herrschaft Gottes zum Ausdruck, insofern diese zwar schon gegenwärtig im Glauben erfahrbar ist (Mk 1,15; Mt 12,28 par u.ö.), ihre Vollendung indes noch aussteht. In Gegenwart und Zukunft bleibt sie ein Geschenk Gottes, das infolge menschlichen Versagens wieder verlorengehen kann. Deshalb ist der Christ aufgefordert, immer wieder darum zu beten, daß sich seine Herrschaft immer mehr auf Erden wie im Himmel durchsetzt, bis sie einmal in der Ewigkeit für den Christen in ganzer Fülle gegeben ist (Mt 6,10 par). Insofern die Vollendung des Heils noch aussteht, ist es Gegenstand der Hoffnung. Darum implizieren die Wachsamkeit (Mk 13,37 u.ö.) und das Ausharren (13,13 u.ö.) angesichts des Kommens des Herrn das Moment der Hoffnung.

Die joh Gegenwartseschatologie schließt keineswegs die Hoffnung aus, insofern auch für das vierte Ev das endgültige Heil noch zukünftig ist (Joh 12,25f; 14,2; 17,24). Gleichbedeutend hiermit sind auch die Aussagen über die Auferstehungshoffnung der Christen (Apg 23,6; 24,15; 28,20).

Pls zeigt am Beispiel Abrahams, daß die Hoffnung im Vertrauen auf den Gott gründet, der die Toten lebendig macht und das Nichtseiende ins Dasein ruft (Röm 4,17f). Die Hoffnung erweist sich auch hier als eine Dimension des Glaubens. Sie bestimmt das Christsein in einer Weise, daß Pls die Nichtchristen als solche bezeichnen kann, die keine Hoffnung haben (1 Thess 4,13). Ihnen wird dadurch nicht Hoffnung überhaupt abgesprochen, sondern die spezifisch christl. Hoffnung auf das künftige Heil, die zusammen mit dem Glauben und der Liebe Kennzeichen des Christseins ist (1 Thess 1,3; 5,8; 1 Kor 13,13). Anders als die pneumatischen Erscheinungen in Korinth ist die Hoffnung im irdischen Leben des Christen ein bleibendes Charakteristikum seines Gottesverhältnisses. Christen stehen in der Erwartung der Offenbarung des Herrn Jesus Christus (1 Kor 1,7; 1 Thess 1,10) und der Auferstehung der Toten (1 Kor 15,12ff). Nach Röm 8,19–22 erwartet die gesamte Schöpfung die Offenbarung der Söhne Gottes. Die Schöpfung wird aus ihrer Knechtschaft und Vergänglichkeit mit dem Ziel befreit, daß sie der Verherrlichung der Söhne Gottes diene. Aber es gibt einen grundlegenden Unterschied: Die Christen wurden nicht der Vergeblichkeit unterworfen, sondern auf Hoffnung hin gerettet (Röm 8,24). Da die Christen als Miterben Christi mit ihm leiden, werden sie auch mit ihm verherrlicht werden (V 17). Die christl. Hoffnung erfüllt sich in der Teilhabe an der Herrlichkeit Gottes (2 Kor 4,16–18). In der gegenwärtigen Zeit ist das Heil jedoch nur als Hoffnungsgut geschenkt. Der Christ kann es nicht erwerben, sondern nur in Geduld erwarten (Röm 8,25). Die Geduld bewirkt ihrerseits die Bewährung, die die Hoffnung festigt und mehrt (5,3f). Daß Gott seine Liebe durch das Geschenk des Geistes in unsere Herzen ausgegossen hat, gibt uns die Gewißheit, daß unsere Hoffnung nicht ins Leere geht (5,5).

Nach Röm 15,4 sollen wir „durch die Geduld und durch die Ermutigung der

Schriften" Hoffnung haben. Die Hoffnung erlaubt es den Christen, auch angesichts von Bedrängnissen in Freude zusammenzuleben (Röm 12,12; 1 Thess 5,16; Phil 3,1; 4,4). Als Ursprung der Hoffnung ist Gott der „Gott der Hoffnung", der die Gemeinde in Rom „mit aller Freude und (allem) Frieden im Glauben" erfüllen soll und auf sie überfließt „in der Hoffnung in (der) Kraft heiligen Geistes" (Röm 15,13).

In Kol und Eph ist die Hoffnung deutlich stärker als bei Pls als ein schon gegenwärtiges Heilsgut begriffen. Nach Kol 1,4f motiviert die für sie in den Himmeln bereit liegende Hoffnung den Glauben und die geschwisterliche Liebe der Christen. Sie ist Inhalt des Ev, das die Kolosser gehört haben (vgl. auch 1,23). Nach 1,27 ist Christus als das in der Gemeinde anwesende Geheimnis, das Gott den Völkern kundtun wollte, für die Christen die Hoffnung auf Herrlichkeit. Eph 1,18 zufolge kommt die Hoffnung aus dem Ruf Gottes (vgl. 4,4) und erfüllt sich im Reichtum der Herrlichkeit, die im Himmel als Erbe bereit liegt. Vor ihrer Bekehrung waren die Christen ohne Hoffnung, weil sie ohne Gott waren (Eph 2,12). Gottes unendliche Macht, die sich in der Auferweckung Jesu erwiesen hat, ist Beweis dafür, daß er auch den Christen das Heil zu schenken vermag (1,19f).

1 Tim 1,1 bezeichnet Christus, unseren Retter, als unsere Hoffnung. Mit der Erwartung der seligen Hoffnung auf die Herrlichkeit des großen Gottes und unseres Retters Jesus Christus betont Tit 2,13 im Anschluß an 1,2, wo von der Hoffnung auf ewiges Leben die Rede ist, die Bedeutung der Heilsvollendung für die Christen. Dem Verfasser kommt es in 1,2 wie in 3,7 darauf an zu betonen, daß das ewige Leben als den Christen anvertrautes Hoffnungsgut schon gegenwärtig ist. Nach 1 Tim 4,10 orientiert sich die Hoffnung, die hier sachlich mit dem Glauben gleichzusetzen ist, am Bekenntnis zu Gott als dem Retter aller Menschen, insbesondere derer, die glauben (vgl. 5,5). Sie verleiht die Kraft zum beharrlichen Kampf und zur unermüdlichen Anstrengung, sich des von Gott geschenkten Lebens würdig zu erweisen und es zu bewahren. In diesem Sinn werden auch die Reichen aufgefordert, ihre Hoffnung nicht auf ihren Reichtum zu setzen, sondern auf Gott (6,17).

Im Hebr ist der Glaube als solcher Hoffnung. Deshalb hat er mit der Verheißung Gottes bzw. mit dem Erhofften (11,1) zu tun. Der Glaube als Hoffnung blickt nach vorn. Er ist die einzig angemessene Haltung für jene, die noch auf dem Weg sind (vgl. 3,6). Konsequent wird der Glaube deshalb als Treue und Bewährung (10,38f) und als Geduld (10,35f; 12,1f) verstanden. Wie die Mahnungen zum Glauben im Hebr zeigen (10,19–21 u.ö.), gründet auch der für Hebr spezifische Glaubensbegriff im Sinn der standhaften Glaubenstreue im heilsmittlerischen Handeln Jesu, des Hochpriesters. Das gilt ebenso für den von den Glaubenden geforderten Eifer zur vollen Entfaltung der Hoffnung bis zum Ende im Sinn des Glaubens (6,11f). Nach 6,18–20 gewährt das Hoffnungsgut den Christen Sicherheit und Halt, wie mit dem Bild vom „Anker der Seele" veranschaulicht wird (6,19). Der „Anker" der den Christen geschenkten Hoffnung hat seinen festen Grund im himmlischen Heiligtum, in das der Hochpriester Jesus als Wegbereiter für uns bereits eingetreten ist (vgl. auch 10,19–23). Die christl. Hoffnung kann als besser bezeichnet werden, insofern nun ein neues, „ewiges" Priestertum die alte Kultordnung abgelöst hat (7,19); denn das ewige Priestertum Jesu erlaubt den Christen den unmittelbaren Zutritt zu Gott.

In 1 Petr hat die Hoffnung zentrale Bedeutung. Sie ist der Weg, den Jesus Christus mit seiner Auferstehung vorgibt und der zum Ziel führt. Nach 1,3 wird der Mensch in der Taufe neu gezeugt zu einer lebendigen Hoffnung durch die Auferstehung Christi. Das entspricht 3,21, wo es von der Taufe heißt, daß sie aufgrund der Auferwekkung Jesu Christi rettet. Weil sie auf das in den Himmeln aufbewahrte unvergängliche Erbe ausgerichtet ist (1,4), ermöglicht die Hoffnung sinnvolles Leben gerade auch in der Bedrängnis. Sie gilt als der Grundpfeiler des christl. Lebens (1,13). Wie der Glaube soll die Hoffnung ganz auf Gott gerichtet sein, der Christus von den Toten auferweckt hat (1,21) und der die Glaubenden mit Christus verherrlichen wird (4,13). Wie sehr die Hoffnung Kennzeichen des Christseins ist, belegt die Forderung, furchtlos Rechenschaft über ihre Hoffnung zu geben (3,15).

Nach 1 Joh 3,2f erwartet die christl. Hoffnung, Gott ähnlich zu werden, wenn wir ihn sehen, wie er ist. Da die Hoffnung v.a. eine in der Bedrängnis wichtige Dimension des Glaubens ist, verwundert es nicht, daß sie auch in der Offb eine große Rolle spielt, obwohl uns das Wortfeld Hoffnung in ihr nicht begegnet. Der Seher setzt alles daran, die Christen zu ermutigen, angesichts der Verlockungen durch den Götter- und Kaiserkult an ihrem Glauben festzuhalten. Diesem Ziel dienen verschiedene Formen von Heilszusagen (Überwindersprüche; Seligpreisungen, das Bild vom neuen Jerusalem u.a.), die helfen sollen, die Schwierigkeiten des Alltags zu bewältigen.

4. Die Hoffnung als wichtige Dimension des Glaubens bewahrt den Christen im Alltag vor Resignation, da er weiß, daß sie im Heilshandeln Gottes ihren Ursprung und ihr Ziel hat. Deshalb ist es kein Zufall, daß sie gerade in den Schriften des NT betont wird, die sich an Christen wenden, die in der damaligen Gesellschaft in besonderem Maße als Außenseiter gelten. Die Adressaten der Botschaft sind jeweils die Gemeinden und in ihnen jeder einzelne Christ. Deshalb ist die Kirche auf ihrem Weg durch die Zeit die eigentliche Trägerin der christl. Hoffnung; denn die christl. Hoffnung kann ihre verändernde Kraft nur wirksam werden lassen, wenn sie sich solidarisch entfaltet.

Lit.: J. Becker, Zukunft und Hoffnung (BiKon), 1981; I. Broer/ J. Werbick (Hg.), Auf Hoffnung hin sind wir erlöst (Röm 8,24) (SBS 128), 1987; H. Giesen/ A. Fuchs, Hoffnung auf Heil für alle (1 Petr 3,18–22) (SNTU.B 14), 1989; H. Giesen, Ermutigung zur Glaubenstreue in schwerer Zeit, TThZ 105 (1996) 61–76; G. Nebe, „Hoffnung" bei Pls (StUNT 16), 1983; Th. Söding, Die Trias Glaube, Hoffnung, Liebe bei Pls (SBS 150), 1992; W. Weiß, Glaube – Liebe – Hoffnung, ZNW 84 (1993) 196–217; K. Woschitz, Elpis: Hoffnung, 1979.

Heinz Giesen

HOHER RAT

→ Ältester; Jesus; Pharisäer; Priester;
Schrift

1.Der Hohe Rat (hebr. *bêt dîn haggā-
dôl*, griech. *synédrion*), auch Gerusia
oder Ältestenrat genannt, ist die höchste jüd. Selbstverwaltung unter röm.
Herrschaft.
2. Vorläufer ist der Ältestenrat zur
Zeit Nehemias (Esr 5,9 u.ö.). Der
Hohe Rat wird bereits in einem Erlaß
Antiochus' III. (223–187 v.Chr.) erwähnt (Josephus, ant. XII 13.142).
Unter den Makkabäern ist er erstmals
Regierungsorganisation (1 Makk 7,33
u.ö.). Analog zu Ex 24,1.9 und Num
11,16 hat der Hohe Rat 70 Mitglieder
und den amtierenden Hochpriester als
Vorsitzenden. Seine Mitglieder sind
Schriftkundige und Vertreter des Prie-
ster- oder Laienadels, letztere auch
Älteste genannt. Der Hohe Rat war die
höchste Verwaltungs- und Gerichtsbe-
hörde mit eigener Polizeigewalt. V.a.
Herodes, aber auch einzelne Prokura-
toren griffen jedoch in dessen Autonomie ein. Über das *ius gladii* des Hohen
Rates wird eine heftige Debatte geführt.
3. Die syn Evv machen den Hohen
Rat für den Tod Jesu verantwortlich.
Nach Mk und Mt folgt auf Verhör und
Zeugenbefragung in der Nacht das
einstimmige Todesurteil am nächsten
Morgen (Mk 15,1 parr). Nach Lk wird
Jesus in der Nacht im Palast des Hochpriesters gefangengehalten. Die Verhandlung findet in Übereinstimmung
mit dem Recht der Mischna am nächsten Morgen statt, ein formelles Urteil
fehlt (22,54–23,5).
Joh verlegt den Todesbeschluß vor die
Passion (11,45–53). Jesus wird von

Kajaphas (18,12–23) verhört, von einem jüd. Prozeß wird nicht berichtet.
V.a. die mk und mt Version weichen
stark vom Recht der Mischna ab (Nacht-
sitzung, Prozeß am Feiertag, nur eine
Verhandlung, Todesurteil am selben
Tag, Fragwürdigkeit der Gottesläste-
rung). Ob die Halacha zu der Zeit gültig war und wie das damals sadduzäi-
sche Recht aussah, ist nicht geklärt.
Die Beurteilung des Prozeßverfahrens
in zwei Instanzen hängt von der Debatte um die Kompetenzen des Hohen
Rates ab. Nach Josephus (ant. XX
200ff; bell. II 117) konnte von 6 bis 70
n.Chr. (ausgenommen die Zeit Agrippas I. 41–44) nur der römische Proku-
rator ein Todesurteil aussprechen. Die
Todesurteile des Hohen Rates zu
dieser Zeit sind wahrscheinlich Ausnahmen (Steinigung des Stephanus ist
Lynchjustiz, Tod des Jakobus fällt in
die Zeit Agrippas I.). Ein Todesurteil
des Hohen Rates ist nicht eindeutig
belegbar (s. Lk; Joh). Die Evv stellen
den Prozeß als Urbild des Streits zwischen Kirche *(ekklēsía)* und Synagoge
(synagōgḗ) dar und machen deutlich,
daß die Frage der Gottessohnschaft
Jesu sie voneinander trennte.
Die Apg berichtet mehrfach, daß Apostel sich vor dem Hohen Rat verantworten mußten. Lk gestaltet diese Sze-
nen frei aufgrund von Erfahrungen seiner Zeit (Agrippaverfolgung, Hinrichtung des Jakobus) und mit Daten der
Paulusbiographie. Vereinfachend erscheint die Spaltung des Hohen Rates
in christenfeindliche Sadduzäer und
wohlwollende Pharisäer (Apg 5,34;
23,6-8). Eine Steigerung der Strafen
von Verwarnung (4,17ff) über Inhaf-
tierung (5,18ff) bis zur Steinigung des
Stephanus (7,59) ist deutlich erkenn-

bar. Die Einberufung des Hohen Rates durch den römischen Chiliarchen (22,30) ist historisch undenkbar.

4. Die einseitige Darstellung der jüd. Verantwortung am Tod Jesu hatte eine verhängnisvolle Wirkungsgeschichte (die Juden als Mörder des Herrn) und belastet noch heute den jüd.-christl. Dialog.

Lit.: K. Kertelge (Hg.), Der Prozeß gegen Jesus (QD 112), 1988; J. Leipodt/ W. Grundmann, Umwelt des Christentums, Bd. I, ⁸1990; G. Otte, Neues zum Prozeß gegen Jesus? NJW 16 (1992) 1019–1026; S. Safrai, Das jüd. Volk im Zeitalter des Zweiten Tempels, 1978.

Monika Fander

HÖLLE, Abgrund, Hades

→ Besessenheit; Feuer; Gericht; Schlüssel; Tod

1. Seit alters wird die Frage erörtert, was den Menschen nach seinem Tod erwartet. Die ersten schriftlichen bekannten Zeugnisse vom „Land der Toten" stammen aus dem Euphrat-Tigris-Tal im heutigen Irak und sind vermutlich viertausend Jahre alt. Zahlreiche bildhafte Begriffe, welche den Bereich der Unterwelt beschreiben: z.B. Finsternis, Abgrund, Pforten und Fluß, tauchen in der Vorstellungswelt vieler Kulturen als Umschreibung des Totenreichs auf. Auch die im NT verwendeten Begriffe und Umschreibungen des Wortes Hölle sind stark von dieser bildhaften Vorstellungswelt geprägt. Erst mit den Kirchenvätern beginnt die differenzierte Reflexion bezüglich des mit dem Begriff Hölle bezeichneten „Orts" oder Zustands.

2. Die Höllenvorstellung des NT steht vermutlich ursprünglich in Zusammenhang mit dem im AT genannten Tal des Sohnes des Hinnom (hebr. *gê bæn-hinnom*, griech. *géenna*; *Wâdi er-Rabâbi*, südlich von Jerusalem). Dort wurden im 8. und 7. Jh. v.Chr. dem Gott Moloch Opfer dargebracht (2 Kön 16,3; 2 Chr 28,3 u.ö.). Später ist es ein Ort, an welchem Abfälle und Kadaver verbrannt werden. Mit *géenna* werden von daher zwei Gedanken assoziiert: das Leiden der Geopferten sowie Schmutz und Korruption. Jeremia prophezeit, daß *géenna* der Ort des Gerichts Gottes sein wird (Jer 19,6ff).

Der griech. Begriff *hádēs* sowie der entsprechende hebr. Ausdruck *š^e'ôl* sind ursprünglich eng verbunden mit Totenkult und Bestattung und umfassen ein weitreichendes symbolisches Bedeutungsfeld. *š^e'ôl* kann Grab, Tod, unersättliches Monster (Jes 5,14), Unterwelt, das Reich der Toten (Gen 37,35) bedeuten, aber auch metaphorisch zur Bezeichnung extremer Degradierung in Sünde (Jes 57,9) oder zur Beschreibung des Exilsortes (Hos 13,14) verwendet werden. Bemerkenswert ist, daß *š^e'ôl* nirgendwo im AT einen Ort der Bestrafung für Sünder bezeichnet.

Der griech. Begriff *hádēs* erscheint ursprünglich in der griech. Mythologie personifiziert als der Gott der Unterwelt (Homer, Il. 15,188), sein Reich wird als „Haus des Hades" (Homer, Il. 24,593) bezeichnet.

Ursprünglicher semitisch-kosmologischer Vorstellung folgend, beschreibt Abgrund (griech. *ábyssos*, hebr. *t^ehôm* oder *'^abaddôn*) den Bereich des unterirdischen Ozeans (Gen 1,2), auf welchem die Erde ruht. Der Abgrund ist der Wohnsitz des Monsters Leviathan (Ijob 41,24).

Die Bedeutungen der Symbole Hades/ Abgrund wandeln sich in jüd.-apokalyptischer Literatur. Hades wird zum Symbol eines Ortes, an welchem die Toten ihr Gericht erwarten (äthHen 51,1) und die Trennung zwischen Gerechten und Sündern erfolgt (PsSal 4,6–10). Letztere ereilt ihre Strafe im Tal des Feuers (äthHen 54,1–5).

Interessant ist 1 QH 3,19–23, ein Text, nach welchem die Unterwelt des Abgrunds endgültiges Los der Verdammten ist, dessen Überwindung jedoch schon in dieser Welt von den Gerechten vollzogen ist.

3. Das NT knüpft an die unterschiedlichen Vorstellungen aus dem AT, aber auch griech. und babyl. Mythologien und jüd.-apokalyptischer Literatur an. *Géenna* wird symbolisch für die von Gott verworfene Stätte seiner Strafe verwendet: „Ich aber sage euch: Jeder Zürnende seinem Bruder wird verfallen sein dem Gericht. Wer aber spricht zu seinem Bruder: Tor, verfallen wird er sein dem Synhedrion. Wer aber spricht Törichter, verfallen wird er sein in die Gehenna des Feuers" (Mt 5,22 u.ö.). Ausdrucksstark verweist das Bild der Hölle, verbunden mit der Vorstellung des Gerichtsfeuers, auf den hohen Anspruch, das Himmelreich im irdischen Leben Wirklichkeit werden zu lassen. Ähnlich bildhafte Sprache ist in der Erzählung vom reichen Menschen und Lazarus (Lk 16,19–31) verwendet, in welcher eine im Vorderen Orient geläufige Geschichte aufgenommen ist. Diese wird vermutlich schon von Jesus selbst dazu benutzt, den Willen Gottes und

die Bedeutung menschlichen Handelns im hier und jetzt zu veranschaulichen. Andere Bilder beschreiben das drohende Gericht mittels des Gegensatzes zwischen den Höhen des Himmels und den Tiefen des Hades (Mt 11,23 par; Lk 16,19–31), während Pls Abgrund *(ábyssos)* rhetorisch als Bezeichnung für das Reich der Toten verwendet: „Die Gerechtigkeit aus Glauben aber sagt so: … Wer wird hinabsteigen in den Abgrund? Das ist: Christos aus den Toten herauszuführen" (Röm 10,7).

In anderen Texten erscheint Abgrund als Bereich der bösen Geister und Dämonen (Lk 8,31, v.a. Offb 9,11 u.ö.). Interessant ist die Vorstellung, nach welcher Hades in Begleitung des Todes auftritt, personifiziert als dunkle unheilvolle Gestalten (Offb 6,8), welche nach ihren Taten gerichtet werden (Offb 20,13). Ebenso sind Hades und Tod aber auch räumlich vorgestellt als Ort mit Toren, zu welchen Christus die Schlüssel besitzt (Offb 1,18; vgl. Jes 38,10). Es sind ausdrucksstarke Bilder, welche darauf hinweisen, daß menschliches Leben in dieser Welt zutiefst mitbestimmt ist durch die Macht des Todes. Zugleich verweisen sie auf die Möglichkeit endgültiger Trennung von Gott (in der Offb als „zweiter Tod" bezeichnet: 21,8) und den Ernst des Gerichts, in welchem der Mensch zur endgültigen Entscheidung vor Gott/Christus gerufen ist, „der Erste und Letzte, der ein Toter war und (auf-)lebte" (Offb 2,8).

Der bildhafte Charakter der Begriffe Hölle, Hades und Abgrund hat immer wieder zu Versuchen angeregt, deren Inhalt systematisch zu bestimmen. Allerdings wird ein solches Unterfangen kaum dem Symbolgehalt der Begriffe gerecht, die, in metaphorischer Sprache, im Angesicht des Gerichts Gottes auf die Möglichkeit endgültigen Scheiterns verweisen wollen.

4. Der Begriff Hölle hat durch die Jh. Anlaß zu mannigfacher Reflexion geboten. Insbesondere diskutiert wird die Frage, wie die Möglichkeit absoluten Verlorenseins im Glauben an Gottes Liebe und Barmherzigkeit zu denken ist. Wurden traditionell v.a. der Strafcharakter und die drohenden Qualen der Hölle explizit ausgedeutet, so wird heute eher die symbolhafte Bedeutung des Begriffs, als reale Möglichkeit endgültigen Scheiterns, betont. Die ntl Texte bezeugen den Ernst dieser Möglichkeit, trotz der unerschütterlichen Zuversicht an die alle Negativitäten überwindende Unbegrenztheit der Macht und Liebe Gottes.

Lit.: J.J. Collins, Apocalyptic Eschatology as the Transcendence of Death, in: P.D. Hanson (Hg.), Visionaries and their Apocalypses (IRT 4), 1983; E. Gradner (Hg.), Visions of Heaven and Hell before Dante, 1989; A.K. Turner, The History of Hell, 1993; H. Vorgrimler, Geschichte der Hölle, [2]1994.

Eva Maria Räpple

HUNGER, Speise

1. Für das Substantiv Hunger steht im Griech. *limós* (12mal), das jedoch durch die Häufigkeit des Gebrauchs des Verbums *peináō* (23mal) übertroffen wird. Für „Speise" finden sich im Griech. zwei Wörter: *brôsis* (11mal) und *brôma* (19mal). Hunger und Speise waren in der Antike im wörtlichen und im übertragenen Sinn existentiell wichtige Begriffe.

2. Atl zentral für den Begriff Speise ist das Speiseopfer *(minḥāh)* (vgl. Lev 2) sowie die Unterscheidung zwischen reinen und unreinen Speisen (Speisevorschriften; vgl. Lev 11). Das Manna als himmlische Speise wird in Ex 16 erwähnt.

3. Hungern hat im NT eine zweifache Bedeutung: Neben dem eigentlichen Sinn des physischen Hungers, der zugleich einen sozialgeschichtlichen Einblick in die Not und Armut der Menschen zur Zeit Jesu gibt, bezeichnet *peináō* auch die Sehnsucht des Menschen nach Gott und seinem Heil und sein Angewiesensein auf Gott.

Im eigentlichen Sinn findet sich *peináō* v.a. in den Evv, im JohEv nur in übertragener Bedeutung. Subjekt des Hungerns im eigentlichen Sinn (21mal) sind Jesus, David und seine Gefährten, Jünger, die Gemeinde in Korinth, Menschen, die lange bei Jesus ausharren; im übertragenen Sinn bezeichnet *peináō* den Ausdruck eines Mangels (in Gerichtsreden, Makarismen und Weherufen).

Speise hat ebenfalls die zweifache Bedeutungsbreite im NT: Neben der existentiell notwendigen Nahrung bezeichnet *brôsis* das Heilsangebot Jesu; Jesus selbst offenbart sich als Speise der Menschen, als Brot des Lebens (Joh 6,35.41.48.51).

4. Wenn Lk in seiner Feldrede die Hungernden seligpreist (6,21a), meint er die wirklich Hungrigen, die Armen, deren Elend zum Heulen ist (vgl. 6,20. 21b). Bei Mt hingegen sind es die „nach der Gerechtigkeit Hungernden und Dürstenden" (5,6), die „Armen dem Geist (nach)", die „Trauernden" usw., d.h. aber, daß bei Mt aus den echten Seligpreisungen von Q allgemeingültige „Einlaßbedingungen" ins Reich Gottes geworden sind, die nicht nur wirklich Arme, Hungernde usw. auf sich beziehen können. Bei solcher „geistlicher" Auslegung bleiben die real Armen leicht auf der Strecke und wird die „Heilszusage" weltlos.

Lit.: K. Berger, Theologiegeschichte des Urchristentums, [2]1995; P. Borgen, Bread from Heaven (NT.S 10), 1981; L. Schenke, Die wunderbare Brotvermehrung, 1983.

Beate Kowalski

I

ISRAEL, Israelit

→ Bund; Christus; Eifer; Gesetz; Jude;
Pharisäer; Schrift; Volk

1. Im NT bezeichnet Israel *(Israél)*
das jüd. Volk, das vom Patriarchen
Jakob/Israel abstammt, wobei manchmal der religiöse Aspekt betont wird.
Ein besonderes Interesse an Israel zeigen das MtEv, das lk Doppelwerk und
der Röm. In der Auseinandersetzung
um den Anspruch und das Verständnis
von Israel geht es um die Zugehörigkeit zum Volk Gottes, die zwischen
den Judenchristen und den ihre Botschaft abweisenden Juden umstritten
war.
2. Im AT hat der Name Israel *(jiśrā'el)*
verschiedene Bedeutungen. Er meint
im politisch-geographischen Sinn das
Nordreich, das nach dem Untergang
des Großreichs Davids nach Salomos
Tod gut zwei Jh. bestand. Als ethni-
sche Größe *(bᵉnê jiśrā'el)* bezeichnet
es das Volk, das von Jakob/Israel abstammt, dessen zwölf Söhne die
Stammväter Israels sind. Im religiösen
Sinn bezeichnet Israel das Volk Gottes, das von Gott geliebt, erwählt, geheiligt und durch die Gabe des Bundes und der Tora ausgezeichnet ist. Da
in ntl Zeit die politische Bedeutung Is-

raels unter der Fremdherrschaft erlo-
schen war oder neu erkämpft wurde
(z.B. Zeloten), wurde besonders um
die religiöse Bedeutung gerungen
(z.B. Pharisäer, Qumran, Christen).
Gerade Judenchristen haben sich als
das im Glauben an den Messias Jesus
erneuerte Israel verstanden. Der Status
des nicht an den Messias Jesus glaubenden Israel wurde so zum Problem.
3. Pls hat erst nach langem Ringen zu
einer positiveren Wertung Israels gefunden. Nach 1 Thess 2,14–16 sind
die Juden die Feinde Jesu und der
christl. Mission, über denen Gottes
Gerichtszorn waltet. Gal 4,21–31
wertet den Sinai-Bund und das irdische Jerusalem im Blick auf den Ver-
heißungsbund der christl. Gemeinde
radikal ab; dies allerdings im Kampf
mit judenchristl. Gegnern. Am Schluß
des Briefs aber spricht Pls wohl nicht
allein der christl. Gemeinde Frieden
und Erbarmen zu, sondern auch dem
Israel Gottes (Gal 6,16), womit er den
Grundzug des Röm bereits präludiert.
In Röm 9–11 setzt sich Pls in Trauer
und Schmerz breit mit Israel ausein-
ander. Die Auszeichnungen Israels,
die Gott seinem Volk gegeben hat,
werden neunfach genannt (9,4f). Dennoch hat vorerst nur jener Teil Israels
seine Bestimmung erreicht, der sich

zum Messias Jesus bekennt, die anderen wurden verstockt. Aber ihr Straucheln wurde zum Heil der Völker, die im Glauben dem Ölbaum Israel eingepfropft wurden. Ist die Vollzahl der Heiden erreicht, dann wird ganz Israel beim endzeitlichen Kommen des Messias gerettet (11,25–27). Hier ist der Dreischritt der Spaltung Israels in Juden und Judenchristen, der Verstockung der Juden im Unglauben und der endzeitlichen Rettung ganz Israels klar, der weniger deutlich wohl auch im Hintergrund anderer ntl Schriften steht (MtEv, LkEv/Apg).

Das MtEv betont die Bestimmung Jesu als Messias Israels; Jesus ist der verheißene Führer und Hirt Israels (2,6), der das Volk Gottes aus seinen Sünden retten wird (1,21). Jesus selbst beschränkt seine Sendung und die der Zwölf ganz auf die verlorenen Schafe des Hauses Israel (10,6.23; 15,24), die Zwölf werden endzeitlich mit ihm herrschen und die zwölf Stämme Israels richten (19,28). Aber die religiösen Führer Israels und die Mehrheit des Volkes finden nicht zum Glauben, ja, das „ganze Volk" übernimmt die Verantwortung an Jesu Tod (27,25). Wegen des Unglaubens wird die Herrschaft Gottes von ihnen genommen und den Anhängern Jesu gegeben (21,43), während sie hinausgeworfen werden (8,10–12). Gott hat das Gericht über das untreue Volk allerdings in der Zerstörung Jerusalems und des Tempels bereits vollzogen (23,34–24,2; 22,7), so daß für Israel wieder Hoffnung auf die endzeitliche Annahme durch den Messias besteht (23,39; 19,28).

Nach dem LkEv bekehrt Johannes d.T. viele Israeliten zu Gott und bereitet dem Herrn ein zugerüstetes Volk (1,16f.80). Durch die Geburt des Messias Jesus nimmt sich Gott Israels an (1,54), er wird für immer über das Haus Jakob König sein (1,32f). Das Messiaskind Jesus ist der Trost Israels, Licht für die Völker und Herrlichkeit für Gottes Volk Israel (2,25.32). Aber Jesus führt in Israel auch zu einer Spaltung (vgl. 2,34f), die sich bereits im LkEv abzeichnet, viel deutlicher dann aber in der Apg. Die Apostel mit Petrus an der Spitze verkünden in Jerusalem nach Pfingsten den gekreuzigten und auferweckten Jesus als Messias und Retter Israels, in dem Israel Umkehr und Vergebung der Sünden gewährt wird (5,31). Viele Israeliten finden zum Glauben, aber die Führer des Volkes weisen die Botschaft ab (Kap. 1–5). Mit der Tötung des Stephanus nimmt die Ablehnung der Boten Jesu durch Juden zu, und sie steigert sich durch die erfolgreiche Mission unter den Völkern. Am Ende der Apg zitiert Pls in Rom über dieses Volk das Verstockungswort aus Jes 6,9f, welches die Mission der Heiden endgültig legitimiert (28,25–28). Damit wird zwar die Herzenshärte Israels aufgewiesen, nicht aber seine endgültige Verwerfung durch Gott. Denn am Ende der Zeiten wird es Jesus als Messias preisen (Lk 13,35; 21,24), der für Israel bestimmt ist (Apg 3,20f) und das Reich für Israel wieder errichten wird (Apg 1,6; Lk 24,21).

Im JohEv steht viermal Israel (1,31. 49; 3,10; 12,13) und einmal Israelit (1,47). Dies ist gegenüber dem erdrückenden Übergewicht von Jude(n) (71mal im JohEv) wenig, die zudem oft undifferenziert als Feinde Jesu schlechthin gezeichnet werden. Aber dennoch hält das JohEv fest, daß das Heil von den Juden kommt (4,22) und daß Jesus als Messias zu Israel gesandt ist. Dies bezeugen der Täufer und Nathanael am Beginn des JohEv (1,29–34.45–51); und in dieses Bekenntnis stimmt die Volksmenge ein, die Jesus auf dem Weg nach Jerusalem jubelnd empfängt und als König Israels preist (12,12f). Allerdings lehnt ihn die Mehrheit des Volkes in Verstockung ab (12,37–43), weshalb das Urteil über die Juden im JohEv überwiegend negativ ist.

4. In verschiedenen Schriften des NT wird der Kirche die herausragende Qualität Israels als Volk Gottes zugeschrieben. Aber nirgends wird ausdrücklich gesagt, daß die Kirche das wahre Israel sei, selbst im MtEv nicht. Diese Konsequenz hat erst Justin um 160 gezogen (dial. 11,5; vgl. 100,4; 123,9); und sie wurde danach immer wieder wiederholt, wobei Israel die Volk-Gottes-Qualität abgesprochen wurde. Unserer Zeit ist es nach den schrecklichen Erfahrungen des Judenhasses aufgegeben, Israel auch für sich als Volk Gottes anzuerkennen (Röm 9,4f; 11,28f) und Kirche und Synagoge als zwei Völker des einen Gottes oder als zwei verschiedene Teile desselben Volkes Gottes zu betrachten, die in versöhnter Verschiedenheit miteinander leben.

Lit.: N.A. Dahl, Das Volk Gottes, [2]1963; F. Mußner, Traktat über die Juden, [2]1988; J. Roloff, Die Kirche im NT (GNT 10), 1993; K.H. Schelkle, Israel im NT, 1985; W. Trilling, Das wahre Israel, [3]1975.

Peter Dschulnigg

$$\boxed{\text{J}}$$

JESUS, Nazarener

→ Christus; Hoher Rat; König/in; Kreuz;
   Mensch; Name; Prophet/in

1. Nach Gen 5,1f ist der Mensch „nach
dem Bild Gottes" geschaffen (vgl.
1,26f). Dann heißt es: „Er nannte ihren Namen Mensch, als sie geschaffen
wurden" (5,2). Der Text bietet das
wohl älteste bibl. Zeugnis, daß dem
Menschen von Gott ein Name gegeben wurde: *'ādām*, Erdgebilde; obwohl einmalig, bildet er mit allen Ada-
miten eine enge Gemeinschaft.
Dieser gemeinsame Urname teilt sich
später in Einzelnamen auf, durch die
die Vielen unterschieden und als In-
dividuen bestimmt werden. Durch den
persönlichen Namen sollte etwas Konkretes, Einmaliges über den Namens-
träger angedeutet oder ausgesagt werden. Deshalb war es wichtig, einen „guten Namen" zu haben (Spr 22,1: „Ein
guter Name ist besser als viel Reichtum"; vgl. Sir 41,12f) und ihn gut zu
bewahren. Namen sind also nach bibl.
Verständnis häufig Aussagen über den
Charakter und die Bestimmung des
Namensträgers.
2. Der Name Jesus (griech. *Iēsoûs*,
hebr. *jᵉhôšuᵃ*) war schon in atl Zeit
ein relativ häufiger Name. Am bekann-

testen ist Josua (griech. Form des
hebr. *jᵉhôšuᵃ*), der Sohn des Nun (Ex
17,9f; Num 11,28 u.ö.); auch gab es
einen Hochpriester dieses Namens
(Hag 1,1; Sach 3,1) sowie einen Leviten (2 Chr 31,15). Ab dem 2. Jh. n.Chr.
verschwindet die Kurzform Josua und
wird durch die ältere und längere Form
jᵉhôšuᵃ ersetzt. Gleichzeitig wird im
Alltag dieser Name immer seltener.
3. Im NT findet sich Jesus sechsmal
bei Personen, die kurz erwähnt werden, sonst aber „anonym" sind; der
Jesusname bleibt der historischen
Hauptperson der ntl Schriften vorbehalten.
Namen machen in der atl-jüd. Tradition oft (s. 1.) eine wichtige Aussage
über den Träger. Der Name Josua/Je-
sus bedeutet in der längeren Form:
Jahwe hilft bzw. Jahwe ist Rettung (so
schon Philo, mut. 121); die Kurzform
erinnert an das Verbum *jš*: retten (Sir
46,1). Mt hat diese Tradition bewahrt
und für Jesus in 1,21 übernommen:
„Er wird retten."
Jesus ist im ntl Sprachgebrauch (häufig mit Artikel) der Name des „Propheten" aus Galiläa, im Unterschied
zu anderen dieses Namens näher bestimmt nach seiner Vaterstadt (Jesus
von Nazaret, oder kurz Nazarener;
diese Näherbestimmung findet sich

nur in den Evv und der Apg). Auch Jesus „vom Nazaret der Galilaia" (Mt 21,11) oder „der Galilaier" (Mt 26,69) kommen vor. Der so Genannte wurde geboren in Bethlehem (nur Mt und Lk), lebte in Galiläa, ließ sich von Johannes d.T. im Jordan taufen und verkündigte in Galiläa das Kommen des Gottesreichs. Doch mischen sich in diese biographischen Daten schon von Beginn an nachösterliche Bekenntnisse zu Jesus als dem Christos, dem Messias: Mk 1,1.11.24; Mt 1,1.16. 18.21.25; Lk 1,30ff; 2,11.21.49; Joh 1,27f.45.

Der von den Bewohnern Galiläas ganz selbstverständlich gebrauchte Namen Jesus weist auf eine bestimmte Aufgabe hin, die Joseph im Traum mitgeteilt worden war (Mt 1,18–25): „... rufen wirst du seinen Namen Jesus; denn er wird retten sein Volk von ihren Sünden" (V 21). In ihm wird Gott zum Immanu-el: „Mit uns (ist) Gott." Er wird – entsprechend atl Überlieferung – „Sohn des Höchsten" gerufen (Lk 1,35; vgl. Jes 9,6f; 2 Sam 7,14), was schon vom Täufer gesagt worden war (Lk 1,76). Indem er Gottes Kommen v.a. den Ärmsten und Sündern ansagt, wird er zu einem „Stein des Anstoßes" und provoziert die Frage: Wer eigentlich ist dieser? (Mt 16,13–20; dazu Mk 8,27–30; Lk 9,18–21).

Daß er Prophet sein könnte, wird akzeptiert; doch nennt das NT über 50 andere Bezeichnungen, die Auftreten, Reden und Wirken Jesu umschreiben und bestimmen. So betont ein Teil der titularen Aussagen das helfende und heilende Tun Jesu: Helfer, Retter, Rabbi, Lehrer, Meister. Es handelt sich dabei vorwiegend um Meinungen des einfachen Volkes, das Jesus als Hei-

land erfuhr; solches Urteil erregte bei den jüd. Führern wohl kaum Anstoß. Andere Titel dagegen bezogen sich mehr auf Kultur und Geschichte der Juden: Sohn Davids, Elija/Jeremia, Prophet der Endzeit, Messias. Gegenüber diesen oder ähnlichen messianischen Bekenntnissen war für jeden orthodoxen Juden Wachsamkeit geboten, ob mit ihnen nicht etwa politische Interessen verbunden waren; denn damit war ein möglicher Konflikt zwischen den Römern und dem zeitgenössischen Zelotismus angelegt, zumal einigen Mitgliedern des Zwölferkreises (Judas, Zebedäussöhne) Sympathie für konkrete, irdische Veränderungen nachgesagt werden konnte. Das bevorstehende Paschafest, zu dem Jesus mit einem kleinen Rest der Jüngergemeinde unterwegs war, bedeutete noch einmal erhöhte Wachsamkeit bei den Fraktionen des Synhedrion, nicht zuletzt deshalb, weil Jesu Kult- und Tempelkritik bei der Priesterschaft auf Mißtrauen und Ablehnung gestoßen war. Was auch immer der letzte Grund gewesen sein mag: Die Mitglieder des Hohen Rats sahen sich veranlaßt, gegen Jesus einzuschreiten. Es kommt zum Todesbeschluß aufgrund der Anklage: „Dieser hetzt das Volk auf" (Lk 23,5). Der Weg nach Jerusalem geschieht für Jesus in der Gewißheit, daß sein Todesschicksal besiegelt ist. Er erleidet den Tod am Kreuz, die römische Todesstrafe für politische Schwerkriminalität, weil er beanspruchte, „König der Juden" zu sein (Mk, Mt, Lk, Joh). Mit einem lauten Schrei beendet Jesus sein irdisches Leben.

Auch Pls gebraucht in seinen Briefen das einfache Jesus, aber immer in der gedanklichen Verbindung: Dieser Jesus ist der Christus. Einer Verfluchung Jesu (1 Kor 12,3; vgl. Gal 3,13; Did 16,5) stellt er betont das Taufbekenntnis gegenüber: „Herr (ist) Jesus", um einer gnostischen Unterscheidung zwischen einem irdischen und himmlischen Jesus zu wehren. Ähnlich ist 2 Kor 5,16 zu verstehen: Als Pls die Christen verfolgte, bekämpfte er die Anhänger eines Christus „nach dem Fleisch"; jetzt aber weiß er, daß dieser Christus auch schon vor seinem Kreuzestod geistlich zu begreifen ist.

In den dtpln Briefen tritt der einfache Jesusname deutlich in den Hintergrund; der Verfasser der Past setzt beim Gebrauch des Doppelnamens Christus betont voran.

Die Offb spricht fünfmal vom „Zeugnis" Jesu, der Verfasser selbst befand sich auf Patmos um des „Zeugnisses Jesu" willen (1,9). Das Buch endet mit der bestätigenden Stimme vom Himmel her: „Ich, Jesus, schickte meinen Engel, euch zu bezeugen dieses für die Gemeinden" (22,16).

4. Die Diskussion über die mit dem Namen Jesus bezeichnete Person setzt sich nach Ostern fort, und zwar vorwiegend unter soteriologischen und ekklesiologischen Gesichtspunkten. Bei der Entwicklung eines Glaubensbekenntnisses trat der irdische Jesus mehr und mehr in den Hintergrund; der erhöhte Christus des Glaubens bestimmte die christologischen Aussagen. Erst in jüngster Zeit erkannte man verstärkt die Notwendigkeit einer Rückfrage nach dem irdischen Jesus (die Leben-Jesu-Forschung des 19. Jh. hatte in eine Sackgasse geführt). Der Vielfalt der Publikationen entsprach aber nicht immer die Seriosität der Forschungsaussagen: Willkür und

Scharlatanerie beflügelten oft die Phantasie der Autoren. Dennoch ist die Aufgabe unabdingbar, sich immer wieder der Frage zu stellen: „Wer, sagen die Menschen, daß der Sohn des Menschen sei?" (Mt 16,13b).

Lit.: J. Becker, Jesus von Nazaret (GLB), 1996; J. Blank, Der Jesus des Ev, 1981; M.J. Borg, Jesus – der neue Mensch, 1993; W. Feneberg, Jesus – der nahe Unbekannte, ²1991; R. Feneberg/ W. Feneberg, Das Leben Jesu im Ev (QD 88), 1980; J. Gnilka, Jesus von Nazaret, ⁴1995; R. Hoppe, Jesus. Von der Krippe an den Galgen, 1995.

Alexander Sand

JUDE, Judäa, Judentum

→ Erwählung; Israel; Verstockung

1. Im NT ist Jude *(Ioudaîos)* überwiegend Volksbezeichnung, Judäa Bezeichnung des von Juden bewohnten Gebiets und Judentum Ausdruck für jüd. Lebensweise in Entsprechung zum Gesetz und den Überlieferungen (Gal 1,13f). Da sich die für die Mission der Völker offenen Strömungen in der Urkirche immer stärker vom Judentum distanzierten, kam es zu vielfältigen Konflikten im Urchristentum selbst und besonders mit Juden, welche die christl. Verkündigung ablehnten und die vorbehaltlose Öffnung zu den Völkern verurteilten. Diese Konflikte schlagen sich im NT teils auch in der Darstellung der Juden nieder.

2. Juda *(jᵉhûdāh)* bezeichnet im AT zunächst einen Stamm bzw. den gleichnamigen Stammvater. Nach der Reichsteilung wird es Benennung des Südreichs um Jerusalem. Die Bewohner des Südreichs heißen Juden; in nachexilischer Zeit werden auch die anderen Angehörigen des Volkes Israel Juden genannt. Juden wird dann besonders zur Fremd- und Selbstbezeichnung der Israeliten in der Griech. sprechenden Diaspora, während der Ausdruck im palästinischen Judentum nur begrenzt verwendet wird. Judäa gewinnt unter den Hasmonäern und Herodes dem Großen die weitere Bedeutung des von Juden bewohnten Palästina (vgl. auch Lk 1,5; 4,44; 7,17; Apg 10,37).

3. Judäa dient in den Evv mit anderen Angaben auch zur geographischen Gliederung, die bei den Syn vereinfacht von Galiläa nach Jerusalem ausgerichtet ist; im JohEv wird dagegen der Schauplatz mehrfach zwischen Galiläa und Judäa gewechselt. Die Apg ist dann ihrerseits konsequent von Jerusalem über Judäa und Samaria bis zum Ende der Erde ausgerichtet (1,8) und beschließt ihre Darstellung in Rom.

Das Wort Jude wird bei den Syn nicht häufig und im Sinn des palästinischen Judentums meist in Äußerungen von Nichtjuden gebraucht, so besonders in der Verbindung „König der Juden" in der Passionsgeschichte für Jesus (Mk 15,2.9.12.18.26 parr).

Das JohEv dagegen verwendet Jude sehr häufig (71mal) und spricht zudem meist undifferenziert von „den Juden". Dennoch läßt es einen unterschiedlichen Wortgebrauch erkennen: Es finden sich wenige positive Aussagen; so wird Jesus als Jude bezeichnet (4,9) und betont, daß das Heil aus den Juden komme (4,22). Daneben finden sich auch eine längere Reihe relativ neutraler Aussagen (11,19.31; 18,33

u.ö.). Rund die Hälfte aller Vorkommen von Juden aber zeichnet diese in einer negativen Haltung zu Jesus, sie lehnen Jesus ab und trachten ihm nach dem Leben (5,16.18; 6,41; 7,1 u.ö.). An solchen Stellen läßt zwar der Wechsel der Subjekte (z.B. Pharisäer, Hochpriester) häufiger erkennen, daß ihre Kennzeichnung als „die Juden" eine Vereinfachung der konkreten Gegner bedeutet; aber dies liegt offensichtlich im Sinn des JohEv, welches die Juden überwiegend aus der negativen Erfahrung der Gegenwart sieht, in der die joh Gemeinde bereits aus der Synagoge ausgestoßen ist (9,22; 12,42; 16,2) und ihre Glieder bedrängt und teils verfolgt werden. Unter diesem Druck bekennen sich nicht alle an den Messias Jesus glaubenden Juden öffentlich zu ihm (12,42f; 19,38f), andere sind wieder abgefallen (6,60–71; 8,30–59). Solche Erfahrungen bestimmen das Bild der Juden im JohEv, so daß es zwischen der Aussage vom Heil aus den Juden (4,22) zu jener von der Teufelskindschaft (8,44) schwankt.

Die Apg weist nicht nur in der hohen Zahl, in der der Begriff Jude vorkommt (79mal), bedeutende Gemeinsamkeiten mit dem JohEv auf, sondern auch im Gebrauch des Worts und der Tendenz zur undifferenzierten Verwendung von „die Juden". Auch hier finden sich positive oder neutrale Aussagen (14,1; 18,4; 19,10; 21,39; 22,3), aber vielfach sind die Juden global die Gegner der christl. Mission, die ihre Boten verfolgen und Pls umbringen wollen (9,23–25; 12,1–11; 13,44–52; 14,19). Die Verkündigung an neuen Orten der Mission läuft öfter schematisch ab: Sie beginnt in der Synagoge, wo die Boten mehrheitlich abgewiesen werden, worauf sie sich dann den Heiden zuwenden (13,44–49; 18,4–7). Damit wird bereits die Schlußaussage der Apg vorbereitet, welche die Verstockung der Juden mit Jes 6,9f konstatiert und so zugleich die Mission unter den Völkern endgültig legitimiert (28,25–28).

Der früheste Brief des Pls enthält eine der schärfsten Beschimpfungen und Verurteilungen der Juden im NT; in 1 Thess 2,14–16 sind atl-frühjüd., christl. und heidnische Vorwürfe gegen die Juden auf dem Hintergrund der Erfahrung von Verfolgung und Behinderung der christl. Mission zu einer Aussage vom Gerichtszorn Gottes über die Juden verdichtet. Pls hat diese Negativaussage im Röm freilich durch die positive Aussicht auf die Rettung ganz Israels korrigiert (Röm 11,25–27). Aber auch sonst spricht er differenzierter über den/die Juden und anerkennt grundsätzlich ihren Erwählungsvorrang vor den Hellenen bzw. Heiden (Röm 1,16; 2,9f; Gal 2,15). Er weist den Juden aber auch kritisch darauf hin, daß er diesem Vorrang in der Tat öfter nicht entspricht und darin von Nichtjuden beschämt wird (Röm 2,17–29), ja, daß er mit den Hellenen der Sünde unterworfen ist (Röm 3,9). Der Gott der Juden ist auch derjenige der Völker, der beide aus Glauben durch den einen Herrn Jesus gerechtspricht (Röm 3,29f; 10,12f). In Christus sind die Unterschiede zwischen Juden und Hellenen in einer neuen Schöpfung durch Glaube und Taufe aufgehoben (1 Kor 12,13; Gal 3,26–28; vgl. Kol 3,11).

4. Einzelne Aussagen (1 Thess 2,14–16) und Schriften des NT (MtEv, Apg, JohEv) sind leider nicht vom Antijudaismus freizusprechen. Sie haben in der Geschichte der Kirche Vorurteile gegen die Juden gefördert und legitimiert, so daß sie sich mit weltlichen Vorurteilen und (Rassen-)Haß verbinden konnten und zu schwerster Verfolgung von Juden geführt haben. Angesichts dieser Folgen, an denen Christen mitschuldig waren, sind feststellbare Wurzeln des Antijudaismus im NT kritisch zu beurteilen. Der ntl Antijudaismus ist historisch bedingt und weist auf den schwierigen und schmerzhaften Ablösungsprozeß der Kirche von der Synagoge hin. Er darf nicht als bleibend gültige Glaubensaussage über die Juden verstanden werden und muß insbesondere durch die positiven Ansätze theologischen Denkens über die bleibende Erwählung Israels und die endzeitliche Rettung des jüd. Gottesvolks im NT korrigiert werden.

Lit.: W.P. Eckert u.a. (Hg.), Antijudaismus im NT?, 1967; F. Mußner, Traktat über die Juden, [2]1988; K. Wengst, Bedrängte Gemeinde und verherrlichter Christus (KT 114), [4]1992.

Peter Dschulnigg

KIND, Sohn, Tochter

→ Ermahnung; Haus; König/in

1. Das Wort von der „kinderfeindlichen Gesellschaft" ist heute in aller Munde. Die stark emotional geladene Diskussion dieses Themas macht es schwer, zu einem sachlichen Urteil zu finden. Berichte und Nachrichten über viele Bemühungen, Kinder zu fördern und für ihre Entwicklung zu sorgen, stehen einem negativen Pauschalurteil entgegen. Auch die kirchlich-pastorale Praxis zeigt, daß heute v.a. den Kleinkindern viel Zeit und Aufmerksamkeit gewidmet wird.
Eine Rückfrage zu diesem Problem an die bibl. Aussagen kann deutlich machen, wie eine Vielzahl griech. Termini versucht, dem Kindsein im umfassenden Sinn gerecht zu werden. So meint *népios* das kleine, unmündige Kind, das noch auf elterliche Hilfe angewiesen ist. *paîs, paidíon* bezeichnet das heranwachsende Kind, das auf das Leben vorbereitet werden soll. Tochter *(thygátēr)* kommt im NT 28mal vor und drückt vorwiegend das Kindschaftsverhältnis zu den Eltern aus, hat aber auch übertragene Bedeutung (z.B. Mk 5,34 parr). Gleiches gilt von Sohn *(hyiós;* fast 400mal im NT*)*, das

aber neben der leiblichen ein weites Spektrum christologischer und theologischer Bedeutungen aufweist (v.a. im JohEv). Der umfassende Oberbegriff ist *téknon* (von *tíktō*, gebären) und bezeichnet das Kind seiner leiblichen Abstammung nach, kann aber ebenfalls übertragenen Sinn haben.
2. Das atl-jüd. Denken ist geprägt von den drei Eckdaten: Bund, Verheißung und Gesetz. Sie bestimmen auch das Verhältnis von Eltern und Gemeinschaft zu den Kindern, so daß Erziehung bedeutet, die Kinder vertraut zu machen mit der jüd. Religion und Kultur. Die Geburt eines Kindes ist grundsätzlich ein Segen, Kinderreichtum ist Ausdruck dieses Segens (Ps 127,3–5: „Kinder sind eine Gabe des Herrn, die Frucht des Leibes ist ein Geschenk …"). Entsprechend ist Kinderlosigkeit ein Unglück (Gen 18,12ff: Sara; 25,21: Rebekka). Den Kindern müssen die Gebote (Dtn 6,1f) und Worte Jahwes (Gen 6,6f.20) eingeschärft werden; so lautet die letzte Mahnung des Mose, daß auch die Kinder „auf alle Bedingungen dieser Weisung achten" müssen (Dtn 31,9– 13). Die jüd. Weisheitsliteratur ergänzt dieses Gebot durch das Postulat, daß sich auch die Kinder der Hausordnung unterordnen müssen, wozu

jedes Mitglied der *oikía* (Hausgemein-schaft) verpflichtet ist. Philo von Alexandrien versuchte, jüd. Erbe und hellen. Denken zu verknüpfen: Erziehung *(paideía,* ein hellen. Begriff*)* findet ihre letzte Ausformung in der Übereinstimmung mit Gesetz und Verheißung. Häusliche Unterweisung und (ab dem ersten vorchristl. Jh.) synagogaler Unterricht garantieren die *paideía* des Kindes; das der Synagoge angeschlossene Lehrhaus wird zur Schule, in der die Tora gelehrt und gelernt wird. Entsprechend der jüd. Verheißungsordnung war es v.a. Pflicht der Söhne, entsprechend dem *š°ma' jiśrā'el* (Dtn 6,4–9) die Toratradition zu bewahren und weiterzugeben; den Töchtern wurde dieses strenge Studium nicht zugemutet.

3. Über die Stellung des Kindes im NT handelt grundlegend Mk 10,13–16 parr (vgl. Joh 3,3.5). Die drängende Frage, wer zum Reich Gottes gehört, war von Anfang an verknüpft mit der anderen, wer zur eschatologischen Heilsgemeinde gehört. Ob und ab welchem Alter auch Kinder für das Reich Gottes „fähig" sind, war vermutlich zu einer Streitfrage geworden, die Jesus in dem Sinn entscheidet, daß Kinder nicht vom Reich Gottes, also auch nicht von der Gemeinschaft mit Jesus ausgeschlossen werden dürfen; das Segnen der Kinder bestimmt die Entscheidung Jesu als endgültig.

Die Eröffnungsszene der Gemeinderede (Mt 18) rückt ein grundsätzliches Problem in den Vordergrund: „Wer also ist (der) Größere im Königtum der Himmel" (Mt 18,1)? Der Jüngerstreit über Rangordnungen (Machtverhältnisse) wird von Jesus durch ein deutliches Zeichen und entschiedenes

Wort beendet: Er stellt ein Kind „in ihre Mitte" und sagt: „Wenn ihr euch nicht (um)wendet und werdet wie die Kinder, niemals kommt ihr hinein ins Königtum der Himmel." Das in die Mitte gerückte Kind verkörpert Hilflosigkeit, Angewiesensein auf andere; es hat keine Macht, weil es noch nicht erwachsen ist. So zu sein, muß der Jünger lernen; denn völliger Verzicht auf Ansehen und Rang macht die wahre Jüngerschaft aus (auch die Unbefangenheit des Kindes ist angedeutet, wie sie Mt 21,15–17 hervorgehoben wird).

Daß von den Kindern im NT v.a. unter dem Aspekt des Beispiels gesprochen wird, zeigt das Gleichnis von den (Hochzeit und Beerdigung) spielenden Kindern (Mt 11,16–19 par). Wie sich Kinder nicht einigen, also nicht zum Spielrhythmus finden können, so ist es mit „diesem Geschlecht": Es denkt in Gegensätzen und weiß in Wirklichkeit gar nicht, was es will; der Asket Johannes d.T. wird als Dämonischer verurteilt, der Gastfreund Jesus dagegen als Fresser und Säufer. Während also Kinder aufgrund ihrer Unreife widerspenstig sind, sind es die Zeitgenossen des Täufers und Jesu, obwohl sie erwachsen und urteilsfähig sind.

In der ntl Briefliteratur wird v.a. ein Aspekt des Kindseins behandelt, der ansatzweise schon in der Evv-Tradition zur Sprache kam: Kinder in der Obhut der Familie (vgl. Lk 11,5–8) und in der Pflicht, sich der Ordnung der Hausgemeinschaft zu fügen. Während Pls vom Kind mehr unbetont spricht, hebt er stärker das Verhältnis des Vaters zu den Menschen hervor: Die an Christus Glaubenden sind „Kinder/Söhne Gottes" (Röm 8,14.16.19.

21 u.ö.). Dabei unterliegen die Unterweisung und Annahme des Glaubens einem Entwicklungsprozeß, vergleichbar dem eines unmündigen Kleinkinds, das diese Stufe erst noch überwinden muß (1 Kor 13,11; Gal 4,3 u.ö.). Die nachpln Schriften versuchen mit Hilfe überkommener Haustafeln die Gemeinde als Hausgemeinde zu bestimmen, in der jeder, also auch das Kind, seinen Platz hat und eine bestimmte Aufgabe erfüllen muß: Eph 6,1–4; Kol 3,18–4,1; 1 Tim 3,4.12; 5,3–8. Dabei geht es nicht einfach darum, Gemeinde als soziologisches Gebilde wie eine Hausgemeinschaft zu sehen, sondern die geforderte Ordnung als Gott wohlgefällig zu würdigen (Kol 3,20).

4. Die bibl. Aussagen über das Kind scheinen einleuchtend und ohne weiteres in die Gegenwart übertragbar zu sein; dem widersprechen jedoch die in 1. kurz skizzierten Positionen. Zweifellos ist applikative Exegese immer gefordert. Daß Jesus Kinder gesegnet hat, ist nicht ein einmaliges, der Vergangenheit angehörendes Ereignis; die Erzählung erhebt vielmehr den Anspruch, über die Zeit hinweg auch heute aufgeschlossen zu werden. Doch dürfen aktualisierende Interpretationen sich nicht so weit vom Text entfernen, daß die ursprüngliche Aussageabsicht verdeckt oder in willkürliche Adaption aufgelöst wird. Soll Kinderpastoral wirklich gelingen, sind Sorgfalt und Behutsamkeit gefordert.

Lit.: B. Eltrop, Denn solchen gehört das Himmelreich. Kinder im MtEv, 1996; G. Haufe, Das Kind im NT, ThLZ 104 (1979) 625–638; P. Müller, In der Mitte der Gemeinde. Kinder im NT, 1992; H.H. Schroeder, Eltern und Kinder in der Verkündigung Jesu, 1972; G. Stemberger, Jüd. Religion, 1995.

Alexander Sand

KNECHT, Magd, Sklave/Sklavin

→ Diener/in; Freiheit; Herr; Sohn

1. Der Begriff „Knecht, Sklave" in seiner männlichen wie weiblichen Form und das davon abgeleitete Verbum „arbeiten, dienen" *(doûlos, doúlē, douleúō)* bezeichnen im NT zunächst die dem Sklavenstand Angehörenden und deren Tätigkeit in Abhängigkeit zu einem Übergeordneten. Darüber hinaus ist „Sklave" Ehrentitel für den Frommen und Ausdruck für dessen intensive, die ganze Person umfassende Beziehung zu Gott.

2. Das Sklaventum war fester Bestandteil der antiken Gesellschaftsordnung. Während bei den Griechen der Begriff Sklave nur im eigentlichen Sinn und in direktem Bezug zu Sklaverei und Sklavendienst verwandt wurde, deckt das entsprechende hebr. Wort *('æbæd)* im AT ein breiteres Bedeutungsspektrum ab. Es ist Gegenbegriff zu Herr und wird für vielfältige Formen der Dienstleistung, Unterordnung und Loyalität gebraucht, so für den Haussklaven ebenso wie für den Soldaten, Beamten und Minister. Eine besonders positive Bedeutung hat „Sklave, Knecht" in religiösem Kontext. So kommt in dem Ehrentitel „Knecht Gottes", der im AT auf herausragende Gestalten der israelitischen Heilsgeschichte wie Abraham, Mose, David u.a. übertragen wird, sowohl die Anerkennung Gottes als obersten Herrn als auch die umfassende existentielle Bindung an diesen Gott zum Ausdruck (Gen 26,24; Ex 14,31; Dtn 9,27; 10,12). Die geheimnisvolle Gestalt des Gottesknechts bei DtJes, die stellvertretend für die Sünden der vielen Leiden und Schmach auf sich nimmt (Jes 42,1ff; 49,1ff; 50,4ff; 52,13ff), wird im NT mit Jesus Christus identifiziert und auf seinen Kreuzestod hin gedeutet (Hebr 9,28; Phil 2,7).

3. In der Verkündigung Jesu gibt es zahlreiche Knechtsgleichnisse, in denen am Beispiel von Sklaven rechtes und falsches Verhalten angesichts der anbrechenden Gottesherrschaft veranschaulicht wird. So ruft Jesus in den Gleichnissen vom unbarmherzigen Sklaven (Mt 18,23–35), vom treuen und untreuen Sklaven (Mt 24,45–51 par) oder den anvertrauten Talenten (Mt 25,14–30 par) eindringlich zu Vergebungsbereitschaft, Wachsamkeit und entschiedenem Einsatz auf. Konsequentes Verhalten im Umgang mit Geld und Besitz fordert das Jesuswort in Mt 6,24: „Keiner kann zwei Herren dienen ... Nicht könnt ihr Gott dienen *(douleúō)* und (dem) Mammon".

Der Begriff „Magd (des) Herrn" *(doúlē)* für Maria in Lk 1,38 und 1,48 ist ähnlich wie die Selbstbezeichnung des greisen Symeon in Lk 2,29 als Sklave *(doûlos)* Gottes nicht nur Ausdruck von Demut und Niedrigkeit, sondern auch atl geprägter Ehrentitel, mit dem Männer und Frauen, die von Gott zu einem besonderen Dienst bestellt sind, ausgezeichnet werden.

Im JohEv findet „dienen" als christl. Lebensäußerung seinen dichtesten Ausdruck im Symbol der Fußwaschung Jesu (Joh 13). Indem Jesus als „der Herr und Lehrer" an seinen Jüngern den Sklavendienst verrichtet, durchbricht er bestehende Denk- und Verhaltensmuster und wird in dieser dienenden Hingabe zum Vorbild und Modell für die Jesusgemeinde; denn „nicht ist ein Sklave größer als sein Herr, noch ein Gesandter größer als der ihn Schickende" (Joh 13,16; 15,20).

Für Pls, in dessen Gemeinden viele dem Sklavenstand angehörten (vgl. 1 Kor 1,26ff), relativierte sich der Unterschied zwischen Freien und Sklaven durch die Taufe und Eingliederung in die Christusgemeinschaft; denn „der im Herrn gerufene Sklave ist ein Freigelassener (des) Herrn, gleicherweise ist der gerufene Freie ein Sklave (des) Christos" (1 Kor 7,22; vgl. 1 Kor 12,13 und Gal 3,28). Auch sich selbst bezeichnet Pls nicht nur als „Diener" *(diákonos)*, sondern als „Sklave *(doûlos)* des Christos Jesus" (Röm 1,1; Phil 1,1), um mit Hilfe dieses stärkeren Ausdrucks die Totalität seiner persönlichen Bindung an Jesus als seinem Herrn zum Ausdruck zu bringen. Dabei bedeutet für Pls diese Bindung an Jesus Christus nicht Unterdrückung und Knechtschaft, sondern Loskauf und Sohnschaft (Gal 4,5ff; Röm 8,15; vgl. Joh 15,15).

Die sog. Haustafeln in den nachpln Briefen (Kol 3,22–4,1; Eph 6,5–9; 1 Petr 2,18–25; ähnlich Tit 2,9ff) orientieren sich an der allgemeinen Ordnungsstruktur des antiken Hauswesens und übertragen diese auf die christl. Gemeinde. Sie ermahnen die christl. Sklaven, ihren Herren zu gehorchen, und rufen gleichzeitig die Herren auf, ihren Sklaven „das Gerechte und die Gleichheit zu bereiten" (Kol 4,1).

In der Offb werden – wiederum in Anlehnung an den atl Sprachgebrauch

– Mose, die Propheten sowie die christl. Gemeinden mit dem Ehrentitel „Knechte Gottes" bzw. „Knechte Jesu Christi" bezeichnet (Offb 15,3; 10,7; 19,2.5; 22,3.6).

4. Für den nach Autonomie strebenden modernen Menschen ist das Bild von der Knechtschaft als Umschreibung der Beziehung zwischen Mensch und Gott schwierig geworden. Wichtig bleibt jedoch die Kernaussage, daß Gottesdienst den ganzen Menschen mit Herz und Seele umfaßt und in Anspruch nimmt.

Lit.: J. Gnilka, Der Philemonbrief (HThK.S 10/4), 1982, 54–81; H. Haag, Der Gottesknecht bei DtJes (EdF 233), 1985; F. Laub, Die Begegnung des frühen Christentums mit der antiken Sklaverei (SBS 107), 1982.

Hanneliese Steichele

KOLLEKTE, Sammlung

→ Almosen; Gemeinde; Steuer

1. Mit Kollekte bezeichnet man das Einsammeln von Abgaben bzw. freiwilligen Gaben, Almosen oder Spenden.

2. Das AT kennt vorwiegend Kollekten und Abgaben für Heiligtümer (Zelt, Tempel), deren Ausstattung oder Renovierung (vgl. Ex 25,2ff; 30,11–16; Sach 6,9ff; 2 Chr 24,4ff). Neben Spenden geht es hier auch um die Tempelsteuer als Solidarbeitrag des einzelnen für die Glaubensgemeinschaft (zu Neh 10,32f vgl. Mt 17,24–27).

3. Dies hat Auswirkungen auf die Bedeutung der Kollekte, die Pls in seinen Missionsgemeinden durchführte (vgl. seine Werbung in 2 Kor 8 und 9). Sie

wurde in Jerusalem auf dem sog. Apostelkonzil vereinbart (Gal 2,9f). Vermutlich haben die Jerusalemer die Kollekte als etwas Geschuldetes verstanden (vielleicht in Analogie zur Tempelsteuer oder zu den Almosen der „Gottesfürchtigen", die damit ihrer Bekehrung zum jüd. Bekenntnis Ausdruck gaben, oder gar als Erfüllung der verheißenen Völkerwallfahrt). Pls seinerseits anerkennt zwar, daß die Kollekte „geschuldet" ist, weil alle Missionsgemeinden sich der von Jerusalem ausgegangenen Heilsbotschaft verdanken (vgl. Röm 15,27), aber er betont den freiwilligen Charakter der Kollekte seiner Gemeinden: die Dienstleistung (zu *diakonía* und *leitourgía*: 2 Kor 8,4; 9,1.12f; Röm 15,25.31), das Liebes- oder Gnadenwerk (zu *agápē* und *cháris*: 2 Kor 8,7f.19), den (Grund zum) Lobpreis (2 Kor 9,5) usw., während er den als „Steuer" auslegbaren Begriff *logeía* nur einmal gebraucht (1 Kor 16,1). Für Pls ist die Kollekte v.a. Ausdruck seines „Gemeinschaftsverständnisses" von Kirche (zu *koinōnía*: Röm 15,26; Gal 2,9f).

4. Mit der Kollekte des Pls für Jerusalem könnte man heute den „Peterspfennig" vergleichen; auch er ist ein Solidarbeitrag der ganzen Glaubensgemeinschaft zugunsten der römischen Zentrale. Daneben wirkt auch die Anweisung 1 Kor 16,1–4 fort (an jedem Herrentag zurückzulegen, was dem Einkommen entspricht): Die Sonntagskollekte dient meist dem Zusatz-, in vielen Ländern aber auch dem Grundbedarf der Gemeinden.

Lit.: K. Berger, Almosen für Israel, NTS 23 (1977) 180–204; ders., Der Armen zu Gedenken. Die Geschichte der Kollekte des Pls für Jerusalem, [2]1994; D. Georgi, Die Geschichte der Kollekte des Pls für Jerusalem (ThF 38), 1965; J. Hainz, Koinonia (BU 16), 1982.

Josef Hainz

KÖNIG/IN, Königtum, Reich Gottes

→ Botschaft; Christus; Geist; Gericht; Glaube; Gott; Himmel; Macht; Mensch; Nächster; Offenbarung; Satan

1. Königtum Gottes ist eine Metapher aus dem politischen Abstraktum Königtum *(basileía)* und der näheren Bestimmung des religiösen Trägers „Gott" *(toû theoû)*.
Das Begriffsfeld König *(basileús)* erweist sich als übersetzbar mit Würde, Macht, aktiver Regierung eines Herrschers, in zweiter Linie erst als Bezeichnung seines Gebiets. In der Verbindung von „König" und „Gott" spricht das AT dann vom Königtum Gottes oder von der Gottesherrschaft, jedoch nicht im abstrakten Sinn, sondern als verbale, wirkende Aussage, so daß Königtum Gottes am deutlichsten umschrieben ist in der Formel: „Jahwe regiert als König" (Ps 93,1).
Die Griechen haben vom König weitgehend das gleiche Verständnis, wie es sich in der hebr. Bedeutung vorfindet: einerseits Sein, Wesen, Stand als funktionaler Ausdruck der Würde und Gewalt des Königs, andererseits die geographische Konkretisierung und Sichtbarkeit des Königs im beherrschten Gebiet. Königtum Gottes wird dann verstanden als Sein und Handeln Gottes in Ruf und Anspruch an die Menschen.
2. Die Bezeichnung Jahwes als König *(mælæk)* findet sich erst in den späte-

ren Teilen des AT. Die Frühzeit Israels kannte das Königtum *(malkût)* nur von Herrschafts- und Regierungsformen der anderen orientalischen Völker; denn die Israeliten selbst lebten als Nomaden in Stämmen. In dieser Zeit konnte die Königsvorstellung wohl kaum auf Jahwe übertragen werden. Doch die Sache selbst, welche dann die spätere israelitische Zeit unter Königtum Gottes verstand, war vorhanden. Diese erhielt Erwähnung in den theologischen Aussagen von der Führung des Volks durch Jahwe, seiner uneingeschränkten Macht in Bund und Erwählung, Schutz und Hilfe. Mit der Staatenbildung und der israelitischen Königszeit konkretisierte sich die Gottesvorstellung zum Nationalgott; er ist Fordernder und Förderer seines Volks. Die ursprüngliche Verbindlichkeit dem Stamm und den Stämmen gegenüber wird zur Verbindlichkeit dem Volk gegenüber. Gott ist der Herr des Volkes Israel. Mit der Bildung und der geordneten Existenz des Davidischen Großreichs sieht der Israelit seinen Gott als den Herrn der Völker in der Geschichte. Vorexilisch betrafen die Angaben vom Königtum Gottes vorwiegend den Bezug auf sein Volk Israel. Es verspricht in Gegenwart und Zukunft Hilfe, Gerechtigkeit und Rettung. Dieses Vertrauen wurde getragen von den schon erfahrenen Machttaten Jahwes an seinem Volk und von der Gewißheit, daß Jahwes Heilswillen Israel zum Guten führen werde. Die Zeit des Exils und danach überwindet die nationale Enge. Denn das nationale Königtum ist durch das Exil untergegangen. Es häufen sich Aussagen über Jahwes Weltkönigtum (Mal 1,14). Jahwe ist Großkönig über die ganze Welt (Ps 47,3.8). Er sitzt und regiert auf Wolkenhöhen (Jes 14,14) über dem himmlischen Ozean. Sein Heiligtum ist der Sion (Ps 99,2), auf ihm wird er als Weltkönig angebetet.

Besonders im Kult und in den liturgischen Gebeten häufen sich die Angaben über das Königtum Jahwes. Es lag nahe, daß die Zeremonie, welche die Verehrung des weltlichen Königs zum Gegenstand hatte, wobei der König nur Vollstrecker des Rechts Jahwes ist (Ps 101), durchscheinend wurde auf Gott hin. Davon zeugen weiterhin die „Thronbesteigungspsalmen" (Pss 2. 47.93.96–99). Das kultische Denken verbindet die Gottesherrschaft über die Schöpfung von Urbeginn an, sein Walten in der Geschichte und sein eschatologisches Königtum. So ist Jahwes Königtum als Vergangenheit, Gegenwart und Zukunft umfassend gedacht in kultischer Repräsentation.

Die Schriftpropheten Israels üben Zurückhaltung in der Titulatur Jahwes als König. Schon das menschliche Königtum wurde von ihnen abgelehnt, da sie es als Konkurrenz zur Herrschaft Jahwes verstanden (Hos). Die Könige standen unter einer harten Kritik. Die zeitweilige Übernahme des heidnischen *mælæk*-(= König-)Kults zwang die Propheten, dagegen zu predigen, um die Reinheit des Jahweglaubens zu erhalten. Zudem bestand in der Königszeit die Gefahr, daß das versöhnlich-soziale Moment des Gottesverhältnisses zugunsten einer formalen Gottesbeziehung abflachte. Daher sprachen die Propheten nicht ausdrücklich vom Königtum Jahwes, sondern drückten es mit anderen Bildern und Begriffen aus. Hierin sollte dann

verständlich werden, daß die absolute Souveränität Gottes etwas anderes ist als die despotische Willkür eines Tyrannen.

Die Vernichtung der Staaten Juda und Israel und die Gefangenschaft mit den Folgen der nationalen Unselbständigkeit und Unterdrückung trieben die eschatologischen und messianischen Gedanken der Frommen voran. Je weiter entfernt das nationale Reich war, desto stärker vertraute Israel auf Gottes Verheißungen und erwartete das herrliche Königtum Gottes der Endzeit. Mit dem Anbruch der Herrschaft Gottes erhoffte man Heil für Israel und das Gericht über die Völker. Das alte Gottesvolk werde wiederhergestellt und versammle sich am Sion. Das eschatologische Königtum Gottes erhielt paradiesisches Gepräge. Glückseligkeit und Heil werden über die Erde hereinbrechen.

Die über Israel gekommene Notzeit wird so Ausgangspunkt für die Apokalyptik. Pessimistisch wird die Gegenwart in ihrer Sündhaftigkeit und ihrem Greuel gesehen und beschrieben. Diese Weltzeit soll in absehbarer Zeit vergehen durch ein unverrückbares Ende, das das Weltgericht ausmacht. Danach treten im Gegensatz zum Vergangenen eine neue Welt und ein neues Königtum ein, die von jenem scharf getrennt sind. Beide Perioden stehen sich schroff gegenüber. Das Buch Dan zeichnet diesen unversöhnlichen Gegensatz in der Vision von vier Tieren und dem Menschensohn (Dan 7). In kontinuierlicher Folge steigen die Tiere aus dem Meer, der Menschensohn aber tritt unvermutet aus den Wolken des Himmels hervor. Die kommende Welt stammt aus göttlichen Sphären und bringt eine glückliche Zeit ohne die Schlechtigkeit der Menschen. Es entsteht ein unzerstörbares Königtum, das alle anderen vernichtet und unvergänglich ist (Dan 2,44). Gottes Königtum bricht endgültig und unverborgen an. Neben dieser apokalyptischen Hoffnung auf das endzeitliche Königtum Gottes gab es noch eine Fülle anderer Heilshoffnungen wie die Erwartung eines irdischen Messias oder eines himmlischen Menschensohns.

3. Das Frühjudentum hatte bereits die atl Aussagen über das Königtum Gottes weiterentwickelt, so daß Jesus in seiner Verkündigung an diese Theologie anknüpfen konnte. Um verbale Aussagen über Gott zu vermeiden, setzte Mt das Abstraktum „König der Himmel" für Gott ein. Himmel wird nach Gen 1,1ff als der sich über die als Scheibe gedachte Erde wölbende Raum verstanden. Dieser Raum besteht aus mehreren Schichten, also aus übereinander gelagerten Räumen; daher wird im Plural von den „Himmeln" gesprochen. Der Wohnsitz Gottes sind die „Himmel", von denen aus er seine Herrschaft über die Erde ausübt. Daher kann man die Aussage „Gott ist König" ersetzen durch „der König der Himmel" (Dan 4,34). Das „Himmelreich" ist wörtliche griech. Übersetzung des hebr. Begriffs „Königtum der Himmel". Das Frühjudentum umschreibt das Rezitieren des täglichen Gebets $\check{s}^e ma\text{'}$ („Höre Israel, der Herr, unser Gott, ist Einer …": Dtn 6,4) mit „das Joch (des Königtums der Himmel) auf sich nehmen", d.h., Gott als König und Herrn über sich anzuerkennen (vgl. Mt 11,29). Dieser freie Willensentschluß des Menschen, sich

unter die Herrschaft Gottes zu stellen, ist erforderlich, weil das Königtum Gottes noch nicht in der Welt offenbar ist (Dan 2,37; 4,34). Erst am Ende der Zeiten wird es offenbar werden und die Wahlmöglichkeiten der Anerkennung oder Ablehnung der Herrschaft Gottes abschneiden (vgl. Mt 25,31ff; Mk 13,26f). Allerdings bildet das Thema der verborgenen und zukünftigen Königsherrschaft Gottes ein Randgebiet der frühjüd. Theologie innerhalb des zentralen Themas von Gott als König (PsSal 17; 18-Bitten-Gebet; Litanei „Unser Vater, unser König").

Die Verkündigung Jesu von der Königsherrschaft Gottes beschränkt sich nicht auf die frühjüd. Vorstellung von der Verborgenheit der Herrschaft Gottes und ihrer eschatologischen Vollendung, sondern weist auf die bereits geschehene Offenbarung des Königtums Gottes hin. Die Verborgenheit des Königtums Gottes ist in Jesus bereits unverborgen angebrochen, aber diese Offenbarung hat noch nicht die Eindeutigkeit des völlig offenbaren Königtums Gottes in einer neuen Schöpfung am Ende der Zeit, sondern ist gebunden an die unscheinbare Person Jesu mit seiner Katastrophe des Kreuzes.

Diese Spannung der Offenbarung des Königtums Gottes in Jesus und der gleichzeitigen Unscheinbarkeit dieses Geschehens stellen die Evv und Pls in unterschiedlicher Weise dar. Dabei ist zu berücksichtigen, daß für den vorösterlichen Jesus das Königtum Gottes weiterhin eine streng eschatologische Größe bleibt, d.h., erst am Ende der Welt wird es vollkommen offenbar werden. Der unvollkommene Anbruch des Königtums Gottes in Jesus besteht in den Kräften, die das zukünftige

Königtum Gottes bereits in unsere Welt hinein ausstrahlt, also in einer dynamischen Aktionsweise.

Bei Pls tritt die Verkündigung des Königtums Gottes zurück hinter das Ev von Kreuz und Auferstehung Jesu. Das Königtum Gottes wird am Tag des Gerichts alle in seiner Herrschaft haben, man muß in Verfolgungen geduldig darauf warten und sich seiner beim Kommen würdig erweisen (1 Thess 2,12). Übeltäter werden nicht ins Königtum Gottes eingehen (1 Kor 6,9f; Gal 5,21). Bereits jetzt sind seine Kräfte im hl. Geist anwesend, aber nicht durch gegenständliche Kategorien wie Speise und Trank umschreibbar, sondern durch „geistige" wie „Gerechtigkeit, Friede, Freude" (Röm 14,17) und „Kraft" (1 Kor 4,20). Durch den Leib Christi, die Kirche, werden die Kräfte des Königtums Gottes bereits jetzt vermittelt. Auch im JohEv tritt die Rede vom Königtum Gottes hinter die intime Anrede Gottes als Vater deutlich zurück.

Besonders das MkEv hat es sich zur Aufgabe gemacht, den unscheinbaren Anbruch des Königtums Gottes in Jesus darzustellen. Es betont die Zukünftigkeit des Königtums Gottes, dessen baldige Ankunft von Jesus angekündigt wird (1,15). Es wird dann in Macht (dýnamis) kommen (9,1). Die Darstellung des Königtums Gottes als eines eschatologischen Mahls versinnbildlicht seine ewige Freude (14,25). Um in das Königtum Gottes einzugehen, muß man an das Ev, das Jesus verkündet, glauben und umkehren (1,15). Diese Umkehr hat so radikal zu sein, daß der Hörer jedes Hindernis beseitigen muß, das sich ihm in den Weg stellt, sei es die eigene Hand,

der eigene Fuß, das eigene Auge. Natürlich wird an dieser Stelle keine Selbstverstümmelung verlangt, sondern der unbedingte Ernst der Umkehr soll durch die überspitzten Forderungen zur Geltung gebracht werden. Denn der Gegner der Umkehr zum Königtum Gottes ist Satan und sein Reich (9,43–48). Wer daher nur halbherzig zur Umkehr bereit ist und andere Geschäfte dem Bemühen um das Eingehen in das Königtum Gottes vorzieht, dessen Eintritt ist äußerst gefährdet (10,21ff). Dagegen befinden sich diejenigen Juden, die bereit sind, den Kern der Botschaft Jesu, die Gottes- und Nächstenliebe, anzuerkennen, ohne allerdings Jesus nachzufolgen, auf dem Weg zum Eintritt in das Königtum Gottes, d.h., es besteht Hoffnung, daß sie in der Zukunft zu Jesu Verkündigung umkehren werden (12,32ff). Denn im Wort und in der Person Jesu ist das Königtum Gottes bereits geheimnisvoll anwesend (4,11f). Es offenbart sich nur in einem bescheidenen Anfang und wird nur von wenigen anerkannt. Es ist wie ein unscheinbares Samenkorn bzw. Senfkorn, aber es wird am Ende der Zeit allen hell leuchten und offenbar sein und eine überraschende Universalität der Herrschaft haben (4,3–8.21f.31f). Um diesen bescheidenen Anfang des Königtums Gottes setzen zu können, erhält Jesus den Geist (1,9–11) und muß Satan und sein Gegenreich besiegen (1,12f; 3,22–27). So ist mit dem Auftreten Jesu ein kosmischer Kampf entbrannt (1,13). Jesus beendet die Herrschaft der Dämonen (1,23ff.34.39 u.ö.). Er heilt Kranke (1,31.32–34.40ff u.ö.) und erweckt Tote (5,35ff), um zu offenbaren, daß er Vollmacht hat über

Dämonen, Krankheiten und Tod und daß deren Macht durch das sich offenbarende Königtum Gottes beendet wird. In seinem Kreuzestod und seiner Auferstehung besiegt Jesus endgültig Satan und die unheilvollen Kräfte wie Tod und Krankheit, hinter denen Satan steht. Der Glaube an den unscheinbaren Anbruch des Königtums Gottes in Jesus muß die bescheidene Haltung des Kindes haben, das in Vertrauen annimmt, was der Vater schenkt, ohne den Inhalt (die Hoffnung des Frühjudentums auf ein politisches Weltreich) vorzuschreiben (10,13–16). Den Glauben an das Fortbestehen des unscheinbaren Anfangs des Königtums Gottes trotz des Kreuzestodes Jesu bezeugen Heide und Jude (15,39–42). Joseph von Arimathaia, der nicht zur Gefolgschaft Jesu gehörte, aber wie der Schriftkundige (12,32) das Königtum Gottes ohne politische Spekulationen erwartete, sieht diese Erwartung in Jesus in Erfüllung gegangen (15,43ff).

Der bescheidene Anfang des Königtums Gottes wirkt nach Jesu Tod und Auferstehung weiter in Jesu Wort (13,31) und Herrenmahl (14,22–25). Diese werden von der Gemeinde tradiert. Dabei ist die Kirche nicht identisch mit dem Königtum Gottes, vielmehr ist sie die Institution, durch die die Kräfte des Königtums Gottes sich in Wort und Sakrament weiterhin unscheinbar offenbaren (4,11f). Nur wer im Glauben das Ev hört, umkehrt und die Sakramente mitvollzieht, hat Anteil am Königtum Gottes. Die Mitarbeit an der Ausbreitung der Kräfte des Königtums Gottes verlangt in der Nachfolge Jesu die Lösung aller menschlichen Bindungen und kennt nicht das hierarchische Herrschaftssystem der irdischen Institutionen (10,29f.42ff). Wer in der Arbeit für das Königtum Gottes ausharrt in den Verfolgungen, in den politischen und wirtschaftlichen Mühsalen dieser Welt, wird in das vollkommen offenbarte Königtum Gottes der neuen Schöpfung am Ende der Welt eingehen (13,13ff).

Im MtEv und in den lk Schriften wird die mk Theologie vom unscheinbaren Anbruch des Königtums Gottes in Jesu Person und Verkündigung und von der Vollendung am Ende der Zeit übernommen und ausgebaut.

Die Offb fügt dem Verständnis des Königtums Gottes einen neuen Akzent hinzu. Christus ist der Herrscher über die politischen Könige der Erde. Da diese aber seine Herrschaft nicht anerkennen, hat er auf der Erde ein Königtum von Priestern aufgerichtet, das von den feindlichen Königreichen, die Werkzeuge des Reiches des Bösen sind, bedrängt wird (1,5f.9). Königtum Gottes und Reich des Teufels liegen im Kampf miteinander, in dem das Königtum Gottes siegen wird (17,11ff). In dem dann den Kosmos umspannenden Königtum Gottes feiert das Volk Gottes die himmlische Liturgie und wird mit Gott die Herrschaft ausüben (11,15ff; 22,5). Mit politischen und liturgischen Kategorien umschreibt die von Verfolgungen bedrängte Gemeinde das Geheimnis des Königtums Gottes, um sich der Anwesenheit seiner Kräfte und der zukünftigen Vollendung des Königtums Gottes zu vergewissern.

4. Königtum Gottes ist heute eine provokative Metapher. Gott soll als „König" erfahren werden. Um den anstößigen „König"-Begriff zu umgehen, wird in der Neuzeit Königtum Gottes häufig mit „Reich" oder „Herrschaft" Gottes übersetzt. Diese Begriffe treffen zweifellos den Kern der Metapher Königtum Gottes, lassen aber zugleich ein breites Assoziationsfeld aus. Das Königtum war in bibl. Zeit die vorherrschende Staatsform; zugleich nahm Israel gegenüber dem König eine kritische Stellung ein. Jotam richtete gegen die Wahl Abimelechs zum König von Sichem die satirische Fabel von der Wahl des Dornenstrauchs zum König über die Bäume (Ri 9,7–21); Jesus von Nazaret richtete gegen die Pharisäer und Herodes-Anhänger das bekannte kritische Wort: „Das (des) Kaisers gebt (dem) Kaiser und das Gottes Gott" (Mk 12,17). Dennoch rückt Jesus die für das Judentum periphere Metapher Königtum Gottes in den Mittelpunkt seiner Botschaft (Mk 1,14f). Gott soll mit seiner Herrschaft auch politisch erfahren werden. Er ist weder ein verborgener Herrscher, noch ist sein Reich die Innerlichkeit, sondern er hat sichtbar den Anfang seiner Weltherrschaft in Jesus von Nazaret gesetzt. Dieser Anfang harmoniert und steht zugleich in Konflikt mit den politischen Ordnungen dieser Welt. Bei Vollendung des Königtums Gottes werden diese weltlichen Herrschaften in vollkommene Übereinstimmung mit dem Königtum Gottes gebracht werden. Jesus von Nazaret verheißt mit seinem Ev von der nahegekommenen Königsherrschaft Gottes (Mk 1,14f) die totale Umgestaltung unserer gesamten Wirklichkeit.

Lit.: H. Giesen, Herrschaft Gottes – heute oder morgen? (BU 26), 1995; H. Merklein, Die Gottesherrschaft als Handlungsprinzip (fzb 34), 1978; ders., Jesu Botschaft von der Gottesherrschaft (SBS 111), ²1989.

Detlev Dormeyer

KOPF, Haupt

→ Christus; Frau / Mann; Leid; Salbung

1. Das griech. Wort für Kopf *(kephalē)* kommt im NT 75mal vor und wird neben seiner eigentlichen Bedeutung als Name des Körperteils auch in verschiedenen übertragenen Bedeutungen gebraucht. Im ersten Fall wird es meist mit Kopf und im letzten Fall gewöhnlich mit Haupt übersetzt. Das entspricht im Deutschen dem Unterschied zwischen dem normalen Kopf und den bildlichen Aussagen „Haupt einer Bande", „Oberhaupt" usw.
2. Die Möglichkeiten der Übertragung sind jedoch bei dem griech. *kephalē* und dem hebr. *ro'š*, die sich hierbei in manchem ähneln, weiter als im Deutschen. So bezeichnen diese Wörter im AT außer dem menschlichen oder tierischen Kopf (Lev 13,29; Ex 29,17) auch die ganze Person (Ri 5,30), ein Oberhaupt oder einen Anführer (Ri 11,11), den Gipfel eines Berges (Gen 8,5), die Spitze einer Leiter (Gen 28,12) oder den Anfang/Ursprung, sei es bei der Zeit (Ez 40,1: Jahresanfang), sei es von Dingen (Gen 2,10: Quelle eines Flusses).
3. Im NT begegnet das Wort Kopf v.a. in den Evv und in der Offb, die es fast ausschließlich in der gewöhnlichen Bedeutung verwenden. Bei den wenigen pln und dtpln Belegen finden sich übertragene Aussagen dagegen häufiger. Innerhalb der Syn liegt ein erster Schwerpunkt der Verwendung von

Kopf bei dem Bericht von der Enthauptung Johannes' d.T. in Mk 6,24–28 par. Ein zweiter Schwerpunkt bilden naturgemäß die Hinweise auf den Kopf Jesu, nämlich entweder im Rahmen der Nachfolgesprüche das Wort, daß er nichts hat, „wohin er den Kopf lege" (Mt 8,20 par) oder innerhalb der Berichte von seiner Salbung (Mk 14,3 par; vgl. Lk 7,46) oder von seinem Leiden: Er hat eine Dornenkrone auf seinem Kopf (Mt 27,29), wird auf den Kopf geschlagen (Mk 15,19 par Mt 27,30) und hat am Kreuz „über seinem Kopf seine Schuld geschrieben: Dieser ist Jesus, der König der Judaier" (Mt 27,37). Ansonsten sprechen die Syn vom Schütteln des Kopfes der am Kreuz Vorbeigehenden als Zeichen der Verachtung Jesu (Mk 15,29 par), vom Salben des Kopfes beim Fasten (Mt 6,17), vom Erheben des Kopfes als Geste der Zuversicht angesichts der Erlösung (Lk 21,28), von den Haaren des Kopfes, die alle gezählt sind (Mt 10,30 par) oder von der Frau zum Abwischen ihrer Tränen auf den Füßen Jesu verwandt werden (Lk 7,38) und verbieten das Schwören beim Kopf (Mt 5,36). Die einzige bildliche Verwendung findet sich im Zitat des Ps 118,22, das dazu dient, Jesus als den Hauptstein (Eckstein) zu bezeichnen, der von den Bauleuten verworfen wurde (Mk 12,10 parr).
Joh benutzt das Wort Kopf außer bei der Bitte des Petrus an Jesus, ihm nicht nur die Füße, sondern auch den Kopf zu waschen (13,9), nur innerhalb der Leidens- und Ostergeschichte: Jesus hatte eine Dornenkrone auf dem Kopf (19,2) und neigte ihn, als er starb (19,30). Petrus sieht das Schweißtuch, das auf dem Kopf Jesu gewesen ist (20,7), und Maria, die Magdalenerin, bemerkt zwei Engel im Grab, jeweils dort, wo Kopf und Füße von Jesu Leichnam gelegen hatten (20,12). Die Apg verwendet Kopf im gewöhnlichen Sinn nur zusammen mit einem Hinweis auf dessen Haare (wegen eines Gelübdes werden sie geschoren: 18,18; 21,24 und wegen der sicheren Rettung wird keines verlorengehen: 27,34). Sonst steht es bildlich: In 4,11 wird wie bei den Syn Jesus in einer Anspielung auf Ps 118,22 mit dem Hauptstein (wörtlich: Kopf der Ecke) verglichen, der verworfen wurde (vgl. auch 1 Petr 2,7), und in 18,6 wendet sich Pls von den verstockten Juden mit den Worten ab: „Euer Blut über euren Kopf". Hier dürfte Kopf für die ganze Person stehen, während bei der Stelle zuvor die Bedeutung „Anfang, Spitze" der Ecke als Ausdruck eines besonderen Ranges zugrundeliegen wird.
Bei Pls findet sich das Wort Kopf selten. In Röm 12,20 fordert er, Spr 25,21f zitierend, dazu auf, dem Feind Gutes zu tun und so „Kohlen von Feuer … auf seinen Kopf" zu häufen, womit dieselbe kämpferische, zur Umkehr bewegende Liebe gemeint sein dürfte, wie in der Bergpredigt (vgl. Mt 5,38–42). Und in 1 Kor 12,21 wird im Bild von der Kirche als Leib Christi durch ein Zwiegespräch zwischen Kopf und Füßen veranschaulicht, daß innerhalb einer Gemeinde alle Gaben notwendig sind. Neben diesen Einzelstellen findet sich Kopf dann häufiger in dem Abschnitt 1 Kor 11,3–16. Hier geht es wohl nicht um das Tragen eines Kopftuchs, sondern um die Schwierigkeit, daß v.a. einige Frauen beim prophetischen Reden ihre Frisur auflösten, aber auch manche Männer dies durch eine

Beschäftigung mit ihrem Kopf nachahmten (VV 4a.5a.7). Pls versucht dem zu begegnen, indem er, neben anderen Argumenten, auf die Bedeutung Kopf = Anfang, Ursprung zurückgreift und, damaligen Gegebenheiten folgend, die Herkunft des Mannes von Christus und der Frau vom Mann (V 3, aufgegriffen im Bild vom Glanz in V 7) darlegt. Das beschriebene Verhalten ist dann unangemessen, weil es denjenigen entehrt, von dem man herkommt (sein/ihr Haupt, nämlich Christus oder den Mann: VV 4b.5b). Die Folgerung ist, daß die angesprochenen Frauen (und Männer) die Herrschaft über ihren Kopf behalten sollen (V 10). Kopf wäre demnach in den VV 4a.5a.7.10 wörtlich und in den VV 3.4b.5b bildlich gebraucht.

In Eph 5,23 wird mit demselben bildlichen Verständnis von Haupt als Ursprung ebenfalls der Gedanke der Herkunft der Frau vom Mann ausgesprochen. Er dient hier dazu, um innerhalb der Haustafel 5,21–6,9 die Unterordnung der Frau unter den Mann zu begründen. Daneben findet sich in Eph und Kol öfter die Vorstellung von der Kirche als Leib, der Christus als Kopf (in wörtlicher Bedeutung) zugeordnet ist. Dieser Leib umfaßt die ganze Menschheit (Eph 1,22; Kol 1,18; vgl. V 20) und wird vom Kopf her versorgt (Eph 4,15f; Kol 2,19). Und in Kol 2,10 wird betont, daß Christus auch Haupt (bildlicher Gebrauch mit der Aussage: Herrscher) „jeder Hoheit und Macht" ist.

Die Offb schließlich benutzt Kopf immer im gewöhnlichen Sinn, entweder von Menschen und menschenähnlichen Wesen (1,14; 4,4; 12,1; 18,19) oder von Tieren (9,7; 12,3; 17,3).

4. Die Vorstellung des Eph und Kol, daß Christus Haupt der Kirche ist, wurde kirchenpolitisch sehr bedeutsam. Als nämlich Innozenz III. (1198–1216) die heute noch übliche Vorstellung einführte, daß der Papst der Stellvertreter Christi schlechthin ist, bezog er auch den Haupt-Gedanken auf den Papst und verlieh ihm damit jene außerordentliche Machtfülle, die er mit manchen Veränderungen bis heute innehat. Ein anderer Punkt ist das Verhältnis von Frau und Mann, das heute zu Recht Anstoß erregt. Die zeitbedingte Aussage von der Unterordnung der Frau unter den Mann als ihrem Haupt sollte daher durch den Gesichtspunkt der Unterordnung auch des Manns unter die Frau als seinem Haupt ergänzt werden, weil ein gleichberechtigter Umgang in Liebe der Kirche Gottes angemessener ist als das frühere einseitige Herrschaftsverhältnis. Dieses wird bibl. als Folge des Sündenfalls gedeutet (vgl. Gen 3,16) und ist daher eine Wirklichkeit, die durch Jesu Erlösung überwunden ist und nun auch praktisch immer mehr überwunden werden muß.

Lit.: N. Baumert, Antifeminismus bei Pls? (fzb 68), 1992; ders., Frau und Mann bei Pls, ²1993.

Sebastian Schneider

KRAFT, Stärke

→ Auferstehung; Kreuz; Leid; Macht; Schöpfung

1. Die Begriffe „Kraft, Stärke" als Ausdrucksform des Religiösen erwekken beim Menschen der Gegenwart einen zwiespältigen Eindruck, schei nen sie doch eher das Denken einer „triumphierenden Kirche" *(ecclesia triumphans)* widerzuspiegeln. Zudem ist es dem heutigen Zeitgenossen nicht ohne weiteres möglich, die Rede von der Allmacht Gottes der täglichen Erfahrung zuzuordnen. Für die Bibel dagegen sind Kraft, Stärke und Macht zwar ambivalente, aber gerade deshalb auch zentrale Begriffe, denen eine ganze Reihe von hebr. und griech. Grundwörtern zugrunde liegen, die größere Differenzierungen als die deutschen Übersetzungswörter ermöglichen.

2. Das atl Gottesbild wird wesentlich von den mit dem Begriffsfeld Kraft verbundenen Assoziationen geprägt. In der Kraft oder Macht manifestieren sich Jahwes Schöpferwirken (Ps 8; Jer 27,5; 32,17; Jes 40,22–29) und seine machtvolle Zuwendung zu seinem Volk Israel (Ex 9,16; Jes 41,10; 55,3f). Die Exodusgeschichte hat ihre Mitte geradezu im Machterweis Jahwes gegenüber dem Pharao (Ex 7,4). So bezeugt es das AT in der Vielfalt seiner Überlieferungen. Auch und gerade die Zukunft gewinnt ihre Gestalt durch die Macht Gottes. Sie geht über auf die irdische Gestalt des Messias, mit dem die Heilszeit heraufgeführt wird (Jes 11,2; Mi 5,3 u.ö.), bis – so der Glaube der apokalyptischen Theologie – Gott selbst (Dan 2,44) oder der von ihm beauftragte Menschensohn (äthHen 46,4–8; 48,2–7) erscheint und mit Macht seine Herrschaft durchsetzt.

Kraft ist im AT auch ein anthropologischer Begriff. Der Beter sucht in der Bedrängnis die Kraft, seine Situation zu meistern. Weil Gott ein starker Turm gegen die Bedränger ist (Ps 61,4), findet der Beter Kraft zur Be-

wältigung der Bedrohung (Ps 60,14). Die Kraft, die Gott geschenkt hat, bewirkt im Frommen die Kraft, sich gegen alle Widerstände durchzusetzen und die eigene Ermüdung in der Krise zu überwinden (Jes 50,4). Aber mit dem Begriff kann auch einfach die (natürlich von Gott gegebene) Kraft gemeint sein, die zu Wohlstand, Erfolg o.ä. führt (Dtn 8,17).

Das Bild von Gott als dem Schöpfer hält auch das hellenistische Judentum fest, dessen Repräsentant Philo von Alexandrien mit „Kraft" besonders die allem Geschaffenen überlegene Macht Gottes unterstreicht (vgl. die pseudoaristotelische Schrift „Über die Welt" aus dem ersten Jh. n.Chr.; vgl. auch schon Weish 14,31).

3. Wie das AT, so weiß auch das NT um die tragende Bedeutung der Kraft (Macht, griech. *dýnamis*) Gottes. Die über 200 Belege für die Begriffsgruppe entsprechen diesem Sachverhalt. In den Evv wird das besonders an der Erzählung von der Geburt Jesu festgemacht: Jesu Gottessohnschaft wird in der lk Verkündigungsgeschichte aus der Kraft des göttlichen Geistes hergeleitet (Lk 1,17.35). Hier gewinnt die Kraft in Verbindung mit dem Geist Gottes fast personhafte Züge, die „Kraft des Höchsten" ist schöpferisch wirksam. Diese besondere Kraft geht auf Jesus und sein Wirken über. Voll Kraft des Geistes kommt der lk Jesus nach der Versuchung (4,1–12) nach Galiläa, um dort in der Kraft des Geistes sein prophetisches Zeugnis von Gott zu leben (Lk 4,14). Er vollbringt Wunder und Machttaten (Mk 6,2 par); die Evv-Überlieferung verknüpft dies mit dem Glauben der Hörer der Predigt Jesu, ohne die er keine Wunder wirken kann (Mk 6,5 par). Mit Vollmacht und Kraft gebietet er den unreinen Geistern (Lk 4,36), von ihm strömt bei der Berührung seines Gewandes durch die blutflüssige Frau eine ungewöhnliche Kraft aus, die heilend wirkt (Mk 5,30; Lk 8,46).

Die Kraft ist also ein Begriff, der Jesu Herkunft, Predigt und machtvolles Wirken beschreibt.

Er greift aber auch auf seine Zukunft aus: Im Verhör vor dem Hohen Rat spricht Jesus von der Erhöhung des Menschensohns „zur Rechten der Kraft" (Mk 14,62 parr). Damit gewinnt der Begriff eschatologische Bedeutung. Diese liegt auch schon in Jesu Ansage des Kommens der Gottesherrschaft in Kraft (Mk 9,1).

Mit Kraft wirken die Jünger auf ihrem missionarischen Weg: Der lk Jesus gibt den Zwölfen Kraft und Vollmacht zur Austreibung von Dämonen und zur Heilung von Kranken (Lk 9,1). Gegen jede Gewalt des Feindes gibt er ihnen Vollmacht (Lk 10,19); Stephanos (Apg 6,8), Philippos (Apg 8,13) und Pls (Apg 19,11) sind zu Machttaten befähigt. Daß das kein Automatismus ist, zeigt das aus einem Mangel an Glauben (bzw. Gebet) resultierende Unvermögen der Jünger bei der Heilung des epileptischen Knaben (Mk 9,28f par). Einzig der Glaube, der Gott gerade das dem Menschen Unmögliche zutraut (Mk 10,27), ist es, der alles vermag (Mk 9,23; Mt 17,20).

Gottes Kraft ist aufs engste mit seinem Auferweckungshandeln verknüpft: Die Sadduzäer leugnen die Auferstehung, weil sie, so der mk Jesus, Gottes Kraft nicht kennen (Mk 12,24). In der ihm eigenen Christologie sagt Hebr, Christus sei Priester durch die Kraft „unvergänglichen Lebens" (7,16); dieser Christus trägt das All in der Kraft seines Wortes (Hebr 1,3). Aber wie in der Verkündigung des vorösterlichen Jesus, so ist auch im Zusammenhang von Kraft und Auferweckung der Zukunftsaspekt dominant, wenn der Auferstandene seine Jünger auf das Kommen der vom Vater verheißenen Gabe in Kraft vorbereitet (Lk 24,49). Am prägnantesten formuliert es Pls: „Gesät wird in Schwachheit, erweckt wird in Kraft" (1 Kor 15,43); christologisch setzt Pls das in 2 Kor 13,4 um: „Denn wurde er auch gekreuzigt aus Schwachheit, lebt er doch aus (der) Kraft Gottes." Gott wird die Glaubenden auferwecken durch seine Kraft, die er an Christus erwiesen hat (1 Kor 6,14). Durch die Auferweckung ist Christus zum Sohn Gottes in Kraft qualifiziert (Röm 1,4). Er wird als Retter kommen in Kraft, sich alles unterwerfen (Phil 3,21) und nach der Überwindung jeder irdischen Macht Gott die Herrschaft übergeben (1 Kor 15,24). Christus wird dann zur Rechten Gottes im Himmel sitzen und über jede Macht und Kraft herrschen (Eph 1,20–23; vgl. im AT schon Weish 10,2: Die Weisheit Gottes hat dem Urvater der Welt „Kraft gegeben, über alles zu herrschen").

Mit dem Begriff Kraft aber drückt Pls v.a. das Paradox des Kreuzes aus. Das, was von außen gesehen nur als Torheit erscheinen kann, ist für die Glaubenden Gottes Kraft, weil für sie einsehbar ist, daß sich Gottes Macht in Ohnmacht darstellt. Die Überzeugung des Pls, Gott habe nicht viele in den Augen der Welt Mächtige erwählt, um das vermeintlich Starke zuschanden zu machen (1 Kor 1,16f), setzt die

Kreuzesbotschaft konsequent in die Gemeindesituation um. Deshalb ist das Wort vom Kreuz „denen, die zugrunde gehen, Torheit, denen aber, die gerettet werden, uns, Macht Gottes" (1 Kor 1,18). Allein die Kraft dieses Ev rettet die Glaubenden, seien es Juden oder Griechen (Röm 1,16). Schon in seinem 1 Thess hatte Pls die Kraft des Ev betont (1 Thess 1,5), in Röm und 1 Kor stellt er sie in den Zusammenhang von Rechtfertigungs- und Kreuzestheologie.

Der Begriff Kraft in seiner ihm eigenen inneren Spannung ist vielleicht am ehesten geeignet, die Bedeutung von Kreuz und Auferweckung in ihrer ganzen Tiefe für die pln Theologie fruchtbar zu machen. Von dieser theologischen Basis aus ist es Pls im Hinblick auf sein persönliches Zeugnis möglich, sein äußerlich schwaches Auftreten und die Macht des Kerygmas als einen in sich stimmigen Zusammenhang zu betrachten (1 Kor 2,4f). Von hier aus kann Pls sein eigenes Leiden in der Kraft Gottes bewältigen: „Wir haben aber diesen Schatz in tönernen Gefäßen, damit das Übermaß der Kraft sei Gottes und nicht von uns" (2 Kor 4,7; vgl. auch die Leidenslisten bei Pls).

Die nachpln Pls-Deutung geht noch einen Schritt weiter: Gottes Kraft ist selbst im gefangenen Apostel wirksam (Kol 1,29; vgl. Eph 3,20). Von diesem Pls-Bild her ist entsprechend die Aufforderung zur Unverzagtheit an den bedrängten Amtsträger 2 Tim 1,7f zu verstehen (vgl. auch 1 Petr 1,5).

4. Angesichts der Macht der Auferweckung wird jede irdische oder dämonische Kraft und Gewalt relativiert. Im Kreuz Christi hat Gott alle Mächte und Gewalten entwaffnet (Kol 2,14f), ist Christus doch das Haupt aller Mächte und Gewalten (Kol 2,10). Seine Einzigkeit wird hier mit der Übertragung von Gottes Macht auf Christus begründet (vgl. auch Mt 28,16–20). In der Sache sind damit jene Aussagen des NT vergleichbar, die von der Beherrschung der Gewalten, seien es politische (1 Kor 2,8) oder dämonische (vgl. nur Röm 8,38; Eph 6,12; Mk 3,22ff), sprechen. Die Eigenmacht des Widergöttlichen ist durch Gott, der alle seine Kraft für den Menschen aufbietet, im Christusgeschehen endgültig entmächtigt. Das ist die beziehungstiftende Botschaft des Begriffsfeldes Kraft in seinen vielfältigen ntl Beziehungen.

Lit.: W. Grundmann, Der Begriff der Kraft in der ntl Gedankenwelt (BWANT IV 8), 1932; H. Schlier, Mächte und Gewalten im NT (QD 3), ³1963; O. Schmitz, Der Begriff *dynamis* bei Pls, in: Festgabe für Adolf Deißmann, 1927, 139–167.

Rudolf Hoppe

KREUZ, Kreuzigung, Holz

→ Auferstehung; Heil; Hoher Rat; Jesus; Leid; Tod

1. Das Kreuz ist das Zentralsymbol des Christentums. Die Symbolkraft des Kreuzes galt unangefochten, solange das Christentum Volksreligion war. Im Zuge der modernen Emanzipationsbewegung wurde aber das Kreuz der religionsphilosophischen Kritik unterzogen, die in ein Ressentiment gegen die Kreuzessymbolik einmündete. Widerspricht der leidende Gekreuzigte nicht den aufgeklärten Werten von Würde und Selbstbestimmung? Überraschenderweise ist heute wieder ein Standpunkt analog zur Antike erreicht, in der das schöne Sterben, der Eu-Thanatos, Zielpunkt des menschlichen Lebens war. Diesem Wert widersprach das Kreuz unmißverständlich: „Denn das Wort des Kreuzes ist denen, die zugrunde gehen, Torheit, denen aber, die gerettet werden, uns, Macht Gottes" (1 Kor 1,18).

2. Das AT kennt nicht die Todesstrafe der Kreuzigung, wohl aber die öffentliche Zurschaustellung eines Hingerichteten am Pfahl (Dtn 21,22f; Jos 8,29; 10,26). Die Kreuzesstrafe dringt von Medien und Persien her in den Hellenismus und das hellenistische Palästina ein. In ntl Zeit bleibt sie aber auf das römische Recht begrenzt und wird nicht in das jüd. Recht aufgenommen.

3. Als Verb und Nomen wird Kreuz *(stauróō, staurós)* 73mal im NT verwandt. Trotz der zentralen Stellung des Kreuzes im Christusglauben wird vom Kreuz nur zurückhaltend gesprochen. Kreuz bezeichnet als Nomen das spezielle römische Hinrichtungsmittel. Von Karthago aus ist das Kreuz in das römische Recht übernommen worden, und zwar seit den Punischen Kriegen als abschreckende Todesstrafe für Sklaven, Provinziale und Feinde. Der Aufstand gegen Rom wurde als Majestätsverbrechen mit der Kreuzesstrafe geahndet. Die am Kreuz Jesu angebrachte Inschrift „Der König der Judaier" verdeutlicht den Sinn des Kreuzes: Jesus ist als Aufrührer schuldig gesprochen und zur Kreuzesstrafe verurteilt worden (Mk 15,1–15.26 par). Das Kreuz bestand aus einem fest eingerammten Pfahl, zu dem der Verurteilte den Querbalken zu tragen hatte; die Geißelung ging als Begleitstrafe der Kreuzigung voraus (Mk 15,15.20b–25 par).

Joh trennt die Geißelung als selbständige Korrektionsstrafe von der Kreuzigung, um die Verantwortung des Synhedrion an der Kreuzigung Jesu zu erhöhen (19,1–22).

Jesus muß die schimpflichste Form der Hinrichtung nach antikem und nach jüd. Verständnis (Dtn 21,23) über sich ergehen lassen: „und während Judaier Zeichen fordern und Hellenen Weisheit suchen, verkünden wir aber Christos als Gekreuzigten, (den) Judaiern als Ärgernis, (den) Heiden aber als Torheit" (1 Kor 1,22f). Pls bringt das Kreuz Jesu mit diesen zwei scharfen Antithesen auf den zentralen Punkt. Das Judentum kennt das Leiden von Propheten und Gerechten, der Hellenismus kennt das Leiden der Philosophen. Doch beide Kulturen stellen in ihren Martyrienerzählungen (2 Makk 6 und 7; 4 Makk; Platon, Apologie) das ehrenvolle Sterben heraus, das alle Martern überwindet. Der schimpfliche Kreuzestod Jesu sprengt diese Erwartung eines noblen, vorbildhaften Sterbens. Pls zitiert das Kreuz, ohne diesem Sterben am Kreuz eine Milderung aufgrund von Vornehmheit zu geben.

Die Evv bauen diese zentrale Erfahrung aus. Jesus erduldet als leidender Gerechter schweigend Verspottungen, Mißhandlungen und das Kreuz selbst. Die „Sieben Worte" am Kreuz gehen auf unterschiedliche redaktionelle Intentionen zurück und kehren nicht das Kreuz in einen Triumph um. Mk und Mt haben nur den Gebetsschrei mit Ps 22,2 zu Gott (Mk 15,34; Mt 27,46);

Lk fügt ein Vergebungswort (23,34) und ein Verheißungswort an den einen Mitgekreuzigten (23,43) hinzu und ändert das Psalmwort in ein Abschlußwort an Gott um (23,46); Joh erweitert um die Übergabe der Mutter Jesu an den Lieblingsjünger (19,26f), um eine Trankbitte (19,28) und läßt Jesus ebenfalls mit einem eigenständigen Abschlußwort sterben (19,30).

In der Gesamtanlage von Lk und insbesondere Joh ist bereits die Tendenz zu erkennen, dem Kreuzestod den Schimpf zu nehmen und die Überlegenheit Jesu herauszuarbeiten. Doch das gesamte NT hält an dem schmachvollen Kreuzestod als Grundlage des Glaubens fest.

Pls entwickelt als erster eine Kreuzestheologie, die für den christl. Glauben zentral wird. Gegenüber dem Skandal des Kreuzes setzt er das Paradox vom Kreuz als Symbol von „Gottes Macht und Weisheit": „denn das Törichte Gottes ist weiser als die Menschen, und das Schwache Gottes stärker als die Menschen" (1 Kor 1,25). Ohne daß Pls das Wirken des vorösterlichen Jesus zur Begründung heranzieht, trifft er den Kern von dessen Lebenswerk. Jesus hat gelebt in Pro-Existenz für die Schwachen, und er hat die rationalisierte, hochkomplexe Gesetzesinterpretation des Frühjudentums auf elementare, weisheitliche Einsichten in den Schöpfungs- und Geschichtswillen Gottes zurückgeführt. In der Paränese greift Pls auf die Tradition dieser jesuanischen törichten Weisheit zurück (Röm 14–15). In 1 Kor spitzt er diese Weisheitstradition auf das Paradox von der törichten Weisheit zu, um das Paradox vom machtvollen Kreuz als seine eigene Glaubensgrundlage vorzustellen und den Korinthern anzubieten: „Denn ich entschied, nicht etwas zu wissen bei euch, außer Jesus Christos, und diesen als Gekreuzigten" (1 Kor 2,2). Die Zusammendrängung der frühen Glaubensformeln vom Sterben Jesu für uns (Röm 5,8) und seiner Auferweckung als Christus (1 Kor 15,12.15.20) schafft die neue, einprägsame Kurzformel „Jesus Christus, der Gekreuzigte". Sie bildet gleichzeitig die Grundlage der von Pls später entfalteten Kreuzesmystik im Aufgreifen der antiken Mysteriensprache: „Denn wenn Zusammengewachsene wir geworden sind mit der Gleichheit seines Todes, doch auch (mit der) Auferstehung werden wir (es) sein; dies erkennend, daß unser alter Mensch mitgekreuzigt wurde, damit aufgehoben wird der Leib der Sünde, damit wir nicht mehr versklavt sind der Sünde" (Röm 6,5f). In der Taufe wird der Christ in das Kreuz Jesu hineingenommen. Er erfährt das schmerzvolle Sterben der alten Personalität, die der Sünde unterliegt, und die Neuschöpfung der neuen, von der Sünde befreiten Personalität. Im täglichen Leben nach der törichten Weisheit bewährt sich die im Kreuz Jesu Christi neu geschaffene Personalität (Gal 2,19). Die mit dem frühjüd. Gesetz voreilig identifizierte Weisheit wird wieder in ihrem Ursprung freigelegt.

Die späteren Evv erzählen dann ausführlich von der törichten Weisheit des „Lehrers" Jesus von Nazaret, die zu seinen Konflikten und zu seiner Kreuzigung führt und den Lesern vorbildhaft die neuen, richtigen Lebensweisen vor Augen führt. Direkt von der Notwendigkeit des Kreuzes spricht

Mk außer in der Passion nur in 8,34: „Wenn einer will hinter mir nachfolgen, verleugne er sich selbst und trage sein Kreuz und folge mir." Es handelt sich um ein symbolisches Wort des vorösterlichen Jesus. Das beschwerliche Symbol „Balken" erhält erst im Rahmen des Ev die explizite Bedeutung des Kreuzes und fordert erst hier die Bereitschaft zum Kreuzestod ausdrücklich ein. So läßt sich bei Mk wie bei Pls von einer Kreuzestheologie sprechen. Die mk Kreuzestheologie arbeitet aber im Unterschied zu Pls auf indirekte Weise. Mit dem Messiasgeheimnis richtet Mk das Verstehen der Handlungen und Worte Jesu auf das Kreuz und die Auferweckung aus. Ohne die Nachfolge zum Leiden und Kreuz ist ein volles Verstehen des Wirkens des mk Jesus nicht möglich. Daher erliegen die Jünger, die Familie, das Volk, die Gegner ständig Mißverständnissen. Erst das Kreuz und die Auferweckungsbotschaft ermöglichen das volle Verstehen.

Die anderen Evv halten den Geheimnischarakter Jesu nicht in dieser Strenge aufrecht, zentrieren aber weiterhin die Handlungen Jesu auf das Kreuz. So betont Joh eindrucksvoll die Erhöhung Jesu am Kreuz (3,14; 8,28; 12,32.34). In zeichenhafter Weise wird die Kreuzigung (19,17–30) zum Ausdruck des vollmächtigen Hinübergehens zum Vater. Im Unterschied zum Leidensschrei Mk 15,34 übergibt Jesus seine Mutter dem Lieblingsjünger zur familiären Fürsorge, erfüllt mit der Kundgabe seines Durstes die Schrift und schließt sein Leben mit der Bekanntgabe der Vollendung ab. In der Niedrigkeit des Leidens und Sterbens am Kreuz bleibt Jesus zu-

gleich der souveräne Vollender des eschatologischen Heils.

4. Für die heidnische Antike und die christl. Spätantike bleibt das Kreuz ein Ärgernis. Bis zum 5. Jh. fehlen Darstellungen der Kreuzigung Jesu. Dann setzt allmählich eine Ikonographie ein, die, wie der Meister der Holztür von S. Sabina, Rom, den joh erhöhten Gekreuzigten zur Vorlage hat. Die Hoheitsdarstellung prägt die sich anschließende Kunst und Theologie der Karolingischen und Ottonischen Renaissance und der Romantik. In der Gotik wird der leidende Jesus Christus, der „Schmerzensmann", entdeckt. Die volle Breite der ntl Kreuzestheologie wird dann in der Neuzeit erkannt und theologisch entfaltet.

Lit.: W. Bösen, Der letzte Tag des Jesus von Nazaret, ³1994; D. Dormeyer, Joh 18,1–14 par Mk 14,43–53: Methodologische Überlegungen zur Rekonstruktion einer vorsyn Passionsgeschichte, NTS 41 (1995) 218–239; R. Hoppe, Der Triumph des Kreuzes (SBB 28), 1994.

Detlev Dormeyer

KRIEG, Kampf, Streit, Sieg

→ Ende; Gewalt

1. „Lobpreisungen Gottes im Munde und ein zweischneidiges Schwert in der Hand – Ehre ist das für all seine Frommen. Halleluja!" (Ps 149,6.9) Daß Christen weder Krieg noch terroristische Gewalt von der Bibel her legitimieren können, scheint heute ausgemacht. Daß sie es aber in der Geschichte bis heute immer wieder mit dem Glauben für vereinbar gehalten haben, zeigt die Kirchengeschichte ebenso wie ein Blick in die Tageszeitung. Wie stark sind eigentlich jene bibl. Texte im Bewußtsein der Christen, die vom Ausrotten des Bösen, von Krieg, Gewalt, Kampf, Rache und Schwert reden? Und wie ist das bei ihnen mit jenem roten Faden bibl. Texte, die auf Liebe, Versöhnung, Friede und Solidarität zielen?

2. „Singet Jahwe, denn hoch erhaben ist er, Roß und Reiter warf er ins Meer!" (Ex 15,21) Dieser vermutlich älteste Text des AT, das „Mirjam-Lied", besingt die Rettung Israels nach der Flucht aus Ägypten und den siegreichen Kampf gegen die überlegene ägypt. Streitmacht. Weitere Rettungstaten Jahwes in der Zeit der Landnahme, die das AT als kriegerische Eroberung schildert, nennt z.B. Ps 136. Da die Darstellung dieser Kriege (teils) wiederkehrende Strukturelemente aufweist, sprachen einige Forscher hier vom „heiligen Krieg" (G. v. Rad) – eine Formulierung, die im AT selbst nicht vorkommt. Daß der Krieg nach altisraelitischer Auffassung in einen sakralen Bereich gehört, ist offenkundig. Doch dazu gilt: Wie alles und jedes im Leben war die Kriegsführung von religiösen Vorstellungen und Riten begleitet. Doch dadurch wird sie ebenso wenig zu einem „heiligen" Krieg und zu einer sakralen Institution wie Geburt, Entwöhnung, Hochzeit oder Schafschur, die mit religiösen Vorstellungen, Riten und Formeln umgeben waren. Von einer besonderen Heiligung des Kriegs kann im AT nicht die Rede sein; er gehört einfach zu den Realitäten des Lebens. Eine wichtige Konzeption in der Beurteilung der Kriege Israels zeigt sich allerdings recht deutlich: die Tendenz,

den Krieg geradezu aus der Verfügungsgewalt der Menschen herauszunehmen. Durch solche Anweisungen wird der Krieg gerade nicht zum „heiligen" Krieg, sondern zum Krieg Jahwes. Darauf liegt das ganze Gewicht! Jahwe führt die Kriege – es ist nicht Aufgabe Israels oder seiner politischen Führer, über die Nützlichkeit oder einzelne Details der Kriege zu entscheiden. Daß Krieg kein Mittel der Politik sein soll, ist die Quintessenz der Erzählung vom Krieg Sauls gegen die Amalekiter (1 Sam 15). Der moderne Leser könnte hier im Verhalten Sauls ein Moment der Menschlichkeit sehen – in der Sicht des Erzählers ist Sauls Eigenmächtigkeit ein schlimmes Vergehen, mit der Folge, daß Jahwes Geist ihn verläßt. Saul hat gesündigt, indem er sich Jahwes Krieg für seine eigenen Überlegungen verfügbar machen wollte.

Für die Beurteilung des Kriegs im AT ergibt sich: Von einer Ächtung des Kriegs, gar von Pazifismus, kann in weiten Teilen des AT keine Rede sein. Vielfach wird positiv von Jahwes Kriegen gesprochen, wird die ganze Härte und Grausamkeit der Kriege nicht verschwiegen. Es gilt aber: Der Krieg ist kein Mittel der menschlichen Politik!

Zu den Schriften, die in Qumran gefunden wurden, gehört eine Rolle mit dem Titel „Der Krieg der Söhne des Lichts gegen die Söhne der Finsternis". Diese „Kriegsrolle" (1 QM) ist gespeist aus bibl. Stoffen; der Endzeitkampf wird geleitet von Priestern im Stil der Eroberung Jerichos (Jos 6). In einer vor-essenischen Grundschrift dieser Kriegsrolle war „der Anführer der ganzen Volksgemeinschaft" einfach der oberste Heereskommandant;

erst in einer späteren essenischen Fassung wird er darüber hinaus als davidischer Messias dargestellt, der allerdings weiterhin priesterlicher Leitung untersteht.

3. Im NT ist mehr von der Aufdeckung der Gewaltstrukturen und von Gewaltverzicht die Rede als von Krieg, Kampf *(pólemos, poleméō)* und Sieg *(níkē, nikáō).* Die meisten Belege liefert die syn Apokalypse und die Offb.

Bei den Syn findet sich als Beispiel dafür, daß man sich die Konsequenzen der Nachfolge rechtzeitig überlegen soll, der König, der mit einem anderen einen Krieg führen will (Lk 14,31). Nach der syn Apokalypse (Mk 13 parr) gehören Krieg und Kriegsnachrichten zu den Zeichen der Endzeit.

Pls benutzt das Beispiel vom undeutlichen Trompetensignal zur Vorbereitung auf eine Schlacht (1 Kor 14,8), um die Nutzlosigkeit einer Glossolalie zu veranschaulichen, die ungedeutet bleibt.

Die Offb kennt den Krieg als Element eschatologischer Katastrophen: Die dämonischen Heuschrecken gleichen Kriegspferden bzw. Schlachtrossen (9,7.9). Das Tier aus dem Abgrund führt Krieg mit den beiden Zeugen (11,7). Ein Krieg im Himmel zwischen Michael und dem Drachen führt zum Sturz des Drachen auf die Erde (12,7.9), wo er mit Christen (12,17; 13,7) Krieg führt. Dämonen verführen die Könige der Erde zum großen Krieg der Endzeit (16,13f). Aber der siegreiche Reiter mit dem Namen „treu und wahr" führt Krieg „in Gerechtigkeit" (19,11); es ist der Erhöhte, Christus, der den Häretikern in Pergamon den Krieg mit dem Schwert seines Mundes androht (2,16).

4. Kein Mensch wird bestreiten können, daß wir in einer von Gewalt, Kämpfen und Kriegen beherrschten Welt leben. Ebenso einhellig wird von fast allen Menschen die Überwindung von Gewalt und Krieg, also der Friede, als Ziel ethischen und politischen Lebens gesehen. Der sich hier zeigende Widerspruch ist ebenso groß wie der Abstand zwischen Wunsch und Wirklichkeit. Aber die zwischen Wunsch und Wirklichkeit vermittelnde Kategorie der Möglichkeit (christl. gesprochen: der Hoffnung) schwindet. Statt dessen tritt Interpretation an die Stelle der Veränderung, tritt Erklärung, warum alles so sein müsse, an die Stelle von Engagement. Die Bibel zeigt uns in ihrem Realismus etwas anderes: Sie redet von Krieg und Gewalt und verweist dabei auf die Dialektik von Rettung und Vernichtung (Ps 136). Aber: Die Kenntnisnahme der Gewaltstrukturen erweist sich als Voraussetzung ihrer Durchbrechung und Überwindung, die in Israel als Hoffnung formuliert wurde (vgl. Jes 2,4). Dieser Umgang mit dem Thema Krieg könnte ein Ansatz sein, bibl. Traditionen heute in praktischer (ethischer, politischer) Absicht zu beerben.

Lit.: J. Ebach, Das Erbe der Gewalt (GTB 387), 1980; G. Fohrer, Geschichte der israelitischen Religion (GLB), 1969; G. v. Rad, Der Heilige Krieg im Alten Israel, [5]1969; R. Schwager, Brauchen wir einen Sündenbock?, [3]1994.

Michael Ernst

L

LAMM, Schaf, Widder

→ Christus; Opfer; Ostern; Tier

1. Lamm, Schaf und Widder entstammen dem Motivfeld der Hirtenthematik, die im alten Orient, im AT und NT weit verbreitet ist. Es entstammt einer agrarisch geprägten einfachen Welt; so ist die Schafzucht in den (halb-)nomadischen Gesellschaften des Alten Orients ein bedeutender wirtschaftlicher Produktions- und Ernährungsfaktor. Schafe und Lämmer dienen zudem als Metapher im politischen Bereich (Volk Israel) und für religiös-kultische Aussagen (Opfertiere).

2. Im AT dienen Lamm, Schaf und Widder dem Lebensunterhalt der Menschen (vgl. z.B. Gen 4,2; 12–50; 1 Sam 16,11 u.ö.). Darüber hinaus sind Lamm, Schaf und Widder Opfertiere, deren Verbrennung die Sühnung von Sünden bewirkt; die Opferung des Tiers steht stellvertretend für das Selbstopfer des (darbringenden) Menschen (vgl. Gen 22). Auch der Sündenbock (Lev 16) ist in diesem Zusammenhang zu sehen, auch wenn das dazugehörende Ritual unblutig verläuft. Das Blut des Paschalammes hat hingegen apotropäische Funktion. In der prophetischen Verkündigung wird Lamm metaphorisch auf unter-schiedliche Weise verwendet. In Ez 34 und Sach 11 sind die Schafe Bild für das Volk Israel, um das sich Gott als Hirt sorgt; die prophetische Kritik richtet sich gegen schlechte Hirten des Volks. In Jes 53 wird der Gottesknecht als Lamm bezeichnet, der stellvertretend für das Volk Sühne leistet.

3. Im NT wird das Wortfeld Lamm, Schaf, Widder *(amnós, arníon)* in realer Bedeutung (vgl. Lk 2) und in metaphorischen Übertragungen genutzt: Es kann christologisch verwendet, aber auch wie im AT auf das Volk Gottes, die christl. Gemeinde, übertragen werden (vgl. Joh 10,1–18; 21,15–17).

Im Gleichnis vom verlorenen Schaf Lk 15,3–7 wird am Verlust und Wiederfinden eines Schafes die Freude Gottes über die Umkehr von Sündern aufgezeigt. Mt 18,12–14 bezieht das Gleichnis in besonderer Weise auf die Gemeindesituation.

Wie bereits im AT, erhält das Lamm soteriologische Bedeutung, indem es nun als Metapher den Sinn des Todes Jesu deutet. Dabei wird die Bedeutung des Paschalammes auf Christus übertragen (vgl. 1 Kor 5,7; besonders auch Joh 1,29.36; 19,28–30 [Tod Jesu zur Zeit, als die Paschalämmer im Tempel geschlachtet werden]). Der Gedanke eines stellvertretenden Sühneleidens wird hier durch die urchristl. Interpretation von Jes 53 (vgl. Apg 8,32) eingebracht. Es kann vermutet werden, daß dieser Prozeß, obwohl er im NT erst in den späteren Schichten greifbar wird, bereits zur Zeit der aramäisch sprechenden Urgemeinde stattfindet.

Das Wortfeld Lamm kommt in ausführlichster Form im JohEv vor, wo es als Metapher für Christus und dessen Kreuzestod dient (Joh 1,29.36), als Bild für die joh Gemeinde(n) (Joh 10,1–18), um die sich Christus sorgt, der seine Hirtenaufgabe an Petrus überträgt (Joh 21,15–17).

In der Offb dient das (Widder-)Lamm *(arníon)* 29mal als Metapher für den gekreuzigten, auferstandenen und herrschenden (Hörner) Christus. Es ist das zentrale christologische Bild in der Offb; dem Lamm ist alle Herrschaft gegeben (z.B. die Siegel zu öffnen: Offb 6ff), es herrscht vom Sion (Offb 14).

4. Das Wortfeld Lamm hat eine reichhaltige Wirkungsgeschichte in der Kunst, Literatur und Theologie und dient wie im AT und NT als Bild für Christi Heilstod und zugleich als Metapher für das Volk Gottes.

Lit.: L. Goppelt, Typos, 1939 = 1981; B. Kowalski, Die Hirtenrede (Joh 10,1–18) im Kontext des JohEv (SBB 31), 1996; H.-J. Kuhn, Christologie und Wunder (BU 18), 1988.

Bernd Holze, Beate Kowalski

LÄSTERUNG, Spott, Blasphemie

→ Geist; Leid; Name

1. Die Begriffe entstammen unterschiedlichen Bereichen. Blasphemie bildet den Gegenbegriff zum Glauben; die Blasphemie kündigt formal den Abfall vom einzigen Gott Israels an. Spott hingegen bezieht sich auf den zwischenmenschlichen Bereich. Lästerung kann sich auf beide Bereiche beziehen, wie auch Blasphemie auf den zwischenmenschlichen Bereich übergehen kann. Bei den 56 Belegen von Blasphemie im NT überwiegt aber bei weitem die religiöse Verwendung. Für den zwischenmenschlichen Spott verwendet das NT unterschiedliche Begriffe, die insgesamt weniger häufig vorkommen als die Blasphemie.

2. Der Tatbestand der Blasphemie wird in dem jungen (nach-)exilischen Einschub Lev 24,10–16 an einem Einzelfall exemplarisch behandelt: Ein Fremder „schmähte den Gottesnamen". Mose verurteilte ihn aufgrund eines Gottesspruchs zur Steinigung. Aus diesem Kasus folgt grundsätzlich: „Wer den Namen des Herrn schmäht, wird mit dem Tod bestraft; die ganze Gemeinde soll ihn steinigen. Der Fremde muß ebenso wie der Einheimische getötet werden, wenn er den Gottesnamen schmäht." In einem weiteren Sinn kann aber jede Verletzung des ersten und zweiten Gebots des Dekalogs (Ex 20,3–7; Dtn 5,7–10) als Blasphemie bezeichnet und untersagt werden.

In der LXX werden unterschiedliche Begriffe für die Blasphemie verwendet, da auch die hebr. Vorlage für die Blasphemie keine konsistenten Begriffe hatte. Doch wird der griech. Wortstamm *blasphēm* – im Unterschied zu den anderen Synonymen – zum religiösen Zentralbegriff, der durchweg eine letzte Beziehung auf Gott einschließt. In Fortsetzung von

Lev 24,10–16 gilt im späteren Strafrecht der Mischna (um 200 n.Chr.), im Traktat Sanhedrin, nur das schmähende Aussprechen des Gottesnamens als todeswürdiges Verbrechen. Ansonsten kann sich Blasphemie als Tat- und Worthandlung indirekt gegen Gott vollziehen und eine Übertretung der ersten beiden Gebote darstellen, ohne aber als todeswürdiges Verbrechen zu gelten.

3. Blasphemie kann sich unmittelbar gegen Gott richten (Offb 13,6; 16,11. 21; Apg 6,11), gegen den Namen Gottes (Röm 2,24) und gegen Gottes Wort (Tit 2,5). Auch der nachösterliche Christusglaube und seine Verkünder können geschmäht werden, z.B. vom Verfolger Pls (1 Tim 1,13) und von den ablehnenden Juden und Heiden (1 Kor 4,13; Apg 13,45; 18,6; 1 Petr 4,4; Offb 2,9).

Nicht eindeutig lassen sich die weiteren zwei zentralen Blasphemiestellen interpretieren. Trifft im Synhedrionsprozeß die Behauptung des Hochpriesters zu, daß Jesu Bekenntnis zu seiner Messiasfrage eine Blasphemie sei (Mk 14,61–64 par)? mSanh VII,5 wie auch der gegen jegliches Recht verstoßende Vorgang, daß der leitende Richter eine Fangfrage stellt und deren Bejahung den Tatbestand des zur Anklage stehenden Verbrechens bereits erfüllt, sprechen gegen eine historisch zutreffende Wiedergabe. Die Passionsgeschichten haben vielmehr den nachösterlichen, trennenden Christusglauben in die Verhörszene vor dem Hochpriester projiziert, und Mk hat mit Mt diese Szene im Unterschied zu Lk und Joh zu einem Prozeß ausgebaut, um den Christen ein Vorbild für das Bekennen des Christusglaubens in

der Verfolgungssituation zu geben. Mk 3,28f parr spricht von der unvergebbaren Blasphemie des hl. Geistes. „Darunter kann unmöglich das Aussprechen irgendeiner Formel … verstanden sein, sondern allein die bewußte, frevelhafte Zurückstoßung der auf den Menschen zukommenden heilenden und rettenden Kraft und Gnade Gottes" (Beyer 623). Das Zurückweisen kann ebenfalls nicht auf einen zeitlichen Augenblick beschränkt werden, sondern muß auf die gesamte eschatologische Entscheidungszeit eines menschlichen Lebens bezogen werden. Blasphemie des Geistes bedeutet die permanente Selbstverschließung vor dem in Jesus und seiner Botschaft wirkenden hl. Geist und seine aggressive Bekämpfung und Entwertung bis in den Moment des Todes hinein, so daß sich die Gemeinde zu einer Vergebung im Namen des Menschensohns Jesus Christus nicht mehr bevollmächtigt sieht.

Spott und Blasphemie im Sinn des zwischenmenschlichen Spotts bilden für Pls eine arge Belastung, über die er besonders in 1 Kor aufgrund der Konflikte der Gemeinde mit ihm schreibt. Zum Leidenskatalog des Apostels gehört es, daß sein Segnen mit auf den Geist bezogener Blasphemie belegt wird und sein Trösten durch persönlichen Spott entwertet wird. Zu den Lasterkatalogen in 1 Kor 5,11; 6,10 gehörten daher auch Lästerungen, die beides umfassen, die Verachtung der ethischen Normen und die Absage an den einen Gott.

Der spätere 1 Petr nennt ausdrücklich den leidenden Jesus Christus als vorbildliches Exempel, Lästerungen zu ertragen (2,23). Daraus folgt, Lästerung nicht mit Lästerung zu vergelten (3,9). 1 Petr und alle vier Passionsgeschichten verarbeiten die Tradition von den Verspottungen Jesu.

Am beklemmendsten ist die Königskrönung des ohnmächtigen, verurteilten Jesus als Spott der Soldaten (Mk 15,16–20a; Mt 27,27–31a). Joh 19,2f meidet den Begriff Spott und läßt die Krönung mit dem Akanthus-Distel-Kranz für sich sprechen; Lk 23,6–12 ersetzt den Soldatenspott durch den Spott des Tetrarchen Herodes Antipas. Fortgesetzt wird unterm Kreuz der Spott von den Mitgliedern des verurteilenden Synhedrion, den Hochpriestern und Schriftkundigen (Mk 15,31; Mt 27,41; Lk 23,35), von den bewachenden Soldaten (Lk 23,36) und als Blasphemie vom vorbeiziehenden Volk (Mk 15,29; Mt 27,39). Bereits nach dem Synhedrionsverhör fügten die jüd. Wärter Jesus den Spott als machtlosen Propheten zu im Kontrast zum Spott des Herodes (Lk 22,63). Mk 14,64f par hat ebenfalls an dieser Stelle den Prophetenspott, ohne aber den Begriff Spott oder Blasphemie zu gebrauchen, wie auch Joh 18,22 das Schlagen Jesu während des Verhörs kennt, ohne es Spott zu nennen.

Die breite Verankerung des Spott- und Blasphemiemotivs in der Passion überträgt das atl Motiv des leidenden Gerechten und Propheten auf Jesus. Die dritte Leidenswegaussage Jesu nimmt den Spott auch ausdrücklich auf (Mk 10,34; Mt 20,19). Die Erniedrigung durch Spott gehört zur Passion Jesu, des königlichen, aber machtlosen prophetischen und gerechten Messias. Statt einen noblen, gewaltsamen, antiken Philosophentod zu sterben, findet eine Erniedrigung Jesu durch Spott

und Blasphemie bereits während und nach den Verhören oder Prozessen statt und setzt sich bis zum schimpflichen Kreuzestod fort. Das Schicksal des rechtlosen und gequälten Provinzialen wird im Spott parallel zu den Martyrien der Makkabäer (2 Makk 6 und 7; 4 Makk) neu für die griech. Welt aufgegriffen. Es wird in Verbindung mit dem gewaltsamen Kreuzestod zum zentralen Heilsereignis.

4. In 1 Petr 2,23 findet dieser erzählerische Zusammenhang seine bekenntnishafte Ausformulierung und zugleich seine sozialgeschichtliche Einordnung. Die Erlösung durch den Spott und das Kreuzesleiden Jesu wird direkt den Sklaven zugesprochen, weil sie täglich Spott und andere Leiden zu erdulden haben. Der Spott an Jesus wird zum Ev für alle Gedemütigten und schützt schon jetzt ihre Identität vor dem Spott der Mächtigeren.

Lit.: H.W. Beyer, *blasphēméō*, ThWNT 1 (1933) 620–624; D. Dormeyer, Die Passion Jesu als Verhaltensmodell (NTA 11), 1974; J.A. Mohr, Mk- und Joh-passion (AThANT 70), 1982.

Detlev Dormeyer

LEBEN, Lebewesen

→ Auferstehung; Glaube; Heil; König/in; Seele; Taufe

1. Joh umreißt das gesamte Wirken Jesu mit dem knappen Satz: „Ich kam, damit sie Leben haben" (10,10), der insofern programmatische Züge trägt, als er auf eine Besonderheit des Begriffs Leben aufmerksam macht: Er wird im NT gern gebraucht, wenn es darum geht, das durch Jesus geschenkte Heil in Worte zu fassen, und kommt daher mit etwa 390 Belegen recht häufig vor. Anders als im Deutschen teilt sich diese Zahl im Griech. jedoch auf drei verschiedene Wörter auf: *bíos, bióō, zōḗ, zō̂* und *psychḗ*, das hier unberücksichtigt bleibt.

Daneben gibt es auch das alltägliche Verständnis von Leben, mit dem Lebewesen *(zō̂on)* eng zusammenhängt. Was aber ist der Grund für die Gleichung Leben = Heil? Und was ist Leben?

2. Die zweite Frage findet im griech. und modernen Denken eine naturwissenschaftliche Antwort: Der Begriff Leben ist v.a. als die Summe der biologischen Abläufe beschrieben, die im Unterschied zur unbelebten Natur für diejenigen Wesen kennzeichnend sind, die man Lebewesen (Menschen, Tiere) und Pflanzen nennt. Diesen Begriff vermitteln die einzelnen Wörter unter verschiedenen Blickwinkeln: *bíos* betont mehr die äußere Seite des Lebens (Lebensdauer, Besitz und Art der Lebensführung), während *zōḗ* allgemeiner ist und den Gegensatz zum Tod ausspricht.

Ganz anders fällt die Antwort im hebr. Denken aus; denn hier wird der Begriff Leben nicht naturwissenschaftlich beschrieben, sondern durch erfahrbare positive Eigenschaften von Leben, zu denen der biologische Gesichtspunkt ebenso gehört wie Gesundheit, Wohlstand, Glück, Gemeinschaft und der Glaube an Gott. Leben, und entsprechend Tod als Mangel all dessen, ist hier also weiter gefaßt als bei den Griechen und bei uns. Bei dem Wort *bíos* fällt das nicht weiter auf, da es in der LXX wie im Griech. die Lebensdauer (Ijob 8,9), das Vermögen (Hld 8,7) oder die Lebensweise (4 Makk 5,36) bezeichnet. Aber bei *zōḗ* macht sich das bemerkbar, weil es oft neben Glück usw. (Ps 21,4f) und der Beziehung zu Gott (Dtn 8,3) genannt wird oder all das zusammenfassend allein ausspricht (Dtn 30,19). Erst spät und zaghaft kommt der Gedanke eines ewigen Lebens auf (Dan 12,2; Jes 26,19).

Lebewesen meint irdische (Gen 1,21) oder himmlische (Ez 1,5) Tiere oder offener: Geschöpfe (Ps 68,11), wozu dann auch die Menschen zählen.

3. Das NT übernimmt den weiten atl Lebensbegriff, setzt aber ganz andere Schwerpunkte: Nur selten ist das irdische Leben (z.B. Apg 17,25: Gott gab „allen Leben und Atem") oder das geglückte Leben in Wohlstand, Gesundheit und Gemeinschaft im Blick (Lk 15,24.32: Die Rückkehr des verlorenen Sohnes ist Leben!). Das Hauptaugenmerk liegt vielmehr im geistlichen Bereich (Mt 4,4 par; vgl. Dtn 8,3), mit einer besonderen Betonung darauf, daß dieses geistliche Leben den Tod überdauert. Dazu muß jedoch nicht unbedingt der Zusatz „ewig" stehen. In den einzelnen Schriftgruppen wird das unterschiedlich entfaltet. Die Syn, die Leben nicht oft gebrauchen, bezeichnen damit sowohl das Heil, das der/die Glaubende jetzt empfängt, wenn er dem Glauben entsprechend handelt: „Dies tue, und du wirst leben" (Lk 10,28; ähnlich Mk 9,43 par; Mk 10,17 parr; Mt 7,14), als auch die notwendige Vollendung dieses Lebens in der Zukunft (Mt 25,46).

Mehr die Grundlage für jenes Tun wird dagegen in der Apg ausgesprochen, die darauf hinweist, daß der Glaube selbst bereits (ewiges) Leben vermittelt (Apg 5,20; 11,18), was bei den Syn mit der Rede vom Königtum Gottes umschrieben wird (Mk 1,15; Mt 5,3 par; Lk 10,9.11 u.ö.).

Pls geht ebenfalls davon aus, daß dem/der Glaubenden (ewiges) Leben gegeben wurde (Röm 6,11: „Ihr [seid] Tote zwar für die Sünde, Lebende aber für Gott"), das sich im rechten Tun bewähren muß (Röm 6,12f.22f), bis es am Ende durch die Verwandlung vollendet werden wird (1 Kor 15,51f). Dabei ist für ihn kennzeichnend, daß er das Leben sehr eng an die Auferstehung Jesu bindet (Röm 6,4; 8,11).

Bei den Dtpln ergibt sich ein ähnliches Bild (Kol 3,3–7; 1 Tim 4,8), allerdings ohne eine derartige Betonung der Auferstehung Jesu als Quelle des Lebens.

Joh, der Leben oft gebraucht, gewichtet ganz anders, da er, ohne die Zukunft zu leugnen (12,25), fast nur von der Gegenwart des ewigen Lebens spricht (5,24: Der/die Glaubende „hat ewiges Leben"). Dabei setzt er oft das Leben mit der Person Jesu gleich (11,25: „Ich bin die Auferstehung und das Leben"), was der pln Verknüpfung zwischen Jesu Auferstehung und dem Leben der Glaubenden nahekommt. In 1 Joh wird dazu das Bewähren im Tun ergänzt (3,14f).

Die Offb hat das Substantiv Leben nur in Verbindungen wie Baum, Buch oder Wasser des Lebens u.ä. (2,7; 3,5 u.ö.). Dagegen beschreibt das Verb sowohl das natürliche (19,20) als auch das gegenwärtige ewige Leben (3,1), dient als Umschreibung für Auferstehung (Jesu: 2,8; des Tiers zum irdischen Leben: 13,14; der Märtyrer zum 1000jährigen Reich: 20,4f) und ist häufig ein Kennzeichen Gottes (4,9f u.ö.).

Neben dem soeben geschilderten Hauptwort *zōḗ*, *zṓ* findet sich *bíos* nur selten (zehnmal) und meint das alltägliche Leben (Lk 8,14; 1 Tim 2,2) oder das Vermögen (Mk 12,44 par; Lk 15,12).

Lebewesen kommt 23mal vor und ist fast auf die Offb beschränkt (20mal), die damit, an Ez 1 anknüpfend, die vier Lebewesen vor dem Thron Gottes im Himmel (Offb 4,6 u.ö.) bezeichnet; sonst sind irdische Lebewesen im Blick: in Hebr 13,11 Opfertiere und in 2 Petr 2,12; Jud 10 unvernünftige Tiere als Vergleichspunkt für die Irrlehrer.

4. Mit dem gefüllten atl Lebensbegriff ist nun auch die erste Frage nach dem Grund für die ntl Auffassung für Leben = Heil beantwortet, die bei der naturwissenschaftlichen Sicht eher unverständlich ist. Bezeichnend für das NT ist zudem, daß es neben dem zukünftigen auch ein gegenwärtiges ewiges Leben kennt und damit Glaube als einen Wachstumsvorgang versteht (vgl. Mk 4,30–32 parr): Der/die Glaubende wird nicht erst am Jüngsten Tag mit dem ewigen Leben belohnt, sondern erhält bereits in der Taufe himmlisches, ewiges Leben und soll sich von ihm immer mehr ergreifen lassen, bis Gott ihn/sie vollendet.

Lit.: Chr. Barth, Die Errettung vom Tode in den individuellen Klage- und Dankliedern des AT, [2]1987; O. Kaiser/ E. Lohse, Tod und Leben, 1977; G. Klein, Aspekte ewigen Lebens im NT, ZThK 82 (1985) 48–70.

Sebastian Schneider

LEHRE, Lehrer, Unterweisung,
Überlieferung

→ Botschaft; Gemeinde; Glaube; Schrift;
  Schüler

1. Mit verschiedenen griech. Begriffen werden im NT die jüd. Glaubensüberlieferung, die Verkündigung Jesu und das christl. Bekenntnis zu Jesus als Lehrer bezeichnet. Entsprechend steht das Verbum ganz allgemein für die Tätigkeit der Schriftauslegung bzw. für die Verkündigung einer religiösen Botschaft, für die Verkündigung Jesu, seiner Jünger, der Apostel, des Pls u.a. christl. Missionare. Sie alle können auch die Bezeichnung „Lehrer" tragen.
2. In der jüd. Welt der Zeit Jesu und des NT lag die Aufgabe der Erziehung der Kinder in der religiösen Tradition Israels bei den Eltern (vgl. Dan 12,3 [= Sus 3 LXX]), v.a. beim Vater (Dtn 11,19f; Sir 30,3). Die weitere religiöse Unterweisung erfolgte im Synagogengottesdienst mit Schriftlesung und -auslegung. Mit der wachsenden Bedeutung der Synagoge und der Beschäftigung mit Schrift und Schriftauslegung gewannen Schulen und die dafür qualifizierten Lehrer (wie die Schriftkundigen) seit der Makkabäerzeit (2. Jh. v.Chr.) zunehmend an Bedeutung.
Mit dem Eindringen der griech. Sprache in die jüd.-palästinische Welt wuchs auch der Einfluß der griech. Kultur, Rhetorik und Philosophie, was für die frühchristl. Mission außerhalb Palästinas zentrale Bedeutung hatte.
3. In erstaunlich wenigen Belegen wird in den Evv von der Lehre *(didaché)* Jesu gesprochen: Die fünf Vor-

kommen bei Mk schmelzen bei Mt auf drei und bei Lk auf eines zusammen (Mk 1,22 parr); auch im JohEv finden sich nur drei Belege.
In der Apg kommt die Verbindung „Lehre der Apostel" hinzu (Apg 2,42; 5,28). In den Briefen des Pls und seiner Nachfolger wird in unterschiedlicher Deutlichkeit die christl. Botschaft, das Ev, als Lehre bezeichnet (Röm 16,17; Tit 1,9; Hebr 6,2).
Häufiger findet sich das Verbum „lehren" *(didáskō)*, in den Evv meistens bezogen auf Jesus. Es kann sowohl konkrete Verkündigungssituationen einleiten (Mt 5,2: die Bergpredigt; Mk 4,1f: die Gleichnisse von der Gottesherrschaft) als auch ohne inhaltliche Entfaltung Jesu Tun kennzeichnen (z.B. Mt 11,1; Mk 6,6; Lk 4,15). Die Besonderheit des Lehrens Jesu kann u.a. darin festgemacht werden, daß es Betroffenheit hervorruft (Mt 7,28; Mk 11,18) und daß es, im Unterschied zu den Schriftkundigen, „in Vollmacht" geschieht (Mt 7,29; Mk 1,22). Dazu paßt die Bezeichnung Jesu als Lehrer *(didáskalos)*, und zwar zumeist (bei Mk in zehn von zwölf Fällen) in der von Anhängern wie von Kritikern gebrauchten Anredeform.
Während das andere griech. Wort für Lehre *(didaskalía)* in den Evv für die Botschaft Jesu nicht belegt ist, findet es sich in der Briefliteratur (vgl. Röm 15,4), besonders häufig (15mal) in den Past.
In den dtpln Past ist die Entwicklung zu einem zunehmend statischen Gebrauch des Worts „Lehre" erkennbar in der Wortverbindung „gesunde Lehre" (1 Tim 1,10; 2 Tim 4,3; Tit 1,9); diese „gesunde Lehre" entspricht im Verständnis der Past dem pln Ev, Ab-

weichung davon ist Abfall vom Glauben. Dazu paßt als eine weitere Besonderheit der Past die im NT nur hier begegnende Verwendung des Begriffs *parathḗkē* zur Bezeichnung des „Glaubensgutes", das dem Apostelschüler und -nachfolger zur Bewahrung übergeben ist (1 Tim 6,20; 2 Tim 1,12.14). Bei der Bezeichnung „Lehrer" ist eine ähnliche Entwicklung festzustellen. Bei Pls bilden die Lehrer zusammen mit Aposteln und Propheten eine Trias, die mit anderen Charismen für den „Leib Christi", d.h. die Gemeinde, wirksam sind (1 Kor 12,28–30); die Grenze zwischen den bezeichneten Personen ist hier ebenso fließend wie bei der Bezeichnung der antiochenischen Missionare als „Propheten und Lehrer" (Apg 13,1–3). Die Selbstvorstellung des (Pseudo-)Pls als „Lehrer (der Heiden)" in den Past (1 Tim 2,7; 2 Tim 1,11) soll den exklusiven Anspruch des im Auftrag des Apostels wirkenden Gemeindeleiters unterstreichen (vgl. 1 Tim 4,11; 6,2; Tit 2,1–15).

Nur Lk (Lk 1,4; Apg 18,25; 21,21.24) und Pls (Röm 2,18; 1 Kor 14,19; Gal 6,6) kennen für die Tätigkeit des Unterweisens das Verbum *katēchéō*.

Mit dem Hinweis, daß er der Gemeinde von Korinth das überliefert *(paradídōmi)*, was auch er empfangen hat *(paralambánō)* (1 Kor 11,23; 15,3), ordnet Pls sich und sein Ev in die ihm vorgegebene Glaubenstradition ein und betont deren verpflichtenden Charakter. Da er die vorgegebene Tradition aber auch als Bestandteil seines Ev verkündet und dadurch modifiziert, macht er deutlich, daß „Überlieferung" (im aktiven Sinn) nicht bloßes Bewahren und Weitergeben sein kann, sondern als auf die Gemeinde und die

Zeit bezogene aktualisierende Verkündigung zu verstehen ist (vgl. den im Grundsatz gleichen Anspruch in Lk 1,2). Das Substantiv *parádosis* kann (seltener) für christl. Überlieferungen stehen (1 Kor 11,2; 2 Thess 2,15; 3,6) wie für die jüd. Glaubenstradition (Mk 7,3.5; Gal 1,14), wobei letztere auch abwertend als „Überlieferung der Menschen" bzw. „eure Überlieferung" bezeichnet wird (Mk 7,8f).

4. In nachntl Zeit hat sich die im NT sich schon anbahnende Entwicklung verfestigt: Die Lehre erscheint bevorzugt als in sich geschlossene Ansammlung von Glaubenswahrheiten, die es zu halten, zu bewahren und zu verteidigen gilt; und der Lehrer ist der in eine feste Amtsstruktur eingebundene, offiziell bestellte Verwalter der Offenbarung. Die im NT noch erkennbaren Aspekte eines dynamischen Geschehens, das sich am Wohl der Kirche und an den Bedingungen der Zeit orientiert, scheinen weitgehend vergessen.

Lit.: H. v. Lips, Glaube – Gemeinde – Amt (FRLANT 122), 1979; R. Riesner, Jesus als Lehrer (WUNT 2/7), [3]1988; E. Schlarb, Die gesunde Lehre (MThSt 28), 1990; H. Schürmann, „… und Lehrer", in: Orientierung am NT, 1978, 116–156; A.F. Zimmermann, Die urchristl. Lehrer (WUNT 2/12), [2]1987.

Lorenz Oberlinner

LEIB, Körper, Glied

→ Begierde; Fleisch; Geist; Seele

1. Eine Zeit, die zum „Körperkult" neigt, wirft dem Christentum gern „Leibfeindlichkeit" vor. Wie denkt die Bibel?
2. Adam, der Mensch, stammt von der *'ᵃdāmāh*, der Erde; zugleich aber

ist er ein von Gottes Lebensatem beseeltes Wesen (Gen 2,7); er ist also mit seinem Körper und dessen Gliedern *(sõma, mélē)* dem Irdischen verhaftet, während sein Geist und seine Seele Hinweise sind auf seine göttliche Herkunft. Das alles zusammen aber macht den Leib des Menschen aus, seine Person in ihrer Ganzheit (hebr. *gûp, gûpāh*) und Gottebenbildlichkeit (Gen 1,27: als Mann und Frau). Eine Aufteilung des Menschen in Leib – Geist – Seele kennen weder AT noch NT. (1 Thess 5,23, die einzige Stelle, an der eine solche Dreiteilung begegnet, ist eine Aufzählung von Aspekten und darf keinesfalls als Grundlage der bibl. Sicht vom Menschen genommen werden.) Da der Mensch aber sterblich ist, bedrängt ihn die Frage, was mit ihm nach dem Tod geschieht. Antwort: Der Körper kehrt zurück zur Erde, aus der er stammt (vgl. Gen 3,19; Ps 90,3 u.ö.); der Leib aber, von Gott gebildet (Gen 2,21f; Ps 139,13ff), fällt der Verwesung nicht anheim; das Personale am Menschen wird durch den Tod nicht ausgelöscht. Was dem Glaubenden diese Gewißheit gibt, ist „der Gott, der Himmel und Erde gemacht hat" (vgl. Ps 146,4.6.10). Diesem Gott liefert sich der gläubige Israelit im Sterben aus (vgl. Jes 25,8; Ez 37). Erst spät wird darüber weiterreflektiert, so daß es zur Ausprägung einer Hoffnung auf Auferstehung des Leibes kommt (Dan 12,1–3; 2 Makk 7). Unter dem Einfluß v.a. hellenistischen Denkens entwickelt sich in dieser Zeit auch eine stärkere Trennung von Leib/Körper und Geist/Seele (Weish 9,15; vgl. Ijob 14,22). Die ursprüngliche Hochschätzung der „leiblichen" Wirk-

lichkeit menschlichen Daseins (vgl. die positive Rolle von Glück, Gesundheit, Vermögen, Kinderreichtum, langem Leben, Verbundenheit von Familie, Sippe und Volk usw.) schlägt teilweise um in Weltverneinung; der Leib, der jetzt wie der Körper der Welt der Vergänglichkeit zugerechnet wird, gilt geradezu als Gefängnis der Seele. Ihm zu entkommen, wird das Ziel; Askese ein Weg, es zu erreichen. Zwischentestamentliches Judentum, Qumran und Philo und später die Gnosis liefern dafür reichlich Beispiele.

3. Kein Wunder, daß sich im NT alle diese Denkweisen wiederfinden. Zum einen ist Leib/Leibhaftigkeit auch im NT Ausdruck für die Ganzheit des Menschen als personales Ich. Der Leib ist mehr als nur Körper und mehr als die Summe seiner Glieder (vgl. Mt 5,29f; 6,22f; Röm 6,12ff); auch ist kein Unterschied zwischen dem lebendigen Leib und dem toten (vgl. Mt 27,58f; Mk 14,8; 15,43.45 u.ö.); selbst noch der Leichnam ist Leib, so daß er zum Leben erweckt werden kann (vgl. Mt 27,52; Joh 2,21; Apg 9,40). Zum andern begegnet uns im NT die für die hellenistische Zeit charakteristische negative Bewertung von Leib und Körper als Ort der Wirkmacht der Sünde und des Todes, aus dem der Geist und die Seele des Menschen gerettet werden müssen (vgl. 1 Kor 5,5; 2 Kor 5,1ff; 2 Petr 1,13f). Die Welt des Fleisches ist die Welt der todbringenden Begierden, die die Seele gefährden (1 Petr 2,11; 2 Petr 2,18); daher die Sehnsucht nach dem Tod und dem Bei-Christus-Sein (vgl. Phil 1,23). Die Evv folgen weithin der ganzheitlichen Linie: Der Leib steht für das Ich, die Person (Mt 5,29f; 6,22f.25;

26,12) und vertritt bisweilen nur ein Personalpronomen (ich, ihr usw.; vgl. Lk 1,41.44; 11,27 u.ö.); der Leib kann zwar getötet werden, aber damit wird die Person nicht ausgelöscht (vgl. Mt 10,28; Lk 12,4). Die Zerlegung Leib/ Seele will in solchen Texten so wenig trennen wie die Entgegensetzung Fleisch/ Geist (Mk 14,38): Im Blick auf die Leibwirklichkeit sind es nur jeweils Aspekte der Betrachtung.

„Mein Leib" als Deutung des Brotes beim Letzten Abendmahl (Mk 14,22 parr; 1 Kor 11,24) meint nach dem Gesagten: das Ich, die Person Jesu, die zwar in den Tod geht, der aber der Tod nichts anhaben kann (Mk 14,25 parr) und die die Verwesung nicht schaut (Apg 2,24ff).

Jesu Leiblichkeit wird normalerweise vorausgesetzt (Phil 2,7; Röm 8,3; Kol 1,22 u.ö.), muß aber bisweilen – v.a. in ntl Spätschriften – auch verteidigt werden. Das gilt nicht zuletzt in bezug auf Menschwerdung (Joh 1,14; 1 Joh 4,2; 2 Joh 7), Auferstehungsleiblichkeit (Lk 24,36ff) und Eucharistie (vgl. Joh 6,51c–58).

Für Pls ist der „Leib Christi" ein zentraler Gedanke: Von dieser Gabe des Herrenmahls (vgl. 1 Kor 10,16f; 11,24) kann er das Leib-Christi-Sein der Gemeinde ableiten (1 Kor 12,12ff; Röm 12,4ff), aber auch das Einswerden jedes einzelnen mit Christus; das ist wie beim Freier, der mit der Dirne ein Leib wird (1 Kor 6,16), oder wie mit Liebenden, die „ein Fleisch werden" (Mk 10,8 par), wobei Leib und Fleisch hier wie öfter bei Pls dasselbe meinen können (vgl. 1 Kor 6,16f). Durch dieses Einswerden mit Christus ist der Leib „ein Tempel Gottes" (1 Kor 3,16); darum muß der Leib, d.h. der ganze Mensch, Gott verherrlichen (1 Kor 6,19f; vgl. Röm 12,1f) im Leben wie im Tod (Phil 1,20). Neben diesen christologischen Leibaussagen finden sich bei Pls alle aus dem AT bekannten (vgl. 1 Kor 7,4), aber auch die dualistisch gefärbten der hellenistischen Zeit: Da der Leib als Körper zur „Welt des Fleisches" gehört, hat er mit all seinen Gliedern Anteil an deren Begierden (vgl. Röm 6,12; Gal 5,24), Taten (vgl. Röm 8,13), an Sünde und Tod (vgl. Röm 7,14ff); so kann Pls vom „Leib der Sünde" (Röm 6,6) und vom „Leib des Todes" (Röm 7,24) sprechen. „Fleisch" und „Geist" liegen im Leib miteinander im Streit; daher muß der Mensch dem Fleisch widerstehen und aus dem Geist leben (vgl. 1 Kor 2,14; 9,27; 2 Kor 4,7ff u.ö.); beim Gericht muß er verantworten, was er – in seinem Leib – getan hat (vgl. 2 Kor 5,10). Weil der Leib als Körper der Welt des Fleisches verhaftet ist, stöhnt er nach Erlösung (vgl. Röm 7,14–25). Christus, der Herr, wird unseren „Leib der Niedrigkeit" umgestalten, sagt Pls, „gleichförmig dem Leib seiner Herrlichkeit" (Phil 3,20f); es gibt also eine Analogie zwischen seinem und unserem Auferstehungsleib, ein „geistiger" Leib wird den „Sinnenleib" ablösen (vgl. 1 Kor 15,42ff). Das Kontinuum heißt: Leib – die unzerstörbare Personalität des Menschen. Aber der neue Aion der befreiten Existenz beginnt nicht erst mit dem Tod des Menschen, sondern schon jetzt mit der Taufe: Für die Glaubenden und Getauften wird „der Leib der Sünde aufgehoben", der „alte Mensch wird mitgekreuzigt", und ein neuer darf aufstehen „in Neuheit des Lebens" (Röm 6,1ff). Darum gilt es, den Leib zu heiligen (vgl. 1 Kor 6,13) und Gott mit dem ganzen Leib, der ganzen Person, zu dienen (vgl. Röm 12,1f).

4. Leibfeindlichkeit ist also in der Bibel nicht begründet. Im Gegenteil: Der Leib konstituiert die Person, das Unzerstörbare am Menschen. Nur sofern der Leib als Körper mit all seinen Gliedern – und keineswegs nur mit den geschlechtlich bestimmten – den Begierden des Fleisches und Strebungen der Sünde ausgesetzt ist, ist das Heil des Menschen in Gefahr. Körperkult aber reduziert den Menschen auf das Vergänglichste.

Lit.: E. Brandenburger, Fleisch und Geist, 1968; E. Käsemann, Leib und Leib Christi, 1933; H.W. Wolff, Anthropologie des AT (KT 91), [6]1994.

Josef Hainz

LEID, Unglück, Not, Passion

→ Auslieferung; Lästerung; Nachfolge; Ostern

1. Das Hebr. kennt nicht den umfassenden Begriff Leid, sondern verwendet konkretere Ausdrücke. Sprachlich ist daher der Leid-Begriff vom Griech. geprägt.

Das Griech. hat für den weiten Begriffsinhalt von „Leid" das äquivalente Wort *páthos*, das im Deutschen als das Adjektiv „pathologisch" sich eingebürgert hat. Allerdings engt „pathologisch" den Leidensbegriff auf krankhafte Phänomene ein, die insbesondere psychischer Art sind. *páthos*, *páthēma*, *páschō* hingegen haben noch einen weiteren Bedeutungsumfang als deutsch „Leid". Auch das passive Auf-nehmen von Erfahrungen bei einer Handlung ist Leid. Pls fragt die Galater: „So Großes erfuhrt (erlittet) ihr vergeblich?" (Gal 3,4). Präziser als das Deutsche bezeichnet das Griech. den passiven Anteil an einer religiösen Erfahrung als „Erleiden". Daß der Empfang des Geistes Gal 3,4 ein mystisches Erleiden ist, muß im Deutschen nachträglich herausgearbeitet werden. In der speziellen Bedeutung „Leid Jesu Christi und der Christen" deckt sich dann aber *páthēma* mit dem deutschen „Leid".

2. Auf den Gehalt von Leid wirken das Lebensschicksal Jesu, das AT und der Hellenismus ein. Wie das AT den leidenden Gerechten und verfolgten Propheten kennt, so hat der Hellenismus seit dem gewaltsamen Tod des Sokrates (399 v.Chr.) die Tradition vom leidenden und hingerichteten Philosophen.

3. In den syn Evv bereitet Jesus seine Passion durch Leidensankündigungen vor. Mk setzt drei Leidensankündigungen in die Mitte seines Ev, und zwar nach dem Messiasbekenntnis des Petrus und nach der Verklärung (Mk 8,31 parr; 9,30–32 parr; 10,32–34 parr). Die einzelnen Stadien der Passion werden prophetisch vorausgesagt (Auslieferung an das Synhedrion, Verurteilung zum Tod, Übergabe an die heidnische Autorität, Mißhandlung, Hinrichtung und Auferstehung nach drei Tagen). Die Korrespondenz zwischen prophetischem Orakel und vollständiger Erfüllung in der Passion ist offenkundig vom Evangelisten hergestellt worden. Der Leser soll nachvollziehen, daß Jesus sein Leid vorausgewußt und dem göttlichen Willen unterstellt hat (Mk 14,36). Das „muß" in den Leidensankündigungen zeigt den apokalyptischen Weltenplan Gottes an, den Jesus offenbart und gleichzeitig vollzieht, und zwar „als Lösegeld anstelle vieler" (Mk 10,45) und „ausgegossen für viele" (Mk 14,24). Mit seinem Leid läßt sich Jesus aufgrund seiner Beauftragung (Mk 1,12 u.ö.) in die ungerechten Verhältnisse dieses Kosmos verstricken, übernimmt stellvertretend für andere die Erfüllung von Gottes Willen und eröffnet so für alle (der Hebräer spricht konkret von „vielen") durch sein Leiden den Weg, wieder nach Gottes Willen zu leben. Mk und die Passionstraditionen greifen auf das atl Modell des leidenden Gerechten zurück (Jes 53; Weis 2,12–20; 5,1–7). Als leidender, eschatologischer Messias und Menschensohn trägt Jesus endgültig die Leiden dieser Welt und nimmt dadurch den Gewaltstrukturen der Welt ihre versklavende Macht (Mk 10,45). Diese mk Soteriologie ist beim vorösterlichen Jesus noch nicht explizit entwickelt, wohl aber implizit vorbereitet. Daher hat der vorösterliche Jesus keine expliziten Leiden prophezeit, die eine Todesgewißheit anzeigen würden. Wohl aber hat Jesus eine Todesbereitschaft entwickelt, weil er mit den jüd. Autoritäten einen Konflikt eingegangen ist um den wahren Sinn des Gottes- und Gesetzesglaubens. So prophezeit Jesus in seinem Abschiedsmahl das Weiterbestehen des Freudenbechers, der die in ihm angebrochene Gottesherrschaft auch für die Zeit nach seinem Leiden und Tod symbolisiert (Mk 14,25). Nach Ostern erkennen die Anhänger Jesu den erlösenden Sinn seines Leidens und ordnen sich in sein Leiden ein. Die in Je-

sus angebrochene Gottesherrschaft ist noch nicht vollendet. Die Widerstände gegen den auferstandenen Jesus Christus setzen sich in der Verfolgung seiner Gemeinde fort. So kann die Gemeinde ihr Leiden als Fortsetzung der vorösterlichen Leidensgemeinschaft mit Jesus und als Teilhabe am Erlösungsleiden des gekreuzigten und auferstandenen Christus begreifen. Es heißt nach Pls im ältesten Brief: „Denn ihr, Nachahmer wurdet ihr, Brüder, der Gemeinde Gottes, die sind in der Judaia in Christos Jesus, weil dasselbe littet auch ihr von den eigenen Stammesgenossen gleichwie auch sie selbst von den Judaiern, die auch den Herrn töteten, Jesus" (1 Thess 2,14f). In der Leidensnachfolge können zwar die Jünger versagen; sie fliehen alle bei der Gefangennahme Jesu (Mk 14,43–50 par). Doch der hl. Geist, den ihnen der Auferstandene sendet, wird sie zur Umkehr bewegen und ihnen Ausdauer im Leiden verleihen (Mk 13,9–13).
Die Verbindung vom Leiden Jesu Christi zum Leiden der Christen stellt in umfassender Weise 1 Petr her: „Denn dazu wurdet ihr gerufen, weil auch Christos litt für euch, auch zurücklassend ein Beispiel, damit ihr nachfolgt seinen Spuren" (1 Petr 2,21). Diese Aufforderung ist an Sklaven gerichtet und steht innerhalb einer „Haustafel"-Ethik. Das Leiden des Christen bezieht sich nicht mehr auf die Glaubensverfolgung, sondern auf die Unbill eines speziellen Standes. Diese Erweiterung paßt sich zwar dem statischen antiken Gesellschaftsdenken an, trägt aber der gesellschaftsverändernden Dynamik der Königsherrschaft-Gottes-Verkündigung Jesu und der pln

Christologie (Phlm 8–20) zu wenig Rechnung.

4. Jesu Verkündigung der Gottesherrschaft und der Glaube an den Auferstandenen predigen nicht das Leiden, sondern das Gegenteil, die Freude, die Befreiung und die Frohbotschaft (Ev). Allerdings bleibt das Leiden ein Element des apokalyptischen Unheilszustands der Welt, weil diese sich gegen den Heilszuspruch Jesu und die Wiederherstellung der wahren Gottesbeziehung nach Gottes Willen in seinem Leiden wehrt, die Verkünder verfolgt und ungerechte Verhältnisse stabilisiert (Röm 10,14–21).

Lit.: D. Dormeyer, Der Sinn des Leidens Jesu (SBS 96), 1979; L. Ruppert, Jesus als der leidende Gerechte? (SBS 59), 1972; O.H. Steck, Israel und das gewaltsame Geschick der Propheten (WMANT 23), 1967.

Detlev Dormeyer

LICHT, Leuchte

→ Christus; Finsternis; Glaube; Schüler

1. Als „augen-fälliges" Grundelement der Natur, des Lebens, der menschlichen Erfahrung, wird das Licht (hebr. 'ôr, griech. phôs) zum Inbegriff der Wahrnehmung: Es öffnet uns die Welt, macht sicht- und offenbar, schafft weiten Raum und überdies Wärme. Mit diesem Wesen und Wirken ist es nicht nur ein visuelles, sinnliches und natürliches, sondern zugleich ein ganzheitliches, „übersinnliches" Phänomen, Inbegriff des Erhabenen, Erfreulichen, Heilsamen.
Die skizzierte Erfahrungsqualität schlägt sich im Sprachgebrauch nieder. Das Wort Licht ist ein „Gemeinplatz" im

besten Sinn. Es hat in den Wissenschaften ebenso einen Stammplatz wie in der Alltags- und Kindersprache. Es dient als Bild-Wort zur Veranschaulichung unsichtbarer Sachverhalte und daher als „Orientierungsmetapher", als „universales Darstellungsmedium" (so Bremer im Titel).

2. An diesen Erfahrungs- und Sprachcharakter des Lichts knüpft die Bibel an. Ein „entmythologisierender" Zug liegt darin, daß es nirgends vergöttlicht wird. Wohl steht es als erstes Geschaffenes (Gen 1,3) und Gegenpol der (ungeschaffenen) Finsternis dem Schöpfergott besonders nahe, ist aber als Geschöpf von ihm abgesetzt. Von da aus kann es illustrieren und qualifizieren, was der glaubende Israelit als elementar, wegweisend und heilsam erkennt: sei es das kostbare Gut des menschlichen Lebens (vgl. z.B. Ijob 33,30; Ps 56,14), das weisende Wort des Gesetzes (der Tora) (z.B. Ps 119,105; Weish 18,4), die Weisheit (vgl. Weish 7,22–8,1, v.a. VV 26.29f) oder die gläubig erhoffte künftig-endgültige Weltordnung (Jes 9,1; 60,1–3.19f). Auch eine Person, die zum „Hoffnungsträger" wird, zieht die Lichtprädikation an, so v.a. die geheimnisvolle Gestalt des Gottesknechts (Jes 42,6; 49,6). Das Licht wird sozusagen zum Gütesiegel und Aushängeschild dessen, was der Glaubende als Heilsgut erfährt. In diesem Sinn wird es auch metaphorisch auf Gott bezogen, von dem alles Gute ausgeht (vgl. Ps 36,10), und vertritt zudem einen ethischen Wert: Da es die dunklen Machenschaften aufdeckt, wirkt es entlarvend und richtend und zieht die Feindschaft der Übeltäter auf sich (Ijob 24,13–17; Jes 29,15).

Im Judentum der Zeitenwende steht dem Licht auffällig oft und scharf die Finsternis als Negativpol gegenüber, und es geht vornehmlich um Fragen der praktischen, sittlichen Lebensführung („ethischer Dualismus", v.a. in den Qumrantexten; vgl. 1 QS 1,9b–11). Im hellenistischen Judentum (Philo) überschneiden sich jüd. und griech. Kulturkreis. So diffus das Bild der hellenistischen Religiosität und speziell der um sich greifenden Gnosis sich darbietet, das Motiv des Lichts begegnet darin allenthalben; es wird zu einer Grundformel des Göttlichen, das zur materiellen Erfahrungswelt in scharfem Gegensatz steht.

3. Im NT richtet sich die Lebenserwartung und Heilshoffnung auf die Person Jesu Christi, in dem Gott auf nie dagewesene Art offenbar und wahrnehmbar geworden ist. Um dies zu erklären, bedienen sich die ntl Autoren u.a. des Licht-Bildes, wobei die joh Schriften herausragen.

In der syn Tradition spielt das Licht nur eine geringe Rolle. Die profilierte Metapher Mt 5,14a („Ihr seid das Licht der Welt") beschreibt den anspruchsvollen „Beruf" der Jünger in der Welt, was mit dem Bildwort vom Leuchter *(lýchnos)* weiter erläutert wird (VV 15f; vgl. Mk 4,21 par; außerdem Lk 11,33). Zuvor, in 4,16, erschließt aber bereits ein Erfüllungszitat aus Jes 9,1 den Auftritt Jesu in seiner Bedeutung: „Das Volk, das in Finsternis sitzende, sah ein großes Licht ...". Auch von den lk Stellen ist die erste (2,32) ein freies Jes-Zitat (Jes 49,6; 42,6), und zwar innerhalb des kurzen Hymnus, mit dem der greise Symeon das Kind Jesus als „ein Licht zur Offenbarung für Völker" preist. Mit dieser Übertragung atl, messianisch klingender Lichtprädikationen auf Jesus schaffen Mt und Lk ansatzweise eine christologische Lichtmetaphorik.

Im Corpus Paulinum erscheint die Lichtmetaphorik ausgiebiger als bei den Syn. In Stellen wie 1 Thess 5,5 und Röm 13,12 kennzeichnet das Licht den Zustand der Glaubenden nach der Bekehrung als neuen, schon endzeitlich bestimmten Status, woraus sich die Mahnung ergibt, „standesgemäß" zu leben. In demselben Zusammenhang einer eschatologisch begründeten Paränese steht in den Dtpln Eph 5,8–14. Die Bekehrung zum Glauben kommt einem Wechsel von der Finsternis zum Licht gleich, der sich in der ethischen Verantwortung und Bewährung des Christen auswirkt (vgl. auch Apg 26,18; 1 Petr 2,9).

Im JohEv steht die Lichtmetaphorik ganz im Dienst der Christologie. Das Licht ist das erste jener Ursymbole aus der empirischen Lebenswelt, mit denen der Evangelist das „Wesen" Jesu veranschaulicht, es zugänglich und schmackhaft macht (vgl. Weg, Brot). Jesus „deckt ab" und löst ein, was sich für den Menschen mit dem Licht verbindet. Die Allerweltswörter „Leben" und „Licht" in 1,4f eröffnen dem Leser zunächst einen „Tummelplatz der Assoziationen", und der Doppelsatz V 5: „Das Licht scheint in der Finsternis, aber die Finsternis hat es nicht ergriffen", enthält die Gesamtbotschaft des Ev in einer metaphorisch verschleierten und poetisch verdichteten Zusammenfassung. Die folgenden VV 6–9 bestimmen die Rolle Johannes' d.T. als die des Zeugen für das Licht, was auf eine Konkurrenz zwischen Jesus- und Täuferkreisen schließen läßt. Die schwierige Stelle 3,19–21 kreist um die schockierende Erfahrung, daß Jesus von der Mehrheit seines Volkes abgelehnt wurde. Diese Reaktion ist so widersinnig, wie die Finsternis dem Licht vorzuziehen. Wer sich so verhält, dem wird das Licht zum Gericht.

Das Ich-bin-Wort 8,12 ist die Zentralstelle der joh Lichtmetaphorik und ein Brennpunkt des Ev. Das Licht wird quasi zu einem Hoheitstitel, der über den jüd. Raum hinaus verständlich ist. Die Formulierung („Licht der Welt", „Licht des Lebens") bringt auf einen allgemeinen Nenner, wer Jesus ist und was er tut; sie weist auf den „numinosen", göttlichen Überschuß seiner Person.

Die weiteren Licht-(Finsternis-)Stellen knüpfen alle an 8,12 an und variieren das Ich-bin-Wort. Dabei tritt in 9,4f; 10,9f und 12,35f der Zeitaspekt besonders hervor, der durch sprichwörtliche Alltagserfahrungen veranschaulicht wird: Wie die Arbeits- und Gehzeit eines Tages durch den Einbruch der Dunkelheit befristet wird, so hat auch die Begegnung mit Jesus ihren befristeten *kairós*, der zu entsprechenden Schritten mahnt (vgl. die paränetischen Imperative „Wandelt!" und „Glaubt!" in 12,35f).

Bedingt durch eine veränderte Situation des joh Kreises, hat die Lichtmetaphorik im 1 Joh einen anderen Skopus als im Ev. Da es der Autor mit Gegnern zu tun hat, die die Göttlichkeit Christi (bis zur Mißachtung seines Menschseins) favorisieren, erübrigt es sich, sie eigens mittels der Lichtmetapher zu erschließen. Vielmehr soll der unterentwickelte Sinn für die Erfordernisse des realen Zusammenlebens in der Gemeinde geweckt werden. In diese Richtung setzt der Briefautor nunmehr das Darstellungsmedium Licht (und Finsternis) ein, indem er in 1,5 von der unbestreitbaren theologischen Lichtmetaphorik ausgeht (vgl. auch 1 Tim 6,16; Jak 1,17) und sie im folgenden (1 Joh 1,6f; 2,7–11) ekklesial und ethisch auswertet. Die Gemeinschaft der Glaubenden untereinander entspricht als „Wandel im Licht" dem Wesen Gottes; ihr Fehlen zeigt an, daß auch die Gemeinschaft mit Gott nicht besteht. Diese sozial-ethische Ausrichtung führt den Autor dazu, die Lichtmetaphorik mit dem Postulat („Gebot") der Liebe zu verklammern und das Licht als Bruderliebe, die Finsternis als „Haß" (der schon bei der kalten Gleichgültigkeit gegenüber den Bedürfnissen des Glaubensgenossen beginnt) auszulegen.

In der Schlußvision der Offb vom neuen Jerusalem erscheinen die theologische Lichtmetaphorik der JohBr und die christologische des JohEv in Kombination. Die Stadt braucht weder das Licht eines Leuchters noch das von Sonne und Mond; „denn die Herrlichkeit Gottes erleuchtete sie, und ihre Leuchte ist das Lamm" (21,23; 22,5). Der spannungsvolle Wechsel von Tag und Nacht, von Licht und Finsternis wird aufgehoben und die atl Verheißung von Jes 60,19f oder Sach 14,7 eingelöst.

4. Auf der Grundlage des Sehsinns ist das Licht in der Bibel, verstärkt durch den Kontrast zur Finsternis, das führende, „einleuchtende" Element, das den Einbruch der himmlisch-oberen Welt in die irdisch-hiesige anzeigt (vgl. außer den genannten Stellen etwa Mt 17,2; Apg 9,3; 22,6.9.11; 26,13;

12,7). Die joh Schriften entfalten die zahlreichen Vorgaben zu einem regelrechten Konzept (einer semantischen Achse). Damit vollbringt Joh eine sprachliche und kerygmatische Leistung, die beispielgebend ist für theologische Arbeit. Mit dem Darstellungsmittel Licht schafft er nicht nur einen Anschluß zwischen christl. Verkündigung und allgemein-menschlicher Erfahrung bzw. Sprache, sondern schlägt auch eine Brücke zwischen dem eigenen gläubigen Weltverständnis und demjenigen benachbarter Religionen, in denen das Licht eine Leitvorstellung war. Die Christusbotschaft wird in neue Horizonte umgesetzt.

Lit.: S. Aalen, Die Begriffe „Licht" und „Finsternis" im AT, im Spätjudentum und im Rabbinismus (ANVAO.HF 2), 1951; D. Bremer, Licht als universales Darstellungsmedium, ABG 18 (1974) 185–206. 19 (1975) 89f; Y. Ibuki, Das Licht der Welt, Bulletin of Seikei University 16 (1979) 1–46; H.H. Malmede, Die Lichtsymbolik im NT (StOR 15), 1986; O. Schwankl, Die Metaphorik von Licht und Finsternis im joh Schrifttum, in: K. Kertelge (Hg.), Metaphorik und Mythos im NT (QD 126), 1990, 135–167; ders., Licht und Finsternis (Herders Bibl. Studien 5), 1995.

Otto Schwankl

LIEBE

→ Feind; Haß; Nächster

1. Liebe ist Ausdruck einer personalen Beziehung, bezieht sich aber auch im übertragenen Sinn auf Gegenstände, Werte oder Handlungen (z.B. Hos 2,14; Spr 21,17: Wein; Ps 45,8: Gerechtigkeit).

2. Im AT ist v.a. von der Liebe '*ah*ᵃ*bāh*) zwischen Mann und Frau die Rede (Gen 24,67; Hld). Liebe heißt auch die Beziehung des Vaters zu seinen Kindern (Gen 22,2; 44,20), die Freundschaft zwischen Männern (2 Sam 1,26) und Frauen (Rut 4,15). Gegenüber dem Volksgenossen (Lev 19,18) und dem Fremden in Israel (19,34) gilt das Gebot der Nächstenliebe. Weil nur der seinen Nächsten lieben kann, der sich selbst mit seinen Fehlern und Schwächen bejaht, setzt die Nächstenliebe die Selbstliebe voraus. Die Propheten vergleichen Gottes Liebe zu Israel mit der ehelichen Liebe (Hos 14,5) oder mit der Vaterliebe (Hos 11,1–4). Das AT spricht von der Liebe Gottes zum einzelnen – anders als zu bestimmten Gruppen (Spr 15,9; Sir 4,10: die Gerechten oder Spr 12,11 LXX: die Herzensreinen) – nur selten (Jer 16,19; 17,17); die Psalmen setzen sie jedoch wiederholt voraus (Pss 40.42.43). Von ganz Israel ist die Liebe zu Gott im Dekalog (Dtn 6,5) und in der Paränese (Dtn 10,12) im Zusammenhang mit der Bundesvorstellung gefordert.

In den frühjüd. TestXII wird die Nächstenliebe zum unumstößlichen Verhaltenskodex in Israel für alle Zeiten. Der einzige Grund für die Nächstenliebe ist, daß Gott sie fordert. Indem der Verfasser die Liebe Josephs dem Haß seiner Brüder gegenüberstellt, betont er deren uneingeschränkte Geltung. Eine ähnlich intensive Entfaltung des Themas gibt es im Judentum nur noch in JosAs. In Qumran wird Gottes Liebe zu seiner Gemeinde mit der Liebe zu den Ahnvätern begründet (CD 8,15f). Diese Liebe fordert die Gegenliebe der Gemeindeangehörigen heraus (1 QH 14,26). Wie die Liebe Gottes beschränkt die Gemeinde auch die Nächstenliebe auf ihre Mitglieder (1 QS 1,9).

3. Im NT zählt die Liebe *(agápē)* zu den theologischen Grundbegriffen. Für Jesus schließt das Gebot der Nächstenliebe den Feind ein (Mt 5,43–48). Wer den Feind liebt, ahmt die Barmherzigkeit Gottes nach (Lk 6,36). Die grenzenlose, ungeschuldete Liebe des himmlischen Vaters zu Gerechten und Ungerechten (Mt 5,45) ist der Grund für diese Radikalisierung atl und frühjüd. Ethik. Das Doppelgebot der Gottes- und Nächstenliebe, das Dtn 6,5 mit Lev 19,18 verbindet (Mk 12,28–34 parr), ist ein Charakteristikum der Botschaft Jesu sowohl im Hinblick auf seine theozentrische als auch auf seine ethische Verkündigung und geht seinem Sinn nach auf Jesus zurück. Es hebt das atl Gesetz nicht auf, wird aber zur Seele und damit zum Maßstab allen Tuns. Der Vorrang der Gottesliebe vor der Nächstenliebe (Lk 12,42) entspricht der zuvorkommenden Liebe Gottes, die sich in der Botschaft Jesu von der Herrschaft Gottes offenbart, die beides erst ermöglicht. Gottes Beziehung zu Jesus kommt durch die Anrede „geliebter Sohn" (Mk 1,11 u.ö.) zum Ausdruck.

Pls versteht die Liebe als eine dem Christen/der Christin vom Geist in der Taufe geschenkte Verhaltensweise (1 Thess 1,3–5; Röm 5,11). Gottes Liebe in Christus vermag keine Macht daran zu hindern, treu zu den Seinen zu stehen (Röm 8,38f). Denn sie ist voraussetzungslos. Christus ist nämlich für uns gestorben, als wir noch schwach und gottlos, Sünder und Feinde Gottes (Röm 5,6–10) waren. Gottes Liebe, die sich eschatologisch in der Totalhingabe des Gekreuzigten verwirklicht (Röm 8,34f; 2 Kor 5,14), bestimmt die Beziehung des Apostels zu seinen Gemeinden, aber auch die Annahme des Ev durch die Glaubenden. Neben dem Glauben ist die Liebe Ausdruck der Gottesbeziehung (1 Kor 2,9; 8,3). In der Nächstenliebe schließt sich der Christ/die Christin der Liebe Gottes zum Menschen an, die ihren tiefsten Ausdruck im Kreuzestod Jesu findet (1 Kor 8,11). Innergemeindlich vollzieht sie sich in der geschwisterlichen Liebe (1 Thess 4,9); sie gilt aber auch den Nichtchristen/Nichtchristinnen, selbst jenen, die die Gemeinde verfolgen (Röm 12,14–21). Echte Nächstenliebe ist „Frucht des Geistes" (Gal 5,22) und hat im Sklavendienst Jesu Christi (Phil 2,1–11) ihr Vorbild. In der Liebe wird der Glaube wirksam (Gal 5,6); in ihr erfüllt der Christ das Gesetz (Röm 13,8–10). Die Liebe bestimmt zwar zusammen mit dem Glauben und der Hoffnung die christl. Existenz auf Erden, hat aber allein eine Zukunft in der Ewigkeit (1 Kor 13,8–13).

Nach Eph führt die Liebe Gottes (1,4f; 2,4f) und Jesu Christi (3,17–21) zur Berufung von Juden und Heiden in der Kirche und begründet deren Einheit. Die Nächstenliebe dient allein der Stärkung der kirchlichen Gemeinschaft (4,15f u.ö.).

1 Petr 1,8 lobt die Christen/Christinnen, daß sie Jesus lieben, obwohl sie ihn weder gesehen haben noch sehen. Wenn 1 Petr nicht von Nächstenliebe, sondern nur von gegenseitiger Liebe spricht (1,22; 2,17), klammert er die Liebe zu den Menschen außerhalb der Gemeinde nicht aus, sondern bringt

sie anders zur Sprache (z.B. 3,8f: durch den Vergeltungsverzicht).

Ausgangspunkt für die joh Reflexion über die Liebe ist die Liebesgemeinschaft zwischen Gott, dem Vater, und Jesus Christus, dem Sohn (Joh 3,35; 10,7). Jesu Liebe zum Vater besteht in der gehorsamen Erfüllung des Vaterwillens (14,31). Die Liebe des Vaters, die sich in der Hingabe des Sohnes offenbart, ist auf das Heil der Welt ausgerichtet (3,16). Jesus nimmt die Jünger durch seinen Tod, den Erweis seiner Liebe (13,1; 15,9f), in die Liebesgemeinschaft von Vater und Sohn auf und befähigt sie so zur Gottes- und Geschwisterliebe (13,34f; 15,12f), die sich im Halten der Gebote bewährt (14,15–28). Die Bruder-/Schwesterbezeichnung schränkt den Kreis der zu Liebenden nicht ein. Denn das Liebesgebot steht bei Joh im Kontext der Aussendung der Jünger in die Welt, und 1 Joh fordert als Gegenmaßnahme gegen den Bruder-/Schwesternhaß ausdrücklich den Verzicht auf Gegenhaß. Das schließt die Feindesliebe ein. Wie im JohEv ermöglicht auch in 1 Joh die Liebesgemeinschaft mit Gott und Christus die Liebe zu Gott (4,20f) und untereinander (2,10; 4,7–20). Gottes Wesen ist so sehr durch Liebe bestimmt, daß er nicht nur liebt, sondern Liebe ist (4,8.16).

Schon in seiner Briefeinleitung sichert der Seher den bedrängten Christen/Christinnen zu, daß Christus ihnen mit seiner bleibenden Liebe beisteht (Offb 1,5). Das werden auch die Leute „aus der Synagoge des Satan" erkennen (3,9). Weil die Gemeinde Gottes „geliebte Stadt" ist, kann sie darauf bauen, daß er sie gegen ihre Feinde schützt (20,9).

4. Die Liebe hat im NT durchgehend dieselbe Struktur, auch wenn das nicht in allen Schriften in gleicher Weise reflektiert ist: Sie geht stets von Gott aus, der das Heil des Menschen will. Wenigstens einschlußweise ist sie christologisch geprägt; denn Gottes Liebe zeigt sich im Heilshandeln seines Sohnes. Die Liebe Gottes in Christus wiederum befähigt den Christen zur Gottes- und Nächstenliebe und insbesondere zur innergemeindlichen Geschwisterliebe. Wer wissen will, was Liebe im tiefsten ist und worin sie sich äußert, erhält von Pls in seinem hohen Lied der Liebe eine treffende Antwort: Die Liebe ist großmütig, freundlich, eifert nicht, prahlt nicht, bläht sich nicht auf, handelt nicht unanständig, sucht das Ihre nicht, läßt sich nicht erzürnen und rechnet das Schlechte nicht an. Sie freut sich nicht über das Unrecht, sondern an der Wahrheit; sie deckt alles zu, glaubt, hofft und erträgt alles (1 Kor 13,4–8).

Lit.: J. Augenstein, Das Liebesgebot im JohEv und in den JohBr (BWANT 134), 1993; J. Kiilunen, Das Doppelgebot der Liebe in syn Sicht (AASF 250), 1989; Th. Söding, Das Liebesgebot bei Pls (NTA 26), 1995; O. Wischmeyer, Traditionsgeschichtliche Untersuchungen der pln Aussagen über die Liebe, ZNW 74 (1983) 222–236.

Heinz Giesen

LOB, Lobpreis

→ Bitte; Dank

1. Im Unterschied zu Bitte oder Dank ist das Lob als Grundform des Betens im Bewußtsein der Gemeinde und des einzelnen Christen nicht sehr präsent.

Von charismatisch ausgerichteten Lob-preis-Gemeinschaften abgesehen, wird das Lob Gottes kaum eigens zum Thema gemacht. Praktisch hat es dagegen allerorts seinen Platz: Morgens werden die „Laudes" gebetet; die Gemeinde singt mit dem „Gotteslob"; der Chorgesang als Vollzug des Lobes erfreut sich großer Beliebtheit. Vom Loben als einem wesentlichen Ausdruck der Gottesbeziehung des Menschen zeugt auch die Bibel, und zwar gleichermaßen AT und NT.

2. Im AT wird nicht zwischen Lob und Dank unterschieden. Der Lobpreis Israels ist die dankbare Antwort auf das, was Gott für sein Volk getan hat. V.a. sind es die Psalmen, die „Lobgesänge" oder „Preisungen" (M. Buber), in denen das Lob Gottes zum Thema wird, vorzugsweise im Plural des Imperativs: „Halleluja" (von *hll*) heißt „Lobet den Herrn". Unterscheiden lassen sich drei Formen: der Lobpreis Gottes um seiner selbst, seiner Majestät und Heiligkeit willen (z.B. Ps 29); der dankbar-berichtende Lobpreis des einzelnen für Gottes helfende Tat (z.B. Ps 30); die hymnische Aufzählung der rettenden Taten Gottes in der Heilsgeschichte (z.B. Pss 105.135.136). Die Schriftrolle der „Loblieder" (1 QH) zeigt die wichtige Bedeutung des Lobpreises auch für die Gemeinschaft von Qumran.

3. Ähnlich wie im Deutschen Lob, Dank, Ehre, Ruhm, Preis, Anbetung, Verherrlichung usw. oft austauschbar gebraucht werden können, kennt auch die ntl Sprache eine Vielzahl von Ausdrücken für den Lobpreis *(aínesis, eulogía* u.a.) Gottes. Das NT setzt die reiche atl-jüd. Tradition des Lobpreises fort; zentraler Anlaß zum Lob

Gottes ist nun das Christusgeschehen, auf das antwortend das Loben zu einer Grundäußerung des Glaubens wird.

Von wenigen Ausnahmen abgesehen (Mt 6,2; Lk 16,8), verstehen die Syn unter Lob immer das Rühmen Gottes durch Menschen. Zumal die heilsgeschichtliche Konzeption des lk Doppelwerks läßt eine Häufung des Lobpreis-Motivs erkennen. Von Maria (Lk 1,46ff), Zacharias (1,68ff) und Symeon (2,28ff) am Anfang bis zu den ersten Juden- und Heidenchristen (Apg 2,47; 10,46; 19,17) erschallt das Lob Gottes bzw. Jesu, des Herrn.

Mk 14,61 verwendet den Titel „Gelobter" zur Vermeidung des Gottesnamens. Daneben findet das Lob-(oder austauschbar Dank-)Motiv bei den Syn in den Speisungs- und (Abend-)Mahltraditionen seinen Ort als liturgische Benediktion.

Eher formelhafter Art sind auch bei Pls mehrere Gottes-Lobpreisungen (Röm 1,25; 9,5; 2 Kor 1,3; 11,31). Auf der anderen Seite kann Pls das Lob auch auf Menschen beziehen und im Sinn von „Anerkennung" – durch Gott oder andere Menschen – gebrauchen (Röm 2,29; 13,3; 1 Kor 4,5; 11,2 [negativ: 17.22]; 2 Kor 8,18).

Der Eph enthält zu Beginn ein feierliches Loblied auf das Gnadenhandeln Gottes in Christus (1,3–14), einen liturgischen Lobpreis (3,20f) sowie in der Paränese einen Aufruf zum Lob des Herrn (5,19f; vgl. Kol 3,16f).

Hebr 13,15 mahnt (mit Ps 50,14.23) dazu, Gott unablässig ein „Opfer des Lobes" darzubringen.

Wird der urchristl. „Sitz im Leben" des Lobpreises v.a. der gemeindliche Gottesdienst gewesen sein, so zeigen die Hymnen der Offb, daß das Lob

Gottes und des Lammes ein Erde und Himmel umspannendes, universales Geschehen ist (vgl. 5,9–14; 7,12; 19,1–17 u.ö.).

4. Die Bibel kennt – anders als profane Heldenerzählungen – nur sehr eingeschränkt ein Lob für Menschen; sie verweist stets auf Gott. Er ist es, dem bei Taten von Menschen, auch bei den Heil(ung)staten Jesu, das wahre Lob gebührt. Himmel und Erde, Engel und Menschen vereinen sich im Lobpreis, der die einzig angemessene Reaktion auf Gottes Schöpfungs- und Erlösungshandeln ist.

Lit.: O. Hofius, Gemeinschaft mit den Engeln im Gottesdienst der Kirche, ZThK 89 (1992) 172–196.

Gerhard Hotze

LOHN, Belohnung, Gewinn, Strafe

→ Gericht; Recht; Vergeltung; Werk

1. Der Begriff Lohn *(misthós)* begegnet im NT 43mal; dabei dominiert Lohn, während die Ableitungen (Entlohnung, Taglöhner u.a.) nur gelegentlich vorkommen und ihren eigentlichen Sinn erst durch den Zusammenhang bekommen. Neben der wörtlichen Bedeutung (Lohn im Gegensatz zu Strafe) hat Lohn auch theologische Relevanz; die beiden Testamente wissen von Lohn, den Gott gewährt (Lohn als himmlische Belohnung).

2. Im AT wird immer wieder zu sozialem Verhalten aufgerufen: „Wehe dem, … der seinen Nächsten ohne Entgelt arbeiten läßt und ihm seinen Lohn nicht gibt" (Jer 22,13; vgl. Dtn 24,14; dazu Gen 31,25–54: Lohnstreit zwischen Laban und Jakob). Der Lohngedanke bestimmt das sittliche Verhalten des Menschen: „Wer Gerechtigkeit sät, wird rechten Lohn empfangen" (Spr 11,21 LXX; vgl. 11,18.31). Die Vorstellung von göttlichem Lohn ist bestimmt durch das Wissen, daß Gott der Herr ist, der jenseits aller menschlichen Maßstäbe belohnt: Göttlicher Lohn ist Geschenk, auf das der Mensch keinen Anspruch hat. Mit dem Auftreten der (End-)gerichtsvorstellung in Judentum und Apokalyptik tritt ein entscheidender Wandel ein: Erst gute Werke vermitteln göttlichen Lohn, sind notwendige Vorleistung für gerechte Belohnung.

3. Im NT spricht Mt relativ oft von Lohn. Nach ihm ist der Lohngedanke fester Bestandteil der Predigt Jesu vom Himmelreich (vgl. Mt 6,1–4: rechte Frömmigkeit erhält ihren Lohn von Gott). Das Gleichnis von den Arbeitern im Weinberg (Mt 20,1–16) versucht, das Mißverständnis abzuwehren, Lohn beruhe auf dem Prinzip von Vor- und Gegenleistung. Vielmehr gilt: Bei Gott gibt es nicht die Gleichwertigkeit von Leistung und Belohnung. Unter diesem Aspekt ist auch die massive Kritik Jesu an der falschen Frömmigkeit (der Pharisäer) zu sehen: Nicht Menschen zu gefallen, sondern allein Gottes Willen zu tun, ist der Sinn wahrer Frömmigkeit (Mt 6,2.5.16).

Bei Pls tritt der Lohngedanke in den Hintergrund (er wird fünfmal erwähnt; auch Joh kennt ihn nur zweimal). Seine Rechtfertigungslehre versucht, den jüd. Vergeltungsgedanken zu überwinden: Lohn ist unverdiente Belohnung, nicht Preis für menschliche Werke. Dennoch gilt auch für Pls: Lohn gehört zum gelebten Glauben – er ist die Antwort Gottes auf das Tun der Menschen.

Noch deutlicher beantwortet Hebr diese Frage; in 10,35f wird „Entlohnung" mit „Zusage" (Verheißung) gleichgesetzt: „Werft nun nicht weg eure Zuversicht, welche hat eine große Entlohnung. Denn Geduld habt ihr nötig, damit ihr, den Willen Gottes tuend, empfangt die Zusage." Diese Zusage bewirkt die Hoffnung auf den Empfang des Lebens.

Das Substantiv Gewinn *(kérdos)* findet sich im NT nur dreimal, dagegen relativ oft das Verbum gewinnen *(kerdaínō)*. Theologische Relevanz haben v.a. zwei Mt- und zwei Pls-Texte.

Mt 16,26 („Denn was wird es nützen einem Menschen, wenn er die ganze Welt gewinnt, an seinem Leben aber bestraft wird?") warnt davor, das irdische Leben durch Selbsterhaltung (und Selbstverwirklichung) sichern zu wollen. Mt 25,14–28 spricht vom Zugewinn, der erlangt wird durch rechten Gebrauch der anvertrauten Gaben. Pls schätzt die „Erkenntnis (des) Christos Jesus" so hoch, daß er alles andere für „Dreck" hält, damit „Christos (ich) gewinne" (Phil 3,8); ererbte oder erworbene Vorzüge zählen nicht (mehr), auch wenn sie ihm einmal Gewinn waren. Jetzt – in seiner Missionssprache – kann er auch von einem neuen „gewinnen" sprechen, nun aber in der Bedeutung von „retten".

Das griech. *díkē* (und seine Derivate) kann sowohl Recht als auch Strafe und Rache bedeuten. Die LXX gebraucht es auffallend selten, ebenso das NT. Während *díkē* immer den Sinn von Strafe hat, kann der Sinn des Verbums oft nur aus dem Zusammenhang gefunden werden. Apg 7,24 legt die Bedeutung von „rächen" nahe; so auch Röm 12,19b: „Mir (die) Rache, ich werde zurückgeben, sagt der Herr." Das Zitat aus Dtn 32,35 verweist auf das alleinige Recht Gottes, Rache zu üben an den Abtrünnigen. Auch wenn vom vergeltenden Handeln Gottes die Rede ist, bietet sich die Wiedergabe mit „rächen" an (vgl. die Gerichtstexte Offb 6,10; 19,2; 2 Thess 1,8).

4. Die Wirkungsgeschichte des bibl. Lohngedankens zeigt sich im Gegenüber sehr gegensätzlicher Positionen, die v.a. in Reformation und Gegenreformation zu massiver Polemik führten. Der Streit zeigte, daß es wohl kaum möglich ist, in dieser Frage einen Konsens zu erreichen. Weil schon im NT abweichende Auffassungen sich finden, dabei aber keine extrem widersprüchlichen Meinungen vorgetragen werden, gilt es immer zu bedenken: Unterschiedliche Aspekte über die Beziehung „Gott – Mensch" erlauben auch unterschiedliche Aussagen über diese theologische Relation.

Lit.: K. Koch (Hg.), Um das Prinzip der Vergeltung in Religion und Recht des AT, 1972; O. Merk, Handeln aus Glauben (MThSt 5), 1968; E.P. Sanders, Pls und das palästinische Judentum (StUNT 17), 1985.

Alexander Sand

LÜGE, Heuchelei, Heuchler

→ Eid; Falschprophet; Wahrheit

1. Lüge, als bewußt falsche Darstellung oder als Verschweigen des wahren Sachverhalts, und Heuchelei, als Vorspiegelung anderer als der eigentlichen Gründe, werden im NT nicht nur unter der Rücksicht zwischenmenschlicher Kommunikation gesehen, sondern sind immer auch Signale für ein bestimmtes Gottesverhältnis des Menschen.

2. Während der Begriff Heuchelei im AT kaum Bedeutung erlangt, ist die mit einem Eid verbundene Lüge eines der schwersten Vergehen gegen Gott und das von ihm garantierte Recht (Ex 20,16; Dtn 5,20; Sach 5,3f; Weish 10,14). Sie ist wie falsche Prophetie, Götzendienst und alle weitere Untreue gegenüber Gottes Weisungen (Am 2,4f; Jer 13,25) Ausdruck der grundsätzlichen Lüge über das wahre Verhältnis des Menschen zu Gott (Ps 78,35–37; Hos 7,13). Aus dieser Grundlüge entspringen alle weiteren Lügen.

3. Für Pls besteht diese grundsätzliche Lüge *(pseûdos)* darin, daß Gott als Schöpfer der Welt nicht mehr erkannt und Verehrung statt dessen dem Geschaffenen erwiesen wird (Röm 1,25). Daß die Lüge Gehör findet und Wahrheit von Falschheit schwer zu scheiden ist, ist Kennzeichen der Endzeit (2 Thess 2,6–12).

Im joh Schrifttum ist alles, was dem von Jesus geoffenbarten Verhältnis Gottes zum Menschen nicht entspricht, Lüge (1 Joh 1,6.10). Auf der Seite Gottes steht für das JohEv nur, wer den Weisungen Jesu folgt (Joh 8,55; vgl. 1 Joh 2,4–6). Wer Jesu Botschaft und seine Sendung nicht gläubig annimmt, der erweist sich als Kind des eschatologischen Gegenspielers Jesu, des Teufels (Joh 8,43–47).

In der Offb ist es der Lügenprophet, der die Menschen von Gott abbringen will (Offb 16,13; 19,20; 20,10) und der wie die Lügner (Offb 21,27) der Vernichtung am Tag Gottes anheimgegeben wird.

Bei Mt wird Heuchelei *(hypókrisis)* als Vorwurf gegenüber Pharisäern und Schriftkundigen zum Thema (23,1–33), da diese das Verhältnis des Menschen zu Gott von der Erfüllung der Rechtsvorschriften her zu bestimmen versuchen. Sie übersehen dabei, daß Gott den ganzen Menschen von seiner inneren Mitte her in Anspruch nehmen will (15,7–11; 22,34–40). Jeder Mißbrauch religiöser Praxis muß dabei vermieden werden (6,2.5.16).

Wo Leben nicht dem durch Jesus ohne Vorbedingung eröffneten neuen Gottesverhältnis entspricht, spricht auch Pls von Heuchelei (Gal 2,13). Deshalb tritt er Petrus entgegen, als dieser die Gemeinschaft mit Heiden zugunsten judenchristl. Strenge aufgibt.

4. Wer sich auf Jesu Botschaft mit seiner ganzen Existenz einläßt, ist auch gerufen, diese Botschaft in Verkündigung und Leben zu bezeugen. Wo dies nicht geschieht oder Leben diesem Anspruch bewußt widerspricht, da ist Lüge und Heuchelei.

Lit.: F.L. Hossfeld/ I. Meyer, Prophet gegen Prophet (BiBe 9), 1973; A. Sand, „Falsche Zeugen" und „falsches Zeugnis", in: P.-W. Scheele/ G. Schneider (Hg.), Christuszeugnis der Kirche, 1970, 67–89; E. Schweizer, Mt und seine Gemeinde, 1974.

Armin Wouters

MACHT, Vollmacht

→ Berufung; Gott; Heil; Herr

1. Macht ist ein Grundwort der Religion. Als numinose Macht ist sie Kennzeichen des Göttlichen *(mysterium tremendum et fascinosum)*. In den monotheistischen Religionen kommt letztlich Gott allein alle Macht zu; er allein ist allmächtig. Eng verbunden mit der Frage nach der Macht Gottes ist (nicht nur) in der Bibel die Legitimation politischer bzw. staatlicher Macht. Vollmacht im theologisch-qualifizierten Verständnis der Bibel ist die von Gott einem Boten bzw. (Heils-)Mittler geschenkte Befähigung, eine ihm zugewiesene Sendung öffentlich und wirksam zu vollziehen. Vollmacht ist Teilgabe Gottes an seiner Autorität bzw. Souveränität und zielt auf die Verwirklichung und Vergegenwärtigung des Willens bzw. der Herrschaft Gottes.

Die Stichwörter Macht und Vollmacht rufen ein weitverzweigtes bibl. Wort- und Themenfeld auf, das hier nur angedeutet werden kann: die schöpferische, die rettende und richtende Macht Gottes; die kosmischen Mächte und Gewalten; die gegenwärtige bzw. endzeitliche Herrschaft Gottes; religiöse Autorität(-en); vollmächtiges Handeln im Namen Gottes; Dienste und Ämter in der Gemeinde; gesellschaftliche und politische Macht(-haber); Kirche und Staat.

Die folgenden Ausführungen stellen als leitende bibl. Konzeption die das Heil der Menschen begründende Herrschaft Gottes und ihre Einforderung bzw. Durchsetzung durch Boten und (Heils-)Mittler in den Mittelpunkt.

2. Im bibl. Verständnis wurzelt alle Macht und Vollmacht in Gott: Er steht in freier Souveränität zu seiner Schöpfung und zu seinem erwählten Volk (Ex 33,19; Jes 45,5–7; LXX Est 4,17bc; Dan 4,14; Röm 9,14–21); er offenbart sich macht- und huldvoll (Pss 65,10; 104; 106,8ff). Gottes Wort bewirkt unmittelbar, was es will (vgl. Gen 1–2,4a; Ps 33,6–9; Jes 55,10f; Weish 18,15f; Hebr 4,12f). Sein machtvolles Wirken zielt durchgehend auf die Aufrichtung seiner Gerechtigkeit und seines Rechts (Pss 97,1f; 99,4; Jes 42,1.3f) bzw. seiner Herrschaft (vgl. DtJes).

Die Bevollmächtigung eines Geschöpfs wird als Teilhabe an der Heilsmacht Gottes gedeutet; solche Partizipation ist nicht Einschränkung, sondern Modus der Durchsetzung der Gottesherrschaft. Dies gilt grundsätzlich für die

Ermächtigung der Menschen (Gen 1,26.28; Ps 8; Sir 17,2; vgl. Weish 9), für die je unterschiedliche Autorität der Familienoberhäupter, Ältesten, Richter und Könige Israels und besonders für die durch Salbung, Berufung oder Einsetzung bevollmächtigten Boten und Mittler Gottes: Priester, Gottesmänner, Propheten, der Gottesknecht (vgl. die vier Gottesknechtslieder in DtJes; vgl. auch die frühjüd. Messiaserwartungen und die Menschensohn-Vision in Dan 7).

3. Maßgebliches Paradigma für das ntl Verständnis von Macht Gottes bzw. Machtausübung *(diakonía)* im Namen Gottes und von Vollmacht *(exousía)* sind Sendung und Geschick Jesu Christi: In der Verkündigung Jesu in Wort und Tat ist ein Autoritätsanspruch erkennbar, der das verheißene eschatologische Heilshandeln Gottes im eigenen Tun zu verwirklichen beansprucht (vgl. Mk 1,14f; Lk 4,16–21; 7,18–23; 11,20; 17,21), der die heilenden und befreienden Kräfte der endzeitlichen Herrschaft Gottes hier und jetzt wirkmächtig zuwendet (vgl. Mk 1,21–45; 2,1–12; Lk 13,10–17) und der den hl. Willen Gottes für die Menschen letztverbindlich auslegt (vgl. Mk 2,1–3,6; 7,1–23; 10,2–12; 11,27–12,37). Der Vollmachtsanspruch Jesu führt unausweichlich in eine christologische Entscheidungssituation (vgl. Mk 8,38; 12,1–12; Lk 7,31–35; 19,41–44): Der Evv-Verkündigung Jesu entspricht allein Umkehr, Glaube und Nachfolge (vgl. Mk 1,14–20; 8,22–10,52). In Passion und Tod gewinnt die Dienstvollmacht Jesu ihre überbietende Gestalt als proexistente Lebenshingabe, die die Macht hat, „die Vielen" zu retten (Mk 10,45; 14,24); sie ist „Voll-

macht der Liebe" (Joh 13,1–20.34). Jesu Sieg über den Tod, seine Auferweckung, führt zu seiner Erhöhung, d.h. zu seiner Einsetzung in eine göttliche, universale Herrschaftsposition (vgl. Phil 2,6–11; Röm 1,3f; Mt 28,16–20; Offb 1,12–20; 4–5; vgl. schon in 1 Kor 12,3 und Röm 10,9f: *„kýrios* ist Jesus").

Als Nachfolgegemeinschaft Jesu Christi lebt die Kirche als „Herausgerufene" im Herrschaftsbereich ihres *kýrios*, dessen, der sie berufen hat und der sie weiter ruft. „Entweder steht der Mensch unter der Herrschaft Gottes und Christi, zu seinem Heil, oder er steht unter der Herrschaft der Götter und fremden Mächte ..." (Blank 174). Die Kirche hat teil an der vollmächtigen Sendung Jesu (vgl. Mt 9,7f; 18,15–18; 1 Petr 2,1–10); ihre Glieder sind beauftragt, das Ev „allen Völkern" (Mk 13,10) zu verkündigen, mit ihren Geistesgaben zur Auferbauung der Gemeinde beizutragen (vgl. 1 Kor 14,12) und „Früchte zu bringen" (vgl. Joh 15,1–17). In den Begegnungen mit dem Irdischen (vgl. Mk 3,13–19; 6,6b–13) und dem Auferstandenen (vgl. Mt 28,16–20; Joh 20,19–23) werden Petrus (vgl. Mt 16,13–20; Joh 21,15–19) und die Apostel (= die mit der Autorität des Sendenden ausgestatteten Gesandten: Lk 10,16) bzw. die von ihnen eingesetzten Nachfolger (vgl. Apg 14,23; 20,28) bevollmächtigt. Sie werden beauftragt, die Verkündigung des Ev in bleibender Rückbindung und in sachlicher Entsprechung zu ihrem Urbild weiterzuführen (vgl. Mk 9,33–50; 10,13–16.35–45; Mt 23,8–12).

Pls vollzieht seine apostolische Vollmacht (vgl. 2 Kor 10,8; 13,10), in der er die Lehrautorität des *kýrios* zur

Geltung bringt (vgl. 1 Kor 7,10–12; 9,14; 14,37; 1 Thess 4,15), ausdrücklich als „Dienst der Versöhnung" (vgl. 2 Kor 5,11–21).

4. In der Nachfolge Jesu und in der Berufung auf ihn muß sich jede Macht und Vollmacht dem „christologischen Prinzip der Macht" (J. Blank) stellen: Christen glauben und erfahren sich befreit von der Unterwerfung unter jegliche versklavende Macht und Gewalt, sie wissen sich dem erhöhten *kýrios* zugehörig (Röm 14,8f), vom Geist geführt (vgl. Gal 5,13–26; Röm 8,1–17) und hineingetauft in den Herrschaftsraum der Gnade (vgl. Röm 5,21; 6,14).

Lit.: J. Blank, Zum Begriff „Macht" in der Kirche, Conc. 24 (1988) 172–178; O. v. Nell-Breuning, Macht – für Christen ein Problem?, StZ 203 (1986) 374–388; K. Scholtissek, Die Vollmacht Jesu (NTA 25), 1992; ders., Vollmacht im AT und Judentum (PThSt 24), 1993; ders., Nachfolge und Autorität nach dem MkEv, TThZ 100 (1991) 56–74; A. Weiser, Autorität im AT und im NT, in: H.J. Türk (Hg.), Autorität, 1973, 60–76.

Klaus Scholtissek

MAHL, Brotbrechen, Herrenmahl

→ Becher; Blut; Brot; Bund; Christus; Dank; Fleisch; Gemeinde; Leib; Opfer; Wein

1. Wenn die Bibel vom „zu Tisch Liegen" spricht, meint sie eine besondere, uns fremde Art, miteinander ein Mahl einzunehmen. Normalerweise pflegte auch der Jude beim Essen zu sitzen, entweder auf dem Boden oder auf Stühlen am Tisch, aber unter dem Einfluß hellenistischer Symposien wurde das Liegen bei Tisch immer beliebter.

Die Füße lagen dabei nach hinten (vgl. Lk 7,37f), den linken Arm hat man auf einem Polster abgestützt, so daß der Kopf der Brust des Nachbarn nahe kam (vgl. Joh 13,23). Im Judentum hatte jedes Mahl auch religiöse Bedeutung: Mit dem Brotbrechen zu Beginn und dem Becher Wein am Ende des Mahls war ein besonderer Segen verbunden (mBer VI,6). Ihn spricht und erweitert Jesus beim Letzten Abendmahl (vgl. 1 Kor 11,23–25), worauf später die christl. Gedächtnisfeiern Bezug nehmen, die Pls „Herrenmahl" und Lk „Brotbrechen" nennt.

2. Die Mahlpraktiken des NT unterscheiden sich nicht von den aus AT und Judentum bekannten: Anordnung der Speiselager, Rangfolge der Mahlteilnehmer (vgl. Lk 14,7ff), Speisen, Eßgewohnheiten (z.B. Essen mit den Fingern: Mk 14,20), Tischsitten, Gesten und Gebete – das alles ist nicht neu. Selbst das Zu-Tisch-Liegen kennt das AT, und die Mischna macht es für das Paschamahl sogar zur Vorschrift (mPes X,1). Bedeutsam für das NT werden v.a. die Reinigungsvorschriften der Juden bezüglich des Essens, weil Jesus gegen sie Stellung bezieht (vgl. Mk 7,2ff). Positiv aufgenommen wird dagegen das Mahl in seiner Gemeinschaft stiftenden Bedeutung (vgl. Gen 31,54 als positives, 43,32 als negatives Beispiel; ferner Qumran: 1 QS 6,2f) und das Mahl als Sinnbild endzeitlichen Heils (vgl. Jes 25,6; und dazu Mk 14,25; Mt 8,11; Lk 22,30; Offb 19,9).

3. Kennzeichnend für Jesus ist v.a. die Mahlgemeinschaft, die er „mit Zöllnern und Sündern" sucht (vgl. Mk 2,15–17 u.ö.); bei ihm wird das Mahl zum Ausdruck seiner Suche nach dem

Verlorenen, Sinnbild des Heilsange-
bots, der Vergebung und der Gnade,
die er als Ev Gottes verkündet.

Sein letztes Mahl *(deipnon)* im Kreis
seiner Jünger wird zum Inbegriff seines Vermächtnisses. Wie der jüd. Hausvater nimmt Jesus zu Beginn des
Mahls Brot und gegen Ende einen Becher mit Wein, segnet sie und teilt sie
aus an seine Jünger. Die deutenden
Worte, die er bei diesem „Letzten
Abendmahl" spricht, sind aus den ntl
Texten (Mk 14,22–25; Mt 26,26–29;
Lk 22,15–20; 1 Kor 11,23–25) nicht
eindeutig zu rekonstruieren; darum ist
auch ihr Sinn nicht unumstritten. Das
Brot soll künftig Gemeinschaft stiften
mit seinem „Leib". Leib bedeutet Person, Ich, Selbst; gemeint ist also eine
personale Gemeinschaft über den Tod
hinaus (vgl. Mk 14,25 u.ö.). Der Becher mit Wein soll Hinweis sein auf
den einst mit Blut besiegelten (Ex
24,8) und jetzt durch Jesu Tod erneuerten Bund (vgl. Mk 14,24; Mt 26,26)
bzw. auf die Erfüllung der Verheißung
eines neuen (Jer 31,31f), mit Jesu Blut
besiegelten Bundes (1 Kor 11,25; Lk
22,20). Da beide Deutungen durch das
Mahl getrennt sind – von dem nicht zu
sagen ist, ob es ein Paschamahl war
oder ob es nur ins Licht des Paschage-
schehens gerückt wird –, scheint hier
das Abendmahl-Vermächtnis nach
zwei Seiten hin ausgelegt: Gemeinschaft der Jünger mit dem erhöhten
Christus bzw. Gemeinschaft der Mahl-
teilnehmenden im und als „Leib Christi", wie es Pls versteht (1 Kor 12,12ff),
und Gemeinde des neuen bzw. erneuerten Bundes, was v.a. im Zusammenhang mit Jesu „Sammlung Israels"
und mit der Ablösung des Christentums vom Judentum seine Bedeutung

gewinnt. Daß der „Leib" in der späteren Tradition in „Fleisch und Blut"
zerlegt wird (vgl. Joh 6,51c–58), dürfte mit der gnostisierenden Bestreitung
der wahren Leiblichkeit Jesu bzw. des
himmlischen Geist-Christus zusammenhängen. Schwieriger zu beantworten ist die Frage, ob auch der „Wiederholungsbefehl" jesuanisch ist. Da
er nur bei Pls und Lk steht (1 Kor
11,24f; Lk 22,19: nur zum Brot!), ist
er wohl als kultätiologisch, d.h. die
kultische Gedächtnisfeier begründend,
zu verstehen.

Lk bietet die komplexeste Überlieferung: Sein Kurztext (22,15–18) rückt
zunächst das Abendmahl in den Zusammenhang mit dem Paschamahl,
sodann mit dem bevorstehenden Sterben Jesu und dem davon nicht aufzu-
haltenden Anbruch des Reiches Gottes. Eine spezielle Deutung von Brot
und Becher findet sich hier nicht; sie
wird erst im Langtext (22,19f) geboten, in einer Form, die sich stärker an
Pls anlehnt als an Mk/Mt. Im Unterschied zu Pls setzt Lk aber den Gedächtnisbefehl nur beim Brot. Er nennt
auch die ganze Gedächtnisfeier nur
immer das „Brotbrechen" (Apg 2,42.
46; 20,7.11; 27,35; vgl. auch die Betonung des Brotbrechens Lk 24,30.35).
Durchgesetzt hat sich sein Sprachgebrauch nicht; aber er wirft bis heute
die Frage auf, ob Brotbrechen – wie
meist behauptet – als *pars pro toto* zu
verstehen ist, also für die ganze Feier
stehend, oder ob bei dieser Feier tatsächlich nur das Brot gebrochen worden ist, während der Becher (noch)
keine Rolle spielte. Eine solche Feier
sub una, d.h. unter einer Gestalt, wird
im allgemeinen abgelehnt, wenngleich
auch bei Pls der Gedächtnisbefehl

beim Becher seltsam eingeschränkt ist (1 Kor 11,25: „jedesmal wenn ihr trinkt") und die entscheidende Konsequenz der Gedächtnisfeier für die Gemeinde nur durch Umstellung von Brot und Becher und allein vom Brot her gezogen wird (vgl. 1 Kor 10,16f).

Pls jedenfalls hat sich mit seinem Verständnis der Gedächtnisfeier durchgesetzt; er nennt sie Herrenmahl *(kyriakòn deîpnon)*. Und da es über ihrem Vollzug in Korinth Unzuträglichkeiten gab, gewinnen wir aus 1 Kor 10–14 wichtige Verstehenshilfen. Ihren Sinn bezieht das Herrenmahl vom Abendmahl her, woran Pls erinnert (11,23–25). Der gesegnete Becher und das gebrochene Brot stiften eine Gemeinschaft mit dem erhöhten Christus durch Teilhabe an seinem Leib und an seinem Blut, aber auch eine zwischen den Mahlteilnehmern, die Pls als Neuen Bund und als Gemeinschaft des Leibes Christi auslegt (10,16f; 11,23–25; 12,12ff). Gerade dieser Gedanke ist für Pls zentral, so daß er sich erregt über die fatale Situation in Korinth. Dort hat man offenbar zunächst ein Sättigungsmahl zu sich genommen, von dem aber ein Teil der Gemeinde ausgeschlossen war. Erst beim sakralen (bzw. „sakramentalen") Ritus mit Brot und Wein war man vereint am Tisch des Herrn. Pls nennt das eine Verachtung der Gemeinde Gottes (11,22). Im Leibgleichnis (12,12ff) versucht er eindringlich deutlich zu machen, wie christl. Gemeinde als Gemeinschaft des Leibes Christi aussehen müßte. Dann würden die vielen Geistes- bzw. Gnadengaben nicht zur Entzweiung in der Gemeinde führen, sondern sich zum Nutzen aller auswirken (12,1ff); die Liebe würde alles be-

stimmen (13,1ff), und auch im Gottesdienst könnten die Begabungen aller fruchtbar gemacht werden zur gegenseitigen Erbauung (14,1ff).

Nun ist aber das Herrenmahl keine bloße Wiederholung des Letzten Abendmahls. Nach allgemeiner Auffassung gibt Pls im Anschluß an die erinnerte Abendmahl-Überlieferung (11,23–25) seine eigene Sicht der Herrenmahl-Feier zu erkennen: Sie ist eine Verkündigung des Todes Jesu (als Heilstod), bis zu seiner Wiederkunft (11,26). Es geht also um die Auslegung von Tod und Auferstehung Jesu und deren Heilsbedeutsamkeit für die Herrenmahl feiernden christl. Gemeinden bzw. Gemeinschaften. Pls spricht zwar zunächst nur vom Tod; aber zum einen ist für ihn das Kreuz Jesu immer das österlich gelichtete Kreuz (vgl. 1 Kor 15,12ff), zum anderen feiert man wohl schon zu Pls Zeiten das Herrenmahl „am ersten Tag der Woche", d.h. am Herrentag, dem Tag seiner Auferstehung (zu 1 Kor 16,2; vgl. Apg 20,7; Offb 1,10). Es geht also beim Herrenmahl nicht um Wiederholung; es geht um Vergegenwärtigung des Erinnerten, und darin um reales Anteil-gewinnen am Heil in der Gemeinschaft mit dem gekreuzigten und erhöhten Christus. Mit dem Tisch des Herrn verhält es sich dabei (sagt Pls in 1 Kor 10,21) nicht anders wie mit dem Tisch der Dämonen: Wer an einem Mahl mit Dämonenverehrern teilnimmt, tritt zu ihnen und den Dämonen in eine analoge Beziehung wie die Teilnehmer am Herrenmahl mit Christus und zueinander. Aus diesem Tisch des Herrn wird später der Altar.

Vermutlich war diese Feier des Herrenmahls als Gedächtnis des Heilsto-

des Jesu nicht die einzige Form, in der Christen anfänglich das Vermächtnis Jesu feierten. Im Zusammenhang mit dem lk Brotbrechen heißt es: „Sie nahmen Nahrung in Jubel und Einfachheit des Herzens, lobend Gott" (Apg 2,46f). Nichts deutet auf eine besondere Betonung des Todes Jesu. Diese Beobachtung bekommt noch mehr Bedeutung, wenn man die Eucharistietexte der Did aus der Zeit um 110/120 vergleicht, in denen Christen Gott dem Vater danken für alles, was ihnen Jesus an Leben, Erkenntnis usw. geoffenbart hat (Did 9,1–5; 10,1–7). Hier haben wir es also mit einer umfassenden Danksagung zu tun, so daß der Name „Eucharistie", der an dieser Stelle erstmals begegnet, seine Berechtigung bekommt.
4. Im ökumenischen Streit um die rechte Bezeichnung der Feier des Herrenvermächtnisses könnte dieser Befund entkrampfend wirken: Da es nicht um die Wiederholung des (Letzten) „Abendmahls" geht und „Messe" nur den Teilaspekt der *missio*, der Sendung, betont, „Brotbrechen" sich nicht durchgesetzt hat, wären Herrenmahl oder Eucharistie die geeignetsten Bezeichnungen. Ersteres rückt mehr das Heilswirken Christi ins Zentrum, sein heilbringendes Sterben für uns; letzteres betont mehr die Antwort der christl. Gemeinde: ihre Dankbarkeit für alles, was sie Christus verdankt.

Lit.: H.-J. Klauck, Gemeinde – Amt – Sakrament, 1989; ders., Herrenmahl und hellenistischer Kult (NTA 15), [2]1986; B. Kollmann, Ursprung und Gestalten der frühchristl. Mahlfeier (GTA 43), 1990.

Josef Hainz

MENSCH, Menschensohn

→ Christus; Schöpfung; Seele; Sohn; Versuchung

1. Anthropologie, die Lehre vom Menschen, ist Teilgebiet fast jeder wissenschaftlichen Disziplin. So ist es verständlich, daß theologisches Nachdenken über den Menschen in vielen Dingen mit den Sachaussagen von Philosophie und Naturwissenschaften identisch ist. Doch die Theologie kann sich nicht begnügen, den Menschen „an und für sich" zu betrachten und ihn nach seinen Eigenschaften, nach seiner Beeinflussung durch Kultur und soziale Herkunft, durch Abgrenzung vom Tier zu definieren. Theologische Reflexion sieht den Menschen schon im Ansatz in der Beziehung zu dem, den sie als Schöpfer des Menschen anerkennt. Das Wort „Ebenbildlichkeit" bestimmt das Sprechen der Theologie, in dieser Sicht sind sich AT und NT einig. Einen weitergehenden Akzent setzt das NT, wenn das Menschenbild von Jesus Christus her bestimmt wird.
2. Nach dem AT ist der Mensch (*ʾādām*) von Gott geschaffen (Gen 2,7; 11,26), Teil der Erde, also vergänglich und sterblich (Gen 3,19). Durch die Seele *(næpæš)* empfängt er die Kraft, die ihn lebendig macht und am Leben erhält. Doch wird der Mensch immer als Einheit gesehen: Immer ist es der ganze Mensch, der lebt, die Welt gestaltet, schwach ist und stirbt. Einen Dualismus (Zweiheit oder Dreiheit) wie die griech. Philosophie oder der Hellenismus kennt das AT nicht.
Die Abhängigkeit des Menschen von Gott stellt sich so dar, daß er als Partner Gott gegenübersteht, ihm antwor-

ten kann, also verantwortlich ist. Dieses Verhältnis ist durch das Böse im Menschen (die Sünde) gefährdet, wenn auch nicht völlig aufgehoben. Die Erfahrung, daß der Mensch in Sünde und Schuld verstrickt ist, sich immer wieder seinem Gott verweigert, hat das atl Denken zu erklären versucht mit Hilfe vorgeschichtlicher Erzählungen (Gen 3; 4,3–16; 6–9; 11,1–9).

3. Wie das AT, hat auch das NT kein ausformuliertes Menschenverständnis. Die Vielfalt der Begriffe, die schon dem AT zur Verfügung stand, um die unterschiedlichen Aspekte menschlichen Daseins auszudrücken, wird im NT übernommen, teilweise noch ergänzt durch Termini aus der griech. Tradition.

In der Lehre Jesu und der von ihr geprägten syn Überlieferung läßt sich in etwa ein Grundverständnis vom Menschen *(ánthrōpos)* erkennen. Nach Mk 10,18 parr ist kein Mensch vollkommen: „Was nennst du mich gut? Keiner (ist) gut, wenn nicht einer, Gott" (aus christologischen Erwägungen hat Mt die Mk-Vorlage umgestaltet). Dennoch steht der Mensch unter Gottes Fürsorge, keiner ist von ihr ausgeschlossen: „... weil seine Sonne er aufgehen läßt über Böse und Gute und er regnen läßt über Gerechte und Ungerechte" (Mt 5,45). Den Aspekt der Fürsorge hat Mt besonders hervorgehoben (6,25–32; 10,29–31 u.ö.); Lk dagegen betont, daß ein Mensch sinnlos lebt, wenn er vergißt, daß Gott sein Leben plötzlich beenden kann. Während seines Lebens ist der Mensch Versuchungen ausgesetzt, was in der „Versuchung Jesu" (Mt 4,1–11 par) beispielhaft gezeigt und als Kampf zwischen Gott und dem Satan dargestellt

wird. Doch nach dem Sturz dieses Gegenspielers (Lk 10,18: „Ich schaute den Satan wie einen Blitz aus dem Himmel fallend") kann der Mensch des Erbarmens Gottes (Lk 7,26–50; 15,11–32), d.h. der Erhörung sicher sein (Mt 7,7–11; Lk 18,1–7.10–14a).

Für Pls ist – wieder vor dem Hintergrund des AT – die Situation des von Adam abstammenden Menschen (Röm 5,12; 1 Kor 15,21f) gekennzeichnet durch die Erfahrung: Der Mensch ist Fleisch. Durch die „im Fleisch" wohnende Begierde (vgl. Röm 7,7f; Gal 5,16f) wird er gehindert, Gottes gerechtmachenden Willen zu tun, um der Verfallenheit an die Sünde zu entkommen (Röm 7,7–20; Gal 5,17). Erst die Sendung des Sohnes („jetzt": Röm 3,21; 8,1) in Gestalt des Sündenfleisches hat die Macht der Sünde gebrochen: Der Sohn wurde zum Urbild eines neuen Menschen (Röm 8,29; 1 Kor 15,49; 2 Kor 3,18): Der Mensch darf gewiß sein, daß er der Todesmacht entrissen ist (Röm 8,11; 1 Kor 15,45–49). In der pln Konzeption stehend, doch stärker von der Kosmologie beeinflußt, deutet Joh den Menschen von der Welt her, die Finsternis ist (8,12 u.ö.), die blind (9,39–41 u.ö.) und unempfänglich ist für die Wahrheit (1,5. 10; 3,19 u.ö.). Doch das Kommen des Logos „im Fleisch" brachte das Gericht über die Welt, somit dem glaubenden Menschen Rettung.

Von den atl Texten, die von einem Menschensohn *(hyiós toû anthrṓpou)* sprechen (eine für Ez typische Benennung des Propheten), ist v.a. Dan 7,13 wichtig, dann die Bildreden des äthHen, wenn nach dem Sinn von Menschensohn im NT gefragt werden soll. Die syn Evv beziehen Menschensohn nur auf Jesus und drücken damit primär eine soteriologische Komponente des Wirkens Jesu aus.

Zum rechten Verständnis des Begriffs Menschensohn ist auszugehen vom Doppelspruch in Q: „Jeder, der immer sich bekennt zu mir vor den Menschen, auch der Sohn des Menschen wird sich bekennen zu ihm vor den Engeln Gottes; der aber mich Verleugnende vor den Menschen, wird verleugnet werden vor den Engeln Gottes" (Lk 12,8f par; vgl. Mk 8,38). Unmißverständlich ist in diesem Logion die Aussage, daß die Anerkenntnis bzw. Verleugnung Jesu sich auswirken wird auf das Verhalten des Menschensohns zum Bekennenden bzw. Verleugnenden. In der lk Fassung des Jesusworts sind Jesus und der Menschensohn zwei verschiedene Gestalten (dagegen Mt 10,32: „Jeder nun, welcher sich bekennen wird zu mir vor den Menschen, bekennen werde auch ich mich zu ihm …"). Im Munde Jesu ist das Wort rein soteriologisch gemeint: Die Bindung an seine Person hat Konsequenzen für das kommende Gottesreich.

Warum schon sehr früh Jesus und der Menschensohn identifiziert wurden, ist ein bis heute ungelöstes theologisches Problem. Möglicherweise steht am Beginn dieses Prozesses der frühchristl. *maranatha*-Ruf, der sich zunächst nur auf Jesus, den zum Gericht kommenden und bevollmächtigten Herrn, bezog, dann aber mit dem danielischen Menschensohn als einer Himmelsgestalt verbunden wurde. Die bis heute nicht beendete Diskussion über diese Frage wird meist in dem Sinn beantwortet, daß erst in nachösterlicher Zeit Menschensohn als

Hoheitstitel verstanden und auf Jesus bezogen worden sei. Der bibl. Tatbestand erleichtert keineswegs eine gültige Antwort.

In den syn Evv können drei Gruppen von Menschensohn-Aussagen unterschieden werden. Zunächst solche, welche die Vollmacht des irdischen Jesus betonen (Mk 2,10 parr; 2,28 parr). Mit dem Menschensohn im genannten Sinn verbinden sich häufig soteriologische Aussagen: Lk 17,20–22; 19,10; vgl. auch Mt 12,32 par). Es finden sich ferner Menschensohn-Worte, die vom Leiden und der Auferstehung Jesu reden; Mk 14,21 u.a. Texte sprechen nur vom Leiden, Mk 8,31 parr u.ö. sind Doppelaussagen über Leiden und Auferstehung. Schließlich gibt es Aussagen über das zukünftige Handeln des Menschensohns im Sinn einer plötzlichen und unerwarteten Wiederkunft Jesu (Mt 24,27 par; Mt 10,23 u.ö.). Beim Kommen Jesu als der Menschensohn steht die Funktion eines Richters im Vordergrund.

In Q spielen die Menschensohn-Aussagen über das irdische und künftige Wirken, nicht aber über Leiden und Auferstehung die entscheidende Rolle. Bei Mk sollen die Menschensohn-Texte die heilsgeschichtliche Bedeutung des Sohnes Gottes hervorheben. Mt rückt Jesus als Gottessohn in den Vordergrund, Menschensohn-Worte beziehen sich v.a. auf den endzeitlichen Richter (10,25; 13,41 u.ö.). Bei Lk gewinnen die Zukunftsaussagen noch an Gewicht; in 22,67–69 wird zum erstenmal der Hinweis auf die Erhöhung Jesu mit der Menschensohn-Vorstellung vereinigt.

Das JohEv verbindet die Messiastradition mit der Gottessohnvorstellung zu Menschensohnaussagen: 5,25f.27; 12,34 u.ö. Das Bild vom Menschensohn wird nun in die zahlreichen christologischen Hoheitsaussagen eingereiht (9,35), es bezieht sich auf den irdischen Jesus. Entsprechend der theologischen Konzeption des JohEv steht die Erhöhung des Menschensohns im Vordergrund (Joh 3,14; 13,31): Die Deutung des Todes und die Vorstellung von der Inthronisation Jesu fallen in der Gestalt des Menschensohns zusammen; Worte über den kommenden Menschensohn fehlen.

In den Überlieferungen neben den Evv begegnet Menschensohn nur in Zitaten aus Dan 7,13 und Ps 8,5 (vgl. Offb 1,13; Hebr 2,6). Bei Pls fehlt ein Hinweis auf den Menschensohn ganz. Die Annahme scheint berechtigt, daß in der nichtevangelischen Tradition der Menschensohn-Titel nicht als Hoheitsprädikation angesehen wurde, sondern als Aussage über den Menschen Jesus. Da der irdische Jesus in dieser Literatur eine untergeordnete Rolle spielt, kam auch dem Menschensohn-Titel keine Bedeutung zu.

4. Keine andere Gestalt hat die Theologen vor solche Ratlosigkeit gestellt wie die des Menschensohns. Und viele Rätsel gibt die Frage auf, weshalb Jesus mit dem Menschensohn identifiziert wurde. So ist das Reden über Jesus als Menschensohn von Anfang an belastet und befrachtet mit der Notwendigkeit, entweder umfangreiche Erläuterungen mitzuliefern, oder aber den Titel ohne Deutung zu gebrauchen; damit aber ist das Verstehenkönnen der Hörer überfordert. So bleibt oft der Eindruck zurück, die Bezeichnung Jesu als Menschensohn verhülle mehr, als sie offenbare, erschwere den Zugang zu Jesus mehr, als daß sie ihn erleichtere.

Lit.: J. Coppens, Le Fils de l'Homme néotestamentaire, 1981; V. Hampel, Menschensohn und historischer Jesus, 1990; U. Luz, The Son of Man in Matthew, JSNT 48 (1992) 3–21; A. Polag, Die Christologie der Logienquelle, 1977; W. Schmithals, Die theologische Anthropologie des Pls (KTB 1021), 1980; U. Schnelle, Ntl Anthropologie (BThSt 18), 1991; F.J. Stendebach, Theologische Anthropologie des Jahwisten, 1970; H.E. Tödt, Der Menschensohn in der syn Überlieferung, [3]1969.

Alexander Sand

MUTTER

→ Frau / Mann; Geburt; Gott

1. Aufgrund der gleichbleibenden menschlichen Natur war Mutterschaft lange Zeit die natürliche Frauenrolle, bei der es keinen Wandel zu geben schien. Durch technische und gesellschaftliche Entwicklungen ist das Leben von Frauen jedoch nicht mehr überwiegend durch die Mutterschaft bestimmt. Die Bibel spricht auf dem Hintergrund paternalistischer Strukturen und nur am Rande von Mutterschaft und damit zusammenhängenden Vorgängen und Erfahrungen.

2. Während ein Matriarchat hinter bzw. am Anfang der Religionsgeschichte weitgehend hypothetisch ist, sind Muttergottheiten in verschiedenen Völkern und Kulturen bezeugt (Isis in Ägypten, griech. Demeter). Im AT sind allenfalls Spuren des Grundmusters – die Fruchtbarkeit der Erde – zu entdecken, etwa in der Rückkehr „zur Mutter aller" (Sir 40,1). Tröstliche oder hoffnungsvolle Aspekte von „Mutter Erde" werden verschwiegen, weil das Geborensein nicht Erinnerung an die große All-Mutter, sondern Hinweis auf die Hinfälligkeit des Menschen ist: Er entstammt dem Staub des Ackerbodens (Gen 2,7). Das Wort Mutter *(ᵓem)* wird nur einmal auf Gott angewandt (Jes 66,13: Gott tröstet wie eine Mutter), und sehr vereinzelt werden ihm mütterliche Attribute zugewiesen: Im „Erbarmen Gottes" (vgl. Pss 25,6; 116,5) klingt (in der Wortwurzel *rhm*) „Mutterschoß" *(rahᵃmîm)* an, die Vorstellung eines mütterlichen Gottes schwingt mit; der Geburtsschmerz ist ein Bild für das, was Gott um seines Volkes willen auf sich nimmt (Dtn 32,18); Israel gilt die Elternsorge Gottes (Jes 1,2).

An Eva, der „Mutter alles Lebendigen" (Gen 3,20), wird gezeigt, wie der Mensch in die Geschichte des Lebens miteinbezogen ist. Im Mutterschoß wirken Mensch und Gott zusammen (Ps 139,13.15). Vom Mutterschoß an ist der Mensch geprägt – zum Guten wie zum Bösen (Ps 22,11; Jes 46,3).

Im patriarchalisch geprägten Israel konnte eine Frau vorwiegend durch Söhne ein selbständig verantwortetes Leben führen und Ehre erlangen (vgl. etwa die in 1/2 Kön häufig genannte Königin-Mutter; Witwen ohne Söhne waren rechtlos); im öffentlichen Leben spielten sie keine Rolle, so daß die bibl. Schriftsteller nur wenige Muttererfahrungen aufgreifen. Um so bedeutsamer ist es, daß Propheten von Müttern und ihren Sorgen lernen, sich auf die Seite der Schwachen zu stellen und dem Leid entgegenzutreten (Elija und die Witwe von Sarepta; Elischa und die Frau von Schunem). Mütter (und ihre Kinder) treffen Kriege und Hungersnöte besonders hart (2 Kön 6,26–29); auch in der eigenen Sippe brauchen sie, alt geworden, besonders Beistand: Das vierte Gebot (Ex 20,12 u.ö.) mahnt den erwachsenen Sohn, Vater und Mutter zu ehren – beide bedürfen ohne Rangunterschied des Schutzes.

3. Das NT greift das vierte Gebot auf (Mk 10,19 parr), kennt aber auch harte Worte Jesu: „Ich kam zu entzweien einen Menschen gegen seinen Vater und eine Tochter gegen ihre Mutter" (Mt 10,35) und: „Wer ist meine Mutter, und wer sind meine Brüder?" (Mt 12,48 par). In der harten Haltung der eigenen Familie, der Mutter *(mḗtēr)* gegenüber sieht das NT Jesus in der Tradition atl Propheten, die ihr „Privatleben" zum Zeichen für die Botschaft machten (Hos 1; Jer 16); wie diese lernt auch Jesus von einer Frau (Mk 7,24–30 par: Jesus und die Syrophönizierin).

In der ntl Überlieferung werden einige Bilder aus dem Erfahrungsbereich der Frau bzw. Mutter gebraucht (Joh 16,21: Gebären; Lk 15,8ff: die verlorene Münze; Mt 13,33 par: Sauerteig kneten), in der Mehrzahl der Stellen dient Mutter aber der Benennung und Unterscheidung (Mk 15,40: „Maria, die Mutter des Jakobus" u.ö.), ohne auf die Mutterschaft abzuheben.

Eine Sonderrolle spielt die Mutter Jesu (im mt Stammbaum mit vier anderen Ahnfrauen Jesu genannt). Nach Joh 19,26f wird ihr der Lieblingsjünger anvertraut und dem Jünger die Mutter. V.a. aus der lk Darstellung (Lk 1,42f: „gesegnet du unter (den) Frauen", „Mutter des Herrn"; Magnificat Lk 1,46–55: „von jetzt an werden mich seligpreisen alle Geschlechter") entwickelt sich eine Verehrung, die bis zur „Gottes-Mutterschaft" (Konzil von Ephesus 431) führt.

Während in der frühen ntl Überlieferung es zunächst auffallend unwichtig ist, ob eine Frau Mutter ist, setzt die zweite christl. Generation andere Akzente: Mütter stehen für die Weitergabe des Glaubens in der Familie (2 Tim 1,5), in den Briefen an Tim und Tit gilt Mutterschaft als Hauptaufgabe der Frau (1 Tim 5,4.10.14; 1 Tim 2,14f, das Kindergebären rette die Frau aus der Ursünde, mißdeutet Gen 3).

4. Vielfältige Erfahrungen und Vorstellungen von Müttern und Mutterschaft sind in der Bibel nachgezeichnet – eine einheitliche Lehre läßt sich daraus nicht ableiten. Das Bild von Gott als Vater wird nur gelegentlich durchbrochen. Für Frauen sind jedoch auch andere Wege als die Erfüllung in der Mutterschaft aufgezeigt, auch wenn die Kirche lange Zeit ihr eigenes Selbstverständnis als Mutter (in deren Schoß man durch die Taufe einging) auf Frauen übertrug.

Lit.: A. Ohler, Mutterschaft in der Bibel, 1992.

Martin Schmidl

NACHFOLGE

→ Botschaft; Glaube; Gott; Lehre; Leid;
   Schüler

1. Gestalt und Geheimnis Jesu bleiben unentdeckt und unverstanden,
wenn sein Ruf in die Nachfolge nicht
wahrgenommen wird, wenn über Jesus nicht in und aus der lebendigen
Nachfolge heraus gesprochen wird
(vgl. Mk 8,27–38). „Nachfolge ist
nicht nur einer der Inhalte der Evv,
sondern die *conditio sine qua non* der
Schrift überhaupt und damit auch ihres angemessenen Lesens und Verste-
hens" (Görtz 326). Nachfolge und
Jüngerschaft gehören von Beginn an
zur Sendung und zum Wirken Jesu.
Da sich zudem in der Darstellung der
Nachfolge der Jünger Jesu in den Evv
das Selbstverständnis der ersten christl.
Gemeinden spiegelt, sind Nachfolge
und Jüngerschaft herausragende ek-
klesiologische Leitwörter des NT. Mit
der Verkündigung der nahen Gottesherrschaft und den ersten Jüngerberu-
fungen beginnt das die Kirche begründende Wirken Jesu (vgl. Mk 1,14–20).
2. Das AT kennt das Phänomen der
Nachfolge und Jüngerschaft *(hlk 'ahªrê)*
in verschiedener Hinsicht: Jahwe allein und nicht „anderen Göttern" soll

Israel „nachfolgen" (vgl. Dtn 13,2–6).
Mose hat in Josua einen von ihm
selbst legitimierten Nachfolger (vgl.
Num 27,18–23; Dtn 34,9). Die Propheten bildeten Gemeinschaften bzw.
sammelten Schüler um sich (vgl. 1 Sam
10,5.10; 2 Kön 2,3.5; Jes 8,16). Die
Berufung des Elischa durch Elija in
1 Kön 19,19–21 schildert die von Gott
befohlene Berufung eines Nachfolgers
im Prophetenamt (vgl. 1 Kön 19,16).
Zwischen Propheten oder später den
Schriftkundigen und ihren Jüngern
bestand ein Lehrer-Schüler-Verhältnis
(ḥākām – talmîd), dem in der frühjüd.
und der rabb. Epoche eine hohe iden-
titätsstiftende und traditionsbildende
Kraft zukam. Einen Sonderfall stellen
Johannes d.T. und die Johannesjünger
dar (vgl. Mk 2,18; 6,29; Mt 11,2; Joh
1,35.37).
3. Die Evv geben uns ein vielstimmi-
ges Zeugnis von Nachfolge und Jüngerschaft im Sinn Jesu, das sich gegen
Systematisierungsversuche und manche moderne Rückfrage als sperrig
erweist. Gleichwohl gibt es gute Gründe, Nachfolge und Jüngerschaft in einem engeren und in einem weiteren
Sinn zu unterscheiden.
Jesus hat einen relativ kleinen Teil der
Menschen, denen er das Ev verkündete, in seine unmittelbare Nachfolge

(akolouthéō) gerufen (vgl. besonders den Kreis der Zwölf): Ein Vergleich zwischen 1 Kön 19,19–21 und Mk 1,16–20; Lk 9,57–62 par; 11,26 par zeigt einerseits die Übereinstimmungen, andererseits die Unterschiede zwischen Nachfolge im Prophetenamt im AT und dem Ruf Jesu in seine Nachfolge: Jesu Ruf ergeht in der ihm eigenen unabgeleiteten Vollmacht, allein seiner Wahl entsprechend (vgl. Mk 3,13; 5,18–20), er erheischt unmittelbaren Gehorsam, verlangt die radikale Relativierung der bisherigen Lebensverhältnisse, kennt die Option zur Ehelosigkeit (vgl. Mt 19,10–12), führt in eine Haus- und Heimatlosigkeit (vgl. Lk 9,58), bindet an seine Person und sein Geschick und beteiligt an seiner vollmächtigen Verkündigungstätigkeit (vgl. Mk 1,17: „Menschenfischer"; 3,14f; 6,6b–13). Diese Jünger Jesu *(mathētēs,* von *manthánō* = lernen*)* werden zugleich zum Hören, Lernen und Dienen in die enge Lebens- und Schicksalsgemeinschaft mit Jesus und den anderen Jüngern berufen; für sie nennt Jesus detaillierte Jünger-Räte und Gemeinschaftsregeln (vgl. u.a.: Mt 6,34; 10,25.34–36; 23,8–11; Mk 6,7–9; 9,35–37.43f; Lk 6,27–38; 9,3–5; 10,3–11; 12,33f). Mit diesen Charakteristika unterscheiden sich Jesus und seine Jünger auch vom rabb. Lehr- und Schulbetrieb. „Wie bei Jesus selbst ist die gesamte Existenz der ihm nachfolgenden Jünger lebendiges Zeugnis für die neue Ordnung der Gottesherrschaft" (Kühschelm 347). Der Ruf Jesu zu Umkehr, Glaube und Nachfolge (in einem weiteren Sinn) gilt gleichwohl allen, die seine Verkündigung der nahen Gottesherrschaft hören (vgl. Mk 1,14f; 8,34): Die Evv

bezeugen verschiedene Weisen, dem Ruf des Ev zu entsprechen und sich als Mann oder Frau (vgl. Mk 1,29–31; 14,3–9; 15,41f; 16,1; Lk 8,1–3; Joh 4,1–42) Jesus im Glauben anzuschließen. Der Ruf Jesu führt die ihm Nachfolgenden in die neue Familie Gottes (vgl. Mk 3,20f.31–35; 10,28–31), die um Jesus herum entsteht und die genauerhin ein einziges Kriterium kennzeichnet: das Tun des Willens Gottes, wie ihn Jesus hier und jetzt letztverbindlich vorlegt.

4. Die Evangelisten zeigen auf je eigene Weise, daß der Ruf Jesu in die Nachfolge nicht mit Tod und Auferstehung Jesu verstummt. Im Gegenteil: Ostern begründet das erneute „Vorangehen" (vgl. Mk 14,28; 16,7) des Auferstandenen; die Verkündigung der Auferstehung Jesu an die Frauen am leeren Grab (vgl. Mk 16,1–8 parr) und die Begegnungen des Auferstandenen mit Maria, der Magdalenerin (Joh 20,1f.11–18), und den ihm vertrauten Jüngern initiieren den endgültigen, alles vorausgehende Scheitern überwindenden Neuanfang der Nachfolgegemeinde Jesu (vgl. Mk 12,9f; 16,1–8; Mt 28,16–20; Joh 20,19–23).

Nachfolge Jesu in der Zeit zwischen Auferstehung und Parusie Jesu zielt nicht auf eine unvermittelte Imitation der vorösterlichen Nachfolge im engsten Jüngerkreis, wohl aber auf eine im Glauben ergriffene Teilgabe und Teilhabe an der universalen Verkündigung des Ev Jesu Christi an „alle Völker" (Mk 13,10). Dieses Ev von Jesus dem Christus bedarf auch nachösterlich hörender Boten, die in ihrem evangeliumsgemäßen Lebenszeugnis für die in Christus den Menschen geschenkte Nähe der Herrschaft Gottes einstehen und sie so glaubwürdig vermitteln.

Die Offenheit für den Ruf des Ev führt auch heute in unterscheidbare Lebensgestalten der Nachfolge Jesu. Diese stehen weder gegeneinander noch in einer geistlosen Über- und Unterordnung. Mit ihrem je eigenen Charakter verwirklichen sie ihren Dienst an dem einen Ev in dem einen und für das eine Volk Gottes.

Lit.: W. Bracht, Jüngerschaft und Nachfolge, in: J. Hainz (Hg.), Kirche im Werden, 1976, 143–165; M. Fander, Frauen im Urchristentum am Beispiel Palästinas, JBTh 7 (1992) 165–185; F.-J. Görtz, Die fundamentaltheologische Bedeutung der Nachfolge, ThPh 60 (1985) 321–340; K. Kertelge, Bedingt die Nachfolge Jesu einen eigenen „Lebensstil"?, Lebendige Katechese 12 (1990) 89–93; R. Kühschelm, Jünger, in: BThW, [4]1994, 345–348; R. Schnackenburg, Die sittliche Botschaft des NT, 2 Bde. (HThK.S 2), 1986.1988; K. Scholtissek, Nachfolge und Autorität nach dem MkEv, TThZ 100 (1991) 56–74; H. Schürmann, Der Jüngerkreis Jesu als Zeichen für Israel, in: ders., Jesus – Gestalt und Geheimnis, 1993, 64–84; Th. Söding, Die Nachfolgeforderung Jesu im MkEv, TThZ 94 (1985) 292–310.

Klaus Scholtissek

NACHLASS, Vergebung, Verzeihung

→ Erlösung; Schuld; Sünde; Taufe

1. Die Bitte um Nachlaß, Vergebung und Verzeihung zu Beginn der Eucharistiefeier beleuchtet den großen religiös-theologischen und anthropologischen Zusammenhang. Angesichts der Unversöhnlichkeit des naturhaft veranlagten Menschen ist die Forderung des NT eine Provokation. Der geschenkte Nachlaß von Schuld befähigt den Christen zur Vergebung im Umgang mit dem Mitmenschen.

2. Die Ursprünge der Begriffsgruppe liegen im Kult des AT und im Rechtsdenken der Griechen. Nach der traditionellen Meinung von einem Schuld-Sünden-Zusammenhang zeigt sich Nachlaß/Vergebung in der körperlichen Heilung (vgl. Ps 103,3; bNed 41a: „Der Kranke steht nicht eher auf, als bis man ihm all seine Sünden vergeben hat, denn es heißt: der all deine Sünden vergibt, der all deine Krankheiten heilt"). Der juristisch beeinflußte Sprachgebrauch spekuliert über Schuldnachlaß oder Entlassung aus einem Rechtsverhältnis.

3. Die kultisch-rituellen Maßnahmen am Versöhnungstag (Lev 16,16–19; vgl. 14,4–7.49–57) stehen im Hintergrund der Erzählung von der Heilung des Gelähmten Mk 2,1–12 parr. Während Jesus in der Anrede an den Kranken in der passivischen Sprachform „erlassen werden deine Sünden" (Mk 2,5) die Prärogativen Gottes betont, hat der Evangelist in dem Spruch von der „Vollmacht des Sohnes des Menschen … auf Erden" (Mk 2,10) auf die pneumatische Autorität und den Anspruch der Kirche auf sakramentale Vergebung abgehoben. Eine derartige Entwicklung führte zu einer gefährlichen Ausblendung der Verantwortung vor dem Mitmenschen. Die Vaterunser-Bitte der Logientradition, die Sündenvergebung Gottes an die menschliche Schuldvergebung bindet, hat diese wichtige zwischenmenschliche Verpflichtung gewahrt (Mt 6,12 par). Das auf Mk zurückgehende Wort von der unbedingten und umfassenden Vergebung mit Ausnahme der Lästerung gegen den hl. Geist (Mk 3,28f par) umreißt die in der Verweigerung des Glaubens vorgegebene Grenze einer grundsätzlichen selbstverschuldeten Verstockung. Der Vorrang der Heilsverkündigung Jesu wird durch das Gerichtsthema nicht relativiert.

Im Gleichnis vom unbarmherzigen Gläubiger (Mt 18,23–35) ist die Beziehung von göttlicher und menschlicher Vergebung negativ beleuchtet: Wer dem Mitmenschen die kleine Schuld nicht nachläßt, kann nicht mit Vergebung der großen Schuld durch Gott rechnen. Das Doppelgebot der Gottes- und Nächstenliebe (Mk 12,30f parr) unterstreicht den Zusammenhang von sozial-zwischenmenschlicher und religiös-gottmenschlicher Beziehung.

Im theologischen Denken des MtEv wird Sündennachlaß *(áphesis)* auf die Todeshingabe Jesu bzw. auf das Vergießen des Bundesblutes (vgl. das Kelchwort beim Abendmahl Mt 26,28) zurückgeführt. Die irritierende Deutung der Johannestaufe als Auslöser der Sündenvergebung bei Mk 1,4 ist von Mt im Verbund mit der Abendmahlstradition Mk 14,24 unter den Sühnegedanken gestellt und christologisch eingeholt worden. Sündennachlaß ereignet sich im Heilstod Jesu. Von hier aus wird auch der Spruch von der Erlösung des Volkes von den Sünden (Mt 1,21) in der Geburtserzählung verständlich.

Das auf die Anfänge der Kirche schauende LkEv bindet Sündennachlaß in der Abschiedsrede des Auferstandenen an die Umkehrpredigt unter allen Völkern (Lk 24,47). Apg 2,28 (vgl. 3,19) knüpft daran an und führt weiter zur Taufe auf den Namen Jesu. Das Thema hat in dem großen Gleichnis vom verlorenen Sohn (Lk 15,11–32) eine auf die Güte Gottes abhebende Zuspitzung erhalten, während Lk 17,3b–4 den Gemeindebezug als Nachlaß- und Vergebungsfaktor einbringt. Das Gleichnis von der Sünderin (Lk 7,36–50) akzentuiert den Zusammenhang von Liebe und Vergebung in wechselseitiger Begründungsfolge.

Für das JohEv ist Sündennachlaß die Ostergabe des auferstandenen Herrn. Die Gemeinde hat, wie der Spruch vom Erlassen bzw. Behalten der Sünden zeigt, im Geist Anteil an der Sendung und Vollmacht ihres Herrn (Joh 20,21–23).

Bei Pls kommt das Thema nur am Rande im Kontext der Rechtfertigung (Röm 3,25; vgl. 4,7) vor. Der größere theologische Rahmen ist die Versöhnung, die von Gott in Christus gewährt wird: „Den Sünde nicht Kennenden machte er für uns zur Sünde, damit wir werden Gerechtigkeit Gottes in ihm" (2 Kor 5,18–21).

4. Die jüngere Geschichte hat beeindruckend gezeigt, daß es im Zusammenleben von Völkern und von Menschen ohne Schuldnachlaß, Vergebung und Verzeihung nicht geht. Wie schmerzlich die Erinnerung altes Leid aufwühlen kann, zeigt das Verhältnis von Deutschen, Juden, Polen, Tschechen, Russen – und diese Beispiele reichen noch nicht aus. Um so bewegender sind Schuldeingeständnisse und Gewährung von Verzeihung. Das NT hat in seiner Vergebungsbotschaft Zeichen gesetzt.

Lit.: Ch.-H. Sung, Vergebung der Sünden (WUNT 2/57), 1993; B. Weber, Vergeltung oder Vergebung!? Mt 18,21–35 auf dem

Hintergrund des Erlaßjahrs, ThZ 50 (1994) 124–151.

Josef Ernst

NÄCHSTER, Nächstenliebe

→ Feind; Gebot; Haß; Liebe

1. Das in der christl. Pastoral arg strapazierte Begriffspaar Nächster und Nächstenliebe wirft die Frage auf, ob es geeignet ist, Wegweisendes über den christl. Lebensvollzug auszusagen. Immerhin ist bezeichnend, daß Nächster im AT (v.a. in der Weisheitsliteratur) ganz allgemein jeden Menschen bezeichnet, mit dem man im Alltag zu tun hat. Weiter fällt auf, daß sich im NT Nächstenliebe (bzw. ein Äquivalent) nicht findet und daß Nächster *(plēsíon:* nahe, Adv. und Subst.) nur 16mal vorkommt. Bilden vielleicht der Nächste und das Verhalten zu diesem einen so selbstverständlichen Tatbestand, daß er nicht besonders hervorgehoben werden muß?

2. In der achten, neunten und zehnten Weisung des Dekalogs ist vom Nächsten sehr allgemein die Rede; andererseits gehört der Dekalog (zusammen mit dem Bundesbuch Ex 21,1–23,33) zu den für Gesamtisrael verpflichtenden Geboten, die Mose dem Volk gegeben hat. Israel, das sich auf dem langen Weg in die Freiheit befindet, nachdem es vor der Selbstauflösung und dem Untergang in Ägypten bewahrt worden war, soll der Verpflichtung eingedenk sein, daß es seine Erwählung nicht auf Kosten der zwischenmenschlichen Verpflichtungen verstehen darf; birgt doch jede Erwäh-

lung die Gefahr in sich, die anderen zu Fremden, Außenseitern und Ausgegrenzten zu machen. So wurde die Auflage, in jedem Volksgenossen den Nächsten zu achten (Lev 19,18), auch auf jeden Fremden ausgedehnt, der ins Land Israel kam und dort wohnte (Lev 19,34).

In Qumran allerdings war der Nächste immer nur Mitglied der Gemeinde, obwohl die LXX mit *plēsíon* die weitere Bedeutung festgeschrieben hatte.

3. Ob Mt 5,43 („Ihr hörtet, daß gesagt wurde: Du sollst lieben deinen Nächsten und du sollst hassen deinen Feind"; vgl. 5,43–48 par) Hinweis darauf ist, daß das zeitgenössische Judentum die Verpflichtung zur Nächstenliebe vernachlässigt hatte, ist nicht eindeutig zu beantworten. Auf jeden Fall ist ein Gebot „Du sollst hassen deinen Feind" in der jüd. Tradition nicht bezeugt. In der Bergrede des Mt geht es grundsätzlich darum, verantwortliches Verhalten gegenüber dem Nächsten als Erfüllung der Friedensbotschaft Jesu aufzuzeigen (vgl. noch Mt 19,19b; 22,37–39; Lk 10,27; Röm 13,9f; es handelt sich hier durchweg um Aussagen ohne direkten Bezug zur Gottesliebe).

Die Forderung, den Feind zu lieben (Mt 5,44 par), mag ursprünglich nur an den engeren Jüngerkreis gerichtet gewesen sein, wird aber von Mt und Lk als Weisung für die ganze Gemeinde verstanden. Im Doppelgebot der Liebe schließlich (Mk 12,28–31 parr) wird den nachösterlichen Gemeinden ein weites Feld evangelischen Verhaltens aufgetan.

Bei Lk (Ev und Apg) wird die Nächstenliebe zu einem Zentralthema. Lk 10,29–37 (Gleichnis vom sich erbarmenden Samariter) zeigt, daß der andere nicht aufgrund bestimmter Eigenschaften Nächster ist, sondern wegen seiner Notlage: Jeder irgendwie hilflos am Boden Liegende kann zum Nächsten werden. Zugleich weist Lk auf die Möglichkeit hin, daß gerade der zur Liebe verpflichtete Fromme Gefahr läuft, am wirklich Nächsten achtlos vorbeizugehen. Es deutet sich an, daß das beginnende Kirchenverständnis den Begriff zu eng nimmt und auf die Gemeindeglieder einengt. Schon Pls hatte – zumindest an einer Stelle – Nächster zu wörtlich verstanden (Gal 6,10: „… laßt uns wirken das Gute zu allen, am meisten aber zu den Hausgenossen des Glaubens"), wenngleich er sonst in seinen Aussagen über den Nächsten den auf Jesus zurückgehenden Weisungen treu bleibt.

4. Die ansatzweise im NT sich zeigende Tendenz, die Menschen in Nächste und Entfernte zu teilen, blieb in der Kirche eine stets vorhandene Gefahr (v.a. in Glaubens- und Bekenntnisfragen). Besonders zu Zeiten, da Emigration und Immigration, Völkerfluktuation also, das Selbstverständnis der Kirche auf eine harte Probe stellen, ist es notwendig, zum Nächsten immer auch den anderen *(héteros:* ein anderer, verschiedener, andersartiger*)* zu zählen (vgl. schon im Röm 2,1; 13,8; 1 Kor 10,24; Gal 6,4 u.ö.), um Fremde, Ausgegrenzte und Randexistenzen nicht vom Gebot der Nächstenliebe auszuschließen.

Lit.: E. Biser, Wer ist mein Nächster?, GuL 48 (1975) 406–414; P. Hoffmann, Studien zur Frühgeschichte der Jesusbewegung (SBAB 17), [2]1995; A. Nissen, Gott und der Nächste im antiken Judentum (WUNT 15), 1974; A. Sand, Fremde und Feinde in der Verkündigung Jesu, BuK 42 (1987) 60–65; ders., Mein Nächster, mein Bruder, mein Feind, in: J. Horstmann (Hg.), Und wer ist mein Nächster?, 1982, 37–61.

Alexander Sand

NAME

→ Glanz; Offenbarung; Taufe

1. Der Name ist in allen Kulturen und Religionen für dessen Träger, aber auch Kenner von bestimmender Bedeutung. Namensgebung und Namensoffenbarung geschehen unter mannigfachen Riten, nicht selten magischer Art. Sich einen Namen verschaffen heißt, sich machtvoll durchsetzen. Auch in der Bibel spielt der Namensbegriff eine bedeutende Rolle, was schon durch die eindrucksvolle Statistik seines Vorkommens (im AT ca. 850mal; im NT ca. 230mal) bezeugt wird. Die häufigste Verbindung ist „im Namen" Gottes bzw. Jesu.

2. Im Namen Jahwes *(bᵉšem JHWH)* betet (Gen 4,26), schwört (1 Sam 20,42), segnet (2 Sam 6,18) der atl Mensch. In demselben Namen *(šem)* weiß er sich als Prophet gesandt (Dtn 18,18–22), zieht er in den Krieg und siegt er (1 Sam 17,45). So ist Jahwes Namc Auftrag, Schutz und Zuflucht (Spr 18,20). Der Name ist Ausdruck für Herrlichkeit, Ruhm und Größe des Namensträgers. Der Name Jahwes steht sogar in einer Wechselbeziehung zu Jahwe selbst. Jahwe verschafft durch sein Wirken in der Geschichte seinem Namen, d.h. sich selbst, Anerkennung und Ehrfurcht (Ps 115,1; v.a. Ez 20; 36). Jahwes Namen ehren, heiligen, entheiligen, lieben bedeutet,

Jahwe selbst all diese Aktivitäten zuteil werden zu lassen. Der Name tritt nach der atl Namenstheologie (v.a. Dtn und Ez) als Personifizierung an die Stelle Jahwes und manifestiert den Menschen Jahwes Gegenwart und Schutz (Dtn 12,5; 26,2; Ps 20,2; Jes 30,27). Der Name ist so schon im AT, aber auch im Frühjudentum und in anderen religiösen Bereichen des bibl. Umfelds (besonders im Hellenismus und in der Gnosis) ein vielseitig verwendeter und in seinen Bedeutungen vielfach variierender Begriff; nirgendwo fehlt er als Kennzeichnung des Namensträgers und als Bezeichnung des Wesens einer Person.

3. Das NT schließt sich in der Verwendung des Namensbegriffs *(ónoma)* eng an das AT an, so in der Vorstellung von der Selbstoffenbarung Gottes durch seinen Namen (vgl. Joh 17,6 mit Ex 2,6f u.ö.), von der Sendung in seinem Namen (vgl. Joh 5,43 mit Dtn 18,18–22 u.ö.), in der Bitte um Heiligung bzw. Verherrlichung seines Namens (vgl. Joh 12,28; Mt 6,9 par mit Ps 115,1 u.ö.), in der Aufforderung, den Namen des Herrn anzurufen (vgl. Röm 10,13; Apg 2,21 mit Joël 3,5). Wer diesen Namen anruft, wird gerettet (1 Kor 1,2), weil in ihm das Heil beschlossen ist (1 Kor 6,11; Apg 10,43) und wirksam wird (Lk 10,17; Apg 3,6; 16,18).

Die augenfälligste Verwendung des Begriffs Name begegnet innerhalb des NT im vierten Ev in Form einer beispiellosen Namenstheologie, die auf der Basis atl und außerbibl. Vorgaben Gottes Heilsökonomie zur Sprache bringt. Dies zeigt sich folgendermaßen: Joh 5,43 sagt der Sohn von sich: „Ich bin gekommen im Namen meines

Vaters." Damit ist der Akt der Sendung angesprochen. Entsprechend kann es dann heißen, daß der Sohn „im Namen (seines) Vaters" die „Werke" tut (Joh 10,25), d.h. als Offenbarer tätig wird. Beide Aussagen wiederholen sich inhaltlich in einer etwas abgeänderten Formulierung in Joh 17: Der Sohn hat den „Namen des Vaters" offenbart (Joh 17,6) und wurde so zum Offenbarer des Vaters, weil ihm der Vater „seinen Namen" (Joh 17,11) „gegeben hat". Es ist nun entscheidend, daß der Mensch das Offenbarungsangebot gläubig erkennt und annimmt (vgl. Joh 17,6–8). So gilt es, „an seinen Namen" zu glauben (Joh 1,12; 2,23; 3,18), um „in seinem (Jesu) Namen" das „Leben" zu haben (Joh 20,31), d.h. an der neuen Lebensdimension in der Gemeinschaft mit Gott teilzuhaben, was Joh 17,11f gemeint ist mit der Bitte und Feststellung: „Vater, bewahre sie in deinem Namen … Als ich war bei ihnen, bewahrte ich sie in deinem Namen …". So werden sie dann auch „im Namen Jesu" ihre Bitten vor Gott bringen und Erhörung finden (Joh 14,13f; 15,7.16; 16,23f. 26), weil dieses Bitten im heilseröffnenden und gläubig angenommenen Offenbarungsgeschehen angesiedelt ist, dessen Zweck die Verherrlichung Gottes (vgl. Joh 12,28: „Vater, verherrliche deinen Namen" mit Joh 17,1b.4) und das Heil der Menschen ist. Beides gründet auf der auf den Namen des Vaters und des Sohnes und des hl. Geistes gespendeten Taufe (Mt 28,19). Noch gibt es allerdings Verfolgung „wegen meines (= Jesu) Namens" (Joh 15,21; vgl. Röm 2,24; Jak 2,7; Offb 13,6). Insgesamt wird im Einklang mit den übrigen ntl Schriften mittels des Namensbegriffs die theologische Grundaussage des vierten Ev zur Sprache gebracht, dergemäß die Offenbarung des Vaters durch den Sohn erfolgt und heilsnotwendige Bedeutung für den Menschen hat.

4. Das NT, und da besonders das Joh-Ev, steht nicht nur in sprachlicher und gedanklicher Nähe zu atl „Namens"-Aussagen, sondern auch zu zeitgenössischen gnostischen Texten (vgl. z.B. die Nag-Hammadi Texte aus Ägypten, v.a. das Ev der Wahrheit). Einem v.a. auch in griech. und röm. Zauberpapyri häufig begegnenden Namenszauber (den Namen kennen bedeutet, Macht über jemanden haben; vgl. das Märchen von Rumpelstilzchen) erteilt das NT eine eindeutige Absage, was eine spätere Wirkungsgeschichte mit manchmal starker magischer Ausprägung nicht völlig verhindern konnte. Positiv zu bewerten ist allerdings das kirchliche Brauchtum der Namensgebung bei der Taufe oder Ordensprofeß, um damit eine Wesens-, Existenz- bzw. Statusänderung anzuzeigen.

Lit.: O.S. v. Bibra, Der Name Jesus, 1990; G. Delling, Die Zueignung des Heils in der Taufe, 1961; W. Heitmüller, Im Namen Jesu, 1903; F.G. Untergaßmair, Im Namen Jesu, ²1977.

Franz Georg Untergaßmair

NEUHEIT

→ Bund; Mahl; Schöpfung

1. Wenn von „Neuem" die Rede ist, dann wird immer auch an das „Alte" gedacht. Verdrängt das „Neue" das „Alte", sind „Neues" und „Altes" unverträglich, „inkompatibel" wie im Bildwort vom Flicken (Mk 2,21 parr)? Oder kommt das „Neue" weniger revolutionär als Ergänzung oder Fortsetzung des „Alten" in den Blick wie im Wort vom Schriftkundigen, der über das Königtum der Himmel belehrt ist (Mt 13,52)? Diese Alternative wird geradezu spannend, wenn wir an das Verhältnis des „Neuen" Testaments zum „Alten" Testament denken. Vom Begriffsgehalt des „Neuen" allein her läßt sich das nicht entscheiden, man muß immer auf den jeweiligen Aussagezusammenhang achten.

2. Die Wurzel *hdš*, von welcher sich Wörter wie „erneuern", „neu" herleiten, begegnet im AT etwa 350mal, davon etwa 280mal für den (sich regelmäßig erneuernden) Neumond (1 Sam 20,5.24.27; Sir 43,6–8; Jes 47,13; vgl. 1 QS X,4). Das ist nicht ohne Bedeutung für das Verständnis von „neu" als einem charakteristischen Stichwort der exilischen und nachexilischen Prophetie: Das nach den Katastrophen Israels und nach dem Exil angekündigte „neue" Gotteshandeln zielt anfänglich auf eine Erneuerung Israels, eine überbietende Wiederherstellung des Gewesenen (Jes 42,9; 43,19; 48,6; Jer 31,22), nicht auf ein qualitativ Neues, welches vom Gegensatz zum Alten her zu verstehen wäre: „Erneuere unsere Tage wie vordem" (Klgl 5,21; vgl. Jes 61,14). Und noch die eschatologisch und apokalyptisch ausgerichteten Verheißungen eines „neuen Himmels" und einer „neuen Erde" sprechen vom Ruhm Jerusalems, von der Fortdauer Israels und seines Gottesdienstes (Jes 65,17f; 66,22f). Der „neue Name" Jerusalems wird sein erneuertes Gottesverhältnis zur Sprache bringen (62,2.4).

In diesen prophetischen Zusammenhang gehört die Ankündigung eines „neuen Bundes" (Jer 31,31–34). Sie hat mehrere Gipfel: zunächst die Wiederherstellung des Bundesverhältnisses (31,32.33b); dann in eschatologischer Hoffnung eine Verheißung: Mehr noch als in der Gegenwart (vgl. Ps 37,31; Jes 51,7) wird Gottes Tora Mitte und bestimmendes Zentrum des Menschen sein, von Gott selbst „auf die Herzen" geschrieben (Jer 31,33a); schließlich die Verheißung der Sündenvergebung (31,34b), welche einen unbelasteten Neuanfang des Lebens vor Gott ermöglicht. Spätere prophetische Worte knüpfen an Jer 31,31–34 an und nehmen bestimmte Stichworte auf. Bei Ez setzt sich die Einsicht durch, daß es zum vollkommenen Bundesgehorsam eines anderen, „fleischernen", eines „neuen" Herzens und eines „neuen" Geistes bedarf, welche Israel sich durch Bekehrung schaffen soll (18,31) oder welche ihm von Gott gegeben werden (11,19f; 36,26f; vgl. Ps 51,12–14; 1 QH XI,13).

In den Psalmen begegnet häufig die Aufforderung „Singt dem Herrn ein neues Lied" (Pss 33,2; 40,4; 96,1; 98,1; 144,9; 149,1; Jes 42,10; PsSal 3,1; 15,3), ohne daß je der Inhalt des Liedes beschrieben wird. Anlaß sind die Heils- und Rettungstaten Gottes zugunsten des Beters oder Israels. „Neu" wird sich in diesem Zusammenhang auf einen jeweiligen Neuanfang des Lobpreises beziehen.

Gott erneuert die Erde ständig durch seinen Geist (Ps 104,30; vgl. Weish 7,27; grApkBar 8,4f). Eine solche Erneuerung wird auch Heiden zuteil, die

umkehren und zum Judentum übertreten, sie werden „wieder erneuert und wieder geformt und wieder lebendig gemacht" (JosAs 8,9; 15,5.7). Die apokalyptische Erwartung richtet sich auf die endzeitliche Erneuerung der Schöpfung (äthHen 45,4f; Jub 1,29; 4,26; 19,25; syrApkBar 32,6; 57,2; 4 Esr 5 [7],75; 1 QS IV 25; 1 QH 13,12) oder – die Übergänge sind fließend – in stärkerer Anlehnung an Jes 65,17; 66,22 auf einen „neuen Himmel und eine neue Erde" (äthHen 91,16; vgl. 72,1; syrApkBar 44,12; Sib 5,212). Die Gemeinschaft der Qumran-Essener bezeichnet sich als „Gemeinde des neuen Bundes im Lande Damaskus" und zeigt damit an, daß sie Jer 31,31 als göttliches, sie verpflichtendes Heilsangebot versteht (CD VI,20; XX,12; 1 QpHab 2,3); Gott hat seinen Bund für sie „erneuert" (1 Q34 3,2.6; vgl. 1 QSb 3,26; 5,21 [messianisch]).

3. Im NT ist das Verständnis der Vokabeln Neuheit, neu, erneuern *(kainótēs, kainós, néos, anakainóō)* in vielfacher Weise von den beschriebenen bibl. Redeweisen bestimmt, häufig verbunden mit Impulsen aus der dem Urchristentum eigenen endzeitlichen Neuheitserfahrung, welche es zugleich sowohl vom nichtchristl. Judentum wie vom Heidentum religiös und sozial unterschied. Jesu Verkündigung des Reiches Gottes ist eine „neue Lehre mit Vollmacht" (Mk 1,27). In den Bildworten von der Unverträglichkeit eines „neuen Flickens" mit einem alten Gewand und vom „jungen Wein in neuen Häuten" (Mk 2,21f parr) drückt sich die Neuheitserfahrung aus. Apokalyptisch endzeitliche Erwartung bestimmt den Gebrauch des Attributs

„neu" in der Offb (2,17; 3,12; 5,9; 14,3; 21,1f.5), im 2 Petr (3,13) und im Abschiedswort Jesu, mit dem er angesichts des bevorstehenden Todes seiner Gewißheit von der Erfüllung seiner Reich-Gottes-Botschaft Ausdruck gibt (Mk 14,25 parr).

Die von Pls (1 Kor 11,25) und Lk (Lk 22,20) bezeugte Form der judenchristl. Abendmahlstradition deutet den Tod Jesu als Stiftungsakt des „neuen Bundes" und das Herrenmahl als die diesen Bund vergegenwärtigende und an ihm teilgebende Kulthandlung. In judenchristl. Sicht bezeichnet „neuer Bund" in Anlehnung an den Wortsinn von Jer 31,31 eine eschatologische Erneuerung der früheren Bundesschlüsse. Pls tendiert zu einer kontrastierenden Gegenüberstellung des „alten" und des „neuen" Bundes (2 Kor 3,6ff. 14), ordnet dem ersten den „Buchstaben", dem anderen exklusiv den „Geist" zu (vgl. Röm 7,6), spricht den einen als „vergehend", den anderen als „bleibend" an (2 Kor 3,11.14) und beklagt die Blindheit Israels, welche es hindert, sich dem neuen Bund anzuschließen (2 Kor 3,15f). Dennoch kann er die Gültigkeit und den Verheißungscharakter, die Heilsbedeutung der früheren Bundesschlüsse für Israel emphatisch beteuern (Röm 9,4; 11,29). Für den Verfasser des Hebr (8,8.13) kündet Jer 31,31ff mit der Verheißung eines „neuen Bundes" das Ungenügen der alten Heilsordnung und deren Überholung durch eine neue, „bessere" (Hebr 8,6) Heilsordnung an, welche durch den Tod des Christus als des „Mittlers des neuen Bundes" in Kraft gesetzt wurde (Hebr 9,15f; 12,24). Durch Bekehrung, Taufe und Christusgemeinschaft werden Juden und Heiden „neue Schöpfung", d.h. „neue Geschöpfe" (Gal 6,15; 2 Kor 5,17a), denen Gott einen von allem Alten unbelasteten Neuanfang gewährt hat (2 Kor 5,17b; vgl. JosAs 8,9; 15,5). Der Abbruch des alten Lebens in der Taufe, im Mitsterben und Mitbegrabenwerden mit Christus, zielt auf einen von Gott ermöglichten sittlichen Wandel in der „Neuheit des Lebens" (Röm 6,4), welcher seine Erfüllung in der Teilhabe an der Auferstehung des Christus finden wird (Röm 6,5). Während Pls seine Leiden als eine Zerstörung des „äußeren Menschen" erfährt, bezeugt er eine von Gott her bewirkte tägliche Erneuerung seines „inneren Menschen" (2 Kor 4,16; vgl. Ps 51,12; Weish 7,27). Die Christen sollen den im Christwerden gesetzten neuen Anfang ihres Lebens in einer ständigen Abgrenzung vom Denken und von den Verhaltensweisen dieses Aions, d.h. der alten Welt, durch die geistgewirkte „Erneuerung des Verstandes" bewähren, damit sie ihr Leben nach dem Willen Gottes ausrichten und Gott wohlgefallen (Röm 12,2; vgl. Tit 3,5).

In der Nachfolge der pln Aussagen über das Anziehen Jesu Christi in der Taufe (Gal 3,27f) und des gleichfalls pln Aufrufs zur ständigen Erneuerung (Röm 12,2) prägen Kol 3,9f und Eph 4,22ff das Bild vom Ablegen des alten Menschen, der durch Laster und sündhafte Taten charakterisiert ist, und vom Anziehen des neuen Menschen, „(immer wieder) erneuert zur Erkenntnis nach dem Bild seines Schöpfers" (Kol 3,10), „nach Gott geschaffen in Gerechtigkeit und Heiligkeit der Wahrheit" (Eph 4,24). Seine Neuheit soll sich in der Aufhebung aller bisherigen religiösen, ethnischen, sozialen

Schranken zwischen den Getauften, in ihrer aller gleichen Teilhabe am Christus erweisen (Kol 3,11) und in einem von den Tugenden der Mitmenschlichkeit bestimmten Wandel und in einem geistbewegten Gemeindeleben sich bewähren (Kol 3,12–17; Eph 4,25–32). Dem Wortlaut nach ähnlich spricht Eph 2,15 vom Werk des Christus, der „in seinem Fleisch", d.h. durch sein Sterben, „das Gesetz der Gebote" vernichtete, „damit er die zwei schaffe in ihm", d.h. in sich, „zu einem einzigen neuen Menschen". Gemeint ist das endzeitliche Friedenswerk des Christus (Eph 2,14f.17), die Überwindung der heilsgeschichtlichen Spaltung der Menschheit in Juden und Völker/Heiden durch die Schaffung einer von Christus bestimmten Einheit: den einen Leib des Christus, die Kirche, den „neuen Menschen" als ein neues drittes, mit Gott versöhntes Geschlecht der Menschheit (Eph 2,16).

In den Abschiedsreden des JohEv und in den JohBr verlagert sich der Gebrauch der Qualifikation „neu" ganz auf eine innergemeindliche Perspektive. Diese Texte begründen das Gebot der Bruderliebe in Person und Werk Jesu, in seinem Dienen (Joh 13,14f), in seiner Lebenshingabe für seine Freunde (Joh 15,13; 1 Joh 3,16) und charakterisieren es als ein „neues Gebot" (Joh 13,34; 1 Joh 2,7f; 2 Joh 5); weniger um es dem bibl. Gebot der Nächstenliebe (Lev 19,18; Mk 12,28ff) gegenüberzustellen, als um auf seine Begründung im eschatologischen Werk Jesu und auf seine zentrale Bedeutung für die von inneren Streitigkeiten bedrohten und von außen bedrängten joh Gemeindekreise, welche sich in einem Rückzug von der „Welt" befinden, aufmerksam zu machen.

4. Jetzt läßt sich die eingangs gestellte Frage leichter beantworten. Nur selten scheint das „Neue" das „Alte" zu verdrängen, meistens geht es um Erneuerung, die mehr ist als eine Wiederherstellung. Neue geschichtliche Erfahrungen und neue Möglichkeiten treten hinzu. Es ist nicht Absicht des Neuen Bundes, den Alten Bund außer Kraft zu setzen. Neu ist die Vertiefung des Gottesverhältnisses im Christusereignis, neu ist die Aufnahme der Völker in den Bund. Obwohl der „Neue Bund" nun fast 2000 Jahre alt ist, können Menschen immer noch an seiner Neuheit und der von ihm ausgehenden Erneuerung teilhaben.

Lit.: R.A. Harrisville, The Concept of Newness in the NT, JBL 74 (1955) 69–79; C. Levin, Die Verheißung des Neuen Bundes (FRLANT 137), 1985; G. Schneider, Neuschöpfung oder Wiederkehr?, 1961.

Gerhard Dautzenberg

OFFENBARUNG, Enthüllung

→ Glanz; Name

1. Der – vor allem in der systematischen Theologie – häufig verwendete Ausdruck „Offenbarung" bezieht sich v.a. auf folgende ntl Begrifflichkeit: *apokálypsis*, „Offenbarung", „Enthüllung"; bzw. das Verbum *apokalýptō* (26mal); *phaneróō* (49mal), „offenbar machen", „erscheinen" und *gnōrízō* (25mal), „bekannt machen", „offenbaren", „erkennen", „wissen".
2. Die gesamte Geschichte mit ihren vielfältigen glücklichen, glimpflichen oder auch katastrophalen Begebenheiten wird von Israel als Offenbarung Jahwes erfahren und gedeutet. Von daher wird verständlich, daß es im AT keinen einheitlichen Begriff für Offenbarung gibt. Grundlegend sind die Erzählungen von der Offenbarung des Gottesnamens (Jahwe will „da sein" für sein Volk), die wunderbare Befreiung aus dem „Sklavenhaus", der Bund zwischen Gott und Volk und die bleibenden Wegweisungen zum Leben in Fülle („Gesetz"): Ex 3–24. Im einzelnen kann von dieser Mitte her die *kabôd* = Herrlichkeit/Gewichtigkeit Gottes in Visionen und Träumen, in Auditionen und durch Engelserschei-

nungen, in Naturphänomenen und in der Schöpfung insgesamt, jedoch auch im richtenden und tröstenden Wort der Propheten erfahren werden (Gen 15,12–18; 1 Kön 19,5.7; 1 Kön 19,9–13; Pss 19.104; Jes 40,1f; 46,1–8; Am 2,6–16).
3. Mit dem Logion „Nichts ist verhüllt, was nicht offenbart werden wird" (Mt 10,26 par) werden in Q die Jünger zu furchtlosem missionarischem Bekenntnis ermutigt (vgl. die leicht veränderte Fassung Mk 4,22). Der Jubelruf und das Offenbarungswort Mt 11,25–27 par verstehen Jesu Evangelium als Offenbarung Gottes vor Unmündigen bzw. die Verhüllung vor den Weisen und Klugen.
Das Christusbekenntnis des Simon Petrus führt Mt 16,17 auf eine Offenbarung des Himmels zurück. Nach Lk preist der Prophet Symeon den neugeborenen Messias Jesus gemäß Jes 42,6 als „Licht zur Offenbarung für (Heiden-)Völker" (Lk 2,32) und als Grund für die Offenbarung der im Herzen verborgenen Gedanken der Menschen (2,35). Lk 17,30 spricht in apokalyptischem Kontext von der Offenbarung des Menschensohns Jesus.
Die Offenbarungstheologie der joh Schriften wird v.a. mit *phaneróō* ausgedrückt. Jesus, der Offenbarer schlechthin, ermöglicht in seinen Worten und

Zeichen den Zugang zu Gott (1,5; 2,11; 7,4), seinen Werken (3,21; 9,3), seinem Namen (17,6), seiner Liebe (1 Joh 4,9). Gott offenbart sich auch im Auferstandenen (21,1.14).

Der Apostel Pls gebraucht *phaneróō* und *apokalýptō* praktisch synonym. Dem Glaubenden wird im Ev die Gerechtigkeit Gottes offenbart (Röm 1,17; 3,21). Ja, die gesamte Verkündigung des Pls dient der Verlautbarung des Ev als der Offenbarung Gottes (Röm 16,25–27; vgl. auch 1 Kor 1,7; 2,10). In Jesus Christus, in seiner Botschaft (Evangelium), seiner heilsamen Praxis (Wunder), v.a. in Tod und Auferstehung hat sich Gott endzeitlich-endgültig offenbart und alle seine Verheißungen mit einem generellen „Ja" bestätigt (2 Kor 1,20). Zentral ist der Glaube, daß der in Ohnmacht am Kreuz gestorbene Christus das Zeichen und die beginnende Verwirklichung der unbedingten Liebe Gottes zu den Menschen ist (1 Kor 1,18–31; Joh 1,1–18; Phil 2,6–11). Der endzeitlich zum Gericht kommende Herr wird „die Pläne der Herzen offenbar machen" (1 Kor 4,5; vgl. auch Röm 2,5; 1 Kor 3,13) und umfassendes Heil schenken (1 Kor 15,20–28; Röm 8). Pls spricht 2 Kor 12,1.7 von der ekstatisch erlebten Offenbarung – aber auch vom göttlichen „Einfall", der mit Prophetie, Lehre und Erkenntnis in einer Reihe stehen kann (1 Kor 14,6. 26.30; vgl. auch Gal 2,2; Phil 3,15).

In Offb 1,1 bezeichnet Offenbarung im Sinn einer Buchüberschrift den Inhalt der ganzen Schrift, die im Aufblick zu Gott, dem Herrn aller Geschichte, den tröstlichen Ausblick für bedrängte Gemeinden in Kleinasien vermitteln will. Der hier verwendete Begriff *apokálypsis* wurde zur Gattungsbezeichnung „Apokalypse" und zur Kennzeichnung einer Epoche der „Apokalyptik" (160 v.Chr. – 100 n.Chr.).

4. Geradezu klassisch für das ntl Offenbarungsverständnis ist Hebr 1,1f: „Vielfach und vielartig vormals Gott redend zu den Vätern durch die Propheten, redete er am Ende dieser Tage zu uns durch den Sohn ...."

Ein Kernpunkt christl. Offenbarungsverständnisse ist, daß sich Gott im Menschen Jesus von Nazaret, selbst im Kreuzesgeschehen, geoffenbart hat. Dennoch steht auch für die Christen die machtvolle Offenbarung Gottes am „Ende der Zeiten" noch aus und wird in Hoffnung und Sehnsucht – in Gemeinschaft mit den Schwestern und Brüdern jüd. Glaubens – erwartet (vgl. z.B. Tit 2,13; Offb 21,1–4).

Lit.: D. Lührmann, Das Offenbarungsverständnis bei Pls und in pln Gemeinden, 1965; H. Schulte, Der Begriff der Offenbarung im NT, 1949.

Josef Wagner

OPFER, Gabe, Altar

→ Dank; Prophet/in; Versöhnung

1. Unter Opfer *(thysía)* wird jede einer Gottheit dargebrachte Gabe *(dôron)* verstanden. Die Opfergabe wird im allgemeinen dargebracht, um eine wie auch immer geartete Gegen- bzw. Vorleistung der Gottheit zu bewirken. Ort des Opfers ist in der Regel der Altar *(thysiastérion)*; das Opfer wird in einem kultischen Rahmen bzw. als kultischer Vorgang vollzogen.

2. Das AT kennt die verschiedensten Arten von Opferhandlungen; man kann hier klassifizieren nach Art des Geopferten (Ganzopfer – bestimmte Fleischstücke des Opfertiers; Tier, Pflanzen, Menschen), Art des Opferrituals (Brandopfer oder z.B. das Ritual des großen Versöhnungstags), Ort und Zeitpunkt des Opfers (Tempel – Altar; Morgenopfer – Abendopfer); vgl. hierzu insgesamt z.B. Lev 1,1–8.16.

Geht man von einer (halb-)nomadischen Lebensweise der vorisraelitischen Gesellschaft aus, so liegt nahe, daß die Darbringung des Opfers an keinen festen Ort gebunden ist. Bei einer Wanderbewegung über festliegende Routen bilden sich periodisch angesteuerte „Wallfahrtsorte" heraus (Haine, Berge usw.), die sich im Zug der zunehmenden Ackerbauwirtschaft als Heiligtümer und Opferstätten der umliegenden Bevölkerung herausbilden. Erst in der Königszeit zeigt sich eine Tendenz zur Zentralisierung des Opferkults. V.a. das deuteronomistische Geschichtswerk intendiert die Durchsetzung des Jerusalemer Tempels als einzig legitime Opferstätte, was sich als eher schwierig gestaltet und endgültig erst in nachexilischer Zeit gelingt, sieht man von der Existenz des samaritischen Tempels auf dem Garizim ab. Die Institution eines einzigen Tempels ist als liturgisch-kultischer Reflex der Durchsetzung des Monotheismus zu verstehen: Dem einen Gott entspricht die eine Opferstätte.

In den prophetischen Schichten und Schriften des AT taucht immer wieder die Kritik an Kultus und Ritual im allgemeinen und am Opfer im besonderen auf: Die prophetische Kritik betont, daß die Darbringung eines Opfers keine Ersatzhandlung für ethische Defizite sein kann (vgl. z.B. Hos 6,6) und daß der Opfernde letztlich gar nicht in der Lage ist, überhaupt ein „verdienstliches" Opfer vor Gott zu bringen, dem alles Getier gehört (vgl. v.a. Ps 50). Damit wird die religiöse Selbstsicherheit infragegestellt; zugleich wird als Alternative zur religiösen Veräußerlichung ein anderes, ethisch motiviertes (vgl. z.B. Jes 58,5ff) bzw. verinnerlichtes Ideal (vgl. v.a. Ps 51 oder Joël 2,13) postuliert.

Ein weiteres Problem der Propheten, aber auch der israelitischen Gesetzgebung stellen die paganen Kulte im Umfeld Israels dar, die fast immer mit Opferritualen verbunden waren und anscheinend große Attraktivität besaßen. Hier wird besonders das Menschenopfer in Frage gestellt bzw. verboten (vgl. z.B. Lev 20,1–5), das vereinzelt auch im israelitischen Umfeld vorgekommen sein wird (vgl. Gen 22 und Ri 11,29–40).

3. Jesus stellt sich mit seiner Kritik am Tempel, an den dazugehörenden Opferhandlungen und Fehlhaltungen der Priesterkaste ganz in die prophetische Tradition. Er verwirft die Heilswirksamkeit des Tempelkults insgesamt (vgl. z.B. Mk 13,1f) und ruft statt dessen zu Umkehr und Buße auf. Diese Kultkritik Jesu bringt ihm die unerbittliche Gegnerschaft der Nutznießer des Tempels ein, die schließlich seine Hinrichtung betreiben und erreichen.

Die Vorstellung, daß der Tod Jesu am Kreuz eine Heilswirkung im weitesten Sinn für die gesamte Menschheit hat, begegnet durchgängig in allen Schichten des NT. Dabei wird allerdings die traditionelle Opfervorstellung ins genaue Gegenteil verkehrt: Nicht mehr der Mensch bringt Gott ein Opfer dar, sondern Gott selbst gibt seinen Sohn für die Menschheit hin, um ihr Heil zu wirken; Gott ist der Opfernde, der Mensch ist der Adressat des Opfers (vgl. hierzu v.a. Joh 3,16). Der Akzent liegt dabei auf dem Aspekt des *pro nobis*. Die Terminologie schwankt dabei; die Begriffe reichen von „Sühnopfer" (z.B. Röm 3,25) über „Opfergabe" (z.B. Eph 5,2) bis hin zu „Lösegeld" (z.B. Mk 10,45). Der Hebr schließlich entfaltet diese Thematik mittels einer hochpriesterlichen Typologie, in der Christus zugleich Opfernder und Opfergabe ist.

Wenn auch insgesamt sehr heterogene Vorstellungen und Gedanken zum Tragen kommen, so reflektieren alle diese Vorstellungen und Begriffe letztlich den Lebensweg Jesu und sein Sterben am Kreuz und sind von daher aus sich selbst heraus verständlich.

4. Schon in frühchristl. Zeit wird die Eucharistiefeier als Opfer bezeichnet, ohne daß damit tiefergehende inhaltliche Bezüge hergestellt werden; der anamnetische Charakter des Eucharistiegebets und der Vollzug des Herrenmahls vergegenwärtigen die Reminiszenz an die Selbsthingabe Jesu. Im Laufe der Kirchengeschichte findet eine sich immer mehr verdichtende Allegorisierung des eucharistischen Gottesdienstes statt, der schließlich alle anderen Aspekte völlig überlagert. Diese Theologie gipfelt schließlich in den Lehraussagen des Konzils von Trient, die allerdings nur vor der Folie der Reformation historisch verständlich sind: Der *in persona Christi* handelnde Priester erneuert im „Meßopfer" das Kreuzesopfer Christi und bringt es Gott dar. Damit ist im Grunde wieder ein vorchristl. Opferverständnis gegeben. Die Reformatoren hingegen eliminieren in ebenso apologetischer Tendenz den Begriff „Opfer" vollständig aus den Gottesdienstordnungen. Erst im Zuge der ökumenischen Bewegung des 20. Jh. hat hier eine erneute Korrektur stattgefunden, die das urchristl. Verständnis des Opfers Christi auch im Rahmen der Eucharistiefeier wiederhergestellt hat.

Lit.: R. Girard, Das Heilige und die Gewalt, 1992; P. Hoffmann, Das Erbe Jesu und die Macht in der Kirche (TTB 213), [2]1992; J.A. Jungmann, Liturgie der christl. Frühzeit, 1967; R. Kilian, Isaaks Opferung, BiKi 41 (1986) 98–104; P. Maiberger, Gen 22 und die Problematik des Menschenopfers in Israel, BiKi 40 (1985) 104–112; P. Pokorny, Die Entstehung der Christologie, 1985; A. Schilson, Theologie als Sakramententheologie (TTS 18), [2]1987; J. Schreiner (Hg.), Freude am Gottesdienst (FS Plöger), 1983; Th. Söding, Starke und Schwache. Der Götzenopferstreit in 1 Kor 8–10 als Paradigma pln Ethik, in: ZNW 85 (1994) 69–92; F.E. Willms, Freude vor Gott. Kult und Fest in Israel, 1981.

Bernd Holze

OSTERN, Pascha, Pfingsten

→ Freiheit; Geist; Lamm

1. Ostern wird im NT in den Ostererzählungen umschrieben mit dem „ersten Tag der Woche" oder griech. mit *páscha* bezeichnet, das sich vom aram. *pasha* ableitet. Es kommt ntl 29mal vor, jedoch fast ausschließlich in den Evv. Pfingsten wird im Griech. mit *pentekosté*, wörtlich der fünfzigste Tag, bezeichnet. Es leitet sich her vom jüd. Wochenfest (hebr. *ḥag šabû'ôt*). Erstmalig findet sich die griech. Bezeichnung in Tob 2,1; 2 Makk 12,32 und im hellenistischen Judentum. Im NT ist *pentekostē* nur dreimal zu finden (Apg 2,1; 20,16; 1 Kor 16,8).

2. Pascha und *ḥag šabûʿôt* (auch genannt: „Fest der Ernte": Ex 23,16; „Fest der Wochen", „Fest der Erstlinge der Weizenernte": Ex 34,22; „Wochenfest", „Fest der Toragebung": Dtn 16,9f) gehören zu den Wallfahrtsfesten im Judentum. Das christl. Osterfest und das Pfingstfest haben ihre Wurzeln und Parallelen im jüd. Paschafest bzw. Wochenfest.

Das atl-jüd. Paschafest wird vom 14. Nisan an (in der Diaspora vom 15. bis 22. Nisan) gefeiert. Die hebr. Bezeichnung *pæsaḥ* leitet sich von *psḥ* (hinken, vorbeihinken, vorbeigehen, verschonen) ab; dies wird im Zusammenhang mit dem traditionellen Hinketanz, der beim *pæsaḥ* getanzt wird, bzw. mit der Verschonung der Israeliten bei der Tötung der Erstgeburt in Ägypten gedeutet.

Beim Paschafest sind zwei Feste infolge der deuteronomistischen Reform miteinander verknüpft worden: das ursprünglich (bis zur Seßhaftwerdung) als Hirtenfest gefeierte Pascha, das zu Beginn des Frühjahrs von Nomaden begangen wurde (mit dem apotropäischen Blutritus), und das ursprünglich kanaanäische Mazzotfest, das Fest der ungesäuerten Brote (hebr. *maṣṣāh*), ein Ackerbaufest, das nach der Landnahme mit der Befreiung aus Ägypten verbunden wurde. Nach der Tempelzerstörung 70 n.Chr. wurde das Fest in die Familie verlegt. Gefeiert wird der besondere Schutz Gottes an den Israeliten in Ägypten. Zahlreiche Riten haben sich zu einer umfangrei-

chen Feiergestalt des Pascha entwikkelt (Sederabend).

Beim *ḥag šabûʿôt*, dem atl Wochenfest, das ursprünglich ein kanaanäisches Fest der Weizenernte gewesen ist und sieben Wochen nach Erntebeginn gefeiert wurde, änderte sich nach der Zerstörung des Tempels 70 n.Chr. der Festinhalt, und es wurde die Gesetzgebung am Sinai gefeiert. Es wird am 50. Tag nach Beginn des Omer-Zählens, am 6. Siwan (in der Diaspora am 7. Siwan), gefeiert (Lev 23,16).

Am Wochenfest wurden die Erstlinge der Ernte dargebracht (Ex 23,16; 34,22), später Speiseopfer (Brote aus neuem Mehl; vgl. Lev 23,16f; Num 28,26). Erst nachexilisch wird das Fest durch die priesterschriftliche Theologie mit einem Ereignis der Geschichte Israels und mit einem Handeln Gottes in Verbindung gebracht: Die Offenbarung am Sinai wurde mit dem Fest verbunden (Ex 19,1).

Das Wochenfest hat seine Bedeutung als Ausdruck der Dankbarkeit für die Ernte und des Glaubens an den göttlichen Ursprung der Tora. Es ist nicht nur durch das Omer-Zählen mit dem Pascha verbunden, sondern auch inhaltlich: Am Pascha wird die Befreiung Israels aus Ägypten gefeiert; am Wochenfest das Verlangen Israels nach der göttlichen Offenbarung. Das Buch Ruth ist diesem Fest als Megilloth zugeordnet.

3. Im MkEv ist kein besonderes Interesse am Paschamotiv im Passionsbericht zu finden. Mt vermeidet die Rede vom Schlachten des Paschalammes (vgl. Mt 26,17); Lk hat ebenso wie Mk kein besonderes Interesse am Paschamotiv, doch ist nur bei ihm vom Paschalamm die Rede.

Im JohEv wird das letzte Mahl Jesu entgegen den Syn und historisch wahrscheinlicher als Paschamahl gedeutet. Der Tod Jesu wird auf das Paschafest (14. Nisan) datiert; nur bei Joh findet sich ein dreimaliger Gang Jesu nach Jerusalem zum Paschafest. Petrus wird durch Agrippa I. während eines Paschafestes verhaftet (vgl. Apg 12,2–4).

Von Pls wird Christus als Paschalamm gedeutet (vgl. 1 Kor 5,7; dieses Motiv findet sich besonders in paränetischen Zusammenhängen). Der 1 Petr nutzt Motive der Paschafeier zur Umschreibung der sittlichen Aufgaben der Christen (vgl. 1 Petr 1,13–21). Von einer Feier des Pascha im Urchristentum fehlen ausdrückliche Quellenbelege.

Pentekoste bezeichnet an allen drei Stellen im NT das jüd. Wochenfest. Nach Apg 2,1 ereignet sich die Herabkunft des Geistes und das Fremdsprachenwunder am Pfingstfest; Lk deutet damit die heilsgeschichtliche Erfüllung des jüd. Wochenfestes an.

4. Die liturgische Ausgestaltung des christl. Osterfestes läßt die jüd. Wurzeln erkennen, aber auch den gemeinsamen Erfahrungshintergrund des jüd. wie des christl. Festes: die Befreiungserfahrung (aus Ägypten, aus dem Tod). Nicht alle frühen Mahlfeiern der Christen nehmen Bezug auf das letzte (Pascha-)Mahl Jesu (Apg 2,42.46; 20,7.11; 27,35; Jud 12); dies geschieht nur dort, wo der Wiederholungsbefehl gegeben wird (vgl. 1 Kor 11,24b; Lk 22,19b).

Lit.: K. Berger, Theologiegeschichte des Urchristentums, [2]1995; G. Fohrer, Glaube und Leben im Judentum (UTB 885), [3]1991; F.-E. Willms, Freude vor Gott, 1981.

Beate Kowalski

P

PHARISÄER, Sadduzäer

→ Auferstehung; Gericht; Priester; Reinheit

1. Wenn wir uns heute unter Pharisä-ern (hebr. *p^arûšîm*, griech. *pharisaîoi*) engstirnige und selbstgerechte Men-schen vorstellen, können wir uns zwar z.T. auf die Evv berufen, werden so aber ihrer historischen Bedeutung nicht gerecht. Wahrscheinlich ist ihr Name (wörtlich: „Abgesonderte") ei-ne Fremdbezeichnung, die „Sektierer" oder „Separatisten" meint. In Wirk-lichkeit zeichnen sich die Pharisäer durch ein hohes Maß an Gemein-schaftssinn aus. Im 1. Jh. n.Chr. bilden sich zwei Hauptrichtungen heraus: die strenger urteilende Schule des Scham-maj und die milder urteilende Schule des Hillel.

Neben den Pharisäern sind die Saddu-zäer *(saddoukaîoi)* eine bedeutende jüd. Partei. Wie schon ihr Name ver-rät, der auf den Oberpriester Zadok (2 Sam 15,24–29) zurückgeht, sind sie im Gegensatz zu den Pharisäern eine konservativ priesterliche Gruppe mit dem Hochpriester an der Spitze.

2. Josephus nennt die Pharisäer und Sadduzäer neben den Essenern und Zeloten im Blick auf seine römischen Leser philosophische Richtungen (bell.

II 162f; ant. XIII 171–173; XVIII 11–15). Ihm zufolge unterscheiden sich die Pharisäer von den Sadduzäern ins-besondere durch ihre Einstellung zu Gesetz und Tradition. Entgegen einer weit verbreiteten Annahme läßt sich weder nachweisen, daß die Sadduzäer sich allein auf den Pentateuch beru-fen, noch daß sie eine besondere Art der Schriftauslegung pflegen. In der Weitergabe der Tradition wird es zwi-schen Pharisäern und Sadduzäern mehr Gemeinsames als Trennendes ge-geben haben. Josephus betont die stren-ge Befolgung der Gesetzesvorschrif-ten durch die Pharisäer. Das gilt für die Beobachtung des Sabbats, die Rein-heitsgesetze und das Verzehnten des Ertrags. Die Reinheitsvorschriften wer-den jedoch erst durch die Rabbinen verschärft. Anders als die Sadduzäer vertreten die Pharisäer die Auferste-hung von den Toten und kennen eine Belohnung und Strafe nach dem Tod. Das erklärt ihr Eintreten für eine mil-de religiöse Rechtsprechung. Josephus erwähnt die Pharisäer erstmals unter dem Makkabäer Jonathan (159–143 v.Chr.). Zur Zeit Johannes Hyrkans (134–104 v.Chr.) stehen sie bzw. ihre Vorläufer in Opposition zu den Has-monäern, mit denen sie offenbar zuvor sympathisierten. Unter Alexander Jannäus (103–76 v.Chr.) verfolgt, werden sie unter seiner Witwe Salome Alexandra (76–67 v.Chr.) zur politisch bestimmenden Macht. Anders als oft behauptet, werden die Pharisäer zur Zeit des Herodes des Großen (40–4 v.Chr.) keineswegs zu einer reinen Frömmigkeitsbewegung. Sie oder wenigstens einige unter ihnen sind durchaus auch politisch tätig.

Die rabb. Texte lassen kaum pharisäisches Erbe erkennen. Vielmehr überwiegt das priesterliche Element. Hier ist zu beachten, daß die Unterschiede zwischen den religiösen Gruppen schon während des Jüd. Kriegs (66–70 n.Chr.) ihre Bedeutung verlieren. Die Synode von Jabne bedeutet keinen Triumph der Pharisäer über andere religiöse Gruppen, sondern eher eine Sammlungsbewegung des ganzen Judentums.

Die Qumrangemeinde meint offenbar die Pharisäer, wenn von Menschen die Rede ist, die „glatte" (Anweisungen) erteilen (4 QpNah 1,2). Damit wirft sie ihnen vor, angesichts des von ihr erwarteten nahen Weltendes kompromißbereit zu sein.

3. Im MkEv treten die Pharisäer nur in der Auseinandersetzung mit Jesus auf. Sie streiten mit ihm über Fragen „der Überlieferung der Väter" (7,4), über das Mahl mit Zöllnern (2,15–17), das Fasten (2,18–22), die Auslegung des Sabbatgebots (2,23–28; 3,1–5), Rein und Unrein (7,1–5), das Korbangelübde (7,9–13), die Ehescheidung (10,2–9) und die kaiserliche Steuer (12,13–17). Da all dies zur Zeit des MkEv keine Rolle mehr spielt, sind das gute Informationen über Bedeutung und Einfluß der Pharisäer während des öffentlichen Wirkens Jesu.

Die Sadduzäer treten nur in Mk 12,18–27 auf, und zwar als Leugner der Auferstehung.

Der unversöhnliche Gegensatz zwischen den Pharisäern und Jesus wird bestätigt durch Mt 23,1–35 par. Das gilt auch für ihre Sorge um Reinheitsvorschriften im Blick auf die Mahlzeiten (Mt 23,35 par). Zusätzliche Informationen bieten die Aussagen über das Verzehnten (Mt 23,23 par) und ihr hohes Ansehen im Volk (Mk 12,38f parr), die Sorge um die Prophetengräber (Mt 23,29 par) und ihre hohe Auffassung von der Tradition der Väter (Mt 23,30 par).

Im MtEv erinnern die Pharisäer nicht nur an die Vergangenheit. Pharisäer und Schriftkundige sind vielmehr aktuelle jüd. Gesprächspartner, mit denen über das Gesetz und die Gerechtigkeit gestritten wird (Mt 5,17–48 u.ö.). Anders als im MkEv spielen sie zusammen mit den Hochpriestern auch in der Passion eine Rolle (Mt 27,62). Für das MtEv sind sie deutlich die jüd. Gegner, mit denen es sich auseinandersetzt. So werden sie polemisch „Heuchler" oder besser „gottlos" genannt, weil es ihnen nicht um die Gottesbeziehung geht, sondern um Lob von seiten der Menschen (6,2 u.ö.). Sie legen anderen Lasten auf, die sie selbst nicht erfüllen (23,3f).

Die Sadduzäer sind auch nach Mt 22,23f Auferstehungsleugner. In der Gerichtspredigt des Täufers werden die Pharisäer und Sadduzäer zusammengeschlossen (3,7). Beide Gruppen zusammen kommen auch zu Jesus, um ihn auf die Probe zu stellen (16,1). In 16,6.11f warnt Jesus seine Jünger vor der Lehre der Pharisäer und Sadduzäer. Das aber bedeutet, daß Mt eine einheitliche jüd. Front im Blick hat.

Das LkEv läßt dagegen die Pharisäer nur selten als Gegner Jesu erscheinen (5,17.21; 7,30). Es wirft ihnen Geldgier vor und darin begründete Selbstgerechtigkeit (16,14f; 18,9), schreibt ihnen aber keine Tötungsabsicht gegen Jesus zu. Es berichtet davon, daß Pharisäer Jesus einladen (7,36–50 u.ö.). Pharisäer suchen Jesus sogar vor den Nachstellungen des Herodes zu bewahren (13,31). In der Apg 5,34; 23,9 berichtet Lk, daß Pharisäer sich Christen gegenüber freundlich verhalten, und in 15,5, daß auch Pharisäer gläubig wurden. Er betont zudem, daß Pls ein Pharisäer war (23,6; 26,5). Weil die Pharisäer – im Gegensatz zu den Sadduzäern (Lk 20,27; Apg 4,1f; 23,6–8) – an die Auferstehung glauben, urteilt er über sie positiver als Mt. Die Sadduzäer bestreiten nach Apg 23,8 überdies – wiederum anders als die Pharisäer – die Existenz von Engeln und Geistern.

Sehr negativ sind die Pharisäer im JohEv gezeichnet: Zusammen mit den sadduzäischen Hochpriestern treten sie als Repräsentanten der Jerusalemer Obrigkeit auf. Nach 1,24 gehören sie schon zu den Gegnern des Täufers. Sie stoßen sich an Jesu freiem Umgang mit den Sabbatbestimmungen (9,13–34) und an seiner Zuwendung zum Volk (7,45–49). Sie gehören zu denen, die Jesus von vornherein töten wollen (7,32; 11,46–53).

Pls war als Pharisäer ein unermüdlicher Eiferer für das schriftliche und mündliche Gesetz (Gal 1,14; Phil 3,5f). Deshalb hat er die Kirche verfolgt (Gal 1,13; Phil 3,6). Doch was ihm einst Gewinn war, ist ihm nun um Christi willen Verlust (Phil 3,7–11). Dennoch bleibt er seinem Volk verpflichtet (vgl. v.a. Röm 9–11); er anerkennt die Schrift als Offenbarung Gottes und müht sich um die rechte Schriftauslegung, nun allerdings im Licht der Offenbarung Christi (vgl. Röm 7,12–14), und anerkennt das Gesetz als Gotteswille, der in der Liebe erfüllt wird (Röm 13,8–10).

4. Die Pharisäer haben mit ihren zur Zeit Jesu etwa 6000 Mitgliedern einen großen Einfluß im Volk. Mächtiger aber als sie sind die Sadduzäer als die Partei des Jerusalemer Priesteradels, die sich wahrscheinlich im 2. Jh. v.Chr. konstituierte (vgl. Josephus, ant. XIII 171–173.288–290). Sie sind es, die wohl wegen der kritischen Stellung Jesu zum Tempelkult (vgl. Mk 11,15–19) und zur kultischen Reinheit (Mk 7,15) dessen Tod betreiben. Wegen ihrer starken Bindung an den Tempel bedeutet die Zerstörung des Tempels (70 n.Chr.) auch das Ende ihrer Existenz. Ein wesentliches Verdienst der Pharisäer ist es, daß sie bei aller Gesetzestreue Wege finden, die es auch in schwerer Zeit erlauben, treu zum Gesetz und zur Tradition zu stehen.

Lit.: J. Neusner/ C. Thoma, Die Pharisäer vor und nach der Tempelzerstörung des Jahres 70 n.Chr., in: S. Lauer/ H. Ernst (Hg.), Tempelkult und Tempelzerstörung (70 n. Chr.) (FS Thoma) (JudChr 15), 1995, 189–230; P. Schäfer, Der vorrabb. Pharisäismus, in: M. Hengel/ U. Heckel (Hg.), Pls und das antike Judentum (WUNT 2/58), 1991, 125–175; G. Stemberger, Pharisäer, Sadduzäer, Essener (SBS 144), 1991.

Heinz Giesen

PRIESTER, Priestertum, Hochpriester

→ Ältester; Apostel; Opfer

1. „Priester" bezeichnet einen religiös-kultischen Berufsstand, der atl und nachntl belegt ist und von Männern ausgeübt wird. Wesentliches Charakteristikum für diesen Beruf ist neben den unterschiedlichen geschichtlichen Notwendigkeiten und Ausprägungen die Mittlerposition zwischen Gott und Mensch, die sich atl besonders im Opferkult zeigt.

2. Im AT finden sich zwei Bezeichnungen für den Priester: *kohen* (Wahrsager) und *lewî* (Orakelspender). Die wesentlichen Aufgaben des Priesters sind daher: Verwaltung des Losorakels, Lehre der Tora, Rechtsprechung in Streitfällen, Segnungen und Opferdarbringungen, Mittlerfunktion bei Wort und Opfer.

In der vormosaischen Zeit bzw. Patriarchenzeit wurde das Priesteramt von Vertretern der Gemeinschaft ausgeübt; es gab eine Einheit zwischen religiösen Priestern und profanem Führungsamt.

In der Richter-/Königszeit wurden rituelle Handlungen von Laien vollzogen und priesterliche Funktionen von Königen beansprucht; die Ausbildung eines Amtspriestertums war unklar.

Im mosaischen Gesetz wird das Priestertum ausschließlich Aaron (aus Levi) und seinen männlichen Nachkommen (erbliches Priestertum, dennoch Weihe und Einkleidung) übertragen. Aaron als Hochpriester kamen besondere Vollmachten, Rechte und eine Amtskleidung zu. Körperliche Weihehindernisse werden in Lev 21,17–24 geregelt; in diesem Kontext ist auf die aus priesterlicher Theologie formulierten Reinheitsgesetze in Lev zu verweisen. Zu den Pflichten und Aufgaben gehörten: Opferdienst, Bedienung des Altars, Dienst im Heiligtum, Erneuerung der Schaubrote, Sorge um Licht am siebenarmigen Leuchter, Segen nach dem Morgenopfer, Sorge um Reinheitsgesetze, Unterrichtung des Volks, Entscheidung in Rechtsfällen. Neben kultischen Funktionen ist das mosaische Priestertum durch lehrende und richterliche Aufgaben charakterisiert.

Nachexilisch bleibt der Priester Kultdiener und Schriftgelehrter. Hinzuweisen ist auf die prophetische Kritik am Priestertum; Messiashoffnung verbindet sich – zusammen mit dem Königtum – mit dem Priestertum (Ps 110,4) (Priester, König, Messias).

3. Ntl wird kein Amtsträger Priester *(hiereús)* genannt, kein einzelner hat ein amtliches Priestertum (es gibt keine kultischen Bezeichnungen für Ämter im NT [siehe Ämterspiegel in den Past: 1 Tim 3,1–7.8–13; Tit 1,6–9]). Die Apostel sind keine Priester, auch wenn sie durch ihre Sendung und ihren vermittelnden Dienst (Verkündigung des Worts, Vermittlung des Heils, Sündenvergebung, Vergegenwärtigung des Opfertodes Christi, Geistmitteilung, Ölsalbung) priesterliche Dienste ausüben.

Vom Priestertum ist ntl in zweierlei Richtung die Rede: zum einen in bezug auf Christus, den Hochpriester *(archiereús*, Hebr*)*, und zum anderen bezüglich des allgemeinen Priestertums aller Gläubigen (1 Petr 2,1–9; Offb 1,6; 5,10; 20,6). Der Opferdienst des Priesters wird ntl in Weiterentwicklung des AT spiritualisiert.

4. Die Entwicklung des Priesterbildes in nachntl Zeit ist durch die jeweiligen gesellschaftlichen Anforderungen geprägt. Gegenwärtig werden die Fragen des Priesterbildes und der Frauenordination in den unterschiedlichsten christl. Konfessionen diskutiert.

Lit.: E.L. Grasmück, Vom Presbyter zum Priester, in: P. Hoffmann (Hg.), Priesterkirche (TzZ 3), ²1989, 96–131; E. Schüssler Fiorenza, Ntl-frühchristl. Argumente zum Thema Frau und Amt, in: W. Groß (Hg.), Frauenordination, 1996, 32–44; H. Wahl, „Priesterbild" und „Priesterkrise" in psychologischer Sicht, in: P. Hoffmann (Hg.), Priesterkirche (TzZ 3), ²1989, 164–194.

Beate Kowalski

PROPHET/IN

→ Falschprophet; Geist; Gemeinde; Jesus

1. Das deutsche Lehnwort „Prophet" ist aus dem Griech. abgeleitet; dort ist *prophḗtēs* die Bezeichnung für den Deuter göttlicher Orakel. Von der LXX wird dieses Wort aber zur Wiedergabe des hebr. *nābî'* benutzt. Dieser Terminus wird abgeleitet vom akkadischen *nabû(m)* (= nennen, berufen), speziell in passivischer Bedeutung als „Berufener", „mit einer Botschaft Betrauter". Nach einem bekannten Merkwort ist „Prophet" also weniger der „Vorhersager", sondern der „Hervorsager", der in göttlicher Vollmacht die Menschen mit dem jeweils neuen Wort des lebendigen Gottes konfrontiert.

Das NT sieht in den atl Propheten – namentlich genannt werden Jesaja, Jeremia, Daniel, Joël, Jona sowie Samuel, David, Elischa, Bileam, Hanna (Lk 2,36) [und Epimenides (Tit 1,12)

als Prophet der Kreter]; ohne Namensangabe zitiert werden Hosea, Amos, Micha, Habakuk und Sacharja – Menschen, durch die Gott gesprochen hat (vgl. Apg 3,18); sie sind ein „Instrument" Gottes (vgl. Hebr 1,1). Der Ursprung der Prophetie *(prophē-teía)* liegt nicht im Wollen von Menschen, „sondern vom heiligen Geist getragen redeten von Gott (her) Menschen" (2 Petr 1,21). Die Vorsilbe pro- (von *prophḗtēs*) wird aber nicht nur instrumental, sondern auch temporal verstanden: Die Propheten haben vorausgesagt. Gott selbst hat durch seine Propheten in den hl. Schriften sein Ev voraus angekündigt (vgl. Röm 1,1f); so richtet sich die Verkündigung aller Propheten auf das Christusereignis.

2. Schon immer versuchten Menschen, etwas über ihre Zukunft zu erfahren, und gern wandte man sich um Auskunft an numinose, zugleich Vertrauen und Schauder erweckende göttliche Mächte. Die Mittel zur Erkundung der Zukunft unterschieden sich jedoch in den einzelnen Kulturen beträchtlich. In Babylonien und Assyrien wurde ein gewaltiger Aufwand an kultischen Techniken mit Eingeweideschau bei Opfertieren, Beobachtungen der Sternkonstellationen u.ä. ausgearbeitet; in Ägypten suchte man dagegen eher nach typischen Abläufen in der Vergangenheit, um von daher Orakel zu deuten. Im Raum Syrien/Palästina schließlich galt als vorherrschende Art der Zukunftserkundung und -kündung die gottgewirkte Eingebung begabter Menschen. Viele altorientalische Texte lassen erkennen, welche bedeutende Rolle bei politischen Entscheidungen Propheten spielten; wichtige Belege finden sich in den Briefen von Mari aus dem 18. Jh. v.Chr., wo eine Prophetie sichtbar wird, in der das seherische und das ekstatische Element gleichermaßen vorkommen und professionell angestellte wie private Propheten erkennbar werden.

In der Frühzeit Israels haben die Sippenältesten selbst Orakel von Gott empfangen und bedurften keiner besonderen Vermittler (wie sie auch selbst priesterliche Funktionen ausübten). Nach Exodus und Landnahme (12./11. Jh. v.Chr.) gibt es den Gottesmann und den Seher, welche Einzelpersonen oder der Kultgemeinschaft die von Gott gewollte Zukunft erschließen, an die man sich aber auch in alltäglichen Angelegenheiten wenden kann (vgl. 1 Sam 9,3–14). In der Periode des Übergangs von der Richter- zur Königszeit dringt aus der kanaanäischen Religion das institutionalisierte Prophetentum in Israel ein. 1 Sam 9,9 kennt noch den Wechsel in der sprachlichen Bezeichnung: „Früher sagte man in Israel, wenn man hinging, um Gott zu befragen: Wir wollen zum Seher gehen. Denn wer heute Prophet genannt wird, hieß früher Seher." 1 Sam 10,5.10 berichtet erstmals von Prophetenscharen, die von einer Kulthöhe mit Musik und Tanz in Ekstase herabkommen; als auslösender Faktor dafür gilt „der Geist Gottes", der auch über andere Menschen kommen kann, wenn sie mit solchen Prophetenscharen in Berührung kommen (1 Sam 10,6). Solche wilde Raserei kannte Israel sonst von den Propheten des Baal, und so versteht man die Verachtung (1 Sam 10,11f), die derartigen Ekstatikern entgegengebracht wurde. Demgegenüber legitimiert Num 11,24–30 die

ekstatisch-prophetische Verzückung als mosaisch (V 25). Für die mittlere Königszeit belegt 1 Kön 22,6 (vgl. 2 Chr 18,5) die Existenz von etwa 400 Propheten am israelitischen Königshof (ähnlich 450 Baals-Propheten am Hof der Isebel; vgl. 1 Kön 18,19), die neben Priestern und Beamten einen eigenen, angesehenen Berufsstand bildeten und eine eigene Berufskleidung trugen (vgl. 2 Kön 1,7f; Sach 13,4). Prophetenschulen bildeten sich auch an anderen großen Heiligtümern, so um Elischa in Gilgal und Bet-El (vgl. 2 Kön 4; 6), wo man mit besonderem Eifer für die Alleinverehrung Jahwes eintrat. Auch Prophetinnen sind bezeugt und spielen z.B. bei der Reform Joschijas eine wichtige Rolle (vgl. 2 Kön 22,14: Hulda; Neh 6,14: Noadja; Jes 8,3: die Frau Jesajas; bei der Bezeichnung „Prophetin" für Mirjam [Ex 15,20] und Debora [Ri 4,4] dürfte es sich um nachträglich formulierte Würdebezeichnungen für bedeutende Frauen handeln, während unter den in Ez 13,17–23 beschriebenen Frauen Zauberinnen zu verstehen sind). In der Zeit des Hellenismus spielte die Prophetie dann bald keine Rolle mehr (vgl. Sach 13), bis die Apokalyptik sie auf ihre Weise neu belebt hat.

Die Propheten, speziell die sog. „Schriftpropheten", haben das religiöse Denken Israels tiefgreifend verändert. Während sich bisher die Religion Israels im wesentlichen an der vergangenen Heilsgeschichte orientiert und legitimiert hatte, kommt mit den Propheten eine zukunftsorientierte („implizit eschatologische") Komponente auf (vgl. z.B. Jes 43,18–21). Die meisten Propheten fanden zu ihren Lebzeiten keine Anerkennung. Ihre

Sozial- und Kultkritik, ihr Nachweis der Unfähigkeit des Volkes, den Bund mit Jahwe zu halten, und ihre Unheilsansagen empörten die Zeitgenossen. Viele Propheten haben unter dieser Ablehnung sehr gelitten, mehr als alle anderen Jeremia.

3. Q zeichnet Johannes d.T. als Bußprediger und Gerichtspropheten in Israel, als endzeitlichen Wegbereiter („Vorläufer") Jesu. Er ist „Prophet des Höchsten" (Lk 1,76), ja „mehr als ein Prophet" (Lk 7,26). Sein gewaltsames Prophetenschicksal ist Vorausentwurf des Todesgeschicks Jesu (Mk 6,14ff). Mt ordnet ihn durch die Identifikation mit Elija dem Messias Jesus zu; für Lk gehört er, heilsgeschichtlich betrachtet, zur Zeit von „Gesetz und Prophet" (Lk 16,16). Joh dagegen verneint seine Funktion als eschatologischer Prophet: Er ist „die Stimme eines Rufenden in der Öde" (vgl. Joh 1,21–25).

In der syn Tradition wird mehrmals Jesus als Prophet bezeichnet: Nach Mk 6,14–16 par; 8,27–30 parr hält das Volk Jesus für eine eschatologische Prophetengestalt (ähnlich Mt 21,11.46). Das Totenerweckungswunder Lk 7,16 gilt als Tat eines Propheten, ebenso wie das wunderbare Wissen Jesu (Lk 7,39), sogar sein ganzes Auftreten (Lk 24,19). Für Joh ist die Vorstellung vom Propheten Jesus Teil seiner Christologie (vgl. v.a. in Kap. 4; 6; 9): Die Erkenntnis, daß Jesus ein Prophet ist, ist ansatzweise ein Begreifen Jesu, der aber als Offenbarung Gottes in Person alle Propheten überragt (vgl. Joh 8,48–58). Neben Wanderpropheten (vgl. Mt 7,15; Did 11–13) gab es in verschiedenen urchristl. Gemeinden Personen, die als Propheten/Prophetinnen bezeichnet wurden. Sie hatten in ihren Gemein-

den eine bestimmte Stellung und Funktion, die näher zu umschreiben aber schwierig ist. Nach 1 Kor 14,3.31 erwartet Pls von ihnen Erbauung, Ermutigung und Tröstung der Gemeinde; ihr Reden soll nicht ekstatisch, sondern geordnet, in verständlicher Rede geschehen (1 Kor 14,15f.24–29).

Lk sieht im Auftreten der Propheten/Prophetinnen ein Zeichen der eschatologischen Geistausgießung (Apg 2,17–21), wozu grundsätzlich alle Christen/Christinnen begabt sind (vgl. auch 1 Kor 11,5); die besonders erwähnten und z.T. namentlich genannten Propheten/Prophetinnen illustrieren das Wirken des Geistes in der Kirche (Apg 11,27f; 13,1f; 15,22.32; 21,4.9).

Nach Eph 2,20; 3,5; 4,11 sind die Apostel und Propheten das Fundament der nachapostolischen Kirche.

Die Offb erwähnt neben urchristl. Propheten (Offb 10,7; 11,18; 16,6; 18,20.24) und dem Propheten-„amt" des Verfassers (Offb 1,3; 10,10f; 19,9f; 22,6–10) auch die in Thyatira lebende („häretische") Prophetin Isebel (Offb 2,20).

4. Das II. Vatikanische Konzil spricht in LG 35 von der Teilhabe der Laien am Prophetenamt Christi. Man sieht die prophetische Sendung einzelner Christen/Christinnen oder christl. Gruppen meist in ihrem Auftrag, als kritisches Gewissen der Gesellschaft zu Zeitfragen Stellung zu nehmen, den Willen Gottes „hervorzusagen". Aber dies bleibt – wie bei der bibl. Prophetie – letztlich Wagnis der/des einzelnen.

Lit.: G. Dautzenberg, Urchristl. Prophetie (BWANT 104), 1975; U.B. Müller, Prophetie und Predigt im NT (StNT 10), 1975; F. Schnider, Jesus der Prophet (OBO 2), 1973.

Michael Ernst

R

RECHT, Gerechtigkeit,
Rechtfertigung

→ Gericht; Glaube; Gnade; Heil;
Vergeltung; Versöhnung

1. Häufig ist mit dem Begriff Gerechtigkeit in Verbindung mit Gott die Vorstellung von Vergeltung verbunden, und auf seiten des Menschen wird der Leistungsdruck, vor Gott gerecht sein zu wollen, empfunden. Doch ist der Begriff Gerechtigkeit in der Bibel viel umfassender und primär mit dem von Gott geschenkten Heil verbunden.
2. Für die zentralen ntl Aussagen über die Gerechtigkeit *(dikaiosýnē)* ist von der atl Vorgeschichte (vgl. die Wörter *ṣdq, sᵉdāqāh*) festzuhalten, daß die Gerechtigkeit Gottes in erster Linie darin besteht, daß er sich seinem von ihm erwählten Volk Israel als gerecht im Sinn von gemeinschaftstreu erweist (vgl. Jes 42,6); wie umgekehrt der Mensch gerecht ist, wenn er durch seinen Glauben (vgl. auch Gen 15,6) und die Befolgung der Bundessatzungen in dieser geschenkten Gemeinschaft bleibt. Gottes Gerechtigkeit bzw. seine gerechten Taten können insofern den Charakter von Heilstaten haben (Ri 5,11; 1 Sam 12,7–11; Ps

103,6), was ein richterliches, ja strafendes Handeln Gottes zum Erweis seiner Gerechtigkeit nicht ausschließt. Der Beter der Psalmen kann Gottes helfende Gerechtigkeit preisen (Pss 22,32; 51,16; 71,24; 145,7), und insbesondere in Jes 40–66 ist die Gerechtigkeit mit der erhofften heilbringenden Macht Gottes verbunden (45,8. 24; 48,18; 54,14–17), wobei über den Gottesknecht verkündet wird: „Mein Knecht, der gerechte, macht die vielen gerecht; er lädt ihre Schuld auf sich" (53,11b).
3. Seinen Schwerpunkt hat das Wort Gerechtigkeit zur Bezeichnung des von Gott durch Christus geschenkten Heils im NT bei Pls, der auch in diesem Sinn das Verb „gerechtmachen", „gerechtsprechen", „rechtfertigen" *(dikaióō)* verwendet. Doch kennt auch – der atl-jüd. Tradition entsprechend – die Jesusüberlieferung der Evv den Begriff Gerechtigkeit, wobei jedoch besonders bei Mt mit eigener theologischer Akzentsetzung gerechnet werden muß. Jesus bejaht die Umkehrpredigt Johannes' d.T., der „auf dem Weg der Gerechtigkeit" kam (21,32), und unterzieht sich der Taufe, um „zu erfüllen jede Gerechtigkeit" (3,15), d.h., es ist Zeit, ein neues Verhältnis zu Gott und zu den Mitmenschen zu

vollziehen. Die Bergpredigt, die „die Hungernden und Dürstenden nach der Gerechtigkeit" seligpreist und den „Verfolgten wegen der Gerechtigkeit" „das Königtum der Himmel" zuspricht (5,6.10), will als die *magna charta* der neuen Gerechtigkeit verstanden werden und läßt Jesus polemisch sagen: „Wenn nicht überfließt eure Gerechtigkeit mehr als (die) der Schriftkundigen und Pharisaier, keinesfalls werdet ihr hineingehen ins Königtum der Himmel" (5,20). Jesu Wort: „Sucht aber zuerst das Königtum [Gottes] und seine Gerechtigkeit ... !" (6,33) ist seinem Kontext nach nicht als Aufruf zu furchterfüllter Kraftanstrengung in der Gesetzeserfüllung zu verstehen. Auch wenn in Übereinstimmung mit der jüd. Tradition zwischen denjenigen, die Gottes Gebot erfüllen, und den Heuchlern bzw. Gesetzesbrechern unterschieden wird (vgl. 7,21–23; 10,41; 13,17; Kap. 23), meint es eine von Dank und Vertrauen bestimmte Annahme der neuen Gottesgemeinschaft mit ihren ohne Zweifel gegebenen ethischen Konsequenzen (vgl. 18,23–35). Erst im vom Menschensohn vollzogenen Endgericht wird sich erweisen, wer gerecht ist (25,31–46). Auch Lk, um den Aufweis der Kontinuität in der Heilsgeschichte bemüht, würdigt als „gerecht" Zacharias und Elisabet (1,6), Symeon (2,25) und Joseph von Arimathaia (23,50), schließlich auch den dem Gott Israels zugewandten heidnischen Hauptmann Kornelios (Apg 10,22.35), jedoch hält er im Gleichnis vom Pharisäer und Zöllner (Lk 18,9–14) die Kritik Jesu an einer auf die eigene Leistung setzenden Gerechtigkeit unter Außerachtlassung

der eigenen Gnadenbedürftigkeit fest. Jesus selbst, der „nicht kam", „Gerechte zu rufen, sondern Sünder" (Mk 2,17 parr), und verkündete, daß im Himmel mehr Freude „über einen umkehrenden Sünder als über 99 Gerechte" ist (Lk 15,7), wird vom römischen Hauptmann nach seinem Tod als der exemplarische Gerechte bekannt (23,47; vgl. Mt 27,19).
„Die Gerechtigkeit Gottes" ist ein von der atl-jüd. Tradition vorgegebener Kernbegriff im Ev des Pls und bestimmt seine sog. Rechtfertigungslehre. Die christl. Note ist darin gegeben, daß der Apostel hervorhebt (vgl. insbesondere Röm 1,16–3,31), daß alle: Heiden wie Juden, in ihrer Sündhaftigkeit der Gerechtigkeit Gottes bedürfen; denn auch bei diesen hat sich trotz des von Gott geschenkten Gesetzes erwiesen, daß die Werke des Gesetzes nicht zu Gerechtigkeit führten, sondern zur Anklage gegen die Übertreter der Gebote (Gal 3,10–12) und zum Bestreben, „die eigene Gerechtigkeit" aufzurichten (Röm 10,4; vgl. Phil 3,6.9). Alle – so wurde es dem Apostel aufgrund seiner Christuserkenntnis klar (vgl. Gal 2,15–21; Phil 3,4–9) – sind angewiesen auf Jesus Christus und seinen Sühnetod, „der uns Weisheit wurde von Gott, Gerechtigkeit und Heiligung und Erlösung" (1 Kor 1,30; vgl. Gal 3,13f; 2 Kor 5,21; Röm 8,3; Tit 3,4–7). Deshalb gilt, daß nur der Glaube an Christus zur Gerechtigkeit führt. Wie schon der Glaube Abraham zu Gerechtigkeit angerechnet wurde (Gal 3,6; Röm 4,22 unter Aufnahme von Gen 15,5), so ist erst recht der Glaube für Juden wie Heiden in der mit Christus eröffneten Heilszeit der einzige von Gott

geschenkte Heilsweg (vgl. Gal 3; Röm 3,21–5,21), den der Apostel als „Diener des Neuen Bundes" im „Dienst der Gerechtigkeit" (2 Kor 3,6.9) in aller Welt verkündet. Trotz der Verschlossenheit Israels für das Ev hält Gott seine Bundestreue zu seinem Volk durch und erweist damit seine Gerechtigkeit (Röm 9–11). Aus der Macht der Sünde befreit, kann der zu Christus Gehörende nun seine „Glieder als Waffen (der) Gerechtigkeit für Gott" bereitstellen (Röm 6,13; 2 Kor 6,7; vgl. Eph 6,14) und am Tag Christi „erfüllt mit Frucht von Gerechtigkeit" sein (Phil 1,10f; vgl. Eph 5,9; 1 Tim 6,11) und diese unverlierbar besitzen (Gal 5,5; vgl. 2 Tim 4,8; 2 Petr 3,13). Die Polemik von Jak 2,20–26 gegen die Gerechtigkeit aus dem Glauben allein, nicht aus den Werken, trifft nur ein Mißverständnis des pln Gerechtigkeitsbegriffs.

Der joh Theologie entsprechend, heißt es 1 Joh 2,29: „Wenn ihr wißt, daß gerecht er (d.h. Gott) ist, erkennt, daß auch jeder Tuende die Gerechtigkeit aus ihm gezeugt ist" (vgl. 3,7–10).

4. Der bibl. Glaube kennt den Schrei gerade auch der auf Gott Vertrauenden nach Gottes Gerechtigkeit. Fehlende Gerechtigkeit kann als Gottferne empfunden werden. Das christl. Ev lebt mitten in allen Nöten und Zweifeln nicht zuletzt aufgrund der Ostererfahrung vom Glauben an Gottes Gerechtigkeit, die in der Gemeinschaft mit Jesus Christus ein personales Angesicht hat und auch von prägender Kraft für das sittliche Leben des Christen ist.

Lit.: H. Giesen, Christl. Handeln. Eine redaktionelle Untersuchung zum Dikaiosyne-Begriff im MtEv (EHS.T 181), 1982; K. Kertelge, „Rechtfertigung" bei Pls (NTA 3), ²1971; P. Stuhlmacher, Gesetz bei Pls (FRLANT 87), 1965.

Jost Eckert

REINHEIT, Reinigung

→ Gesetz; Glaube; Heiligkeit; Taufe

1. Sexualasketische Anforderungen an die Priester, das Verbot des Kommunionempfangs nach ehelichem Verkehr, nach *pollutio nocturna* und bei Menstruation, oder die Aussegnung der Wöchnerin waren in der westlichen Kirche bis in unser Jh. lebendige Relikte levitischer Reinheitsgesetze. Diese wirken letztlich auch fort in Tauf- und Weihwasser. In der Ostkirche gehören Reinheitsvorschriften noch heute zur unveräußerlichen Tradition.

2. Wie in allen antiken Religionen galten auch im AT bestimmte Gegenstände, Lebewesen, körperliche Zustände und Handlungen als unrein und gleichzeitig als eine Quelle der Verunreinigung, die als eine Art gefährliche Infektion gedacht wird. Rein und heilig sind eng verwandte, wenn auch nicht identische Begriffe. Reinheit ist negativ durch die Abwesenheit der Befleckung definiert und Voraussetzung dafür, daß der Mensch vor Gott erscheinen darf. Heiligkeit als Attribut Gottes wird gedacht als etwas Ganzes, Vollkommenes. Von daher muß alles, was sich dem Kult nähert, physisch makellos sein. Neben der physischen Vollkommenheit und Vollständigkeit des Körpers erfordert die Heiligkeit die Einhaltung bestimmter Ordnungen, die nicht miteinander vermischt werden dürfen. Rein und unrein konstituieren ein ganzes Universum mit umfangreichen Ge- und Verboten zum Schutz der gesellschaftlichen Ordnung. Sie dienten Israel gleichzeitig als Grenzziehungen und halfen ihm, in der Diaspora oder in Zeiten der Fremdherrschaft seine Identität zu bewahren. Als unrein im AT gelten: der Vorgang der Geburt (Lev 12), Menstruation u.a. geschlechtliche Ausflüsse (Lev 15), Aussatz (Lev 13f), die Berührung eines Leichnams (Lev 21,1–3.11; Num 19,11) und der Verzehr unreiner Tiere (Lev 11; Dtn 14,3–21). Die intensivste Form der Unreinheit bewirken götzendienerische Kulte und Praktiken (Lev 18–20; 22). Für Priester und Leviten galten verschärfte Vorschriften (Lev 21; Num 6). Rituelle Reinheit entsteht durch Wasser, Natron, Weihrauch, Schwefel, Sühnopfer oder die Asche der roten Kuh und erfordert die Meidung all dessen, was dem Heiligen zuwider ist (Speiseverbote, Enthaltsamkeit, Kontaktsperre gegenüber unreinen Menschen).

Gut und böse sind davon differente Kategorien und Wertmaßstäbe der Propheten und der Weisheitsliteratur, deren Weltanschauung oftmals mit der rituellen Reinheit kollidiert (Jer 7,21ff; Am 5,21ff). Unreinheit ist hier ein Synonym für Sünde, Reinheit für Nächstenliebe und Gehorsam gegenüber Gott (Ps 15).

Zur Zeit Jesu haben fast alle religionspolitischen Gruppen einen – wenn auch voneinander abweichenden – Reinheitsbegriff. Josephus (Ap. II 198.205) sowie archäologische Ausgrabungen bezeugen eine Verankerung der mosaischen Reinheitsgesetze in der jüd. Bevölkerung. Für die Pharisäer und Essener waren sie entscheidend; beide kennen sowohl den Begriff kultischer wie ethischer Reinheit. Das hellenistische Judentum, allen voran Philo, versuchte entweder ihre Vernünftigkeit aufzuzeigen oder durch Allegorisierung geistig-sittliche Qualitäten herauszulesen.

3. Die Aussagen des NT zu rein und unrein *(katharós, hagnós* bzw. *akáthartos* u.a.)* sind heterogen. Mk 1,44 und Lk 2,22 z.B. setzen eine Anerkennung der Reinheitsgesetze voraus. Eine Analogie von Heilung und Reinheit ist bei der Heilung von Aussätzigen sowie bei den Exorzismen unreiner Geister unübersehbar. Andererseits kollidiert Jesu Umgang mit Zöllnern und Sündern mit pharisäischen Reinheitsvorschriften.

Die Aufnahme von und die Tischgemeinschaft mit Unbeschnittenen führte das junge Christentum in regelrechte Zerreißproben (Apg 10.11.15; Röm 14; Gal 2). Nach Pls werden die Heiden durch den Glauben, nicht durch Beobachtung des Gesetzes gerecht (Gal 3,11ff; 4,9). Für ihn ist nichts unrein an sich (Röm 14,14), nur die Rücksicht auf den schwachen Bruder rechtfertigt noch die Beachtung von Reinheitsvorschriften (Röm 14; 1 Kor 8). Pls interpretiert die Attribute der kultischen Reinheit neu. Er bezeichnet Gemeindemitglieder als heilig (Röm 1,7; 8,27; 16,2.15 u.ö.) und überträgt damit kultbezogene Aussagen des AT über den reinen Zustand des Gottesvolks (Ex 19; Lev 19) auf die christl. Gemeinde. Heilig ist das Gottesvolk jedoch nicht mehr aufgrund bestimmter Riten, sondern durch Glaube und Taufe. In 1 Kor 7,14 vertritt er das Konzept einer offensiven Reinheit, wonach der reine Mensch einen unreinen heiligt.

Eine Vision, daß Gott Verbotenes und Unreines rein gemacht hat (Apg 10,15), führt zur programmatischen Eröffnung der Heidenmission durch Petrus. Das Apostelkonzil bestätigt die Gesetzesfreiheit der Heiden, verlangt aber die Einhaltung bestimmter Vorschriften bezüglich Ernährung und Sexualität (Apg 15). Auch Mk 7 gibt den kultischen Reinheitsvorschriften den Abschied und siedelt Gottesferne und Gottesnähe in Anlehnung an prophetische und hellenistische Traditionen im Gewissen des Menschen an. Ausschließlich ethisch definieren auch viele urchristl. Paränesen Reinheit und sprechen von einem reinen Gewissen und Herzen (1 Tim 1,5; 3,9; 2 Tim 1,3; 2,22; Jak 1,27; 4,7f). Nach Eph 5,26f ist eine grundlegend neue Lebensführung durch die Reinheit des Taufakts möglich.

Hebr und Joh sind in je eigener Weise eng mit dem jüd. Reinheitsdenken verbunden. Der Hebr hebt die Überlegenheit des neuen Bundes über den alten Bund hervor, hält aber unter neuen Verständnisbedingungen an kultischen Reinheitsvorstellungen des AT fest (9,22ff). Während die atl Reinheit nur eine äußerliche und vorübergehende ist, bewirkt der Opfertod Christi eine neue sittliche, zeitlich unbegrenzte Reinheit, die den alten Kult überflüssig macht (Hebr 9; 10).

Reinheit ist ein positiver Leitgedanke des JohEv. Durch die Lebensverbindung mit Jesus, durch sein Wort und seinen Geist sind auch die Jünger rein (Joh 13,10f; 15,2f; 17,14ff). Die Gläubigen sollen sich ständig von Sünde und Ungerechtigkeit reinigen (1 Joh 3,3), so daß sie das Blut Christi von aller Sünde rein macht (1 Joh 1,7–9).

4. Die frühchristl. Kirche lehnte die kultischen Reinheitsvorschriften ab. Mittels Allegorese las sie in ihnen (wie Philo) sittliche Forderungen und typologisierte Aussagen über R einigungsmittel als Vorbilder des Todes Christi oder der Taufe. Den Sexualvorschriften jedoch stand sie positiv gegenüber, verstand sie jedoch nicht kultisch, sondern las sie als stoische Axiome, im Sinn asketischer Sexualethik. Origenes (hom. in Lev. VIII 3f) spricht als erster von der Unreinheit der Wöchnerin, Tertullian (monog. 7,7–9) verbindet als erster atl Reinheitsvorstellungen mit der Theologie des Amtes. Ab dem 3. Jh. setzt eine Debatte über das Verhältnis von Sexualität und Teilnahme am Abendmahl ein.

Lit.: K. Berger, Theologiegeschichte des Urchristentums, [2]1995; M. Douglas, Reinheit und Gefährdung (stw 712), 1988; D. Wendebourg, Die atl Reinheitsgesetze in der frühen Kirche, ZfKG 95 (1984) 149–170.

Monika Fander

REUE

→ Bekehrung

1. Der Begriff „Reue" hat es in mehrfacher Weise schwer, sich zu behaupten, da er einmal offenbar mit „Buße, Umkehr" (metánoia) gleichgesetzt wird, zum anderen einen augenscheinlich nicht als bedeutungsvoll geltenden Vorgang umschreibt, da häufig eine Erörterung unterbleibt. Im NT begegnen aber das Verb „bereuen" (metamélomai) (Mt 21,29.32; 27,3; 2 Kor 7,8a.8b; Hebr 7,21; davon in Mt 21,32; 2 Kor 7,8a; Hebr 7,21 verneint) und

das Adjektiv „unbereubar" *(ametamé-lētos)* (Röm 11,29; 2 Kor 7,10).

2. Atl Texte sprechen von einer Reue (im Sinn von Schmerz) Jahwes über sein eigenes Tun, wobei dem Menschen aufgezeigt wird, wie wenig er Jahwes Erwartung entspricht; es geht also nicht um eine Darstellung von Emotionen Gottes: Gott reut es, daß er die Menschen geschaffen hatte (Gen 6,6f); es reut ihn, daß er Saul zum König gemacht hatte (1 Sam 15,11). Es kann ihn aber auch eines Unheils reuen, das er schon beschlossen hatte – aufgrund einer Fürbitte (Ex 32,12) oder wegen der Buße und Umkehr des Volkes (Jer 18,8; Joël 2,13; Jon 3,9f). Daneben findet sich aber auch die Bekräftigung, daß er eine konkrete Tat oder ein Wort nicht bereut (Sach 8,14; Ps 110,4).

Die Reue von Menschen kann entweder Wankelmütigkeit sein (Ex 13,17) oder eine grundlegende Neuausrichtung auf Gott hin (Jer 31,19); letzteres kommt dann in die Nähe der Bedeutung von Umkehr, Buße, wie es (seit Luther) auch oft von Bibelübersetzungen suggeriert wird.

3. Als eigenständige, von Buße, Umkehr zu unterscheidende Begriffe erscheinen „Reue, bereuen" im Gleichnis von den zwei Söhnen Mt 21,28-32. Das Verb meint die Erkenntnis, in einer konkreten Situation falsch gehandelt und aus der Einsicht die richtige Konsequenz gezogen zu haben. So erklärt der zweite Sohn zunächst nach 21,29 dem Vater, er befolge nicht seinen Befehl, empfindet aber dann Reue und geht zur Arbeit in den Weinberg. Im V 32 meint das Verb eher allgemein die Erkenntnis der grundsätzlich falschen Lebenshaltung, die wohl auch moralisches Versagen einschließt.

Jesus stellt das Verhalten der Zöllner und Dirnen dem der Hochpriester und der Ältesten gegenüber (vgl. 21,23) und wirft den Letztgenannten vor, sie hätten die Bedeutung der Täuferbotschaft nicht erkannt, keine Reue empfunden und nicht geglaubt.

Nach Mt 27,3 empfindet Judas beim Anblick des durch seinen Verrat in die Hände der Hochpriester und Ältesten gefallenen Jesus Reue und erkennt somit sein schändliches Handeln. Die Reaktion des Verräters erfolgt auf der rein menschlichen Ebene, berührt demnach zumindest nicht in erster Linie die Heilsbedeutung der Person und des Geschicks Jesu.

Pls verwendet in 2 Kor 7,8–10 die Begrifflichkeit in einigen Variationen. In V 8 bedient er sich gleich zweimal des Verbs, indem er zunächst feststellt, er bereue es nicht, die Korinther durch den in 2 Kor 2,3f.9 genannten Brief betrübt zu haben, da das Schreiben eine Betrübnis „gemäß Gott", „dem Willen Gottes entsprechend", hervorgerufen habe. Da sich Pls des Erfolgs seiner Unternehmung nicht sicher war und in einer Unruhe blieb, fügt er hinzu: „wenn ich auch bereute" (2 Kor 7,8). Der doppelte Gebrauch des Verbs läßt die Spannung deutlich werden, in der der Apostel bei der Abfassung des Briefs stand. Die heilsame Wirkung des Schreibens ruft in ihm Freude hervor. In V 10 greift er den Begriff in der Verbindung „eine unbereubare Reue, Umkehr", „eine Reue, die man nicht bereuen kann", auf. Pls erklärt seinen Adressaten, daß die Betrübnis, die sein Schreiben hervorgerufen hat, eine eigene Qualität besitzt, da sie zum Heil führt und deshalb nicht bereut werden kann.

Röm 11,29 bezieht das Adjektiv „unbereubar" auf die Gnadenerweise und den Ruf Gottes und sagt damit aus, daß einmal die Sohnesrechte, die Bundesschlüsse, die Gesetzgebung und der Gottesdienst (vgl. Röm 9,4) und die Verkündigung des Ev für Gott unwiderrufliche Größen sind. Während der Vers aus Röm die „Unbereubarkeit" lediglich mittelbar mit Gott in Verbindung bringt, bildet Hebr 7,21 (als LXX-Zitat von Ps 109,4) den einzigen Beleg des hier verneint gebrauchten Verbs „bereuen", in dem Gott als Subjekt erscheint (vgl. 1 Sam 15,35; 1 Chr 21,15; Ps 106,45; Jer 20,16). Das Verb bezeichnet wie in Röm 11,29 nicht das Empfinden eines falschen Verhaltens, sondern die Unwiderruflichkeit des göttlichen Handelns, im vorliegenden Fall an Jesus selbst (vgl. Hebr 7,22).

Gerade Röm 11,29 und Hebr 7,21 lassen erkennen, daß zwischen dem griech. Stamm „bereuen, Reue" und „umkehren, Umkehr, Buße" ein deutlicher Unterschied besteht.

4. Nach kath. Verständnis gehört neben dem Sündenbekenntnis und der Genugtuung die Reue zu den konstituierenden Elementen des Bußsakraments; v.a. in diesem Kontext dürfte auch meist von Reue gesprochen werden. Es geht dabei aber nicht um Depressionen nach vorausgegangener schlechter Tat („Katzenjammer"), und auch die bloße Erkenntnis der Schuld ist nicht schon Reue. Die Einsicht, daß man Sünder ist (und nicht nur Sünden „hat"), und die Umorientierung der Haltung („Umkehr") sind die Gnade der Reue, die gemäß der Definition des Konzils von Trient „schmerzt" (D 897 – auch das althochdeutsche Wort „hriuwa" heißt „Schmerz"!).

Lit.: J. Jeremias, Die Reue Gottes. Aspekte atl Gottesvorstellung (BSt 65), 1975.

Hans Kuhn

RUHE

→ Himmel; Sabbat

1. „Kommt alle zu mir, die ihr euch plagt und schwere Lasten zu tragen habt. Ich werde euch Ruhe *(anápausis)* verschaffen. Nehmt mein Joch auf euch …, so werdet ihr Ruhe finden für eure Seelen" (Mt 11,28f). Der Ausdruck „Ruhe finden" in diesem bekannten Jesuswort meint nicht einen Seelenfrieden, sondern besagt nach bibl. Redeweise, daß der Mensch mit seiner ganzen Existenz ein gelungenes Leben führen kann – wenn er das (erträgliche!) Joch Jesu auf sich nimmt.

2. „Jeder sitzt unter seinem Weinstock und unter seinem Feigenbaum, und niemand schreckt ihn auf" (Mi 4,4). Dieses bekannte atl Bild meint nicht ein Ausruhen, sondern stellt das israelitische Ideal eines grundlegend gelungenen Lebens dar, das durch die Harmonie einer ethischen (wirtschaftlichen, sozialen, politischen) und kultischen Existenz gegeben ist. Ganz Israel findet im Gelobten Land seine Ruhe (Dtn 12,9), die aber gefährdet ist, sobald die Verbindung zu Gott abreißt (Ps 95). Ruhe vom Zwang des Arbeitens gewährt der Sabbat, und zwar für Mensch und Tier (Dtn 5,14f); das Sabbatjahr schließlich schenkt dem Boden Ruhe (Lev 25). Auch die Toten ruhen im Land der Ruhe (Dan 12,13). Und selbst Gott, dessen Ruhe am siebten Tag der Schöpfung (Gen 2,2) die eigentliche „Krone der Schöpfung" und somit für jede menschliche Ruhe grundlegend ist, findet auf dieser Erde im Tempel eine Ruhestätte unter den Menschen (Ps 132,8).

3. Mt stellt Jesus unter Weiterentwicklung einer weisheitlichen Vorstellung (Sir 51,23–27) als den Bringer von „Ruhe" dar (vgl. 1) – allerdings spricht er nicht von der göttlichen Weisheit, sondern von der Lehre und den Weisungen Jesu im Unterschied zu denen der Schriftkundigen.

Eine zentrale Bedeutung gewinnt das Bild von der Ruhe des Gottesvolks dann v.a. im Hebr (3,7–4,11): In seiner „Predigt" über Ps 95 spricht der Verfasser unter Bezugnahme auf Gen 2,2 (in alexandrinischer Tradition) davon, daß das Verheißungsziel des wandernden Gottesvolks dieselbe „Ruhestätte" ist, in die Gott selbst nach Beendigung seines Schöpfungswerks eingegangen ist und die er seither als das Heilsgut für die Menschen bereithält. „Die Funktion dieses Argumentes innerhalb der ‚Predigt-Paränese' ist unschwer zu erkennen: Im Himmel wird bereits der eschatologische Sabbat gefeiert (12,22–24), dem das Gottesvolk irdisch erst entgegenwandert. Das spornt den Durchhaltewillen an." (Grässer 211)

4. Martin Luther schreibt in seiner Auslegung von Hebr 4,4: „Die dem Worte Gottes keinen Glauben schenken, die so das Werk Gottes nicht an sich geschehen lassen wollen, die sind gemeint, Menschen, die gleich einem Pferd oder Esel nur so lange folgen, als sie sichtbare Dinge wahrnehmen, auf die sie sich verlassen könnten; und wenn die erledigt sind, dann sind sie es auch. Also ist der Glaube an Christus das Schwerste, was es gibt; denn er hebt hoch hinaus über alles, er reißt los von allen Wahrnehmungen der inneren und äußeren Welt und drängt hin zu dem … unsichtbaren und unbegreiflichen Gott." (Luther 158)

Lit.: E. Grässer, An die Hebräer (EKK 17/1), 1990; O. Hofius, *Katápausis*. Die Vorstellung vom endzeitlichen Ruheort im Hebr (WUNT 11), 1970; M. Luther, Die Vorlesung über den Hebr (1517/18), in: WA 57/3, 1939.

Michael Ernst

S

SABBAT

→ Bund; Freiheit; Ruhe; Schöpfung

1. Sabbat im AT bezeichnet zumeist den siebten Tag der Woche (Ex 16,26), kann jedoch mitunter auch zum Ausdruck bestimmter Festtage verwendet werden, z.B. des Versöhnungstags (Lev 16,31), oder zur Bezeichnung des Sabbatjahrs. Charakteristisch für die feierliche Begehung des siebten Tags ist die Vorschrift der Sabbatruhe, die Enthaltung von Arbeit und Handel. In ntl Texten wird der Sabbat einerseits als besonderer Tag Israels geschätzt und begangen, andererseits zeigen sich gerade am Umgang mit den Sabbatvorschriften unterschiedliche Glaubensvorstellungen zwischen Jesus, seinen Nachfolgern und jüd. Kreisen.
2. Die Etymologie des Worts Sabbat *(šabbātôn)* ist unsicher. Vielfach wird sie mit dem hebr. Verb *šbt*, „ruhen, mit der Arbeit aufhören" oder mit dem hebr. *šæba'*, „sieben" verbunden. Ähnlichkeiten des bibl. Sabbats mit Berechnungen des Mondzyklus, welche sich bei anderen antiken Völkern des Nahen Ostens finden, lassen einen ursprünglichen Zusammenhang mit diesen außerbibl. Parallelen als wahrscheinlich erscheinen, so z.B. mit dem babylonischen „Vollmondtag" *šabattu*. Da vorexilische Texte die Beachtung des siebten Tags ohne Nennung des Sabbats anordnen, ist anzunehmen, daß zwei ursprünglich unterschiedliche Institutionen später unter dem Sabbat vereinigt wurden. Obwohl seine Wurzeln bedeutend weiter in die Geschichte zurückreichen, hat der Sabbat seine endgültige Ausformung als Jahwe geheiligter, im siebentägigen Rhythmus wiederkehrender Tag erst in nachexilischer Zeit erhalten. Seine theologische Begründung findet der Sabbat zum einen in Gottes schöpferischem Handeln (Gen 2,1–3), zum anderen in der Erinnerung an Israels Befreiung aus Ägypten (Dtn 5,15). Damit wird der Sabbat in nachexilischer Zeit zum Tag der Anerkennung absoluter Souveränität Jahwes und ist Zeichen seines Bundes mit den Menschen. Die Beobachtung des Sabbats bedeutet Treue zu seinem Bund (Jes 56,4–6). Hierin gründet das jüd. Verständnis, nach welchem das Sabbatgebot alle anderen Gebote und Gesetze der Tora einschließt und zum spezifischen Kennzeichen des Judentums wird. Bei Verstoß gegen das Sabbatgebot gilt als Strafe der Tod (vgl. Ex 31,15; aber CD 12,4–6). Einhergehend mit der zunehmenden Bedeutung

des Sabbats in nachexilischer Zeit, ist die vermehrte Reflexion hinsichtlich der genauen Beobachtung des Sabbatgebots. Im Jub (161–140 v.Chr.) findet sich die erste bekannte Sabbathalacha (2,29ff; 50,6–13). Im Vergleich mit Texten aus Qumran zeigt sich gerade in den Unterschieden zum Jub die sich entwickelnde vielgestaltige Interpretation (vgl. z.B. CD 11,1f; Jub 50,8f). Die Frage, von welcher Art Arbeit Enthaltung geboten ist, führt in den folgenden Jh. v.a. in pharisäisch-rabb. Kreisen zur ständigen Erörterung und zu einer Vielfalt von Deutungen der Beobachtung des Sabbatgebots. Interessant, trotz apologetischer Tendenzen, sind die literarischen Zeugnisse des Philo und des Josephus, welche die Bedeutung des Sabbats im hellenistischen Judentum bezeugen (vgl. Philo, decal. 96–100). Ihre Schriften liefern ein Porträt der Sabbataktivitäten, in welchen Juden sich am Sabbat zum Lesen, Studium, zur Diskussion von Toratexten sowie allgemein politischer Probleme treffen (vgl. Josephus, Ap. II 173–183).

3. Im NT erscheint *tò sábbaton* (Pl. *tà sábbata*) in Bedeutung des hebr. *šabbāt*. Es spiegelt von daher die Vielfalt jüd. Sabbatverständnisses wider, welches sich mit dem Sabbat als Feiertag verbindet (s.o.; vgl. auch *sabbatismós* in der Bedeutung der Sabbatruhe: Hebr 4,9). Da hierbei jedoch keineswegs von einem normativ-jüd. Sabbatverständnis zur Zeit des NT ausgegangen werden kann, ist im Einzelfall zu klären, welches Verständnis zugrunde liegt.

Das ntl Material bietet kein einheitliches Bild bezüglich des Umgangs Jesu und seiner Nachfolger mit dem Sabbat. Einerseits erscheint Jesus als gläubiger Jude, welcher den Sabbat beobachtet (Mk 1,21ff), andererseits wird von Konflikten berichtet, welche in Jesu Sabbatpraxis gründen (z.B. Mk 2,23–28 parr; Mk 3,1–5 parr). Bemerkenswert ist, daß Jesus in allen Sabbatkonflikten keine Toraregelungen verletzt. Seine Argumentationsweise steht in der Tradition der pharisäischen Disputation um die Sabbathalacha. Ferner spielen die Sabbatkonflikte keine Rolle bei der Verurteilung Jesu. Im Hinblick auf die Vielgestaltigkeit der Diskussionen zur rechten Beachtung des Sabbatgebots (s.o.) ist darum eher anzunehmen, daß die sog. Sabbatkonflikte ursprünglich in den Rahmen dieser Erörterung bei jüd. Zusammenkünften am Sabbat gehören.

In den Gemeinden wird Jesu auf das Wohl des Menschen zielender Umgang mit dem Sabbat als Ausdruck seiner Messianität gedeutet: „daher: Herr ist der Sohn des Menschen auch des Sabbats" (Mk 2,28 parr). Sein volles Gewicht erhält diese Aussage, bedenkt man die zentrale Rolle des Sabbats im gesamten jüd. Gesetzesverständnis (s.o.). Im MkEv wird daher der Anspruch des nahegekommenen Reiches Gottes (Mk 1,15) in besonderer Weise in den Konflikten Jesu mit der Sabbathalacha (Mk 2,23–28; 3,1–5) deutlich. Diese finden schließlich in Mk 3,6 (vgl. Lk 4,16–30) ihren vorläufigen Höhepunkt: „Und hinausgehend faßten die Pharisäer sofort mit den Herodianern einen Beschluß gegen ihn, auf daß sie ihn [Jesus] vernichteten."

Bei Mt und Lk finden sich Erweiterungen dieser Sabbatkonflikte und weitere Berichte von Heilungen (z.B. Lk 13,10–17; 14,1–6), durchweg jedoch ist der Kern der Auseinandersetzungen die Frage nach Jesu Identität, welche ihren Ausdruck in Jesu Umgang mit der Tora findet.

Im JohEv spiegelt Jesu Verhalten am Sabbat Polemik gegenüber den „Juden" (Joh 5,1–18), ein Indiz für die sich vollziehende Trennung zwischen jüd. und christl. Gemeinden. Die Sabbaterzählungen enthalten von daher zu einem nicht unbedeutenden Anteil theologische Reflexionen der christl. Gemeinden. In diesen werden der Sabbat sowie die Sabbathalacha unter dem Aspekt der Lehre und des Lebens Jesu Christi, in Auseinandersetzung mit der sich entwickelnden pharisäisch-rabb. Tradition zum Sabbat, interpretiert.

Für Pls ist die Frage hinsichtlich des Verhaltens an bestimmten Fest- und Feiertagen eingebettet in ein Gesetzesverständnis, nach welchem das Gesetz im Glauben und der Liebe erfüllt wird (Röm 13,8). Da diese in der Liebe Jesu Christi gründet (Gal 2,20), kann Pls vom „Gesetz des Christos" (Gal 6,2) sprechen, wodurch kultischen und rituellen Handlungen wie Beschneidung und Einhaltung bestimmter Feiertage keine über das Reich Gottes entscheidende Bedeutung mehr zukommt.

Nach den Regeln einer midrasch-pesher-Auslegung atl Texte wird der Sabbat im Hebr eschatologisch verstanden. In Anlehnung an apokalyptisch-rabb. Traditionen, in welchen die kommende Endzeit als immerwährende Ruhe bezeichnet wird (z.B. 4 Esr 7,38), wird die Vollendung der Sabbatruhe am Ende der Zeiten erlangt (Hebr 4,11). Zugleich ist das Versprechen der Sabbatruhe Wirklichkeit geworden durch das Kommen Christi. Von daher nehmen die Christen im Glauben an Jesus Christus teil an Gottes Ruhen am siebten Tag. Dies bedeutet gerade das Ablassen von jeglichen eigenen Werken und die Übergabe an die Sabbatruhe, welche im Gehorsam gegenüber Jesus Christus besteht: „Also verbleibt eine Sabbatruhe dem Volk Gottes. Denn der Eingehende in seine Ruhe ruhte auch selbst von seinen Werken, wie Gott von den eigenen" (Hebr 4,9f).

4. Das NT spiegelt unterschiedliche Ansichten und Deutungen des Sabbats. Solange Judenchristen eine bedeutende Gruppe in der Kirche darstellten, blieb die Frage um den rechten Umgang mit dem Sabbat bestehen. Es muß ferner davon ausgegangen werden, daß die Faszination des Sabbats v.a. auch in den nichtjüd. Gemeinden der frühen Kirche einflußreich blieb. So finden sich im 2. Jh. zahlreiche Hinweise auf Beobachtung des Sabbats im Römischen Reich (z.B. Eusebius, hist. eccl. III 27,5) wie auch die Ablehnung jeglicher Beobachtung des Sabbats.

Zu welchem Zeitpunkt der Sabbat vom Sonntag ersetzt wurde, kann nicht mehr mit Sicherheit festgestellt werden. Seine Charakteristik als Tag der Ruhe erhält der Sonntag unter Konstantin, welcher 321 n.Chr. in einem Edikt Arbeit für den Sonntag im Römischen Reich untersagt. Ausgenommen ist jedoch Arbeit auf dem Felde. Eusebius ist der erste Autor, welcher in ausführlicher Form in seinem Kommentar des 91. Psalms den Ursprung des Sonntags aus dem Sabbat begründet.

Lit.: D.A. Carson (Hg.), From Sabbath to Lord's Day, 1982; H.A. McKay, Sabbath and Synagogue (Religions in the Graeco-Roman World 122), 1994; G. Robinson, The Origin and Development of the Old Testament Sabbath (BET 21), 1988; E. Spier, Der Sabbat (Das Judentum 1), ²1992.

Eva Maria Räpple

SALBUNG, Öl

→ Christus; Geist; Jesus; Taufe

1. Schon immer waren pflanzliche Öle und Salben vielseitig benutzte Pflege- und Heilmittel. Besonders das aus den Früchten des Olivenbaums gewonnene Olivenöl galt von alters her als lindernde und heilende Kraftsubstanz. Deshalb war in der orientalischen und antiken Welt die Salbung mit Öl ein geschätztes Mittel der Körperpflege und Krankentherapie, in Babylonien hieß der Arzt *asô*, d.h. Ölkundiger (Lurker 225).

Daneben dienten Öle dazu, Sakralpersonen, zu denen auch Könige und Herrscher gezählt wurden, durch Salbung mit Öl die Amtsvollmacht zu übertragen; denn die Salbung bedeutete Segnung und Weihe, Anerkennung durch die Gottheit und besondere Auszeichnung vor den Menschen. Auch Priester (und Propheten) wurden dem Salbungsritus unterzogen, da Öl als Symbol des göttlichen Geistes verstanden wurde. Ein Gesalbter zu sein bedeutete deshalb auch in den bibl. Schriften die höchste, von Gott kommende und auf ihn hinweisende Auszeichnung (vgl. hebr. *māšîªh*: Gesalbter, von *mšh*: salben).

2. Das Wissen, daß bestimmte Öle *(élaion*: Olivenöl; *mýron*: Öl, Balsam*)*

tief in den Körper eindringen und heilende Kräfte entfalten, war auch den Frommen des AT vertraut. Einen Menschen salben *(aleíphō*: bestreichen, salben*)* bedeutete in der Regel das Einsalben im eigentlichen Sinn: „Männer ... übernahmen die Gefangenen; sie versahen sie mit Kleidern und Schuhen, gaben ihnen zu essen und zu trinken und salbten die Schwachen unter ihnen ...“ (2 Chr 28,15). Auch das Judentum hat an den verschiedenen Praktiken des Salbens festgehalten.

Theologisch bedeutsamer wurde in der LXX der Gebrauch von *chríō*: salben und *chrîsma*: Salböl, Salbung. Beide Begriffe meinen die Königssalbung (1 Sam 9,16; 10,1; 15,1.17 u.ö.), durch die dem künftigen Herrscher nach Art eines Rechtsakts die königliche Hoheit über Israel verliehen wurde (2 Kön 9,3.6), die dann durch Akklamation des Volks bestätigt wurde: „Es lebe der König“ (2 Kön 11,12). Jüngeren Datums dürfte die Priestersalbung sein (vermutlich erst nach dem Exil eingeführt): Ex 29,7; 40,15 (Salbung Aarons und seiner Söhne). Bildhafte Aussage liegt in Jes 61,1 vor, wenn der Prophet von sich sagt: „Der Geist des Herrn Jahwe ruht auf mir, weil mich Jahwe gesalbt hat“ (in Lk 4,18 auf Jesus bezogen).

3. Auch das NT verwendet einige Male *aleíphō* entsprechend dem Sprachgebrauch der LXX: als Hinweis auf die Körperpflege (Mt 6,17), um einen Gast zu ehren (Lk 7,38.46 u.ö.) oder einem Toten Ehre zu erweisen (Mk 16,1). Von der Salbung eines Kranken (Mk 6,13: „sie salbten mit Öl viele Schwache und heilten [sie]“) handelt v.a. Jak 5,13–18, besonders V 14. Der

Verfasser gibt Anweisungen über das Verhalten im Krankheitsfall einer Schwester/eines Bruders: Fürbittendes Gebet für den Kranken soll mit einer Salbung mit Öl verbunden sein, und „das Gebet des Glaubens wird retten den Ermatteten, und aufrichten wird ihn der Herr; und wenn Sünden er getan hat, erlassen werden wird ihm" (V 15).

Relativ selten begegnen im NT *chríō* und *chrîsma* (das Verbum fünfmal, das Substantiv dreimal; *christós*: Gesalbter, bleibt hier unberücksichtigt), immer in übertragener Bedeutung. Viermal wird gesagt, daß Jesus von Gott gesalbt wurde: Lk 4,18 (Zitat aus Jes 61,1f); Apg 4,27; 10,38 und Hebr 1,9 (Zitat aus Ps 45,8). Apg 10,38 hebt ausdrücklich hervor, daß mit der Salbung Jesus die Kraft empfing, die Menschen zu heilen, „wohltuend und heilend alle vom Teufel Beherrschten". Ob die Salbung Jesu durch den Geist Gottes mit der Taufe verbunden war, wird nicht ausdrücklich gesagt; wichtig ist nur der Hinweis, daß mit ihr eine Bevollmächtigung verbunden war, Armen die frohe Botschaft und Hilfe zu bringen (Lk 4,18). Hebr 1,9 (vgl. 1,3f) hebt hervor, daß die Salbung Jesu durch einen himmlischen Inthronisationsakt geschah; nicht nur das Zitat aus Ps 45,7f LXX, sondern auch der Kontext Hebr 1,1–14 machen deutlich, daß an eine feierliche Thronbesteigung gedacht ist (vgl. v.a. V 8).

Die restlichen Texte mit *chríō/chrîsma* sprechen von der Salbung der Gläubigen. Möglicherweise sind Texte wie 2 Kor 1,21f und 1 Joh 2,20.27 in Zusammenhang mit der urchristl. Taufe zu sehen; doch kann ein selbständiger ritueller (Tauf-)Akt nicht exakt ausgemacht werden. Die Salbung der Gläubigen versteht sich als Übergabe einer Kraft Gottes, die in Gottes Wort den Glaubenden mitgeteilt wird und in ihrem verkündeten Wort weiterwirkt. Auf dieses Verständnis weisen auch die in 2 Kor 1,21f sich wechselseitig interpretierenden Begriffe hin: festigen, salben, versiegeln; Gott allein ist der „Gebende die Anzahlung des Geistes in unsere Herzen".

myrízō: salben und *mýron*: Salböl verwendet das NT v.a. bei Salbungen an Jesus: Mk 14,3–9 parr. Lk 23,56 berichtet, daß Frauen aus Galilaia neben Essenzen auch noch Salben für den Leichnam Jesu (vor)bereitet haben. Offb 18,13 zählt Salböl zu den Waren, die besonders kostbar und wertvoll waren, nun aber von niemandem verkauft werden, weil mit dem Untergang Babylons der zuvor blühende Welthandel sein Ende findet.

4. Öle und Salben als pflegende und heilende Medizin traten mehr und mehr in den Hintergrund, als medizinische Forschung den schnellen Heilungserfolg chemischer Substanzen entdeckte und in den Dienst des therapeutischen Bemühens stellte. Doch ging das Wissen um die heilende Kraft pflanzlicher Öle zu keiner Zeit ganz verloren; immer wieder besann sich der Mensch auf die Kräfte der Natur und bewahrte sich das Vertrauen auf die sanfte Wirkung natürlicher Kräfte. Übertragene Bedeutung hat Öl (teils in natürlichem Zustand teils in der Mischung mit verschiedenen Essenzen und Gewürzen) in der Liturgie; geweihte Öle sind Hinweis auf Gottes Kraft und Gnade, auf Gottes Geist. Aufgrund der bei der Taufe vorge-

nommenen Salbung des Hauptes heißen die so in die kirchliche Gemeinschaft Aufgenommenen „Christen",
Gesalbte. Die nach Jak 5,13–18 ge-
spendete Krankensalbung erinnert nur
noch entfernt an die heilende Kraft
des Öls; sie wird vorwiegend verstanden als Trost und Fürbitte für den, der
seinen Lebensweg beendet (vgl. die
Bezeichnung *viaticum*: Sparpfennig,
Reisegeld, Proviant für unterwegs).

Lit.: M. Lurker, Wörterbuch bibl. Bilder
und Symbole, [4]1990; D. Sänger, Antikes Judentum und die Mysterien (WUNT 2/5),
1980; F. Schnider, Exkurs: Krankenheilungen im NT, in: Der Jakobusbrief (RNT 19)
1987, 135f; A. Suhl (Hg.), Der Wunderbegriff im NT (WdF 295), 1980; G. Theißen,
Urchristl. Wundergeschichten (StNT 8),
[6]1990.

Alexander Sand

SATAN, Teufel

→ Antichrist; Besessenheit; Böse;
  Gemeinde; Hölle; Versuchung

1. Der Satan oder Teufel ist im NT
und in der christl. Tradition die Verkörperung der widergöttlichen und
gleichzeitig menschenfeindlichen bösen Macht. Sie wird im NT manchmal
auch Beelzebul, Beliar, der Herrscher
der Dämonen, der Herrschende dieser
Welt, der Böse, der Versucher, der
Feind, der Drache oder die alte Schlange (die Paradiesesschlange von Gen 3)
genannt. Satan ist v.a. der große Verführer, aber auch der Anführer der le-
benzerstörenden Mächte (Dämonen)
überhaupt, die gegen Jesus und seine
Sendung antreten. Der Sieg Jesu über
die Mächte des Bösen ist die zentrale

ntl Botschaft im Zusammenhang mit
dem Satan.
2. Im AT kommt der Satan *(śāṭān)*
nur in wenigen und späten Texten vor.
In Ijob 1,6–12; 2,1–7; Sach 3,1f ist er
ein Mitglied des himmlischen Hof-
staats in der Funktion des Anklägers
der Menschen. In strikter Abhängigkeit von Gott hat er Verfügungsgewalt
über lebensfeindliche Mächte wie
Krankheit, Naturgewalten usw. Nach
Weish 2,24 kam durch den Teufel der
Tod in die Welt. Zur Entlastung Gottes
(vgl. 2 Sam 24,1) wird in 1 Chr 21,1
die Rolle des Versuchers auf ihn übertragen.
In einigen Strömungen des nachbibl.
Judentums wird die Gestalt des Satans
wichtiger und zieht Vorstellungen anderer religionsgeschichtlicher Herkunft
auf sich. Unter verschiedenen Namen
(Mastema, Belial, Beliar) wird er zum
Dämonenfürsten, der mit seiner Macht
versucht, die Heilspläne Gottes zu
durchkreuzen und Israel zu verführen.
In Qumran ist Belial der Anführer der
Mächte der Finsternis, die gegen Jahwe
und die Söhne des Lichts zum Kampf
antreten und besiegt werden (1 QM).
3. Das NT übernimmt selektiv die
Anschauungen seiner Umwelt. In den
syn Evv verdeutlicht die Versuchungs-
erzählung (Mt 4,1–11 par) programmatisch den Widerstand des Satans
(satanâs, diábolos) gegen die Sendung Jesu, ebenso die souveräne Überlegenheit Jesu. Am ausführlichsten
wird diese Auseinandersetzung im sog.
Beelzebulgespräch (Mk 3,22–30 parr)
erörtert: Dem Reich-Gottes-Wirken Jesu steht das Reich des Bösen gegenüber. Aber Jesus ist der Stärkere, der
den mächtigen Satan besiegt hat und
die Menschen seiner Macht entreißen

kann (auch Apg 10,38). Zeichen dafür sind die Exorzismen Jesu (vgl. v.a. Mt 12,28 par). Wo Jünger sich gegen die Sendung Jesu stellen, werden sie selbst zum Satan (Petrus in Mk 8,33 par; vgl. auch Judas in Joh 6,70) oder sind von ihm gesteuert (Judas in Lk 22,3; vgl. auch Joh 13,2.27). Die Deutungen der Gleichnisse vom Sämann (Mk 4,15 parr) und vom Unkraut (Mt 13,39) machen deutlich, daß der Satan trotz dieses Sieges Jesu in der Gegenwart der Kirche als Versucher noch weiterwirkt (vgl. auch Lk 22,31; Apg 5,3). Nach Mt 25,41 werden der Teufel, seine Engel und die im Weltgericht Verurteilten in das ewige Feuer geworfen.

Wie Jesus selbst wird auch Pls in seiner Sendung durch den Satan (nie Teufel) behindert (2 Kor 12,7; 1 Thess 2,18). Dieser wirkt auch in der Gemeinde auf vielfältige Weise als Versucher (1 Kor 7,5; 2 Kor 2,11; 11,14; 1 Thess 3,5). Diesen Aspekt betonen auch die Dtpln und die KathBr (1 Tim 3,7; 5,15; Jak 4,7; 1 Petr 5,8). Übeltäter unter den Gläubigen übergibt Pls dem Satan (1 Kor 5,5; vgl. auch 1 Tim 1,20) zum Verderben des „Fleisches", um ihren „Geist" zu retten (!). Auch Pls sieht die endgültige Niederlage des Satans voraus (Röm 16,20).

Im JohEv erscheint der Böse unter der Bezeichnung „der Herrschende dieser Welt" (Joh 12,31; 14,30; 16,11; vgl. auch 1 Joh 5,19; Lk 4,6). Über ihn ergeht in der Passion Jesu das Gericht. Es ist eine Eigentümlichkeit der joh Schriften, daß im Gegensatz zu den Kindern Gottes auch von Kindern des Teufels die Rede ist. Man kann sie an ihren Werken erkennen. So wirft der joh Jesus den ihm feindlich gesinnten Juden vor, ihr Vater sei der Teufel, der

Menschenmörder und Lügner von Anfang an (Joh 8,44). Allgemein formuliert 1 Joh, daß jeder, der sündigt, die Gerechtigkeit nicht tut und seinen Bruder nicht liebt, ein Kind des Teufels ist (1 Joh 3,8–12).

In der Offb steht im Vordergrund der Gegensatz des Teufels (auch Satan, Drache oder alte Schlange genannt; vgl. Offb 12,9; 20,2) zur Kirche als ihr Versucher und Verfolger (Offb 2,10; besonders eindrücklich in der Vision von der Frau am Himmel Offb 12). Die Offb scheut sich nicht, konkrete Gegner der Kirche mit dem Satan in Verbindung zu bringen, so die Juden („Synagoge Satans": 2,9; 3,9), die Anhänger Isebels (2,24) und heidnische Kulte („Thron Satans": 2,13). Daneben nimmt der Teufel in der Offb aber auch kosmische Dimensionen an. Er verführt „den ganzen Erdkreis" (12,9) bzw. „alle Völker" (20,3.8). Durch das „Tier aus dem Meer" erringt er die Herrschaft über die ganze Erde (13,1–8). Aber in mehreren Phasen wird die schreckliche Macht des Teufels vernichtet. Bereits ist er entscheidend geschlagen und aus dem Himmel hinausgeworfen (12,7–12). Noch kann er für eine bestimmte Zeit auf der Erde als Versucher und Verfolger Drangsal verursachen (12,9–17). Am Ende aber kommt es zum großen Krieg (20,8f), in dem er besiegt und „in den See des Feuers und Schwefels" geworfen wird (20,10).

4. In der Geschichte des Christentums kam es immer wieder zu krankhaften und schrecklichen Verirrungen, weil die ntl Botschaft über den Satan mißverstanden und durch Aberglauben verfälscht wurde. So wurden z.B. die Hexenprozesse („Hexenhammer" von

J. Sprenger und H. Institoris 1487) zur Tragödie für unzählige Frauen. Verschiedene Formen des „Satanismus" stiften heute von neuem Unheil.

Das kirchliche Lehramt mußte im IV. Laterankonzil 1215 gegen die dualistische Lehre der Katharer festhalten, daß der Teufel ein Geschöpf Gottes sei. In neuerer Zeit wird im Bemühen um eine heute verständliche Formulierung des „Geheimnisses des Bösen" die Frage gestellt, ob der Teufel als personales Wesen (in welchem Sinn?) gesehen werden muß.

Lit.: F. Annen, Ist der Teufel ausgetrieben?, in: H. Halter (Hg.), Wie böse ist das Böse?, 1988, 61–84; H. Haag, Abschied vom Teufel, [8]1990; ders., Teufelsglaube, [2]1980; K. Kertelge, Teufel, Dämonen, Exorzismen in bibl. Sicht, in: W. Kasper/ K. Lehmann (Hg.), Teufel – Dämonen – Besessenheit, 1978, 9–39; R. Schnackenburg, Das Problem des Bösen in der Bibel, in: ders. (Hg.), Die Macht des Bösen und der Glaube der Kirche, 1979, 11–32.

Franz Annen

SCHAM, Scheu, Schande

1. Unter Scham ist das Gefühl der Reaktion auf die Herabsetzung der eigenen Würde zu verstehen, das sich sowohl aus einer (subjektiv oder objektiv vorhandenen) „Scheu" als auch einer (eher objektiv konstatierten) Schande ergibt; die entsprechenden Wortfamilien im Hebr. (von *bôš*) bzw. Griech. (von *aischýnē*) zeigen dies deutlicher als die heutigen deutschen Begriffe.

2. Im AT werden die Begriffe Scham und Schande fast ausnahmslos in Gebeten oder Prophetentexten verwen-

det. In der Gebetssprache handelt es sich entweder um die vertrauensvolle Gewißheit, daß Gott den Frommen „nicht zuschanden" werden läßt, oder um den Wunsch des Beters, seine Feinde möchten „zuschanden" werden (vgl. Pss 22,6; 40,15f). In prophetischen Texten werden die Begriffe häufig – im gleichen Sinn – in Gerichtsankündigungen benutzt.

Die Verwendung des Begriffs Scham für einen Körperteil, dessen man sich zu „schämen" hat, ist demgegenüber selten: Sie erklärt sich aus der Wohnsituation von Menschen, die auf engstem Raum zusammenleben, und dem gegebenen Inzestverbot; daß dieses Sich-Schämen eine Folge der Übertretung von Gottes Gebot sei, sagt diesbezüglich der jahwistische Schöpfungsbericht (Gen 2,25).

3. Im NT scheint nur in Lk 14,9 die subjektive Reaktion der Scham gemeint zu sein (der Gast, der den selbstgewählten Ehrenplatz verlassen muß und sich deshalb schämt). Die anderen Stellen, an denen das Substantiv (*aischýnē*) vorkommt, meinen eher die objektive Schande (2 Kor 4,2; Phil 3,19; Hebr 12,2; Jud 13; Offb 3,18 [falls nicht hier statt „Schande deiner Nacktheit" zu übersetzen ist: „deine nackte Scham"]). Beim Verb (*aischýnomai*) bzw. seinem Kompositum (*epaischýnomai*) ist sowohl die subjektive Bedeutung „sich schämen" (beim Kompositum nur so) als auch die objektive „zuschanden werden" möglich. Eine besondere Rolle spielt „sich schämen" in der urchristl. Missionssprache, wo es in seiner verneinten Form („ich schäme mich nicht") geradezu pathetisch ein „bekennen" ersetzen kann: Das Ev bekennen, heißt, vor Gott und den Menschen nicht zuschanden werden (Röm 1,16). Auch wenn Pls sich gegenüber seinen Gegnern in Korinth rühmen muß, so wird er darin „nicht zuschanden werden", so daß er sich zu schämen hätte (2 Kor 10,8); überhaupt geht seine ganze Hoffnung dahin, bei seinem Wirken für Christus „in keiner Hinsicht beschämt zu werden" (Phil 1,20).

4. Wer sich im Sinn des Pls zum Ev bekennt, soll sich bewußt sein, daß er eine Sache vertritt, die den Maßstäben seiner Umwelt nicht konform ist, vielmehr als „Unsinn" oder gar „Ärgernis" abqualifiziert und vielfach auch bekämpft wird. Sie/er ist also einem Druck gesellschaftlicher Miß- bzw. Verachtung ausgesetzt, so daß sich seiner „nicht zu schämen" eines besonderen Mutes bedarf.

Lit.: C.K. Barrett, I am not Ashamed of the Gospel, in: M. Barth u.a. (Hg.), Foi et Salut selon S. Paul (AnBib 42), 1970, 19–41.

Michael Ernst

SCHLÜSSEL

→ Himmel; Macht; Tür

1. Wer im Besitz eines Schlüssels ist, vermag Türen oder Tore zu schließen und zu öffnen. Er hat somit Verfügungsrecht über Gebäude. Er hat zugleich für die Sicherheit derer zu sorgen, die dort ein- und ausgehen. Es liegt deshalb nahe, den Schlüssel bzw. das Verb schließen auch im übertragenen Sinn von Vollmacht oder Verfügungsgewalt zu verstehen.

2. In der Antike ist es eine geläufige Vorstellung, daß der Himmel und die Unterwelt durch Türen verschlossen sind. Über den Himmelsschlüssel können nur bestimmte Gottheiten oder Engelwesen (TestLev 5,1; grApkBar 6,13) verfügen. In Griechenland kennt man diese Vorstellung wenigstens seit dem 7. Jh. v.Chr.

Wem Gott in seinem Volk den Schlüssel anvertraut, dem kommt die Vollmacht des Verwalters zu. So heißt es von Eljakim, daß er anstelle Schebnas von Gott die Herrschaft über das Haus Davids dadurch erhielt, daß ihm der Schlüssel Davids über die Schulter gelegt wurde, so daß er allein es öffnen und schließen kann (Jes 22,20–22). Er übt damit seine Macht im Auftrag Gottes aus. Ähnlich heißt es von der Allmacht Gottes, daß niemandem geöffnet wird, den Gott einschließt (Ijob 12,14). Gibt man den Schlüssel an den Hausherrn zurück, so bedeutet dies das Ende der Vollmacht (syrApkBar 10,18). Himmlische Wesen verwalten den Schlüssel der Donner und Blitze (slavHen 40,9), die Schlüssel der Schatzhäuser des Schnees und der Behältnisse des Eises und der frostigen Winde (40,10) und die Schlüssel der Winde (40,11). Den Rabbinen zufolge hat Gott sich den Schlüssel des Regens selbst reserviert (bTaan 2a), auch wenn er ihn eine Zeit lang dem Elija anvertraut habe (bSanh 113a).

3. Während das Verb *(kleiō)* im NT auch im eigentlichen Sinn vorkommt (Mt 6,6; 25,10; Lk 11,7; Joh 20,19.26; Apg 5,23; 21,30), wird das Substantiv *(kleís)* stets im übertragenen Sinn verwendet. Wenn Jesus den Schriftkundigen und Pharisäern in Form eines Weherufs vorwirft, sie hätten die Herrschaft der Himmel vor den Menschen verschlossen (Mt 23,13), bedeutet das, daß sie die Annahme des Ev verhindern. Zugleich ist vorausgesetzt, daß sie die Schlüsselgewalt haben, die hier in der Lehrvollmacht besteht. Auch nach der Parallele in Lk 11,52 haben die Gesetzeskundigen nicht ihre Möglichkeit genutzt, die Hörer zum wahren Heilsverständnis zu führen und sie so zum Eintritt in die Jüngergemeinde Jesu zu bewegen, sondern sich der Botschaft der Propheten und der Apostel entgegengestellt. Im Bild heißt das: Sie haben ihnen „den Schlüssel zur Erkenntnis" nicht gegeben, sondern weggenommen. Dieser Vorwurf ist nicht persönlich gemeint, sondern macht deutlich, daß die Entscheidung für oder gegen Christus zur Trennung zwischen den führenden Leuten der Jesusgeneration und der Jüngergemeinde in Israel führt.

Jesu Verheißung an Petrus, ihm die Schlüssel der Herrschaft der Himmel zu übergeben (Mt 16,19), reflektiert das mt Verständnis der Kirche und bezieht sich somit auf die nachösterliche ekklesiale Situation. Petrus löst die Schriftkundigen und Pharisäer (23,13) ab, indem er im Gegensatz zu diesen den Menschen den Zugang zur Himmelsherrschaft nicht versperrt, sondern verschafft. Da Petrus nicht nur ein Schlüssel, sondern ein ganzer Schlüsselbund übergeben wird, dürfte seine Funktion eher die eines Verwalters als die eines Türhüters sein. Seine Schlüsselgewalt umfaßt v.a. die Lehr-, aber auch die Disziplinargewalt, wie das Bild vom „Binden und Lösen" von seinem jüd. Hintergrund her beweist. Die Schlüssel zur Himmelsherrschaft sind somit die Gebote Jesu (vgl. Mt 28,20), die Petrus verkündigt und verbindlich auslegt. Die Binde-

und Lösegewalt, die der Gemeindeversammlung gegeben wird (18,18), beschränkt sich dagegen allein auf die Vollmacht des Ausschlusses aus der Gemeinde mit dem Ziel der Versöhnung. In der Parabel von den zehn Jungfrauen heißt es, daß die Tür zum himmlischen Hochzeitssaal verschlossen wurde, sobald die dazu Bereiten eingetreten waren. Für die törichten Jungfrauen bedeutet das den Ausschluß vom Heil (Mt 25,11f).

Ausbleibender Regen gilt im Judentum als Strafe Gottes, der den Himmel verschließt. Nach Lk 4,25 begründet Jesus seine Weigerung, in der Heimatstadt Wunder zu wirken, mit dem Hinweis auf die Zeit des Elija (vgl. 1 Kön 17,1; 18,1): Wie Elija sich der heidnischen Witwe von Sarepta zuwandte (Lk 4,26; vgl. 1 Kön 17,9), so wird sich die Botschaft Jesu ebenfalls an Heiden wenden.

In 1 Joh 3,17 heißt es vom Reichen, der dem notleidenden Bruder nicht hilft, daß er sein Innerstes, das hier dem übertragenen Sinn von Herz nahekommt, vor ihm verschließt.

Nach Offb 1,18 hat Christus als jener, der den Tod überwunden hat und für immer lebt, den Schlüssel zu Tod und Hades, die hier räumlich verstanden werden. Da nach rabb. Vorstellung die Schlüsselgewalt über den Tod allein Gott zukommt (Targum Jeruschalmi zu Dtn 28,12 u.ö.), ist damit die Gottgleichheit Christi ausgesagt. Christus hat die Vollmacht, das endgültige Heil zu schenken. Das bringt auch Offb 3,7 zum Ausdruck, wonach Christus den Schlüssel Davids besitzt (vgl. Jes 22,22) und folglich allein über den Zugang zur Davidsstadt, dem neuen Jerusalem (Offb 21,9–22,5), entscheidet. In der fünften Posaunenvision schaut Johannes einen als Engel vorgestellten Stern, der vom Himmel auf die Erde gefallen war und dem von Gott (göttliches Passiv) der Schlüssel zum Schacht des Abgrunds gegeben wurde. Er soll dessen dämonischen Bewohner (Heuschrecken) freisetzen, damit sie im Auftrag Gottes den gottfeindlichen Menschen durch ihre Plagen Schaden zufügen (9,3f). Ein Engel mit dem Schlüssel zum Abgrund als Zeichen dafür, daß er von Gott bevollmächtigt ist, wirft den Satan in den Abgrund und fesselt ihn für tausend Jahre (20,1–3). Im neuen Jerusalem, dem Sinnbild der Heilsgemeinde in ihrer Vollendung, werden die Stadttore nicht geschlossen werden. Deshalb können die Herrlichkeit und Ehre der Völker in sie gebracht werden. Den gottfeindlichen Menschen ist dennoch der Zutritt verwehrt (21,26f).

4. Die übertragene Bedeutung des Schlüssels als Sinnbild für Vollmacht und Inbesitznahme ist auch den modernen Menschen noch geläufig, so daß die Bildersprache der Bibel keine größere Schwierigkeit bereiten dürfte. So finden Menschen den Schlüssel zum Verständnis einer Sache und zur Lösung eines Problems. Ein Mensch nimmt eine Schlüsselposition ein, wenn er wichtige Entscheidungen treffen kann oder muß. Menschen, die eine beherrschende Rolle spielen, kommt eine Schlüsselstellung zu. Auch heute gibt es noch den symbolischen Gestus der Übergabe eines Schlüssels an den Hausherrn.

Lit.: H. Giesen, Zum Problem der Exkommunikation nach dem MtEv, in: ders., Glaube und Handeln, Bd. 1 (EHS.T 205), 1983, 17–83; R. Schnackenburg, Das Vollmachts-

wort vom Binden und Lösen, traditionsgeschichtlich gesehen, in: P.G. Müller/ W. Stenger (Hg.), Kontinuität und Einheit (FS Mußner), 1981; A. Vögtle, Das Problem der Herkunft von Mt 16,17–19, in: ders., Offenbarungsgeschehen und Wirkungsgeschichte (HThK.S 1), 1985, 109–140.

Heinz Giesen

SCHÖPFUNG, Geschöpf

→ Auferstehung; Gott; Kraft; Macht; Wort

1. Die gegenwärtige ökologische wie ökonomische Krise läßt wieder verstärkt in der Bibel nach Leitlinien für einen verantwortlichen Umgang mit dieser Krise suchen – zumal es um das Überleben unseres Planeten geht. Dabei wird in zunehmendem Maße versucht, die ökologische Krise im Licht des bibl. Schöpfungsglaubens kritisch zu reflektieren und zu beantworten.

2. Israels Glaubenszeugnis von Gott dem Schöpfer findet sich in den Eröffnungskapiteln der Gen grundgelegt. Obwohl Israel zweifellos Jahwe erstmals in den historischen Ereignissen des Exodus, des „Auszugs aus dem Sklavenhaus Ägypten" (Ex 20,2), kennenlernte, gab die jetzige kanonische Gestalt der Abfolge der Tradition dem Handeln Gottes bei der Schöpfung von Himmel und Erde den Vorrang. Des weiteren wurde die (ältere) jahwistische Schöpfungstradition (Gen 2,4b–25) der priesterschriftlichen (Gen 1,1–2,4a) untergeordnet, mit dem Ergebnis, daß letztere jetzt für die nachfolgende Geschichte menschlicher Entfremdung (Gen 3–11) den Boden bereitet.

Gen 1 ist nicht primär ein Zeugnis von der Schöpfung, sondern vielmehr ein Lobpreis auf Gott den Schöpfer. Durch die Kraft seines Wortes brachte er nach eigenem Willen und Plan Himmel und Erde hervor. Gipfelpunkt der Schöpfungstaten, „die Krone der Schöpfung", ist (nicht der Mensch, sondern) der Sabbat, an dem Gott und später ganz Israel „ruhen". Trotz dieser Betonung der Schöpfertätigkeit Gottes taucht schon in Gen 1,2 die Spannung zwischen Schöpfung und Chaos auf: Es bleibt die Bedrohung durch ein Nicht-Sein, das der von Gott „gut" genannten Welt entgegensteht. Das Thema der *creatio continua*, der ständigen schöpferischen Aktivität Gottes, wird dann v.a. in Psalmen und von Propheten aufgenommen. In Ps 74 wird die Schöpfung ausgeweitet zu einer ständigen Ausübung göttlicher Kraft; Ps 89 sieht die Einheit des Schöpfers in den Erlösungstaten, in der Natur und in der Etablierung der Dynastie Davids. Nach Ps 8 ist dem Menschen die Herrschaft über die Werke der Schöpfung gegeben (wie in Gen 1); das Ziel der Wiederherstellung der Gemeinschaft zwischen Schöpfer und Geschöpf ist auf Gegenwart und Zukunft gerichtet. Von den Propheten ist es DtJes, der den ausführlichsten Bezug zur Schöpfungstradition zeigt; er spricht von Gott als dem „Schöpfer", dem „Macher" und „Gestalter" der Welt und entfaltet weiter die Einheit von Schöpfung und Erlösung – dies ist ein wichtiges neues Thema in der Schöpfungstheologie des AT. Israel soll nicht nur auf die Vergangenheit achten, sondern auch auf die Zukunft. Auch die Weisheitsliteratur greift die Schöpfungstradition auf; der Mensch ist sich der Wunder der Schöpfung bewußt, entdeckt aber auch, daß es keinen direkten Weg von menschli-

chen Erfahrungen zu den Geheimnissen der Schöpfung Gottes gibt. In späterer Zeit wird ebenfalls das gesamte Spektrum der bibl. Schöpfungstradition festgehalten und weitergeführt; so nahm in Zeiten größter Bedrohung z.B. der Ruf der Gläubigen nach einer neuen Vergewisserung von Gottes Kraft die Form einer Schöpfungstheologie an (4 Esr 5–6), oder sie bezeugten weiterhin die souveräne Herrschaft des Schöpfers (2 Makk 7,20–29) bzw. lebten auch in der Erwartung einer neuen Schöpfung (äthHen 45,4f). Die theologische Reflexion der hellenistischen Epoche versuchte schließlich, rationale griech. philosophische Theorien vom Ursprung der Welt mit bibl. Elementen zu kombinieren (Philo, opif.).

3. Die Terminologie des Wortfelds „Schöpfung, Geschöpf" bewegt sich im NT vorwiegend im Bereich des Verbs *ktízō* mit seinen Ableitungen. Es ist augenscheinlich, daß das atl Verständnis von Gott als dem Schöpfer als gültig vorausgesetzt wird (vgl. z.B. Mk 10,6; Hebr 1,10): Die Erschaffung der Welt war der Beginn des Handelns Gottes in der Geschichte, und Gottes schöpferische Macht umfaßt die beseelte wie die unbeseelte Welt (Röm 8,39): „Gott …, (der) Rufende das Nichtseiende als Seiendes" (Röm 4,17), „selbst gebend allem Leben und Atem und alles" (Apg 17,25). Auch das Thema von Gottes beständiger Zuwendung zur Welt wird vom NT weitergeführt (Mt 6,25ff; Lk 12,6). Trotz dieser Zeichen einer ungebrochenen Kontinuität führte die Christologie des Urchristentums zu einem Weiterdenken der Schöpfungstheologie, nämlich in der Beschreibung Christi als Schöpfungsmittler. „... für uns (ist) ein Gott, der Vater, von dem das All, und wir auf ihn (hin), und (ist) ein Herr Jesus Christos, durch den das All, und wir durch ihn" (1 Kor 8,6).

Dtpln wird der Gedanke der Mittlertätigkeit Christi in der Schöpfung noch weiter entfaltet: „der ist ein Bild Gottes, des unsichtbaren, Erstgeborener aller Schöpfung, denn in ihm wurde erschaffen alles ..." (Kol 1,15f; vgl. Eph 1,10). Auch Hebr spricht von der Funktion Christi als Schöpfungsmittler (Hebr 1,2f), der durch Leiden zur Vollendung geführt wurde, „durch den alles ist" (Hebr 2,10).

Der Prolog des JohEv schließlich kennt diese Tradition ebenfalls, kombiniert mit zwei weiteren atl Traditionsmotiven: dem vom Wort, das Gott am Anfang gesprochen hatte (vgl. Gen 1,1), und dem vom Logos, der wie die göttliche Weisheit schon immer mit Gott gewesen ist (vgl. Spr 8,22ff): „Alles wurde durch ihn, und ohne ihn wurde auch nicht eines, was geworden ist" (Joh 1,3).

Eine weitere Linie der atl Schöpfungstradition (v.a. DtJes) erfuhr eine Weiterentwicklung bzw. Umformung: das Thema der „neuen Schöpfung", das sich im NT aber (wörtlich) nur bei Pls und im Bereich der pln Rezeption findet: Der Mensch ist in der Taufe neugeboren und damit „neue Schöpfung"; diese Gabe ist gleichzeitig Aufgabe, da dieser Mensch der (noch unerlösten) Schöpfung gegenüber Zeichen der Hoffnung ist (vgl. 2 Kor 5,17). Zum Thema „neue Schöpfung" gehört auch das Motiv vom „neuen Himmel und neuer Erde". V.a. in Momenten extremer politischer Krisen geschieht es, daß die Verheißung von Gottes schöpferischer Intervention neues Leben bekommt, besonders im Rahmen der Apokalyptik (Dan; Offb). Das wesentliche Glaubenszeugnis besteht dabei darin, daß die Hoffnung auf eine neue Schöpfung nicht von menschlichen Fähigkeiten abhängt: Das Kommen des Neuen ist keine Fortsetzung des Alten. Erst wenn die „erste Erde verschwunden" ist, sieht der Verfasser der Offb „das neue Jerusalem vom Himmel herabkommen" (Offb 21,1ff).

4. Schöpfung ist nach bibl. Verständnis nicht ein urzeitlicher Akt, sondern ein Prozeß, der Vergangenheit, Gegenwart und Zukunft umfaßt und den noch immer ein „offenes Ende" auszeichnet. Der Schöpfungsprozeß wird auch zukünftig neue Potentiale entfalten; Tod und Auferstehung Christi verdeutlichen dabei Gottes Schöpfermacht, vollkommen Neues ins Dasein zu rufen. Gottes Solidarität mit den Leiden seiner Schöpfung wird hier ebenso sichtbar wie seine Absicht, durch das Wirken des Geistes die Verheißung der Befreiung zu realisieren.

Lit.: B.S. Childs, Die Theologie der einen Bibel, Bd. 2, 1996; J. Moltmann, Gott in der Schöpfung, [4]1993; G. v. Rad, Das theologische Problem des atl Schöpfungsglaubens, in: ders., Gesammelte Studien I (TB 8), [7]1971, 136–147; C. Westermann, Schöpfung, 1983.

Michael Ernst

SCHRIFT, Buchstabe, Schriftkundiger

→ Geist; Gesetz; Lehre; Weisheit

1. „Nachdem der Herr zu Mose auf dem Berg Sinai alles gesagt hatte, übergab er ihm die beiden Tafeln der Bundesurkunde, steinerne Tafeln, auf die der Finger Gottes geschrieben hatte." (Ex 31,18)

2. Am Beginn der Entwicklung der Schrift im Alten Orient steht die Wort- oder Bilderschrift. Die ägypt. Hieroglyphen (um 3000 v.Chr.) sind eine Wortschrift im Übergang zur Silbenschrift; später wurden die Zeichen zur Schreiberleichterung in Kursive umgewandelt: hieratisch (ca. 1500–500 v.Chr.) und demotisch (ca. 600–100 v.Chr.). Die sumerische Keilschrift (um 3000 v.Chr.) ist eine Wort- und Silbenschrift, in welcher Texte der Babylonier und Assyrer, der Elamiter, Horiter, Urartäer, Achämeniden und Hethiter geschrieben wurden; letztere besaßen daneben noch eine eigene Schrift (14. – 8. Jh. v.Chr.). Zu Beginn des 2. Jahrtausends erfolgte der Übergang von den eher umständlichen Silbenschriften mit ihren vielen Ideogrammen und Determinativen zur Buchstabenschrift; als deren Wiege gilt Byblos in Phönizien, dessen Name die Griechen auch mit dem Buch verbanden. Das nordsemitische Alphabet (22 Konsonanten) ist in drei verschiedenen Ausprägungen bekannt: phönizisch, althebr. und aram. Aus der phönizischen Schrift entwickelte sich um 850 v.Chr. die griech., wobei überflüssige Konsonantenzeichen als Zeichen für griech. Vokale benutzt wurden; die Buchstabennamen weisen übrigens vielfach auf die semitische Herkunft hin. Neben dieser Majuskelschrift (Großbuchstaben) entwickelten sich für den privaten Schriftverkehr kursivere Formen, aus denen um 800 n.Chr. in Byzanz die Minuskelschrift (Kleinbuchstaben) entstand, die noch heute verwendet wird. Die lateinische Schrift entwickelte sich aus der griechischen. Wie im ganzen Alten Orient gab es wohl auch in Israel seit vorexilischer Zeit am Tempel Schreiberschulen, die primär dem Unterricht geeigneter Priester und Leviten dienten, die ihrerseits das Volk im Gesetz zu unterweisen sowie Rechtsentscheidungen zu treffen hatten. Zu Beginn der hellenistischen Zeit besaßen die „Schreiberschulen" zwei Möglichkeiten: einerseits die Übernahme der neuen kulturellen Einflüsse (samt der sich daraus ergebenden Assimilation) oder die konservative Bewahrung der Tradition; in der Mehrheit gingen sie den zweiten Weg. Erstmals ausdrücklich erscheint „das jüd. Lehrhaus" und „der Sitz des Lehrers" bei Ben-Sira (Sir 51,23.29), und man wird kaum fehlgehen in der Vermutung, daß beide Phänomene auch mit der Entwicklung des Synagogeninstituts in Palästina zusammenhängen. Ein wesentlicher Schlüsselbegriff für Ben-Sira ist „Erziehung", ein in der altorientalischen Weisheit gegründetes, aber der neuen Zeit angepaßtes Ideal. Das neue Erziehungsprogramm, das später von den Pharisäern weitergeführt wurde, unterschied sich wesentlich von der exklusiven Haltung der früheren Schreiberschulen: Jeder, der zum Volk Gottes gehörte, wurde jetzt zum Studium der „Weisheit", d.h. des Gesetzes, eingeladen, und als Konsequenz dieser Idee der Erziehung des ganzen Volks wurden schrittweise die Elementarschulen eingeführt (Ende 2. Jh. v.Chr.), die für Josephus schon eine Selbstverständlichkeit sind; das Schulalter war, wie in der griech. Elementarschule, auf sechs bis sieben Jahre festgelegt.

Ohne diese jüd. Elementarschulen wären die Entstehung des Rabbinats, die Ausbreitung der pharisäischen Volksbewegung mit ihren Schriftkundigen *(grammateís)*, aber auch die Durchsetzung des Synagogeninstituts nicht denkbar.

3. Im NT umfaßt das Wort *grámma* (wie im klassischen Griech. und in der Koine) ein Bedeutungsspektrum von „Buchstabe" über „Schriftstück" bis zu „(hl.) Schrift". Im Singular verwendet es im NT nur Pls (Röm 2,27. 29; 7,6; 2 Kor 3,6), und hier steht *grámma* immer in direktem oder indirektem Gegensatz zu „Geist" *(pneûma)*. Nach 2 Kor 3,6 ist der tötende Buchstabe „das Gesetz des Mose" – aus dem Kontext von 2 Kor 3 ist wohl nicht das Gesetz schlechthin in sich todbringend, sondern insofern es, nur mit Buchstaben geschrieben, darauf harrt, „auf Tafeln, die fleischerne Herzen sind", geschrieben zu werden; also ist das Gesetz auf den Geist hin angelegt. Es ist aber „Buchstabe", insofern ihm der Jude falsch begegnet. Diese Auslegung von 2 Kor 3 wird durch Röm 2,27 bestätigt: „Buchstabe" als rein äußerlicher Besitz des Gesetzes bei gleichzeitigem Übertreten des Gesetzes. In Röm 2,28f wird die Antithese „Buchstabe – Geist" parallelisiert mit der vom Offenbarsein und Verborgensein (des Juden bzw. der Beschneidung). In Röm 7,6 tritt ein weiteres Gegensatzpaar (das allerdings auch in 2 Kor 3 kontextuell anwesend ist) zur Erklärung der Antithese hinzu: „alt – neu": Unser Christsein ist also ein Sklave-Sein im „Geist" als dem grundsätzlich Neuen und nicht im „Buchstaben" als dem grundsätzlich Alten.

Der Plural *(grámmata)* hat im NT folgende Bedeutungen: Lk 16,6f meint der Ausdruck den „Schuldschein", Apg 26,24 das „Studieren", die „Beschäftigung mit Büchern" und Apg 28,21 „Briefe". Auch Pls kennt den Plural: 2 Kor 3,7 und Gal 6,11 sind „Buchstaben" gemeint. Von den „heiligen Schriften" spricht 2 Tim 3,15, und dasselbe meint der Ausdruck „Schriften" in Joh 5,47 und 7,15.

4. „Hoher Vater, du rufst: ‚Der Buchstabe tötet'; im Munde führst du dies eine Wort stets von dem Buchstaben nur. Gut hast du dich geschützt, daß dich ja kein Buchstabe töte, da ein Buchstabe selbst keineswegs dir bekannt ist. Aber nicht grundlos befürchtest du, daß dich der Buchstabe töte, da du ja keinen Geist hast, der dich wiederbelebt!" (Thomas Morus 150f)

Lit.: M. Hengel, Judentum und Hellenismus (WUNT 10), ³1988; H. Hübner, Das Gesetz bei Pls (FRLANT 119), 1978; W. Schubart, Griechische Paläographie (HAW I.4.1), 1966; Thomas Morus, Über einen ungebildeten Bischof…, in: ders., Epigramme (Werke, Bd. 2), 1983.

Michael Ernst

SCHULD, Schuldner

→ Kreuz; Nachlaß

1. Über Schuld zu theoretisieren, ist angesichts der allgemeinen Schuldvergessenheit unserer Gesellschaft ein gewagtes Unternehmen. Der erste Schritt in Richtung auf Schuldbewältigung ist die Problemanalyse.
2. Die Wurzeln der Begriffsgruppe *opheílō* liegen in der atl Rechtsspra-

che. Das unbeabsichtigte Übertreten von kultischen Vorschriften (Lev 5,1–13) und Moralgesetzen oder das Nicht-Erfüllen materieller Verpflichtungen löst einen Automatismus von Rechtsmaßnahmen von der Zwangseintreibung von Schulden bis hin zur Schuldhaft aus. Die ntl Parabel vom unbarmherzigen Gläubiger, der bis auf den letzten Heller zurückfordert, obwohl ihm selbst die ganze Schuld erlassen worden ist (Mt 18,23–35), spiegelt die brutalen Rechtsstrukturen, die in der neuen Ordnung des Ev überholt sein sollten. Mt benutzt das konstruierte, den realen Gegebenheiten allerdings entsprechende Beispiel, um deutlich zu machen, daß im Verhältnis des Menschen zu Gott Rückerstattungen obsolet geworden sind, weil Gott selbst aus freier Gnade beschenkt. Die Vaterunser-Bitte um den göttlichen Schuldennachlaß muß mit der entsprechenden Bereitschaftserklärung zur Vergebung im zwischenmenschlichen Bereich (Mt 6,12) korrespondieren.
Der fatalistische Schuld-Ergehens-Schematismus nach dem Prinzip von Ursache und Wirkung (oder genauer: keine Strafe ohne persönliche Schuld) ist schon von den Propheten bekämpft und durch den Hinweis auf die Eigenverantwortung abgelöst worden (Ez 18,1–4).
3. In den Evv klingen derartige abwegige Denkmuster immer noch nach. Die Galiläer, die von Pilatus beim Opfer im Tempel grausam niedergemacht worden sind, dürfen keinesfalls als Stigmatisierte ausgegrenzt werden. Ihr Schicksal ist nach den Worten Jesu genauso wie das der 18 Menschen, die beim Einsturz des Turmes am Schiloach umgekommen sind, eine ernste

Mahnung zur Umkehr (Lk 13,1–9). Jesus hat die Schulderfahrung entmystifiziert und in den Zusammenhang der persönlichen Verantwortung des einzelnen eingeordnet.
Auf eine überindividuelle, alle Menschen umfassende Verschuldung (Schuldknechtschaft) hat Pls nachdrücklich hingewiesen (Röm 5,12). Die einzige Chance für eine Schuldbefreiung liegt in der Unterstellung unter das Kreuz Jesu Christi (1 Kor 1,18.23 u.ö.). Jesus hat den Schuldbrief, der gegen uns sprach, ans Kreuz genagelt und die Menschheit erlöst (Kol 2,14). Die letzte Ratifizierung steht freilich noch aus. Bis zum Ende aller Dinge kann der einzelne trotz der Herrschaft böser Mächte in der Welt für sich in der Unterstellung unter die Gnade Gottes schon in dieser Weltzeit Erlösung erfahren.
Der Gedanke der Schuldbekehrung bzw. der brüderlich/geschwisterlichen Zurechtweisung mit dem Ziel der Schuldbewältigung darf als christl. Alternative zu dem Schuld-Strafe-Automatismus verstanden werden. Mt hat in dem schon erwähnten Gleichnis 18,23–35 unter dem Stichwort „Schuld erlassen" (V 27) auf das Verhalten Gottes gegenüber dem Schuldig-Gewordenen abgehoben. Menschen sollen unter ihresgleichen mit dem Dienst der *correctio fraterna*, d.h. des „Überführens", die Voraussetzungen für die persönliche Bekehrung schaffen. In einem „Instanzenzug" von privaten über halböffentliche bis hin zu amtlichen Maßnahmen (Mt 18,15–17) soll die christl. Gemeinde versuchen, den schwierigen Weg von Einsicht, Umkehr und Versöhnung dem schuldig gewordenen Gemeindemitglied zu er-

möglichen. Die Ent-Schuldigung schreitet nur in kleinen Schritten voran. Das verwandte Gleichnis von den zwei Schuldnern in der lk Erzählung von der Begegnung Jesu mit den Sündern (Lk 7,41ff) hebt auf den Zusammenhang von Schuldvergebung und Liebe ab. Die Perspektiven verschieben sich noch einmal in der Parabel vom klugen Verwalter, der Schulden erläßt, um seine „eigene Haut zu retten", d.h., um das Leben zu gewinnen und „in die ewigen Zelte" aufgenommen zu werden (Lk 16,1–9).

4. Das NT arbeitet ein religiöses Grundthema der Menschheit variantenreich auf. Der wichtigste Aspekt betrifft die christl. Gemeinde: Christen leben aus der Vergebung ihrer Schuld; daher müssen sie einander auch aus der Vergebung leben lassen.

Lit.: E. Drewermann, Angst und Schuld in der jahwistischen Sündenfallerzählungen (Gen 3,1–5), Conc 12 (1976) 169–174; H. Häfner, Schulderleben und Gewissen, 1956; H. Schwarz, Im Fangnetz des Bösen (BTSP 10), 1993; J. Werbick, Schulderfahrung und Bußsakrament, 1985.

Josef Ernst

SCHÜLER, Jünger

→ Berufung; Jesus; Nachfolge; Zwölf

1. Im heutigen Sprachgebrauch bezeichnet das Wort Schüler vorwiegend jemanden, der eine Schule besucht und dort von Lehrenden bestimmte Kenntnisse oder Fertigkeiten erlernt. Der Schwerpunkt des Lehrens und Lernens liegt dementsprechend meist im kognitiven, geistig-intellektuellen Bereich. Wie sich sogleich zeigen wird, waren Schüler- und Jüngerschaft im alten Israel, im Frühjudentum und bei Jesus viel umfassendere Lebensprozesse.

2. In der griech. Antike spielte das Wort Schüler *(mathētēs)* v.a. im Bereich der Philosophie und der Mysterienreligionen eine große Rolle. Philosophen hatten meist einen Schülerkreis, der die Lehren des Meisters aufnahm und auch noch über dessen Tod hinaus weitergab. Derartige Schülerkreise umgaben z.B. Sokrates, Platon und Aristoteles. In den Mysterienreligionen zeigte sich das Meister-Schülerverhältnis darin, daß der Mystagoge den Anwärter in das Geheimwissen über das Göttliche und dessen Kult einweihte.

Es ist bemerkenswert und verständlich, daß es in Israel diese beiden in der Umgebung gepflegten Lehrer-Schülerverhältnisse nicht gab. Sprachlich läßt sich dies an dem auffälligen Befund erkennen, daß weder im hebr. AT das Wort Schüler *(talmîd)* noch in der griech. Übersetzung des AT der entsprechende Begriff *mathētēs* eine Rolle spielt. Dieser sprachliche Befund läßt sich sachlich dadurch erklären, daß es im alten Israel keine den griech.-hellen. Philosophenschulen vergleichbare Einrichtungen gab; daß Lernen v.a. meinte: Auf Gott zu hören, um seinen Willen zu erkennen und zu tun; und daß dort, wo die göttliche Führung und Willenskundgabe durch besondere Führergestalten wie z.B. Mose oder durch Propheten erfolgte, das dynamisch wirkende Wort Gottes und nicht menschliche Lehrer-Schülerverhältnisse als wichtig erachtet wurden. So heißt es z.B. im dritten Gottesknechtslied aus exilischer Zeit:

„Gott der Herr hat mir die Zunge eines Schülers gegeben, damit ich verstehe, die Müden zu stärken durch ein Wort. Morgen für Morgen weckt er mein Ohr, damit ich auf ihn höre wie ein Schüler" (Jes 50,4). Selbst dort, wo von Prophetengruppen (1 Sam 10,5.10–12), Prophetenschülern (Jes 8,16) oder von der Berufung zur Nachfolge im Prophetendienst (1 Kön 19,19–21) die Rede ist, handelt es sich nicht schon um das sich erst im Frühjudentum und Rabbinismus ausprägende Schul- und Traditionssystem. Dieses war so beschaffen, daß ein Lehrer *(rabbi)* im Lehrhaus *(bêt hammidraš)* die mündlichen und schriftlichen Überlieferungen Israels auslegte und daß Schüler *(talmîdîm)* sich einen derartigen Meister suchten, um im Zusammenleben mit ihm sich durch sein Wort und Verhalten in die überlieferten Lebensweisungen Gottes einführen zu lassen und nach erfolgter Ordination selbst als Rabbi zu lehren.

3. Obwohl auch Jesus von einem Schülerkreis umgeben war und die Evv gelegentlich vom Lehrer (Rabbi: Mk 11,21 u.ö., *didáskalos*: Mk 12,14. 19 u.ö.) und sehr oft von seinen Schülern *(mathētaí)* sprechen, unterschied sich doch das Verhältnis Jesu zu seinen Schülern von dem des Rabbinats: Statt in einem bestimmten Lehrhaus lehrte er öffentlich als charismatischer Wanderprediger (Mt 5,1f u.ö.); er berief selbst seine Schüler, und zwar in die Nachfolge (Mk 1,16–20 u.ö.); die Art und der Inhalt seiner Unterweisung bestanden nicht darin, durch Verweise auf schriftkundige Autoritäten die Tora auszulegen, sondern den Anbruch der Herrschaft Gottes zu proklamieren (Mk 1,15) und dabei in eigener

Autorität (Mt 5,21–48) freizulegen, worin der Wille Gottes besteht (Mk 3,35).

Der engere Schülerkreis Jesu bestand aus zwölf namentlich bekannten (Mk 3,13–19 parr) und von Jesus aus ihren bisherigen Familien-, Berufs-, Besitz- und Wohnverhältnissen herausgerufenen Männern (Mk 1,16–20; Lk 9,57–62). Sie waren in die Nachfolge gerufen, um aus der Lebensgemeinschaft mit Jesus und gesandt von ihm teilzunehmen an seinem eigenen Verkünden und Wirken (Mk 3,14f; 6,6b–13). Ihre Zwölfzahl wies hin auf die Sammlung ganz Israels und sollte als Hoffnungszeichen für das Zwölfstämmevolk verstanden werden (Mt 19,28f par). Je mehr die Ablehnung Jesu und die Gefahr eines gewaltsamen Todes wuchs, um so deutlicher machte Jesus die Zwölf auch auf die bevorstehende Schicksalsgemeinschaft mit ihm aufmerksam (Mk 8,34 parr). Zur engeren Gefolgschaft Jesu gehörte auch eine Frauengruppe (Lk 8,1–3), die ihn von Galilaia bis nach Jerusalem und dort sogar noch weiter als die Jünger begleitete (Mk 15,40f; vgl. 14,50).

Im Urchristentum vollzog sich eine Transformation: An die Stelle der Lebens- und Wirkgemeinschaft der Jünger und Jüngerinnen mit dem irdischen Jesus trat nun die Lebensgemeinschaft der Glaubenden mit dem gekreuzigten und auferweckten Christus und die Orientierung ihres Verhaltens an ihm (Phil 2,5–11). Der Begriff „Schüler/in" wurde ausgeweitet und konnte nun im Sinn von „Jünger/innen" auf alle an Christus Glaubenden bezogen werden.

Dieser Sprachgebrauch liegt besonders deutlich in der Apg vor. So ist

z.B. vom Wachsen der Zahl der Schüler in Jerusalem (Apg 6,1), von den
Schülern in Damaskus (9,19b) und der
„Schülerin mit Namen Tabitha" in
Joppe (9,36) die Rede. In den Evv
zeigt sich dieser Transformationspro-
zeß daran, daß Worte Jesu, die einst
während seines irdischen Wirkens an
seine Schüler/innen gerichtet waren,
nun den Gliedern der christl. Gemeinde gelten, so z.B. die Bergpredigt (Mt
5–7). Entsprechend unterschiedlichen
Überlieferungen und Gemeindesitua-
tionen hat jeder Evangelist seine eigenen Akzente gesetzt: Mt betont die
ethisch-sittliche Verantwortung und
den Sendungsauftrag, daß „alle Völker Schüler" Jesu werden sollen
(28,19). Mk hebt das Unverständnis
der Schüler hervor (6,52; 8,21.33 u.ö.)
und weist damit auf den stets notwendigen Lernprozeß christl. Gemeinde hin. Lk akzentuiert besonders
den verantwortlichen Umgang mit
materiellem Besitz und den Einsatz
für soziale Gerechtigkeit (14,33; 16,9–
13 u.ö.). Nach Joh machen das Bleiben „im Wort" Jesu (8,31) und die
Liebe untereinander (13,35) die Jüngerschaft aus.

4. Mit dem Transformations- und
Aktualisierungsprozeß waren damals
und sind heute auch Probleme verbunden. Manche Forderungen, die ursprünglich an ganz konkrete Einzelpersonen gerichtet waren, wirken irri-
tierend, wenn sie ohne Verdeutlichung
auf einen erweiterten Adressatenkreis
übertragen werden. Das ist z.B. der
Fall, wenn es heißt: Keiner, der sich
nicht von „all seinem Besitz" trennt,
kann „mein Schüler" sein (Lk 14,33).
Im Unterschied dazu zeigen andere
Beispiele, wie mit der Adressaten-

erweiterung zugleich eine sinnvolle
Neuinterpretation einherging. So fügt
Lk z.B. in die ursprüngliche Aufforderung, das Kreuz zu tragen (Mk 8,34),
das Wort „täglich" ein (Lk 9,23) und
deutet so das Martyriumswort als
Weisung für den christl. Alltag. Zum
Selbstverständnis der Kirche und ihrer
Glieder gehört wesentlich, sich in der
Jüngerschaft Jesu zu wissen und stets
neu zu fragen, was sich aus dem Zuspruch und Anspruch Jesu hier und
jetzt ergibt.

Lit.: W. Bracht, Jüngerschaft und Nachfolge, in: J. Hainz (Hg.), Kirche im Werden,
1976, 143–165; M. Fander, Frauen im Urchristentum am Beispiel Palästinas, JBTh 7
(1992) 165–185; M. Hengel, Nachfolge und
Charisma, 1968; R. Kühschelm, Jüngerver-
folgung und Geschick Jesu (ÖBS 5), 1983;
H. Merklein, Der Jüngerkreis Jesu, in: K.
Müller (Hg.), Die Aktion Jesu und die Re-
Aktion der Kirche, 1972, 65–100; R. Riesner, Jesus als Lehrer (WUNT 2/7), [2]1988;
H. Schürmann, Der Jüngerkreis Jesu als Zeichen für Israel, in: K. Scholtissek, Jesus –
Gestalt und Geheimnis, 1993, 64–84; A.
Wouters, „… wer den Willen meines Vaters
tut" (BU 23), 1992.

Alfons Weiser

SCHWACHHEIT, Schwäche, Krankheit

→ Besessenheit

1. Natürlich und menschlich ist es,
daß die Stärke mehr imponiert als die
Schwäche. Auch den Gläubigen fas-
ziniert das machtvolle Wunder, Schwäche und Leid lassen dagegen an der
Gegenwart Gottes zweifeln. Doch
lenkt das christl. Ev den Blick auch
auf die Kreuzeswirklichkeit.

2. Mit der bibl. Anthropologie weiß das NT, daß der Mensch von Natur aus durch Schwachheit *(asthéneia)* gekennzeichnet ist. Nur Gott, der dem Menschen den Lebensodem (vgl. Gen 2,7) und durch seinen Geist Kraft schenkt, vermag letztlich diesen Zustand zu überwinden und Hilfe zu leisten.

3. Charakteristisches Kennzeichen des Menschen in seiner leiblichen wie seelischen Verfassung ist die Schwachheit. Den bei seinem Gebetskampf in Gethsemani immer wieder in Schlaf fallenden Jüngern sagt Jesus: „Wacht und betet, damit ihr nicht kommt in Versuchung! Der Geist (ist) zwar bereit, das Fleisch aber schwach" (Mk 14,38 par). In der Belehrung über die Auferstehung sagt Pls: „... gesät wird in Schwachheit, erweckt wird in Kraft" (1 Kor 15,43). Die Frau kann in androzentrischer Sicht als „der schwächere" Teil im Vergleich zum Mann bezeichnet werden (1 Petr 3,7); die Hochpriester des Alten Bundes sind nach Hebr 7,28 durch Schwachheit gekennzeichnet im Unterschied zu Christus, dem sündenlosen Hochpriester des Neuen Bundes, der zudem „mitleiden kann mit unseren Schwächen" (Hebr 4,15). Doch ist Christus als Mensch auch der Schwachheit unterworfen: Er wurde „gekreuzigt aus Schwachheit" (2 Kor 13,4). Der schwache und leidende Apostel ist dann Diskussionsgegenstand des 2 Kor.

Die Evv verkünden, wie Jesus seine Botschaft vom Kommen der Heilsherrschaft Gottes in vielen Krankenheilungen zu bestätigen verstand, und nach Mt 8,17 erfüllte sich damit die auf den Gottesknecht bezogene Verheißung: „Er nahm unsere Schwachheiten, und die Krankheiten trug er" (Jes 53,4). So sehr die Krankheit *(nósos)* auf dämonischen Einfluß zurückgeführt werden (Lk 13,11f.16) und ein Zusammenhang von Krankheit und Sünde gegeben sein kann (Joh 5,14; vgl. 1 Kor 11,32), so wenig ist doch für Jesus jede Krankheit Folge persönlicher Schuld (vgl. Joh 11,4; Lk 13,1–5). Die Jünger erhalten den Auftrag zur Heilung der Kranken (Lk 10,9; vgl. Mt 10,8), nach der Apg weisen sich dann in dieser Weise die Apostel und Pls als Nachfolger Jesu aus, wie denn auch die Krankenheilungen zur Wirklichkeit des Neuen Bundes gehören (vgl. 1 Kor 12,9.28.30; Jak 5,14).

Eine Theologie der Schwachheit entwickelt Pls im Zusammenhang mit seiner Kreuzestheologie, die er in der Auseinandersetzung mit dem Pneumatikertum in Korinth weiter profiliert. Der Apostel bekennt sich zu seinen Leiden, betont jedoch, daß seine Schwachheit gerade der Ort ist, wo sich Gottes Stärke offenbart (vgl. die Peristasenkataloge 1 Kor 4,9–13; 2 Kor 4,7–15; 6,3–10; 11,23–12,10). Auf seine inständige Bitte an den Herrn, von einer höchst belastenden Krankheit befreit zu werden, erhielt er den göttlichen Bescheid: „Es genügt dir meine Gnade, denn die Kraft wird in Schwachheit vollendet" (2 Kor 12,9). Auch in der wiederholten Ermahnung, auf die Schwachen Rücksicht zu nehmen (vgl. 1 Thess 5,14; 1 Kor 8,9.13; 10,32; Röm 14,1; 15,1; vgl. 1 Kor 9,22), nimmt Pls Maß am Gekreuzigten (vgl. 1 Kor 8,11).

4. Das Proprium des christl. Glaubens, Jesus trotz seiner menschlichen Niedrigkeit und seines schmachvollen

Endes als menschgewordenen Gottessohn zu bekennen (vgl. Phil 2,5–11;
2 Kor 8,9) und ihn bei den Geringsten
seiner Brüder und Schwestern zu sehen (vgl. Mt 25,31–46), darf neben
seinem Auftrag, die kranke Schöpfung
zu heilen, nicht verleugnet werden.

Lit.: M. Ebner, Leidenslisten und Apostel-
brief (fzb 66), 1991; E. Güttgemanns, Der
leidende Apostel und sein Herr (FRLANT
90), 1966; U. Heckel, Kraft in Schwachheit
(WUNT 2/56), 1993; Krankheit und Leiden
(mit Beiträgen von A. Weiser, J. Eckert, K.
Richter), BuK 43 (1988) Heft 1; N. Schneider, Die „Schwachen" in der christl. Gemeinde Roms, 1996; K. Seybold/ U.B.
Müller, Krankheit und Heilung (BiKon),
1978.

Jost Eckert

SCHWESTER, Schwesterliebe

→ Bruder; Gemeinde; Schüler

1. In der griech. Literatur steht die
Bezeichnung Schwester *(adelphḗ)* –
vergleichbar dem Parallelbegriff Bruder *(adelphós)* – sowohl im engeren
Sinn für die leibliche Schwester als
auch für Verwandte entfernteren Gra-
des, außerdem im übertragenen Sinn
als Kosename für die Ehefrau oder als
Titel; sie dient auch zur Charakterisierung der Zusammengehörigkeit von
Mitgliedern gleichgesinnter Gemeinschaften oder menschlicher Grundbe-
findlichkeiten (die Trauer als Schwester des Zweifels).
2. Die Bezeichnung Schwester wird
auch im AT im engeren Sinn für die
leibliche Schwester (Gen 4,22; 30,1;
34,13f; 2 Sam 13,1–22; vgl. Gen 12,13;
20,2) wie für Frauen entfernteren Ver-
wandtschaftsgrades (Gen 24,60) ge-

braucht, schließlich auch für die zum
gleichen Volk zählende Frau (Num
25,18). Daneben finden sich ebenfalls
Belege für eine Verwendung im übertragenen Sinn (Hld 4,9–12; 5,1: die
Geliebte; Spr 7,4: die Weisheit).
Der Begriff Bruderschaft/Schwester-
schaft *(adelphótēs)* ist nur in helleni-
stisch beeinflußten Spätschriften bezeugt. Er steht einerseits als Ausdruck
gegenseitiger Hochachtung (1 Makk
12,10.17), andrerseits als Attribut der
die sieben makkabäischen Brüder (vgl.
2 Makk 7) kennzeichnenden „Macht
der Bruderliebe", die sie aber nicht
von Gesetzestreue und Leidensbereit-
schaft abhielt (4 Makk 13,19.27), sowie als Beschreibung ihres gemeinsamen Glaubensbundes (4 Makk 9,23;
10,3.15).
3. Unterschiedliche Verwendungen
kennzeichnen auch den ntl Sprachgebrauch. Als leibliche Schwestern werden vorgestellt Martha und Maria (Lk
10,38–40); beide werden in Joh 11 als
Schwestern des Lazarus genannt (vgl.
V 3). Eine Schwester der Mutter Jesu
stand nach Joh 19,25 zusammen mit
dieser und anderen Personen unter
dem Kreuz Jesu; dabei ist nicht zu
entscheiden, ob die nachfolgende
Namensnennung, „Maria, die des
Klopas", diese Schwester Marias näher kennzeichnen oder (was wahrscheinlicher ist) eine von der Schwester Marias zu unterscheidende Frau
vorstellen will. In einer kurzen Bemerkung erfahren wir in Apg 23,16,
daß Pls eine Schwester hatte.
Ohne Namensnennung bleiben die
„Schwestern", die Mk 6,3 par zusammen mit vier namentlich genannten
Brüdern Jesu erwähnt. Die häufig
durch konfessionelle Grenzen beding-

te unterschiedliche Beurteilung – leibliche Schwestern (und entsprechend Brüder) Jesu (protestantische Auslegung), Stiefschwestern (orthodoxe Tradition) oder Basen (kath. Position) – ist vom Textbefund und von der Argumentationsabsicht des Evangelisten Mk her im ersten Sinn zu entscheiden.

Als die Familienangehörigen Jesu (seine Mutter und seine Brüder, nach einigen Handschriften auch seine Schwestern) sich um ein Zusammentreffen mit Jesus bemühen (Mk 3,31–35 par), erklärt dieser mit Hinweis auf die ihn umlagernden Menschen: „... wer immer tut den Willen Gottes, dieser ist mein Bruder und (meine) Schwester und Mutter". Und als Petrus Jesus gegenüber die Radikalität der Nachfolge seiner Schüler (und Schülerinnen) zum Ausdruck bringt mit dem Hinweis, daß sie alles verlassen haben, antwortet Jesus mit der Verheißung, daß ihnen alles (wie Haus und Äcker) und alle (Brüder oder Schwestern oder Mutter oder Vater oder Kinder) in diesem Aion hundertfach gegeben wird, allerdings unter Verfolgung, im kommenden Aion aber „ewiges Leben" (Mk 10,28–30 par).

In den Briefen bezeichnet Schwester im übertragenen Sinn die Frau als Mitglied der christl. Gemeinde (Jak 2,15), bei Pls zumeist verbunden mit deren exponierter Stellung in Verkündigung und Gemeindedienst.

Wenn Pls in 1 Kor 9,5 – in einer rhetorischen Frage – für sich das gleiche Recht wie für die übrigen Apostel, die Brüder des Herrn und Kephas reklamiert, nämlich „eine Schwester als Frau mitzuführen", dann bezeichnet Schwester hier wohl ganz allgemein

die zur christl. Gemeinde zählende Frau (ähnlich 1 Kor 7,15).

Am Ende des Briefs an die Gemeinde in Rom stellt Pls Phoibe, die als Überbringerin des Briefs anzusehen ist, vor als „unsere Schwester" und als „Dienerin der Gemeinde, der in Kenchreai"; und er stellt ihr das Zeugnis aus, daß sie „Beistand vieler" wurde, „auch meiner selbst" (Röm 16,1f). In Verbindung mit den beiden Funktionsbezeichnungen *diákonos* (Dienerin) und *prostátis* (Beistand) ist auch mit der Bezeichnung als Schwester eine besondere Stellung in der Gemeinde zu verknüpfen (vgl. parallel dazu Phil 2,25: Epaphroditos, „Bruder *[adelphós]* und Mitarbeiter *[synergós]* und Mitkämpfer *[systratiṓtēs]* von mir").

Die Vorstellung der Heimatgemeinde durch den Briefautor in 2 Joh 13 als „die Kinder deiner auserwählten Schwester" betont die Gemeinsamkeit des Glaubens mit der Empfängergemeinde.

Hinsichtlich des Sprachgebrauchs ist zu beachten, daß der Begriff *adelphḗ* (im Singular wie im Plural) in der ntl Literatur nur zur Bezeichnung bestimmter Frauen gebraucht wird, daß dagegen die Bezeichnung *adelphoí* (Brüder) v.a. in den Fällen, in denen die Gemeinde angesprochen wird, inklusiv zu verstehen ist, also die Schwestern mit einschließt.

Dieser übergreifende Bezug auf Brüder und Schwestern liegt auch dem Gebrauch des Begriffs *adelphótēs* (Bruderschaft/Schwesterschaft) zugrunde. Mit der Aufforderung an seine Gemeinde „alle ehrt, die Bruderschaft liebt ..." (1 Petr 2,17) beschwört der Autor zusammen mit der Verantwortung für alle Menschen die innergemeindliche Solidarität. Und der Hinweis, „daß dasselbe an Leiden eurer Bruderschaft in [der] Welt auferlegt ist" (5,9), soll die kleine Gemeinde, das sind umfassend Brüder und Schwestern, in ihren leidvollen Erfahrungen auf dasselbe Geschick der mit ihr im gleichen Glauben verbundenen Gemeinschaften aufmerksam machen und sie ermutigen, ihr Trost spenden und Kraft zum Durchhalten geben.

4. Aufgrund des zuletzt genannten Sprachgebrauchs liegt für die christl. Verkündigung eine wichtige Aufgabe darin, diesen inklusiven Sprachgebrauch bewußt zu machen. Ein guter Weg ist gewiß die ausdrückliche Anrede „Brüder und Schwestern" in liturgischen Lesungen auch in den Fällen, wo der griech. Text nur die Brüder-Anrede kennt. Noch wichtiger aber ist die Umsetzung dieser Erkenntnis in der Praxis kirchlichen Lebens in einer der Verantwortung von Brüdern und Schwestern aufgetragenen Verkündigung und in entsprechender Anerkennung ihres Dienstes für die Gemeinden.

Lit.: J. Blinzler, Die Brüder und Schwestern Jesu, ²1967; M. Fander, Probleme einer inklusiven Übersetzung, in: S. Meurer (Hg.), Die vergessenen Schwestern (Bibel im Gespräch 1), 1993, 67–94.

Lorenz Oberlinner

SEELE, Leben

→ Ende; Geist; Glaube; Leib

1. Etwas „mit Leib und Seele" tun gehört zu den gängigen Redensarten im täglichen Umgang. Es meint das ganze Engagement eines Menschen für eine Sache oder Aufgabe. Es ist nicht überraschend, daß die Bibel als „Buch vom Menschen" die Begriffe „Leben" und „Seele" in den Mittelpunkt ihrer Botschaft rückt.

2. „Leben" und „Seele" können in der Bibel mit einem Begriff ausgedrückt werden (hebr. *næpæš*, griech. *psyché*). Das versteht sich vom bibl. Menschenbild her, das den Menschen mit „Leib und Seele" als eine Einheit auffaßt. Daneben kennt die griech. Bibel zwei verschiedene Begriffe für die ganz natürlichen Lebensabläufe und das Leben mit und vor Gott *(bíos* und *zōé)*, so daß wir drei Begriffe für unsere beiden Bedeutungen „Leben" und „Seele" haben.

Meist reflektieren AT und NT das menschliche Leben. In diesem Sinn ist Leben zunächst ganz realistisch als Lebensdauer verstanden. Im AT segnet Mose vor seinem Tod den Stamm Ascher mit den Worten: „Hab Frieden, solange du lebst" (Dtn 33,25). Tobit spricht von dem, woran er sich sein Leben lang gehalten hat (Tob 1,3). Johannes d.T. lebte in der Wüste bis zu seinem Auftreten in Israel (Lk 1,80). 1 Tim 2,2 fordert der Briefautor die Gemeinde zum Gebet für die Herrschenden auf, damit die Gemeinde ein ruhiges Leben führen kann.

AT und NT wissen um die Begrenztheit des Lebens. Ijob 10,20 stellt skeptisch die rhetorische Frage: „Sind wenig nicht die Tage meines Lebens?" (vgl. auch Ez 7,13: „Und keiner wird sein Leben festhalten können"). Mt 6,27 sieht hinter der Begrenztheit menschlichen Lebens den für den Menschen sorgenden Gott. Jak 4,14 warnt angesichts der Unverfügbarkeit über das Leben vor dem selbstsicheren Plänemachen (vgl. Lk 12,16–20).

Darin wird sichtbar, daß die Bibel auch das ganz „natürliche" Leben des Menschen nicht unabhängig von Gott denken kann. Leben verdankt sich immer und überall dem Schöpferwirken Gottes. Gott ist es, der da schöpferisch wirkt, wo nichts ist (Röm 4,17); deshalb lebt der Mensch ganz aus ihm bzw. seinem Wort (Mt 4,4). Apg 3,15 überträgt die Schöpfermacht auf Christus („Den Anführer des Lebens aber tötetet ihr"), Kol 1,15ff läßt gar die ganze Schöpfung in Christus gegründet sein.

3. Das NT weiß um die tragende Bedeutung des „lebendigen Gottes". Petrus bekennt Jesus als Sohn des „lebendigen" Gottes (Mt 16,16), der Hochpriester beschwört Jesus „beim lebendigen Gott" (Mt 26,63). In der Missionssprache steht der lebendige Gott den toten Götzen gegenüber (Apg 14,15; 1 Thess 1,9f; 2 Kor 6,16). Der lebendige Gott steht auch im Spannungsfeld von Rettung und Gericht: 1 Tim 4,10 ist er der erhoffte Retter aller Menschen, Hebr 3,12; 10,31 warnt vor dem Abfall vom lebendigen Gott, und Offb 15,7 weiß um seinen Zorn im Gericht. 1 Petr 1,23 bringt den Schöpfungsgedanken ein: Die Christen sind aus Gottes lebendigem Wort wiedergeboren worden.

Weil Leben immer als Gabe Gottes gedacht wird, steht es in Verantwortung vor Gott. Das Mk 10,45 belegte Jesuswort „der Sohn des Menschen kam ... zu geben sein Leben als Lösegeld anstelle vieler" begründet die Bindung des Lebens an Gott und seine soziale Verantwortung. Leben vor Gott ist deshalb immer auch Leben vor Gottes Gericht: Pls drückt die Unverfügbarkeit über das Leben und die Verantwortung vor Gott in Röm 14,8 so aus: „Wenn wir nun leben und wenn wir sterben, des Herrn sind wir". Das Gerichtsmotiv steht Offb 20,4 im Hintergrund, wenn Leben und Herrschaft denen in Aussicht gestellt wird, die in der Bedrängnis am Zeugnis Christi festhalten; im Gerichtskontext ist auch Mk 8,36f mit der Gegenüberstellung vom Gewinnen der Welt und dem Gewinnen des Lebens zu verstehen.

Weil das Leben immer Leben vor Gott und gottgeschenkt ist, ist das „reale" Leben (s.o.) nicht das eigentliche Leben. Das bringt zugespitzt das Jesuswort Mk 8,35 zum Ausdruck: „Denn wer etwa will sein Leben retten, verlieren wird er es; wer aber verlieren wird sein Leben ..., retten wird er es." Damit ist kein Gegensatz zwischen diesseitigem und jenseitigem Leben aufgerissen, sondern die Gewinnung des gelungenen Lebens vor Gott gemeint. Das „eigentliche" Leben definiert sich in der Freiheit vom Festhalten am realen Leben. Mt 6,25–34 bringt das in den Sprüchen vom Sorgen als Mahnung zum Vertrauen auf den Schöpfergott auf seine Weise zur Sprache: Das Ich des Menschen drückt sich in einem Lebensverständnis aus, welches der Unverfügbarkeit Rechnung trägt, d.h. auf jede Eigenmächtigkeit verzichtet und die der menschlichen Kreatur eigene Begrenzung nicht als Verhängnis versteht.

Pls unterzieht diese Daseinserfahrung einer eingehenden theologischen Reflexion. Leben ist für ihn nur in der paradoxen Grundhaltung des Sich-Unterstellens unter Christus möglich (Röm 6,19; 8,15). Darin drückt sich die Wahrnehmung der Erlösungsbe-dürftigkeit des Menschen aus. Leben als solches steht immer unter der Sün-denmacht, die zum Tod führt; deshalb muß das Leben erst zum Leben befreit werden (Röm 7,24–8,2). Das ist in der Auferweckung Jesu schon geschehen und wird am Glaubenden reale Wirk-lichkeit werden (Röm 8,38f). Damit ist die eschatologische Perspektive des ntl Lebensverständnisses geöffnet. Das Wort Offb 2,10: „Werde treu bis zum Tod, und geben werde ich dir den Kranz des Lebens“ belegt die Aus-richtung auf das Leben, das Gott schenken wird (vgl. Jak 1,2.12). Daß das dem Schöpferwillen Gottes ent-sprechende Leben nicht im Sinn eines fernen Jenseits mißzuverstehen ist, macht Pls in Röm 14f deutlich, wo er die Option auf das „eigentliche“ Le-ben in der innergemeindlichen Soli-darität in „realitätsbezogener Utopie“ entwirft. Leben ist immer getragen von der Hoffnung auf die Überwin-dung der Realitäten (Röm 5,3–5) und führt so zu einer neuen Selbstbestim-mung.

Freilich findet sich im NT auch der Gedanke des schon gewonnenen Le-bens im vollen Sinn. Leben ist hier doppelsinnig-metaphorisch verstanden: „weil dieser mein Sohn tot war und auflebte“, heißt es im Gleichnis vom guten Vater (Lk 15,24.32); in der Auf-erweckung der Glaubenden mit Chri-stus sind diese schon dem Tod entris-sen (Kol 2,12), ihr Leben ist Leben „mit Christus“ verborgen in Gott. Im Hintergrund steht der bereits im helle-nistischen Judentum entwickelte Ge-danke, daß der Übertritt vom Heiden-tum zum Judentum Leben bewirkt (JosAs 8,9: „Herr, der Gott meines

Vaters Israel, … der da lebendigmach-te die [Dinge] alle und rief von der Finsternis in das Licht und von dem Irrtum in die Wahrheit und von dem Tode in das Leben …“ [Übersetzung Chr. Burchard]).

Konzeptionell präsentisch begegnet uns das Verständnis von Leben in der Bindung an den Glauben bei Joh. Vom Leben spricht er durchgängig in para-doxer Doppelsinnigkeit: Wer das Wort des Offenbarers Jesus hört und an-nimmt, hat ewiges Leben (Joh 3,15f. 36; 6,40.47), wer an den Offenbarer und sein Wort glaubt, ist schon vom Tod in das Leben hinübergegangen (Joh 5,24). Jesus ist die Auferstehung und das Leben (Joh 11,25), deshalb wird das Leben des Glaubenden durch den Tod nicht zerstört. Weil der Of-fenbarer das Leben ist, ist er das Brot, das in sakramentaler Weise sein Le-ben vermittelt (Joh 6,51–58). Das be-deutet aber keinen Automatismus, sondern hat soziale Konsequenzen; denn dieses Leben verwirklicht sich in der Bruderliebe: „Wir wissen, daß wir hinübergegangen sind aus dem Tod ins Leben, weil wir lieben die Brüder“ (1 Joh 3,14). Deshalb kann Joh sagen: „Der nicht Liebende, bleibt im Tod“ (1 Joh 3,14b).

Schließlich begegnen insbesondere bei Joh die Metaphern vom „Lebens-wasser“, „Lebensbrot“ und „Licht des Lebens“: „Ich bin das Brot des Le-bens“, sagt der joh Jesus (6,35.48), er ist derjenige, der „lebendiges Wasser“ spendet (Joh 4,10). Das „Licht des Le-bens“ wird haben, wer dem Offenba-rer nachfolgt. An die Schöpfungsge-schichte erinnert die Offb 2,7 gegebe-ne Zusage, daß denen, die in der Drangsal aushalten, „vom Baum des

Lebens, der ist im Paradies Gottes", zu essen gegeben wird.

Der (atl und) ntl Sprachgebrauch unterscheidet nicht streng zwischen „Leben" und „Seele". Die Seele ist kein Kontinuum des Lebens über den Tod hinaus, sondern ist als Ich des Menschen ebenso wie dessen Leib dem neuschaffenden und schöpferischen Handeln Gottes überantwortet. Die Konstante ist das Schöpfungshandeln Gottes, der alles neu macht. Einzig in 1 Petr 2,11 klingt der griech. Leib-Seele-Dualismus an: „Ich ermahne ... euch zu enthalten der fleischlichen Begierden, welche kämpfen gegen die Seele."

Natürlich fehlt der Gedanke des Lebens nach dem Tod in der Bibel nicht. Schon in späten Psalmen (vgl. Pss 49.73), in der exilischen Prophetie (Ez 37 u.ö.), in der Weisheitsliteratur (vgl. Weish 2–5), in den Makkabäerbüchern (vgl. 2 Makk 7,14 u.ö.) sowie der bibl. und außerbibl. Apokalyptik (vgl. Dan 12,2 bzw. äthHen 45,5; 51,1–5; 103; 4 Esr 6,11–28; 14,34–36) vorgedacht (allerdings nicht einheitlich), formuliert das NT den Gedanken der Heilsvollendung des Lebens. Pls schließt sich in 1 Thess 4,13–18 an die apokalyptische Eschatologie an und stellt seiner Gemeinde das Zusammensein mit dem auferweckten Christus in Aussicht. Das Motiv der Verwandlung bringt Pls in 1 Kor 15 ein: „Gleichwie wir trugen das Bild des Erdhaften, werden wir tragen auch das Bild des Himmlischen" (15,49). Anders drückt es Pls in Röm 8,11 aus: „Wenn aber der Geist des Erweckenden den Jesus aus Toten in euch wohnt, der Erweckende (den) Christos aus Toten wird lebendig machen auch

eure sterblichen Leiber" (vgl. auch die Zukunftshoffnungen 1 Joh 3,2; Offb 21,3f).

4. Die oft doppelbödige bibl. Aussage vom Leben ist vorzüglich geeignet, gerade dem gegenwärtigen Menschen, der trotz aller Sorgenfreiheit um das tägliche Leben auf der Suche nach einem erfüllenden Leben ist, in seinen Fragestellungen auf den Weg zu bringen.

Lit.: O. Kaiser/ E. Lohse, Tod und Leben, 1977; U. Schnelle, Ntl Anthropologie (BThSt 18), 1991; H.W. Wolff, Anthropologie des AT (KT 91), ⁶1994.

Rudolf Hoppe

SELIGPREISUNG

→ Bedrängnis; Heil

1. Zu allen Zeiten hat man Menschen zu bestimmten Leistungen und Verhaltensweisen gratuliert. Für solche Gratulationen haben sich verschiedene Literaturformen herausgebildet. Eine unter ihnen ist die Seligpreisung (hebr. 'šr), die man zu Recht „Gratulationsformel" nennt. Denn die Seligpreisung beschreibt weder den Weg zum Glück, noch ist sie eine Segensformel, die Glück im Kult (magisch) vermitteln soll. Sie stellt vielmehr das gegenwärtige Glück fest und beglückwünscht den Menschen, an den sie sich wendet. Es ist also immer eine bestimmte Haltung oder ein Tun vorausgesetzt. Bei der religiösen Seligpreisung geht es immer um die Gottesbeziehung, die jedoch Geschenk bleibt. Insofern der Mensch für seine Gottesbeziehung verantwortlich ist, schließt die Seligpreisung somit einen paränetischen Aspekt ein.

2. Weil die Seligpreisung in der Regel mit dem Adjektiv selig *(makários)* eingeleitet wird, nennt man sie auch Makarismus. Der Gegenstand des durch die Seligpreisung ausgesprochenen Lobes verrät jeweils, was den Menschen besonders wertvoll ist. Ursprünglich preist man durch die Seligpreisung das sorgenfreie Leben der Götter, aber auch die Teilhabe der Toten an deren vom Leid freien Leben. Weil auch in Israel die Seligpreisung religiös geprägt ist, ist bei ihr immer Gott mit im Spiel. So wird Israel glücklich gepriesen, weil Gott es aus den Händen seiner Feinde errettet hat (Dtn 33,29). Im Unterschied zum Segen stellt die Seligpreisung bestimmte Forderungen an die Glaubenden. Sie sollen zum Zion kommen (Pss 65,5; 84,5), weil man dort Zuflucht findet (2,12) oder weil dort Sünden vergeben werden (32,1f). Dennoch hängt das Glück von der Erwählung (33,12) oder von der Unterweisung durch Gott (94,12) ab. Deshalb soll der fromme Israelit Freude an der Weisung des Herrn haben und Tag und Nacht über sie nachsinnen (1,1). Glücklich ist auch, wer sich des Schwachen annimmt (41,2), wer das Recht bewahrt (106,3), wer in seiner Jugend Söhne empfängt (127,5) und das Gericht Gottes gegen die Feinde Israels ausführt (137,8). Im Buch der Sprichwörter werden die Kinder des Gerechten (Spr 20,7), wer die Lehre bewahrt (29,6), wer Erbarmen mit den Notleidenden hat (14,21) und wer Gott fürchtet (28,14), seliggepriesen.

Seit dem 2. Jh. v.Chr. gibt es die apokalyptisch-eschatologische Seligprei-sung. Sie gratuliert zu dem Glück, dessen sich die Erwählten in der Heilsvollendung erfreuen werden (PsSal 17,44; 18,6–7a).

3. Das NT kennt nur eschatologische Seligpreisungen, wobei sich die Perspektive verändert: Das im apokalyptischen Judentum allein in der Zukunft erwartete Heil ist infolge des Christusereignisses dem Glaubenden schon in der Gegenwart erfahrbar. Deshalb wird nicht nur ihr zukünftiger Zustand seliggepriesen, sondern schon ihr gegenwärtiger Heilsstand. So sind die Seligpreisungen der Bergpredigt (Mt 5,3–12; vgl. Lk 6,20–23) deutlich Zuspruch schon gegenwärtigen Heils, das seine Vollendung in der eschatologischen Zukunft findet. Inhalt der Seligpreisungen ist das Verhalten der Menschen vor Gott und den Menschen. Deshalb werden die Jünger seliggepriesen, weil sie Augen- und Ohrenzeugen des Heilswirkens Jesu sind (Mt 13,16f par), und jene, die das Wort Gottes hören und es befolgen (Lk 11,28) und an Jesus keinen Anstoß nehmen (Mt 11,6 par).

Wenn die Jünger ihr dienendes Verhalten an Jesus ausrichten, werden sie glücklich gepriesen (Joh 13,17). Seligzupreisen sind sie auch, wenn sie glauben, obwohl sie nicht sehen (20,29).

In Röm 4,6–8 steht die Seligpreisung im Kontext der pln Rechtfertigungslehre. Pls beglückwünscht den Menschen, dem Gott die Gerechtigkeit ohne Werke zurechnet. Als Schriftbeleg dafür zitiert er den Ps 32,1 (LXX), der jene seligpreist, „deren Gesetzlosigkeiten erlassen und deren Sünden zugedeckt wurden". Mit den Worten des Psalmisten preist der Apostel zugleich einen jeden selig, dem der Herr die Sünde nicht zurechnet. Nach Röm 14,22 wird der im Glauben Starke zwar seliggepriesen, wenn er sich für ein Verhalten, das er für gut hält, nicht selbst zu richten braucht. Er muß sich jedoch selbst richten, wenn er den Schwachen durch ein an sich korrektes Verhalten zum Ärgernis wird. Der aktuelle Anlaß für diese Ermahnung ist der Genuß von Götzenopferspeisen, an dem der Schwache Anstoß nimmt (V 21; vgl. VV 13.15). Die Glaubensstarken werden von Pls darauf hingewiesen, daß auch die Glaubensschwachen gehalten sind, gemäß ihrer Überzeugung zu leben, weshalb sie auf den Verzehr von Götzenopferspeisen verzichten müssen (V 23). Wenn der im Glauben Starke die Freiheit, die ihm als Christ zusteht, aus Rücksicht auf die im Glauben Schwachen nicht in Anspruch nimmt, handelt er aus Liebe (vgl. V 15), ohne die die christl. Freiheit nicht zu verwirklichen ist.

Der Zusammenhang mit dem Heilszuspruch ist auch gegeben, wenn der Mann glücklich gepriesen wird, der in der Versuchung standhält (Jak 1,12). In 1 Petr werden gerade jene seliggepriesen, die um der Gerechtigkeit willen leiden (3,14; vgl. Mt 5,11) und die um des Namens Jesu willen beschimpft werden (4,14).

In der Offb ist die Seligpreisung ein literarisches Mittel unter anderen, mit dem Johannes die Christen zur Glaubenstreue ermuntert. Weil von der Befolgung seiner Botschaft das gegenwärtige und zukünftige Heil abhängt, deshalb spricht der Seher denen das Heil zu, die seine Botschaft hören und befolgen (1,3; 22,7). Im apokalyptischen Hauptteil seines Buches (4,1–22,5) beschreibt er das zukünftige Heil der Seliggepriesenen in einer aufsteigenden Linie. Das Heil besteht zunächst in einem Ausruhen von den Mühsalen (14,13). Die zweite Seligpreisung läßt jedoch bereits durch die Einleitung „Siehe, ich komme wie ein Dieb" erkennen, daß die Heilsvollendung die volle personale Gemeinschaft mit Christus bedeutet (16,15). Das bestätigt die Seligpreisung, die das künftige Heil mit der Teilnahme am Hochzeitsmahl des Lammes vergleicht (19,9). In 20,6 schließlich ist von der Gemeinschaft der Vollendeten mit Gott und mit Christus die Rede, insofern sie Priester Gottes und Christi sind und an der tausendjährigen Herrschaft Christi teilhaben.

4. Die Seligpreisungen des NT erinnern die Christen daran, daß sie von Gott in Christus erwählt und deshalb schon jetzt im Heil sind. So beschenkt, sind die Christen befähigt, ein dem Willen Gottes entsprechendes Leben zu führen. Deshalb ist die in den Seligpreisungen eingeschlossene Ermahnung, ein Leben zu führen, das diesem Geschenk entspricht, für den Christen keine Überforderung.

Lit.: I. Broer, Die Seligpreisungen der Bergpredigt (BBB 61), 1986; H. Giesen, Heilszusage angesichts der Bedrängnis, in: ders., Glaube und Handeln, Bd. 2 (EHS.T 215), 1983, 71–97.

Heinz Giesen

SOHN, Davidssohn, Gottessohn, Knecht Gottes

→ Christus; Jesus; Knecht; Mensch

1. Die Begriffe Sohn, Knecht Gottes, Davidssohn und Gottessohn sind im

NT ausschließlich auf die Person Jesu bezogen im Sinn christologischer Aussagen. Sohn ist dabei im übertragenen, d.h. theologischen Sinn gemeint: Jesus ist Sohn Gottes, von Gott berufen für eine Aufgabe an Israel, Davids Erbe, welcher hofft, daß ein Sproß Davids dessen Reich wieder aufrichten wird. Jesus ist aber auch Knecht Gottes im Sinn der Knecht-Gottes-Texte bei DtJes. Nicht zuletzt ist er der Sohn, der den Vatergott verkündet und bezeugt und die Menschen Gott zuführen will; Jesus ist Sohn, weil er erwählt ist, Heil zu bringen, da die Fülle der Zeit gekommen ist.

2. Knecht Gottes *(paîs*: Kind, Sohn, Knecht*)* ist in nachexilischer Zeit jeder, der – sich unterwerfend – Gott die Ehre gibt und ihm dient: Mose, Josua, die Patriarchen, aber auch das Volk Israel ist 'æbæd Jahwe, Knecht Gottes. Vorwiegend werden die Könige (Ez 34,23f; 37,24f; Hag 2,23) und Propheten (1 Kön 18,36) als Knechte Gottes bezeichnet. Besondere Funktion hat der 'æbæd/paîs in den Gottesknechttexten bei DtJes (42,1–4; 49,1–6; 50,4–9; 52,13–53,12; Zahl und Umfang der Texte sind umstritten). Wer mit diesem Knecht Gottes gemeint war, ist nicht eindeutig auszumachen (vgl. Apg 8,34); Jes 49,5f legt nahe, im Knecht Gottes eine Einzelperson zu sehen (anders das hellenistische Judentum: Jes 42,1 LXX; Weish 2,13). Die atl Sohn-Davids-Aussage ist grundgelegt in 2 Sam 7,12–16: Nathanweissagung). In Verbindung mit Ps 110,1f (vgl. Ps 45,7) wird die Verheißung an David verknüpft mit dem Gedanken vom Sohn Gottes und der Teilhabe an der göttlichen Herrschaft. Jesaja hat die Nathanweissagung zukünftig und

messianisch gedeutet (9,5f; 11,1–5): Wie Gottes Geist auf David ruhte, wird auch der zweite David im Vollbesitz des Geistes sein. Das nachexilische Judentum hat an dieser Erwartung festgehalten; auch die Texte von Qumran tradieren die Erwartung, daß Davids Reich wieder aufgerichtet wird.

Sohn Gottes im AT ist geprägt von der Überzeugung, daß Israel von Jahwe erwählt wurde und somit Sohn Gottes ist. Interpretierend tritt die Nathanweissagung hinzu (s.o.), die der Vorstellung, Israel ist Sohn Gottes, einen messianischen Akzent verleiht: „Ich schloß den Bund mit meinem Erwählten, schwur es meinem Knechte David: Ewigen Bestand gebe ich deinem Stamm und richte deinen Thron auf für und für" (Ps 89,4f; nach V 28 ist der Erwählte „der Erstgeborene", der „Höchste unter den Königen der Erde"). Die jüd. Apokalyptik (Jub 1,22–25; äthHen 105) variiert dieses Thema, ebenso Qumran, das die Verheißung auf die „Söhne des Lichts" bezieht (1 QS 1,9; 2,16 u.ö.).

3. Im NT wird Jesus fünfmal als Knecht Gottes bezeichnet: Mt 12,18; Apg 3,13.26; 4,27.30. Jesus ist der *paîs theoû* des Propheten Jesaja, steht also in der Nachfolge Davids und ist Erfüller der Verheißungen Israels. Nach Mt 12,18–21 (vgl. Jes 42,1–4) ist er Knecht Gottes, weil er barmherzig das Wohl der Menschen den Sabbatgesetzen vor- und überordnet.

In der Apg verknüpft Lk die Knecht-Gottes-Vorstellung mit dem Bekenntnis an die Auferweckung Jesu: Jesus ist der messianische Prophet der Endzeit, was seine Machttaten (Wunder) bestätigen. Apg 4,24–30 deutet das

Schicksal Jesu von Ps 2,1f her: Der Christus Gottes ist der auf der Seite Gottes stehende Knecht, dessen Schicksal von Gott vorherbestimmt war. Anzumerken ist noch, daß zu den Texten mit namentlicher Nennung des Knechtes Gottes auch einige *doûlos*-Texte heranzuziehen sind (Mk 10,44 parr u.ö.), vielleicht auch die *hyiós*-Aussagen in Mk 1,11 parr und 9,7 parr.

Die sehr frühe Bekenntnisformel Röm 1,3f (vgl. 2 Tim 2,8) ist Niederschlag des Glaubens, daß Jesus sowohl Sohn Davids als auch Sohn Gottes ist: „... über seinen Sohn, den gewordenen aus (der) Nachkommenschaft Davids nach (dem) Fleisch, den bestimmten zu Gottes Sohn nach (dem) Geist (der) Heiligkeit ..." Der als Irdischer Sohn Davids war, wurde durch Auferwekkung zum himmlischen Messias (vgl. Ps 110,1). Auch die Apg (2,27; 13,35–37) setzt die Verheißung eines kommenden Davids-Sohns voraus, deutet sie aber neu entsprechend der heilsgeschichtlichen Konzeption des Lk; die Hoffnung auf einen kommenden Davids-Sohn wird nicht mehr wörtlich, sondern übertragen-soteriologisch verstanden. Während Mk 12,35–37 sachlich dem Bekenntnis von Röm 1,3f entspricht, betont Mt stärker die reale Davidssohnschaft Jesu. Die Hervorhebung, daß Jesus wahrer Sohn Davids (und Abrahams) ist (Mt 1,1), entspricht der Intention des Mt, genealogisch (1,20) und heilsökonomisch die Israeltradition fortzuschreiben: Jesus, der Sohn Davids, und seine „Gemeinde" sind eingebunden in die Geschichte Israels.

Im JohEv begegnet Sohn Davids nicht; doch weiß der Evangelist, daß der Messias aus dem Samen Davids stammt (7,42). Offb 5,5 und 22,16 nehmen die Davidssohnschaft wieder wörtlich: Der Löwe aus Jude, der strahlende Morgenstern, ist Sohn Davids, der den bedrängten Gemeinden Kleinasiens das eschatologische Heil bringt.

Das urchristl. Bekenntnis, daß Jesus „Sohn des Vaters" ist, ist v.a. in der Anrede der Jesus-Gebete dokumentiert: Mk 14,36; Gal 4,6; Röm 8,15 (vgl. noch die direkte Gottesanrede „Vater", 19mal in den Evv). Die Aussage Jesu, Gott ist Vater, war zwar nicht neu, hebt aber das enge Verhältnis Jesu zu seinem Gott hervor (umstritten ist, ob sich Jesus selbst als Sohn bezeichnet hat [vgl. etwa Mt 11,27 par]; vielleicht in dem Sinn, daß er sich als direkt Berufenen und Beauftragten verstand). Jesus, „der Sohn Gottes", ist v.a. Bekenntnis der nachösterlichen Gemeinden. Ausgehend vom Messiasbekenntnis und in Rückbindung an die Nathanweissagung (s.o.) „erkennt" die Gemeinde: Jesus ist Sohn Gottes, der Gottes Versprechen einlöst. Seine Verkündigung wird auf den messianischen Geistbesitz zurückgeführt (Lk 4,18f; vgl. Jes 61,1f): In der Kraft des Geistes hat Gott seine Hand auf den Sohn gelegt. Die Stimme von oben (Mk 1,11 parr) ist Stimme der Berufung, die Jesus (von Nazaret in Galiläa) bevollmächtigt, Zeuge einer neu einsetzenden Heilsgeschichte zu sein. Dieses Zeugnis schließt Leiden und Sterben mit ein; im Gleichnis von den bösen Winzern (Mk 12,1–12 parr) ist Jesus der Sohn, der als letzter den Auftrag der zuvor geschickten Knechte mit seinem Leben besiegelt; er wird zum Eckstein, der verworfen wurde (Mk 12,10 u.ö.).

Mt betont in der Vorgeschichte Jesu (Kap. 1 und 2), daß das Messiaskind entsprechend dem Prophetenwort (Hos 11,1) „Sohn Gottes" ist (2,15). Gottes Weg zu den Menschen führte über Israel, damit aber über Jesus, der als Retter Israels aus Ägypten gerufen wurde.

Pls bleibt in seinen Sohn-Aussagen stark dem ihm vorliegenden Material verbunden; dabei überwiegt die Einsicht, daß sie v.a. der Legitimation Jesu als des Repräsentanten Gottes dienen (entscheidend die Texte Röm 1,3f; Gal 4,4f; Röm 8,3): Der Sohn wird von Gott für die Menschen „hingegeben": Röm 4,25; 8,23; vgl. auch Joh 3,16. Bei der Gestaltung seines eigenen Kerygmas hat Pls mehr und mehr sein christologisches Messiasbild spiritualisiert; die funktionalen Aussagen traten in den Hintergrund.

Einen ähnlichen Weg ging das JohEv: Der Vater hat den Sohn beauftragt und autorisiert, die Menschen zur Wahrheit zu bringen (zur Vollmachtsübertragung: Joh 3,35; der Sohn schaut auf das, was der Vater tut, führt das Werk des Vaters zu Ende: 5,19; 7,18). Typisch für Joh ist der absolute Sprachgebrauch „Sohn Gottes".

Auch der Hebr hat diese absolute Sohnesprädikation festgehalten: 1,2.8; 3;6; 5,8; 7,28. In der Offb findet sich Sohn Gottes nur in 2,18: „Dies sagt der Sohn Gottes, der habende seine Augen wie Flammen von Feuer und seine Füße gleich Golderz"; der Christus der Offenbarung ist als Sohn Teilhaber am göttlichen Gericht.

4. Die hier vorgestellten Jesus-Prädikationen wurden in nachntl Zeit mehr und mehr als Titel, als Hoheitsaussagen verstanden und kerygmatisch verwendet. „Sohn Gottes" wurde zum nicht mehr überbietbaren Glaubensbekenntnis. So konnte nicht ausbleiben, daß damit die heilsgeschichtliche und für den christl. Lebensvollzug unabdingbare soteriologische Dynamik der mit den genannten Titeln verbundenen Bedeutung mehr und mehr in den Hintergrund trat. In den christologischen Diskussionen stand die Person Jesu im Vordergrund, das Heilswerk Jesu an der Welt und an den Menschen wurde an den Rand gedrängt. Aus den Hoheitsaussagen wurden unmerklich und doch mit erheblichen Konsequenzen Bekenntnisformeln, die den Jesus von Nazaret, den Propheten aus Galiläa, den Messias Israels, loslösten von seinen ursprünglich sehr konkreten, sehr irdischen Aufgaben: Mittler zu sein zwischen dem Gott der Treue und des Erbarmens und den auf Erbarmen angewiesenen und vertrauenden Menschen.

Lit.: Ch. Burger, Jesus als Davidssohn (FRLANT 98), 1970; O. Cullmann, Die Christologie des NT, [5]1975; J.D. Kingsbury, The Title „Son of David" in Matthew's Gospel, JBL 95 (1976) 591–602; E. Kränkl, Jesus der Knecht Gottes, 1972; P. Pokorny, Der Gottessohn, 1971; A. Vögtle, Messias und Gottessohn, 1971.

Alexander Sand

SORGE

1. Das griech. Wort für Sorge *(mérimna,* Verb: *merimnáo)* hat wie im Deutschen die beiden Bedeutungen „bedrückende Gedanken" und „sich um das Wohl von Personen/Sachen kümmern". Daneben kann es jedoch auch häufiger in einem neutralen Sinn Gedanken ohne Angst und Tätigkeiten bezeichnen, die nicht fürsorgend auf jemanden/etwas gerichtet sind; in diesen Fällen muß es mit „Gedanke", „Beschäftigung" u.ä. übersetzt werden.

2. Im AT wird Sorge *(d'g)* selten und nur in einem alltäglichen Sinn gebraucht. Dennoch kommen alle Schattierungen von Sorge vor, wie z.B. in Ps 38,19 (Schmerz über Sünde), Est 1,1n (Überlegungen) oder Spr 14,23 (Arbeit).

3. Im NT begegnet das Wort gegenüber den 19 Belegen (zehnmal das Substantiv und neunmal das Verb) des viel umfangreicheren AT etwas häufiger; denn hier kommt es insgesamt 25mal vor: sechsmal das Substantiv und 19mal das Verb, wobei der Hauptanteil auf die Syn entfällt (viermal das Substantiv und zwölfmal das Verb). V.a. aber ist es theologisch gefüllter, da es öfter dazu dient, um eine Haltung zu beschreiben, die einer vertrauenden Offenheit und einer liebenden Aufmerksamkeit für Gott entgegengesetzt ist. Auch das ist besonders bei den Syn der Fall.

So sind in dem Sämannsgleichnis Mk 4,19 parr „die Sorgen des Aions" eine Umschreibung für eine weltliche Grundausrichtung des angesprochenen Menschentyps, die verhindert, daß das Wort Frucht bringt (vgl. auch Lk 21,34). Ähnliches gilt für Mt 6,25 par; denn dort meint das „sorgt nicht" nicht, daß man sich keine Sorgen machen oder sich um nichts kümmern dürfe, sondern ist als Aufforderung zu verstehen, das ganze Leben auch in den alltäglichen Dingen (Kleidung, Nahrung) von Gott her zu gestalten (Mt 6,25–34 par), und ebenso die Verteidigung vor Gericht (Mt 10,19 par). Besonders deutlich führt Lk 10,41 durch die Gegenüberstellung von Martha und Maria vor Augen, daß Sorge eine falsche Grundhaltung beschreibt. Das Wort Jesu an Martha: „Du sorgst ... dich um vieles, eines aber ist nötig", stellt daher nicht Hausarbeit gegen Glaube, Tat gegen Gebet, sondern bemängelt eine Haltung, bei der die Jesusbeziehung nicht das Wichtigste im Leben ist, sondern nur eines unter vielen!

Bei Pls kommt Sorge v.a. in 1 Kor 7,32–34 vor, und zwar im Sinn von „etwas besorgen", „sich kümmern um". Er betont, daß die Beschäftigung mit dem Herrn leicht, mit der Welt aber schwer ist, da ihre Vielheit zerreißt (V 34). Diese unterschiedliche Ausrichtung der Sorge ist als Hauptmerkmal an Ehelosigkeit und Ehe dargestellt, ohne letzterer eine ungeteilte Hingabe an Gott und ersterer ein Verwobensein in Weltdingen abzusprechen. Das „und er ist geteilt" (V 34) als Beschreibung des Verheirateten meint nämlich nicht geteilt zwischen Christus und der Welt, sondern geteilt zwischen den vielen Ansprüchen der Welt, mit der sie die Glaubenden vereinnahmen möchte. Sorge als Kummer findet sich dagegen in Phil 4,6, während in 2 Kor 11,28 die pln Sorge die Fürsorge des Apostels um die Gemeinde benennt.

4. Sorge hat daher im NT kaum die vom Deutschen naheliegende Bedeutung „Kummer, drückende Last" u.ä., sondern bezeichnet oft in einem theologischen Sinn die falsche Grundhaltung, daß Gott nicht den ersten Platz im Leben eines/einer Glaubenden einnimmt. Daneben finden sich dann auch die mehr alltäglichen Bedeutungen „innere Not" und „Fürsorge".

Lit.: N. Baumert, Ehelosigkeit und Ehe im Herrn (fzb 47), [2]1986; ders., Frau und Mann bei Pls, [2]1993; D. Zeller, Die weisheitlichen Mahnsprüche bei den Syn (fzb 17), [2]1983.

Sebastian Schneider

STADT, Staat

→ Tür

1. Der Begriff Stadt wird in der Antike zur Bezeichnung sehr verschiedenartiger Siedlungen verwendet, welche hinsichtlich ihrer Größe, Funktion und ihres Charakters bedeutende Unterschiede aufweisen können. Wichtigste Charakteristik der Stadt im Altertum ist die Stadtmauer(-ring). Hinsichtlich ihrer Bedeutung spielen nicht in erster Linie Größe und Bevölkerungsdichte, sondern v.a. soziale, religiöse und ökonomische Faktoren eine Rolle, welche Lebensmöglichkeiten und den Schutz ihrer Bewohner und der des umliegenden Landes ermöglichen. Die Stadt als religiöses, politisches, ökonomisches und soziales Zentrum hat zumeist Jurisdiktion über die sie umgebenden Länder einschließlich deren Dörfer, Agrarwirtschaft und Viehzucht. Diese liefern einen großen Anteil der auf den städtischen Märkten angebotenen lebenswichtigen Güter. Andererseits bietet die Stadt im Kriegsfall einen gesicherten Zufluchtsort für die Landbevölkerung. Die Städte in der Antike sind von daher religiös-politische Zentren, welche v.a. durch geforderte Abgaben Kontrolle über das zugehörige Land ausüben. Mitunter kann die Stadt repräsentativ für den gesamten Staat stehen (vgl. z.B. Babylon, griech. Stadtstaaten).

2. Das hebr. Wort für Stadt *'îr (qirjāh, qæræt)* wird als Bezeichnung eines befestigten Ortes verwendet. Historisch ist darum eine angemessene Verteidigungsmöglichkeit (Stadtmauer, Festung, Zitadelle) von vornehmlichem Interesse (vgl. Dtn 3,5). Weitere bedeutende Plätze der bibl. Stadt stellen die Tore dar, als Verteidigungspunkte, aber auch als zentrale Orte für Versammlung und Handel (vgl. 2 Kön 7,1; Dtn 21,19). Öffentliche Gebäude sind ebenfalls an den Toren oder an großen Straßen gelegen, während an erhöhter, somit hervorragender Stelle oft Heiligtümer, aber auch Gebäude der Vornehmsten der Stadt zu finden sind. Z.T. sorgfältig ausgearbeitete Wassersysteme weisen auf deren große Bedeutung hin. Die Besiedlung der Stadt ist in der Regel sehr dicht, jeder mögliche Raum wird genutzt.

Zur Beschreibung bestimmter Charakteristiken der Stadt wird oft eine übertragene Ausdrucksweise verwendet. Verwandtschaftsterminologie kann verwendet werden (z.B. Jes 47,1.5), um verschiedene Abhängigkeitsverhältnisse darzustellen, wie etwa die Verbindung der Stadt mit den umliegenden Gebieten oder Bündnisse und Verträge mit anderen Städten. Ferner kann Personalisierung einer Stadt (z.B. Braut, Hure) dazu dienen, bestimmte Eigenschaften hervorzuheben (vgl. Ez 16). In den Erzählungen des AT spiegeln negative Charakteristiken verschiedener Städte als Zentren moralischer Korruption, des Götzendienstes und Feinde Gottes (z.B. Sodom, Babel, aber auch Jerusalem) die Auseinandersetzung des einstigen

Nomadenvolks mit Fragen der Seßhaftwerdung und dem damit verbundenen Streben nach Autonomie und Sicherheit. V.a. die Propheten weisen auf den Gegensatz zwischen ursprünglichem Ideal des Bundes mit Jahwe und dem Charakter israelitischer Städte und ihrer Bewohner hin (vgl. Mich 3,9). Andererseits ist gerade die von David gegründete Hauptstadt, Jerusalem, hl. Stadt (Jes 52,1), mit welcher sich in besonderer Weise der Glaube an Gottes Gegenwart (Tempel) und die Vision von der Stadt Gottes, dem neuen Jerusalem (vgl. 4 Esr 8 [10],38–54), verbindet.

3. Das ntl Wort für Stadt *(pólis)* umschließt den Bedeutungsbereich Stadt/Staat einschließlich abhängiger Gebiete. Ferner kann *pólis* übertragen im Sinn von Gemeinschaft der Stadtbewohner verwendet werden (vgl. Mt 8,34). Die Stadtbürgerschaft bringt in der Regel legale Rechte mit sich und ist darum in einigen Städten (z.B. Rom) besonders begehrt (vgl. Apg 22,28).

Wie im AT findet sich im NT die Stadt in ihrer historischen, aber auch symbolischen Bedeutung. Obwohl nach dem Zeugnis der Evv Jesus seine Botschaft vom Reich Gottes, mit Ausnahme von Jerusalem, vorwiegend in ländlichen Gebieten verkündet, spielt die Stadt eine wichtige Rolle zur Deutung Jesu Christi als des erwarteten Messias. Jesu Geburt in Bethlehem, der Stadt Davids, führt ihn als Sohn Davids, den erwarteten Messias, ein (vgl. Mt 2,1; Lk 2,4). Jerusalem, d.h. die Juden mitsamt ihren religiösen und politischen Führern, wird mit der Botschaft seiner Messianität konfrontiert (vgl. Mt 2,3–15). Jesu Offenbarungswirken findet in Jerusalem, der Stadt, mit welcher sich in besonderer Weise die Hoffnung auf das Kommen des Messias verbindet, seinen entscheidenden Höhepunkt: „Am folgenden (Tag) die große Volksmenge, die gekommen war zum Fest, als sie hörten, daß Jesus kommt nach Jerusalem, nahmen die Zweige der Palmen, und hinaus gingen sie zur Begegnung mit ihm, und sie schrien: Hosanna; gesegnet der Kommende im Namen (des) Herrn, [und] der König Israels!" (Joh 12,12f) Zugleich ist es Jerusalem, die „Stadt des großen Königs" (Mt 5,35), in welcher seine Messianität abgelehnt wird und welche zum Prophetenmörder wird (vgl. Mt 23,37 par). Somit symbolisiert Jerusalem die Antwort der Menschen auf das Kommen des Messias.

Jerusalem im NT nimmt die aus dem AT bekannten konträren Charakteristika einzelner Städte und deren Bewohner unter christologischer Perspektive auf. Zum einen ist die Stadt aufgrund ihrer Ablehnung Gottes (vgl. Mt 23,37 par) dem Gericht unterworfen, zum anderen wird sie als hl. Stadt zum Inbegriff der Hoffnung auf eschatologische Vollendung: „Sondern ihr seid hinzugetreten zum Berg Sion und zur Stadt (des) lebendigen Gottes, zum himmlischen Jerusalem" (Hebr 12,22; vgl. Gal 4,26).

Der Kampf um Anerkennung oder Ablehnung Gottes in Jesus Christus im Zeichen der Stadt findet seinen sprechendsten Ausdruck in der Beschreibung Babylons und des himmlischen Jerusalem, der Stadt Gottes, in der Offb (17–18; 21–22). Die Vision des himmlischen Jerusalem symbolisiert die Erwartung der Christen auf vollkommene Gemeinschaft mit Gott am Ende der Zeiten. Diese ist in Leben und Tod Jesu Christi zwar nahegekommen, aber niemals präsent, bevor Babylon nicht untergegangen ist. Aufgabe der Christen als Nachfolger Jesu Christi ist es, in Auseinandersetzung mit Babylon die himmlische Stadt schon jetzt anfanghaft Wirklichkeit werden zu lassen.

4. Durch die Jahrtausende hindurch haben sich historische, ökonomische, kulturelle Gegebenheiten der Stadt verändert, geblieben ist die Stadt als Symbol der Gemeinschaft von Menschen. Unsere modernen Städte sind noch immer weit entfernt von der Vollkommenheit des himmlischen Jerusalem. Der schon im AT wiederholte Anspruch bleibt bestehen, daß nicht der Mensch, sondern Gott König über die Stadt ist.

Lit.: J. Ellul, The Meaning of the City, 1970; D. Georgi, Die Visionen vom Himmlischen Jerusalem in Apk 21 und 22, in: D. Lührmann/ G. Strecker (Hg.), Kirche (FS Bornkamm), 1980, 351–373; M. Hammond, The City in the Ancient World, 1972; R.L. Rohrbaugh, The Pre-industrial City in Luke-Acts, in: J. Neyrey (Hg.), Social World of Luke-Acts, 1991.

Eva Maria Räpple

STEIN, Eckstein

→ Bau; Christus

1. Steine haben wegen ihrer vielseitigen Verwendbarkeit eine große Bedeutung im Alltagsleben aller Völker. Deshalb wundert es nicht, daß der Stein auch in großer Bandbreite im übertragenen Sinn verwendet wird.

Der Eckstein ist entweder der Schlußstein, der besonders bearbeitet ist und einen Bau krönt, oder aber der Stein, der das Fundament eines Gebäudes trägt.

2. Im AT verwendet man den Stein in vielen Zusammenhängen. Kleine Steine werden mit einer Schleuder im Kampf eingesetzt (1 Sam 17,40). Sie dienen auch als Gewichtsmaße (Lev 19,36); aus Steinen fertigt man Messer für die Beschneidung (Ex 4,25; Jos 5,2). Mit größeren Steinen verschließt man Brunnen (Gen 29,2) und Höhlen (Jos 10,18). Man benutzt sie als Grenzsteine (2 Sam 20,8), als Säulen oder Altäre (Gen 28,18: Dtn 27,5–8). V.a. aber sind Steine Baumaterial. Selbst härteste Steine garantieren keine andauernde Sicherheit. So bleibt manchmal von einer Stadt nur ein Steinhaufen (Jes 17,1; Mich 1,6) oder überhaupt kein Stein (2 Sam 17,13) übrig. In Hab 2,11 treten Steine personifiziert auf, um gegen Unrecht und Gewalt zu protestieren.

Jahwe selbst ist Jes 8,14 zufolge der Stein, an dem man anstößt, und der Felsen, an dem man Anstoß nimmt: An ihm entscheidet sich das Schicksal der beiden Reiche Israels. Nach Ijob 38,6 ist der Eckstein das Fundament der Erde. Ps 118,22 zufolge ist Israel, der Stein, den die Bauleute verworfen haben, zum Eckstein geworden. Weil Jahwe einen festen Grundstein, einen harten und kostbaren Eckstein in Sion gelegt hat, deshalb kann sein Volk voll auf ihn vertrauen (Jes 28,16).

Nach 1 QS 8,7f ist der Rat der Qumrangemeinde die erprobte Mauer und der köstliche Eckstein, so daß die Fundamente weder wanken noch von ihrem Platz weichen.

3. Mit einem großen Stein *(líthos)* verschließt man ein Höhlen- oder Felsengrab (Mk 15,46 u.ö.). Das Täuferwort, daß Gott aus Steinen dem Abraham Kinder (vgl. Jes 51,1f) erwecken könne (Mt 3,9), stellt die Heilssicherheit der Umkehrunwilligen in Frage. Wegen seiner Ungenießbarkeit wird der Stein in Gegensatz gesetzt zum Brot (Mt 7,9 par). Schon in der LXX haben Aussagen über den Stein eine messianische Färbung angenommen und als solche schon früh Eingang in die urchristl. Literatur gefunden: Christus ist durch seine Verurteilung und Hinrichtung der Stein, den die Bauleute verworfen haben (vgl. Ps 118,22) und der in seiner Auferstehung zum Eckstein geworden ist (Mk 12,10 parr; Apg 4,11), an dem sich das Heil der Menschen entscheidet. Lk 20,17f droht zusammen mit dem Wort vom Eckstein dem, auf den der Stein fällt, er werde zermalmt werden. In Lk 19,40 droht Jesus an, was passieren würde, wenn die Jünger schwiegen: Personifiziert auftretende Steine (vgl. Hab 2,11) würden die jüd. Autorität anklagen, die verbietet, Gott wegen der Machttaten Jesu zu lobpreisen. Wegen sciner Leblosigkeit eignet sich der Stein gut als Material für ein Götzenbild (Apg 17,29).

Pls nimmt in Röm 9,32f Jes 8,14 und 28,16 im Zusammenhang mit seiner Rechtfertigungslehre auf: Wer auf seine eigenen Werke baut und dadurch die Gerechtigkeit Gottes erlangen will, scheitert an Christus als dem in Sion gesetzten Stein des Anstoßes und dem Felsen des Ärgernisses. Der an Christus Glaubende dagegen erhält die Gerechtigkeit Gottes als Gabe.

Nach Eph 2,20 ist die Kirche auf dem Fundament der Apostel und Propheten erbaut und wird durch Christus, den Eckstein, zusammengehalten (Jes 28,16).

Ähnlich wie Röm 9,32f stellt 1 Petr 2,6–8 um das Wort Stein atl Zitate zusammen, um Christus als den Grund- bzw. Eckstein zu kennzeichnen, an dem sich Heil und Unheil entscheiden. Für die Glaubenden ist Christus der lebende Stein, der zwar von Menschen verworfen (Ps 118,22; vgl. V 7), vor Gott aber erwählt und wertvoll ist. Deshalb werden die an ihn Glaubenden wie lebende Steine (von Gott) zu einem geisterfüllten Haus und zu einer hl. Priesterschaft erbaut (2,4f). Die Kirche verdankt somit ihre Existenz ganz Gott, der die Christen wie lebende Steine zu einem geisterfüllten Haus erbaut, dessen Grundstein Christus ist.

Zusammen mit Gold und Perlen sind Edelsteine Ausdruck von Reichtum und Luxus (Offb 17,4; 18,12–16). Kostbare Edelsteine spiegeln die Herrlichkeit Gottes (Offb 4,3) und seiner hl. Stadt (21,11–21) wider.

4. Der bildhafte Gebrauch des Steins in der Bibel ist auch dem heutigen Menschen leicht zugänglich. Einige bibl. Bilder wie z.B. der „Stein des Anstoßes" oder „kein Stein bleibt auf dem anderen" (Mt 24,2) sind zu geflügelten Worten geworden.

Lit.: H. Giesen, Kirche als Gottes erwähltes Volk. Zum Gemeindeverständnis von 1 Petr 2,4–10, ThG(B) 29 (1986) 140–149.

Heinz Giesen

STEUER

→ Kollekte

1. Während die Entrichtung von Steuern und Abgaben in der modernen Demokratie als ein Akt der Beteiligung der Bürger/innen an der Finanzierung der notwendigen Gemeinschaftsaufgaben verstanden wird, war dies in der Antike wesentlich ein Akt der Anerkennung der Überlegenheit der Herrschenden.

2. In Israel wurden Steuern und Abgaben erst durch Salomo eingeführt, der sein Land in zwölf Bezirke einteilte, die je einen Monat lang die Steuer abzuliefern hatten (1 Kön 4,7–5,7). Nach Verlust der Eigenstaatlichkeit mußten den fremden Herrschern Steuern entrichtet werden, und zwar bezahlten Statthalter jährlich eine feste Summe, die sie dann durch Kopf- und Grundsteuer von den Untertanen wieder eintrieben (vgl. Esr 4,13.20). Ein entscheidender Schritt für die Befreiung Israels von der Seleukidenherrschaft war so auch die vom Hasmonäer Simon erwirkte Steuerfreiheit (142 v.Chr.).

Das römische Steuer- und Abgabensystem für Palästina in ntl Zeit: Zu unterscheiden sind hier das *tributum* der Provinzen, dann die direkten Steuern Grundsteuer und Kopfsteuer, zu welchen der *census* als Veranlagung diente, weiter verschiedene indirekte Steuern und Abgaben wie Kranzsteuer, Salzsteuer, Verkaufssteuer, Gerichtsgebühren, Gewerbesteuer usw. sowie Zölle, Fron, Militärabgaben u.ä. Dazu kommt für Palästina noch ein komplexes System der religiösen Abgaben (Tempelsteuer; vgl. Mt 17,24–27). Das System der Eintreibung der Steuern durch einheimische Magistrate, die persönlich haftbar waren, betraf in erster Linie die direkten Steuern (Grundsteuer, Kopfsteuer); die weiteren Steuern und Abgaben wurden an einheimische Kleinpächter *(telṓnēs:* „Zöllner", besser: „Abgabenpächter"*)* verpachtet mit dem Recht, diese Abgaben an bestimmten „Zollstätten" einzutreiben. Abgabenpächter wurde, wer bei der jährlichen (!) Versteigerung der lokalen Abgaben am höchsten bot; so konnte die Behörde mit maximalen Einnahmen rechnen.

3. Im Unterschied zu den Zeloten, die zum Steuerboykott gegen Rom aufriefen, den Sadduzäern und Herodianern, die die Steuerpflicht bejahten, und den Pharisäern, die die Steuern mit innerem Vorbehalt zahlten, ist die Haltung Jesu von kritischer Distanz bestimmt, wie Mk 12,13–17 zeigt. In der Steuer *(kênsos, phóros)* dokumentiert sich der römische Herrschaftsanspruch auf Land und Leute – Israel aber gehört Gott! So besagt der erste Teil der Antwort Jesu („Was des Kaisers, gebt dem Kaiser!"): Wenn ihr euch auf die Ebene des Geldes und der Politik einlaßt, dann müßt ihr auch als Konsequenz den Repräsentanten dieses Systems „gebührend" anerkennen. Im zweiten Teil der Antwort Jesu („Was aber Gottes ist, Gott!") wird den Fragenden klar gesagt, daß sie selbst Gott gehören und sich ihm deshalb zu geben haben. So verstanden, bietet dieses berühmte Jesuswort nicht eine Problemlösung, sondern eine Problemanzeige – für damals wie für heute.

Pls hat diesen Grundansatz Jesu festgehalten und theologisch weitergeführt: Er zeigt im ersten Teil des Röm, daß die gesamte gesellschaftliche Realität des Römischen Reichs von Ungerechtigkeit gekennzeichnet ist und in dieser alles pervertierenden Realität der Struktur der Sünde auch die gute, von Gott gegebene Tora faktisch nicht praktiziert wird. Alle Menschen sind vor Gott ungerecht! Um reale Gerechtigkeit zu schaffen, muß Gott eingreifen – und eben dies ist das Christusereignis. Was dieses Tun der Gerechtigkeit ganz konkret heißt, führt Pls in Röm 12–16 aus. Hier findet sich auch der durch seine Wirkungsgeschichte belastete Text Röm 13,1–7, eine geschickt unter das Stichwort „Liebe, Feindesliebe" gestellte Loyalitätserklärung gegenüber den römischen Behörden, beschränkt auf das gerade noch Vertretbare (Strafgerichtsbarkeit, Steuern). Spätere Schriften des NT zeigen teils eine stärkere Anpassung an die römische Gesellschaft (v.a. die Tritopln), teils das Erleben einer starken Spannung zum römischen Staat (v.a. die Offb).

4. Der Gott Israels und der Christen steht nicht auf der gleichen Anspruchsebene wie der römische Kaiser. Er ist kein Tyrann, er will nicht Tribute, Unterwürfigkeit und Opfer, sondern das Tun der Gerechtigkeit. Zwischen dem auf militärischer Gewalt und ökonomischer Ausbeutung aufgebauten System des Kaisers und dem auf Solidarität, Friedfertigkeit und Gerechtigkeit aufbauenden System Gottes kann es keine Gemeinsamkeiten und keine Symbiose geben.

Lit.: M. Ernst, Die sozioökonomischen Verhältnisse in Palästina zur Zeit Jesu, in: K. Füssel/ F. Segbers (Hg.), … so lernen die Völker des Erdkreises Gerechtigkeit, 1995, 60–77; F. Herrenbrück, Jesus und die Zöllner (WUNT 2/41), 1990; W. Stenger, Gebt dem Kaiser, was des Kaisers ist …! Eine sozialgeschichtliche Untersuchung zur Besteuerung Palästinas in ntl Zeit (BBB 68), 1988.

Michael Ernst

STIMME

→ Kraft

1. Das Wort, durch das der Mensch in geistige Verbindung zu seiner Umwelt tritt, wird akustisch als Laut oder Stimme *(phōnē)* vernehmbar. Dieses griech. Wort bezeichnet v.a. die menschliche Stimme, d.h. insbesondere das Vermögen zu sprechen, die Sprache und schließlich das Stimmorgan.

2. Dem griech. *phōnē* entspricht im AT fast immer das hebr. *qôl* (ca. 560 Stellen). Mit der babylonischen und kanaanäischen Religion gemeinsam ist die Anschauung vom Donner *(qôl)* als der Stimme *(qôl)* Gottes (vgl. Pss 18,14; 29,3–6; Ijob 37,2–5), mit der er seine geheimnisvolle, die Feinde Israels schreckende Macht offenbart (Joël 2,11; 4,16; Ps 46,7). Die Gottesstimme ist wichtig bei der Sinaigesetzgebung: In der Darstellung des Elohisten sind die Donnerschläge nur Zeichen der Theophanie und nicht Träger des Wortes (Ex 19,16–20; 20,18–21), im Dtn jedoch erscheint Israel als Hörer der Gottesstimme, die aus dem Feuer heraus den Dekalog spricht (Dtn 4,12f.33; 5,22–24). Die spätere Wendung vom „Hören auf Gottes Stimme" ist gleichbedeutend mit dem Halten der Gebote (Dtn 13,5; 30,8.10; 2 Kön 18,12). Ferner verstehen sich die atl Propheten als Sprachrohr für Jahwes Stimme. Sie sind von Gott Gerufene und Rufende zugleich (vgl. Jes 6).

3. Im NT kommt *phōnḗ* an 137 Stellen vor, am häufigsten in der Offb (53mal) und bei Lk (Ev 14mal; Apg 27mal), nur selten in der Briefliteratur und bei Mt mehrfach in atl Zitaten. Dabei ist der Bedeutungsumfang sowohl vom atl als auch vom griech. Sprachgebrauch bestimmt. Häufig wird mit diesem Wort die Lautstärke einer Rede ausgedrückt. Das Gotteslob wird „mit lauter Stimme" dargebracht (Lk 17,15; 19,37; Offb 7,10); mit lauter Stimme rufen oder schreien nicht nur die erregten Menschen (Lk 23,23; Apg 7,57; 26,24), sondern auch die mit der endzeitlichen Kraft Gottes wirkenden Gesandten, so Pls (Apg 14,10) oder Jesus, der den Lazarus „mit lauter Stimme" aus dem Grab ruft (Joh 11,43) und damit die in die Gräber dringende Stimme des Menschensohns am Jüngsten Tag vorwegnimmt (Joh 5,28). Solche Wendungen, die im AT die Stärke der Stimme Gottes und die Macht seiner Epiphanie kennzeichnen, sind in der Offb auf die Stimme der Engel bzw. des Menschensohns übertragen (Offb 10,3; vgl. Am 1,2; 1,15; Offb 14,2; vgl. Ez 1,24). Das Schreien „mit lauter Stimme" kann auf die übermenschliche Wesensart des Urhebers verweisen, z.B. bei den Dämonen (Mk 1,26; 5,7; Lk 4,33; Apg 8,7). Der laute Schrei, mit dem Jesus am Kreuz verschied, wird bei Mk als epiphanieartige Offenbarung seiner göttlichen Würde verstanden (vgl. Mk 15,37 mit dem Bekenntnis des römischen Hauptmanns 15,39).

Wichtig ist die Himmelsstimme, die bei der Taufe und Verklärung Jesu vom Himmel her bzw. aus einer Wolke heraus ertönt und ein unmittelbar vorher von den Menschen gesprochenes Messiaszeugnis (Mk 1,7 parr; 8,29 parr) durch eine göttliche Deklaration bestätigt (Mk 1,11 parr; 9,7 parr). Diese Himmelsstimme kommentiert die Geistverleihung, wobei sie den Gesalbten als den Gottessohn offenbart (Mk 1,10f parr).

Wahrscheinlich wird eine indirekte Kritik an der Tradition von der Himmelsstimme im JohEv sichtbar: Im joh Zeugnis von der Taufe Jesu fehlt die Himmelsstimme (Joh 1,31–33). Ihre Aufgabe wird vom Täufer übernommen, der Jesus als Gotteslamm und als Gottessohn bezeugt (1,29.34). Außerdem wird die syn Erzählung von der Verklärung Jesu umgestaltet (Joh 12,20–30). Die Himmelsstimme verkündet nicht mehr die längst bekannte Tatsache der Messiaswürde Jesu, sondern deren Zweck: Gott hat seinen Namen durch Jesus verherrlicht und wird ihn – durch dessen Kreuz und Auferstehung – verherrlichen (Joh 12,28). Die Himmelsstimme wird als solche von den Hörern verkannt. Hier ist es die Absicht des Evangelisten zu zeigen, daß die direkte Rede vom Himmel her stets am Unvermögen der Hörer scheitert. Deshalb muß Gottes Offenbarung durch menschliche Gesandte vermittelt werden: durch den Täufer (1,29.34), durch das fleischgewordene Wort (1,14) und durch die vom Geist geleiteten Zeugen Christi (15,26f). Im JohEv wird die atl Überlieferung von der Stimme Gottes und der Engel durch das Wort Christi und seiner Verkündiger ersetzt und damit endzeitlich umgedeutet. Jesus Christus ist als Lamm Gottes und Sohn Gottes (Joh 1,29.34) der endzeitliche Offenbarer. Wer auf seine Stimme hört und ihm glaubt, steht im Raum des Heils (Joh 5,25; 10,3.27; 18,37). Zugleich wird die Sinaitradition im Licht des Christusereignisses revidiert: Den Juden wird wegen ihres Unglaubens bestritten, sie hätten die Stimme Gottes gehört (Joh 5,37 gegen Dtn 4,12). Dahinter steht folgende Überlegung: Wer Jesus, von dem Mose im Gesetz und die Propheten geschrieben haben (Joh 1,45; 5,46), verwirft, der kann auch die Stimme Gottes am Sinai nicht gehört, d.h. als solche erkannt und geglaubt haben.

Auch in der Pfingstgeschichte (Apg 2) wird die Sinaitradition von der Stimme Gottes neu interpretiert. Wie nach jüd. Exegese die Gottesstimme gleichzeitig in den Sprachen der Welt zu den Völkern geredet hat, so handeln die vom hl. Geist geleiteten Jünger an Pfingsten, dem Fest des Bundes (Apg 2,4.11). Bemerkenswert ist folgender Unterschied: An die Stelle des Gesetzes tritt in der Apg das Ev. Während nach rabb. Exegese die Welt das Wort der Gottesstimme ablehnt, nehmen es nach der Apg die Vertreter der Ökumene, d.h. in Jerusalem lebende Diasporajuden, glaubend an.

Ebenfalls wird bei Pls die Gottesstimme durch menschliche Mittler ausgerichtet und damit gleichsam entmythologisiert.

Demgegenüber betont der Hebr die direkte, numinose Wirkung der Gottesstimme am Sinai: Gottes Stimme wird am Ende der Zeit Himmel und Erde erschüttern (Hebr 12,18–29).

4. Mit der Verheißung: „Siehe, ich stehe an der Tür und klopfe an; wenn einer hört meine Stimme und öffnet die Tür, hineingehen werde ich zu ihm, und Mahl halten werde ich mit ihm und er mit mir" endet das siebte und letzte Sendschreiben der Offb (3,14–21; hier V 20). In scharfer Form übt es zuvor Kritik an den Christen in Laodikeia, ihrer Überheblichkeit, ihrem Stolz, ihrer religiösen Lauheit; zeichnet es geradezu das Bild eines „Christentums zum Speien", dem Verwerfung angedroht wird. Auf die Umkehreinladung folgt schließlich die versöhnliche Heilsverheißung einer Mahlgemeinschaft mit Christus für alle, die seine Stimme hören und ihm ihre Tür öffnen. Auch nach Joh 10,1–10, v.a. 3–5, ist das Öffnen der „Tür" und das „Hören auf seine Stimme" Kennzeichen für die Schafe, die in Christus dem guten Hirten folgen.

Andrea Link

STUNDE

→ Tag; Zeit

1. Der Verlauf der Geschichte ist bestimmt von Zeiten, die von Menschen erfahren werden und die die Geschichte in meßbare Einheiten teilen. So meint Aion eine relativ lange Zeit, die als Ewigkeit sogar unbegrenzt sein kann. Dagegen sind Jahr, Monat und Tag Zeitspannen, die überschaubar sind und das menschliche Leben (die Lebenszeit) als ordnende Zeiten in feste Größen teilen und gliedern. Zu ihnen gehört auch die *hṓra*, die Stunde, als Zeiteinheit, die am auffälligsten den Alltag und das Leben des Menschen bestimmt.

2. Im AT ist die Stunde das Maß eines begrenzten Zeitraums (Dan 12,12f: neben der Einheit „Tag"); allerdings war die Länge einer Stunde nicht exakt festgelegt, man begnügte sich damit, die Länge des Tags in vier Zeiten zu unterteilen: Morgen, Mittag, Abend und Nacht.

Viel häufiger bezeichnete Stunde einen festen Zeitpunkt, z.B. „in jener Stunde", „zur selben Stunde" (Dan 3,15 u.ö.). Im Kontext der atl Schöpfungslehre ist Stunde die Zeit, in der nach Jahwes Willen alles „seine Zeit" hat: Aussaat, Reife, Ernte, Vieheintrieb usw. Auch Geburts- und Todesstunde der Menschen sind nicht chronologische Zeitangaben, sondern Aussagen über sich zu ihrer Zeit ereignende Schicksale. Von daher war es nicht weit, daß im Judentum die Stunde zu einer eschatologischen Bestimmung wurde: Die Stunde der Vollendung (Dan 11,40–45 LXX) meint endzeitlich-apokalyptische Ereignisse, die das anbrechende Gericht vorbereiten und begleiten und als „Stunde der Rechenschaft" (Sir 18,20) von den Menschen erfahren werden.

3. Im NT begegnet *hōra* 76mal in den Evv (davon 26mal im JohEv und zehnmal in der Offb; Pls gebraucht es nur siebenmal). Das Adjektiv *horaîos* findet sich viermal; aber nur in Röm 10,15 liegt die Bedeutung „(früh)zeitig" vor.

Im wesentlichen bleibt auch im NT die atl-jüd. Bedeutung erhalten. Neben rein temporalem Verständnis ist Stunde v.a. der Zeitpunkt, der wichtige Ereignisse im Tagesablauf festhält und zeitlich (ungefähr) fixiert (Mt 20,3.5f.9; Joh 1,39; 4,6; Apg 2,15). Besonders hervorzuheben sind die Stundenangaben der Passionsberichte, die das Leiden Jesu zeitlich unterteilen und bestimmten Tageszeiten zuordnen (Mk 15,25.33f u.ö.). Sehr viel häufiger steht Stunde im allgemeinen Sinn, um durch temporal unpräzise Angaben wichtige Lebensereignisse festzuhalten: Mk 6,35 par; 11,11 (vgl. noch „in jener/dieser Stunde": Mt 8,13; 18,1 u.ö.; „von jener Stunde an": Mt 9,22 u.ö.). Auch die angesagte Ankunft des Menschensohns ist zeitlich nicht berechenbar und exakt zu bestimmen; die Stunde seines Kommens weiß niemand: Mt 24,50 par.

Für den Menschen des Orients ist nicht wichtig, „wann" etwas stattgefunden hat, sondern „was" sich zu bestimmten Zeiten ereignet hat. In besonderer Weise gilt dies für einzelne Stunden im Leben Jesu, z.B. die Stunde der Gefangennahme, des Todes, der Heimkehr zum Vater usw. „Letzte Stunde" schließlich ist Aussage des apokalyptischen Zeitverständnisses (Offb 3,10), sie ist Stunde des Gerichts: Offb 14,7.15.

4. Zeit, also auch die Stunde, ist, was der Mensch hat, worüber er verfügt, das aber bereits Vergangenheit ist, sobald er versucht, es zu behalten. „Zeitverfallenheit" ist somit Bestimmung der Vergänglichkeit des Menschen. Für jeden „Zeitlichen" gibt es eine „letzte Stunde", die alle vorausgehenden Stunden entweder auslöscht (im Nichts verschwinden läßt) oder aber – christl. gedeutet – sie in ihrer Sinnhaftigkeit bestätigt. „Zeit haben" und um die „letzte Stunde" wissen, ist somit Appell, jede Stunde verantwortlich zu leben.

Lit.: M. Lurker, Wörterbuch bibl. Bilder, ⁴1990; P. Neuenzeit, Bibl. Zeitvorstellungen, in: V. Boning/ P. Neuenzeit/ H.R. Schlette, Geschichtlichkeit und Offenbarungswahrheit, 1964.

Alexander Sand

SÜNDE, Vergehen, Unrecht

→ Bekehrung; Gebot; Nachlaß

1. Die Begriffsgruppe bildet nicht nur ein Grundthema bibl. Theologie, sie hat es auch mit dem Menschenbild schlechthin zu tun: Sie tangiert das Selbstverständnis jedes Menschen. In einer Zeit, die alles als „machbar" ansieht, weil Technik und Wissenschaft alle Grenzen aufzusprengen scheinen und so dem Menschen ungeahnte Möglichkeiten der Selbstverwirklichung signalisieren, ist das Reden von Sünde ärgerlich, störend und den Fortschritt hemmend. Sünde *(hamartía, paráptōma* u.a.; die Beiwörter Vergehen und Unrecht können dem Leitwort subsumiert werden, auch wenn für sie im Griech. verschiedene Wörter stehen) scheint überholt.
Auch christl. Botschaft steht heute ratlos der Sünde gegenüber; die Sünde wird verharmlost oder völlig übergangen. So stellt sich die Frage: Gibt es in den hl. Schriften Aussagen, die theologisch gesehen unaufgebbar sind, also auch heute verstanden und nachvollzogen werden können?
2. Das AT kennt viele Umschreibungen dessen, was wir mit Sünde bezeichnen *('āwôn, haṭṭā't* u.a.); die meisten finden sich bei den Propheten, etwa in Jes 1,2: „Hört ihr Himmel … Denn Jahwe redet: Söhne habe ich großgezogen und emporgebracht, sie aber sind mir untreu geworden." Die Israeliten sind Söhne und Töchter eines Vaters (Ex 4,22f; Hos 11,1; Jes 63,16; 64,7; Jer 3,19), der seinem Volk zu Ansehen verholfen hat, nun aber feststellen muß, daß es untreu geworden, abgefallen ist. Sünde wird hier als Auflehnung verstanden, die bis zum Haß gegen Gott gehen kann (Ex 20,5; Dtn 5,9). Mag dabei auch die Verfehlung gegen die auf den Kult konzentrierte hl. Ordnung mitgedacht sein, stehen dennoch bei Sünde die sittlichen, v.a. sozialen Fehlverhalten im Vordergrund. Deshalb hat Jahwe „Wegzeichen" aufgestellt (die zehn Worte bzw. zehn Gebote), die ein Abirren vom Heilsweg verhindern sollen. Die Sünde des einzelnen ist dabei immer Dokumentation der grundsätzlichen und allgemeinen Auflehnung des Volks gegen Gott.
Freilich: Warum es Sünde gibt, und was Sünde ist, blieb dem rationalen Forschen ein Geheimnis. In vier vorgeschichtlichen Erzählungen versuchte mythisches Denken und mythologische Sprache eine Antwort zu geben. Gen 3 erzählt von einem „Sündenfall": Der Sache und der Sage nach hatte der Mensch versucht, sich der Herrschaft Gottes zu entziehen (vgl. Ez 28,11−19). Doch zur Strafe richtet sich die Sünde gegen den Menschen, macht ihn zum Sünder. Im Anschluß an Kap. 3 zeigt Gen 4,3−16 das „Geheimnis" der Sünde als undurchsichtige Verstrickung, wenn Kain zum Mörder seines Bruders Abel wird („Wenn du aber nicht recht handelst, so steht an der Tür die Sünde als Lauerer, und auf dich geht ihr Verlangen"). Doch nicht nur einzelne verfal-

len der Sünde; die Sintfluterzählung Gen 6–9 versucht zu erklären: „Gottessöhne", also alle von Gott bevorzugten Menschen, führen schrankenlose Polygamie ein, ganz gegen den Schöpfungswillen Gottes: „Es reute Jahwe, daß er den Menschen auf Erden geschaffen hatte und er betrübte sich in seinem Herzen" (Gen 6,6). Das „Siehe, es war alles gut" des Schöpfungsberichts wird scheinbar durch die Bosheit der Menschen *ad absurdum* geführt; doch an Jahwes Heilswillen scheitert menschliches Versagen: „Es soll nicht aufhören Saat und Erde, Trost und Hilfe, Sommer und Winter, Tag und Nacht". Noch ein viertesmal wird Gottes Geduld herausgefordert, als – nach einer mythologischen Überlieferung – menschliche Vermessenheit eine Großstadt bauen will, in der ein zum Himmel ragender Turm (die Zinne eines heidnischen Tempels?) bis an die die Wohnung Gottes „kratzt" (Gen 11,1–9). Dieser „Schlußstein" der durch die Sünde befrachteten Urgeschichte ist Ende des Bemühens, das Sündersein des Menschen im vis-à-vis von Gottes Heilshandeln zu deuten.

3. Mag auch in ntl Zeit im Judentum eine kasuistische Bewertung der Sünde in einigen jüd. Kreisen dominierend gewesen sein, bleibt dennoch das grundsätzliche Verständnis von Sünde im AT erhalten: „In dem (Maß) ihr nicht tatet einem dieser Geringsten, auch mir tatet ihr (es) nicht" (Mt 25,45). Jesus kommt als Heiland der Sünder, also aller Menschen. Er steht bewußt, was für viele Fromme ein Ärgernis ist, auf seiten der „Verlorenen" (Mt 10,6; 15,24; vgl. 9,11; 11,19; Lk 7,34; 15,7). Jesus verkündet den vergebenden Vater-Gott (vgl. die beiden Gleichnisse Lk 15,11–32: vom verlorenen Sohn, und Mt 18,23–35: vom unbarmherzigen Knecht). Umdenken und Werke der Buße (Fasten, Gebet) sind Voraussetzung, daß Sünde vergeben werden kann. Letztlich aber ist es der Tod Jesu, durch den Erlaß von Sünden bewirkt wird (vgl. das Becherwort in Mt 26,27f).

Daß einzig die Sünde gegen den Geist (Mt 12,31f: „die Lästerung des Geistes") weder in diesem noch im zukünftigen Aion vergeben wird, resultiert aus der Überzeugung, daß sie Widerspruch gegen den Menschensohn ist, sofern in ihm der Geist wirksam ist (vgl. VV 18.28).

Wie sehr Sünde im letzten ein jeden Menschen berührendes Geheimnis ist, verdeutlicht die Erlösungslehre des Pls. Da ausnahmslos alle Menschen Sünder sind („verkauft unter die Sünde": Röm 7,14), stellt sich die drängende Frage, wie der sündige Mensch von der Sünde frei wird. Allein durch die Sendung des Sohnes „in Gleichheit (des) Fleisches (der) Sünde und wegen (der) Sünde, verurteilte Gott die Sünde im Fleisch" (Röm 8,3). Als Verweigerung vor dem Heilswillen Gottes sind für Pls Versuche der Selbsterlösung ein leerer Wahn. Röm 8,2–4 ist pointierte Zusammenfassung dessen, was Pls in Röm 5–7 breit ausgeführt hatte: In Jesus geschah die Verurteilung der Sünde und Mitteilung des befreienden Pneumas (vgl. 2 Kor 5,21: „Den Sünde nicht Kennenden machte er für uns zur Sünde, damit wir werden Gerechtigkeit Gottes in ihm.").

4. Während der Fromme des Alten Bundes noch sagen konnte: „Was klagt denn der Mensch? Er werde Herr seiner Sünden!" (Klgl 3,39), tut sich der heutige Mensch schwer, den Zusammenhang zwischen Sünde und Chaos, Schuld und Elend, Versagen und Unterdrückung zu sehen. Ein offener oder versteckter Verdrängungsmechanismus ermöglicht es, die sozialen Auswirkungen menschlicher Schuld aus dem Bewußtsein zu verbannen. Doch auf Dauer wird die soziale Relevanz von Sünde und Schuld nicht geleugnet werden können. V.a. wird es nicht mehr zulässig sein, sich „Sündenböcke" zu schaffen, die herhalten müssen, eigenes Unvermögen, Versagen und Nicht-Wollen zu rechtfertigen und anderen aufzubürden.

Lit.: H. Braun, Spätjüd.-häretischer und frühchristl. Radikalismus I, 1957; R. Bultmann, Theologie des NT, [9]1984; G. Kaufmann (Hg.), Schulderfahrung und Schuldbewältigung (SPK 31), 1982; U. Körtner, Rechtfertigung und Ethik bei Pls, WuD 16 (1981) 93–109; G. v. Rad, Theologie des AT, Bd. I (KT 1), [10]1992.

Alexander Sand

T

TAG

→ Ankunft; Gericht

1. In der bibl. Überlieferung kann das Stichwort Tag *(hēméra)* in unterschiedlichen Zusammenhängen stehen, wobei die Verwendung in AT und NT deutliche Gemeinsamkeiten aufweist.

2. Im AT steht „Tag" (hebr. *jôm*) sowohl als Zeitbestimmung von Sonnenaufgang bis -untergang (vgl. Ps 18,1) als auch in Verbindung mit heilsgeschichtlichen Ereignissen wie Schöpfung (Dtn 4,32) oder Herausführung aus Ägypten (1 Kön 8,16).

Die in der Schöpfungserzählung durch die Erschaffung des Lichts ermöglichte Einteilung in Tag und Nacht gibt dem Tag eine besondere Bedeutung, insofern damit die Schöpfungswerke zeitlich geordnet werden und zugleich der „siebte Tag" als der von Gott gesegnete und für heilig erklärte Tag angezielt wird (Gen 1,3–2,3).

Mit der Erinnerung an „die Tage der Herausführung aus Ägypten" eröffnet Jahwe in der Botschaft des Propheten Hosea für das bundesbrüchige Volk die Heilsverheißungen, die „an jenem Tag" in Erfüllung gehen sollen (Hos 2,16–25); doch der Abfall von Jahwe

führt auch zur Drohung, daß Ephraim „am Tag der Züchtigung" wieder zur Wüste wird (5,9; vgl. 9,7). Gegen die falsche Erwartung, „der Tag des Herrn" führe zur Rettung, betont der Prophet Amos, daß darin Finsternis ist, nicht Licht (Am 5,18.20). In der Folgezeit wird die Wendung „Tag des Herrn" zu einer feststehenden Bezeichnung für das Gericht über Israel (vgl. Joël 1,15; 2,1f.11; 3,4; Zef 1,7. 14–16) bzw. für andere Völker (Jes 13,6; Ez 30,3). Dieser Gerichtstag kann etwa charakterisiert werden als „Tag des Unheils" (Jer 51,2) oder als „Tag des Zorns" (Ez 22,24); bisweilen ist der Gerichtstag bezeichnet als „jener Tag" (Jes 25,9; 27,1–13; Jer 30,7) oder als „der Tag, der kommt" (Sach 14,1; Mal 3,19).

Diese prophetische Konzeption vom endzeitlichen Gericht wird in frühjüd.-apokalyptischen Schriften entfaltet, wobei ähnliche Umschreibungen begegnen: „Tag des Gerichts" (äthHen 10,6; 22,4; 4 Esr 5 [7],104.113), „Tag der Bedrängnis" (äthHen 1,1), „Tag des Verderbens" (äthHen 98,10), „Tag des Blutvergießens, der Finsternis, des großen Gerichts" (äthHen 94,9).

3. Auch im NT wird „der Tag" in einem allgemeinen Sinn verwendet, etwa als Zeitbestimmung für Tagesbeginn und -ende (vgl. Lk 4,42; 9,12). Der Hinweis auf „die Tage des Herodes" gibt der Erzählung von der Verheißung der Geburt des Täufers (Lk 1,5) und der Geburt Jesu (Mt 2,1) eine geschichtliche Einordnung.

In allen ntl Überlieferungsstufen und Schriften findet sich die Erwartung des „Tages" der eschatologischen Vollendung, der jetzt vorgestellt ist als der Tag der Parusie Christi zu Gericht und Heilsvollendung; häufig steht dabei der Plural *hēmérai*. In der sog. syn Apokalypse Mk 13 parr werden „jene Tage" als „Bedrängnis" angesagt, „dergleichen nicht geschehen ist eine solche vom Anfang (der) Schöpfung" (Mk 13,19; vgl. VV 17.20); aber nur der Vater weiß „über jenen Tag oder die Stunde" (V 32; zur Unberechenbarkeit des Kommens der Parusie Lk 12,42–46 par). Mit der Ankündigung „des Tages" bzw. „der Tage des Sohnes des Menschen" (vgl. Lk 17,22–31) wird in Q die Parusie Jesu Christi ebenfalls in erster Linie als Gerichtsgeschehen charakterisiert (vgl. Lk 10,12 „an jenem Tag" par Mt 10,15 „am Tag des Gerichts").

Der joh Jesus charakterisiert die Zeit, in der er (mit seinen Jüngern) im Auftrag Gottes wirken kann, als „Tag" und sich selbst als „Licht der Welt" (Joh 9,4f). Nur im vierten Ev findet sich im Munde Jesu (und in Joh 11,24 von Martha gesprochen) der Ausblick auf den „letzten Tag" als den Tag der eschatologischen Totenerweckung (6,39f.44.54) bzw. des Gerichts (12,48). Die christologische Bestimmung von Gegenwart und Zukunft kommt bei Pls zum Ausdruck in den Wendungen „Tag des Herrn" (1 Kor 5,5; 1 Thess 5,2), „Tag (des) Christos Jesus" (Phil

1,6.10; 2,16) und „Tag unseres Herrn Jesus (Christos)" (1 Kor 1,8; 2 Kor 1,14). Die Notwendigkeit, sich auf die nahe Parusie einzustellen, begründet Pls mit dem Hinweis, daß die Nacht vorgerückt und der Tag nahegekommen ist; deshalb gelte es, „wie bei Tag" anständig zu wandeln (Röm 13,12f). Auf derselben Linie einer Gegenüberstellung von Tag und Nacht, Licht und Finsternis im übertragenen Sinn liegt die Bezeichnung der Christen von Thessalonich als „Söhne (des) Lichts und Söhne (des) Tags" (1 Thess 5,5).

Der Bezug auf das Gericht ist in ntl Spätschriften beibehalten. Wie Pls (Röm 2,5) spricht der Autor der Offb vom „(großen) Tag des Zorns" (Offb 6,17); in paränetischer Absicht wird den Parusieleugnern der „Tag (des) Gerichts" drohend vor Augen gestellt (2 Petr 2,9; 3,7; Jud 6).

In Verbindung mit bestimmten Zahlen erhalten Tagesangaben heilsgeschichtliche Gewichtung. Der Aufenthalt Jesu in der Wüste für „vierzig Tage" (Mk 1,13 parr; Mt 4,2: „... und vierzig Nächte") ist ebenso wie die Erscheinung des Auferstandenen vor den Jüngern „durch vierzig Tage (hindurch)" (Apg 1,3) am besten auf dem Hintergrund atl Überlieferungen zu erklären: Jahwe hat das Volk Israel 40 Jahre in der Wüste geführt (Dtn 2,7; 8,2; Am 2,10); 40 Tage und 40 Nächte ist Mose bei Jahwe auf dem Berg (Ex 24,18) und wird Elija von Jahwe zum Gottesberg Horeb geleitet (1 Kön 19,8).

Die Festlegung der Auferweckung Jesu auf den „dritten Tag" (1 Kor 15,4; Mk 8,31 parr; 10,34 parr; Mt 17,23; Lk 24,7.21.46; Apg 10,40) bzw. „nach drei Tagen" (Mk 8,31;

9,31; 10,34) ist im Anschluß an die Hos 6,2 ausgesprochene Verheißung, daß Jahwe „nach zwei Tagen" das Leben zurückgibt und „am dritten Tag" wieder aufrichtet, ebenfalls als eine theologisch bedeutsame Zeitbestimmung zu erkennen.

Auf den „ersten [Tag] der Woche" datieren die syn Evv die Verkündigung der Auferweckung Jesu an die Frauen (Mk 16,2 parr) und legt auch Joh die Begegnung des Auferstandenen mit Maria, der Magdalenerin, und die Erscheinung vor den Jüngern (Joh 20,1. 19).

4. Zusammen mit dem Gerichtsgedanken ist mit dem Begriff „Tag" im NT durchgängig die Heilszuversicht ausgedrückt: Jesus weist angesichts seines bevorstehenden gewaltsamen Todes seine Jünger hin auf „jenen Tag", da er „neu" trinken wird aus dem Ertrag des Weinstocks „im Königtum Gottes" (Mk 14,25); Pls bestärkt die Christen in Korinth im Glauben, daß jetzt die „wohlangenehme Zeit" da ist, „ein Tag (der) Rettung" (2 Kor 6,2); und der Verfasser von 1 Joh tröstet die Gläubigen, daß sie den „Tag des Gerichts" mit „Zuversicht" erwarten dürfen (1 Joh 4,17). Der Botschaft Jesu und dem Glauben der frühchristl. Gemeinden entspricht deshalb in kirchlicher Verkündigung nicht die Drohung mit dem Gerichtstag; im Zentrum stehen Jesu Botschaft vom Anbruch der Gottesherrschaft und das Bekenntnis zur Offenbarung der Liebe Gottes in Jesus Christus.

Lit.: K. Lehmann, Auferweckt am dritten Tag (QD 38), [2]1969; M. Reiser, Die Gerichtspredigt Jesu (NTA 23), 1990.

Lorenz Oberlinner

TAUFE, Tauchbad

→ Bekehrung; Geist; Nachlaß; Reinheit

1. Von Anfang an beginnt das Christsein mit der Taufe. Voraussetzung für die Einführung der Taufe dürfte gewesen sein, daß Jesus den Täufer hochschätzte und sich von ihm taufen ließ, aber auch, daß sich ihm Johannesjünger anschlossen (Joh 1,35–40). Besonderer Einfluß dürfte auch die Verheißung von Ez 36,24–29 gehabt haben, wonach die Reinigung durch Wasser und den Geist Gottes bewirken wird, daß Israel wirklich zum Volk Gottes wird.

2. Außer der Johannestaufe kennt das Judentum auch andere Wasserriten. Trotz einiger Ähnlichkeiten läßt sich die Johannestaufe nicht von diesen herleiten: Die Proselytentaufe besiegelt den Übertritt eines Heiden zum Judentum und bedeutet anders als die Johannestaufe einen Religionswechsel. Sie vergibt auch keine Sünden, sondern ist eine rein rituelle Reinigung. Zudem steht sie nicht im Zusammenhang mit dem Endgericht. Im Unterschied zur Proselytentaufe vollzieht nicht der Täufling selbst, sondern Johannes die Taufe (vgl. Josephus, ant. XVIII 116).

Auch die essenischen Waschungen der Qumrangemeinde haben mit der Johannestaufe wenig gemein. Ihre täglichen Waschungen von Händen und Füßen sowie das Vollbad zur Ausrüstung für den hl. Krieg in der Endzeit (CD 10,10f) stehen zwar in einem Zusammenhang mit der Umkehr (1 QS 3,4–12; 5,13f; Josephus, bell. II 129), aber nicht mit dem Endgericht und der Sündenvergebung, sondern sind rein rituelle Bäder zur Erlangung kultischer Reinheit.

3. Joh gestaltet seine Taufe *(báptisma)* in Anlehnung an die atl Verheißung über die Reinigung und Geistverleihung in der Endzeit selbständig aus (vgl. Ez 36,24–29). Nach christl. Deutung erfüllt Joh nur den ersten Teil der Verheißung des Propheten, nämlich die Reinigung durch Wasser, während die Taufe mit hl. Geist und Feuer dem kommenden Stärkeren vorbehalten ist, der nun nicht mehr – wie für den historischen Johannes d.T. – Gott, sondern Christus ist. Als letztes Gnadenmittel an der Schwelle der Endzeit ist die Johannestaufe Umkehrtaufe zur Vergebung der Sünden (Mk 1,2–6 parr) und bewahrt so vor dem Gericht. Die Umkehr besteht in der Befolgung der Tora, durch die sich der Täufling der Abrahamskindschaft als würdig erweist. Indem Jesus sich von Johannes d.T. taufen läßt (Mk 1,9–11 parr), anerkennt er dessen Werk und solidarisiert sich mit den Sündern, die zu berufen er sich gesandt weiß (Mk 2,17 parr). Die christl. Überlieferung relativiert Johannes und seine Taufe, indem sie den Täufer Christus unterordnet.

Die christl. Taufe ist wie die Johannestaufe ein einmaliger, durch einen Täufer vollzogener Akt, der Sündenvergebung bewirkt. Anders als die Johannestaufe ist die christl. Taufe ein heilsnotwendiger Initiationsritus, der die Aufnahme des Menschen in die Kirche begründet. Der Missionsbefehl in Mt 28,19 spiegelt die Taufpraxis der mt Gemeinde wider. Weil die Taufe von Anfang an Gemeinschaft mit Christus ist und weil in ihr der hl. Geist verliehen wird, kann es zur trinitarischen Taufformel kommen.

Die Aussage in Joh 3,22.26; 4,1, daß Jesus neben dem Täufer und erfolgreicher als dieser getauft habe, dient offenkundig der Tendenz, die Überlegenheit Jesu zu betonen. Sie wird in 4,2, wonach nicht Jesus, sondern seine Jünger – in nachösterlicher Zeit – getauft haben, korrigiert. Damit ist die Überlegenheit der christl. Taufe über die Johannestaufe ausgesprochen. Der Evangelist versteht die Taufe als Wiedergeburt aus Wasser und hl. Geist, die Voraussetzung für das Eingehen in die Gottesherrschaft ist (3,5).

Wie grundlegend die Taufe für die Apg ist, zeigt allein schon der Umstand, daß die Taufe jedesmal, wenn die Mission einen entscheidenden Schritt weitergeht, im Zusammenhang mit der Annahme der christl. Botschaft erwähnt wird: so beim Pfingstfest in Jerusalem (Apg 2,38–41), bei der Mission in Samaria (8,12), der Umkehr des äthiopischen Eunuchen (8,35–39), der Bekehrung des Pls (9,18), des Kornelios (10,44–48), der Lydia und des Gefängnisaufsehers (16,14f.30–34) und bei der Mission in Korinth (18,8). Wer durch Umkehr, Glauben und Taufe in die christl. Gemeinde eintritt (2,41–47), wird gerettet (2,40f; 11,14; 16,30f). In Lk 24,47 ist mit der „Umkehr zu Erlaß von Sünden zu allen Völkern" die nachösterliche Taufe verheißen, wie die parallele Formulierung in Apg 2,38 nahelegt. Mit der Taufe ist neben der Sündenvergebung die Geistverleihung verbunden, auch wenn der zeitliche Zusammenhang variieren kann.

Pls zählt sich ganz selbstverständlich zu den Getauften (1 Kor 12,13; Röm 6,3). V.a. die tiefe soteriologische Bedeutung, die er der Taufe zumißt (vgl.

v.a. Röm 6,3–11), macht deutlich, daß es auch für Pls Christsein ohne Taufe nicht gibt. Wie in der Apg (2,38 u.ö.) geschieht die Taufe für Pls im bzw. auf den Namen Jesu (1 Kor 1,13.15; 6,11 u.ö.). Die Taufe übereignet den Täufling so nicht nur Christus, sondern fügt ihn in das gesamte Heilsgeschehen ein, das mit Jesu Namen in Zusammenhang steht. Sie bedeutet somit Zueignung des Heils, die ein Wandeln „in Neuheit (des) Lebens" (Röm 6,4) ermöglicht.

Kol 2,12 (abhängig von Röm 6,4) unterstreicht, daß das neue Leben zwar schon begonnen hat, aber auch, daß es sich im Alltag realisieren muß (3,1–4,6). Noch nachhaltiger betont Eph 2,5–8, daß die Taufe schon gegenwärtige Rettung bedeutet.

Nach 1 Petr 3,20f ist die Taufe ein Gegenbild der Rettung Noes und seiner Familie: Wie Gott deren physisches Leben in die Arche hinein gerettet hat, so rettet die Taufe die Christen durch das entscheidende Heilshandeln Gottes, die Auferstehung Jesu Christi, und schenkt somit eschatologisches Leben, das seinerseits die Übernahme der Verpflichtung zu einem veränderten Leben im Gehorsam gegen den Willen Gottes einfordert. Durch die Auferstehung Jesu hat Gott uns in der Taufe wiedergezeugt zu lebendiger Hoffnung (1,3).

In der Taufe hat uns Christus nach Offb 1,5f von den Sünden erlöst und zu einem königlichen Volk für Gott und zu Priestern gemacht (vgl. 5,9f). Johannes, der Seher von Patmos, sieht in der Kirche das Volk Gottes, das im Kreuzestod Jesu konstituiert wurde und in das der einzelne in der Taufe eingegliedert wird. Als Priester haben die Christen direkten Zugang zu Gott. Dieser ist durch Christus, der der Gemeinde seine bleibende Liebe zusagt, vermittelt.

4. Nach dem Zeugnis des NT ist die Taufe Initiationsritus, d.h., sie gliedert den Täufling in die Gemeinschaft der an Christus Glaubenden ein. Da es nach Pls Gott ist, der den Gottlosen rechtfertigt (Röm 4,5), ist er bei der Taufe auch der primär Handelnde. Das bringt auch das theologische Passiv in Apg 1,5 („ihr werdet getauft werden") zum Ausdruck. Die meisten ntl Verfasser verbinden mit der Taufe die Verleihung des hl. Geistes. Die Taufe als der Beginn des neuen Lebens ist auch Grundlage für die ethischen Forderungen des NT. Wenngleich die christl. Taufe an die Johannestaufe anknüpfen konnte, unterscheidet sie sich grundlegend dadurch, daß sie christologisch bestimmt ist und in die Gemeinschaft der Kirche führt.

Lit.: H. Giesen, Die Johannestaufe, ThG(B) 39 (1996) 114–127; ders., Kirche in der Endzeit, SNTU 19 (1994) 5–43; ders., Hoffnung auf Heil für alle (1 Petr 3,18–22), SNTU 14 (1989) 93–150; L. Hartman, Auf den Namen des Herrn Jesus (SBS 148), 1992; U. Schnelle, Gerechtigkeit und Christusgegenwart. Vorpln und pln Tauftheologie (GTA 24), ²1986.

Heinz Giesen

TIER

→ Böse; Falschprophet; Lamm; Reinheit

1. Nur wenige Stellen im NT, in denen der Ausdruck Tier *(thēríon)* vorkommt, meinen (wie in der LXX) das wildlebende, ungezähmte, gefährliche Tier – fast immer geht es um die tierhafte Verkörperung des Bösen.

2. Die Bibel kennt natürlich keine zoologische Systematik: Man beobachtete die Tiere und teilte sie nach leicht wahrnehmbaren Kennzeichen ein; die diesbezügliche Terminologie ist volkstümlich und oft unscharf. Folgende Grobeinteilung der Tierwelt läßt sich feststellen: Wassertiere, größere geflügelte Tiere, Landtiere und Kriechtiere. Nach religiösen Gesichtspunkten unterschied man zwischen reinen und unreinen Tieren, nach ihrem Gebrauchswert zwischen Haustier und wildlebendem Tier. Insgesamt kennt die Bibel etwa 130 Tierarten, etwa ein Drittel davon in den Katalogen Lev 11 und Dtn 14. Aber auch im AT kommen Tiere vielfach v.a. in bildhaften Vergleichen vor.

Diese Wortverwendung kennt natürlich auch die Literatur der Umwelt des NT: Wenn Apollonius von Tyana z.B. Nero ein Tier nennt (Philostrat, vit. Ap. 4,38), so denkt er an ein Raubtier mit Klauen und Zähnen, das alles, sogar die eigene Mutter, frißt. Dasselbe Bild findet sich übrigens auch in Sib 8,157–159 (ebenfalls für Nero).

3. In der Versuchungsgeschichte nach Mk 1,13 war Jesus, vom Satan versucht, „mit den Tieren". Da es weiter heißt, daß „ihm die Engel dienten", dürfte mit dieser umrätselten Bemerkung der eschatologische Tierfriede angedeutet sein, der in Jes 11,6–8 beschrieben ist.

In der die Heidenmission legitimierenden Petrusvision Apg 11,1–18 sind neben den „Vierfüßlern der Erde", den „Kriechtieren" und den „Vögeln des Himmels" auch „wilde Tiere" aufge-

zählt (V 6), die nicht mehr (wie in Lev 11) in rein und unrein aufgeteilt werden dürfen. In Apg 28,4f steht die Bezeichnung „Tier" schließlich für eine Giftschlange. Der Verfasser des Tit nennt in einem aus Epimenides zitierten Hexameter (Tit 1,12) die Kreter „üble wilde Tiere", Hebr 12,20 zitiert Ex 19,13 als Beleg, daß die Heiligkeit des Gottesberges auch nicht durch ein wildes Tier entweiht werden durfte, und Jak 3,7 nennt (im Vergleich zur Zunge, die nicht gezähmt werden kann) unter den Tierarten, die gezähmt werden können, neben Vögeln, Kriech- und Seetieren auch die wilden Tiere.

In der Offb bekommt der bildhafte Gebrauch des Ausdrucks „Tier" schließlich ein besonderes Gewicht (39 Vorkommen!). Die Situation zur Zeit der Abfassung der Offb war dadurch geprägt, daß der Kaiserkult unter Domitian eine absolute Steigerung erfahren hatte; in der Provinz Asia blühte er besonders. Das „zweite Tier" (13,11–14), das der Verfasser mit dem Lügenpropheten identifiziert, ist wohl als die Oberpriesterschaft des Kaiserkults zu verstehen. Diese „hohen Tiere" sorgen für den nötigen Staatskult und die entsprechende Symbolik samt der zugehörigen Ideologie. Der Verfasser stellt in dieser Situation die weltumfassende Macht Roms heraus. Alle Erdenbewohner huldigen dieser siegreichen Gewalt und fragen staunend: „Wer (ist) gleich dem Tier, und wer kann Krieg führen mit ihm?" (13,4) Offenbar niemand! Johannes beschreibt aber nicht nur die Macht und den gewaltigen Luxus Roms, er bewertet dies auch. Eine negative Qualifikation ist mit dem Symbolnamen „Babylon" gegeben, eine weitere mit dem Bild der großen „Hure" (vgl. Kap. 17); die negativste Bewertung aber bedeutet es, wenn er Rom zeichnet als „das Tier, das aus dem Abgrund heraufsteigt" (13,1ff). Zum genauen Verständnis ist ein Blick auf den Zusammenhang von Kap. 12 und 13 notwendig. In Kap. 12 werden die Ereignisse (in Form des Mythos) in ihrem übergeschichtlichen Zusammenhang dargestellt. Aber da der Drache – auch ein „Tier" – seinen überirdischen Gegnern nichts mehr anhaben kann, muß er jetzt irdische Gegner wählen und in die Weltgeschichte eingreifen. Um (als himmlisches Wesen) dies tun zu können, bedarf er eines irdischen Exponenten. Er stellt sich also „auf den Sand des Meeres" (12,18) – und spiegelt sich darin. Und sein Spiegelbild steigt in 13,1 aus dem Meer, der Chaosmacht, der die Schöpfung abgerungen wurde, die weiter von ihr bedroht bleibt. Die Beschreibung des Tiers aus dem Meer greift auf Dan 7 zurück und vereint alle dort genannten gefährlichen Tiere zu einem einzigen. Das besagt: Das Imperium Romanum ist die Anhäufung aller Scheußlichkeiten und aller Widergöttlichkeiten früherer Weltreiche; es ist zu einem einzigen Raubtier geworden. Die so charakterisierte Macht Roms gilt Offb in letzter Steigerung als satanisch, da der Drache, der dem Tier, seinem Spiegelbild, „seine Macht, seinen Thron und seine Gewalt gegeben hat" (13,2), ausdrücklich mit dem Satan identifiziert wird. Dieses „Tier" steht in ausdrücklichem Gegensatz zu einem anderen in der Offb genannten Tier, nämlich dem „Lamm". Dieses geschlachtete Lamm aber ist der „Löwe,

der aus dem Stamm Juda" (5,5f); es ist ein Lamm, das Macht hat (das zeigen seine sieben Hörner) und von dem der Geist Gottes ausgeht, der die ganze Erde zum Widerspruch gegen Rom inspiriert. Hier interpretiert die Offb die Botschaft von Tod und Auferstehung Jesu neu, indem sie diese theologische Aussage als politische Terminologie gebraucht und so einen direkten Gegensatz zwischen Christus und dem Kaiser herstellt: Das Lamm ist der König der Könige.
4. Die Bilder der Offb vom Sieg des Lammes widersprechen der erfahrbaren Wirklichkeit, in der die Lämmer gerade nicht siegen, sondern geschlachtet werden. Sie bilden daher ein Widerstandspotential, dieser erfahrbaren Wirklichkeit standzuhalten und so für eine stärkere Gegenwirklichkeit aus Friede und Gerechtigkeit Zeugnis abzulegen.

Lit.: K. Wengst, Pax Romana – Anspruch und Wirklichkeit, 1986.

Michael Ernst

TOD, Schlaf

→ Auferstehung; Sünde

1. Die Wörter „Schlaf" (koímēsis, nur einmal im NT) und „schlafen" (katheúdō, 22mal, und koimáomai, 18mal im NT) sind, ähnlich wie im Deutschen, eng mit Tod verwandt, da sie neben ihrer alltäglichen Bedeutung auch als verharmlosende Umschreibung desselben gebraucht werden. Gemessen am Vorkommen spielt das jedoch keine große Rolle, da das griech. Wort für Tod (thánatos) mit 120 Vorkommen wie auch das mit ihm zusammen-hängende Verb „sterben" *(apothnḗskō*: 111 Belege*)* und das Adjektiv/Sub-stantiv „tot/Toter" *(nekrós*: 130 Bele-ge*)* weitaus häufiger vorkommen. Bei der Bedeutung beider Begriffe gibt es ebenfalls Übereinstimmungen mit dem Deutschen, aber auch manchen Unter-schied. Warum etwa sagt in Lk 15,24 der Vater über seinen soeben zurück-gekehrten, verlorenen Sohn, daß er „tot war und auflebte", obwohl er gar nicht gestorben war?

2. Diese Besonderheit hängt mit dem hebr. Todesbegriff zusammen, der (wie Leben) viel weiter gefaßt ist als bei uns und nicht ausschließlich auf das nur einmal mögliche Aufhören der biologischen Lebensabläufe bezogen und damit vom Grab her bestimmt wird. Vielmehr ist dort Tod alles das, was Leben irgendwie mindert, also Unglück, Armut, Krankheit, eine zer-brochene Gemeinschaft, fehlender Gottesbezug, Sünde und dann natür-lich auch der biologische Tod. Wegen der Weite des Begriffs ist daher z.B. die Aussage des Kranken in Ps 88,6: „Ich bin zu den Toten hinweggerafft" genauso ursprünglich gemeint wie beim leiblichen Tod und nicht etwa nur eine bildliche Redeweise: Krank-heit ist wirklich Tod, ebenso wie „Be-drängnis und Kummer" (Ps 116,3; vgl. V 8), Sünde (Jes 38,17) und die Ver-treibung aus dem Paradies (Gen 3,16–24 als Erfüllung von 2,17).

Schlaf, schlafen wird neben seiner normalen Bedeutung (z.B. Gen 24,54) oft auch als Umschreibung für Ge-schlechtsverkehr (z.B. Gen 26,10) ge-braucht. Daneben ist das Wort ein häufiger Euphemismus für sterben. So wird etwa in 1/2 Kön und 1/2 Chron der Tod der Könige Israels regelmäßig mit der Formel „und ... entschlief zu seinen Vätern" (1 Kön 2,10 u.ö.) um-schrieben.

3. Im NT ist der Befund ähnlich, wo-bei die einzelnen Schriftgruppen un-terschiedlich gewichten. Die Syn be-tonen wegen ihrer eher geschichtli-chen Ausrichtung mehr den leiblichen Tod: Sie erzählen, wie Jesus Tote ins irdische Leben zurückholt (Mk 5,35–43 parr; Lk 7,11–17; vgl. Mt 11,5 par), sprechen von der Auferstehung der Toten (Mk 9,9f par; 12,18–27 parr) und von Jesu Tod (Mk 10,32–34 parr; 14,64 par) und Auferweckung aus Toten (Mt 28,7; vgl. Lk 24,5.46). An-dere Bedeutungen sind selten: Gott-ferne ist Tod (Mt 4,16; vgl. Lk 1,79), Ungläubige sind Tote (Mt 8,22 par), und eine zerbrochene Gemeinschaft ist Tod (Lk 15,24.32).

Auch in der Apg ist durchgängig der biologische Tod im Blick (3,15; 9,37; 21,13 u.ö.). Eine andere Aussage könn-te man nur bei 5,1–11 erwägen, wo dann die Tatsache, daß Sünde geist-lich tötet, drastisch ausgemalt wäre.

Bei Joh, der auch oft vom Tod als Ende des irdischen Lebens spricht (Joh 11: Lazarus; 12,33; 18,32: Jesu Tod, 20,9; 21,14: Jesu Auferweckung aus Toten), verschiebt sich das Ge-wicht etwas zugunsten anderer Schat-tierungen: Tod ist der Zustand des Menschen ohne Gott (5,24; vgl. 1 Joh 3,14); wer an der Sünde festhält, wird (geistlich) sterben (8,21.24; vgl. 1 Joh 5,16f), und die Ungläubigen sind „die Toten" (5,25).

Bei Pls hat sich wegen der mehr theo-logischen Ausrichtung seiner Briefe das Verhältnis umgekehrt: Nur selten spricht er vom biologischen Tod (Röm

7,2f; 8,38; 14,7f u.ö.); meist hat er eine andere Schattierung im Blick. So kann er mit Tod Bedrängnisse jeglicher Art bezeichnen und etwa in 1 Kor 15,31 sagen: „Täglich sterbe ich" (vgl. 2 Kor 4,10f; 11,23–26), dann aber v.a. auch tiefe theologische Aussagen machen: Tod ist der durch die Sünde Adams hervorgerufene Zustand der Gottferne (Röm 5,12–21; 1 Kor 15,21f). Auch die eigene Sünde führt zu (geistlichem) Tod (Röm 8,6.13), der daher der Feind ist, den Christus am Ende ganz vernichten wird (1 Kor 15,26. 54f). Grundsätzlich sind Sünde und Tod jedoch bereits besiegt, da Jesus für unsere Sünden starb (1 Kor 15,3) und „aus Toten erweckt worden ist" (1 Kor 15,12). Mit ihm sind auch die Glaubenden bereits gestorben und in ein neues (geistliches) Leben hineinversetzt worden (Röm 6,3f.8), in dem sie nun bleiben und wachsen sollen, statt von neuem dem Tod der Sünde zu verfallen (Röm 6,11–14).

Die Dtpln greifen neben der Rede von der Auferstehung der Toten (2 Tim 2,8) v.a. das weitere Todesverständnis auf: Sünde ist ein Tod (Eph 2,1.5), aus dem man sich erheben soll (Eph 5,14), und die Glaubenden sind mit Christus gestorben (Kol 2,20; 3,3).

Ähnlich der Jak, der von einem toten Glauben (2,17.26) spricht oder sagt, daß Sünde Tod „gebiert" (Jak 1,15; vgl. 5,20). Dagegen gebraucht der Hebr Tod meist im biologischen Sinn (9,27; 11,4 u.ö.).

Die Offb meint mit Tod ebenfalls oft das Ende des irdischen Lebens (z.B. 8,9.11), kennt aber auch den geistlichen Tod (3,1f) und nennt die ewige Verdammnis zweiter Tod (2,11; 20,6; 21,8).

Schlafen kommt nur in seiner Grundbedeutung (Mt 28,13; Lk 22,45f u.ö.) und als Umschreibung für Sterben (1 Kor 7,39; 15,6.18.20; 1 Thess 4,13–15 u.ö.) vor. In Joh 11,11f werden beide Bedeutungen zu einem Wortspiel genutzt (schläft Lazarus oder entschlief er?), das der Evangelist in V 13 erklärt: „Gesprochen hatte aber Jesus über seinen Tod, jene aber meinten, daß er vom Entschlafen des Schlafes rede". Lediglich in 1 Kor 11,30 meint es in einem weiteren Sinn einen Mangel an geistlichem Leben.

4. Aufgrund dieses Befundes dürfte geklärt sein, warum es in Lk 15,24 heißt, der verlorene Sohn sei tot gewesen. Tod ist im AT und NT eben nicht nur in Verbindung mit dem Grab möglich, sondern ereignet sich auch dann ganz wirklich, wenn Leben beeinträchtigt wird durch Sünde und Schuld, aber auch durch Kummer, Bedrängnis, Krankheit, Streit usw.

Lit.: Chr. Barth, Die Errettung vom Tode in den individuellen Klage- und Dankliedern des AT, [2]1987; P. Hoffmann, Die Toten in Christus (NTA 2), [3]1978; O. Kaiser/ E. Lohse, Tod und Leben, 1977; S. Schneider, Glaubensmängel in Korinth, Filologia Neotestamentaria 17 (1996) 3–19.

Sebastian Schneider

TÜR, Tor, Pforte

→ Macht; Schlüssel; Stadt

1. Die Tür ist der Eingang eines Zeltes oder Wohnhauses (Gen 18,1; Dtn 22,21 u.ö.). In alter Zeit hatten jedoch viele Eingänge nur einen Vorhang. Die Tür bzw. das Tor ist zugleich Eingang zur Stadt (1 Kön 17,10), zu einem Palast (2 Sam 11,9), zum Tempel (1 Kön 6,31; Ez 40,48; 41,17.20), zum Kriegslager und zum Gefängnis.

2. Um das Stadttor als den schwächsten Teil der Befestigung einer Stadt gegen feindliche Angriffe besser schützen zu können, hatte der Tordurchgang oft auf beiden Seiten je zwei bis vier Mauervorsprünge; denn der Angriff eines Feindes zielte vornehmlich darauf, die Tore aufzubrechen, um so in die Stadt einzudringen (Ez 26,10; Obd 11.13; Mi 2,13). Am Stadttor wird kontrolliert, wer die Stadt berechtigt betreten darf und wer nicht (Jos 20,4). Um die Kontrolle wirksam durchführen zu können, schließt man abends die Tore durch eine Holztür, die meist zweiflügelig war, mit einem Querbalken (Ps 147,13) von innen (Jos 2,5).
Ein größerer Platz vor dem Stadttor (Neh 8,1.3.16; 2 Chr 32,6) hat große Bedeutung für das Zusammenleben in der Stadt. Am Tor treibt man Handel (2 Kön 7,1.18; Spr 31,31; Rut 4,1.10). Dort treffen sich die Bewohner einer Stadt (Ri 16,2; Jes 28,6). Am Tor versammeln sich auch die Bürger (Jes 29,21; Spr 24,7) und die Ältesten, um über Rechtsangelegenheiten der Stadt (Spr 31,23) zu beraten und über Rechtsfälle (Dtn 21,19; 22,15.24; 25,7; 2 Sam 15,2; Am 5,10; Sach 8,16) zu entscheiden. Das Tor kann symbolhaft für Macht, Stärke und Unüberwindbarkeit stehen. Das ist z.B. der Fall, wenn es heißt, daß die Frevler sich den Palasttoren der Gerechten beugen müssen (Spr 14,19). In Gen 22,17 bedeutet die Wendung „das Tor seiner Feinde einnehmen", daß die Feinde zu besiegen sind (vgl. 24,60).

Die theologische Bedeutung des Tores als Bezeichnung des Zugangs zur himmlischen Welt und zur Unterwelt der Toten geht v.a. auf mesopotamische und ägyptische Vorstellungen zurück. Wenn von den Toren der Unterwelt die Rede ist (Jes 38,10; Sir 51,9; Weish 16,13; PsSal 16,2), ist die Unterwelt als eine Stadt verstanden. Das Himmelstor ist Teil eines himmlischen Palastes (Gen 28,17; Ps 78,23). Die Tore Jerusalems gelten als Zugänge zum Heil (Ps 9,14f). Gott selbst sichert diese dadurch, daß er ihre Riegel festgemacht hat (Ps 147,13). Die Tore des Heiligtums sollen sich öffnen, damit Gott „der König der Herrlichkeit" in es einziehen kann (Ps 24,7). Umgekehrt wird das Volk aufgefordert, mit Dank durch die Tore in das Heiligtum einzutreten (Ps 100,4). Vom neuen Jerusalem heißt es, daß Gott seine Zinnen aus Rubinen, seine Tore aus Beryll und alle seine Mauern aus kostbaren Steinen machen werde (Jes 54,12). Um den Reichtum der Völker und deren Könige in es hineinzuführen, werden seine Tore für immer geöffnet sein (Jes 60,11).

Die Qumrangemeinde versteht das Öffnen der „Tore des Kriegs" sinnbildlich für die Eröffnung des Kampfes (1 QM 3,1.7; 16,4) und das Öffnen der „Tore der Hilfe" als die Hilfe Gottes. Außerdem spricht sie vom „Tor des Todes" (1 QH 6,24) und vom „Tor der Unterwelt" als Gegenüber der „ewigen Tore" (1 QH 3,17).

3. Im NT werden die Tür *(thýra)* und das Tor *(pýlē)* oft zwar wörtlich (z.B. das Stadttor: Lk 7,12; 11,7; Apg 9,24; 16,13; Hebr 13,12), aber auch – ähnlich wie im AT – im übertragenen Sinn verstanden. Die räumliche Wendung „nahe vor der Tür" macht keine Aussage über die zeitliche Nähe des Weltendes, sondern des Menschensohns (Mk 13,29 par). Die Entfernung des Verschlußsteins aus der Grabestür (Mk 16,3f; vgl. Mk 15,46 par) ist nicht in erster Linie ein Hinweis darauf, daß Gott selbst seinen Gerechten aus den Todesbanden befreit hat. Die Öffnung des Grabs steht vielmehr im Dienst der Botschaft des Engels von der Auferweckung Jesu an die Frauen und an alle Adressaten des Ev (Mk 16,5f).

Jesus fordert dazu auf, alles daran zu setzen, um schon in der Gegenwart durch die enge Tür einzutreten (Lk 13,24). Das bestätigt V 25, insofern dort betont wird, daß es zu spät sein wird, wenn der Hausherr die Tür verschlossen haben wird. Der gegenwärtige Heilsstand, der in diesem Leben immer gefährdet bleibt, wird so zur Voraussetzung für die Heilsvollendung. Unwahrscheinlich ist dagegen die Deutung, wonach das Eintreten durch die enge Tür erst in der Zukunft erfolgt, während in der Gegenwart nur darum zu kämpfen ist. Die Mt-Parallele ermahnt nicht nur dazu, durch das enge Tor einzutreten, sondern begründet das auch mit der Antithese von einem engen und breiten Tor (7,13f). Vermutlich verdoppelt Mt die Tore infolge der Aufnahme des traditionellen Zwei-Wege-Motivs, das die Adressaten ermahnen soll, die richtige Entscheidung zu treffen. Das enge bzw. breite Tor befindet sich am Ende der entsprechenden Wege. Der Weg zum Leben führt über Bedrängnis, der breite Weg dagegen ins Verderben.

Beim Gebet geht es um die Gottesbeziehung. Es ist deshalb ein Mißbrauch, wenn der Betende sich dabei selbst zur Schau stellt, wie Jesus das den Pharisäern vorwirft. Richtig dagegen ist es, sein Gebet in der Kammer bei verschlossener Tür zu verrichten (Mt 6,6). Bei der Wendung „Pforten der Unterwelt" (Mt 16,18) ist am ehesten an die übertragene Bedeutung der Pforten im Sinn von Macht gedacht. Der Kirche wird somit verheißen, daß ihre Existenz nicht durch die personifiziert vorgestellte Unterwelt gefährdet werden kann, weil sie auf dem Felsenfundament Petrus erbaut ist. Mt 25,10 zufolge wird die Tür zum himmlischen Hochzeitsmahl geschlossen, nachdem die klugen Jungfrauen eingetreten waren, so daß die törichten ausgeschlossen sind, weil sie aus eigener Schuld zu spät gekommen sind. Dem paränetischen Ziel der Parabel entsprechend werden die Christen aufgefordert, sich mit den klugen Jungfrauen zu identifizieren.

Mit seiner Selbstbezeichnung als Tür für die Schafe (Joh 10,7) beansprucht Jesus, daß allein er Leben vermittelt. Zugleich ist Jesus die Tür, durch die die Schafe ein- und ausgehen (10,9). Jesus erweist sich unter diesem doppelten Aspekt als der einzige rechtmäßige Hirt, der den Zugang zur Heilsgemeinde vermittelt. Der Auferstandene kommt zu seinen Jüngern durch verschlossene Türen (Joh 20,19.26), um diese aus ihrer Ängstlichkeit und Trauer, die sie dazu führten, sich einzuschließen, zur Freude zu befreien. Die verschlossenen Türen sollen also nicht betonen, daß der Auferstandene Hindernisse wie Türen überwinden kann.

Petrus kündigt in Apg 5,9 Sapphira die göttliche Strafe an, die zeitlich so nahe ist, daß die Männer, die sie tot hinaustragen werden, schon vor der Tür stehen. In drei Befreiungsszenen werden die Tür, das Tor bzw. die Türen des Gefängnisses auf wunderbare Weise geöffnet, so daß die Apostel ihre Verkündigung fortsetzen können (Apg 5,19.23; 12,4–10: Petrus; 16,23–26: Pls und Silas). Gott selbst ist es, der den Heiden die Tür zum Glauben geöffnet hat (Apg 14,27).

Auch Pls verwendet das Bild von der geöffneten Tür für die Möglichkeit wirksamer apostolischer Verkündigung (1 Kor 16,9; 2 Kor 2,12; vgl. Kol 4,3). Die Feststellung von Hebr 13,12, daß Jesus außerhalb des Tores gelitten hat und gestorben ist, hat symbolhafte Bedeutung: Er starb an einem kultisch unreinen Ort, wo man Gotteslästerer und Sabbatschänder hinrichtet (Lev 24,14.23; Num 15,35f), und nicht etwa am hl. Ort, wo der Hochpriester am Versöhnungstag seinen Opferdienst verrichtet. Gerade so aber hat er das Volk durch sein eigenes Blut geheiligt. Jak 5,9 unterstreicht mit der Wendung „vor die Türen getreten" die Unabwendbarkeit des Gerichts Gottes.

Das Bild von der geöffneten Tür in Offb 3,8 versteht man oft als Möglichkeit, missionarisch zu wirken. Wahrscheinlicher aber meint es im Anschluß an die Aussage von der Schlüsselgewalt Christi (3,7b), daß der Christ schon jetzt Zugang hat zum eschatologischen Heil. Nach Offb 3,20 steht der erhöhte Christus vor der Tür und erwartet, daß man auf seine Stimme hört und ihm die Tür öffnet, damit er mit ihm als dem Gastgeber Mahl halten kann. Damit bietet er den Christen der Gemeinde zu Laodikeia, deren Lauheit er anprangert, erneut an, mit ihm in Gemeinschaft zu treten. Hier dürfte auch an die Feier der Eucharistie gedacht sein. Wie in der frühjüd. Apokalyptik, gibt die geöffnete Himmelstür dem Seher die Möglichkeit, die Offenbarung Gottes zu empfangen, die für die Christen Heil bedeutet (Offb 4,1; vgl. Apg 7,55). Wie Elija haben die beiden Zeugen, die die Kirche in ihrer prophetischen Dimension, Zeugnis zu geben, repräsentieren, die Vollmacht, den Himmel zu verschließen, so daß es nicht regnet (Offb 11,6). Die zwölf Tore des himmlischen Jerusalem (21,12f) weisen dieses als Sinnbild für die vollendete Heilsgemeinde aus. Dafür spricht auch, daß auf den Toren die Namen der zwölf Stämme der Söhne Israels geschrieben stehen. Die Tore des neuen Jerusalem sind niemals verschlossen (21,25); dennoch werden nur jene eingelassen, die sich nach der Botschaft der Offb richten (21,26f; vgl. 22,18f).

4. Die Bedeutung von Tür und Tor ist dem modernen Menschen ebenso aus der Erfahrung bekannt wie den Menschen zur bibl. Zeit, auch wenn das bibl. Weltbild (Himmel, Unterwelt u.a.) nicht mehr dem unsrigen entspricht. Tür und Tor grenzen auch heute einen bestimmten Bereich ab und schützen vor Gefahren und Zudringlichkeit. Auch heute gibt es viele übertragene Bedeutungen von Tür und Tor, die sich teilweise mit denen in der Bibel decken oder ihnen sehr verwandt sind (z.B.: „jemandem stehen alle Türen offen", „einer Sache Tür und Tor öffnen", „hinter verschlossenen Türen", „vor der Tür stehen").

Lit.: H. Giesen, Christusnachfolge als Weg zum Heil. Zum mt Verständnis des Logions vom engen Tor (Mt 7,13f), in: C. Mayer u.a.

(Hg.), Nach den Anfängen fragen (FS Daut-zenberg) (GSTR 8), 1994; ders., Verantwor-tung des Christen in der Gegenwart und Heilsvollendung. Ethik und Eschatologie nach Lk 13,24 und 16,16, ThG(B) 31 (1988) 218–228; J. Roloff, „Siehe, ich stehe vor der Tür und klopfe an". Beobachtungen zur Überlieferungsgeschichte von Offb 3,20, in: H. Frankemölle/ K. Kertelge (Hg.), Vom Ur-christentum zu Jesus (FS Gnilka), 1989, 452–468.

Heinz Giesen

UNZUCHT, Hurerei

→ Ehe; Leib; Reinheit

1. Das Substantiv *pórnē* bezeichnet die Prostituierte, die, wie die als wahrscheinlich anzunehmende Ableitung von dem Verbum *pérnēmi* (verkaufen) zeigt, in der griech. Welt zu den gekauften Sklavinnen gehörte. Der maskuline Parallelbegriff *pórnos* wird sowohl für den Mann verwendet, der mit Dirnen verkehrt, als auch für den, der sich um Geld für gleichgeschlechtliche Beziehungen zur Verfügung stellt. Entsprechend steht das Verbum *porneúō* (meist im Aktiv verwendet) für „Unzucht treiben" (mit dem verstärkenden Kompositum *ekporneúō* = sehr ausschweifend leben), und das im klassischen Griech. seltene Substantiv *porneía* meint Unzucht als Prostitution.

2. Im AT bezeichnet das Verbum *porneúō* bzw. das verstärkende Kompositum *ekporneúō*, welches als Konsequenz der patriarchalischen Struktur nur in bezug auf die Frau verwendet wird (mit Ausnahme von Num 25,1: „das Volk" mit den Moabiterinnen), das ungeordnete geschlechtliche Verhalten; es kann parallel gesetzt werden mit „entweihen" (Lev 19,29; 21,9). Nach Dtn 22,13–21 soll eine Frau ge-

steinigt werden, wenn ihr die „Schandtat" nachgewiesen werden kann, daß sie „in ihrem Vaterhaus Unzucht getrieben hat", d.h. mit einem anderen als dem späteren Ehemann Geschlechtsverkehr hatte (V 21).

Besonders häufig ist die übertragene Verwendung des Verbums „Unzucht treiben" als Ausdruck der Verurteilung eines Kults, der als Götzendienst bewertet und deshalb als Abwendung von Jahwe und als Bundesbruch verurteilt wird (vgl. Ex 34,15f; Num 15,39; Dtn 31,16; 1 Chr 5,25; Jer 3,1.6; Ez 20,30; 23,19; Hos 1,2; 4,12; 9,1; Ps 73,27); entsprechend wird das Verhalten des zu den Götzen abgefallenen Volks als Hurerei bezeichnet (Jer 2,20; 3,2; Ez 23,19; Hos 4,12). Über das treulose Jerusalem erheben die Propheten die Klage, daß es zur Dirne geworden ist (Jes 1,21; Ez 16,30f).

Ob aus den Angaben auf die Existenz der Kultprostitution im Israel der bibl. Zeit geschlossen werden kann, bleibt unsicher.

Namentlich vorgestellt wird die „Dirne Rahab", bei der die Kundschafter der Israeliten die Nacht verbringen wollen (Jos 2,1). Tamar kommt durch eine List, daß sie sich nämlich Juda gegenüber als Dirne ausgibt (Gen 38,15), zur erhofften Schwangerschaft.

Auch die in außerbibl. frühjüd. Schriften, besonders in den TestXII zahlreichen Warnungen vor Unzucht zielen in den meisten Fällen auf ungeordneten Sexualverkehr z.B. mit Nichtjuden (TestDan 5,5); es kommt auch (wie schon in Sir 23,23) zur Überschneidung von *porneía* und *moicheía* (Ehebruch) (vgl. TestJos 3,8; 4,6).

3. Das Substantiv *porneía* steht im NT 26mal: in den syn Evv und in den Briefen achtmal verbunden mit der Aufzählung anderer Laster, in Apg dreimal im Zusammenhang mit den sog. Jakobusklauseln, fünfmal in 1 Kor 5–7, sowie siebenmal in Offb. Das Verbum *porneúō* steht bei Pls dreimal, in Offb fünfmal; das Intensivum *ekporneúō* in Jud 7. Das Substantiv *pórnē* begegnet zweimal in der Verbindung „die Hure Rahab" (Hebr 11,31; Jak 2,25), viermal in der Benennung der Welthauptstadt Rom (= Babylon) als „die (große) Hure" in Offb 17,1.5. 15.16, bei Pls zweimal (1 Kor 6,15.16), sowie dreimal bei den Syn (Mt 21,31. 32; Lk 15,30); die parallele maskuline Form *pórnos* findet sich mit vier Belegen wieder bei Pls, und zwar im Anschluß an die Warnung vor der Gemeinschaft mit Unzüchtigen und, wie in den anderen Fällen (Eph 5,5; 1 Tim 1,10; Offb 21,8; 22,15), in Aufzählungen lasterhafter Menschen (1 Kor 5,9–11; 6,9).

Die im Streitgespräch um die Reinheit in einer (in den Evv nur hier begegnenden) katalogartigen Nennung von menschlichen Fehlhaltungen mitgenannten „Hurereien" (Mk 7,21 par) bezeichnen in einem nicht näher einzugrenzenden Sinn sexuelle Verfehlungen; obwohl im selben Kontext Ehebrüche *(moicheíai)* eigens genannt

werden, ist eine strenge Abgrenzung zwischen den beiden Begriffen kaum beabsichtigt. Mt ergänzt sowohl das aus Mk übernommene Streitgespräch über die Ehescheidung (Mk 10,2–12 par) durch die sog. Unzuchtsklausel (Mt 19,9) wie auch das aus Q (vgl. Lk 16,18) auf ihn gekommene und zur Antithese umgestaltete Jesuslogion Mt 5,32: „außer aufgrund von Hurerei". Der Begriff *porneía* ist hier in der spezifischen Bedeutung von Ehebruch seitens der verheirateten Frau zu übersetzen. Der Evangelist ergänzt mit dieser Konzession die von Jesus mit Berufung auf den Willen Gottes geforderte Unauflöslichkeit der Ehe durch eine Ausnahme; er trägt damit der in der jüd. Glaubenstradition festgelegten Überzeugung Rechnung, daß die Ehe durch Ehebruch faktisch zerstört ist; das nach jüd. Rechtsverständnis daraus folgende Gebot der Scheidung wird allerdings von Mt nicht ausdrücklich ausgesprochen.

Die in Apg dreimal (Apg 15,20.29; 21,25) als Beschluß des sog. Apostelkonzils (im Unterschied zu Pls: Gal 2,1–10) zitierten gesetzlichen Bestimmungen für die Heidenchristen nennen neben dem Verzicht auf Genuß von Götzenopferfleisch, von erstickten Tieren und von Blut auch das Verbot der *porneía*; damit ist die nach dem Gesetz (vgl. Lev 18) untersagte Eheschließung zwischen Verwandten gemeint.

Bei Pls stehen die verschiedenen Begriffe vom Stamm *porn-* in unterschiedlichen Zusammenhängen: (1) In 1 Kor 5,1–5 rügt der Apostel die Gemeinde, daß sie in ihrer Mitte einen Fall von *porneía* duldet, daß nämlich einer mit der Frau seines Vaters, d.h.

mit der geschiedenen oder verwitweten Stiefmutter, in einer eheähnlichen Beziehung lebt. Daß Pls dafür die Bezeichnung *porneía* verwendet, zeigt, daß er nicht auf das römische Recht Bezug nehmen will, welches Ehen zwischen Stiefverwandten untersagt; im Hintergrund seines Urteils, das in eine Verurteilung des Betroffenen mündet (V 5), steht vielmehr das im jüd. Gesetz formulierte Verbot jeder Form von Inzest (vgl. Lev 18,7f; 20,11; Dtn 27,20). Pls wendet dann die Ermahnung ins Grundsätzliche; er fordert mit dem Bild vom neuen bzw. ungesäuerten Teig die Gemeindemitglieder zu einem Leben auf, das der durch Jesu Hingabe als Paschalamm eröffneten (Fest-)Zeit entspricht. In einer Präzisierung der in einem früheren Brief erteilten Weisung, den Umgang mit „Unzüchtigen" zu meiden (1 Kor 5,9f), warnt er die Christen in Korinth vor der (Mahl-) Gemeinschaft mit jemandem, der sich Bruder nennt und doch weiterhin als Sünder lebt; in einem sechsgliedrigen Lasterkatalog nennt er, passend zur Situation (vgl. die abschließende Aufforderung in V 13b: „Schafft hinaus den Bösen aus eurer [Mitte]"), an erster Stelle den „Unzüchtigen". (2) Das Thema des Abschnitts 6,12–20 ist thesenartig wiederzugeben mit der Mahnung des V 18a: „Flieht die Unzucht!" Konkret heißt dies, daß der Verkehr mit einer Prostituierten, der von korinthischen Christen mit der Begründung als „erlaubt" (vgl. V 1) erklärt wurde, daß davon nur der vergängliche Leib betroffen sei, von Pls mit verschiedenen Argumenten abgelehnt wird: *porneía* widerspricht der (mit der Zitation von Gen 2,24 eingebrachten) Schöpfungs-

ordnung, die den rechtmäßigen und geordneten Sexualverkehr nur mit der Ehefrau vorsieht und deshalb sexuelle Beziehungen mit einer *pórnē* ausschließt; *porneía* ist sodann eine Verfehlung gegen den eigenen Leib *(sôma)*, welcher den Christen (Pls spricht hier vom Mann) als „konstitutives Moment christl. Existenz" (W. Schrage, EKK VII/2, 1995, 22) in seiner Beziehung zur Welt, zu Gott und zu Christus bestimmt und der von Gott auferweckt werden wird (1 Kor 6,13f); und da der Leib ein Tempel des hl. Geistes ist (V 19) und „die Leiber" der Christen „Glieder (des) Christos" sind (V 15), ist jede sexuelle Verfehlung des einzelnen Christen an seinem Leib (vgl. V 18) zugleich eine Verfehlung gegen den Leib Christi, d.h. gegen die Gemeinde. (3) Dem in 1 Kor 7,1 zitierten Grundsatz aus der korinthischen Gemeinde, es sei recht für einen Menschen, eine Frau nicht zu berühren, stellt Pls in einer ersten Entgegnung in V 2 die zu realistischer Einschätzung mahnende Regel entgegen, „wegen der Unzucht" solle „jeder seine Frau haben, und jede soll den eigenen Mann haben". Damit wird nicht die Vermeidung der *porneía* zum einzigen Zweck ehelicher Gemeinschaft erklärt, sondern Pls stellt der durch die rigoristische Forderung des Eheverzichts provozierten Gefahr der *porneía*, d.h. eines ungeordneten Geschlechtslebens, die in der Ehe gegebene Ordnung sexueller Beziehungen gegenüber. (4) Unter Benutzung ihm vorgegebener Lasterkataloge nennt Pls neben anderen Verfehlungen Unzucht als Kennzeichen eines Lebens, das nicht vom „Geist", sondern vom „Fleisch" *(sárx)* geleitet wird (Gal 5,19; vgl.

auch Eph 5,3; Kol 3,5); sie gefährdet auch den Zusammenhalt der Gemeinde (2 Kor 12,21).

Mit der Vorstellung als die „(große) Hure" (Offb 17,1.15f), die mit der Bezeichnung „Babylon" als gottfeindliche Weltmacht charakterisiert wird und deshalb auch „die Mutter der Huren und der Greuel der Erde" heißt (17,5; vgl. 14,8), wird die Welthauptstadt Rom wegen des von ihr propagierten und geförderten Kaiserkults angeklagt. Die Konnotation von *porneia/porneúō* und Götzendienst begegnet in Offb des öfteren (2,14; 2,20f; 17,2; 18,3; 19,2).

4. Der Sprachgebrauch der Wörter vom Stamm *porn-* im NT zeigt, wie die christl. Gemeinde in einer von verschiedenen religiösen, ethischen und gesellschaftlichen Bedingungen geprägten Welt, mit der sie in vielfältiger Weise verbunden ist und verbunden bleiben will, ihr Verhalten im sexuellen Bereich aus dem neuen Glauben verantwortlich zu gestalten sucht. Greifen wir mit Ehe und Ehescheidung eine für das Leben der Christen grundlegende Thematik heraus, und zwar im Blick auf das, was Mt dazu schreibt. Es ist zu erkennen, daß der Evangelist bei der Einfügung der sog. Unzuchtsklauseln die Gültigkeit der Weisung Jesu für die Menschen seiner Zeit dadurch unterstreicht, daß er nicht das ihm bekannte Jesuslogion legalistisch festschreibt, sondern – ohne Zweifel in Kontinuität zur Intention Jesu – den von Jesus verkündeten Willen Gottes in Verbindung mit dem in der (jüd.) Glaubensüberzeugung seiner Gemeinden begründeten Eheverständnis auslegt.

Lit.: N. Baumert, Antifeminismus bei Pls? (fzb 68), 1992; H. Frankemölle, Ehescheidung und Wiederheirat von Geschiedenen im NT, in: Th. Schneider (Hg.), Geschieden, wiederverheiratet, abgewiesen? (QD 157), 1995, 28–50; R. Kirchhoff, Die Sünde gegen den eigenen Leib (StUNT 18), 1994; J. Kremer, Jesu Worte zur Ehescheidung, in: T. Schneider (Hg.), Geschieden, wiederverheiratet, abgewiesen? (QD 157), 1995, 51–67; H. Merklein, Die Gottesherrschaft als Handlungsprinzip (fzb 34), [3]1984; M.-T. Wacker, Frau – Sexus – Macht. Eine feministisch-theologische Relecture des Hoseabuches, in: dies. (Hg.), Der Gott der Männer und die Frauen (TzZ 2), 1987, 101–125.

Lorenz Oberlinner

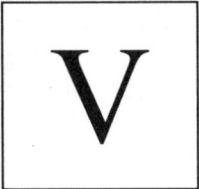

VATER, Abba

→ Bitte; Gott; König/in; Mutter; Sohn

1. Jesus ruft zum radikalen Bruch mit der Familie zugunsten der Nachfolge auf: „Amen, ich sage euch, keiner ist, der verließ Haus oder Brüder oder Schwestern oder Mutter oder Vater oder Kinder oder Äcker wegen meiner und wegen des Ev, ohne daß er erhält, Hundertfaches, jetzt in dieser Zeit Häuser und Brüder und Schwestern und Mütter und Kinder und Äcker unter Verfolgungen und im kommenden Aion ewiges Leben" (Mk 10,29f). Die Verfolgung im jetzigen Aion ist ein deutlicher Hinweis, daß dieses Wort Jesu nachösterlich überformt worden ist. Jesus fordert zum Verlassen der Familie mit der Zusage auf, im kommenden Aion das Leben in einer erweiterten Familie zu finden. Die nachösterliche Gemeinde spaltet den nahegekommenen Aion der Gottesherrschaft in einen „jetzigen" und einen „kommenden" Teil auf und trägt Ersatz-Familienmitglieder mit Ausnahme des Vaters in die jetzige Verfolgungszeit ein. Der Bruch Jesu mit seiner patriarchalisch strukturierten Familie, die ihn als Nachfolger seines Vaters gewaltsam „ergreifen" will

(Mk 3,20f), wird auf die Ablehnung der Vaterrolle in der nachösterlichen Gemeinde verengt (Mt 23,9). Verständlicherweise konnte sich dieser realitätsferne Protest in der Christentumsgeschichte nicht durchsetzen. Die Familienkritik Jesu richtete sich ursprünglich auf alle familiären Rollen. Die Familie Jesu sollte nicht aufgehoben werden, wohl aber sollte sie dem Willen Gottes (des Vaters) unterstellt und für alle in die Gottesherrschaft Drängenden geöffnet werden (Mk 3,31–35). Die familiären Achsen Sohn – Vater, Kind – Eltern, Vater – Mutter und Bruder – Schwester sind für Jesus die ursprünglichen Erfahrungsfelder für sein Gottesverständnis und seine Beziehung zu den Mitmenschen. Abba, Gott-Vater, sammelt die Eltern-Erfahrung in sich, also die Vater-und-Mutter-Beziehungen, und gibt sie an die irdischen Väter, Mütter, Schwestern und Brüder zurück als Bestätigung, Innovation und Kritik. Die Kritik der Vaterliebe Gottes traf besonders das Patriarchat der familiären Vaterschaft, aber auch die Bindungsansprüche der Mutter (Joh 2,4), der Brüder und Schwestern (Mk 6,1–6a; Joh 7,2–10). So wurde die Offenbarung der Vaterliebe Gottes durch Jesus zur Antriebskraft für das Mündigwerden der Söhne und Töchter zur individuellen Konfession, zur Übergabe des eigenen Lebens an die individuelle Glaubensentscheidung und zur Pro-Existenz für die nicht-familiären, leidenden anderen.

2. Bereits für den vorösterlichen Jesus sind neben dem allgemeinen Titel *theós* „Vater" und „Abba" als dominierende Gottestitel gesichert. Die Abba-Anrede *(abbâ)*, die vielen Gott-Vater-Worte und das Vater-Gebet gehen auf Jesus selbst zurück. Besonders das Sondergut in der Bergpredigt überliefert das Vater-Verständnis Jesu. Mt verstärkt diese jesuanische Schwerpunktsetzung, indem er in der Bergpredigt Vater nur als Gottestitel verwendet.

So wird Vater *(patér)* im NT fast 250mal für Gott und mehr als 150mal für Menschen verwandt; insgesamt kommt Vater 414mal vor. Für die metaphorische Bedeutung der Gottesbezeichnung Vater bilden die Jesusworte die Ausgangsbasis: Mk z.B. hat vier Jesusworte über Gott als Vater (Mk 8,38; 11,25; 13,32; 14,36) und insgesamt 18mal Vater. Es zeigt sich eine deutliche Verschiebung des Vatertitels von einer überwiegend familiären Bedeutungsverwendung bei Mk und Lk zur überwiegend metaphorischen Gottesbezeichnung bei Mt und Joh. Die letzteren haben ein zentrales, redaktionelles Interesse am theologischen Vater-Titel, der sich hier auch gegenüber dem allgemeinen Gottes-Titel *theós* als Haupttitel durchsetzt. Authentisch ist die Abba-Anrede Jesu für Gott-Vater (Mk 14,36). Sie wird von Röm 8,15 und Gal 4,6 als vorpln. urchristl. Gebetsanrede bestätigt. Der Hintergrund für den Vater-Titel Gottes ist das AT.

Im AT wird Vater *('āb)* nur selten für Gott gebraucht (elfmal). Der Gottestitel Vater ist ein Urphänomen der Religionsgeschichte. Die ägypt. Hauptgötter werden Vater genannt, der griech. Hauptgott Zeus trägt den Titel Vater. Israel hat dagegen Jahwe als eine singuläre Offenbarung des Eigennamens erfahren, der eine metaphorische Übertragung der Vatererfahrung auf den Gott Israels zunächst überflüssig machte. Außerdem hält Jahwe eine solche Distanz zu Israel und der Welt insgesamt ein, daß der häufige Vatertitel eine unzulässige Vereinnahmung bedeuten würde.

Dennoch bleiben Anknüpfungspunkte für das Vater-Verständnis in der Theophorik (40mal) erhalten, die dann im Frühjudentum bedeutsam werden. Die früheste Verwendung findet sich im theophoren Eigennamen „Ab-ram", d.i., „der Vater ist erhaben" (Gen 12,1ff). Diese Theophorik wird dann abgeändert in den bekannteren symbolischen Namen „Ab-raham", d.i. „der Vater der Menge" (ab Gen 17,5). Während Abram noch unspezifisch auf einen leitenden Gott bezogen werden kann, hat „Jo-ab", der Name des Feldherrn Davids, einen eindeutigen Bezug auf den leitenden Gott Jahwe: Jo = Jahwe ist Vater (2 Sam 3,22). Jahwe offenbart sich auch David als Vater, um dessen Königtum zu bestätigen (2 Sam 7,14). Allerdings zeugt Jahwe nicht wie im ägypt. Mythos den König biologisch als „Sohn", sondern er adoptiert den König Israels als Sohn, damit er das Volk Israel repräsentiert. So wird auch dieses insgesamt als „Sohn" verstanden, dem Jahwe besonders seit dem Exodus Vater ist (Hos 11,1; zitiert in Mt 2,15). Im Frühjudentum werden diese Haftpunkte ausgezogen. Die Erfahrung und Erwartung Gottes als Vater-König Israels wird in der theologischen Metapher „Königsherrschaft Gottes" zum Ausdruck gebracht. Die synagogale Litanei „'ābînû malkenû", d.h. „Unser Vater, Unser König", hat Wurzeln bis in die Zeit Jesu. Das Vater-Sein Gottes für Israel wird in besonderer Weise auf den leidenden Gerechten bezogen, der sich daher ausdrücklich als „Sohn Gottes" versteht (Weish 2,16–18).

In Qumran wird Gott als Vater angerufen (1 QH 9,35f); auch Philo nennt Gott den „Vater aller Menschen und Schöpfer des Alls" (opif. 89).

3. Jesus hat diese drei Linien aufgegriffen und verstärkt. In seiner Verkündigung von der Königsherrschaft Gottes bricht das Königreich des Vater-Gottes sichtbar messianisch an. Mit der Metapher „Königsherrschaft Gottes" spricht Jesus aber nur indirekt und verschlüsselt von Gott. In seinen Worten vom unbedingten Glauben an Gott, den Vater, ruft er dagegen explizit den das gesamte Volk liebenden und befreienden Gott wieder ins Gedächtnis zurück und stellt ihn in den Mittelpunkt seiner direkten Rede von Gott (Mk 11,22–25 par; Mt 6,25–34 par). In seiner Abba-Anrede intensiviert er in der aram. Sprache die Vater-Anrede, wie sie insbesondere von Kindern gebraucht wird. Der unschuldig leidende, gerechte Jesus kann sich wie ein Kind auf die unbedingte Fürsorge und Liebe Gottes verlassen. Diese drei Themen konstituieren auch das „Vater"-Gebet Jesu:

„Vater, geheiligt werde dein Name; (es) komme dein Königtum; unser nötiges Brot gib uns Tag für Tag und erlaß uns unsere Sünden (Schulden), (denn auch wir erlassen jedem uns Schuldenden;) und nicht führe uns hinein in Versuchung."
(Lk 11,2–4; vgl. Mt 6,9–13a)

Statt der mt sieben Bitten hat das Gebet im LkEv und in Q nur fünf Bitten, eine Zahl, die auf das originale Gebet Jesu zurückgeht. Im Wortlaut wiederum hat Mt den ursprünglichen, eschatologischen Klang bewahrt.

Die erste Strophe beginnt mit der Vater-Anrede. Jesus öffnet seinen Anhängern seine singuläre Abba-Gott-Beziehung für das tägliche Gebet. Der Vater-Gott Israels (Dtn 32,6; Ps 68,6; Hos 11,1–4; 2 Sam 7,14) hat sich Jesus in der endzeitlichen Nähe der Gottesherrschaft exklusiv zugewandt und erfüllt in dessen Praxis anfanghaft die nun folgenden Bitten. Die ersten beiden Du-Anreden bitten mit einem synthetischen Parallelismus um das machtvolle Handeln Gottes. Das *passivum divinum* verweist auf Gottes Aktivität, „dein Name" auf die Durchsetzung des zweiten Gebots des Dekalogs für die Gegenwart (Ex 20,7; Dtn 5,11). Von Gott geht die Eröffnung des Heiligkeitsraumes aus. Die zweite Du-Bitte ist eschatologisch auf die Zukunft ausgerichtet. Die Königsherrschaft Gottes soll in naher Zukunft kommen und die Heiligung des Namens Gottes vollenden. Denn in Jesu Praxis ist die Gottesherrschaft erst anfanghaft und unscheinbar angebrochen.

Nach dem überraschenden Kreuzestod Jesu erfahren die Jünger in der Auferweckung des Gekreuzigten die Vaterliebe Gottes erneut. Gott bestätigt die Vater-Verkündigung Jesu und setzt den Anbruch seiner Herrschaft im Erhöhten fort: „Paulos, Apostel ... durch Jesus Christos und Gott (den) Vater, den ihn Erweckenden aus Toten" (Gal 1,1). Pls zitiert eine alte Glaubensformel, um sich als Apostel des Auferweckten zu legitimieren, der als Erhöhter weiterhin die Apostel und alle Christen beruft und sendet. Der Sendung durch den Auferstandenen geht die Sendung des „Sohnes" durch den Vater voran. Diese Sendung wird aber erst nach Ostern erkannt und in Sendungsformeln ausgestaltet (Gal 4,4; Röm 8,3). Die syn Evv deuten mit der Parabel von den bösen Weinbergpächtern die Sendung des Sohnes durch den Vater zum Leiden an (Mk 12,1–12 parr). Sie betonen aber stärker mit dem Taufgeschehen die Beauftragung Jesu zum bevollmächtigten, messianischen Verkünder der Gottesherrschaft (Mk 1,1–15 par). Auch Joh behält diese Beauftragung bei, betont aber seinerseits stärker die präexistente Sendungschristologie. Vater und Sohn sind eins. Der Vater hat den Sohn in die Welt gesandt; dieser lebt in ihm weiter und wird im Tod zu ihm endgültig zurückgehen (Joh 6,57; 7,29; 17).

4. Vater ist die zentrale Anrede des Christen für seinen monotheistischen Gott. In der Neuzeit sind allerdings zwei Anfragen an den Vatertitel für Gott entstanden. Ist Gott ein personales Wesen? Ist bei Voraussetzung der Personalität Gottes Vater die angemessene Bezeichnung?

Gegenüber einer modernen, diffusen Religiosität hält das Christentum fest, daß sich seit Abraham ein personaler Gott Israel geoffenbart hat und sich

die Offenbarung seiner Personalität bis heute in der Kirche Jesu Christi fortsetzt. Weniger sicher kann vom Vatertitel als unbefangen akzeptiertem Gottestitel ausgegangen werden.

Die feministische Exegese kritisiert den androzentrischen Gehalt des Vater-Begriffs. Die bekannte Erweiterung von Papst Johannes Paul I., daß Gott „Vater und Mutter zugleich sei", trägt diesem Defizit Rechnung, hebt es aber nicht auf. Die Bibel spricht von Gott in überwiegend männlichen Kategorien. Der Begriff Mutter wird nicht auf ihn übertragen. Mütterliche Aspekte können ihm dagegen metaphorisch zugesprochen werden. So liegt mit Vater eine inklusive Sprache vor, die zum einen die Erweiterung um frauliche Aspekte erlaubt, zum anderen aber im expliziten Sprachgebrauch auf die männliche Welt bezogen bleibt.

Allerdings kann der Vater-Begriff für Gott nicht aufgegeben werden; wohl kann er um „Mutter" erweitert werden. Zum einen bildet Vater das Zentrum der ntl Theologie, zum anderen wird er von der modernen Humanwissenschaft als der zentrale Erfahrungsort der religiösen Sozialisation aufgewiesen. Das Kind bildet seine ersten religiösen Erfahrungen in seinen Beziehungen zu den Eltern aus. Mutter und Vater werden zu seinen ersten „Göttern"; durch den Einbezug tradierter Religiosität werden diese auf die tradierten Gottheiten hin überstiegen. Wie die Muttergottheiten wurzelt auch der bibl. Vater-Gott in der Urerfahrung des Menschen. Eine lebendige Gott-Vater-Beziehung entsteht dann, wenn das „Urvertrauen" der personalen religiösen Erfahrung mit den Eltern mit der bibl. Botschaft von Gott immer wieder in Verbindung gebracht werden kann. Der bibl. Vater-Gott begnügt sich aber nicht mit der Bestätigung des frühkindlichen Narzißmus, sondern fordert das religiöse Erwachsenwerden, die religiöse Mündigkeit. Brüche und Krisen im Gott-Vater-Verhältnis gehören zur religiösen Biographie des bibl. Menschen wie auch des heutigen Menschen. In diesem Suchprozeß bleibt die stabile, integrierte Gott-Vater-Beziehung ein Geschenk.

Lit.: D. Dormeyer, Die Familie Jesu und der Sohn der Maria im MkEv (3,20f.31–35; 6,3), in: H. Frankemölle/ K. Kertelge (Hg.), Vom Urchristentum zu Jesus (FS Gnilka), 1989, 109–136; J. Jeremias, Ntl Theologie I. Die Verkündigung Jesu, 1971; G. Schelbert, Sprachgeschichtliches zu ABBA, in: P. Casetti/ O. Keel/ A. Schenker (Hg.), Mélanges Dominique Barthélemy (OBO 38), 1981, 395–447; G. Vanoni, „Du bist doch unser Vater" (Jes 63,16). Zur Gottesvorstellung des Ersten Testaments (SBS 159), 1995.

Detlev Dormeyer

VERDERBEN, Vernichtung

→ Gericht

1. Die griech. Sprache kennt drei Wortgruppen, die die Vorstellung der Vernichtung und des Verderbens beschreiben, im aktiven Sinn der Verursachung wie in der intransitiven Bedeutung des Erleidens. Das Substantiv *apóleia* und das zugehörige Verb *apóllymi* stehen meist für (gewaltsame) Zerstörung bzw. das Ende des Lebens; ähnlich bezeichnet *ólethros* (mit dem Verb *olethreúō*) den Verlust von Sachen wie den Untergang des Lebens. Mit den Bedeutungen „etwas vernichten" und „jemanden (moralisch) zugrunde richten" bzw. „töten" ist das Verbum *phtheírō* (Subst. *phthorá*: Vernichtung, Tod) bezeugt.

2. Alle drei Wortgruppen kommen in der angezeigten Bedeutungsbreite auch im AT vor. Israel wird für den Fall des Ungehorsams gegen Jahwe Verderben angedroht (Dtn 8,20; 28,20); vor dem eschatologischen Verderben warnen die Propheten (Jer 48,3 [31,3 LXX]; Ez 6,14; Hag 2,22). Jahwe ist aber auch der, der vor dem Verderben rettet (Ps 103,4 [102,4 LXX]).

3. Das Substantiv *apóleia* steht in der Salbungsgeschichte für „Verschwendung" (Mk 14,4 par), überwiegend aber im intransitiven Sinn mit der Bedeutung „Verderben", „Untergang" (Mt 7,13; Röm 9,22; Phil 1,28; 3,19; 1 Tim 6,9; 2 Petr 2,1.3; 3,16). Mit dem Verbum *apóllymi* wird in wörtlicher Bedeutung der Verlust von Sachen oder Personen beschrieben: ein Schaf, eine Drachme (Lk 15,4–6.8f), der jüngere Sohn (Lk 15,24.32). Von den „verlorenen Schafen (des) Hauses Israel" spricht Jesus in Mt 10,6; 15,24. Darin ist bereits ein theologisch übertragener Sprachgebrauch erkennbar. In Lk 19,10 beschreibt Jesus seinen Auftrag, daß der Menschensohn gekommen ist, „das Verlorene" zu suchen und zu retten. Die Alternative zwischen Rettung und Verderben entscheidet sich an der Bereitschaft des Menschen, sich in der Nachfolge Jesus ganz anzuvertrauen, sich an Jesus Christus und sein Ev zu „verlieren" (Mk 8,35 parr; Mt 10,39 par; 24,39 par; vgl. Joh 12,25). Der Hinweis auf den, der die Macht hat, Seele wie Leib zu vernichten in der Gehenna (Mt 10,28), greift die Vorstellung des eschatologischen Gerichts auf.

Dieser Zusammenhang wird in 2 Petr 3,7 ausdrücklich festgehalten im Ausblick auf „den Tag des Gerichts und Verderbens" für die gottlosen Menschen.

Schon Pls kündigt den Gesetzlosen die Vernichtung an (Röm 2,12). Und als Grund dafür, daß Menschen verlorengehen, gibt er in 2 Kor 4,3 an, daß diesen das Ev verdeckt ist, was er im folgenden V 4 als Unglauben charakterisiert.

Im vierten Ev beschreibt Jesus seine Sendung damit, daß die Glaubenden, die ihm Anvertrauten, nicht verlorengehen (vgl. Joh 3,16–18; 6,39; 10,28; 18,9).

Die feindselige Einstellung von Menschen Jesus gegenüber zeigt sich in der Absicht, ihn zu vernichten, d.h. zu töten (Mt 27,20; Mk 3,6 par; 11,18 par; vgl. auch Mt 2,13). In der Gefahr, selbst vernichtet zu werden, sehen sich die Jünger angesichts des Sturms auf dem See (Mk 4,38 parr).

Für die Botschaft Jesu von der anbrechenden Gottesherrschaft und den damit verknüpften Vollmachtsanspruch programmatisch ist die Frage, die von Dämonen an Jesus gerichtet und von diesem durch deren Austreibung aus einem Besessenen „beantwortet" wird, ob er gekommen sei, sie zu vernichten (Mk 1,24 par).

Das Substantiv *phthorá* kommt wie das Verbum *phtheírō* im NT nur in der Briefliteratur (und Offb 19,2) vor. Auf der Grundlage der Bedeutung „Vergänglichkeit" bzw. „Verweslichkeit" (vgl. 1 Kor 15,42.50) schreibt Pls von der geschöpflichen Welt, daß sie „der Sklaverei der Vernichtung" unterworfen ist (Röm 8,21). Die Drohung, daß Gott denjenigen, der „den Tempel vernichtet, vernichten wird" (1 Kor 3,17a), d.h. durch das eschatologische Strafgericht vom Heil ausschließen wird, begründet der Apostel anhand des Verständnisses der christl. Gemeinde als des neuen, hl. Tempels (VV 16.17b).

Der Ausblick auf solches endgerichtliches Verderben bestimmt v.a. in 2 Petr die Verwendung des Begriffs *phthorá*. Während der Verfasser den in ihrem Glauben angefochtenen Adressaten versichert, daß sie durch die Erkenntnis Gottes „dem in der Welt durch die Begierde (herrschenden) Verderben" (oder: „dem durch die Begierde in der Welt verursachten [endgerichtlichen] Verderben") entflohen sind (1,4), gilt denen, die als „Lügenpropheten" und „Falschlehrer" „Lehrmeinungen (des) Verderbens" einführen (2,1), die Drohung des endgerichtlichen Verderbens (2,12; vgl. Jud 10); sie werden deshalb „Sklaven des Verderbens" genannt (2 Petr 2,19).

Der unvermittelt, wie ein Dieb in der Nacht, kommende „Tag (des) Herrn" trifft diejenigen als „Verderben" *(ólethros)*, die sich in „Frieden und Sicherheit" wähnen (1 Thess 5,2f). Die Androhung einer „ewigen Vernichtung" gilt nach 2 Thess 1,9 denen, die Gott nicht kennen und dem Ev unseres Herrn Jesus nicht gehorchen (V 8).

Als eine weitere Gruppe von Gemeindemitgliedern, die davon bedroht sind, „in Vernichtung und Untergang" zu fallen, werden in 1 Tim 6,9 die genannt, die „reich sein wollen"; das sind nach dem Kontext Irrlehrer, denen der Verfasser Gewinnsucht zum Vorwurf macht (V 5).

Wenn Pls 1 Kor 5,5 der Gemeinde seine Entscheidung mitteilt, ein in einer verbotenen Beziehung mit der „Frau des Vaters" (d.h. der geschiedenen oder verwitweten Stiefmutter) lebendes Gemeindemitglied dem Satan zu übergeben „zum Verderben des Fleisches, damit der Geist gerettet wird am Tag des Herrn", dann bedeutet dies in der Praxis Ausschluß aus der Gemeinde. Weitergehende Folgerungen über das Geschick des Betroffenen (ob Ankündigung von Krankheit oder gar Tod) erlaubt der Text nicht.

4. Es ist sicher kein Zufall, daß die Texte, die um Verderben und Vernichtung kreisen, stärker in der Briefliteratur bezeugt sind, also in den Bereich der Gemeindeermahnungen gehören. Gesamtbibl. müssen sie auf dem Hintergrund der Verkündigung der Frohbotschaft von der Liebe Gottes in Wort, Leben und Tod Jesu gelesen werden.

Lit.: V. Fabrega, Eschatologische Vernichtung bei Pls, JAC 15 (1972) 37–65; A. Vögtle, Der Judasbrief/Der 2. Petrusbrief (EKK 22), 1994, 140–143.184–186.203–209.

Lorenz Oberlinner

VERFÜHRUNG, Täuschung

→ Falschprophet; Unzucht

1. Der „Große Duden. Vergleichendes Synonymwörterbuch" bietet zwei nicht ganz deckungsgleiche Umschreibungen zu „Verführen": a.: „jmdn. in seinem Wollen so zu beeinflussen, daß er etwas Unkluges, Unrechtes, Unerlaubtes tut"; b.: „jmdn. bewegen, etwas, was nicht in seiner Absicht lag

und was er aus eigenem Antrieb nicht tun würde, zu tun". Wo die Bibel vom Verführen spricht, sind beide Momente gleichzeitig gemeint. Im gleichen Wörterbuch stoßen wir beim Artikel „Täuschen" auf eine mit „führen" zusammengesetzte Umschreibung: „jmdn. irreführen, indem man ihm durch Worte, Handlungen etwas Falsches vorspiegelt". Die Wortfelder von „Verführung" und „Täuschung" berühren sich, nicht nur im Deutschen, sondern auch in den Sprachen der Bibel.

2. In der griech. Bibel ist verhältnismäßig selten von Täuschen/Täuschung *(apatáō, apátē)* mit der Folge religiöser oder sittlicher Verfehlung die Rede (Ijob 31,27; Weish 4,11). Während viele Übersetzungen die Antwort der Frau in Gen 3,13 mit: „Die Schlange hat mich verführt, und so habe ich gegessen", wiedergeben, übersetzt die Elberfelder Bibel korrekt: „Die Schlange hat mich getäuscht …". Tatsächlich will der hebr. Text durch die Wahl des entsprechenden Verbums *(nš')* andeuten, daß die Schlange den ersten Menschen vorgetäuscht habe, daß sie, wenn sie vom Baum der Erkenntnis essen, Gott gleich werden würden. Die aus dem 1. Jh. n.Chr. stammende Nacherzählung der Geschichte Adams und Evas beschreibt das Geschehen als „Verführen" (VitAd 10; griech. *planáō, plánē*) der Eva und identifiziert die Schlange mit „unserem Widersacher", einem anderen Wort für den Satan.

Im Unterschied zum deutschen Verführen haben die bibl. Begriffe, die mit Verführen übersetzt werden, neben und vor der religiösen Verwendung auch noch eine rein lokale Bedeutung im Sinn von irreleiten (vgl.

Dtn 27,18), Passiv: umherirren (Jes 13,14). Diese ist häufig noch unter der religiösen Verwendung erkennbar: Verführung zum Götzendienst durch die heidnischen Götter (Am 2,4), durch falsche Propheten (Dtn 13,6; Jer 23,13.32); Israel ein verführtes Volk (Dtn 4,19; 30,17), welches vom Weg abgekommen ist (Dtn 11,28), welches von Gott abgeirrt ist (Ez 14,11; 44,10.15; vgl. Weish 5,6), vergleichbar mit verirrten Schafen (Ps 119,176; Jes 53,6; Ez 34,4.16).

Das nachbibl. Judentum schreibt die Verführung (zur Sünde: äthHen 64,2; zum Götzendienst: äthHen 19,1) dämonischen Mächten zu; nicht einmal die Qumranfrommen, die „Söhne der Gerechtigkeit" können sich der vom Engel der Finsternis (bzw. Belial) ausgehenden Verführung entziehen (1 QS 3,21–23). In den Patriarchentestamenten stehen sich der „Geist der Verirrung (= Verführung)" und der „Geist der Wahrheit" (TestJud 20,1.5) gegenüber, der Geist der Verirrung sucht die Glieder des Gottesvolks vom rechten Weg abzubringen und sie zur Unzucht (TestRub 4,6; 5,3; TestJud 14,1f) und zur Abkehr von der rechten Gottesverehrung (TestRub 4,6; TestLev 16,1f) zu verführen. Die aus dem ägypt. Judentum kommenden *Oracula Sibyllina* sehen die heidnische Gesellschaft mit ihren Lastern und der Verehrung der Götzen auf Irrwegen (Sib 3,29.233.276f), erwarten aber, daß die Heiden, wenn sie das nach der endzeitlichen Wende wiederhergestellte Israel sehen, sich zum ewigen Gott bekehren und ihre frühere Verirrung bekennen (Sib 3,721). Nach der Zerstörung Jerusalems und des Tempels im Jahre 70 n.Chr. ist diese Zukunftsperspektive dramatisch verschärft worden: Vor dem Gericht wird Beliar in der Gestalt des Nero redivivus auftreten, große Zeichen tun und viele Menschen, Juden und Heiden, verführen (Sib 3,63–76.68). In der messianischen Heilszeit wird die Verführung ein Ende haben: „Es wird ein Volk des Herrn sein und eine Sprache, und der Geist der Verführung Beliars wird dort nicht sein, denn er wird für immer ins Feuer geworfen" (TestJud 25,3; vgl. Jub 50,5; 1 QS 4,18–21).

3. Nach der Gleichnisauslegung Mk 4,19 par gehört die vom Reichtum ausgehende Täuschung („Trug des Reichtums"), nämlich die Vorspiegelung von erfülltem und sicherem Leben (vgl. Mk 8,36f; 10,23ff; Lk 12,16–21), neben den „Sorgen des Aions" und den „Begierden um das Übrige" zu den Kräften, die eine Einwurzelung des Wortes im Menschen und sein Fruchtbringen verhindern.

Von einer Verführung zur Sünde oder zum Abtrünnigwerden von der Botschaft Jesu mit der Folge des Heilsverlusts ist einschlußweise in Zusammenhängen die Rede, welche mit dem Stamm *skandal-* (Anstoß, Ärgernis) gebildet sind. Mt 18,7 par sprechen davon, daß solche Ärgernisse kommen müssen, „notwendig", vermutlich, weil sich in ihnen der negative Einfluß des Satans auf diese Weltzeit vor dem Ende manifestiert. Mk 9,42: Die Schwachen in der Gemeinde dürfen nicht durch schlechte Beispiele zum Abfall verführt werden. Mk 9,43–48 par handelt von dem notwendigen Widerstand gegen die Verführung durch die eigene Begierde. Mt 16,23 interpretiert die harsche Antwort Jesu an Petrus, der sich seinem kommenden Leiden in den Weg stellt; nach Mk 8,33 lautet sie: „Geh fort, hinter mich, Satan ..."; Mt ergänzt: „Ein Ärgernis bist du mir ...", d.h., das Ansinnen des Petrus ist darauf aus, Jesus dazu zu verführen, den von Gott bestimmten Leidensweg nicht zu gehen.

Mk 13,5f parr warnt vor endzeitlichen Verführern (Lügenchristusse, Lügenpropheten) und endzeitlicher Verführung; die „Zeichen und Wunder" der Verführer werden so eindrucksvoll sein (vgl. Sib 3,68), daß sogar die Auserwählten verführt würden, wenn sie nicht wunderbar bewahrt würden (Mk 13,21f par); Mt 24,10–12 fürchtet, daß die große Mehrheit des Gottesvolks in den Wirren und Verfolgungen der Endzeit der Verführung erliegen wird. In der von Mt gestalteten Episode von der Bewachung des Grabes Jesu bezeichnen die Hochpriester und Pharisäier Jesus als „jenen Betrüger" (Mt 27,63f) und zeigen damit, daß sie Jesus unter die endzeitlichen Lügenpropheten und Verführer einreihen (vgl. Joh 7,12; 7,47: die Anhänger Jesu, von Jesus „verführt").

Plsbr und Corpus Paulinum assoziieren „Täuschung, Trug" gewöhnlich mit einer Gefährdung des Heils. Pls fürchtet, daß die Gesinnung der Gemeinde von Korinth durch die Lehre seiner Gegner ähnlich verdorben werde, wie einstmals Eva, als sie durch die Schlange getäuscht wurde (2 Kor 11,3; vgl. Gen 3,13). 1 Tim 2,13f dient dieses Beispiel aus dem Paradies dazu, die Unterordnung der weiblichen Nachkommen der dem Satan erlegenen Eva unter die patriarchalische Vorherrschaft der männlichen Nachkommen Adams zu stellen, der sich „nicht betrügen" ließ, und damit als Mann gegenüber der satanischen Täuschung widerstandsfähiger war als die Frau – gewiß eine parteiliche und einseitige Schriftauslegung. Röm 7,8–12 beschreibt in Anlehnung an die Paradiesgeschichte das betrügerische Vorgehen der Sünde (Röm 7,11) in jedem Menschen: Sie erweckt in ihm solange die Begierde, bis er das Gebot übertritt und sich dadurch den Tod zuzieht. Nach Eph 4,22 steht der „alte Mensch", welchen die Christen grundsätzlich abgelegt haben und von welchem sie sich durch Ausrichtung ihres Handelns an der Wahrheit (Eph 4,24ff) distanzieren sollen, unter der Herrschaft der die Begierden hervorbringenden Täuschung. Ähnlich die Warnung vor Unglauben, Abfall, Herzensverhärtung gegenüber dem Anspruch Gottes aufgrund der von der Sünde ausgehenden Täuschung in Hebr 3,12f. Trügerische Lehren und schlechtes Beispiel bedrohen den Glaubensstand der Gemeinde, wirken verführerisch, daher soll man sie meiden (Röm 16,17), sich bemühen, nicht durch anderen unverständliches Handeln (etwa das Essen von Götzenopferfleisch) Anstoß zu erregen (Röm 14,13; 1 Kor 8,13) und vor der Täuschung durch falsche Lehrer oder falsche Lehren (Röm 16,18; Eph 5,6; Kol 2,8; 2 Thess 2,3) auf der Hut sein.

Der Missionar Pls, der sich nur kurze Zeit an den Stätten seines missionarischen Wirkens aufhielt, dessen Glaubwürdigkeit durch Gerüchte und Verdächtigungen von seiten der Juden, von seiten strenger Judenchristen oder auch von seiten der Anhänger der alten Religionen und konkurrierender Prediger in Zweifel gezogen werden konnte, beschreibt in einem großen Katalog 2 Kor 6,3–10 die oft problematische Außensicht seines Wirkens und stellt sie seiner Innensicht kontrastierend gegenüber; zur Außensicht gehört seine Diffamierung als Verführer oder mehr profan als Betrüger (2 Kor 6,8); diesen möglichen Vorwurf weist er gleichfalls in 1 Thess 2,3f zurück: Er verkündet das ihm anvertraute Ev und will mit seinem Reden nicht Menschen gefallen, sondern Gott, der die Herzen prüft.

In der nachpln und nachapostolischen Zeit begegnen die Themen Verirrung, Verführung, Täuschung in verschiedenen Rücksichten. Einmal bekennen die ehemaligen Heiden im Rückblick, daß sie durch die in Christus erschienene Güte und Menschenfreundlichkeit Gottes aus ihrem früheren durch Unverstand, Ungehorsam, Irrtum (Verführtheit), Verfallensein an die Begierden charakterisierten Leben (Tit 3,3; vgl. 2 Petr 2,18) zu einem neuen Gottesverhältnis (Tit 3,4–7) befreit sind. Gelegentlich begegnet die Warnung vor gefährlicher Selbsttäuschung und falscher Heilssicherheit (Jak 1,26; 1 Joh 1,8; vgl. 1 Kor 3,18).

Häufig sehen die Verfasser ihre Gemeinden durch verführerische Lehrmeinungen bedroht und bedrängt (Eph 4,14) und warnen vor ihnen (2 Petr 3,17). Irrlehrer, die selbst verführt sind, gewinnen verführerischen Einfluß (2 Tim 3,13; vgl. 2 Petr 2,1ff; 1 Joh 2,26; 2 Joh 7), im Hintergrund des Verführungswirkens, welches Gemeindeglieder zum Abfallen bringt, stehen die „Dämonen" (1 Tim 4,1) – eine griech. Bezeichnung für die satanische Gegenmacht. 1 Joh 4,1–6 identifiziert zunächst die falschen Lehrer

mit den für das Ende erwarteten Falschpropheten, den aus ihnen sprechenden Geist mit dem Geist des Antichrist und stellt schließlich in einer aus der dualistischen frühjüd. Tradition bekannten Weise den „Geist der Wahrheit" und den „Geist der Verführung" (vgl. TestJud 20,1–5; 1 QS 3,13–4,26) einander gegenüber. Der Judasbrief charakterisiert mit Rückgriff auf die Bileamserzählungen (Num 22–24) die Gegner als dem Irrtum Verfallene und als Irrlehrer (Jud 11; 2 Petr 2,15), welchen die gleiche Vernichtung droht wie den ungehorsamen Planeten (= „Irrsternen": Jud 13; zur Gleichsetzung von Engeln und Sternen vgl. äthHen 18,13–16; 21,3–6; 88,1–3). Der Verfasser des 2 Thess fürchtet, daß seine Leser durch die falsche Nachricht von dem unmittelbar bevorstehenden Tag des Herrn getäuscht und erschüttert werden; er wendet dagegen ein, daß erst noch der große Abfall und in Verbindung damit der Mann der Gesetzlosigkeit, der Antichrist, kommen müssen (2 Thess 2,2f). Dessen Erscheinen wird von satanischen Zeichen und Wundern und dem „Trug der Ungerechtigkeit" begleitet sein, welchen die der christl. Botschaft gegenüber ungläubig Gebliebenen verfallen werden (2 Thess 2,9f; vgl. Mk 13,21f; Sib 3,68), weil Gott diese in die Verirrung treibende Macht zur Strafe über sie verhängt hat (2 Thess 2,11f). Während die Warnungen vor Verführung und die Polemik gegen die Verführer verhältnismäßig breit vertreten sind, das wird mit der Entstehungssituation der besprochenen Schriften zusammenhängen, wendet sich Jak 5,19f dem seelsorglichen Umgang mit dem Bruder zu, der von der Wahrheit abgeirrt ist: Wer ihn von seinem Irrweg abbringt, rettet das Leben des Betreffenden „aus dem Tod", d.h. vor dem ewigen Verderben (vgl. das Gleichnis vom verirrten Schaf Mt 18,12–14), und wird „viele Sünden bedecken", d.h., vor Gott wird ihm diese gute Tat zu seinen Gunsten angerechnet werden.

In der Offb begegnet das Thema Verführung in verschiedenen Perspektiven, die sämtlich Verwandtschaft mit den übrigen ntl Schriften aufweisen. Innerchristl.: die scharfe Auseinandersetzung mit christl. Lehrern, welche die judenchristl. geprägten Bestimmungen des Aposteldekrets (Apg 15,20) nicht beachten und Einfluß in den strenger judenchristl. orientierten Gemeinden Vorderasiens finden. Ihr Wirken wird unter Berufung auf die im AT genannten Verführer Bileam (Num 31,16; vgl. 2 Petr 2,15; Jud 11) und Isebel (1 Kön 16,31; 2 Kön 9,22) als Verführung zu Abfall und Götzendienst beurteilt (Offb 2,14.20). Außerhalb der Gemeinden: Die widergöttliche Weltmacht Babylon, ein Deckname für Rom und das Römische Reich, hat durch ihren Zauber alle Völker verführt (Offb 18,23); der Vorwurf meint wohl die Verführung durch eine rein diesseitig ausgerichtete gottvergessene und die Gebote nicht achtende Kultur (vgl. Mk 4,19; Tit 3,3): Alle Völker der Erde haben von dem Zornwein ihrer Hurerei getrunken, die Könige der Erde haben mit ihr gehurt, die Kaufleute der Erde sind durch ihren Luxus reich geworden (Offb 18,3). Dahinter steht der verführende Einfluß des Satans, der in der Endzeit zu einer letzten furchtbaren Verführung ausholt (Offb 12,9). Er installiert mit dem aus dem römischen Weltreich und seinen Kaisern hervorgehenden „Tier" die widergöttliche Macht des Antichrist (vgl. Sib 3,68; 2 Thess 2,9f). Dessen Propagandist, der Falschprophet, verführt durch seine Worte und seine großen Zeichen die Erdenbewohner dazu, Bilder des Antichrist aufzustellen, diesen anzubeten und sich durch Übernahme seines Prägemals als sein Eigentum zu erklären (Offb 13,11.14.16). Die Verführung durch das „Tier" und den Falschpropheten wird mit dem Sieg des Parusiechristus ihr Ende finden (Offb 19,20). Während des nun folgenden tausendjährigen Reiches wird der Satan gefesselt sein, damit er die Völkerwelt nicht weiter verführen kann (Offb 20,3); nach dieser Zeit wird er noch einmal freigelassen, zieht aus, um mit einer letzten Verführung Menschen und Dämonen zum Endkampf gegen Gott zu sammeln und wird für immer in den Feuersee geworfen (Offb 20,8. 10), die antagonistische Weltgeschichte findet ihr Ende (vgl. TestJud 25,3), das Reich Gottes, der neue Himmel und die neue Erde, das Wohnen Gottes unter den Menschen brechen an (Offb 21,1–4).

4. In den bibl. Aussagen zum Thema Verführung spiegeln sich die Erfahrungen und Ängste vieler Generationen von Gläubigen und Frommen. Auch wenn wir ihr dualistisches Welt- und Geschichtsbild, welches mit einer überirdischen widergöttlichen Macht des Satans und dessen Einfluß auf das Geschick der Menschheit und das Handeln der Menschen rechnet, nicht übernehmen, ist doch deutlich, daß gesellschaftliche und geschichtlich gewordene Größen wie Werbung, die

Verlockungen der Freizeitgesellschaft, Luxus im Westen, staatlich geförderter Atheismus im kommunistischen Osten, einen verführerischen Einfluß auf Gläubige und Ungläubige ausüben. Das bibl. Gegenmodell: Leben mit dem „Wort" (vgl. Mk 4,20), Nüchternheit und Wachsamkeit (1 Petr 5,8f).

Lit.: W. Bauer, Rechtgläubigkeit und Ketzerei im ältesten Christentum (BHTh 10), ²1964; O. Böcher, Der joh Dualismus im Zusammenhang des nachbibl. Judentums, 1965.

Gerhard Dautzenberg

VERGELTUNG

→ Gericht; Heil; Recht

1. Die Rede von der Vergeltung klingt heute fremd und ist negativ besetzt. Für die Bibel geht es aber um die Verantwortung des Menschen für sein Tun und dessen Folgen.

2. Im AT findet die Erfahrung, daß nicht nur der Handelnde selbst, sondern alle, die mit ihm in Beziehung stehen, von den Folgen einer Tat betroffen sein können, ihren Niederschlag im Tun-Ergehen-Zusammenhang, für den Gott mit seiner Weltordnung einsteht (Ex 20,5f; Dtn 5,9f; Spr 26,27). Doch dort, wo der Zusammenhang zwischen Tat und Folge aufgelöst erscheint, taucht die Frage auf, wie dies mit der Gerechtigkeit Gottes und seiner Fürsorge vereinbar sei. Die Lösung dieser Frage findet sich im Gedanken von der Vergeltung (Ijob 4,8f; 19,25f; Jes 1,24; Ps 28,4). Gott selbst wird, wenn auch nicht sofort, die positiven bzw. negativen Folgen einer Tat dem Verursacher zurechnen

(Spr 13,21; 1 Sam 26,23). Jeglichem Streben nach selbstgeübter, rächender Vergeltung ist dagegen durch die Talionsformel „Leben für Leben ..." (Ex 21,23–25) und ihre Weiterentwicklung zur Ersatzleistung (Ex 21,26f) eine Grenze gesetzt.

3. Dem deutschen Begriff „Vergeltung" liegt das Verb *apodídōmi* zugrunde, das auch mit „geben, zurückgeben, erstatten" wiedergegeben wird. Mt will mit den Mahnungen zu Almosen, Fasten und Beten (6,4.6.17f) einer veräußerlichten Frömmigkeit wehren. Dabei stellt er mittels der Vergeltung zwischen der vertrauensvollen Hinwendung des Menschen und Gottes Fürsorge einen unmittelbaren Zusammenhang her. Der Treue Gottes vertrauend, kann der Mensch sein Leben in der Nachfolge Jesu gestalten (16,27). So sehr dabei die Vergeltung für die Einzeltat im Vordergrund zu stehen scheint, gibt es dennoch keine Abstufungen des Heils. Der Mensch darf sich Gottes Barmherzigkeit gewiß sein, sofern Barmherzigkeit auch sein Tun bestimmt (18,23–35).
Lk will dazu ermutigen, die barmherzige Zuwendung Jesu zu den Schwachen und Bedürftigen in der eigenen Praxis fortzusetzen, ohne dabei auf die eigene Anerkennung zu schielen (14,12–14). Es wird der Tag kommen, da wird Gott selbst allen, die jetzt treu ausharren und ihr Vertrauen auf ihn setzen, als seinen Erwählten Anteil geben an seinem Heil. Er wird ihnen Recht verschaffen (18,7f), und wer sich gegen ihn gestellt hat, wird die Folgen seines Tuns ertragen müssen (21,22).
Pls will den Verzicht auf Rache und Vergeltung einschärfen, indem er dies als alleiniges Recht Gottes vorstellt

(Röm 12,17–19; 1 Thess 5,15). Gott allein wird am Ende der Tage Vergeltung üben, indem er jedem die Folgen seiner Taten anlastet. Dies kann Trost für die bedrängten Gläubigen sein (1 Thess 5,9–11; ähnlich später auch 2 Thess 1,4–10), v.a. aber ist es Mahnung, nicht selbstgerechtem Vertrauen auf Erwählung anheimzufallen. Um jeden selbstgerechten Rückzug auf die Erwählung zu verbauen, streicht Pls Gottes Vergeltung besonders heraus. Jedoch will er keine Lehre von der Vergeltung entwickeln, vielmehr unmißverständlich deutlich machen: Heil gibt es allein aus der Gnade Gottes (Röm 3,24).

In der Offb dürfen die, die sich als treu erwiesen haben, hoffnungsvoll der Wiederkunft Christi entgegensehen (22,12), während alle Frevler mit ihrer endgültigen Vernichtung zu rechnen haben (vgl. 20,11–15). Der Trost für die Bedrängten und die Zugehörigkeit zu Christus stehen allerdings im Mittelpunkt.

4. Obwohl auch im NT mit Hilfe der Vergeltung die Verantwortung des Menschen für sein Tun eingeschärft wird, wird weder einer Berechnung des Lohnes, so als wären Stufen des Heils denkbar, noch einem Heil durch Leistungen seitens des Menschen das Wort geredet. Vielmehr steht die Ernsthaftigkeit christl. Existenz, das Zutrauen in die Möglichkeiten des Menschen zu entsprechender Praxis und der Trost für die angefeindeten Gläubigen im Vordergrund.

Lit.: E. Brandenburger, Das Recht des Weltenrichters (SBS 99), 1980; K. Koch (Hg.), Um das Prinzip der Vergeltung in Recht und Religion des AT, 1972; E. Synofzik, Die Gerichts- und Vergeltungsaussagen bei Pls (GTA 8), 1977; H.W. Wolff (Hg.), Gottes Recht (FS Horst), 1961.

Armin Wouters

VERHEISSUNG, Zusage

→ Bund; Geist

1. Das Wortfeld Verheißung, Nachricht, Zusage wird durch *epaggelía* (53mal), *epaggéllomai* (15mal) und *epággelma* (2mal) abgedeckt. Es findet sich vorwiegend in der ntl Briefliteratur, selten in der syn Tradition und den joh Schriften, es fehlt vollkommen in der Offb. *epaggelía* ist einmal vom Menschen ausgesagt (Apg 23,21), ansonsten bezeichnet es die göttliche Verheißung.

2. Eine atl Vorgeschichte des Begriffs gibt es nicht; erst durch das Judentum (vgl. 3 Makk 2,10) und dann ntl durch Pls wird die Vorstellung von Verheißungen Gottes geprägt und rückblickend auf das AT projiziert.

3. Ntl ist Gott Träger der Verheißungen: Sie gehen vom ihm aus, er ist Garant für ihre Erfüllung. Adressaten sind nach Pls Menschen, die von Gott ausgesondert sind (Abraham, Isaak, Jakob, Väter, Sara, Propheten, Helden, Israeliten). Der Inhalt der Verheißungen Gottes ist das messianische Heil (Land, Ruhe, Nachkommenschaft, ewiges Erbe). Christus und die Christen sind die neuen Adressaten.

Pls betont die Realisierung der Verheißungen im *pneûma*; sie haben den Charakter eines Bundes *(diathḗkē)*; Gesetz und Verheißung schließen sich gegenseitig aus, da Verheißung im Erweis der Gnade besteht (Gal 3,13–18).

Nach Hebr 4,1 bezeichnet die Verheißung das Eingehen in die Ruhe Gottes, deren Erfüllung aussteht. In den Past ist *epaggelía* mit *zōḗ* (Leben) eng verbunden (1 Tim 4,8: „Zusage habend des Lebens, des jetzigen und des kommenden"; vgl. 2 Tim 1,1).

4. Bereits im NT und dann besonders in der Zeit der Kirche ist die Spannung zwischen Verheißung und Erfüllung charakteristisch für den christl. Glauben. Diese Spannung des „schon – noch nicht" ist bereits durch die Botschaft Jesu in den Reich-Gottes-Gleichnissen angedeutet.

Lit.: H.-J. Eckstein, Verheißung und Gesetz (WUNT 86), 1996; W.G. Kümmel, Verheißung und Erfüllung (AThANT 6), ⁶1956; Chr. Levin, Die Verheißung des neuen Bundes in ihrem theologiegeschichtlichen Zusammenhang ausgelegt (FRLANT 137), 1985; C. Rose, Verheißung und Erfüllung, BZ 33 (1989) 60–80.178–191.

Beate Kowalski

VERNUNFT, Verstand, Sinn

→ Erkenntnis; Gewissen

1. Glaube und Vernunft stehen seit Jahrhunderten in einem spannungsvollen Verhältnis zueinander. Die Bibel ordnet beides einander zu, geht aber gedanklich sehr hintergründige Wege.
2. Für das Wort „Vernunft" in seiner intellektuellen Bedeutung *(noûs)* hat die hebr. Bibel keine Entsprechung. Zwar findet sich im griech. AT in 2 Makk das Verb „im Sinn haben, an etwas denken" (15,7), aber hier fehlt jede inhaltliche Prägung. Die ganzheitliche Anthropologie der hebr. Bibel findet im Gegensatz zur griech.-

abendländischen Tradition auch den Intellekt des Menschen in den Organen, v.a. im Herzen als dem Zentralorgan.

Mit dem Herzen versteht man (Dtn 29,3: „Innewerden zum Herzen" = verstehen; Spr 24,30: ein Mann, der „Mangel an Herz hat" = der nicht versteht), mit dem Herzen erkennt man („Erkenntnis erwirbt das Herz des Einsichtigen": Spr 18,15). Aber es ist auch die Vernunft, die vernünftige Entscheidung angesprochen: Hos 7,11 spricht von der Unvernunft Ephraims, den Assyrern nachzulaufen; Ps 14,1 sagen die Unvernünftigen in ihren Herzen, es gebe keinen Gott, und dem hundertjährigen Abraham widerspricht es seiner vernünftigen Vorstellung, daß ihm noch ein Sohn geboren werden soll (Gen 17,17). Wie sehr mit dem Herzen das Vernunftdenken und -planen ausgedrückt wird, zeigt 1 Kön 3,9–12, wo Salomo im Interesse seiner Regierungskunst um ein vernünftiges Herz bittet. Selbst der Zukunftsgedanke wird mit dem Herzen in Verbindung gebracht, wenn Jahwe spricht: Das Frühere „kommt mir nicht mehr in den Sinn" (= Herz).

In der griech.-hellen. Philosophie verbinden sich die anthropologische und kosmologische Ebene des Begriffs. Bei Platon ist der *noûs* Teil der Seelenlehre; im *noûs* bildet sich die Idee ab, im *noûs* spiegelt sich das göttliche Selbst im Menschen. Bei den Stoikern ist schließlich der *noûs* die Weltvernunft als ordnendes Prinzip mit schöpferischer Kompetenz, Gott selbst ist die Weltvernunft.

Philo versucht in seinem Werk, die antike Philosophie für den bibl. Glauben fruchtbar zu machen. Er repräsentiert damit das Denken in der hellenistischen Welt, auf das die christl. Mission traf. Die Vernunft, der *noûs*, ist bei ihm ambivalent. Als solcher ist der *noûs* neutral, erst durch die Begabung mit Gottes Geist erhält er schöpferische Kraft. So unterscheidet Philo den himmlischen, mit Gottes Geist begabten *noûs*, der den Menschen seine irdische Bedingtheit verlassen läßt, ihn zur Gotteserkenntnis führt und zum „himmlischen Menschen" qualifiziert, und den irdischen, der den Menschen für das Göttliche verschließt.

3. Dieser „prägnostische" gedankliche Hintergrund ist für das NT zu berücksichtigen. Zwar kann der *noûs* in der Ermahnungsrede einfach den Sinn, die Gesinnung, den Verstand bedeuten (Röm 12,2; 14,5; 1 Kor 1,10) oder auch das verstandesorientierte, nüchterne Denken (1 Kor 14,14–19), aber Pls kann mit der Gegenüberstellung von „Gesetz in den Gliedern" und dem „Gesetz des *noûs*" auch das bezeichnen, was er sonst mit dem Gegensatz „Fleisch und Geist" ausdrückt (Röm 7,23).

Aus der Tradition des Philo ist 1 Kor 2,16 zu verstehen, wo Pls vom Geist *(noûs)* Christi spricht, den er sich und allen, die sich vom Christusereignis betreffen lassen, zuspricht. Für Pls bedeutet der *noûs* aber gerade nicht den potentiellen Überstieg über die eigene menschliche Bedingtheit (s. Philo), sondern die radikale Unterstellung unter das Kreuz Christi und damit den glaubenden Gehorsam gegenüber Gottes paradoxem Handeln. Dort steht er bezeichnenderweise parallel mit dem Geist *(pneûma)*.

In den Spätschriften des NT finden wir wieder das allgemeine Verständnis von „Vernünftigkeit" (2 Thess 2,2), Verstehen (Lk 24,45) ebenso wie den schon bei Pls genannten Fleisch-Geist-Gegensatz (vgl. Kol 2,18 [„*noûs* des Fleisches"]) und die Begründung der kritisierten Laster im „Unverstand" (1 Tim 6,4f). Eph 4,17 klingt an den „irdischen *noûs*" bei Philo an: Die Christen sollen nicht der „Nichtigkeit des Sinnes" (der Heiden), d.h. ihrer Gottverschlossenheit, folgen. V 18 nennt als Folge „verfinsterte Gesinnung" *(diánoia)*.

4. Überzeitlich wichtig am *noûs*-Begriff ist der Versuch der Bibel – und hier darf das Zeugnis des AT nicht unterbewertet werden –, daß der Glaube „vernünftig" verantwortet werden will, daß also Glauben mit Denken zu tun hat, einem Denken, das sich nicht überschätzen soll, das aber keinesfalls aus dem Glaubensprozeß ausgeklammert werden darf.

Lit.: R. Hoppe, Der Triumph des Kreuzes (SBB 28), 1994; M. Theobald, Glaube und Vernunft, ThQ 169 (1989) 287–301.

Rudolf Hoppe

VERSÖHNUNG, Sühne

→ Blut; Nachlaß; Priester

1. Wenn heute im Zusammenhang mit Gott bzw. dem Kreuzestod Jesu von Versöhnung und Sühne die Rede ist, sträubt sich unser aufgeklärtes Bewußtsein gegen dieses Gottesbild. Braucht denn Gott Sühne? Hat Jesus nicht die Vaterliebe Gottes verkündet?

2. Der Begriff Versöhnung *(katallagé)* meint zusammen mit dem Verb „versöhnen" von seiner griech. Sprachverwendung her die Versöhnung zwischen Menschen (vgl. auch 1 Kor 7,11) und dann auch das Gnädigstimmen Gottes. Dagegen gehört der Begriff Sühne *(hilastérion)* dem kultischen Bereich an, und die LXX übersetzt damit das hebr. Wort *kapporæt*: Der Hochpriester sprengt am Großen Versöhnungstag im Allerheiligsten der Stiftshütte bzw. des Tempels Blut über die auf die Bundeslade gelegte Goldplatte *(kapporæt)*, die zu beiden Seiten von den Flügeln der Kerubim bedeckt wird und als Ort der unsichtbaren Gegenwart Gottes gilt; er schafft damit Sühne für das Volk Israel (Ex 25,17–22; Lev 16; vgl. Hebr 9,5). Der Tod der gemarterten Frommen wird 4 Makk 17,21f als „Sühnetod" für Israel begriffen.

3. In der zentralen Aussage des Pls über die Rechtfertigung „durch den Loskauf, den in Christos Jesus", ist wohl eine dem Apostel vorgegebene judenchristl. Vorstellung über Jesu Tod als das die Sühne des Hochpriesters ersetzende Wirken aufgenommen, wenn es heißt: „ihn stellte Gott hin als Sühnopfer *(hilastérion)* durch [den] Glauben in seinem Blut …" (Röm 3,25). *hilastérion* kann auch in Entsprechung zu *kapporæt* mit „Sühneort" übersetzt werden. Christi Tod wird als die von Gott gestiftete Sühne zur Vergebung der Sünden verstanden, die die atl, im Tempel erfolgende Sühne ersetzt und überbietet. Die Deutung des Todes Jesu als Sühne findet sich auch 1 Joh 2,2: „Und er ist Sühne für unsere Sünden, nicht für die unsrigen aber allein, sondern auch für die ganze Welt" (vgl. 4,10). Der Sühnegedanke tritt dann im Hebr in bezug auf die Menschwerdung des Gottessohns und

seinen Tod zutage: „Daher mußte er in allem den Brüdern gleich werden, damit ein erbarmender und treuer Hochpriester er werde in bezug auf das gegen Gott, auf daß er sühne die Sünden des Volkes" (2,17). Mit seinem unkultischen Lebensopfer hat Christus als der himmlische Hochpriester ein für allemal Zugang in das himmlische Heiligtum geschaffen und die Sühnopfer des Alten Bundes aufgehoben (Hebr 8,1; 9,11–28).

Pls deutet das Christusgeschehen weiter noch mit dem Versöhnungsbegriff, der sich im NT nur im Corpus Paulinum findet. Geradezu klassisch ist der Text 2 Kor 5,18–21 über die in Christus geschenkte neue Schöpfung: „Alles aber (kommt) von Gott, dem Versöhnenden uns mit sich durch Christos und Gebenden uns den Dienst der Versöhnung, weil Gott war in Christos (die) Welt (mit) sich versöhnend, nicht anrechnend ihnen ihre Übertretungen und legend in uns das Wort der Versöhnung. An Stelle (des) Christos nun sind wir gesandt, indem Gott ermahnt durch uns; wir bitten an Stelle (des) Christos, versöhnt euch mit Gott! Den Sünde nicht Kennenden machte er für uns zur Sünde, damit wir werden Gerechtigkeit Gottes in ihm." Obwohl Christus verkündet wird als derjenige, der für andere zur Sünde geworden ist, d.h. ihre Sünden auf sich genommen hat, ist in dem Versöhnungsbegriff der Sühnegedanke nicht unmittelbar enthalten. Der Tod Jesu hat allerdings seine Bedeutung im Versöhnungsgeschehen, das primär von Gott gestiftet ist. Insofern geht es nicht im Gegensatz zur in der Religionsgeschichte belegten Auffassung vom Gnädigstimmen erzürnter Götter

um diese Besänftigung des Zornes Gottes, sondern dieser ist selbst in Jesus Christus dem Menschen in einmaliger Weise nahegekommen, hat ihn „vom Zorn" gerettet (Röm 5,9) und ihm ein neues Gottesverhältnis geschenkt (vgl. Röm 5,1–11). In Röm 11,15 wird speziell der durch Christus ermöglichte Heilsstand der Heidenchristen mit dem Begriff „Versöhnung (der) Welt" in den Blick genommen. Eine Ausweitung der Sicht auf den Kosmos, der nach der zeitgenössischen hellenistischen Weltanschauung von Gegensätzen und Kampf geprägt ist, erfolgt in der kosmischen Christologie des Kol: „Denn es gefiel (Gott), in ihm (d.h. Christus) die ganze Fülle wohnen zu lassen und durch ihn zu versöhnen alles auf ihn (hin), Frieden machend durch das Blut seines Kreuzes, [durch ihn] sei es das auf der Erde, sei es das in den Himmeln" (1,19f); und weiter heißt es: „Und euch, die ihr einst ausgeschlossen wart und Feinde der Gesinnung (nach) in den bösen Werken, versöhnte er jetzt aber im Leib seines Fleisches durch den Tod, (um) hinzustellen euch als Heilige und Fehllose und Unbescholtene vor ihm" (1,21f). Eph 2,16 spricht, auf die Kirche bezogen, davon, daß Christus „die beiden" (Juden und Heiden) „versöhnt" „in einem einzigen Leib für Gott, durch das Kreuz, tötend die Feindschaft in ihm".
4. Die unterschiedlichen Deutungen der im Tod Jesu gleichsam verdichteten Proexistenz seines Lebens durch den Sühnegedanken einerseits und die Versöhnungsaussagen andererseits zeigen, wie sehr die Glaubenden von ihren Denkvorstellungen her das Geheimnis des Kreuzes Jesu im Erlö-

sungsgeschehen ein wenig zu entschlüsseln versuchten, um es dankbar zur Sprache zu bringen. Letztlich sind diese Deutungen umfangen von der zentralen christl. Glaubensüberzeugung, daß sich Gott in Christus in einmaliger und unüberbietbarer Weise in die Geschichte der Menschen begeben hat, um ihnen hier den Weg zum Heil zu öffnen. Christus ist Gottes Versöhnungsangebot für die Welt.

Lit.: K. Berger, Theologiegeschichte des Urchristentums, ²1995; C. Breytenbach, Versöhnung (WMANT 60), 1989; H.J. Findeis, Versöhnung – Apostolat – Kirche (fzb 40), 1983; M. Hengel, Der stellvertretende Sühnetod Jesu, IKaZ 9 (1980) 1–25.135–147; Opfer und Sühne, BuK 49 (1994), Heft 3; P. Stuhlmacher, Sühne oder Versöhnung?, in: Die Mitte des NT (FS Schweizer), 1983, 291–316.

Jost Eckert

VERSTOCKUNG, Verhärtung

→ Sünde

1. Das Wort Verstockung *(pórōsis* und *sklērokardía)* weckt heute meist die Vorstellung eines Gottes, der in reiner Willkür Menschen unabhängig von ihrem Tun zur ewigen Verdammnis verurteilt.
2. Dagegen stellt das AT in Ps 81,12–17 in einer Art „Definition" eine ganz andere Sicht von Verstockung vor: „Mein Volk hat nicht auf meine Stimme gehört ... Da überließ ich sie ihrem verstockten Herzen ... Ach daß doch mein Volk auf mich hörte ..., wie bald würde ich seine Feinde beugen." Verstockung ist hier Reaktion Gottes auf Sünde, die zur Umkehr

treiben und nicht verdammen will! Gleiches wird auch in Ex 3–14 (vgl. die Ursache: Kap. 1–2; 8,28 und das Ziel: 9,14–16; 10,16f) und Jes 6,9f (vgl. Kap. 1–5 als Grund und die Verheißungen Kap. 7; 11 usw. als Ziel der Verstockung) vorausgesetzt.

3. Dasselbe meint Verstockung auch im NT: Wenn Jesus Mk 4,10–12 parr zu Israel in Gleichnissen spricht, „damit sie sich nicht etwa umkehren und ihnen erlassen werde" (vgl. Jes 6,9f), dann ist das Antwort auf die Ablehnung seiner Botschaft (vgl. Mk 2–3). Daß er dadurch Israel nicht verdammen, sondern aufrütteln will, zeigt sein Sterben für die Vielen: Mk 14,24. Ein ähnliches Verständnis von Verstockung hat Pls, wie z.B. an Röm 11,7 deutlich wird: Israel wurde wegen seines Ungehorsams verstockt, so daß das Heil zu den Völkern kam. Das Ziel dieser Handlung ist auch hier, Israel eifersüchtig zu machen und zum Glauben zu bewegen (Röm 11,11.25f). Dasselbe gilt für 2 Kor 3,14–16.
Bei den übrigen Stellen ist Verstockung eine Eigenschaft von Menschen, und zwar von Juden (Mk 3,5; Apg 7,51; 19,9), von Heiden (Eph 4,18) und von Jüngern Jesu (Mk 6,52; 8,17; 16,14), vor der gewarnt wird (Hebr 3,8 u.ö.).

4. Im Sinn des AT und NT läßt sich Verstockung also verstehen als eine Reaktion Gottes auf hartnäckige Sünde, die darin besteht, dem Sünder zeitweilig seinen Beistand zu entziehen und ihn sich selbst zu überlassen, um ihn durch diesen Leidensdruck für eine Umkehr zu öffnen (vgl. Ps 81,12–17).

Lit.: J. Gnilka, Die Verstockung Israels, 1961; R. Kühschelm, Verstockung, Gericht und Heil (AM.T 76), 1991; G. Röhser, Prä-destination und Verstockung (TANZ 14), 1994.

Sebastian Schneider

VERSUCHUNG, Prüfung

→ Gott; Leid; Satan

1. Das komplexe Vorstellungsbündel unter dem traditionellen Begriff „Versuchung" *(peirázō, peirasmós)* muß in seine Einzelelemente zerlegt und theologisch neu gedeutet werden.

2. Die Versuchung geht von Gott aus, wie in der Abrahamsgeschichte vorgeführt und im Vaterunser des NT (Mt 6,13 par) erneut aufgenommen wird. Gott bestätigt dem Abraham, der den eigenen Sohn opfern wollte, seinen Gehorsam (Gen 22,12). Der Erprobte hat die Prüfung bestanden.
Die Versuchung geht von Satan, dem Instrument oder Akteur der göttlichen Prüfung, aus. Klassische Beispiele sind die Erzählungen von der Schlange im Paradies (Gen 3,1–19) und vom Dulder Ijob (Ijob 1,6–2,10).
Die atl Weisheitsbücher haben einen erzieherischen Aspekt eingetragen und den eschatologischen Zusammenhang der prophetischen Rede von Versuchung entschärft. Gott züchtigt und erzieht den Menschen durch Leid und Prüfungen: „Mein Sohn, wenn du dem Herrn dienen willst, dann mach dich auf Prüfung gefaßt" (Sir 2,1 u.ö.).
Korrespondierend mit der Vorstellung einer von Gott ausgehenden Versuchung des Menschen, kennt die Bibel auch den umgekehrten Vorgang der menschlichen Versuchung Gottes. Die letzte Ursache ist Glaubensschwäche,

Zweifel und verschuldete Blindheit: Weish 1,2: „Er läßt sich finden von denen, die ihn nicht versuchen, und offenbart sich denen, die ihm nicht mißtrauen." Hebr 3,8f: „Verstockt nicht eure Herzen wie in der Verbitterung am Tag der Versuchung in der Wüste, wo (mich) versuchten eure Väter in einer Erprobung ..." (vgl. Ps 95,8f). Der Mensch stellt Gott in einer überheblichen Anmaßung bzw. in einem verdunsteten und kraftlos gewordenen Glauben auf die Probe.

3. Die ntl Bezugstexte schwanken in der Verursacherfrage zwischen den herkömmlichen Projektionen auf außermenschliche Instanzen (Gott, Satan = Versucher) (Mt 4,1; 1 Thess 3,5 u.ö., anders aber Jak 1,13) und dem aufgeklärten Verweis auf die menschliche Begierde, die dann aber wieder mythisch eingefärbt als personalisierte Versucherin erscheint (Jak 1,14f).

In einer endzeitlichen Perspektive erhält Versuchung den Charakter einer über Heil und Unheil entscheidenden Erprobung. Wachsamkeit, Gebet und Glaube sind hier als Schirm und Schutz gefordert (Mk 14,38 parr).

Versuchung konkretisiert sich als Bewährung in den Leiden des Alltags und in dem täglichen Einerlei der nicht eingeplanten irdischen Prüfungen. Der zugrunde liegende, durch eine Vielzahl von bibl. Beispielen bestätigte Gedanke ist die menschliche Schwäche, der Zweifel an Gottes Verheißungen und Mißtrauen als Folge des verlorengegangenen Gottvertrauens. Weitere aktualisierende Bezüge auf Eignungsprüfungen zu kirchlichen Ämtern in den Past (1 Tim 3,10; vgl. auch Jak 1,2.12; 1 Petr 1,6; 4,12) lassen erkennen, wie eine theologische

Grunderfahrung allmählich abgenutzt und verflacht ist.

Alle bibl. Versuchungs-/Erprobungskomplexe haben einen tiefenpsychologischen Kontext. Hintergrund ist die in der bibl. Urgeschichte dargestellte Urversuchung zu der widersinnigen Auflehnung des Geschöpfes gegen den Schöpfer (Gen 3). Der Faden dieses urmenschlichen Existentials „Versuchung" zieht sich durch die bibl. Geschichte bis hin zur Versuchung Jesu (Mk 1,12f parr). Hier werden modellhaft Strukturen der Bewährung in den Elementen von Sorge um Nahrung/Besitz, Ruhmsucht und Machtgier (in der Q-Version mit antimessianischer Tendenz) aufgezeigt. Eine Reduzierung auf den anthropologischen Kontext der bösen Begierlichkeit verkennt den Text und geht an der Sache vorbei. Jesus selbst bewährt sich in der Versuchung als der Sohn im Rückverweis auf die Deklaration der Himmelsstimme bei der Taufe (Mk 1,11 parr). Als der designierte Messias Israels wiederholt er die Erfahrungen seines Volkes, aber er versagt nicht. Jesus bleibt der ihm von Gott zugesprochenen Sendung treu und widersteht dem Versucher – wie es der Hebr thematisiert hat (2,18; 4,15).

4. Die vergleichende Religionsgeschichte hat gezeigt, daß Versuchung als Grundbefindlichkeit des Menschseins in den Lebensgeschichten der großen Religionsstifter wie Buddha, Zarathustra, Mohammed, Jesus ihren Niederschlag gefunden hat. Die genannten Beispiele machen aber auch deutlich, daß die in der alten Erbauungsliteratur herausgestellten anthropologischen Verursacher wie Begierlichkeit und Sinnlichkeit eine Engführung bedeuten. Ohne die Augen vor der versucherischen Breitenwirkung des modernen Sexualismus verschließen zu wollen, muß doch der bibl. Aspekt der auf Heil und Rettung ausgerichteten Erprobung betont werden.

Lit.: A. Fuchs, Versuchung Jesu, SNTU.A 9 (1984) 95–159; J.H. Korn, *peirasmós*. Die Versuchung der Gläubigen in der griech. Bibel, 1937; E. Pagels, Versuchung durch Erkenntnis, 1987; R. Schnackenburg, Der Sinn der Versuchung Jesu bei den Syn, in: ders., Schriften zum NT, 1971, 101–128.

Josef Ernst

VOLK, Menge, Heiden

→ Israel; Verstockung

1. Da Volk *(laós)* an vielen Stellen des NT das Volk Gottes meint, ist damit zugleich die Frage aufgeworfen, ob die ntl Schriften das nicht an Jesus Christus glaubende Israel noch als Volk Gottes verstehen und wie das Verhältnis der Kirche zu Israel zu bestimmen ist. Gibt es etwa zwei Völker Gottes neben den Heiden?
2. Grundsätzlich hat das Urchristentum die Terminologie der LXX aufgenommen, wonach in den meisten Fällen *laós* Übersetzung des hebr. Worts 'am ist und Israel meint, während *éthnē* als Übersetzung von *gôjim* die übrigen Völker, die Heiden, bezeichnet. Allerdings kann Israel bzw. das Volk Gottes auch mit dem Begriff *éthnos* bezeichnet werden bzw. bei den Völkern *(éthnē)* mitgemeint sein. Der theologisch nicht qualifizierte Begriff „(Volks-)Menge" (meist *óchlos*) bleibt hier außerhalb des Blickfelds.

3. In den syn Evv ist – wie erwähnt – mit den Begriffen *laós* und *éthnē* die Frage nach der jeweiligen Beurteilung der heilsgeschichtlichen Rolle Israels verbunden. Auf der Linie traditioneller jüd.-christl. Sicht liegen die Aussagen, wenn es bei Mt über den Messias Jesus heißt: „denn er wird retten sein Volk von ihren Sünden" (Mt 1,21; vgl. Ps 130,8); „... welcher weiden wird mein Volk Israel" (Mt 2,6; vgl. 2 Sam 5,2; Mich 5,1) oder bei Lk aufgrund der Geburt Jesu: „... ich verkünde euch große Freude, welche sein wird dem ganzen Volk" (Lk 2,10). So dankt auch der greise Symeon bei der Darstellung Jesu im Tempel für das „Heil, das du (d.h. Gott) bereitetest vor (dem) Angesicht aller Völker, ein Licht zur Offenbarung für Völker und zur Herrlichkeit für dein Volk Israel" (Lk 2,30–32). Unter den Völkern kann Israel mitgemeint sein; es können aber auch die Heiden im Gegenüber zu Israel sein. Während Lk die Kontinuität mit Israel betont, wobei die Gläubigen aus den Völkern in das Volk Gottes, in dem es seit jeher Gehorsam und Ungehorsam gab, miteinbezogen sind (vgl. auch Apg 3,23; 15,14), stellt sich die Frage für Mt in besonderer Schärfe, ob z.B. bei dem Missionsbefehl des Auferstandenen: „macht zu Schülern alle Völker" (Mt 28,19) das nicht an Jesus glaubende Israel noch mitgemeint (ähnlich Mt 25,31–46) oder als das Volk, das rief: „Sein Blut (komme) über uns und unsere Kinder!" (27,25), aus der Heilsgeschichte aus christl. Sicht ausgeschieden ist. Der Verstockungsgedanke ist in bezug auf Israel breit gestreut (vgl. Mk 7,6f [Jes 29,13]; Mt 13,14f, Joh 12,40; Apg 28,26f [Jes 6,9f]; Röm 11,25) und entscheidet als solcher noch nicht über die Zugehörigkeit zum Volk Gottes.

Bei Pls, der sich berufen weiß zum Apostel für die Völker = Heiden (Gal 1,15f; Röm 1,5 u.ö.) und die Zugehörigkeit der Heidenchristen zum Volk Gottes leidenschaftlich verteidigt (vgl. Gal 2,12–14; 3,8f.14.28 u.ö.; Röm 9,24 u.ö.), findet sich der *laós*-Begriff nur in bibl. Zitaten; unter den Ehrenprädikaten für Israel in Röm 9,3–5 erscheint dieser nicht, aber der Apostel äußert nachdrücklich: „Nicht verstieß Gott sein Volk ..." (Röm 11,2). Das nicht an Jesus Christus glaubende Israel erwies sich als „nicht gehorchendes und widersprechendes Volk" (Röm 10,21 unter Aufnahme von Jes 65,2); das wahre Volk Gottes ist berufen aus Juden und Heiden (Röm 9,24–26 unter Aufnahme von Hos 2,25). Als „Geheimnis" der Heilsgeschichte Gottes verkündet Pls jedoch den Heiden: „Verstockung ist teilweise dem Israel geworden, bis daß die Fülle der Heiden eingeht, und so wird ganz Israel gerettet werden, gleichwie geschrieben ist: Kommen wird aus Sion der Errettende ..." (Röm 11,25f). Die späten Schriften des NT spiegeln dann das nicht mehr als problematisch emp-

fundene Selbstverständnis der Kirche wider, das Volk Gottes zu sein (vgl. 1 Petr 2,9f; Hebr 2,17; 8,8.10; 13,12; Offb 18,4; 21,3). Auch im JohEv werden die nicht an den Sohn Gottes glaubenden Juden trotz Joh 4,22 und 11,48–52 wohl nicht mehr zum Volk Gottes gerechnet (vgl. Joh 8,30–47; 18,35).

4. Die vielfältigen und in Spannung zueinander stehenden Aussagen des NT über das Volk Gottes signalisieren einerseits die neue heilsgeschichtliche Situation – allen Völkern ist in Christus das Heil zugänglich –, andererseits sollte die Kirche nicht vergessen, daß zuerst Israel Gottes Volk war und – wenn man Pls folgt – auch bleibend ist.

Lit.: N.A. Dahl, Das Volk Gottes, [2]1963; J. Eckert, Das letzte Wort des Apostels Pls über Israel (Röm 11,25–32) – eine Korrektur seiner bisherigen Verkündigung, in: K. Backhaus/ F.G. Untergaßmair (Hg.), Schrift und Tradition (FS Ernst), 1996, 57–84; H. Frankemölle, Jahwe-Bund und Kirche Christi (NTA 10), [2]1984; H. Hainz, Vom „Volk Gottes" zum „Leib Christi", JBTh 7 (1992) 145–164; P.D. Hanson, Das berufene Volk, 1993; D. Zeller, Juden und Heiden in der Mission des Pls (FzB 8), [2]1976.

Jost Eckert

WACHSAMKEIT, Bereitschaft

→ Ankunft

1. Regelmäßig zum Ende des Kirchenjahrs konfrontieren uns die Lesungen im Gottesdienst mit Texten, die von der Wiederkunft des Herrn handeln und deshalb zur Wachsamkeit aufrufen. Die bibl., speziell ntl Mahnung zur Wachsamkeit hat sich in der Liturgie der Kirche zudem in besonderen Feiern niedergeschlagen, den sog. Vigilien (Nachtwachen) vor großen Festen; die wichtigste Vigil ist die Osternachtsfeier. Dies zeigt die Bedeutsamkeit der Wachsamkeit als Grundhaltung des Christen, „betend zu jeder Zeit im Geist, und dazu wachend in aller Ausdauer" (Eph 6,18).

2. Die atl Aufforderung zur Wachsamkeit bezieht sich v.a. auf das Halten der Tora, z.B. des Sabbatgebots (Ex 31,13f u.ö.). Der Wachsamkeit des Frommen dem Willen Gottes oder seiner Weisheit gegenüber (Spr 8,34) entspricht umgekehrt das Wachen Gottes über ihn (Ps 121 u.ö.) als Lohn für seine Treue. Als eine der Parusie (Wiederkunft) vergleichbare Vorstellung kennt das AT die Erwartung vom „Tag Jahwes" (Am 5,18–20 u.ö.); in seinem Zusammenhang wird jedoch kaum zur Wachsamkeit gemahnt.

3. Im NT erscheint der Begriff des Wachens *(grēgoréō)* zwar an wenigen Stellen im eigentlichen Sinn von „nicht schlafen", so in der Gethsemani-Szene Mk 14,34.37f par (auch dort schon mit bildhafter Bedeutung), doch überwiegt klar der übertragene, mahnende Sinn. Wachsamkeit ist die achtsame Bereitschaft, zu der die Christen gerufen sind. Eindeutig ist der Bezug der Wachsamkeit zur Parusie des Menschensohns. Diesen Kontext belegen v.a. die Endzeitreden der Syn, wo sich die Aufforderung zur Wachsamkeit im Mk-Stoff (13,33–37 parr), bei Q (Lk 12,39f.42–46 par) und im lk Sondergut (21,36) findet. Die Wachsamkeit wird einerseits direkt mit dem Imperativ („Wachet!") eingeschärft (etwa Mk 13,33.35.37), andererseits gewinnt sie Dringlichkeit durch die wirkungsvollen Gleichnisbilder von der plötzlichen Rückkehr des Hausherrn (Mk 13,34–36), vom Dieb in der Nacht, vom treuen und bösen Knecht oder von den zehn Jungfrauen (Mt 24,43–51 par; 25,1–13). In den Briefen begegnen parusiebezogene Wachsamkeitsmahnungen (Röm 13,11; 1 Thess 5,6; vgl. V 10: wachen = noch am Leben sein) neben solchen allgemeiner Art (1 Kor 16,13; Kol

4,2; Eph 6,18), z.B. der Warnung vor dem Teufel (1 Petr 5,8). Dabei steht häufig, wie in der Gethsemani-Tradition (Mk 14,38 parr), die Mahnung zur Wachsamkeit zusammen mit der zum Gebet.

Offb 3,2f; 16,15 sind Rufe zum Wachen im Munde des wiederkommenden Christus.

4. Wachsamkeit ist nach dem bibl. Zeugnis eine geforderte Grundhaltung jedes Menschen, die christl. speziell aus der erwarteten Wiederkunft des Menschensohns geboten ist, der zu nicht vorhersehbarer Zeit als Richter erscheinen wird. Dies gilt auch angesichts der Parusieverzögerung unvermindert fort. Der formalen Wachsamkeit als nüchterner Bereitschaft sollen inhaltlich das beständige Gebet und ein Leben in Glaube, Liebe und Hoffnung entsprechen (1 Kor 16,13f; 1 Thess 5,6–8). Im übrigen verbietet es der stark ethisch-paränetische Charakter des Wachsamkeitsgebots, Spekulationen über diejenigen anzustellen, die „verschlafen".

Lit.: R. Bultmann, Theologie des NT, ⁹1984; F.J. Steinmetz, „Seid nüchtern und wachsam" (1 Petr 5,8), GuL 67 (1994) 81–89.

                                         Gerhard Hotze

WAHRHEIT

→ Geist; Gnade; König/in; Lüge

1. „Was ist Wahrheit?" – so fragt wahrscheinlich jede/r Leser/in dieses Artikels, wie schon – wenn auch mit anderer Intention – Pilatus fragte (Joh 18,38). Wie kann man denn „Wahrheit tun" (Joh 3,21), „in der Wahrheit wan-

deln" (2 Joh 4) oder gar „aus der Wahrheit sein" (Joh 18,37)? Der ntl Begriff *alḗtheia* (samt Adj., Adv. und Verb [„die Wahrheit sagen"]) ist offensichtlich vielschichtiger und teilweise anders als unser heutiger Sprachgebrauch.

2. Die Etymologie des griech. Worts spielt für das Verständnis eine wichtige Rolle: Es liegt eine Verneinung (mit *a*–privativum) des Begriffs „verborgen sein" *(lanthánō, lḗthō)* vor, d.h., „die Wahrheit sagen" meint: „sagen, wie es unverborgen = wirklich ist". Im klassischen Griech. meint „Wahrheit" also Un-Verborgenheit (vgl. M. Heidegger), Richtigkeit der Aussage, Wirklichkeit, Eigentlichkeit – nach unserem Sprachgebrauch in vielen Fällen Realität. Das Wort Realität wiederum ist ein Kunstwort aus der Renaissancezeit, vom lat. *realis* = wirklich („mit der *res* übereinstimmend") gebildet, da der Begriff *veritas*, abgeleitet von *verus* = wahr, zunehmend nur mehr die Nicht-Lüge bezeichnete. Insofern solche „Wahrheit" das unverborgene, echte Verhalten des Redenden erschließt, meint sie die Wahrhaftigkeit.

Für die Bedeutung von Wahrheit im NT ist es nun aber entscheidend, daß dieser Begriff einen neuen, theologischen Akzent bekam, als das AT ins Griech. übersetzt wurde. Die LXX nimmt den Begriff *alḗtheia*, um (meist) den hebr. Begriff *'ᵉmæt* wiederzugeben, der Festigkeit, Zuverlässigkeit, Beständigkeit, Treue bedeutet, wobei allerdings die geschichtliche Dimension, die in diesem Ausdruck steckt, verlorengeht. Aber auch das hebr. *sᵉdāqāh* (Gerechtigkeit, Heil) kann in manchen Fällen mit *alḗtheia* (Wahrheit) übersetzt werden. So rückt der Begriff Wahrheit in die Nähe von Rechtschaffenheit.

Der qumranische Dualismus stellt auch der Wahrheit gegensätzliche Begriffe entgegen: Lüge, Trug, Irrtum oder Frevel bzw. Bosheit. Die „Söhne der Wahrheit", die auch „Söhne der Gerechtigkeit" heißen können, werden den „Söhnen des Frevels" gegenübergestellt („Sohn des ..." = zugehörig zu ...). Der Hauptunterschied zu ähnlich klingenden Formulierungen im JohEv, die vielleicht von hier beeinflußt sind, besteht darin, daß Joh nicht in die Zukunft, auf die Parusie, blickt, sondern die Menschen mit dem gegenwärtigen Offenbarer konfrontiert.

In der (späteren) Gnosis ist Wahrheit ein Ausdruck für den göttlichen Bereich, in den (nur!) der Gnostiker erhoben wird; der Begriff hat einer ganzen Schrift den Titel gegeben: Evangelium Veritatis – Ev der Wahrheit. Hier heißt es zu Beginn: „Das Ev der Wahrheit ist Freude für diejenigen, welche die Gnade empfangen haben vom Vater der Wahrheit, ihn zu erkennen durch die Kraft des Logos, der gekommen ist aus dem Pleroma ..." – aber diese „Erkenntnis der Wahrheit" ist die Gnosis, und die ist etwas völlig anderes als der Glaube an den geschichtlich gekommenen Erlöser.

3. In der Verkündigung Jesu, wie sie uns von den Syn berichtet wird, scheint der Begriff Wahrheit keine Rolle gespielt zu haben; die diesbezüglichen ca. 30 Stellen (dagegen ca. 120 Stellen bei Joh und Pls) finden sich fast alle in erzählenden Passagen (z.B. Mk 5,33: Die blutflüssige Frau „sagte Jesus die ganze Wahrheit"). Hinzuweisen ist hier allerdings auf das für die Jesusrede typische „Amen", da dieses

Wort mit dem oben genannten hebr. Begriff '*æ*mæt von seinem Stamm her verwandt ist. Die große Bedeutung, die Wahrheit bei Pls und in der joh Theologie hat, scheint aber doch darauf hinzudeuten, daß mit diesem Begriff etwas zur Sprache gebracht werden kann, was für Jesus und seine Verkündigung typisch ist.

Pls meint offensichtlich, den Begriff Wahrheit nicht erklären zu müssen. Es findet sich aber bei ihm neben dem Verständnis von „Wahrheit" als Wahrhaftigkeit (z.B. Phil 1,18) eine durchaus eigenständige Verwendung, die im Röm am klarsten zum Ausdruck kommt. In Röm 1,18–3,20, dem ersten Hauptteil des Röm (nach Präskript, Proömium und Themenangabe), wird der Sünder, egal ob Heide oder Jude, also jeder Mensch, mit der Wahrheit Gottes konfrontiert. Schon im ersten Satz dieses Abschnitts (1,18) wird dieses Thema genannt: „Gottes Zorn", so sagt Pls in apokalyptischer Redeweise, „offenbart wird ... gegen jede Gottlosigkeit und Ungerechtigkeit von Menschen, die die Wahrheit in Ungerechtigkeit niederhalten". Die Realität der Welt und die Grundsünde des Menschen bestehen darin, Gott in seiner sich uns erschließenden Wirklichkeit nicht anzuerkennen, vielmehr diese „gefangenzuhalten" oder zu „bannen" (so der Sprachgebrauch für *katéchō en* in Zauberpapyri); Pls empfindet den Angriff auf die göttliche Wahrheit als dämonisches Sakrileg. Begründet wird dies im nächsten Vers: Der Mensch ist auf die Erfahrung der göttlichen Wirklichkeit ansprechbar. Im folgenden kommt in V 25 der Begriff nochmals vor: Wieder ist die sich erschließende Wirklichkeit Gottes gemeint, nicht sein „wahres Wesen" u.ä., und so meint auch der Gegenbegriff „Lüge" nicht ein lügnerisches Verhalten der Menschen, sondern ein objektiv die Wahrheit zudeckendes Tun. Von der Themenangabe des Röm in 1,16f her heißt das: Wahrheit gewinnt hier fast den Sinn von „Gerechtigkeit Gottes", wie dies auch in 3,7; 15,8 der Fall ist.

Meint also Wahrheit bei Pls die sich uns erschließende Wirklichkeit Gottes, so kann es für das Verständnis reizvoll sein, darin seine spezifische Interpretation des jesuanischen Ausdrucks Gottes Herrschaft und Reich (basileía toû theoû) zu erblicken.

Die über 70 Stellen im JohEv und den JohBr lassen sich in ihrer Vielschichtigkeit nicht leicht auf einen Nenner bringen. Das Ergebnis vorwegnehmend, kann man wohl sagen: Die Wahrheit erschließt sich dem, der sich ihr gegenüber nicht verschließt. Anders gesagt: Gott bewahrheitet sich; er „exegetisiert" (Joh 1,18) sich als „Gnade und Wahrheit" (Joh 1,14.17) im fleischgewordenen Logos Jesus, den er als die Wahrheit sendet und der selbst die Wahrheit ist (Joh 14,6). So scheint für Joh Wahrheit zutiefst die charakterisierende Umschreibung der göttlichen Wirklichkeit Jesu zu sein; theologische Sprache ist für ihn keine nebensächliche Form, in die er seine Gedanken faßt, sondern ein Transformator der Christusbotschaft für seine Hörer/innen, um die Christusoffenbarung für sie neu zum Ereignis werden zu lassen.

Zum genaueren Verständnis von Wahrheit bei Joh geht man am besten von dem Text aus, wo der Begriff zum erstenmal vorkommt, und versteht dies (auch) als „Leseanweisung" für die folgenden Stellen. Im Prolog des JohEv steht der Begriff Wahrheit zweimal: in 1,14 und 1,17, beidemal kombiniert mit Gnade. Hier wird deutlich, daß der Evangelist die atl Wendung „Gnade und Treue" in seinem Sinn interpretiert: Gottes Bundestreue, die auf seiner 'æmæt, seiner Beständigkeit und Verläßlichkeit beruht, erfüllt sich in der Sendung seines Sohnes. Durch die Gegenüberstellung mit dem „Gesetz", das durch Mose gegeben wurde (1,17), wird dieses Ereignis als die endgültige Heilsoffenbarung qualifiziert. In diese Sicht – Wahrheit als die durch Jesus gebrachte Offenbarung – fügen sich alle Stellen, die vom „Sagen" der Wahrheit (= „Verkündigung"!) handeln. Allerdings stellt die Wahrheit auch Ansprüche an die Menschen; sie muß die lebensbestimmende Norm für die Gläubigen werden: Diese müssen „die Wahrheit tun" bzw. die Liebe „im Tun und in Wahrheit" üben (Joh 3,21; 1 Joh 1,6; 3,18). So kann man am Verhalten und Tun eines Menschen erkennen, ob er „aus der Wahrheit ist", d.h. aus Gott, oder ob er zu dem Existenzbereich der „Lüge", d.h. des Teufels, zu rechnen ist (Joh 8,44; 1 Joh 1,6; 2,21). Es gehört zu den „theologischen Paradoxien" im JohEv, daß man aus Gott (bzw. der Wahrheit) sein muß, um zu Jesus zu kommen, daß man aber erst durch das „Bleiben in seinem Wort" die Wahrheit erkennt (8,32) und „in der Wahrheit geheiligt" wird (17,17). Auf der gleichen Linie liegt die Tätigkeit des Parakleten, des „Geistes der Wahrheit", der „die Jünger in alle Wahrheit einführen wird" (16,13) und so die Sendung Jesu fortführt. Es ist ein dynamischer Prozeß, in dem der kirchlichen Verkündigung die besondere Aufgabe zukommt, die Wahrheit vom Irrtum zu scheiden (1 Joh 2,21), den Geist der Wahrheit zu erkennen und Falschpropheten zu entlarven (4,1–6).

4. In der Scholastik des Mittelalters, speziell ihrer Synthese von Augustinismus und Aristotelismus bei Thomas von Aquin, lautet die Definition von Wahrheit bekanntlich: *„adaequatio intellectus et rei"*: Die logische Wahrheit des menschlichen Denkens hat ihr Maß in der ontologischen Wahrheit der Dinge. Diese Garantie möglicher Übereinstimmung von Sein und Wissen wird durch die nominalistische Destruktion der menschlichen Erkenntnis hinfällig, und seit den relativistischen Strömungen der Philosophie des 19. Jh. bis heute verschiebt sich das Problem der Erkenntnis der Wahrheit auf die Untersuchung sprachlicher Verständigung und Kommunikation in semantischer bzw. hermeneutischer Sprachphilosophie. Fragt also die Philosophie – seit Parmenides und Platon übrigens – nach der Übereinstimmung von Sein und Wissen (Denken), so zeigt sich gerade hierin der wesentliche Unterschied zu bibl. Verständnis, den man vielleicht am besten an der eingangs gestellten Frage bzw. Situation festmachen kann. Pilatus (Joh 18,38) ist natürlich kein skeptisch fragender Philosoph – er verweigert sich dem Anspruch Jesu, die göttliche Wirklichkeit zu erschließen. Und in der Sprache unserer heutigen Verkündigung geht es dem Begriff Wahrheit so wie vielen anderen, die durch eine Überbetonung des moralischen Aspekts ihre Qualität als existentielle Begriffe praktisch eingebüßt haben.

Lit.: M. Heidegger, Vom Wesen der Wahrheit, [7]1986; H.-P. Müller (Hg.), Was ist Wahrheit?, 1989; R. Schnackenburg, Der joh Wahrheitsbegriff, in: ders., Das JohEv, Bd. 2 (HThK IV,2), 1971, 265–281.

Michael Ernst

WASSER, See, Meer, Fluß

→ Macht; Reinheit; Taufe

1. Zusammen mit Begriffen wie See, Meer usw. spielt das Wort Wasser in der Bibel in den vielfältigsten Zusammenhängen eine Rolle. Im Gegensatz zum heutigen, oft verschwenderischen Umgang mit dem Wasser in den Industrienationen war man sich seines Werts als Lebensgrundlage in weit höherem Umfang bewußt, gerade in Palästina, wo in der Regel während der Hälfte des Jahres kein Regen fiel. Andererseits war man aber auch der lebensbedrohenden Kraft des Wassers durch Überschwemmungen und Sturzfluten stärker ausgesetzt. Wasser hatte im Altertum jedoch nicht nur eine profan-praktische, sondern auch eine religiöse Bedeutung.

2. In den babyl., ägypt. und griech. Schöpfungsmythen erscheint das Wasser als personifiziertes Urelement, das schon vor der Welt existiert und aus dem das Leben entsteht. Die Personifikation setzte sich in der Vorstellung von Flüssen als göttliche Wesen fort. Die lebenswichtige Rolle des Wassers wirkte im Glauben an die Heilkraft von Quellen und an seine Fähigkeit, auch innere Reinheit bewirken zu können, weiter. Wasser war deshalb für kultische Waschungen unerläßlich.

Im AT gilt das Wasser profan gesehen als Leben spendendes Element, dessen Vorhandensein religiös als Zeichen des Segens Gottes, dessen Mangel als Bestrafung gewertet werden konnte (Lev 26,3f.14f.19). V.a. in der Kosmologie spielte es eine bedeutende Rolle. In den beiden Schöpfungsberichten der Gen ist es ein bereits vor der Schöpfung existierendes Urelement, das Gott für die Schöpfung verwendet. Ist das Wasser hier Mittel zur Schöpfung, so dient es in der Sintfluterzählung zur fast völligen Vernichtung des Lebens. Dieses Urelement, das in Ps 93,3 und Ps 104,5–9 als Wesen mit eigenem Willen und eigener Stimme erscheint, kann sogar in Widerstreit zu Gott treten (Pss 74,13f; 89,10 u.ö.). Wie in den Schöpfungsgeschichten erweist Gott aber seine in Ps 65,8 hymnisch besungene Macht über das Wasser und setzt sie zur Rettung seines Volkes bei dessen Flucht aus Ägypten sowie bei der Durchquerung des Jordans beim Einzug ins verheißene Land ein. Die Macht über das Wasser wird zum Ausweis der Sendung durch Gott, wenn Mose die Macht erhält, das Wasser des Nils in Blut zu verwandeln. Überaus breit gefächert ist die metaphorische Verwendung des Begriffs: Wasser konnte sowohl Schwäche als auch Kraft, sowohl Vergänglichkeit als auch Unendlichkeit und vieles mehr symbolisieren, sogar, wie z.B. Jes 12,2f; Jer 2,13 und Ps 36,9f zeigen, Gott selbst. Für die Endzeit erwartete man nach Jes 35,6f; 49,10 das Ende allen Wassermangels, ferner, daß Gott sein Volk durch das Besprengen mit Wasser reinige (Ez 36,25) und seinen Geist „ausgießen" werde (Jes 32,15; 44,3). Im Kult war

Wasser für Waschungen zur Reinigung, z.B. nach der Berührung mit Unreinem, nötig, wobei auch für den Alltag kaum zwischen hygienischer und kultischer Funktion des Waschens unterschieden werden kann. Der atl Vielfalt entspricht die Verwendung des Begriffs in der außerkanonischen und zwischentestamentarischen jüd. Literatur.
3. Im NT bezeichnet Wasser *(hýdōr)* im profanen Sinn das Element, das auch in seinen verschiedenen Formen als See, Meer, Fluß usw. begegnet. Es kann aber auch als jenseitiges (Lk 16,24) und als kosmisches (2 Petr 3,5f) Element verstanden werden. Wie im AT Gott, so zeigt Jesus sein göttliches Wesen durch seine Macht über das Wasser, z.B. durch die Stillung des Sturms und des aufgewühlten Sees (Mk 4,35–41 parr), durch den Seewandel (Mk 6,45–52 parr) und die Verwandlung von Wasser zu Wein (Joh 2,1–11). Den Glauben an Wasser als Sitz wunderbarer Heilkräfte spiegelt Joh 5,2–9a.
Vielfältig wird seine Bedeutung für die Reinigung reflektiert. Um den hygienischen Reinigungsvorgang geht es z.B. in Lk 7,36–50, wo Jesus dem Pharisäer Simon vorwirft, ihn nicht einmal mit Wasser zum Waschen der Füße versorgt zu haben. Sprichwörtlich wurde die symbolische Handwaschung des Pilatus zum Zeichen seiner Unschuld am Tod Jesu (Mt 27,24). In seiner Rede über Reinheit und Unreinheit von Mk 7,1–23 lehnt Jesus die Vorstellung ab, daß Äußerliches den Menschen religiös verunreinige, woraus sich als Konsequenz ergibt, daß ein äußerliches, rituelles Waschen für die innere Reinheit ohne Bedeutung ist. In den Zusammenhang

der rituellen Reinigung gehört die Wassertaufe Johannes' d.T., der mit ihr zur Umkehr aufruft und eine Vergebung der Sünden verspricht (Mk 1,2–4 parr). Auch Jesus läßt sich von ihm taufen, empfängt dabei den hl. Geist und wird als Sohn Gottes proklamiert (Mk 1,9–11 parr). Jesus selbst hat keine rituelle Taufe praktiziert; die Syn heben seine Taufe mit Geist (Mt und Lk: und Feuer) deutlich von der Wassertaufe ab (Mk 1,8 parr). Nach Ostern wurde die Wassertaufe aufgegriffen, um mit ihr das Mitsterben und Mit-auferweckt-Werden der Christen mit Jesus zeichenhaft zu verdeutlichen. Wie Pls in Gal 3,26–28; 1 Kor 12,12f. 27 und Röm 6,1–11 schreibt, erhält der Mensch durch die Taufe eine neue, von der Sünde befreite Existenz in Christus, die ihn zur Hoffnung auf die Auferweckung berechtigt, die in die Gemeinde eingliedert und alle sozialen und geschlechtlichen Schranken bedeutungslos macht. Die Verbindung von Wasser- und Geisttaufe spiegelt das Gespräch zwischen Jesus und Nikodemus von Joh 3,1–12: Nur derjenige kann ins Reich Gottes gelangen, der aus Wasser und Geist neu geboren wird.

Im JohEv hat das Wasser eine reichhaltige symbolische Bedeutung. Über die Bedeutung als Reinigungselement hinaus könnte die Verwandlung von Wasser in Wein in Jesu erstem Zeichen auf der Hochzeit zu Kana (Joh 2,1–11) die Menschwerdung des Logos symbolisieren. Wie im AT das Wasser Gott bezeichnen konnte, so offenbart sich Jesus im Gespräch mit der Samariterin am Jakobsbrunnen (Joh 4,1–26) als das lebendige Wasser, das in dem, der es trinkt, zu einer Quelle wird, die den existentiellen Durst des Menschen löscht und ewiges Leben gibt. Mit der Fußwaschung von Joh 13,1–20 hat auch das Wasser, mit dem Jesus seinen Jüngern die Füße wäscht, verschiedene Deutungen erfahren. Ist die Waschung ein Symbol für die vorbildliche Demut Jesu, wie die VV 12–20 nahelegen, so ist das Wasser einfach Reinigungsmittel, ist sie aber im Sinn der ersten Texthälfte Symbol für Jesu Heilstod, könnte auch das Wasser eine tiefere Bedeutung haben. In der Exegese haben sowohl der Vorgang als auch das Wasser die verschiedensten Deutungen gefunden, z.B. im Hinblick auf die Taufe, die Eucharistie, das Bußsakrament oder ein Sakrament eigener Art. Unsicher ist auch die Deutung von Joh 19,34, wo berichtet wird, daß aus der durchbohrten Seite des Gekreuzigten Blut und Wasser flossen. Während die einen hierin ein Symbol der christl. Taufe sehen, geht eine andere Deutung davon aus, daß der Mensch nach antiker Auffassung aus Blut und Wasser besteht, und interpretiert den Vorgang als Beweis für den wirklichen Tod Jesu. Von derselben Voraussetzung her versucht eine dritte Deutung, die Stelle antidoketistisch als Beweis für die wahre Menschheit Jesu zu verstehen, während eine vierte Auslegung in Blut und Wasser Symbole für die menschliche und die göttliche Natur Jesu sieht.

Eine breite Bedeutungspalette des Begriffs Wasser findet sich schließlich auch in der Offb. Der Seher Johannes erhält seinen Auftrag von einem, dessen Stimme wie das Rauschen von Wassern erklingt (Offb 1,15). Als Element dient es beiden Parteien im großen Kampf: Speit der Drache der

Frau einen großen Wasserstrom nach, um sie zu vernichten (Offb 12,15), so läßt die dritte Trompete den dritten Teil der Gewässer zu Wermut werden und viele Menschen sterben (Offb 8,10f). Auch in Offb 11,6 und 16,4–7.12 ist Wasser ein Mittel des göttlichen Gerichts. In Offb 17,1.15 bezeichnen die vielen Gewässer die Anhängerschaft der Hure Babylon. Eine positive Symbolik zeigt sich in Offb 7,16f: Die Märtyrer vor Gottes Thron leiden weder Hunger noch Durst, weil das Lamm sie weidet und zu den Quellen der Wasser des Lebens führt, aus denen Gott allen Dürstenden zu trinken gibt (Offb 21,6; 22,17) und die als Strom vom Thron Gottes und des Lammes ausgehen (Offb 22,1).

4. Die religiöse Bedeutsamkeit von Wasser zeigt sich heute v.a. in seiner Verwendung bei der Taufe und als Weihwasser sowie in der Hinzugabe zum Wein bei der eucharistischen Wandlung. Die Fußwaschung findet sich in der Liturgie des Gründonnerstags.

Lit.: E. Becerra, Le symbolisme de l'eau dans le quatrième évangile, 1982; W. Lütgehetmann, Die Hochzeit von Kana (Joh 2,1–11) (BU 20), 1990.

                                        Walter Lütgehetmann

WEG, Wandel, Wegführer

→ Leben; Lehre

1. Das Bild vom Weg eignet sich wie kaum ein anderes dazu, das menschliche Dasein zu erfassen und zu deuten. Weg als Metapher für das Leben umgreift alles, was Menschen begegnet und geschieht, was sie erkunden und erleiden, was sie entwerfen und erreichen. Nicht zufällig ist daher die Bibel als Buch des Lebens auch ein Buch des Weges/der Wege, voller lebenswichtiger Weg-Erfahrungen und Weg-Erzählungen.

2. Im AT begegnet keine idyllische Behandlung des Motivs Weg *(dæræk)*. Israels Existenz geht zurück auf wandernde und umherziehende Nomadenstämme. Von anderen Völkern unterscheiden sie sich dadurch, daß sie sich als wanderndes und geführtes Volk begreifen und ihre Weg-Erfahrungen im Licht ihres Jahweglaubens deuten (z.B. Abrahams Aufbruch, Israels Exodus unter Führung des Mose, Landnahme, Babylonisches Exil). In späteren Schriften läßt sich eine Individualisierung des Motivs beobachten. So wird die radikale Frage nach dem Sinn eines Lebensweges im Ijobbuch gestellt. Die Psalmen gehen intensiv dem Problem nach, wie ein Mensch den richtigen Weg finden kann (z.B. Pss 1.16.25.119). Die wichtige Rolle des Weg-Motivs in den Psalmen hat im NT weitergewirkt.

3. Im NT kommt der bedeutungsreiche Begriff *hodós* 101mal vor, und zwar überwiegend in erzählerischen Schriften. Schon in Mk 10,32 geht es nicht nur um eine topographische Notiz, sondern der Evangelist nimmt die Situationsangabe sowohl der Leidensankündigung (Mk 8,27) wie die der Jüngergespräche (Mk 9,33f) auf und richtet sie durch die Zielangabe „auf dem Weg" auf das bevorstehende Jerusalemer Geschehen aus. Auch die die Reise Jesu nach Jerusalem abschließende Notiz von der Nachfolge des geheilten Blinden ist als Paradigma für den Weg der Nachfolge überhaupt zu verstehen: „Und Jesus sprach zu ihm: Geh fort! Dein Glaube hat dich gerettet. Und sofort sah er wieder, und er folgte ihm auf dem Weg" (Mk 10,52). Die Lehre von den zwei Wegen, die ihre Wurzeln im AT hat (vgl. Ps 1,6; Spr 4,18; 15,19), findet sich in der mt Fassung des Logions von dem engen Tor, offenbar als Anfügung des Evangelisten: „Geht hinein durch das enge Tor! Denn breit ist das Tor und weit der Weg, der ins Verderben führende, und viele sind die Hindurchgehenden durch es; wie eng ist das Tor und gedrängt der Weg, der ins Leben führende, und wenige sind die ihn Findenden!" (Mt 7,13f; vgl. Lk 13,24) In diesem Doppelbild wird nicht in erster Linie die Schwierigkeit der Nachfolge illustriert, sondern es mahnt zur Wachsamkeit in der Nachfolge. Für diese gilt nicht das Kriterium der großen Zahl, sondern das Tun der Worte Jesu (Mt 7,16–21.24. 26).

Mehr als jeder Evangelist zeigt Lk in seinem Doppelwerk ein auffallendes Weg-Interesse. Sowohl das Ev als auch die Apg sind durch Itinerare geprägt. Sie erschließen sich durch einen Vergleich mit dem MkEv. Während Mk nur eine Zweiteilung kennt, hat Lk in seinem Ev eine Dreiteilung: Im ersten Teil (Lk 3,1–9,50) wird vom Weg Jesu durch Galiläa und Judäa berichtet, im zweiten Teil (9,51–19,27) von Jesu Weg nach Jerusalem und im dritten Teil (19,28–24,53) vom Aufenthalt in Jerusalem. Besonderes Gewicht liegt auf dem zweiten Teil. Er wird in der Forschung „Reisebericht des Lk" genannt, weil die kurze Darstellung der Reise nach Jerusalem in Mk 10 zu einem umfassenden Haupt-

teil ausgebaut ist. Außerdem hat Lk spezielle Weg-Geschichten (alle Sondergut!) geschaffen und an bestimmten Stellen in seinem Ev plaziert: auf dem Weg von Jerusalem nach Jericho (Lk 10,25–37); auf dem Weg von einem Grenzdorf zwischen Galiläa und Samaria nach Jerusalem (Lk 17,11–19); auf dem Weg von Jerusalem nach Emmaus (Lk 24,13–35.52). In der Apg ist der Reisende schlechthin Pls. Er, nicht die anderen aus dem Zwölferkreis, hat umfangreiche Missionsreisen durchgeführt. Auch innerhalb der Apg verwendet Lk noch einmal spezielle Weg-Geschichten: auf dem Weg von Jerusalem nach Gaza (Apg 8,26–40); auf dem Weg von Jerusalem nach Damaskus (Apg 9,1–19); auf dem Weg von Caesarea nach Joppe (Apg 10,1–48). Es ist auch kein Zufall, daß Lk sowohl sein Ev als auch die Apg mit Erzählungen über rege Besuchstätigkeiten beginnt: Gabriel wird auf den Weg zu Maria gesandt. Maria und Joseph müssen sich auf Reisen begeben, um in die „richtige" Geburtsstadt (Bethlehem statt Jerusalem) zu gelangen. Die Verbindung zwischen Elisabet, der Mutter des Wegbereiters Johannes d.T., und Maria, der Mutter Jesu, wird durch einen Besuch hergestellt. Der Beginn der ersten Gemeinde in Jerusalem ereignet sich auf einem Wallfahrtsfest, zu dem sich Juden aus vielen Ländern zu Besuch auf den Weg nach Jerusalem gemacht hatten. Ferner setzt Lk in den Anfängen theologische Weg-Signale: So knüpft er im Lobgesang des Zacharias (Lk 1,67–79), der als Antwort auf die Ankündigung der Geburt des Weg-Bereiters gedacht ist, an die Prophetie des Jesaja (Jes 9,2; 52,7) an. Innerhalb der

Petruspredigt (Apg 2,14–36), die Antwort auf das Erscheinen der Feuerzungen ist, läßt Lk den Petrus ausführlich einen der bekanntesten Weg-Psalmen (Ps 16) zitieren, u.a. mit den Versen: „Kundtatest du mir Wege des Lebens, erfüllen wirst du mich mit Freude vor deinem Angesicht" (Apg 2,28f). Die lk Weg-Geschichten wollen Mut machen und sind gemeinschaftsbildend.

Singulär ist der der Apg eigene Gebrauch von *hodós* als Bezeichnung für die christl. Lehre insgesamt bzw. für die Christen als Gruppe. Apg 19,9: Einige in Ephesus schmähen „den Weg", den Pls in der Synagoge verkündete. In derselben Stadt entsteht eine Aufregung wegen „des Weges" durch den Silberschmied Demetrius – wegen des Erfolgs der Pauluspredigt fürchtet er um seinen Devotionalienhandel (Apg 19,23). Zweimal läßt Lk den Pls von seiner Bekehrung erzählen: in Jerusalem, wo er den Juden sagt, er habe „den Weg" einst bis auf den Tod verfolgt (Apg 22,4), und in Caesarea vor dem Statthalter, wo er sich damit verteidigt, daß er gemäß „dem Weg", den die Juden eine Sekte nennen, dem Gott seiner Väter diene (Apg 24,14; vgl. V 24). Wer sich der christl. Gemeinde anschließt, erhält Weg-Weisung. Der Jude Apollos hatte z.B. Unterricht im „Weg des Herrn" erhalten, aber nur die Johannestaufe empfangen. Das Ehepaar Priskilla und Akylas läßt ihm daraufhin eine noch gründlichere Auslegung des „Weges Gottes" zuteil werden (Apg 18,24–26). Inhaltlich wird der Weg als „Weg (des) Friedens" (Lk 1,79), als „Weg (des) Lebens" (Apg 2,28) und als „Weg (der) Rettung" (Apg 16,17) cha-

rakterisiert. Die Christen als Gruppe werden bezeichnet als „die des Weges" (Apg 9,2). Jesus Christus ist – nach dem Weg-Konzept des Lk – derjenige, der einen ganz bestimmten Weg ging und – dem göttlichen Plan folgend – gehen mußte. Auf seinen Wegen, die schließlich in den Weg seines Leidens einmünden, geht Jesus zu den Leidenden hin und nimmt sich ihrer an. Mit Jesu Weg hat sich Gott identifiziert. Er hat ihn auferstehen lassen.

Wenn dies aber der Weg ist, mit dem sich Gott identifiziert hat, dann ist es durchaus konsequent, wenn im JohEv Christus in einem seiner Ich-bin-Worte sagt: „Ich bin der Weg, die Wahrheit und das Leben" (Joh 14,6a). Scharf unterstreicht der bestimmte Artikel hier die Ausschließlichkeit des Anspruchs Jesu. Er erscheint nicht mehr nur als derjenige, der auf den rechten Weg bringt. Er verkündet nicht nur die Wahrheit, sondern diese ist untrennbar mit seiner Person verbunden, in seiner Person in der Welt erschienen (Joh 1,18; 12,44f) und damit auch das Leben, weil das wahre und sinnvolle Leben allein durch ihn empfangen werden kann (Joh 1,4; 6,33.51; 10,10; 11,25). Wenn Gottes Weg zu den Menschen über Jesus Christus läuft, dann kann der Weg der Menschen zu Gott – folgt man der joh Argumentation – nur über Jesus Christus laufen: „Keiner kommt zum Vater, wenn nicht durch mich" (Joh 14,6b).

4. Die Bibel als „Buch des Weges" zeigt, daß, wer sich auf den Weg rufen läßt, seine eigene unverwechselbare Geschichte mit Gott erlebt, die nicht selten völlig quer zu allen Erwartungen verläuft. Die in den bibl. Büchern verdichteten Lebenswege sind keine vordergründigen Erfolgsgeschichten, die das Leiden ausschließen.

Lit.: N. Brox, Der Glaube als Weg, 1968; E. Käsemann, Das wandernde Gottesvolk (FRLANT 55), ³1959; F. Nötscher, Gotteswege und Menschenwege in der Bibel und in Qumran (BBB 15), 1958; G. Wingren, Weg, Wanderung und verwandte Begriffe, StTh 3 (1949) 111–123.

Andrea Link

WEIN, Weinstock, Weinberg

→ Blut; Botschaft; Frucht

1. Wein (hebr. *jajin*, griech. *oînos*) erscheint im NT einerseits als Nahrungsmittel, andererseits in symbolischer Bedeutung. Zwar kommt der Begriff Wein im NT 34mal vor, aber es sind insgesamt doch nur wenige Texte, in denen er eine Rolle spielt. In umgekehrtem Verhältnis dazu steht seine Bedeutung, die er v.a. durch die Abendmahlstradition gewinnt.
2. Wein war im gesamten antiken Mittelmeerraum bekannt. In Palästina gehörte der wohl vorrangig rote Wein als Nahrungsmittel zum Alltagsleben und durfte bei keinem Fest fehlen. Während man ihn aufgrund seiner Stärke in Griechenland und im Römischen Reich in aller Regel mit Wasser vermischte, bürgerte sich dies in Palästina erst in hellenistischer Zeit ein. Im AT konnte das Volk Israel symbolisch als Weinstock oder als Weinberg dargestellt werden (z.B. in Hos 10,1; Jes 5,1–7; Jer 2,21) und die Gabe des Weins als Maßstab für das Verhältnis zu Gott dienen: Das Sitzen unter dem

eigenen Weinstock bezeichnete u.a. Frieden und Wohlstand und damit Gottes Gnade (Mich 4,4; 1 Kön 5,5; 1 Makk 14,12). Ein Überfluß an Wein galt als Ausweis und Lohn eines gottgefälligen Lebens (Spr 3,10). Bedeutete die Zerstörung des Weinstocks Gottes Zorngericht (Hos 2,12), so war die Verheißung neuer Weinberge und einer reichen Weinlese das Zeichen seiner erneuten Zuwendung (Hos 2,15.21f). Für die Heilszeit (Am 9,13; Jes 25,6; Joël 3,18) und das Kommen des Messias (Gen 49,11) erwartete man eine Fülle an Wein. In negativer Symbolik bedeutete der Wein Gottes Gericht (Jer 25,15–29; Ps 75,9), in anderen Zusammenhängen konnte er sowohl die Weisheit (Spr 9,1–6; Sir 24,17) als auch die Versuchung (Jer 51,7) symbolisieren.
Während der Wein in Griechenland und Italien in den alten Kulten nur im Rahmen des Dionysoskults Bedeutung erlangte, spielte er im israelitischen Kult als Beigabe eine wichtige Rolle; gemäß den Bestimmungen von Ex 29,38–42; Lev 23,12f; Num 15,1–10; 28,11–14 benutzte man ihn beim täglichen Morgen- und Abendopfer, ebenso beim Brandopfer, wo er entweder zur Erzeugung eines Wohlgeruchs über das Opfer gesprengt (Num 15,7) oder am Fuß des Altars ausgegossen wurde (Sir 50,15). Zur Sicherung eines geordneten Tempeldienstes war den diensthabenden Priestern der Genuß von Wein bei Todesstrafe verboten (Lev 10,8f; Ez 44,21). Wer ein Nasiräat auf sich genommen hatte, enthielt sich gemäß Num 6,1–21 jedweden Genusses von Wein und Weintrauben, selbst von Weinessig; die Auslösung erfolgte durch ein Speise-

und Trankopfer, bei dem Wein als Opfermaterie vorgeschrieben war.

3. Im Gegensatz zu Johannes d.T. trank Jesus Wein, was ihm seine Gegner offensichtlich zum Vorwurf machten (vgl. Mt 11,19 par). Vor allzu üppigem Weingenuß warnen Pls (Gal 5,19–21 u.ö.) und die Standesregeln für die Funktionsträger der Gemeinden/Kirche, da diese allen Christen ein Vorbild sein sollen (1 Tim 3,1–8; Tit 1,6f). Neben der profanen Verwendung von Wein, Weinberg usw. findet sich im NT eine reichhaltige Symbolik. Einen Grenzfall bildet 1 Kor 9,7, wo Pls das Recht des Apostels auf Lebensunterhalt durch die Gemeinde u.a. durch die Frage „Wer pflanzt einen Weinstock *(ámpelos)* und ißt nicht seine Frucht?" begründet. Eine symbolische Bedeutung ist zwar nicht sicher, liegt aber nahe; denn in mehreren syn Gleichnissen meint die Arbeit im Weinberg *(ampelṓn)* die Arbeit für Gott, so daß der Weinberg die Erde als Gottes Schöpfung und seine Früchte die Menschen symbolisieren (vgl. Mk 12,1–12; Mt 20,1–16; 21,28–32; Lk 13,6–9). In Lk 6,43–46 bedeuten die Trauben hingegen die guten Taten der Menschen.

In Mk 2,22 parr ist unter dem „jungen Wein", der nicht in alte Schläuche gefüllt werden soll, die Botschaft Jesu zu verstehen. In den Abendmahlstexten der Syn (Mk 14,22–25 parr) und des Pls (1 Kor 11,23–25) ist der Wein Symbol für Jesu Blut, das den Neuen Bund besiegelt, d.h., er repräsentiert das von Jesus am Kreuz vergossene Blut und damit sein Leben, ihn selbst. Atl Gedankengut zeigt sich in den Einsetzungstexten nicht nur in der Verknüpfung von Wein und Blut, sondern auch in der Verbindung von Wein und Heilszeit. Wenn Jesus in Mk 14,25 parr ankündigt, nicht mehr vom Gewächs des Weinstocks zu trinken, bis er es neu trinken werde in der Königsherrschaft Gottes, so bedeutet dies zunächst, daß vorausgesetzt wird, daß der Wein zum Reich Gottes dazugehört; es bedeutet aber außerdem, daß er als Heilszeichen eine Art Bindeglied zwischen der jetzt schon angebrochenen und der noch ausstehenden Heilszeit darstellt. Damit ist der Wein in den Abendmahlstexten zugleich Zeichen des Leidens und Sterbens Jesu und auch Symbol der Hoffnung auf eine Heilszeit, in der sich die Zusage Jesu erfüllt.

Lk schildert in Apg 2,1–15, daß der Geistempfang an Pfingsten Wirkungen hervorruft, die Spötter an eine Trunkenheit denken lassen.

Im JohEv verwandelt Jesus auf der Hochzeit in Kana Wasser zu Wein (2,1–11). Vermutlich ist das Geschehen symbolisch zu deuten, wobei die Wandlung meist als Ablösung des Alten Bundes durch den Neuen Bund verstanden wird. Nach Joh 15,1–5 bezeichnet sich Jesus selbst als den wahren Weinstock und seine Jünger als die Reben. In dieser Bildrede ist Jesu Vater der Winzer, der nur diejenigen Reben am Weinstock, d.h. am Leben läßt, welche Frucht bringen.

In der Offb wird der Wein unter Aufnahme atl Vorstellungen überwiegend symbolisch verwendet, allerdings durchgängig in negativer Bedeutung: Offb 14,8; 17,2 und 18,3 nennen den (Zorn-)Wein der Unzucht, den das große Babylon (= das gottlose Rom) den Menschen zu trinken gab, und nach Offb 14,9f wird derjenige, welcher das Tier oder sein Bild anbetet und sein Kennzeichen annimmt, auch „trinken von dem Wein der Leidenschaft Gottes, dem unvermischt eingeschenkten im Becher seines Zorns". Diesen Becher wird Gott nach Offb 16,19 auch das große Babylon trinken lassen.

In der Gerichtsvision erntet ein Engel mit scharfer Sichel die reifen Beeren vom Weinstock der Erde, so daß hier wie schon in den syn Gleichnissen die Beeren die Menschen bedeuten. Allerdings sind nun speziell die Menschen gemeint, die im Gericht vernichtet werden (vgl. Offb 14,17–20). Bleibt hier noch offen, wer sie in der Kelter zerpreßt, so ist es nach Offb 19,15 der zum Gericht wiederkehrende Christus, der „die Kelter des Weines der Leidenschaft des Zornes Gottes" tritt.

4. Die Kirche versteht sich – wie Israel (vgl. Jes 5,7a; 27,2f) – gern als „Weinberg des Herrn" und nennt ihre Amtsträger „Arbeiter im Weinberg des Herrn". Welchem Anspruch und welcher Verpflichtung sie sich mit solchen Selbstauslegungen unterstellt, zeigt der Blick ins AT, wo die Aussagen zu „Weinberg/Weinstock" zumeist das von seinem Besitzer und Hüter Jahwe abgefallene Israel kennzeichnen (vgl. Ez 15; Nah 2,3; Ps 80,9–20). Was mit einem „faulen und entarteten Weinstock" (Jer 2,21) geschieht, zeigen Texte (wie Jer 48,32; 49,9), die Verwüstung und Verderben androhen. Joh 15,1–8 nimmt im NT diese Aspekte auf und bedroht (wie Jer 5,10; Ez 19,10–14) ebenfalls die Rebzweige, die nicht die erwartbaren Früchte bringen, mit Verderben (vgl. VV 2.6). Alles kommt für Kirche wie Gläubige

darauf an, mit dem wahren Weinstock Christus verbunden zu bleiben und aus dieser Verbindung heraus Frucht zu bringen (vgl. V 5).

Lit.: O. Böcher, Der Wein und die Bibel, 1989; O. Keel/ M. Küchler, Orte und Landschaften der Bibel I, 1984; C. Seltman, Wine in the Ancient World, 1957; V. Zapletal, Der Wein in der Bibel, 1920.

Walter Lütgehetmann

WEISHEIT, Torheit

→ Erkenntnis; Gesetz

1. Wie im alltagssprachlichen Umgang bezeichnet der Begriff Weisheit Klugheit und eine ideale menschliche Grundhaltung, die auf Lebenserfahrung und Lebenswissen aufbaut. Ein solches Verständnis zielt darauf, Weisheit im umfassenden Sinn über Ursprung und Ziel des Lebens sowie um ihre letzten Dinge zu verstehen.

2. Der Begriff Weisheit (hebr. *hŏkmāh*) hat eine sehr lange Geschichte. Diese führt zurück zu den altorientalischen Religionen (Ägypten, Mesopotamien, Israel). Zunächst war Weisheit eine verbreitete Literatur, in deren Mittelpunkt Themen des zwischenmenschlichen Lebens und die Bewältigung praktischer Lebensaufgaben stehen. Weisheit orientierte sich an den alltäglichen Problemen: der Arbeit, den Entscheidungen, dem Verhalten gegenüber den Vorgesetzten und den Untergebenen usw. Diese Zielsetzung wurde im alten Israel wie selbstverständlich auch auf das Verhältnis von Gott und Welt übertragen. Schon in vorexilischer Zeit (Babylonisches Exil: 586–539) wurde der Versuch unternommen, die Ordnungen der Welt, die Bewältigung des Alltags und die konkreten Lebenserfahrungen unter religiösen Gesichtspunkten zu verstehen. Dies erfolgte im Rahmen einer Weisheitslehre. Sie diente dazu, dem Menschen seinen Weg aufzuweisen, der ihm ein geglücktes Leben im Sinn Gottes ermöglicht. Die ältere Weisheit beruht auf dem Glauben an eine gute Weltordnung, die es zu erkennen und der es im Leben zu entsprechen gilt. Jedes Tun, ob gut oder böse, hat seine entsprechenden Folgen. Die Erfahrung, daß der Tun-Ergehen-Zusammenhang häufig scheitert, führte zu einer Krise und einer eher skeptischen Haltung (besonders in der apokalyptischen Weisheit). Nach dem Exil wurde das Gesetz Regulativ für das praktische Leben und das beherrschende Programm des Judentums und Norm des menschlichen Verhaltens. Dies führte zu einem tiefgreifenden Wandel der Weisheit. Sie brachte nun die göttlichen Grundordnungen in der Welt durch das Gesetz (Sir 24) zur Geltung. Dadurch wurde sie immer mehr eine theologische und transzendente Größe. Die Weisheit wird personhaft vorgestellt. Sie wird zur Offenbarungsmittlerin und Lehrmeisterin, die den Menschen anruft und einlädt. Sie ist vor allen Schöpfungswerken und erschließt dem Menschen die der Schöpfung innewohnende Ordnung. Weisheit gewinnt die Rolle eines göttlichen Prinzips, das jedoch (nach Ijob 28) allein Gott zugänglich ist.

3. Im Vergleich der ntl Schriften benutzt Pls den Begriff Weisheit *(sophía)* am häufigsten. Nicht nur die Präsenz der Vokabeln, sondern auch die der weisheitlichen Motive (die Verborgenheit [1 Kor 2,7–9], die Präexistenz [1 Kor 2,7; 8,6; 10,4], die Sendung [Gal 4,4–6] und Ablehnung [Röm 1,22; 1 Kor 2,4ff] der Weisheit, Weisheit und Gesetz, Weisheit und Torheit, die entschwundene und die nahe Weisheit usw.) erweisen Pls als kritischen Interpreten. Wie die präexistente Weisheit der Weisheitstradition bei Gott anwesend war, vermittelt nun Christus-Sophia zwischen Gott und Mensch, beruft Unmündige und Schwache, wird abgelehnt, verbirgt sich vor Weisen, Mächtigen und Vornehmen (1 Kor 1,18–31). Pls greift sowohl den Offenbarungs- als auch den Präexistenzgedanken, die Vorstellung von der Schöpfungs- als auch die der Heilsmittlerschaft auf. Jedoch definiert er sie vom Ereignis des Kreuzes her neu. Indem Christus als die Weisheit Gottes selbst auftritt, wird das Verhältnis von alter und neuer Weisheit sowohl durch Kontinuität als auch durch Diskontinuität gekennzeichnet. Weil Christus-Sophia die Heilszusage geoffenbart und erfüllt hat, kommt auch das Gesetz in ihm zu seinem Ziel und Ende (Röm 10,4). Als die wahre Weisheit vermittelt allein der Gekreuzigte Heil und Erlösung. In Weiterführung des weisheitlichen Anliegens, Gottes Offenbarung und Willen zu verkünden, hat die pln Weisheitslehre auch pädagogische Ziele. Sie veranlaßt den Hörenden, der Kreuzesbotschaft zu entsprechen und sie kraft des Glaubens zu verwirklichen.

Auch in den Evv spielt die Weisheit eine wichtige Rolle. Besonders die erzählte Welt der Gleichnisse Jesu steht immer wieder im Kontrast mit ihr (Mt 11,25–27). Die Evangelisten bezeichnen Jesus mehrfach als einen messianischen Weisheitslehrer (vgl. Lk 2,40–52; Mt 2,1–12; Mk 6,2), der in überlieferten Weisheitssprüchen, Sentenzen und Rätselsprüchen dies bestätigt. Jesus greift dort nicht nur auf allgemeine Erfahrungsregeln zurück (vgl. Mk 2,21f; Mt 5,15), sondern er gibt seiner messianischen Kontrastweisheit Ausdruck (vgl. Mk 8,35; 10,42–44). Eine andere Vorstellung, die ebenfalls auf atl Motive zurückzuführen ist, entstammt vermutlich aus Q. Die Überlieferung von der personhaft verstandenen Weisheit, die zu sich ruft, steht hinter der Aussage, daß „die Weisheit von ihren Werken gerechtgesprochen wurde" (Mt 11,19). In Mk 6,2 wird das Erstaunen der Einwohner Nazarets über die Weisheit des Zimmermannssohns (vgl. Mt 13,54) beschrieben. Apg 6,3 bezeichnet Stephanus als einen von Gott mit Geist und Weisheit ausgestatteten Mann.

Die Begriffs- und Motivwelt des Joh ist durch starke Einflüsse der Weisheit gekennzeichnet. Joh konnte in seiner Gemeinde voraussetzen, daß die vom Hellenismus beeinflußte Weisheitsliteratur vorzufinden ist. Sehr deutlich verweisen der Prolog und die joh Vorstellung von Jesu Offenbarung der göttlichen Geheimnisse an die Seinen auf die Vorstellungen und Formulierungen der jüd. Weisheitstradition. In Joh 1,1–18 ist weisheitliche Tradition aufgenommen und mit redaktionellen Bemerkungen des Verfassers interpretiert.

4. Der Weisheitsbegriff hat im sich entwickelnden Christentum großen Einfluß. Er wirkte im Urchristentum in verschiedener Weise auf die Gestaltung der Christologie ein. Dabei spielen der Mythos von der Herabkunft und dem Wiederaufstieg der Weisheit, die kosmologischen Sophia-Spekulationen sowie besonders die Vorstellung von der Weisheit als Offenbarerin und Erlöserin eine besondere Rolle. Sprache und Begrifflichkeit der Weisheitsliteratur haben den christl. Verfassern des NT die Möglichkeit gegeben, die Bedeutung Jesu auszusagen: was er ist, woher er kommt und von wem er gesandt wurde. In ihm fand man das erfüllt, was man von der göttlichen Weisheit erwartete. Gott hat seine absolute Transzendenz aufgegeben, weil er den Menschen suchte. In Jesus Christus, dem Gekreuzigten, der an die Stelle der Weisheit tritt, wird Gottes Gegenwart sichtbar. Das NT verarbeitete die jüd. Weisheitstheologie jedoch sehr verschieden. Offensichtlich war den Verfassern des NT auch die Gefahr der Übernahme von Weisheitsaussagen klar. Sie beruht auf den Kategorien eines metaphysischen Denkens. Dadurch würde die Botschaft von Jesus Christus zur Belehrung über einen Zustand oder einen Prozeß werden, der wie ein naturhaftes Sein oder Geschehen nur intellektuell zur Kenntnis genommen oder durch physische Verbindung angeeignet werden müsse. Diese Gefahr zeigt sich auch in der späteren Entwicklung, in der Gnosis. Dort haben sich dann Aussagen der Sophia-Spekulation zu einer Welterklärung im Sinn rein physischer Beschreibung gebildet.

Lit.: F. Christ, Jesus Sophia, 1970; M. Küchler, Frühjüd. Weisheitstradition (OBO 26), 1979; G. v. Rad, Weisheit in Israel (GTBS 1437), 1992; J. Theis, Pls als Weisheitslehrer (BU 22), 1991; U. Wilckens, Weisheit und Torheit, 1959.

Joachim Theis

WELT, Ordnung, Schmuck

→ Finsternis; Schöpfung

1. „Mir nach, spricht Christus, unser Held ... verleugnet euch, verlaßt die Welt ...!" Dieses auch heute noch oft gesungene Lied von Angelus Silesius (1624–1677) versteht „Welt" negativ und scheint damit auch heutigem Sprachempfinden ein Stück nahezustehen. Uns scheint der Begriff Welt teilweise so obsolet zu sein, daß wir statt dessen lieber von „Umwelt" reden, womit der ganze vom Menschen gestaltete (bzw. verunstaltete) Lebensraum gemeint ist.

2. Das hebr. AT kennt den Begriff Welt nicht, sondern nennt statt dessen die beiden wichtigsten Bereiche „Himmel und Erde", v.a. in Texten, in denen es um die Schöpfung geht. Dem atlisraelitischen (altorientalischen) Weltbild ist der dem griech. „Kosmos" eigene Ordnungsgedanke eher fremd: Die Ordnung in der Welt ist durch Jahwes Wort aus dem anfänglichen Chaos (hebr. *tohû wābohû*) entstanden (Gen 1) und hat auch Bestand (Pss 78.104).

Der griech. Begriff *kósmos* ist wesentlich ein Ordnungsbegriff mit der Grundbedeutung „Einrichten" und „Ordnen" (z.B. für die Verfassung von Sparta [Herodot I 65] oder für generelle zwischenmenschliche Regelungen [Homer, Il. 10,472]); dies kann auch in dem besonderen Wortgebrauch für „Schmuck" seinen Ausdruck finden. Seit der ionischen Naturphilosophie (6. Jh. v.Chr.) wird unter *kósmos* eine Ordnung bzw. Norm verstanden, „die die Dinge der Welt zusammenhält" (Anaximander, Fragm 9), und

schließlich auch das Weltganze selbst (im Sinn des Universums: vgl. Platon, Gorg. 507e–508a), das von dieser Ordnung zusammengehalten wird. Für Platon ist *kósmos* ein beseelter Leib, ein vernünftiges Wesen. Aristoteles übernimmt die platonische Vorstellung, allerdings ohne die Weltseele, die einer eher naturwissenschaftlichen Sicht weicht, in welcher der *kósmos* alles umfaßt, was an Raum und Zeit gebunden und vom Transzendenten geschieden ist.

3. Für das NT spielen weder die philosophische Erörterung der Ordnung des Kosmos noch die griech. Kosmologie eine Rolle; vermittelt wurde der Kosmosbegriff über das hellenistische Judentum (LXX: Weish 7,17; 9,3; 11,17; 2 Makk 7,28; Philo). Kosmos meint die gesamte von Gott geschaffene Welt bzw. die von den Menschen bewohnte Erde (nur 1 Petr 3,3 bedeutet das Wort „Schmuck"). Die damit übernommene griech. Terminologie ersetzt die frühere atl Ausdrucksweise „Himmel und Erde" und leitet so eine Weiterentwicklung ein.

Bei den Syn erscheint Welt v.a. als der Lebensraum der Menschen bzw. der menschlichen Beziehungen untereinander (z.B. Mk 14,9; Lk 4,5). Ähnlich wird von den irdischen Gütern und Werten sowie von Freud und Leid der Welt gesprochen (z.B. Mk 8,36 parr). Dieser Welt hat Gott einen Anfang (Mt 25,34; Lk 11,50) und entsprechend auch ein Ende (1 Joh 2,17) gesetzt.

Für Pls und die dtpln Schriften stehen die Aussagen über Kosmos letztlich in einem anthropologischen Zusammenhang. Die „Weisheit der Welt" (1 Kor 1,20) meint die von Gott entfremdete, von der Sünde beherrschte Sphäre all dessen, was Menschen denken, planen und wollen (Bultmann 68). Diesen Gegensatz zu Gott kann die Welt von sich aus nicht wahrnehmen; sie unterliegt der Vergänglichkeit und schließlich dem Gericht (1 Kor 7,31). Aber von Gott ging auch die Initiative zur Versöhnung mit der Welt aus (Röm 11,15; 2 Kor 5,18f). Die Glaubenden bleiben zwar noch in der „Welt", aber eben als solche, die nicht mehr Welt sind, die Welt nicht mehr als Welt gebrauchen müssen und so in Freiheit darüber verfügen können (1 Kor 3,22); sie leben daher als „neue Schöpfung" (2 Kor 5,17), durch das Kreuz Christi dieser Welt und ihrer (sarkischen) Existenz fremd geworden (Gal 6,14).

Kol überbietet den pln Ansatz noch, wenn er selbst das Leben „in der Welt" als erledigt ansieht, sofern es noch irgendwie an die Ordnungen der Welt gebunden ist (Kol 2,8.20).

Im Begriff *kósmos* bei Pls zeigt sich also ein kritischer Umgang mit der Welt als Schöpfung und gleichzeitig als widergöttlichem Bereich; er fordert eine kritische Distanz der Glaubenden zu ihrer weltlichen Existenz, da sie ihr eigentliches Wesen nicht in einer „neuen Welt", sondern nur in der „neuen Schöpfung" finden.

In der joh Theologie (mit 108 von insgesamt 186 Stellen!) kann man von einer gewissen Zweideutigkeit des Begriffs Welt sprechen: Einerseits ist sie Schöpfung Gottes, andererseits Finsternis. Das erstmalige Vorkommen des Begriffs mag als Leseanweisung für alle übrigen Stellen im JohEv verstanden werden: Joh 1,9f ist eine kleine Summe joh „Welttheologie" (Theobald 329), wo sich verschiedene

Aspekte auf engstem Raum miteinander verbinden. Hier ist der Kosmos einmal die Bühne für das Auftreten des Logos und erscheint also als menschliche Geschichte; dann ist er das Ziel seines Wirkens: Er ist gekommen, jeden Menschen zu erleuchten. Doch die Welt lehnte ihn, von Ausnahmen abgesehen, insgesamt ab und konstituiert sich so zur gottfeindlichen Größe, zur Finsternis. So grenzt sich der Kosmos von der Gemeinschaft der Glaubenden ab; eine Versöhnung zwischen Welt und Gemeinde findet nicht statt.

Die Liebe des Schöpfers (Joh 3,16) erfüllt sich in der Sendung des Sohnes in die Welt: Er, der nicht von dieser Welt ist (Joh 8,21–23), kommt als Licht (Joh 8,12) und Retter (Joh 4,42), um wahres Leben zu bringen und die „Sünde der Welt" zu tragen (Joh 1,29). Er findet dort die, die zwar „in der Welt", aber nicht von ihr bestimmt sind (Joh 17,6.14.16), die deshalb den „Haß der Welt" zu tragen haben (Joh 17,14). So wird das Kommen des Sohnes der Welt zum Gericht, weil sie das Heilsangebot ausschlägt (Joh 12,31). Damit ist die Welt nicht verworfen, aber überwunden (Joh 16,33).

4. Beide Linien im Verständnis von Welt – als alles von Gott Geschaffene bzw. als gottfeindliche Größe – finden sich auch in der späteren Rezeption. So wird z.B. im 12. Jh. verstärkt die Welt als geschichtliche Größe begriffen, die Gott mit Hilfe des Menschen zur Vollendung führen will. Gleichzeitig kann der Bereich außerhalb eines Klosters als Welt bezeichnet werden, und kann der mittelalterliche Mystiker aus der Welt zur wahren Schau Gottes aufsteigen. Erst das 19. Jh. hat dann Welt fast nur noch im

Sinn des gottfeindlichen Bereichs gesehen und die andere Linie (Welt als „alles von Gott Geschaffene") den Naturwissenschaften überlassen.

Lit.: R. Bultmann, Das Verständnis von Welt und Mensch im NT und im Griechentum, in: ders., Glauben und Verstehen Bd. 2, ⁵1968, 59–78; L. Schottroff, Der Glaubende und die feindliche Welt (WMANT 37), 1970; M. Theobald, Die Fleischwerdung des Logos (NTA 20), 1988; A. Vögtle, Das NT und die Zukunft des Kosmos, 1970.

Michael Ernst

WERK, Leistung, Tat

→ Gehorsam; Glaube; Gnade; Verheißung

1. „Leistung muß sich wieder lohnen!" – dieses Schlagwort aus dem Programm mancher Partei beschreibt treffend ein Charakteristikum unserer Gesellschaft, zu dem wir von unserer Kindheit an erzogen werden (wobei die naheliegende Nachfrage „lohnen für wen?" fast nie gestellt wird). In dieser Leistungsgesellschaft scheinen nur Menschen, die etwas leisten, anerkannt, und sind Menschen, die nichts leisten (können), ausgegrenzt und abgeschrieben. Es ist naheliegend, daß diese Einstellungen sich auch in Bereich des Religiösen finden: Man meint, durch das Erbringen von Leistungen Gegenleistungen Gottes provozieren zu können. Dies zu Ende gedacht, wäre aber jeder Mensch sein eigener Erlöser; solche Vorstellungen haben Gott aus dem Blick verloren. Dieser Meinung, es käme vor Gott auf meine Leistung, mein Tun (mein „Werk"), entscheidend an, stellt die Bibel ein völlig anders geartetes System entgegen (das aber heute aus den genannten Gründen auch in der Verkündigung nicht mehr verstanden wird, da sein Hauptbegriff aus dem aktiven Sprachschatz verschwunden ist): Alles ist Gnade; allein aus Gnade wird der glaubende Mensch vor Gott „gerechtfertigt" (= „richtig", heil, in Ordnung).

2. Die sowohl im Judentum (und im Christentum) wie im Heidentum zu findende magisch-religiöse Vorstellung, der Mensch könne sich durch bestimmte Leistungen eine Gegenleistung Gottes bzw. der Götter verdienen, wird auch mit dem Ausdruck „Werkgerechtigkeit" bezeichnet, ein Wort, das die beiden bibl. Begriffe Werke und Gerechtigkeit kombiniert. Es wäre aber eine Unterstellung, sähe man solche Werkgerechtigkeit im Zentrum der jüd. Gesetzesobservanz. Beim Gehorsam des frommen Juden dem Gesetz gegenüber geht es v.a. um die Haltung, die dahinter steht. Es kommt nicht ausschließlich auf die Leistung des Menschen an, vielmehr gehört auch die Gesinnung zum Gehorsam. Auch wenn man die Gebote hält, weil man auf Lohn hofft, so ist es doch nicht erlaubt, das Gesetz selbstsüchtig zu gebrauchen. Insbesondere sehen die Juden im Halten des Gesetzes keine sie bedrückende Last; sie sind dankbar und stolz auf das Gesetz und auf ihre Fähigkeit, die Gebote zu halten. Das Motiv dafür ist nicht „Angst vor dem strafenden Gott", sondern die Liebe zu Gott, die Anerkennung seiner Ehre (bibl. gesprochen: „die Gottesfurcht"). Indem der Mensch seine Lebenspraxis am Willen Gottes mißt, wird er sich seiner Sündhaftigkeit bewußt und erfährt gleichzeitig, daß er auf die ihm zugesagte Vergebung Gottes angewiesen ist.

3. Werk meint im NT (wie *érgon* generell im Griech.) ein durch Tun Hervorzubringendes bzw. Hervorgebrachtes, also einerseits die Arbeit und andererseits das Resultat, das Werk.

In den PlsBr, sowohl Dtpln wie Tritopln, begegnet der Begriff Werk 67mal, wobei sich eine starke Differenzierung im Sinngehalt erkennen läßt.

Für Pls spielt der Ausdruck „Werke des Gesetzes" eine wichtige Rolle in der Diskussion um die Ablösung des alten Heilswegs des Gesetzes durch den neuen Heilsweg Jesus Christus. Er nimmt dabei (wohl aus alexandrinisch-jüd. Schöpfungstheologie; vgl. Philo, all. III 77–79) den Gegensatz Gnade – Werke auf und ordnet beide Begriffe unterschiedlichen „Zeiten" zu (vgl. Röm 3,21–26), und er trennt die (nach jüd. Vorstellung zusammengehörenden; vgl. z.B. 1 Makk 2,51f; 4 Esr 5 [7],34f) Begriffe Glaube und Werke in bezug auf die Rechtfertigung. Es geht Pls also nicht um den Gegensatz Glaube – Werke an sich, sondern um die Ablösung des alten durch den neuen Heilsweg. Seine diesbezügliche Argumentation im Röm ist im (wohl kurz zuvor entstandenen) Gal vorbereitet: Wenn die Galater ihre eigene Erfahrung, ihren eigenen Glaubensursprung ernst nehmen, müssen sie einsehen, daß das Gesetz mit ihrem Christsein nichts zu tun hat. Das aber ist kein Zufall; denn zu keiner Zeit hat Gott von den Menschen, die er retten wollte, zuerst bestimmte Leistungen, bestimmte Werke verlangt (vgl. Gal 3,1–5). Im Röm argumentiert Pls dann so (vgl. Röm 3,27–31): Angesichts der Offenbarung der Gerechtigkeit Gottes im gekreuzigten Jesus ist jede Möglichkeit des „Sich-Rühmens", d.h. des Pochens auf die eigene Leistung (bzw. auf die Beschneidung als Garantie der Zugehörigkeit zu Israel), ausgeschlossen – „Gerechtgesprochen wird durch Glauben ein Mensch ohne Werke (des) Gesetzes" (Röm 3,28). Und Pls reflektiert diese Erfahrung im Licht der hl. Schrift: Als Gott sich beispielsweise mit Abraham verband und ihm seine Verheißungen schenkte, da hatte Abraham nichts vorzuweisen, weder die Beschneidung noch die Beachtung von göttlichen Geboten. Als Gott Abraham berief, war der ein „Heide", ein Sünder – und Gott erwartete von ihm nur, daß er glaube. Indem Abraham dies tat, wurde er von Gott gerechtgesprochen und zum Vater aller, die auch nichts anderes vorzuweisen haben als den Glauben; denn Gott bindet sein Tun niemals an irgendwelche Vorleistungen (Röm 4; vgl. Gal 3,6–9). Natürlich wußte auch Pls, daß für das Leben Israels nicht nur der Glaube Abrahams, sondern auch das Gesetz des Mose maßgebend geworden war. Aber das änderte nichts daran, daß die Geschichte Gottes mit Abraham ursprünglich nichts mit dem Gesetz zu tun hatte: Diese Geschichte stand von Anfang an unter der Verheißung. Das Gesetz hingegen war später gekommen, war in die Verheißungsgeschichte „zwischenhineingekommen" (Röm 5,20) und verursachte, statt Heil zu wirken, nur die Erkenntnis bzw. sogar die Vermehrung der Sünde (Röm 3,20; 5,20; 7,7). Denn das, was Gott uns schenken will, können wir nur im Glauben empfangen, nie durch Werke erlangen.

Des weiteren sprechen Pls und die in seiner Tradition stehenden späteren Briefe noch vom guten Werk (z.B. Röm 2,7; 13,3; bzw. Kol 1,10; 2 Thess 2,17) und auch von bösen Werken (z.B. Röm 13,12 bzw. Eph 5,11), vom Werk Gottes oder des Herrn Jesus (z.B. Röm 14,20; Phil 2,30) sowie vom apostolisch-missionarischen Werk (z.B. Röm 15,18; 1 Kor 3,13–15; Phil 1,22; bzw. Eph 4,12) und dem Werk des Glaubens (1 Thess 1,3 und 2 Thess 1,11). Und schließlich kennen auch Pls und die in seinem Namen weitergeführte apostolische Tradition das Gericht nach den Werken (z.B. Röm 2,6 [= Zitat von Ps 62,13]; 1 Kor 3,13ff; Gal 6,4) – ein Motivfeld, das bibl. Texte (z.B. Sir 16,12ff; Offb 2,23 u.ö.) gemeinsam mit außerkanonischen Schriften (z.B. 4 Esr 5 [7],34ff; äthHen 63,8f) haben.

Die Argumentation des Jak beschäftigt sich in 2,14–26 mit dem Thema „Glaube allein, ohne Werke, und Glaube mit Werken" (die Opposition ist nicht „Glaube – Werke"!). Ein tatenloser, werk-loser Nur-Glaube ist wirkungslos bei Gott; er vermag nicht zu retten. So wie es Jak in seiner Anthropologie um den ungeteilten, heilen Menschen geht, so geht es ihm auch bei der Beurteilung des Glaubens um das Ungeteiltsein, um die Einheit von Bekenntnis-Glaube und Werk-Glaube. Daß der Glaube durch Werke zu beglaubigen ist, tat-kräftig sein muß, betont im übrigen auch Pls, so daß an diesem Punkt zwischen ihm und Jak keine Differenz besteht.

Das JohEv kennt sowohl die Formulierung Werke Jesu (z.B. 5,20.36; 9,3f) als auch Werk Jesu (z.B. 4,34; 17,4), wobei der generisch gebrauchte Singular die Einheit des Werks stärker betont. Die Werke bezeugen Jesus als den Christus und können so für das gesamte Offenbarungswirken Jesu stehen. Im Wirken der größeren Werke der Jünger wird das Werk Jesu nach seinem Tod fortgesetzt, wie in den Abschiedsreden ausdrücklich gesagt wird (Joh 14,12). Einen guten Zugang zum joh Verständnis von „tun" und „Werk/Werke" gewinnt man aus Joh 6,28f: „Sie sprachen nun zu ihm: Was sollen wir tun, damit wir wirken die Werke Gottes? (Es) antwortete Jesus und sprach zu ihnen: Das ist das Werk Gottes, daß ihr glaubt an (den), den jener schickte." Die Gesprächspartner erfassen, daß von ihnen ein eigenes Bemühen und Tun gefordert ist, etwas, was Gott selbst von ihnen verlangt. Aber sie mißverstehen das „Wirken" und denken sofort an „Werke", die entsprechend dem Willen Gottes gefordert sind. Die Antwort Jesu besagt, daß es nur auf ein einziges Werk Gottes ankommt: an den zu glauben, den Gott gesandt hat. Betont wird der Plural „Werke Gottes" in den Singular gewendet: Für Joh gibt es nur diese eine Forderung Gottes. Glauben ist die einzige, aber unerläßliche Antwort des Menschen auf das Tun Gottes – als solches aber nicht „Leistung" des Menschen, sondern eben Antwort, die aber ohne den Anruf Gottes nicht möglich ist.

4. Sören Kierkegaard stellte seinen „Randbemerkungen zum Ev" (1956, S. 9) folgenden Satz als Motto voran: „Denn so jemand ist ein Hörer des Worts und nicht ein Täter, der ist gleich einem Mann, der sein leiblich Angesicht im Spiegel beschaut [Jak 1,23]." Das Wort Gottes hören und danach handeln, sagt Jesus (Lk 8,21), das erst qualifiziert einen Menschen dazu, zur neuen Familie Jesu zu gehören. Oder wie es Mt am Ende der Bergpredigt ausdrückt: die Worte Jesu hören und danach handeln (Mt 7,24). Die Relationen von Hören und den verschiedenen Antworten darauf, die dialektisch miteinander verschränkt sind: Glaube als Antwort, Tun (Handeln/Werke) als Antwort, die Korrelation von Sein und Handeln der Christen/Christinnen mit Sein und Handeln Gottes – all dies macht mit den impliziten Konsequenzen die bleibende Aktualität und Herausforderung dieses Themenkreises seit bibl. Zeit bis heute aus.

Lit.: R. Heiligenthal, Werke als Zeichen (WUNT 2/9), 1983; M. Limbeck, Die Ordnung des Heils. Untersuchungen zum Gesetzesverständnis des Frühjudentums, 1971; F. Mußner, Das „Werk" bei Pls und Jak, in: ders., Der Jak (HThK XIII/1), [3]1975, 152–157.

Michael Ernst

WILLE

→ Freiheit; Werk

1. Der Wille ist Gegenstand mehrerer theologischer Problemfelder: 1. das Verhältnis des Willens Jesu zum Willen seines göttlichen Vaters und damit verbunden der menschliche und göttliche Wille in seiner Person; 2. der Wille Gottes, den es zu erkennen gilt; 3. der Widerstreit entgegengesetzter Strebungen im Menschen; 4. der freie Wille des Menschen im Verhältnis zur Allursächlichkeit Gottes. Wollen kommt im NT in allen Bedeutungen der Alltagssprache vor.

2. Im AT ist der Wille die Kraft des menschlichen Herzens. Das Thema der Entscheidungsfreiheit des Menschen wird besonders von den Propheten und in der Weisheitsliteratur behandelt (z.B. Jer 34,11.16f; Spr 19,21; Sir 15,14; auch Dtn 30,15.19). Der Wille ist aber auch der göttliche Ratschluß, der sich in der Schöpfung und in der Führung seines Volkes (vgl. Jes 5,19), aber auch der Heidenvölker (vgl. Jes 45,22) offenbart.

3. Im NT ist der Wille *(thélēma)* in erster Linie der Wille Gottes und Jesu Wille, den es zu tun gilt. Der Wille Jesu schafft Wirklichkeit, wenn Jesus nach Mk zu einem Aussätzigen sagt: „Ich will, werde gereinigt!" (Mk 1,41) Verwandtschaft mit Jesus wird nicht durch die Familienbande begründet, sondern durch das Tun des Willens Gottes (Mk 3,31–35). Die äußerste Einstimmung in den Willen des Vaters beweist Jesus, wenn er in seiner Todesangst am Ölberg betet: „Doch nicht was ich will, sondern was du!" (14,36) Das MtEv macht die Realisierung des Willens Gottes zum Gegenstand der dritten Bitte des Vaterunsers (6,10). Einer der bemerkenswertesten Sprüche bindet das Heil des Menschen nicht an die Verehrung Jesu, sondern an das Tun des Willens Gottes (7,21). Auch nicht Bejahung oder Ablehnung des Willens Gottes zählen, sondern nur Tun oder Nichttun (21,31). Was dieser Wille Gottes ist, von dessen Erfüllung das Heil abhängt, erklärt Jesus in seiner Rede über das Jüngste Gericht: Es sind die Werke der Barmherzigkeit (25,31–46). Jesus knüpft ausdrücklich an das AT an, wo Gott spricht: „Erbarmen will ich, und nicht ein Opfer" (12,7; Hos 6,6).

Pls nennt sich selbst „Apostel (des) Christos Jesus durch (den) Willen Gottes" (1 Kor 1,1; 2 Kor 1,1). Der Wille Gottes ist sein Wille zu unserem Heil: die Hingabe Jesu für unsere Sünden (Gal 1,4) ebenso wie unsere Enthaltung von Unzucht (1 Thess 4,3). Den Menschen sieht Pls in der Spannung zwischen Geist und Fleisch, weil er nicht das Gute tut, das er will, sondern das Böse, das er nicht will (Röm 7,19). Mit diesem Gedanken berührt Pls die Aussage des hellenistischen Logoshymnus über die Geburt des Menschen Jesus oder auch der Kinder Gottes „Nicht aus Blut und nicht aus Fleischeswillen und nicht aus Manneswillen, sondern aus Gott" (Joh 1,13).

Nach Joh handelt Jesus selbst in Willens-Einheit mit seinem himmlischen Vater: „Meine Speise ist, daß ich tue den Willen des mich Schickenden" (Joh 4,34). Dazu ist er vom Himmel herabgestiegen (6,40), und dies kann man auch aus seinen Zeichen erkennen, weil „auf Sünder Gott nicht hört, sondern wenn einer gottesfürchtig ist und seinen Willen tut, auf diesen hört er" (Joh 9,31).

Der Vergänglichkeit der Welt und ihrer Begierde stellt später 1 Joh das ewige Leben dessen gegenüber, der den Willen Gottes tut (2,17). Nur vereinzelt ist im NT vom Willen im Zusammenhang von Schöpfung und Offenbarung die Rede: Durch den Willen Gottes existieren alle Dinge und wurden sie geschaffen (Offb 4,11). Offenbarung kommt nicht durch den Willen eines Menschen zustande, sondern unter der Einwirkung des hl. Geistes (2 Petr 1,21).

4. Augustinus bekämpft Anfang des 5. Jh. die Lehre des Pelagius von der freien Willensentscheidung des Menschen zum Heil und verteidigt die Gnadenwahl Gottes. Im 7. Jh. soll mit der Lehre von einem einzigen Willen in Jesus die Einheit seiner Person betont werden. Das dritte Konzil von Konstantinopel (680) ordnet Jesus aber, entsprechend seinen beiden Naturen von Gottheit und Menschheit, auch einen göttlichen und einen menschlichen Willen zu.

Lit.: H.T. Goebel, Gott und der freie Wille des Menschen, RKZ 137 (1996) 160–166; H. Riesenfeld, Zum Gebrauch von *thélō* im NT, 1936.

Peter Hofrichter

WITWE

1. In der Bibel ist von Witwen in mehrfacher Hinsicht die Rede. Sie stellen innerhalb der patriarchalen Gesellschaft Israels eine besondere soziale Problemgruppe dar, die Fürsorge und Schutz benötigt. Zugleich gibt es unter ihnen eindrucksvolle Frauen wie Tamar (Gen 38), Judith (Jdt 8,4–8), Ruth, Noomi und Hanna (Rut 1,4ff; Lk 2,36–38), die mutig und entschlossen gegen die bestehenden Strukturen aufbegehren oder dank ihres auf Gott bezogenen Lebens eine religiös bedeutsame Rolle spielen. Während von Witwen in der Bibel recht häufig die Rede ist, kommt der entsprechende männliche Begriff „Witwer" faktisch nicht vor.

2. Im AT werden die Witwen oft gleichzeitig mit den Waisen, Armen, Fremdlingen, Elenden und Verstoßenen genannt (Ex 22,21; Dtn 14,29; 27,19). Da sie durch den Tod ihres Ehemanns ihren Ernährer und Beschützer verloren hatten, gerieten sie oft in wirtschaftliche Not, wurden ausgenützt und um ihr Recht gebracht. Nach atl Gesetz sowie nach Auffassung der Propheten und zahlreicher Psalmen stehen die Witwen unter dem besonderen Schutz Jahwes: Jahwe „verschafft Waisen und Witwen ihr Recht" (Dtn 10,18; Ps 146,9); deshalb gilt es, für sie einzutreten und Sorge zu tragen (Jes 1,17; Jer 22,3). War die Witwe kinderlos, so war der Bruder des verstorbenen Mannes oder ein anderer Verwandter aufgefordert, mit ihr die „Schwagerehe" zu vollziehen (Dtn 25,5ff; Rut 3,9; 4,1ff). War dies nicht möglich, kehrte die Witwe in ihr Elternhaus zurück.

3. Die atl Fürsorge für die Witwen *(chêrai)* wird im NT aufgegriffen und weitergeführt. Scharf greift Jesus in Mk 12,40 die Schriftkundigen an als die „Auffressenden die Häuser der Witwen und zum Schein lang Betenden". Im Kontrast dazu wird im Gleichnis vom gottlosen Richter (Lk 18,1–8) das unerschrockene Verhalten einer Witwe zum Vorbild für unablässiges, vertrauensvolles Gebet. Ähnlich würdigt Jesus in Mk 12,41–44 das Scherflein einer Witwe als Inbegriff von Großherzigkeit, wodurch die Gabe der Reichen weit übertroffen wird.

Wie Apg 6,1 und Jak 1,27 erkennen lassen, waren die Witwen auch in den frühen christl. Gemeinden auf besondere Unterstützung und Fürsorge angewiesen. Während Pls in Erwartung des baldigen Anbrechens der Endzeit dafür eintrat, daß Witwen sich nicht wiederverheiraten sollten (1 Kor 7,8. 40), empfiehlt einige Jahrzehnte später 1 Tim 5,14f die Wiederheirat von jüngeren Witwen. Für ältere Witwen

wird in 1 Tim 5,3–10 auf die Einrichtung eines besonderen kirchlichen „Witwenstandes" verwiesen, für dessen Unterhalt die Gemeinden aufkamen und in dessen Kreis Witwen aufgenommen werden konnten, die mindestens 60 Jahre alt, nur einmal verheiratet und in christl. Lebensführung ausgewiesen waren. Die Aufgaben dieser „wirklichen Witwen" (1 Tim 5,3) waren nicht nur caritativer, sondern auch geistlicher Art und gründeten in intensivem Gebet und asketischer Lebensweise.

4. Auch wenn die besondere Rolle der Witwen im Urchristentum die nachfolgenden Jh. nicht überdauerte, ist und bleibt ihr Wirken ein eindrucksvolles Zeugnis dafür, wie weibliche Lebenserfahrung und Spiritualität pastoral wirksam werden können.

Lit.: J. Roloff, Der erste Brief an Timotheus (EKK XV), 1988; M.B. v. Stritzky, Der Dienst der Frau in der alten Kirche, LJ 28 (1978) 136–154.

Hanneliese Steichele

WOHNUNG, Bleibe

1. Bleiben ist ein Alltagswort, das nicht besonders beachtet würde, wenn es nicht wenigstens zwei auffallende Merkmale aufweisen würde, nämlich im NT wesentlich öfter vorzukommen als in der LXX, etwa 120mal gegenüber 90mal, und zudem im Corpus Johanneum allein mit der Hälfte aller ntl Belege (Joh: 40mal; 1 Joh: 24mal; 2 Joh: 3mal). Der rein zahlenmäßige Befund läßt auf eine besondere Bedeutung zumindest in einzelnen Schriftengruppen schließen.

2. Die LXX spricht häufig mit dem Verb *ménō* Menschen oder Gott Eigenschaften zu, die als bleibende zu bezeichnen sind (vgl. Pss 32,11; 101,12; 110,3.10; 111,3.9; 116,2). Diese Redeweise kehrt zwar auch im NT wieder (vgl. Joh 8,35; 2 Kor 9,9; Hebr 7,24). Charakteristisch aber sind hier andere Aussagen und Formen.

3. Obwohl Jesus nach Mt 4,13 in Kapharnaum wohnt (vgl. auch 13,1; 17,25; vgl. auch Mk 2,15), muß er umherziehen (vgl. Mk 1,38) und hat nichts, wohin er sein Haupt legen kann (Mt 8,20 par). Jesus fordert wohl die ausgesandten Jünger auf, an dem Ort zu verweilen, an dem sie Aufnahme finden (vgl. Mk 6,10; Mt 10,11; vgl. Lk 9,4; 10,7), und bittet zudem die Jünger in der Stunde drohender Bedrängnis, bei ihm auszuharren (Mk 14,34 par). Nach Lk 19,5 erklärt er, bei Zachäus „bleiben" zu müssen; und in Lk 24,29b entspricht der Auferstandene der in Lk 24,29a geäußerten Bitte und bleibt bei den Emmausjüngern. Der Jesus des vierten Ev unternimmt zwar Reisen, aber er verweilt auch an einzelnen Orten (vgl. Joh 2,12; 4,40; 7,9; 11,6.54; zur Bedeutung allgemein vgl. auch Apg 9,43; 2 Tim 3,14) und hat sogar eine Bleibe, eine Wohnung (vgl. Joh 1,38f; vgl. auch 14,25). Einzig bei Joh spricht Jesus von den „Wohnungen im Hause seines Vaters" (14,2) und umschreibt damit völlig unapokalyptisch auf der individuell-persönlichen Ebene das eschatologische Heil. Aus dem üblichen Bedeutungsrahmen fällt die Aussage des Auferstandenen über den Lieblingsjünger, der nach einer wohl in der Gemeinde vertretenen Auffassung bis zum Kommen Jesu „am Leben blei-

ben" soll (21,22f; vgl. auch 1 Kor 15,6).

Die Tatsache aber, daß Jesus eine Wohnung besitzt, noch mehr das häufige Vorkommen des Verbs in der Rede Jesu bei Joh und in den Ausführungen von 1 Joh lassen „bleiben" zu einem direkten Lehrbegriff werden, der eine besondere Gemeindesituation erkennen läßt. Allem Anschein nach ist die in den joh Schriften gezeichnete Christenheit in ihrem Bestand bedroht. Allein elfmal, in unterschiedlichen Variationen, spricht Jesus in Joh 15 vom Bleiben. Er fordert die Jünger auf, in ihm zu bleiben (15,6), erklärt, die augenscheinlich bedrohte Verbindung der Jünger zu ihm sei Bedingung dafür, daß die Gruppe sich als fruchtbar erweisen kann (15,4). Dieses Bleiben äußert sich im Verharren in seiner Liebe (15,9f). Ein konkretes Zeichen für das Bleiben bei Jesus ist die Treue zu seinen Worten (15,7). Die Treue zu Jesus selbst zahlt sich aus in einer Frucht, die bleibt (15,16).

Überhaupt hat Joh großes Interesse am Bestand dessen, was für die Jünger von Bedeutung ist: Der Geist steigt nicht nur auf Jesus herab, sondern „bleibt" auf ihm (1,32f diff. Mk 1,10 parr). Das Wort Gottes ist ein bleibendes Wort (vgl. 5,38), wie auch das Bemühen der Menschen nach einer „bleibenden Speise" gehen soll (6,27). Ebenso verheißt Jesus, daß der, der sein Fleisch ißt, „in ihm bleibt" (6,56). Vom Sohn sagt Jesus, daß er im Unterschied zum Sklaven „in Ewigkeit bleibt" (8,35; vgl. 12,34). Von sich selbst erklärt er, daß der Vater „in ihm bleibt" (vgl. 14,10). Auch negative oder drohende Größen besitzen bei

Joh Dauer: „Der Zorn Gottes bleibt" auf dem, der dem Sohn nicht glaubt (3,36). Dieser Befund erlaubt den Schluß, daß die Gemeinde des vierten Ev sich in ihrem Bestand bedroht sieht, jedenfalls um ihre Einheit fürchtet, daß aber das Bleiben nicht nur den Zusammenhalt sichert, sondern das Wohlergehen der Gemeinde und letztlich das Heil. Noch einen Schritt weiter gehen die joh Briefe.

In 1 Joh besitzt das Verb eine zentrale Bedeutung. Seine häufige Verwendung läßt darauf schließen, daß Gefahren den Bestand der Gemeinde bedrohen. Der Brief weiß um Christen, die nicht in der Gemeinde geblieben sind (2,19), sich damit als Antichristen entlarvten, und von Lügenpropheten, die aus ihr ausgezogen sind (vgl. 4,1). Neben dem Bleiben bei der Glaubensgemeinschaft (vgl. auch 2 Makk 8,1) gibt es für die joh Gemeinde ein Bleiben, das sich in vielfältiger Weise ausdrückt: Die Bruderliebe zeigt das Bleiben im Licht an (vgl. 2,10), das Tun des Willens Gottes verheißt ein Bleiben in Ewigkeit (vgl. 2,17). Der Wert des Bleibenden wird in mehrfacher Weise deutlich: Die einmal vernommene Botschaft soll im Hörer bleiben (2,24ab; vgl. auch 2,27) und verleiht zugleich ein Bleiben „im Sohn und im Vater" (2,24c). Das Bleiben „in ihm", in Jesus Christus, bewahrt vor dem Gericht (2,28). Das Bekenntnis zu Jesus als dem Sohn Gottes verheißt dem Bekenner, daß Gott in ihm bleibt und daß er in Gott bleibt (4,15; vgl. auch 4,16). Umgekehrt gilt, daß das Fehlen der Liebe das Bleiben im Tod nach sich zieht (3,14). Das bleibende Leben ist dem Mörder versagt, also dem, der

den Bruder, das Gemeindemitglied, haßt (3,15). 2 Joh 9 erklärt kategorisch, daß das Nichtbleiben in der Lehre Christi von der Gemeinschaft mit Gott ausschließt. Umgekehrt hält „das Bleiben in der Lehre" die Verbindung mit dem Vater und dem Sohn aufrecht.

Während Joh lediglich das Grundwort „bleiben" verwendet, kommen bei Pls auch (fast) bedeutungsgleiche Komposita vor, so daß der weniger umfangreiche Befund einige Unschärfen aufweist, wie Phil 1,24f verdeutlicht: „Das Verbleiben aber [in] dem Fleisch (ist) notwendiger wegen euch. Und darauf vertrauend weiß ich, daß ich bleiben werde und dableiben werde bei euch ..." Im Zusammenhang der Ausführungen des Pls zu Ehe, Ehelosigkeit und Sklavenstand in 1 Kor 7 bezeichnet „bleiben" das Verharren in einem bestimmten Lebensstand (vgl. 7,8.11.20.24.40). 1 Kor 13,13 läßt eine zweifache Deutung des Verbs zu, nämlich eine eschatologische, nach der Glaube, Hoffnung und Liebe in Ewigkeit bleiben (vgl. auch 2 Kor 3,11), aber auch eine logische, nach der die drei Tugenden Bestand haben gegenüber den vorher genannten Geistesgaben (vgl. dazu auch Hebr 13,1). In Röm 9,11 meint „bleiben" im Hinblick auf Gottes Ratschluß und Wahl, daß diese in der Schöpfung wirksam werden.

4. In einer Zeit, in der sich die Kirchenaustritte häufen, könnte das Kriterium vom „Bleiben", das 1 Joh in so vielfältiger Weise einsetzt, ganz neue und aktuelle Bedeutung gewinnen: Wer nicht bei der Gemeinde bleibt, zeigt, daß er/sie nie wirklich zu ihr gehört hat (2,19); er/sie verläßt die Basis des gemeinsamen Glaubens, gibt die Gemeinschaft mit Gott auf und mit Jesus Christus, und setzt damit Auserwählung und Heilsbesitz aufs Spiel (2,18–27). Nur wer in Christus bleibt (2,28), dem ist auch im Haus seines Vaters eine ewige Wohnung bereitet (Joh 14,2).

Lit.: J. Heise, Bleiben. *ménein* in den Joh Schriften (HUTh 8), 1967.

Hans Kuhn

WORT, Spruch, Logos

→ Botschaft; Lehre; Offenbarung

1. *lógos* bedeutet Wort, aber auch Grund, Ursache, Spruch, Rede, Lehre. Der Begriff ist daher weiter als im Deutschen. Die hebr. Entsprechung *dābār*, die im Hintergrund ebenfalls mitzudenken ist, hat auch die Bedeutung von Geschehnis und Angelegenheit. Wenn das NT daher vom Wort redet, dann kann damit viel mehr gemeint sein, als sich in einer Übersetzung einfangen läßt.
Zunächst ist das Wort Gottes die Offenbarung des AT. Im besonderen werden die Sprüche der Propheten als Wort Gottes bezeichnet. Dieses atl Verständnis von Logos und Wort Gottes bleibt auch im NT immer gegenwärtig. In dieser Tradition lassen sich auch die Sprüche Jesu und seine Lehre als Wort Gottes verstehen. Schon früh wurden Aussprüche Jesu gesammelt. Eine solche Sammlung ist 1945 als EvThom in einer gnostischen Bibliothek von Nag Hammadi in Ägypten gefunden worden. Eine weitere

Sammlung läßt sich aus den Evv nach Mt und Lk erschließen. Beide Evangelisten müssen außer dem MkEv noch eine zweite gemeinsame Quelle benützt haben, der sie die meisten Aussprüche und Gleichnisse Jesu entnahmen, die sog. Spruch- oder Logienquelle. Im 2. Jh. meint daher Bischof Papias von Hierapolis – heute Pamukkale in der Türkei –, daß Mt als erster die Logia oder Sprüche des Herrn gesammelt habe. Einzelne Jesussprüche wurden auch frei überliefert und finden sich bei den Kirchenvätern. Man nennt sie die „Agrapha", die „Ungeschriebenen". Der Logos im Singular ist die Botschaft Jesu. Dieses Verständnis des Logos im Sinn des Ev ist die einhellige Auffassung des NT. Entscheidende Bedeutung für die christl. Dogmengeschichte hat aber eine ganz andere Begriffsprägung erlangt, nämlich die des Logos als Bezeichnung für den präexistenten Jesus im sog. Prolog des JohEv. Der vorntl Verfasser dieses bekenntnisartigen Hymnus auf Jesus hat den Begriff wahrscheinlich aus den zeitgenössischen Werken des hellen.-jüd. Theologen Philo von Alexandrien übernommen. Drei Jh. lang gab es in der Kirche Versuche, diesen Begriff des Logos zu unterdrücken. Die Bedenken gegen seine Rechtgläubigkeit waren so groß wie seine Beliebtheit bei theologischen Vordenkern und Häretikern. Erst im Verlauf des 4. Jh. konnte er sich endgültig in der Kirche durchsetzen. Der Logos wurde nun zu jenem Titel, der alle anderen Titel für Jesus in den Hintergrund drängte und künftig den einzigen Ausgangspunkt für alles Nachdenken über Jesus in seiner Gottheit bildete.

2. Im Ursprung dieses Logos-Begriffs verbinden sich Traditionen der griech. Philosophie und der jüd. Bibel. Am Beginn steht der Logos als das göttliche Weltprinzip bei dem griech. Naturphilosophen Heraklit von Ephesus. Platon und die Schule der Stoa übernahmen den Begriff. Der jüd. Theologe Philo von Alexandrien knüpfte an die platonische Philosophie seiner Zeit an, die den höchsten Gott ganz jenseitig und unerkennbar dachte. Der Logos galt hier als das wirksame göttliche Prinzip und Mittelwesen zwischen diesem ganz jenseitigen Gott und der Welt. Philo übertrug nun dieses Modell auf die hl. Schrift und identifizierte den Logos der Philosophie mit dem Schöpfungswort „Es werde …", durch das der bibl. Gott die Welt in sechs Tagen ins Dasein gerufen hat. Dieses Wort dachte Philo als Person und Mittler. Das Wort als Schöpfungsmittler war nach Philo aber auch der Offenbarungsmittler der atl Gotteserscheinungen: als Engel bei Abraham und Sara und im Kampf mit Jakob, als Stimme im brennenden Dornbusch und auf dem Horeb und als engelhafter Feldherr, der Josua ins Land der Verheißung führte. Für einen jesusgläubigen Kenner der Werke Philos mußte es sich geradezu aufdrängen, die Reihe fortzusetzen und als die letzte und endgültige Offenbarung des göttlichen Logos und Mittlers Jesus von Nazaret zu bekennen.

In einem kurzen Hymnus faßte die hellen.-jüd. Jesusgemeinde ihren Glauben zusammen: Im Anfang war der göttliche Logos bei Gott, und alles, was existiert, ist durch ihn geworden. Das von Gott geschenkte Leben leuchtet den Menschen in der Finsternis,

die sie umgibt. Da trat ein Mensch auf, der von Gott gesandt war, um auf das göttliche Licht hinzuweisen. Er selbst war dieses Licht in Person. Die Welt und sein Volk erkannten ihn nicht, denen aber, die ihn aufnahmen, gab er die Macht der Gotteskindschaft. Sein Ursprung war nicht von natürlicher Art, sondern aus Gott. Der Logos selbst ist in ihm Fleisch geworden. Wir schauten seine göttliche Herrlichkeit, die er hatte, weil er ganz aus Gott als seinem Vater war. Den Gott, den niemand gesehen hat, hat er uns erklärt, er, der am Herzen seines Vaters ruht.

Leider wurde dieser Text sofort zum Ausgangspunkt für Spekulationen über die göttlichen Dinge vor und jenseits der geschaffenen Welt. Aus der Kombination mit dem ersten Kap. der Gen, ägypt. Mythen und dem Dialog „Timaios" von Platon entstanden phantasievolle Geschichten über die Begriffe des Textes, die nach dem Muster des Logos als göttliche Wesen personifiziert wurden. Aus Berichten der Kirchenväter und aus Papyrusfunden in Nag Hammadi in Ägypten sind uns späte Formen dieser gnostischen Auslegungsmythen bekannt. Mit der Botschaft Jesu hatte dies kaum mehr etwas zu tun.

3. Fast alle ntl Schriften vermeiden daher den Begriff des Logos für Jesus. Nur Pls hält trotz Aussparung des Logos-Begriffs noch an der mit ihm verbundenen Präexistenz und Schöpfungsmittlerschaft Jesu fest. Die späteren ntl Theologen meiden nicht nur den Begriff, sie sehen Jesus auch tatsächlich nicht mehr als das fleischgewordene Schöpfungs- und Offenbarungswort. Für sie ist in Jesus der einzige Gott selbst gegenwärtig geworden: der Vater im Sohn.

Pls bleibt theologisch noch innerhalb der Logos-Lehre, wenn er den Korinthern schreibt, daß „das All durch ihn geschaffen ist" (vgl. 1 Kor 8,6), oder wenn er einen liturgischen Hymnus zitiert, daß Jesus Gott gleich war, sich seiner Gottesgestalt entäußert hat und den Menschen gleich geworden ist (Phil 2,6–8). Die Bezeichnung Logos gebraucht er aber ausschließlich für seine Lehre und Verkündigung (1 Thess 1,8; 1 Kor 1,8; 2,4; Phil 1,14). Die unausgesprochene Logos-Lehre des Pls wird auch im Hebr vertreten (2,10) und von dem dtpln Kol fortgesetzt (Kol 1,16). Der Eph spricht hingegen nicht mehr von der Erschaffung, sondern der Vollendung der Welt durch Christus (Eph 1,10.20–23) und verläßt und überholt damit die Logos-Lehre.

Gegen sie richten sich alle Evv. Das gilt bereits für die Erstfassung des „JohEv". Hier wird der Logos-Hymnus nur deshalb zitiert, weil gezeigt werden soll, wie man ihn im Gegensatz zu den gnostischen Auslegungen ganz und gar auf den irdischen Jesus beziehen kann. Jesus selbst ist der eine Gott, bei dem das Wort der Verkündigung am Anfang seiner irdischen Offenbarung war. Als Sohn ist Jesus mit seinem Vater im Himmel in gegenseitiger Einwohnung und in der Einheit des Wollens und Wirkens völlig „eins". Darum wird Thomas am Ende dem Auferstandenen auch bekennen: „Mein Herr und mein Gott". Der Logos ist nun das Wort der Offenbarung, das Jesus vom Vater hört und den Menschen verkündet.

Die syn Evv stimmen in diese Auffassung ein: Der Logos ist die Verkündigung der frohen Botschaft Jesu (Mk 1,45). Mk gibt seiner Schrift daher in Anspielung auf den Logos-Hymnus „Im Anfang war der Logos, und der Logos war bei Gott" den Titel: „Anfang des Ev von Jesus Christos, [(dem) Sohn Gottes]" (1,1). Die Menschen strömen Jesus zu, der zu ihnen das Wort redet (2,2). Das Wort ist der Samen, den Jesus als Sämann aussät (4,14–4,20). Zu den Menschen redet Jesus das Wort in Gleichnissen (4,33). Doch sein offenes Wort über Tod und Auferstehung wird auch von den Jüngern nicht verstanden (8,32; 9,10). Mk gebraucht auch den Plural: Wer sich der Worte Jesu schämt, dessen wird sich auch der Menschensohn einst schämen (8,38).

Im MtEv mahnt Jesus v.a., seine Worte zu hören und zu tun (7,24.26). Was für die Worte Jesu gilt, gilt auch für die der Apostel. Wo ihre Worte nicht gehört werden, sollen sie das Haus oder die Stadt verlassen (10,14). Sobald wegen des Wortes Leid oder Verfolgung eintritt, nehmen ungefestigte Hörer Ärgernis (13,21). Der Logos ist das Wort vom (Himmel-)Reich (13,31). Pharisäern und Schriftkundigen wirft Jesus vor, daß sie das Wort Gottes um ihrer Überlieferung willen mißachten (15,6), und sie ärgern sich an dem Wort, mit dem er sie kritisiert (15,12). Das Wort von der Unauflöslichkeit der Ehe können nicht alle fassen (19,11), und als der reiche Jüngling das Wort hört, er soll alles verkaufen, den Erlös den Armen geben und Jesus nachfolgen, geht er traurig fort (19,22). Worte Jesu sind schließlich seine Lehren über das Jüngste Gericht (26,1).

Lk nimmt ähnlich wie Mk in der Einleitung seines Ev auf den Logos-Hymnus Bezug und nennt seine Tradenten diejenigen, die „von Anfang (an) Augenzeugen und Diener des Wortes" waren (1,2). Die Fleischwerdung des Logos deutet er als die Erfüllung des Wortes, das Gott den Hirten kundgetan hat (2,15). Das Wort Jesu ist Wort Gottes (5,1; 8,11). Es ist mit Vollmacht und Kraft ausgestattet und befiehlt den Dämonen (4,32.36). Martha sitzt zu Jesu Füßen und lauscht seinen Worten (10,39). Er preist „selig, die Hörenden das Wort Gottes und (es) Bewahrenden" (11,28). Als Auferstandener erinnert Jesus die Jünger schließlich an die Worte, die er zu ihnen gesprochen hat, als er noch bei ihnen war (24,44).

Zu Beginn der Apg nennt Lk sein Ev „den ersten Bericht *(lógos)* über alles, was Jesus zu tun und zu lehren anfing", und nimmt auch hier Bezug auf jenes Wort des Logos-Hymnus, das im Anfang bei Gott – d.h. im Sinn der Evv: bei oder in Hinblick auf Jesus – war (Joh 1,1). Dieses Wort ist nunmehr die Glaubensverkündigung der jungen Kirche. Viele nehmen das Wort an und lassen sich taufen, hören das Wort und kommen zum Glauben (2,41; 4,4). Die Apostel predigen das Wort mit Freimut (4,29.31). Sie entscheiden sich, dem Wort zu dienen und nicht den Tischen, für die sie das Siebenerkollegium bestellen (6,2–5). Ob Lk zwischen der Verkündigung des Logos und des Christus dogmengeschichtlich unterscheidet (8,4f), läßt sich erwägen. Samaria nimmt das Wort Gottes an (8,14), und im Haus des Kornelios fällt der Geist auf alle, die das Wort hören (10,44). Dreimal vermerkt Lk, daß das Wort Gottes wuchs und die Zahl der Schüler oder

es selbst zahlreich oder stark wurde (6,7; 12,24; 19,20). Der lk Pls nennt seine Missionspredigt „Wort dieser Rettung" (13,26), Wort des Ev (15,7) oder Wort des Herrn (15,36).

Auch 1 Joh bleibt bei der Deutung des Logos als der Verkündigung Jesu (1 Joh 1,1). Von der Präexistenz Jesu als Schöpfungsmittler spricht erst wieder die letzte Redaktion des JohEv (17,24). Den personalisierten Logos-Begriff gebraucht aber nur die Offb, allerdings in der Bedeutung des Gerichtswortes, wenn sie den letzten apokalyptischen Sieger als Reiter mit dem Namen „das Wort Gottes" beschreibt (Offb 19,13).

4. Die Unterdrückung der Logos-Christologie durch das NT war erfolglos. Schon im 2. Jh. greifen die Apologeten dieses Konzept wieder auf, um mit ihrem Glauben an die griech. Philosophie anzuknüpfen. Der Logos-Hymnus am Beginn des JohEv wird nun nicht mehr als dessen neuinterpretierte Vorgabe, sondern als seine grandiose Einleitung gelesen. Die nicht-christologische Theologie des Wortes erlebt ihre Wiederentdeckung und Renaissance erst durch die Reformation.

Lit.: P. Hoffmann, Studien zur Theologie der Logienquelle (NTA 8), ³1982; P. Hofrichter, Im Anfang war der „Johannesprolog" (BU 17), 1986; ders., Modell und Vorlage der Syn (ThTSt 6), 1997; J.S. Kloppenborg u.a., Q Thomas Reader, 1990.

Peter Hofrichter

WUNDER, Zeichen

→ Besessenheit; Glanz; Glaube; Leid;
  Macht; Schöpfung

1. Im Unterschied zum neuzeitlichen Verständnis steht in der Bibel nicht die Frage nach der Durchbrechung von Naturgesetzen im Vordergrund, sondern die gläubige Deutung der Welt als Schöpfung Gottes und die Erfahrung seiner hilfreichen Gegenwart. Wird sie besonders überraschend und deutlich erfahren, so spricht man von „Wundern", „Zeichen" und „Machttaten".
2. Im AT gilt als das grundlegende Wunder *(môpet, 'ôt)* die Herausführung Israels aus Ägypten. Daß durch die sog. Plagen der Widerstand des Pharao gebrochen (Ex 7–11), Israel befreit und durch das Schilfmeer hindurchgerettet wurde (Ex 14f), daß es in der Wüste Speise und Trank erhielt (Ex 16f) und daß es in ein fruchtbares Land gelangte, galt als Zeichen der rettenden Macht Gottes, als Heilserweis Jahwes. Besonders bei der jährlichen Pascha-Feier gedenkt Israel dieser Wirklichkeit, erzählt und besingt sie und erfährt sie feiernd aufs neue. Außer in der Exodus-Überlieferung werden Wunder sonst fast nur in den Prophetenlegenden über Elija und Elischa erzählt (1 Kön 17–20; 2 Kön 1–8). Sie veranschaulichen die lebenschaffende Wirkmacht des prophetischen Wortes.
3. Im NT wird eine relativ große Zahl von Wundern *(térata)* berichtet. Die Evv berichten Heilungen (z.B. Mk 1,29–31.40–45; 3,1–6; Mt 8,5–13; Lk 17,12–19; Joh 5,1–9), Dämonenaustreibungen (z.B. Mk 1,23–27; 5,1–20),

Totenerweckungen (Mk 5,21–43; Lk 7,11–17; Joh 11), Rettungswunder (z.B. Mk 4,35–41), Geschenkwunder (z.B. Mk 6,30–44; Lk 5,1–11; Joh 2,1–11) und Erscheinungswunder (z.B. Mk 6,45–52) Jesu. In der Apg werden ähnliche Taten von den Aposteln überliefert (z.B. 3,1–10; 9,32–43; 14,8–18). Auf die Gestaltung der Erzählungen haben vielfältige atl, frühjüd. und hellenistische Einflüsse eingewirkt. Im Überlieferungs- und Gestaltungsprozeß sind auch Steigerungen vorgenommen worden (vgl. z.B. Mk 14,47 mit Lk 22,51). Insgesamt gelangt aber auch die kritische Forschung zu dem Ergebnis, daß Jesus Menschen in einer erstaunlichen Weise von leiblichen und leiblich-seelischen Leiden geheilt hat. Er selbst deutete diese Geschehnisse als Zeichen des Anbruchs der Herrschaft Gottes (Lk 11,20).
Dies ist auch der wichtigste Verständnishorizont, in den die syn Evv-Überlieferung die Wunder Jesu rückt. An ihnen soll deutlich werden, daß Gott durch Jesus das Heil des ganzen Menschen und aller Menschen wirken will und schon zu wirken begonnen hat (Mk 10,37; Mt 11,5). Die Auferweckung Jesu von den Toten verbürgt, daß das in den Wundern anfanghaft erkennbare Heil von Gott vollendet werden wird.
Der zeichenhafte Charakter der Wunder kommt besonders deutlich im JohEv zum Ausdruck. Die Wunder Jesu werden hier Zeichen *(sēmeîa)* genannt (z.B. Joh 2,11; 4,54; 20,30f). Damit wird der Ambivalenz Rechnung getragen: Außergewöhnliches kann oberflächliche Wirkungen hervorrufen (Joh 6,26). Die Wunder kön-

nen aber als „Zeichen" die Herrlichkeit Gottes offenbaren, die in Jesus erfahrbar geworden ist. Sie können zum Glauben an Jesus, den Messias und in die Welt gesandten Gottessohn, führen und im Glauben an ihn die Fülle des Lebens finden lassen (Joh 20,30f). Die Bildgehalte der Wundererzählungen weisen auf die Stillung der menschlichen Lebensbedürfnisse hin, die letztlich nur Gott zu wirken vermag: Die Fülle des Weins ist Bild des Heils und erfüllter Lebensfreude (Joh 2). Die Heilung des kranken Sohnes und des Gelähmten weist darauf hin, daß Gott durch Christus alle Gebrechen von uns nehmen wird (Joh 4f). Das Brot des Speisungswunders ist Zeichen des Lebensbrotes, das Christus selbst ist, und Hinweis, daß er allein den Lebenshunger zu stillen vermag (Joh 6). Der Blindgeborene erhält außer dem Augenlicht die Sehfähigkeit des Glaubens (Joh 9). Die Erweckung des Lazarus macht deutlich, daß Jesus „die Auferstehung und das Leben" ist (Joh 11,25).

4. Beachtet man den Aussagesinn der bibl. Zeugnisse vom staunenerregenden Eingreifen und Handeln Gottes bzw. Jesu zum Heil der Menschen, so kann man auch heute wichtige Orientierungs- und Motivationshilfen gewinnen. Es eröffnet sich ein umfassenderes Wirklichkeitsverständnis, als es rein innerweltliche Betrachtung ermöglicht. Die Texte halten das Bewußtsein lebendig, daß nicht alles so fest gefügt, unabänderlich oder aussichtslos ist, wie es zuweilen den Anschein hat. Sie wecken den Sinn für die Freiheit und Unverfügbarkeit göttlichen Wirkens und auch menschlicher Chancen. Selbst dort, wo die Grenzen des Machbaren erfahren werden und wo nach normalem menschlichem Ermessen kaum Aussicht auf eine Verbesserung persönlicher oder politisch-gesellschaftlicher Lebenssituationen besteht, kann dennoch unverhofft und überraschend eine Wende zum Besseren, in eine heilvolle Zukunft eintreten. Christl. Glaube versteht das Wunder nicht als göttliche Konkurrenz oder als Lückenbüßer zu menschlichem Handeln, sondern sieht in allem Geschehen und auch in allem Tun der Menschen, das dem Guten und letztlich dem Heil dient, Gottes Wirken. Zu sehen, wie Jesus heilte, ermutigte, aufrichtete, befreite, versöhnte und Gemeinschaft stiftete, gibt auch uns heute Richtung und Motivation unseres Verhaltens und richtet Hoffnung auf.

Lit.: W.J. Bittner, Jesu Zeichen im JohEv (WUNT 2/26), 1987; U. Busse, Die Wunder des Propheten Jesus, 1977; J. Imbach, Wunder. Eine existentielle Auslegung, 1995; H.-J. Kuhn, Christologie und Wunder (BU 18), 1988; W. Lütgehetmann, Die Hochzeit von Kana (Joh 2,1–11) (BU 20), 1990; A. Suhl (Hg.), Der Wunderbegriff im NT (WdF 295), 1980; G. Theißen, Urchristl. Wundergeschichten (StNT 8), [6]1990; A. Weiser, Was die Bibel Wunder nennt, [7]1988.

Alfons Weiser

Z

ZAHL

→ Zwölf

Außer dem Zählwert haben Zahlen in den antiken Kulturen und auch in der Bibel oft symbolische Bedeutungen. Mit der Zahl Drei ist der Gedanke an das in sich Geschlossene, Überschaubare, unbedingt Gültige verbunden (Jos 18,4; Jon 2,1; Mt 12,40). Vier bezeichnet besonders die Himmelsrichtungen und Winde und damit verbunden die Vollständigkeit der räumlichen Ausdehnung sowie überhaupt die Totalität (Gen 2,10–14; Ps 107,3; Ez 1; Offb 4,6.8 u.ö.). Sieben, zusammengesetzt aus Drei und Vier, versinnbildlicht die Fülle und Ganzheit, so z.B., wenn die Rede ist von sieben Wochentagen und dem siebten Tag als Ruhetag (Gen 2,2), vom siebten Jahr als Sabbatjahr (Lev 25), von siebentägiger Festdauer (Lev 23,6–8). Die Stammbäume Jesu sind an der Siebenzahl orientiert (Mt 1,17f: $3 \times 14 = 3 \times 2 \times 7$; Lk 3,23–38 nennt 77 Vorfahren). Besonders wichtig ist die Zahl Sieben in der Offb. Hier bezeichnet sie u.a. die sieben, d.h. alle Gemeinden (Offb 2f), die sieben Geister (1,4; 4,5; 5,6), sieben Siegel (5,1), sieben Trompeten (8,2), das Lamm mit sieben Hörnern und Augen (5,6) sowie den Drachen mit sieben Häuptern als gottfeindliche Ge-

genmacht (12,3 u.ö.). Die genannten Symbolwerte erweisen sich z.T. auch als literarische Strukturelemente. So besteht z.B. Offb 2f aus sieben Sendschreiben, Offb 6,1–8,5 aus Visionen über die Öffnung der sieben Siegel des Buches, Offb 8,6–11,19 aus Visionen über Geschehnisse, die durch sieben Trompetenstöße ausgelöst werden.

Die Bedeutung der Zahl Zwölf ist durch die Zwölfzahl der astronomischen Tierkreiszeichen und der zwölf Monate grundgelegt. Im AT ist sie wichtig geworden zur Bezeichnung der zwölf Stämme Israels, benannt nach den zwölf Söhnen Jakobs (Gen 49; vgl. Apg 26,7; Offb 21,12). Im NT verweist die Zwölfzahl des von Jesus berufenen engeren Jüngerkreises (Mk 3,14) auf den Zusammenhang mit dem Zwölf-Stämme-Volk: Die Zwölf gelten als prophetisches Zeichen dafür, daß Gott durch Jesus das Heil vollenden wird (Mt 19,28), das er mit der Erwählung Israels zu wirken begonnen hat. Dementsprechend sind die Zwölf auch besonders wichtige Zeugen der durch die Auferweckung Jesu grundgelegten Vollendungswirklichkeit (1 Kor 15,5; Apg 1,21f).

Lit.: G. Salomon, Zahlen der Bibel, ²1989.

Alfons Weiser

ZEIT, Aion

→ Stunde

1. Zeit wird in den Texten des NT wahrgenommen wie heute: Tageslauf, Jahreskreis, Lebensalter, Geschichtsablauf. Sie wird jedoch ganz anders erfahren als heute.

Über das, was Zeit ist, wird in den Schriften der Bibel nicht ausdrücklich nachgedacht. Weil Zeit unterschiedlich erlebt wird (Augenblick, Dauer, Abschnitt, Wechsel, Rhythmus), kennen und verwenden die bibl. Schriftsteller unterschiedliche Begriffe für Zeit.

Anders als heute wird in der Bibel Zeit in erster Linie nicht naturwissenschaftlich-physikalisch als quantitative Größe gesehen, sondern als qualitative erlebt: Zeit ist Geschenk Gottes.

2. Die griech. Sprache drückt das jeweilige Zeiterleben in unterschiedlichen Begriffen aus. *chrónos* meint den Lauf der Zeit, wie er sich in Zeiträumen und Zeitabschnitten zeigt (Stunde, Tag, Monat, Jahr). Demgegenüber kennzeichnet *kairós* die Erfahrung, daß etwas „an der Zeit" ist, und betont die „geeignete Zeit", den „rechten Zeitpunkt", den „Augenblick". Die Erfahrung, daß etwas eine gewisse Zeit dauert, kommt im Begriff *aiṓn* zum Ausdruck. Bezeichnet wird mit ihm die menschliche „Lebenszeit", die „Generation", das „Zeitalter", die vergangene „Urzeit" wie auch die zukünftige „Weltzeit", die neue „Welt". Daneben meint *aiṓn* auch die unvorstellbar lange, unbegrenzt dauernde Zeit Gottes, die „Ewigkeit".

Nach der vorherrschenden Auffassung des AT steht Gott als der Schöpfer auch der Zeit (Ps 139,16) über dieser, ist er ewig. Sein Dasein in der Zeit (vgl. Ps 105) wird als Zeitfülle erfahren, als begrenzte Teilhabe an Gottes Ewigkeit erlebt. Zeit *(ʿet)* und Ewigkeit *(ʿôlām)* bilden so keine Gegensätze. Als Herr der Zeit schenkt Gott dem vergänglichen Menschen Zeit, weist ihm je seine Zeit zu (vgl. Ps 90; Jes 60,22). Die Geschehnisse im Leben des einzelnen wie des Volkes Israel „zeitigen" sich nach dem Willen Gottes (Gen 15,16; Jer 25,10–13). Geschichte wird als Heilsgeschichte erfahren, läßt hoffen auf das zielgerichtete Ende der Zeit. In den späten Schriften des AT erfährt diese Zeitvorstellung eine charakteristische Abänderung: Die Menschen erleben ihr Zeitalter, „diesen Aion", als Epoche der Ungerechtigkeit, Leiden, Gottlosigkeit. Sie erwarten den „kommenden Aion", in dem Gott wieder Herr sein wird. Dieser Macht- und Zeitenwechsel steht kurz bevor.

3. Im NT wird nahtlos an die atl-jüd. Zeitauffassung angeknüpft. Die ntl Schreiber verwenden die unterschiedlichen griech. Zeit-Begriffe nahezu bedeutungsgleich (Apg 1,7; 1 Thess 5,1) bzw. tauschen sie gegeneinander aus (Gal 4,4; Eph 1,10). Der Grund liegt in dem besonderen Merkmal des ntl Zeitverständnisses, das bestimmt wird durch die Überzeugung: Das Kommen Jesu prägt alle Zeiten „ein für allemal" (Röm 6,10). In den Vordergrund rücken die Vorstellungen von der „Fülle der Zeit" und der „neuen Weltzeit" in den Begriffen *kairós* und *aiṓn*.

Mit dem Erdendasein Jesu ist die Zeit „erfüllt" (Mk 1,15; vgl. Gal 4,4; Eph 1,10). Die Christus-Gläubigen erfahren diese Zeitvollendung in körperlicher und geistiger Gesundung (Lk 11,20), in Sündlosigkeit und Gerechtigkeit (Mk 2,1–12; Röm 3,21–26), in den „Geistesgaben" (1 Kor 12; vgl. Apg 2,17f), in der „Frucht des Geistes" (Gal 5,22f; vgl. Apg 2,44–46), im Genuß von „Leben" (vgl. Joh 4,10; 6,51; 11,25f). Mit dieser Teilhabe an der „himmlischen Welt" (Eph 2,6; vgl. Hebr 6,5) ist Zeit im Grunde zu Ende (vgl. 1 Kor 10,11). „Heute" (Lk 2,11; 4,21 u.ö.; vgl. Hebr 3,7 u.ö.), „jetzt" (Röm 3,21.26 u.ö.; Kol 1,26) ist „wohlangenehme Zeit" (2 Kor 6,2). Das JohEv faßt diese zeiterfüllende Erfahrung insbesondere in dem Begriff „Stunde" (2,4; 4,21 u.ö.).

Die Möglichkeit der „vollendet" erlebten Zeit ist nicht an das Erdendasein Jesu gebunden. Die christl. Verkündigung ermöglicht weiterhin Zeiterfülltheit und Zeitenthobenheit (2 Kor 5,14–6,2; Eph 3,10f; Hebr 3,7–4,11; 1 Petr 1,10–12).

Jesus und die frühen Christen waren davon überzeugt, in der „Endzeit" zu leben: Der Wechsel von der bösen gegenwärtigen zur guten zukünftigen „Weltzeit" steht kurz bevor. In diesem Erwartungshorizont nehmen sie ihre Wirklichkeit wahr und legen sie aus. Dabei wird die Jetztzeit zur Entscheidungszeit (Mt 12,32; Lk 16,1–8; Eph 5,14) und Bewährungszeit (Röm 13,11f; Gal 6,9f; 1 Thess 5,1–11; Kol 4,5; Eph 5,15–20; Offb 2,21). Es gilt, die „Zeichen der Zeit" zu erkennen (Mt 16,3; Lk 12,56); denn die Stunde der Vollendung kennt niemand außer Gott (Mk 13,32 par; Apg 1,7; 1 Thess 5,2; 2 Petr 3,10; Offb 3,3).

4. Die ntl Schriften zeugen von einer Zeitauffassung, die sich nicht in Einklang bringen läßt mit der modernen Zeitauffassung. Wo heute nach Vergangenheit, Gegenwart und Zukunft unterschieden wird, unterscheidet die Bibel nach dem Maßstab vollendet – unvollendet. Dieses gegensätzliche Zeitverständnis drückt sich in einer bezeichnend gegensätzlichen Lebensauffassung aus. Heißt der Maßstab der Moderne: „Zeit ist Geld", so sagt der bibl. Schreiber: „Kaufet die Zeit aus" (Kol 4,5; Eph 5,16).

Lit.: R. Bultmann, Geschichte und Eschatologie, ³1979; S. Herrmann, Zeit und Geschichte, 1977; A. Lindemann, Die Aufhebung der Zeit, 1975; H. Rothbucher u.a. (Hg.), Alles hat seine Zeit – Ich habe keine Zeit, 1995; A. Vögtle, Zeit und Zeitüberlegenheit im bibl. Verständnis, 1961; K. Weis (Hg.), Was ist Zeit?, 1994.

Alois Stimpfle

ZEUGE, Zeugnis, Falschzeugnis

→ Apostel; Eid; Zwölf

1. Der Begriff des Zeugen gehört zunächst in den Bereich des Rechts. Er bezeichnet jemanden, der über eine Tatsache oder ein Geschehnis aus eigenem Erleben Bescheid weiß und außerdem bereit ist, dafür persönlich einzustehen. Diese beiden Aspekte können bei der Verwendung des Zeugen-Begriffs außerhalb des rechtlichen Bereichs verschieden stark akzentuiert sein. Die Bedeutungsnuancen reichen vom Augenzeugen einerseits bis hin zum Blutzeugen, der bereit ist, mit dem Einsatz des Lebens für eine (Glaubens-)Überzeugung, die der empirischen Erfahrung nicht zugänglich ist, einzustehen. Auch im NT findet sich die ganze Variationsbreite des Begriffs. Er ist besonders in der Apg und in den joh Schriften von großem Gewicht.

2. Im AT ist v.a. von Zeugen bei Gericht die Rede. Die Regelung von Dtn 19,15, daß zur Sicherung eines Tatbestands zwei oder drei Zeugen erforderlich sind, wird im NT mehrmals zitiert (Mt 18,16; Joh 8,17; 2 Kor 13,1; 1 Tim 5,19; Hebr 10,28). Dabei hat die Zuverlässigkeit des Zeugnisses einen so hohen Stellenwert, daß sogar der Dekalog davon spricht (Ex 20,16; Dtn 5,20, zitiert in Mk 10,19 parr): „Du sollst gegen deinen Nächsten kein falsches Zeugnis abgeben." Bemerkenswert ist auch, daß die LXX das Offenbarungszelt der Exodus- und Richterzeit als „Zelt des Zeugnisses" bezeichnet (so auch Apg 7,44; Offb 15,5).

3. In den syn Evv ist v.a. beim Prozeß Jesu vor dem Synhedrion von Zeugnis *(martyría)* bzw. Falschzeugnis die Rede (Mk 14,55–59 par; ebenso im Prozeß gegen Stephanus in Apg 6,13; 7,58). In Anlehnung an das öffentliche Recht sieht auch die „Gemeindeordnung" in Mt 18,16 den Beizug von Zeugen vor. Die Formel „ihnen zum Zeugnis" (Mk 1,44 parr; 6,11 par; 13,9 parr) erinnert ebenfalls an das Be- (bzw. Ent-)lastungszeugnis vor Gericht.

Die Apg entwickelt einen ausgeprägten Begriff vom Zeugen *(mártys)*, der für ihre theologische Aussage von großer Bedeutung ist. Die zwölf Apostel erhalten vom Auferstandenen selbst den Auftrag, seine Zeugen in aller Welt zu sein (Lk 24,48; Apg 1,8). Diese Beauftragung (bzw. die ausdrückliche Bestellung durch den Jün-

gerkreis im Fall des Matthias, Apg 1,15–26) ist konstitutiv für diese Zeugenschaft. Die Apostel sind Augenzeugen, die, „angefangen von der Taufe (des) Johannes bis zu (dem) Tag, an dem er (d.h. der Herr Jesus) aufgenommen wurde" (Apg 1,22), zu den Gefährten Jesu gehörten. Trotzdem sind sie nicht nur Zeugen der äußeren Geschehnisse um Leben, Tod und Auferstehung Jesu, sondern auch für deren Heilsbedeutung (vgl. die Reden der Apg). Immer wieder betont die Apg diesen Auftrag der Apostel, Zeugen zu sein, und erzählt, wie sie diesen Auftrag ausführen (Apg 2,32; 3,15; 4,33; 5,32; 10,39–42; 13,30f). Dafür wird ihnen der hl. Geist geschenkt (Apg 1,8; 2,1–13), so daß sie in Apg 5,32 sagen können: „Und wir sind Zeugen dieser Geschehnisse, und der heilige Geist."

Obwohl er nicht zum Kreis der Zwölf gehört und nicht Augenzeuge des irdischen Jesus ist, wird auch Pls Zeuge genannt (Apg 22,15; 26,16). Der Auferstandene beruft ihn vor Damaskus zum Zeugen dessen, „was du [von mir] sahst und was ich dir von mir zeigen werde" (Apg 26,16). Dabei ist es seine besondere Sendung, dieses Zeugnis zu den Heiden zu bringen (26,17). So sieht der Pls der Apg seinen ganzen Lebensinhalt darin, „zu bezeugen das Ev der Gnade Gottes" (20,24). Außer ihm und den Zwölf wird in der Apg nur noch Stephanus Zeuge genannt (22,20). Er ist der erste Zeuge, dessen Blut „ausgegossen wurde" (22,20).

Die PlsBr wie auch die nachpln und KathBr haben keinen ähnlich profilierten Zeugnis-Begriff. Der Ausdruck bezeichnet den guten Leumund (Kol

4,13; 1 Tim 3,7; 5,10; Hebr 11,4f.39), eine besonders nachdrückliche Aussage (Röm 10,2; 2 Kor 8,3; Gal 4,15; 5,3 u.ö.) oder eine eindringliche Aufforderung, ja Beschwörung, die mit der Anrufung der Autorität Christi oder Gottes verbunden wird (Eph 4,17; 1 Tim 5,21; 2 Tim 2,14; 4,1). Mehrmals ruft Pls zu seiner Selbstverteidigung Gott als Zeugen an (Röm 1,9; 2 Kor 1,23; Phil 1,8; 1 Thess 2,5.10). Vom Zeugnis des Gewissens sprechen Röm 2,15; 9,1; 2 Kor 1,12. An andern Stellen bezeichnet das Zeugnis die Verkündigung oder das Bekenntnis der Botschaft Christi (1 Kor 1,6; 2,1; 2 Thess 1,10). Das volle Gewicht des Zeugnisses (für die Auferstehung) hat es hingegen in 1 Kor 15,15; Hebr 7,8. Anderswo ist vom Zeugnis der Schrift (Röm 3,21; Hebr 2,6), des Mose (Hebr 3,5) oder des Geistes (Hebr 10,15; 1 Petr 1,11) die Rede. Durch die Schöpfung und durch Wunder gibt Gott selbst Zeugnis (Hebr 2,4; 11,2–5). Singulär ist Röm 8,16: „Der Geist selbst mitbezeugt unserem Geist, daß wir sind Kinder Gottes."

In der Christologie und Offenbarungstheologie der joh Schriften (Ev und Briefe) sind die Begriffe „Zeugnis" (martyría) und „zeugen" (martyréō, aber nie „Zeuge"!) von besonderer Bedeutung. Jesus bezeugt die göttliche Wirklichkeit: „Was er gesehen hat und hörte, dies bezeugt er" (Joh 3,32; vgl. auch 3,11). Es ist seine Sendung, für die Wahrheit Zeugnis abzulegen (18,37). Da er in Person die Wahrheit ist (14,6), gibt er für sich selbst Zeugnis (8,14.18). Aber er ist mit seinem Zeugnis nicht allein. Im voraus zeugt Johannes d.T. für ihn: „Dieser kam zum Zeugnis, damit er zeuge über das Licht, damit alle glaubten durch ihn" (1,7; vgl. auch 1,15; 3,26; 5,33–35). Sein Zeugnis lautet: „Dieser ist der Sohn Gottes" (1,34). Aber v.a. Gott selbst zeugt für Jesus (5,37–39; 8,18; 1 Joh 5,9–11; in 5,39: die Schriften). Die Werke Jesu machen das Zeugnis durch den Vater offenbar (Joh 5,36; 10,25). Dieses vielfache Zeugnis weist ihn als wahren Offenbarer aus. Trotzdem wird sein Zeugnis nicht angenommen (3,32; vgl. auch 3,11). Nach Ostern geben der „Fürsprecher" bzw. der Geist und die Jünger vor der Welt Zeugnis über Jesus: „Wann der Fürsprecher kommt, den ich euch schikken werde vom Vater, der Geist der Wahrheit, der vom Vater ausgeht, jener wird zeugen über mich; auch ihr aber zeugt, weil von Anfang (an) bei mir ihr seid" (15,26f). Daß es im Zeugnis der Jünger nicht nur um das Bezeugen der äußeren Geschehnisse des Lebens und Wirkens Jesu, sondern um das tiefe Geheimnis seiner Sendung geht, macht besonders 1 Joh 1,1–3 deutlich: So sehr das Sehen, Hören und Berühren betont werden, bezeugen die Jünger „das Wort des Lebens", wobei es um die Gemeinschaft „mit dem Vater und seinem Sohn Jesus Christos" geht. „Und wir haben geschaut und bezeugen, daß der Vater geschickt hat den Sohn als Retter der Welt" (1 Joh 4,14). Dieses Zeugnis will auch der Jünger selbst, auf den sich das JohEv stützt, weitergeben (Joh 19,35; 21,24).

Eine besondere Färbung bekommen die Begriffe des Zeugen und des Zeugnisses in der Offb. Ähnlich wie in den joh Schriften ist Jesus zunächst selbst „der treue Zeuge" (1,5; 3,14). Öfter aber ist von den Glaubenden die Rede, den „Habenden das Zeugnis von Jesus" (19,10), den „Geschlachteten wegen des Wortes Gottes und wegen des Zeugnisses, das sie (fest)hielten" (6,9; vgl. auch 2,13; 11,7; 12,17; 17,6). Ihnen gehört der Sieg über den „Drachen": „Und sie besiegten ihn durch das Blut des Lammes und durch das Wort ihres Zeugnisses" (12,11). Sie werden auf Thronen Platz nehmen, um mit Christus Richter zu sein, zu leben und zu herrschen (20,4). Der Seher Johannes versteht auch sich selbst als Zeuge (1,9) und sein Buch als „Zeugnis (des) Jesus Christos, wieviel er schaute" (1,2).

4. Bereits die Offb betont, daß die Zeugen Jesu verfolgt und getötet werden. Aber sie sieht das Zeugnis wohl noch nicht im Vergießen des Blutes selbst. Diesen Ansatz weiterführend, entwickelt sich zuerst in der Kirche Kleinasiens (der Heimat der Offb!) um die Mitte des 2. Jh. der spezifische Begriff des „Blutzeugen": Durch das Vergießen des Blutes selbst, nicht durch die Verkündigung mit Worten, wird der an Christus Glaubende zum Zeugen *(mártys)*. Bis heute gilt das Martyrium in der kirchlichen Tradition als die Hochform des Zeugnisses für Christus. Der Titel „Märtyrer" (Zeuge) ist den Blutzeugen vorbehalten.

Lit.: J. Beutler, Martyria (FTS 10), 1972; N. Brox, Zeuge und Märtyrer, 1961; E. Nellessen, Zeugnis für Jesus und das Wort, 1976.

Franz Annen

ZÖLLNER, Zollstätte, Zoll

1. Steuern und Zölle sind seit alters bedeutende Einnahmequellen der Re-

gierenden, welche aus freiwilligen oder erzwungenen Abgaben bestehen. Als Folge von Eroberungen bieten diese den Siegern ein politisch und ökonomisch bedeutsames Machtmittel. Zahlungen können in der Antike in verschiedener Form erfolgen: wertvolle Metalle, Geld, Waren, Tiere, Arbeit oder Sklaven. Die Aufgabe der Zöllner oder Abgabenpächter ist es, diese Abgaben und Steuern einzutreiben und sie den jeweils übergeordneten Stellen zu überantworten.

2. Der Zoll ist in der Antike ausschließlich ein Waren- und Passierzoll und umfaßt sämtliche indirekten und direkten Steuern, Gebühren und Abgaben. Seit der Steuerreform Julius Caesars (vgl. Julius Caesar, bell. civ. III 3,31) werden direkte Zölle (z.B. Land- und Kopfsteuer) von dem römischen Staat verantwortlichen Steuerbeamten eingezogen. Bei den im NT genannten Zöllnern *(telōnēs)* dagegen handelt es sich um freiwillige Pächter und deren Agenten, welche bei Steuerauktionen das Recht erkauft haben, spezifische Abgaben einzutreiben (z.B. Waren und Einfuhrzölle). Hinsichtlich ihres sozialen und religiösen Ansehens sind die Zöllner allgemein (vgl. z.B. Cicero, offic. 15–51), besonders aber unter der jüd. Bevölkerung Palästinas, diffamiert. Folgende Gründe mögen dafür bedeutsam sein: Zöllner liefern Abgaben für eine Besatzungsmacht; oft wird der Zöllner der skrupellosen Selbstbereicherung bezichtigt; seine Arbeit bringt Unreinheit mit sich durch den Umgang mit Nichtjuden. Ferner tragen ihr Umgang mit römischem Geld (Abbild des Kaisers) und ihre Arbeit, welche materiell ausgerichtet ist und oft großen Reichtum ermöglicht, zu ihrer Ablehnung bei (vgl. die Auseinandersetzung mit den Pharisäern).

3. Traditionsgeschichtlich gehören die Zöllner-Texte in den syn Evv vermutlich unterschiedlichen Entwicklungsstufen an. Diese weisen auf eine ursprünglich umfassende Überlieferung hin, welche ihren Ursprung in Jesu Hinwendung zu sozial als auch religiös diffamierten Gruppen innerhalb der Gesellschaft hat.

Charakteristisch für die moralische Wertung des Zöllners im NT ist seine Erwähnung in Zusammenhang mit Sündern: „von Zöllnern ein Freund und von Sündern" (z.B. Mt 11,19 par), sowie Dirnen (Mt 21,31) und Nichtjuden (Mt 18,17). Sie stehen damit im Gegensatz zum gläubigen Juden (v.a. Pharisäer; vgl. Mt 9,9–13) und gehören zu sozial und religiös diffamierten Gruppen in der Gesellschaft. Jesu zwangloser Umgang mit Zöllnern gehört, durch seine Kritik an bestehenden Normen, zur zentralen Aussage seiner Botschaft vom Reich Gottes: „Ich bin nicht gekommen, Gerechte zu rufen, sondern Sünder zu Umkehr" (Lk 5,32 parr). In der Tischgemeinschaft mit Zöllnern werden Jesu „überraschende" Botschaft der Gerechtigkeit und Gnade Gottes sowie die eschatologische Vorwegnahme des Königsmahls im Reich Gottes in Jesu Handeln manifest. Diese Zuwendung zu Zöllnern und Sündern findet ebenso Ausdruck und Deutung in den Gleichniserzählungen (z.B. Lk 15,11–32).

4. Die ntl Botschaft von Jesu Hinwendung zu Sündern und Zöllnern als Ausdruck der grenzenlosen Barmherzigkeit Gottes ist überaus tröstliche Zusage der Güte Gottes. Zugleich be-

deutet sie eine stete Herausforderung für Jesu Nachfolger, an der Verwirklichung des Reiches Gottes mitzuarbeiten, eines Reichs, zu welchem alle Menschen gerufen sind, auch diejenigen, die religiös, sozial oder moralisch den Vorstellungen der Gesellschaft nicht entsprechen.

Lit.: F. Herrenbrück, Jesus und die Zöllner (WUNT 2/41), 1990; J. Jeremias, Die Gleichnisse Jesu, [10]1984.

                                        Eva Maria Räpple

ZORN

→ Gericht

1. „Der zürnende, strafende Gott des AT, aber der liebende Gott Jesu im NT" – wer kennt nicht diesen „Vulgär-Marcionitismus" auch in der kirchlichen Verkündigung bis heute (samt der damit verbundenen Abwertung des AT)? Marcions Theologie führte bekanntlich im 2. Jh. zur Schaffung eines eigenen Kanons, der von allen Vorstellungen eines zürnenden, rächenden Schöpfergottes „gereinigt" war – wie weit schaffen wir uns heute immer noch unseren eigenen „Kanon" durch das Ausblenden von bibl. Themen und Texten, die wir nicht verstehen bzw. die uns „nicht passen"?

2. Seit Homer kennen griech. Dichtung und Mythologie das Motiv vom Zorn der Götter, der sich sowohl gegeneinander als auch gegen die Menschen richten kann (Homer, Il. 8,407; 24,606). Zwar lehnte die philosophische Kritik solche Gedanken ab; dennoch verstand der Volksglaube Naturkatastrophen oder politische Unglücksfälle als Wirkungen des Zorns der Götter, gegen den sich der Mensch z.B. durch Opfer schützen müsse.

Im AT ist weit häufiger vom Zorn Gottes die Rede als von menschlichem Zorn. Die anthropomorphe Redeweise gilt als Ausdruck der lebendigen Personhaftigkeit Jahwes und wird nie zur selbständigen Unheilsmacht. Bisweilen als rätselhaft empfunden (Ijob), ist der Zorn Gottes doch klar als sein Widerwille gegen alles Böse, als Reaktion auf die Verletzung seines Heils- und Bundeswillens verstanden worden. Der von Israel besonders durch das Exil geschichtlich erfahrene Zorn Gottes weist dann voraus auf den Tag Jahwes, auf das endzeitliche Zorngericht Gottes.

3. Schon Johannes d.T. predigte die Umkehr zur Rettung vor dem Zorn (Mt 3,7f par). Auch in Texten über Worte und Taten Jesu bei den Syn ist mehrfach vom Zorn die Rede: Jesus zeigt seinen Zorn gegenüber dem Satan und den Dämonen (Mt 4,10; Mk 1,25 u.ö.); sein Zorn, der ihn traurig macht, trifft die Pharisäer, weil er ihre Verstockung nicht überwinden kann (Mk 3,5). In Gleichnissen wird solcher Zorn ebenfalls erwähnt (z.B. Mt 18,34; Lk 14,21). Jesu Zorn kann aber auch der des eschatologischen Richters sein, der die Händler im Tempel oder die gottlosen Städte richtet (Mt 21,12f; 11,20–24).

Auch im JohEv trifft der Zorn Jesu jede Form des Unglaubens und des Unverständnisses (11,33.38). Zusätzlich betont die joh Theologie die Gegenwart des eschatologischen Zorns Gottes (3,36): Die Heilssendung Jesu wird dem, der nicht glaubt, zum Gericht; der Ungläubige ist bereits in der Todessphäre. Ziel dieser Aussage ist die Aufforderung an jeden Menschen, das Zeugnis des Sohnes anzunehmen (3,31–36).

Pls konfrontiert in Röm 1,18–3,20 den Sünder, egal ob Heide oder Jude, also jeden Menschen, mit der Wahrheit Gottes. Schon im ersten Satz dieses Abschnitts (1,18) wird das Thema genannt: „Zorn Gottes", so sagt Pls in apokalyptischer Redeweise, wird geoffenbart „gegen jede Gottlosigkeit *(asébeia)* und Ungerechtigkeit *(adikía)* von Menschen, die die Wahrheit in Ungerechtigkeit niederhalten". Die folgende Situationsanalyse (1,19–32) orientiert sich ganz an dem atl-jüd. Ansatz, Kritik am Götzendienst mit Sozialkritik zu verbinden: Sie beten das Gemachte (das Geschöpf) an statt den Schöpfer, darum hat Gott sie ihren Begierden *(epithymía)* preisgegeben – das gleiche Wort, mit dem Platon und Aristoteles in ihren politischen Analysen die gemeinschaftzerstörenden Verhaltensweisen bezeichnet hatten (Aristoteles; v.a. die Zinswirtschaft!); nicht ohne Grund steht in dem folgenden Lasterkatalog die Habgier mit ganz oben. Die Reaktion Gottes auf die bestehende (römische) Gesellschaftsordnung mit ihren Strukturen der Ungerechtigkeit ist also sein „Zorn". Das ist keine anthropomorphe Redeweise, die die göttliche Liebe verdunkelt, und auch nicht eine göttliche Nemesis oder ein hl. Unwille oder sonst ein Affekt Gottes. „Zorn Gottes" meint vielmehr ein Geschehen, nämlich Gottes Gericht (Röm 2,5.8; 3,3–6)! Wird dieser Zorn „geoffenbart" (1,18), so meint das nicht eine belehrende Mitteilung, sondern das Wirksamwerden. Anders gesagt: Das Ev bringt, wenn es von Gnade spricht, nicht die Aufklärung über Gottes bisher verkanntes Wesen, als sei Gott bisher fälschlich als zornig vorgestellt worden und müsse jetzt als gnädig erlebt werden. Im Gegenteil: Der christl. Glaube an die Gnade Gottes besteht nicht darin, daß es keinen Zorn Gottes (mehr) gibt, sondern in der Überzeugung, vor dem Zorn Gottes gerettet zu werden.

In der Offb schließlich wird ausdrücklich Gottes Zorn über die Verfolger herbeigesehnt und -gefleht. Mit einer kaum zu übersehenden Genugtuung wird vom Ende jener gesprochen, die sich gegen Gott wenden und direkt oder indirekt zur Verfolgungssituation der Gemeinde beitragen. Musterhaft mag dafür Kap. 15f stehen, die Ausgießung der sieben Schalen des Zorns Gottes. Der hier stehende griech. Begriff *thymós* meint allerdings (stärker als das sonst meist verwendete *orgé*) einen affektiv-leidenschaftlichen Zorn. Solche Emotion stellt das Kanonprinzip auf eine beträchtliche Probe – hierin liegt aber wohl auch der Schlüssel zu einer möglichen Akzeptanz. Hier schreien offensichtlich getretene Christen ihr Leid vor Gott heraus, und Gott antwortet darauf mit seinem Zorn. Christen/Christinnen, die diese Schrift lesen, müssen ihre eigene Situation hermeneutisch übersetzen – sonst könnte die Offb zu einem fraglichen Gottesbild und zu fragwürdigen Konsequenzen bei den Lesern/Leserinnen führen.

4. Im Affekt des Zorns begegnet der Mensch seiner Umwelt mit aggressiver Reaktion auf eine erfahrene Ungerechtigkeit, sei es im Verlangen nach Vergeltung (Rache) oder nach Wiedergutmachung (Sühne); darin liegt der Unterschied zur Kurzschlußhandlung der („blinden") Wut. Die (aus der Stoa stammende) Abwertung des Zorns als eine der sieben Hauptsünden muß nach heutiger psychologischer Erkenntnis differenziert gesehen werden, da Zorn als ganzheitliche leib-seelische Antriebskraft sehr wohl für sittliches Leben fruchtbar gemacht werden kann. Solch einen „heiligen Zorn" kennt übrigens auch die Bibel (z.B. Jer 6,11; Mk 3,5).

Lit.: P. Arzt, Bedrohtes Christsein (BET 26), 1992; R. Bultmann, Theologie des NT (UTB 630), ⁹1984.

Michael Ernst

ZUNGENREDE

→ Geist

1. Der Ausdruck Zungenrede wirkt in unserem heutigen Sprachmilieu sowie in unserer Erfahrungs- und Lebenswelt befremdlich. Geschieht nicht jede Rede mit Hilfe der Zunge? Aber selbst wer erfährt, daß eine ganz besondere Weise des Sich-Äußerns gemeint ist, kann sich nur schwer damit zurechtfinden.

2. Eigenartige lauthafte, aber nur undeutlich oder gar nicht durch Worte artikulierbare Äußerungen, die man auf göttliche Eingebungen zurückführte, spielen in den Religionen der Antike eine Rolle. Sie begegnen z.B. in den enthusiastisch-ekstatischen Äußerungen des Dionysoskults, in den Orakeläußerungen der Pythia in Delphi und in magisch wirkenden Lauten des antiken Zauberwesens.

3. Nach 1 Kor 12–14 erlebte man bei Zusammenkünften der christl. Gemeinde in Korinth, daß manche Gemeindemitglieder, in unartikulierter (14,6–11), ekstatischer (14,14.23), aber lauthaft wahrnehmbarer Weise betend, Gott lobten. In der Gemeinde selbst und auch nach dem Urteil des Pls galt dieses Phänomen als Geistesgabe, d.h., als Befähigung, die vom hl. Geist hervorgebracht wurde (12,10f; 14,1f). Auch Pls war mit dieser Gabe beschenkt (14,18). Wie andere Geistesgaben galt sie als Anzeichen dafür, daß die Endzeit angebrochen sei (Apg 2,17–20). Wegen ihrer göttlichen Herkunft hochgeschätzt, brachte die Zungenrede *(glôssa)* jedoch auch Probleme für das Gemeindeleben mit sich: die Gefahr der Überheblichkeit, der Geringschätzung anderer und der Verletzung der Liebe. Aus diesen Gründen, und weil sie nicht durch Kommunikation dem Aufbau der Gemeinde dient, ordnet sie Pls der Prophetie nach und fordert ihre Übersetzung in verständliche Aussagen (1 Kor 14,5.13. 26f).

Geisterfahrungen in Form von Zungenrede werden für die Anfangszeit des Christentums auch von der Apg bezeugt. Dem lk Pfingstbericht liegt wahrscheinlich die Erfahrung der Zungenrede in Jerusalem zugrunde. Lk hat sie aber als Sprachenwunder gedeutet (Apg 2,1–13) und sie so seiner Missionstheologie dienstbar gemacht: Der hl. Geist ist es, der die Verkündigung des Ev in allen Sprachen und Völkern wirkt. Als Zeichen des Geistempfangs neubekehrter Christen gilt die Zungenrede. Apg 10,45f; 19,6: In der Missionsarbeit sowohl des Petrus als auch des Pls äußert sich die Gabe des empfangenen hl. Geistes in der Zungenrede. Im Unterschied zu 1 Kor wird aber nichts darüber gesagt, wie sich die Zungenrede im Gemeindeleben auswirkte.

4. In manchen religiösen Gruppen und neueren kirchlichen Bewegungen, wie z.B. den Pfingstgemeinden oder der Charismatischen Gemeindeerneuerung, wird auch in unserer Zeit das Gebet in Form der Zungenrede gepflegt. Die Phänomene sind ähnlich denen, wie Pls sie beschreibt. Bei der Ausübung der Zungenrede wollen aber auch heute die von Pls genannten Kriterien beachtet sein, damit die Zungenrede das Gemeindeleben nicht eher stört als fördert.

Lit.: H.-J. Klauck, Die religiöse Umwelt des Urchristentums I, 1995; J. Kremer, Pfingstbericht und Pfingstgeschehen (SBS 63/64), 1973; G. Theißen, Psychologische Aspekte pln Theologie, [2]1993; A. Weiser, Kommunikation in der Urkirche, in: ders./ E. Leuninger (Hg.), Dialog in der Kirche (GWW 16), 1992, 9–34.

Alfons Weiser

ZUVERSICHT, Freimut

→ Botschaft

1. Das zugrunde liegende griech. Wort *parrēsía* läßt sich nicht mit einem deutschen Wort wiedergeben, das die vielfältigen Aspekte seiner Bedeutung genügend umfaßt. Ursprünglich bezeichnet es die Freiheit, alles zu sagen. Je nach Zusammenhang muß es mit Offenheit, Öffentlichkeit, Freimut, Zuversicht u.ä. übersetzt werden.

2. Zunächst ist die *parrēsía* ein zentraler Begriff in der politischen Kultur der athenischen Demokratie, wo sie das Recht des frei geborenen Bürgers bedeutet, in der Volksversammlung *(ekklēsía)* offen alles zu sagen. In der privaten Sphäre bezeichnet sie die Offenheit, die für die Beziehung unter Freunden charakteristisch ist oder sein soll (Aristoteles, Plutarch). In der Popularphilosophie, besonders im Kynismus, wird der Begriff ins Moralische gewendet: Der kühne Freimut, wem auch immer offen die Wahrheit zu sagen, gehört zum denkenden und moralisch gefestigten Menschen.

Im hellenistischen Judentum (Philo, Josephus) und in der griech. Bibel (LXX) wird der Begriff der *parrēsía* auf das Verhältnis des Menschen zu Gott angewandt: Der Gerechte hat freien Zugang zu Gott und darf ihm alles sagen. Er darf im Gebet ohne Scheu seine Anliegen vor Gott tragen und zuversichtlich sein, erhört zu werden (vgl. Ijob 22,26f).

3. Im NT, wo *parrēsía* 31mal und das Verb *parrēsiázomai* neunmal vorkommen, bleibt die Grundbedeutung, alles frei und offen zu sagen, erhalten. Dabei findet sich auch hier die gleiche Vielfalt der Aspekte.

Im JohEv gehört die *parrēsía* in den Zusammenhang der Verkündigung Jesu und bezeichnet die „Öffentlichkeit" seines Auftretens (v.a. Joh 7,26; 18,20): Jesus redet und wirkt nicht im verborgenen Winkel, sondern vor der Öffentlichkeit der Welt. An andern Stellen bekommt der Begriff die Nuance der „Unverhülltheit" der Rede (Joh 11,14; vgl. auch Mk 8,32), manchmal im Gegensatz zum Reden in „Rätseln" (Joh 16,25.29).

Am häufigsten und einheitlichsten ist der Gebrauch von *parrēsía* in der Apg, wo sie die Verkündigung der Apostel und Missionare der frühen Kirche, besonders des Pls, charakterisiert. Auch hier geht es um die freie Verkündigung vor aller Öffentlichkeit. Da diese aber der Botschaft oft ablehnend oder feindlich gegenübersteht (die Juden, die Ältesten und Schriftkundigen, König Agrippa usw.), bekommt *parrēsía* deutlich den Aspekt des Mutes und der Unerschrockenheit (z.B. Apg 4,13; 9,27f; 26,26; 28,31). In diesen Fällen wird am besten mit „Freimut" übersetzt. Dabei ist es der Apg bewußt, daß diese mutige Offenheit ein Geschenk des hl. Geistes ist und erbetet werden muß (vgl. v.a. Apg 4,29.31).

1 Joh und Hebr wenden den Begriff der *parrēsía* auf das Verhältnis der Christen zu Gott an. Diese haben freien Zugang zu Gott und dürfen ihm alles sagen. Der Hebr betont, daß den Glaubenden diese Unmittelbarkeit zu Gott durch das Blut Jesu eröffnet ist (Hebr 10,19) und zur ihnen geschenkten Hoffnung gehört (Hebr 3,6). Nach 1 Joh 2,28 ist sie jenen geschenkt, die „in ihm bleiben". Die *parrēsía* bezieht sich auf das Gebet des Glaubenden, dem die „Zuversicht" geschenkt ist, daß Gott es erhört (v.a. 1 Joh 3,21; 5,14f). Sie hat aber auch eine zukünftige Dimension im Blick auf das Kommen Christi zum Gericht: Wer in ihm und seiner Liebe bleibt, wird mit Zuversicht und in freier Offenheit vor seinem Richter stehen dürfen (1 Joh 2,28; 4,16–18).

In den pln und dtpln Briefen findet sich die ganze Vielfalt der genannten Aspekte (z.B. 2 Kor 3,12; Phil 1,20; Phlm 8; bzw. Eph 3,12; 6,19; 1 Tim 3,13).

4. Die *parrēsía* der Christen ist also nicht einfach das demokratische Recht der freien Meinungsäußerung, auch nicht nur die Offenheit, die unter Freunden herrschen soll, noch die Kühnheit, jedem die Meinung ins Gesicht zu sagen, auch wenn sie mit all dem zu tun haben mag. Sie ist vielmehr eine Gabe Gottes, die dem Glaubenden in Christus geschenkt ist und ihm Unmittelbarkeit zu Gott und freimütige Offenheit vor den Menschen im Eintreten für das Ev schenkt.

Lit.: W. Beilner, Ein ntl Wortfeld mit aktuellen Implikationen, 1979; St.B. Marrow, *parrēsía* and the NT, CBQ 44 (1982) 431–446.

Franz Annen

ZWÖLF

→ Apostel; Schüler; Zahl

1. Die Symbolik der Zwölfzahl basiert vermutlich auf der Einteilung des Mondjahrs (Tierkreiszeichen), spielt von daher ihre besondere Rolle im Kult und in Genealogien.
2. Im AT findet sich der kultische Bezug noch in den zwölf Malsteinen beim Bundesschluß: Ex 24,4, bei den zwölf Edelsteinen auf der Priesterkleidung: Ex 28,21 und den zwölf Schaubroten: Lev 24,5–9. Ansonsten spielen v.a. die öfter erwähnten zwölf Nachkommen von Stammvätern eine Rolle (Gen 22,20–24; 25,12–16), insbesondere die zwölf Söhne Jakobs: Gen 35,22b–26 = zwölf Stämme Israels: Gen 49,2ff. Das Kultische erscheint dabei meist im Kontext der zwölf Stämme.
3. Das NT knüpft vielfältig an die zwölf Stammväter und Stämme Israels

an, v.a. wo es von der besonderen Rolle der Zwölf *(dōdeka)* aus dem Jüngerkreis Jesu handelt. Zwar bleibt unklar, ob deren Auswahl und Bestimmung wirklich auf Jesus zurückgeht (so Mk 3,13–19 parr); aber es spricht doch einiges dafür, v.a. die in den verschiedensten Traditionen sich findende Bezeichnung „die Zwölf" selbst (bei Mk, Mt und auch Lk, aber auch 1 Kor 15,5; Joh 6,67; Apg 6,2 u.ö.), ferner Judas, der sonst kaum als „der eine der Zwölf" bezeichnet würde (Mk 14,10 parr). Dann wurden die Zwölf wohl im Blick auf die „Sammlung des Zwölf-Stämme-Volks Israel" von Jesus ausgewählt und ausgesandt (zu Mk 6,7ff; vgl. Mt 19,28; Lk 22,30).
Die zunehmende Identifizierung der Zwölf mit den „Aposteln", die sich bei Mk nur andeutet (vgl. 6,7–13.30), bei Mt wohl sekundär eindrang (10,2ff) und von Lk durchgesetzt wurde (zu Lk 6,13 vgl. Apg 1,21f.26 u.ö.), macht deutlich, daß die Zwölf erst nachösterlich ihre eigentliche Rolle spielten: als Boten Jesu und Repräsentanten des neuen „Israel" aus allen Völkern, der „zwölf Stämme in der Zerstreuung" (Jak 1,1). Besonders intensiv spielt die Offb mit der Zwölfzahl im Blick auf die Erlösten (7,5–8), das neue Israel (12,1ff), die Apostel und das himmlische Jerusalem (21,12–21).
Einen Reflex der Zwölf wird man in den zwölf Körben bei der Brotvermehrung finden können (Mk 6,43 parr); ob auch andere Erwähnungen der Zwölfzahl symbolische Bedeutung haben (z.B. Mk 5,25.42; Mt 26,53; Lk 2,42), ist dagegen nicht auszumachen.
4. Auf „die Zwölf" am Anfang, aus nachösterlicher Sicht „die Zwölf Apostel", und ihr Zeugnis weiß sich die

Kirche gegründet. Ihre Symbolik hat aber mehr mit der Grundlegung des neuen und eschatologischen „Zwölf-Stämme-Volks", des „Israel" aus allen Völkern, zu tun als mit der späteren Ämterstruktur der Kirche. Daß keine Frau unter ihnen ist, hat also nichts zu besagen für die heutige Frage, was die Kirche daran hindere, Frauen mit kirchlichen Ämtern zu betrauen.

Lit.: K. Kertelge, Die Funktion der „Zwölf" im MkEv, TThZ 78 (1969) 193–206; G. Schmahl, Die Zwölf im MkEv (TThSt 30), 1974.

Josef Hainz

Anhang I: Abkürzungsverzeichnisse

Allgemeine Abkürzungen

Adj./adj.	Adjektiv/-isch	Jh.	Jahrhundert(e)
Adv./adv.	Adverb/adverbial	jüd.	jüdisch
ägypt.	ägyptisch	Kap.	Kapitel
arab.	arabisch	kath.	katholisch
aram.	aramäisch	lat.	lateinisch
babyl.	babylonisch	n.Chr.	nach Christi Geburt
Bd./Bde.	Band/Bände	Nom.	Nominativ
bzw.	beziehungsweise	rabb.	rabbinisch
ca.	circa	röm.	römisch
christl.	christlich	s.	siehe
d.h.	das heißt	s.o./u.	siehe oben/unten
d.i.	das ist	sog.	sogenannt
d.T.	der Täufer	Subst./subst.	Substantiv/-isch
ders.	derselbe	u.a.	und andere/unter anderem
dies.	dieselbe		
diff.	different	u.ä.	und ähnliche(s)
f/ff	folgende/r/s	u.ö.	und öfter
FS	Festschrift	usw.	und so weiter
griech.	griechisch	v.a.	vor allem
hebr.	hebräisch	v.Chr.	vor Christi Geburt
hellen.	hellenistisch	vgl.	vergleiche
Hg.	Herausgeber	z.B.	zum Beispiel
hl.	heilig	z.T.	zum Teil

Allgemeine Abkürzungen zur Bibel

AT	Altes Testament	NT	Neues Testament
atl	alttestamentlich	ntl	neutestamentlich
bibl.	biblisch	par/parr	Parallele(n)
Dtpln	Deuteropaulinen	Past	Pastoralbriefe
dtpln	deuteropaulinisch	Pls/pln	Paulus/paulinisch
Ev/Evv	Evangelium/Evangelien	PlsBr	Paulusbrief(e)
JohBr	Johanneische Briefe	Q	Logienquelle
KathBr	Katholische Briefe	Syn/syn	Synoptiker/synoptisch
LXX	Septuaginta	V/VV	Vers(e)

Biblische Schriften – Altes Testament

Gen	Genesis	Weish	Weisheit
Ex	Exodus	Sir	Jesus Sirach
Lev	Leviticus	Jes	Jesaja
Num	Numeri	DtJes	Deuterojesaja
Dtn	Deuteronomium	Jer	Jeremia
Jos	Josua	Klgl	Klagelieder
Ri	Richter	Bar	Baruch
Rut	Ruth	Ez	Ezechiel
1/2 Sam	1/2 Samuel	Dan	Daniel
1/2 Kön	1/2 Könige	Hos	Hosea
1/2 Chr	1/2 Chronik	Joël	Joël
Esr	Esra	Am	Amos
Neh	Nehemia	Obd	Obadja
Tob	Tobit	Jon	Jona
Jdt	Judit	Mich	Micha
Est	Ester	Nah	Nahum
1/2 Makk	1/2 Makkabäer	Hab	Habakuk
Ps/Pss	Psalm(en)	Zef	Zefanja
Ijob	Ijob	Hag	Haggai
Spr	Sprüche	Sach	Sacharja
Koh	Kohelet	Mal	Maleachi
Hld	Hohelied		

Biblische Schriften – Neues Testament

Mt/mt/MtEv	Matthäus/matthäisch/ Matthäusevangelium	Phil	Philipperbrief
		Kol	Kolosserbrief
Mk/mk/MkEv	Markus/markinisch/ Markusevangelium	1/2 Thess	1./2. Thessalonicher
		1/2 Tim	1./2. Timotheus
Lk/lk/LkEv	Lukas/lukanisch/ Lukasevangelium	Tit	Titusbrief
		Phlm	Philemonbrief
Joh/joh/JohEv	Johannes/johanneisch/ Johannesevangelium	Hebr	Hebräerbrief
		Jak	Jakobusbrief
Apg	Apostelgeschichte	1/2 Petr	1./2. Petrusbrief
Röm	Römerbrief	1/2/3 Joh	1./2./3. Johannesbrief
1/2 Kor	1./2. Korintherbrief	Jud	Judasbrief
Gal	Galaterbrief	Offb	Offenbarung des Johannes
Eph	Epheserbrief		

Außerbiblische Schriften

Jüdische Pseudepigraphen

grApkBar	Apokalypse des Baruch (griech.)	4 Makk	Das vierte Buch der Makkabäer
syrApkBar	Apokalypse des Baruch (syrisch)	PsSal	Psalmen Salomos
ApkMos	Apokalypse des Moses	Sib	Sibyllinische Orakel
Arist	Aristeas(brief)	Sus	Susanna (Zusatz zum Buch Dan in der LXX)
AssMos	Himmelfahrt des Moses (oder: Testament des Moses)	TestXII	Testament der zwölf Patriarchen
4 Esr	Esdras viertes Buch	TestAss	Das Testament des Asser
6 Esr	Esdras sechstes Buch	TestDan	Das Testament des Dan
äthHen	Henochbuch (äthiopisch, oder: Erster Henoch)	TestJos	Das Testament des Joseph
slavHen	Henochbuch (slavisch, oder: Zweiter Henoch)	TestJud	Das Testament des Juda
JosAs	Joseph und Asenath	TestLev	Das Testament des Levi
Jub	Jubiläenbuch (oder: Kleine Genesis)	TestRub	Das Testament des Ruben
3 Makk	Das dritte Buch der Makkabäer	TestSal	Testament des Salomo

Josephus und Philo

Josephus, ant.	Josephus, Antiquitatum iudaicarum libri I–X („Jüdische Altertümer")	Philo, all.	Philo, Legum sacrarum allegoriarum libri I–III („Allegorische Erklärung des hl. Gesetzbuches")
Josephus, bell.	Josephus, De bello iudaico libri I–VII („Der jüdische Krieg")	Philo, decal.	Philo, De decalogo („Über den Dekalog")
Josephus, Ap.	Josephus, Contra Apionem („Gegen Apion")	Philo, gig.	Philo, De gigantibus („Über die Riesen")

Philo, her.	Philo, Quis rerum divinarum heres sit („Über die Frage: Wer ist der Erbe der göttlichen Dinge")	Philo, plant.	Philo, De plantatione („Über die Pflanzung Noes")
Philo, migr.	Philo, De migratione Abrahami („Über Abrahams Wanderung")	Philo, prob.	Philo, Quod omnis probus liber sit („Über die Freiheit des Tüchtigen")
Philo, mut.	Philo, De mutatione nominum („Über die Namensänderung")	Philo, somn.	Philo, De somniis libri I–II („Über die Träume")
Philo, opif.	Philo, De opificio mundi („Über die Weltschöpfung")	Philo, spec. leg.	Philo, De specialibus legibus libri I–IV („Über die Einzelgesetze")

Qumranschriften

CD	Die Damaskusschrift	1 QGenAp	Das Genesisapokryphon
1 QS	Die Sektenregel		
1 QSa	Die Gemeinderegel	1 Q34	3 Fragmente, hier Fragment 3, Kolumne II
1 QSb	Benediktionen		
1 QH	Die Hymnenrolle	4 QpNah	Der Nahum-Kommentar
1 QM	Die Kriegsrolle		
1 QpHab	Der Habakuk-Kommentar	11 QMelch	Melchizedek
		11 QTemp	Die Tempelrolle

Rabbinische Schriften

mBer	Mischna-Traktat Berakhoth	bNed	Talmud Bavli-Traktat Nedarim
mPes	Mischna-Traktat Pesachim	bSanh	Talmud Bavli-Traktat Sanhedrin
mSanh	Mischna-Traktat Sanhedrin	bTaan	Talmud Bavli-Traktat Ta'anijot
mNed	Mischna-Traktat Nedarim	MidrBam	Midrasch Bamidbar

Griechische und römische Schriften

Anaximander, Fragm	Anaximander, Fragmente	Homer, Il	Homeros, Ilias
Cicero, offic.	M. Tullius Cicero, De officiis	Julius Cäsar	Julius Cäsar, Bellum civile
Diogenes Laertius	Diogenis Laertii de clarorum philosophorum vitis libri I–X	Minucius Felix	M. Minucius Felix, Octavius
		Philostrat, vit. Ap.	Philostrat, Vita Apollonii
Herodot	Herodot, Historien	Platon, Gorg.	Platon, Gorgias

Frühchristliche Schriften

Did	Didache („Die Zwölfapostellehre")	Justin, dial.	Justin, Dialogus cum Tryphone Judaeo („Dialog mit dem Juden Tryphon")
Eusebius, hist. eccl.	Eusebius, Historiae ecclesiasticae libri I–X („Kirchengeschichte")	Origenes, hom. in Lev.	Origenes, Homilia in Leviticum („Predigt zum Buch Leviticus")
EvThom	Das Thomas-Evangelium		
Irenäus, haer.	Irenäus, Adversus haereses libri I–V („Fünf Bücher gegen die Häresien")	Tertullian, apol.	Tertullianus, Apologeticum („Verteidigung des Christentums")
Justin, apol.	Justin, Apologiae („Apologien/Verteidigungen")	Tertullian, monog.	Tertullian, De monogamia („Über die Einehe")

Anhang II: Stichwortverzeichnis

In alphabetischer Reihenfolge werden in diesem Stichwortregister die behandelten Leitbegriffe (in **Fettdruck**), die zugehörigen Unterbegriffe (in *Kursivdruck*) und weitere Begriffe, nach denen Leserin und Leser häufiger suchen werden (in Normaldruck) aufgelistet.

Pfeile (→) verweisen auf das jeweilige Leitwort, dem die Begriffe zugeordnet sind und unter dem man entweder eigene Ausführungen zu ihnen findet oder doch Hinweise, die Einordnung und Verständnis erleichtern. Wer beispielsweise nach „Bischof" sucht, wird unter „Aufseher" einiges über die Anfänge und Ursprünge des späteren kirchlichen Amts erfahren.

Zusätzliche Querverweise auf weiterführende bzw. ergänzende Ausführungen zu den einzelnen Leitworten finden sich am Anfang eines jeden Artikels, ebenfalls mit einem Pfeil (→) markiert; sie wollen zu vertieftem Studium anregen.

A

Abba → Vater
Abbild → Bild
Abendmahl → Mahl
Abgrund → Hölle
Aion → Zeit
Allmacht → Macht
Almosen
Altar → Opfer
Ältester
Anbetung → Frömmigkeit
Angst
Ankunft
Anordnung → Gebot
Anstoß → Ärgernis

Antichrist
Apokalypse → Offenbarung
Apostel
Ärgernis
Arme → Armut
Armut
Auferstehung
Auferweckung → Auferstehung
Aufnahme
Aufseher
Ausdauer → Geduld
Auserwählung → Erwählung
Auslieferung
Autorität → Macht

B

Bann → Fluch
Barmherzigkeit → Almosen
Bau
Bauch
Becher
Bedrängnis
Beelzebul/Beelzebub → Satan
Befehl → Gebot

Befreiung → Freiheit
Begierde
Bekehrung
Beliar → Satan
Belohnung → Lohn
Bereitschaft → Wachsamkeit
Berufung
Beschneidung

Besessenheit
Besitz
Bild
Bischof → Aufseher
Bitte
Blasphemie → Lästerung
Bleibe → Wohnung
Blut
Böse
Bosheit → Böse
Bote → Engel
Botschaft

Brauch → Gesetz
Brief
Brot
Brotbrechen → Mahl
Bruder
Bruderliebe → Bruder
Buch
Buchstabe → Schrift
Bund
Bürge → Bund
Buße → Bekehrung

C

Christus

D

Dämon → Besessenheit
Dank
Danksagung → Dank
Davidssohn → Sohn
Dekalog → Gebot
Demut

Diakon/in → Diener/in
Diener/in
Drangsal → Bedrängnis
Drei → Zahl
Dunkelheit → Finsternis

E

Eckstein → Stein
Ehe
Ehebruch → Ehe
Ehelosigkeit → Ehe
Ehescheidung → Ehe
Ehre
Ehrfurcht → Ehre
Eid
Eifer
Eiferer → Eifer
Eifersucht → Eifer
Eigentum → Besitz
Einfalt → Demut
Einsicht → Weisheit
Empfang → Aufnahme
Empfängnis → Geburt

Ende
Engel
Enthüllung → Offenbarung
Entscheidung → Gericht
Episkope → Aufseher
Erbarmen → Almosen
Erbauung → Bau
Erbe
Erde
Erdkreis → Erde
Erfahrung → Erkenntnis
Erfüllung
Erhöhung → Auferstehung
Erkenntnis
Erlösung
Ermahnung

Ernte
Erscheinung
Ersticktes → Blut
Erwählung
Erwartung → Hoffnung

Eschaton → Ende
Eucharistie → Dank
Eunuch → Beschneidung
Evangelist → Botschaft
Evangelium → Botschaft

F

Falschapostel → Falschprophet
Falschbruder → Falschprophet
Falschprophet
Falschzeugnis → Zeuge
Fasten
Feind
Feindschaft → Feind
Feuer
Finsternis
Fleisch
Fluch
Fluß → Wasser
Frau / Mann

Freiheit
Freikauf → Freiheit
Freimut → Zuversicht
Fremde → Fremder
Fremder
Freude
Freund/in
Freundschaft → Freund/in
Friede
Frömmigkeit
Frucht
Fülle → Erfüllung
Furcht → Angst

G

Gabe → Opfer
Gebet → Bitte
Gebot
Geburt
Gedächtnis → Gedenken
Gedenken
Geduld
Gegner → Feind
Gehorsam
Geist
Geistesgabe → Geist
Geiz → Habgier
Geld
Gemeinde
Gemeinschaft → Gemeinde
Gerechtigkeit → Recht
Gericht
Gesalbter → Christus
Gesandter → Apostel
Geschöpf → Schöpfung

Gesetz
Gesetzeslehrer → Gesetz
Gesetzlosigkeit → Gesetz
Gesicht → Erscheinung
Gewalt
Gewaltlosigkeit → Gewalt
Gewinn → Lohn
Gewissen
Glanz
Glaube
Glied → Leib
Glossolalie → Zungenrede
Glut → Feuer
Gnade
Gnadengabe → Gnade
Gnosis → Erkenntnis
Gott
Gottesdienst → Frömmigkeit
Gottesfurcht → Frömmigkeit
Gottessohn → Sohn

Gottheit → Gott
Göttin → Gott
Götze → Gott

H

Habgier
Hades → Hölle
Haß
Hauch → Geist
Haupt → Kopf
Haus
Hausgemeinde → Haus
Hausherr → Herr
Haustafel → Haus
Heiden → Volk
Heil
Heiland → Heil
Heiligkeit
Heiligtum → Heiligkeit
Heilung → Heil
Heimat → Fremder
Herde → Hirt
Herr
Herrenmahl → Mahl

Großmut → Geduld
Gut
Güte → Gut

Herrlichkeit → Glanz
Herrschaft → Herr
Herrscher → Herr
Herz
Herzenshärte → Herz
Heuchelei → Lüge
Heuchler → Lüge
Himmel
Himmelfahrt → Auferstehung
Hirt
Hochpriester → Priester
Hochzeit → Ehe
Hoffnung
Hoher Rat
Hölle
Holz → Kreuz
Hören → Gehorsam
Hunger
Hurerei → Unzucht

I

Irrlehrer → Falschprophet
Israel

Israelit → Israel

J

Jesus
Judäa → Jude
Jude

Judentum → Jude
Jünger → Schüler
Jungfrau → Frau / Mann

K

Kampf → Krieg
Kelch → Becher
Kerygma → Botschaft
Kind
Kirche → Gemeinde

Klage → Bitte
Kleinglaube → Glaube
Klugheit → Weisheit
Knecht
Knecht Gottes → Sohn

Kollekte
König/in
Königreich → König/in
Königtum → König/in
Kopf
Körper → Leib
Kosmos → Welt

Kraft
Krankheit → Schwachheit
Kreuz
Kreuzigung → Kreuz
Krieg
Kunde → Botschaft

L

Lamm
Land → Erde
Lästerung
Leben
Leben → Seele
Lebewesen → Leben
Lehre
Lehrer → Lehre
Leib
Leid
Leistung → Werk

Leuchte → Licht
Licht
Liebe
Lob
Lobpreis → Lob
Logos → Wort
Lohn
Los → Erbe
Lösegeld → Erlösung
Loskauf → Erlösung
Lüge

M

Macht
Magd → Knecht
Mahl
Mammon → Geld
Mann → Frau / Mann
Manna → Brot
Märtyrer → Zeuge

Meer → Wasser
Menge → Volk
Mensch
Menschensohn → Mensch
Messias → Christus
Mittler → Bund

N

Nachfolge
Nachlaß
Nachricht → Botschaft
Nächstenliebe → Nächster
Nächster
Nacht → Finsternis

Name
Nazarener → Jesus
Neuheit
Niedrigkeit → Demut
Not → Leid
Nüchternheit → Fasten

O

Offenbarung
Öl → Salbung
Opfer

Ordnung → Welt
Osterlamm → Ostern
Ostern

P

Paraklese → Ermahnung
Paraklet → Geist
Paränese → Ermahnung
Parusie → Ankunft
Pascha → Ostern
Passion → Leid
Pfingsten → Ostern
Pforte → Tür

Pharisäer
Presbyter → Ältester
Priester
Priestertum → Priester
Prophet/in
Proskynese → Frömmigkeit
Prüfung → Versuchung

R

Rabbi → Lehre
Recht
Rechtfertigung → Recht
Reich Gottes → König/in
Reichtum → Geld
Reinheit
Reinigung → Reinheit

Retter → Heil
Rettung → Heil
Reue
Richter → Gericht
Ruf → Berufung
Ruhe

S

Sabbat
Sadduzäer → Pharisäer
Salbung
Sammlung → Kollekte
Satan
Schaf → Lamm
Scham
Schande → Scham
Scheu → Scham
Schlaf → Tod
Schlechtes → Böse
Schlüssel
Schmuck → Welt
Schöpfung

Schoß → Bauch
Schrift
Schriftkundiger → Schrift
Schuld
Schuldner → Schuld
Schüler
Schwäche → Schwachheit
Schwachheit
Schwester
Schwesterliebe → Schwester
Schwur → Eid
See → Wasser
Seele
Sehen → Erscheinung

Seligpreisung
Sendung → Apostel
Sieben → Zahl
Sieg → Krieg
Sinn → Vernunft
Sklave/Sklavin → Knecht
Sohn
Sohn → Kind
Sonntag → Tag
Sorge
Speise → Hunger
Spott → Lästerung
Spruch → Wort

Staat → Stadt
Stadt
Stärke → Kraft
Stein
Steuer
Stimme
Strafe → Lohn
Straße → Weg
Streit → Krieg
Stunde
Sühne → Versöhnung
Sünde
Synhedrion → Hoher Rat

T

Tag
Tat → Werk
Tauchbad → Taufe
Taufe
Täufer → Taufe
Täuschung → Verführung
Teil → Erbe
Teilhabe → Gemeinde
Tempel → Heiligkeit
Testament → Bund
Teufel → Satan
Tier

Tisch → Mahl
Tochter → Kind
Tod
Tor → Tür
Torheit → Weisheit
Totenreich → Hölle
Tradition → Lehre
Trank → Becher
Treue → Glaube
Tür
Typos → Bild

U

Überfluß → Erfüllung
Übergabe → Auslieferung
Überlieferung → Lehre
Übermaß → Erfüllung
Umkehr → Bekehrung
Ungehorsam → Gehorsam
Unglaube → Glaube
Unglück → Leid

Unrecht → Sünde
Unreiner Geist → Besessenheit
Unreinheit → Reinheit
Unterweisung → Lehre
Unterwelt → Hölle
Unverstand → Weisheit
Unzucht

V

Vater
Verderben

Verehrung → Frömmigkeit
Verfolgung → Bedrängnis

Verführung
Vergebung → Nachlaß
Vergehen → Sünde
Vergeltung
Verhärtung → Verstockung
Verheißung
Verherrlichung → Glanz
Verkündigung → Botschaft
Vernichtung → Verderben
Vernunft
Verrat → Auslieferung
Verschneidung → Beschneidung

Versöhnung
Verstand → Vernunft
Verstockung
Versuchung
Vertrauen → Glaube
Verzeihung → Nachlaß
Vier → Zahl
Volk
Vollendung → Ende
Vollmacht → Macht
Vorsteher/in → Aufseher

W

Wachsamkeit
Wahrheit
Wandel → Weg
Wasser
Weg
Wegführer → Weg
Wehen → Bauch
Wehen → Geist
Wein
Weinberg → Wein
Weinstock → Wein
Weisheit

Weisung → Gebot
Welt
Werk
Widder → Lamm
Widersacher → Satan
Wille
Wind → Geist
Witwe
Wohlwollen → Gnade
Wohnung
Wort
Wunder

Z

Zahl
Zeichen → Wunder
Zeit
Zelot → Eifer
Zeuge
Zeugnis → Zeuge
Zeugung → Geburt
Ziel → Ende
Zoll → Zöllner

Zöllner
Zollstätte → Zöllner
Zorn
Zungenrede
Zusage → Verheißung
Zuversicht
Zwei → Zahl
Zwölf

Anhang III: Griechische Begriffe

Die Anordnung richtet sich nach dem deutschen Alphabet, damit der/die Benutzer/in sich leicht zurechtfindet. Was die Umschrift betrifft, hielten wir uns an das „Exegetische Wörterbuch zum Neuen Testament" (EWNT, hg. von Horst Balz und Gerhard Schneider, zweite, verbesserte Auflage mit Literaturnachträgen, Stuttgart–Berlin–Köln 1992); zusätzlich aber setzten wir Akzente, um die richtige Aussprache anzudeuten. Die Hinweise auf „→ Leitbegriffe" zeigen an, in welchen Artikeln die Begriffe Verwendung finden.

Umschrift	Griechisch	Bedeutung	→ Leitbegriff
A			
abbâ	ἀββᾶ	Vater (Anrede)	Vater
ábyssos	ἄβυσσος	Abgrund, Unterwelt, Hölle	Hölle
adelphḗ	ἀδελφή	Schwester	Schwester
adelphós	ἀδελφός	Bruder	Bruder, Schwester
adelphótēs	ἀδελφότης	Bruderschaft	Schwester
adikía	ἀδικία	Unrecht, Ungerechtigkeit	Zorn
agalliáō	ἀγαλλιάω	jubeln, frohlocken, sich freuen	Freude
agallíasis	ἀγαλλίασις	Jubel	Freude
agápē	ἀγάπη	Liebe, Liebesmahl	Liebe
agathós	ἀγαθός	gut	Gut
ággelos	ἄγγελος	Bote, Engel	Engel
agōnía	ἀγωνία	Angst	Angst
aínesis	αἴνεσις	Lob, Lobpreis	Lob
aiṓn	αἰών	Zeit (-raum, -alter), Weltzeit, Aion, Ewigkeit	Zeit
aischrokerdḗs	αἰσχροκερδής	(schand)gewinnsüchtig, habgierig	Habgier
aischýnē	αἰσχύνη	Schande, Scham	Scham
aischýnomai	αἰσχύνομαι	sich schämen	Scham
akáthartos	ἀκάθαρτος	unrein, schamlos, sittenlos	Besessenheit, Reinheit

Umschrift	Griechisch	Bedeutung	→ Leitbegriff
akoē	ἀκοή	Hören, Gehör, Kunde	Gehorsam
akolouthéō	ἀκολουθέω	folgen, nachfolgen	Nachfolge
akoúō	ἀκούω	hören, erfahren, gehorchen	Gehorsam
aleíphō	ἀλείφω	salben, bestreichen	Salbung
alḗtheia	ἀλήθεια	Wahrheit	Wahrheit
ametamélētos	ἀμεταμέλητος	ohne Reue, unbereubar	Reue
amnós	ἀμνός	Lamm	Lamm
ampelṓn	ἀμπελών	Weinberg	Wein
ámpelos	ἄμπελος	Weinstock	Wein
anakainóō	ἀνακαινόω	erneuern	Neuheit
anámnēsis	ἀνάμνησις	Erinnerung, Gedächtnis, Gedenken	Gedenken
anápausis	ἀνάπαυσις	Ruhe, Aufhören	Ruhe
anáthema	ἀνάθεμα	Fluch, Bann	Fluch
anḗr	ἀνήρ	Mann	Frau / Mann
anístēmi	ἀνίστημι	aufstellen, sich erheben, auf(er)stehen	Auferstehung
ánthrōpos	ἄνθρωπος	Mensch	Frau / Mann, Mensch
antíchristos	ἀντίχριστος	Antichrist, eschatologischer Gegner Gottes	Antichrist
antídikos	ἀντίδικος	Prozeßgegner, Widersacher	Feind
apatáō	ἀπατάω	täuschen, verführen	Verführung
apátē	ἀπάτη	Täuschung, List, Betrug, Verführung	Verführung
áphesis	ἄφεσις	Freilassung, Befreiung, Vergebung, Nachlaß	Nachlaß
aphilárgyros	ἀφιλάργυρος	frei von Habgier, nicht habsüchtig	Habgier
apodídōmi	ἀποδίδωμι	(zurück)geben, erstatten, vergelten	Vergeltung
apokálypsis	ἀποκάλυψις	Offenbarung, Enthüllung	Offenbarung
apokalýptō	ἀποκαλύπτω	offenbaren, enthüllen	Offenbarung
apokaradokía	ἀποκαραδοκία	Erwartung	Hoffnung

Umschrift	Griechisch	Bedeutung	→ Leitbegriff
apṓleia	ἀπώλεια	Vernichtung, Verderben, Vergeudung, Untergang	Verderben
apóllymi	ἀπόλλυμι	verderben, zugrunde richten	Verderben
apolýtrōsis	ἀπολύτρωσις	Erlösung, Loskauf	Erlösung
apóstolos	ἀπόστολος	Gesandter, Bote, Apostel	Apostel
apostréphō	ἀποστρέφω	(sich) abwenden	Bekehrung
apothnḗskō	ἀποθνήσκω	sterben	Tod
archiereús	ἀρχιερεύς	Hochpriester	Priester
arníon	ἀρνίον	Widder, Lamm	Lamm
ártos	ἄρτος	Brot	Brot
asébeia	ἀσέβεια	Frevel(tat), Gottlosigkeit	Zorn
asthéneia	ἀσθένεια	Schwäche, Krankheit	Schwachheit

B

Umschrift	Griechisch	Bedeutung	→ Leitbegriff
báptisma	βάπτισμα	Taufe	Taufe
basileía (toû theoû)	βασιλεία (τοῦ θεοῦ)	Reich, Herrschaft, Königtum (Gottes)	König/in, Bedrängnis, Erbe, Wahrheit
basileús	βασιλεύς	König, Herrscher	König/in
bía	βία	Gewalt	Gewalt
biastḗs	βιαστής	Gewalttäter	Gewalt
biázomai	βιάζομαι	vergewaltigen, Gewalt anwenden	Gewalt
biblíon	βιβλίον	Buch(rolle), Schrift(stück)	Buch
bíblos	βίβλος	Buch(rolle), Schrift	Buch
bióō	βιόω	leben	Leben
bíos	βίος	Leben	Leben, Seele
blasphēméō	βλασφημέω	lästern, schmähen	Lästerung
blasphēmía	βλασφημία	Lästerung, Schmähen	Lästerung
blépō	βλέπω	sehen	Erscheinung
brôma	βρῶμα	Speise	Hunger
brôsis	βρῶσις	Essen, Speise	Hunger

Umschrift	Griechisch	Bedeutung	→ Leitbegriff
C			
chaírō	χαίρω	sich freuen	Freude
chará	χαρά	Freude	Freude
cháris	χάρις	Gnade, Dank, Ansehen	Gnade
chárisma	χάρισμα	Gnadengabe, Geschenk	Gnade, Geist
chḗra	χήρα	Witwe	Witwe
chrēstós	χρηστός	brauchbar, gut, gütig, mild	Gut
chríō	χρίω	salben	Salbung
chrîsma	χρῖσμα	Salbung, Salböl	Salbung
christós	χριστός	Gesalbter, Christus	Christus, Salbung
chrónos	χρόνος	Zeit, Zeitdauer	Zeit
chrysíon	χρυσίον	Geld, Gold	Geld
D			
daímōn	δαίμων	Dämon	Besessenheit
daimónion	δαιμόνιον	Dämon	Besessenheit
daimonízomai	δαιμονίζομαι	(von einem Dämon) besessen sein	Besessenheit
déēsis	δέησις	Bitte, Gebet, Fürbitte	Bitte
deîpnon	δεῖπνον	Mahl	Mahl
despótēs	δεσπότης	Herr, Besitzer	Herr
diábolos	διάβολος	Widersacher, Teufel	Satan
diakonéō	διακονέω	dienen	Diener/in, Gewalt
diakonía	διακονία	Dienst, Amt	Diener/in, Kollekte, Macht
diákonos	διάκονος	Diener/in	Diener/in, Knecht, Schwester
diánoia	διάνοια	Denken, Verstand, Gesinnung	Vernunft
diathḗkē	διαθήκη	Bund, Testament	Bund, Verheißung

Umschrift	Griechisch	Bedeutung	→ Leitbegriff
didaché	διδαχή	Lehre, Belehrung	Lehre
didaskalía	διδασκαλία	Lehre, Unterweisung	Lehre
didáskalos	διδάσκαλος	Lehrer	Lehre, Schüler
didáskō	διδάσκω	lehren	Lehre
dikaióō	δικαιόω	rechtfertigen, gerecht-sprechen	Recht
dikaiosýnē	δικαιοσύνη	Gerechtigkeit, Recht-fertigung	Recht
díkē	δίκη	Strafe, Vergeltung, Recht, Rache	Lohn
diōgmós	διωγμός	Verfolgung	Bedrängnis
dṓdeka	δώδεκα	Zwölf	Zwölf
dógma	δόγμα	Meinung, Erlaß, Satzung	Gebot
dôron	δῶρον	Geschenk, Opfergabe	Opfer
doúlē	δούλη	Sklavin, Magd	Knecht, Diener/in
douleúō	δουλεύω	dienen, Sklavendienst tun	Knecht, Diener/in
doúlos	δοῦλος	Sklave, Diener, Knecht	Diener/in, Knecht, Sohn
dóxa	δόξα	Glanz, Ansehen, Ehre, Herrlichkeit	Ehre, Glanz
dýnamis	δύναμις	Kraft	Gewalt, Kraft

E

echthrós	ἐχθρός	Feind, Gegner	Feind
egeírō	ἐγείρω	wecken, aufrichten, auf-(er)stehen, sich erheben	Auferstehung
eidōlolatría	εἰδωλολατρία	Götzendienst	Gott, Habgier
eikṓn	εἰκών	Bild, Abbild, Urbild	Bild
eirḗnē	εἰρήνη	Frieden	Friede
ekklēsía	ἐκκλησία	Gemeinde(versammlung), Kirche	Gemeinde, Hoher Rat, Haus
eklektós	ἐκλεκτός	(aus)erwählt	Erwählung
eklogḗ	ἐκλογή	Erwählung, Auswahl	Erwählung

Umschrift	Griechisch	Bedeutung	→ Leitbegriff
eknḗphō	ἐκνήφω	nüchtern werden	Fasten
élaion	ἔλαιον	(Oliven)Öl	Salbung
eleēmosýnē	ἐλεημοσύνη	Mitleid, Wohltat, Almosen	Almosen
éleos	ἔλεος	Erbarmen, Barmherzigkeit	Almosen
eleuthería	ἐλευθερία	Freiheit	Freiheit
elpís	ἐλπίς	Hoffnung, Hoffnungsgut	Hoffnung
elpízō	ἐλπίζω	hoffen	Hoffnung
entéllomai	ἐντέλλομαι	beauftragen, anordnen, befehlen	Gebot
entolḗ	ἐντολή	Befehl, Gebot, Auftrag	Gebot
epaggelía	ἐπαγγελία	Zusage, Verheißung, Nachricht	Verheißung
epaggéllomai	ἐπαγγέλλομαι	versprechen, verheißen	Verheißung
epággelma	ἐπάγγελμα	Verheißung, Zusage	Verheißung
epaischýnomai	ἐπαισχύνομαι	sich schämen	Scham
epígnōsis	επίγνωσις	Erkenntnis	Erkenntnis
epipháneia	ἐπιφάνεια	Erscheinung	Erscheinung
epískopos	ἐπίσκοπος	Aufseher, Bischof	Aufseher, Diener/in, Fasten
epistátēs	ἐπιστάτης	Meister, Herr	Herr
epistolḗ	ἐπιστολή	Brief	Brief
epistréphō	ἐπιστρέφω	hinwenden, sich umwenden, umkehren	Bekehrung
epithyméō	ἐπιθυμέω	begehren, streben nach	Begierde
epithymía	ἐπιθυμία	Begehren, Begierde	Begierde, Zorn
epouránios	ἐπουράνιος	himmlisch	Himmel
érgon	ἔργον	Werk, Aufgabe	Werk
éthnē	ἔθνη	Völker, Heiden	Volk
éthnos	ἔθνος	Volk	Volk
éthos	ἔθος	Gewohnheit, Brauch, Sitte, Gesetz	Gesetz
euaggélion	εὐαγγέλιον	Frohbotschaft, Evangelium	Botschaft, Christus
euaggelízō	εὐαγγελίζω	verkündigen	Botschaft

Umschrift	Griechisch	Bedeutung	→ Leitbegriff
eucharistéō	εὐχαριστέω	danken, dankbar sein	Dank
eucharistía	εὐχαριστία	Danksagung, Dankgebet, Eucharistie	Dank
euché	εὐχή	Gebet, Gelübde	Bitte
eulábeia	εὐλάβεια	Furcht, Gottesfurcht, Frömmigkeit	Frömmigkeit
eulogía	εὐλογία	Preis, Lob, Segen	Lob
euphraínō	εὐφραίνω	erfreuen	Freude
euphrosýnē	εὐφροσύνη	Fröhlichkeit, Freude	Freude
eusébeia	εὐσέβεια	Ehrfurcht, Frömmigkeit, Religion	Frömmigkeit
exorkízō	ἐξορκίζω	beschwören	Besessenheit
exousía	ἐξουσία	Freiheit, Macht, Vollmacht	Macht, Gewalt

G

gastér	γαστήρ	Leib, Mutterleib	Bauch
gê	γῆ	Erde, Erdreich, Land	Erde
géenna	γέεννα	Hölle, Gehenna	Hölle
génesis	γένεσις	Geburt, Herkunft, Ursprung	Geburt
gennáō	γεννάω	gebären, zeugen, hervorbringen	Geburt
gínomai	γίνομαι	werden, entstehen, erzeugt/geboren werden	Geburt
glôssa	γλῶσσα	Zunge, Zungenrede	Zungenrede
gnōrízō	γνωρίζω	offenbaren, erkennen, kennen, wissen	Offenbarung
gnôsis	γνῶσις	Erkenntnis, wissen	Erkenntnis
grámma	γράμμα	Buchstabe	Buch, Schrift
grámmata	γράμματα	Brief, Schriften	Buch, Schrift
grammateús	γραμματεύς	Schriftkundiger/-gelehrter	Schrift
graphé	γραφή	Schrift, hl. Schrift	Buch, Schrift
gráphō	γράφω	schreiben	Buch, Schrift
grēgoréō	γρηγορέω	wachsam sein, wachen	Wachsamkeit
gyné	γυνή	Frau	Frau / Mann

Umschrift	Griechisch	Bedeutung	→ Leitbegriff
H			
hádēs	ᾅδης	Hades, Unterwelt, Totenreich	Hölle
hagiasmós	ἁγιασμός	Heiligung	Heiligkeit
hagiázō	ἁγιάζω	heiligen, weihen	Heiligkeit
hágios	ἅγιος	heilig, rein	Heiligkeit
hagiōsýnē	ἁγιωσύνη	Heiligkeit	Heiligkeit
hagiótēs	ἁγιότης	Heiligkeit	Heiligkeit
hagnós	ἁγνός	rein, lauter, keusch	Reinheit
haîma	αἷμα	Blut	Blut
hamartía	ἁμαρτία	Sünde	Sünde
harpázō	ἁρπάζω	rauben, wegreißen	Gewalt
hē kath' oîkon ekklēsía	ἡ καθ' οἶκον ἐκκλησία	Hausgemeinde	Gemeinde, Haus
hēdoné	ἡδονή	Lust, Vergnügen, Genuß	Begierde
hēméra	ἡμέρα	Tag, Zeit	Finsternis, Tag
héteros	ἕτερος	ein anderer, andersartig	Nächster
hiereús	ἱερεύς	Priester	Priester
hierón	ἱερόν	Heiligtum, Tempel	Heiligkeit
hierós	ἱερός	heilig	Heiligkeit
hilastérion	ἱλαστήριον	Sühnemittel, Sühnopfer, Sühnort	Versöhnung
hodós	ὁδός	Weg, Reise	Weg
hóra	ὥρα	Stunde, Zeitpunkt, Zeit	Stunde
hōraîos	ὡραῖος	(früh)zeitig, meist: lieblich, anmutig	Stunde
horáō	ὁράω	sehen	Erscheinung
hórkos	ὅρκος	Eid, Schwur	Eid
hósios	ὅσιος	heilig, fromm, gottgefällig	Heiligkeit
hosiótēs	ὁσιότης	Heiligkeit, Frömmigkeit	Frömmigkeit
hýdōr	ὕδωρ	Wasser	Wasser
hyiós	υἱός	Sohn	Kind, Sohn
hyiós toû anthrṓpou	υἱός τοῦ ἀνθρώπου	Sohn des Menschen, Menschensohn	Mensch

Umschrift	Griechisch	Bedeutung	→ Leitbegriff
hypakoḗ	ὑπακοή	Gehorsam	Gehorsam
hypakoúō	ὑπακούω	gehorchen, gehorsam sein	Gehorsam
hypárchonta	ὑπάρχοντα	Besitz	Besitz
hypērétēs	ὑπηρέτης	Diener, Gehilfe	Diener/in
hypókrisis	ὑπόκρισις	Gottlosigkeit, Heuchelei	Lüge
hypomonḗ	ὑπομονή	Ausharren, Geduld, Erwartung, Bleiben	Geduld
hypotagḗ	ὑποταγή	Unterordnung, Gehorsam	Gehorsam
hypotássō	ὑποτάσσω	unterwerfen, unterordnen	Gehorsam
hypsóō	ὑψόω	erhöhen, groß machen	Auferstehung

I

Iēsoûs	Ἰησοῦς	Jesus	Jesus
Ioudaîos	Ἰουδαῖος	jüdisch, Jude	Jude
Israḗl	Ἰσραήλ	Israel	Israel

K

kainós	καινός	neu	Neuheit
kainótēs	καινότης	Neuheit	Neuheit
kairós	καιρός	Zeit, Zeitpunkt, Augenblick, Gelegenheit	Zeit
kakós	κακός	schlecht, böse	Böse
kalós	καλός	schön, gut	Gut
Kananaîos	Καναναῖος	Kanaanäer	Eifer
kardía	καρδία	Herz	Herz
karpós	καρπός	Frucht	Frucht
katallagḗ	καταλλαγή	Versöhnung	Versöhnung
katápausis	κατάπαυσις	Ruhe, Ruheort	Ruhe
katára	κατάρα	Fluch, Verwünschung	Fluch
katēchéō	κατηχέω	mitteilen, unterrichten, belehren	Lehre
katéchō	κατέχω	fest-/gefangenhalten, bannen	Wahrheit
katharós	καθαρός	rein, sauber, unschuldig	Reinheit

Umschrift	Griechisch	Bedeutung	→ Leitbegriff
katheúdō	καθεύδω	schlafen	Tod
kênsos	κῆνσος	Abgabe, Tribut, Kopfsteuer	Steuer
kephalḗ	κεφαλή	Kopf, Haupt	Kopf
kerdaínō	κερδαίνω	gewinnen	Lohn
kérdos	κέρδος	Gewinn	Lohn
kḗrygma	κήρυγμα	Verkündigung	Botschaft
kērýssō	κηρύσσω	verkündigen	Botschaft
kleíō	κλείω	schließen	Schlüssel
kleís	κλείς	Schlüssel	Schlüssel
klêros	κλῆρος	Los, Anteil, Erbteil	Erbe
klêsis	κλῆσις	Berufung	Berufung
koilía	κοιλία	Bauch, Mutterleib	Bauch
koimáomai	κοιμάομαι	schlafen, entschlafen	Tod
koímēsis	κοίμησις	Schlaf	Tod
koinōnía	κοινωνία	Gemeinschaft, Teilhabe	Gemeinde, Becher, Kollekte
kólpos	κόλπος	Busen, Brust, Bausch, Bucht, Schoß	Bauch
kósmos	κόσμος	Welt	Erde, Welt
kratéō	κρατέω	ergreifen, festhalten, bewahren	Gewalt
krátos	κράτος	Macht, Gewalt	Gewalt
kríma	κρίμα	Beschluß, Urteil, Strafgericht	Gericht
krínō	κρίνω	richten, scheiden, auswählen	Gericht
krísis	κρίσις	Gericht	Gericht
kritḗs	κριτής	Richter, Beurteiler	Gericht
kritikós	κριτικός	urteilsfähig	Gericht
ktêma	κτῆμα	Besitz	Besitz
ktísis	κτίσις	Schöpfung	Schöpfung
ktízō	κτίζω	schaffen, gründen	Schöpfung
kyriakè oikía	κυριακὴ οἰκία	Haus des Herrn	Gemeinde
kyriakòn deîpnon	κυριακὸν δεῖπνον	Herrenmahl	Mahl
kýrios	κύριος	Herr, Besitzer	Herr, Glanz, Macht

Umschrift	Griechisch	Bedeutung	→ Leitbegriff
L			
lambánō	λαμβάνω	(auf)nehmen, ergreifen empfangen	Aufnahme
lanthánō	λανθάνω	verborgen sein/bleiben	Wahrheit
laós	λαός	Volk, Volksmenge, Gottesvolk	Volk
latreúō	λατρεύω	dienen	Diener/in
leitourgéō	λειτουργέω	dienen, einen Dienst versehen	Diener/in
leitourgía	λειτουργία	Dienst, Dienstleistung, Gottesdienst	Gedenken, Kollekte
léthō	λήθω	verborgen sein	Wahrheit
limós	λιμός	Hunger, Hungersnot	Hunger
líthos	λίθος	Stein	Stein
logeía	λογεία	Sammlung, Kollekte	Kollekte
lógos	λόγος	Wort, Rede, Logos, Grund, Ursache, Lehre	Wort
lýchnos	λύχνος	Lampe	Licht
lýtron	λύτρον	Lösegeld	Erlösung
lýtrōsis	λύτρωσις	Erlösung	Erlösung
M			
makários	μακάριος	glücklich, selig	Seligpreisung
makrothymía	μακροθυμία	Geduld	Geduld
mamōnâs	μαμωνᾶς	Besitz, Geld, Vermögen	Geld
mánna	μάννα	Manna	Brot
manthánō	μανθάνω	lernen	Nachfolge
maranatha	μαραναθα	Unser Herr, komm! (oder: kommt)	Herr, Mensch
martyría	μαρτυρία	Zeugnis	Gedenken, Zeuge
martyréō	μαρτυρέω	(be)zeugen, Zeugnis geben	Zeuge
mártys	μάρτυς	Zeuge	Zeuge

Umschrift	Griechisch	Bedeutung	→ Leitbegriff
mathētés	μαθητής	Schüler, Jünger	Nachfolge, Schüler
mélos, mélē	μέλος, μέλη	Körperglied(er), Glied(er)	Leib
ménō	μένω	bleiben, warten, wohnen	Wohnung
mérimna	μέριμνα	Sorge	Sorge
merimnáō	μεριμνάω	(sich) sorgen	Sorge
metamélomai	μεταμέλομαι	bereuen, Reue empfinden	Reue
metanoéō	μετανοέω	umdenken, umkehren, sich bekehren, Buße tun	Bekehrung
metánoia	μετάνοια	Umkehr, Bekehrung, Buße	Bekehrung, Reue
mḗtēr	μήτηρ	Mutter	Mutter
miséō	μισέω	hassen, geringachten	Haß
misthós	μισθός	Lohn	Lohn
mnḗmē	μνήμη	Erinnerung, Gedächtnis	Gedenken
moicheía	μοιχεία	Ehebruch	Unzucht
myrízō	μυρίζω	salben	Salbung
mýron	μύρον	Salbe, Salböl	Salbung

N

naós	ναός	Tempel	Heiligkeit
nekrós	νεκρός	tot, Tote(r)	Tod
néos	νέος	neu, frisch, jung	Neuheit
nēphálios	νηφάλιος	nüchtern	Fasten
néphō	νήφω	nüchtern sein	Fasten
nḗpios	νήπιος	kindlich, unmündig	Kind
nēsteía	νηστεία	Fasten	Fasten
nēsteúō	νηστεύω	fasten	Fasten
nêstis	νῆστις	nüchtern, hungrig	Fasten
nikáō	νικάω	siegen	Krieg
níkē	νίκη	Sieg	Krieg
nómos	νόμος	Gesetz, Brauch, Sitte	Gesetz
nósos	νόσος	Krankheit	Schwachheit

Umschrift	Griechisch	Bedeutung	→ Leitbegriff
noûs	νοῦς	Sinn, Verstand, Vernunft	Vernunft
nouthetéō	νουθετέω	ermahnen	Ermahnung
nýx	νύξ	Nacht	Finsternis

O

Umschrift	Griechisch	Bedeutung	→ Leitbegriff
óchlos	ὄχλος	Volk, Volksmenge, Menge, Schar	Volk
ōdín	ὠδίν	Wehe	Bauch
oikéō	οἰκέω	(be)wohnen, hausen	Erde
oikía	οἰκία	Haus, Hausgemeinschaft, Familie	Gemeinde, Haus, Kind
oikodomḗ	οἰκοδομή	Bau(werk), Gebäude, Erbauung	Bau
[ep]oikodoméō	[ἐπ]οικοδομέω	bauen, auf(er)bauen	Bau
oîkos	οἶκος	Haus, Hausgemeinschaft, Familie	Haus
oikuménē	οἰκουμένη	bewohnte Erde, Erdkreis	Erde
oînos	οἶνος	Wein	Wein
olethreúō	ὀλεθρεύω	verderben, vernichten	Verderben
ólethros	ὄλεθρος	Verderben	Verderben
ómnymi/omnýō	ὄμνυμι/ὀμνύω	(be)schwören, geloben, eidlich versichern	Eid
ónoma	ὄνομα	Name	Name
opheílō	ὀφείλω	schulden, müssen, verpflichtet sein	Schuld
orgḗ	ὀργή	Zorn(gericht)	Zorn, Heil
[ep]ouránios	[ἐπ]ουράνιος	himmlisch. zum Himmel gehörig, vom Himmel stammend	Himmel
ouranós	οὐρανός	Himmel	Himmel

P

Umschrift	Griechisch	Bedeutung	→ Leitbegriff
paideía	παιδεία	Erziehung, Zurecht- weisung, Züchtigung	Kind
paidískē	παιδίσκη	Dienerin, Magd, Sklavin	Kind

Umschrift	Griechisch	Bedeutung	→ Leitbegriff
paidíon	παιδίον	(kleines) Kind	Kind
paîs (theoû)	παῖς (θεοῦ)	Knabe, Jüngling, Knecht/Kind (Gottes)	Kind, Sohn
pantokrátōr	παντοκράτωρ	Allmächtiger, Allherscher	Gott
paradídōmi	παραδίδωμι	über-/preisgeben, ausliefern	Auslieferung, Lehre
parádosis	παράδοσις	Übergabe, Überlieferung, Regelung, Verrat	Auslieferung, Lehre
paraggelía	παραγγελία	Weisung, Gebot	Gebot
paraggéllō	παραγγέλλω	anweisen, gebieten	Gebot
parakaléō	παρακαλέω	bitten, mahnen, trösten	Ermahnung
paráklēsis	παράκλησις	(Er-)Mahnung, Zuspruch, Trost, Bitte, Paraklese	Ermahnung
paralambánō	παραλαμβάνω	zu sich nehmen, an-nehmen, übernehmen	Lehre, Aufnahme
paráptōma	παράπτωμα	Sünde	Sünde
parathḗkē	παραθήκη	anvertrautes Gut	Lehre
parepídēmos	παρεπίδημος	Fremder	Fremder
pároikos	πάροικος	Fremder, Beisasse	Fremder
parousía	παρουσία	Anwesenheit, Ankunft, Erscheinen, Auftreten	Ankunft
parrēsía	παρρησία	Offenheit, Freimut, Zuversicht	Zuversicht
parrēsiázomai	παρρησιάζομαι	offen/frei heraus reden, Mut gewinnen	Zuversicht
parthenía	παρθενία	Jungfrauschaft, Jung-fräulichkeit	Frau / Mann
parthénos	παρθένος	Jungfrau, Mädchen	Frau / Mann
páscha	πάσχα	Paschafest, -feier, -mahl, -lamm	Ostern
páschō	πάσχω	erleben, erfahren, erleiden, erdulden	Leid
patḗr	πατήρ	Vater	Vater
páthēma	πάθημα	Leid, Unglück	Leid
páthos	πάθος	Leidenschaft, Leid	Leid
peináō	πεινάω	hungern (nach)	Hunger

Umschrift	Griechisch	Bedeutung	→ Leitbegriff
peirasmós	πειρασμός	Versuchung, Anfechtung	Versuchung
peirázō	πειράζω	versuchen	Versuchung
peitharchéō	πειθαρχέω	gehorchen, hören auf	Gehorsam
peíthomai	πείθομαι	überredet/überzeugt werden, vertrauen, glauben, gehorchen	Gehorsam
pénēs	πένης	Armer, Bedürftiger	Armut
pentēkostḗ	πεντηκοστή	50. Tag, Pfingsten	Ostern
peritomḗ	περιτομή	Beschneidung, Judenschaft	Beschneidung
pérnēmi	πέρνημι	verkaufen	Unzucht
phaneróō	φανερόω	offenbar machen, pass. erscheinen, öffentlich werden	Offenbarung
pharisaîos	φαρισαῖος	Pharisäer	Pharisäer
philadelphía	φιλαδελφία	Bruderliebe	Bruder
philargyría	φιλαργυρία	Geldgier, Geiz	Habgier
philárgyros	φιλάργυρος	geldgierig, geizig	Habgier
phílos	φίλος	Freund, Gastfreund	Freund/in
philoxenía	φιλοξενία	Gastfreundschaft	Fremder
phóbos	φόβος	Schrecken, Angst, Furcht, Ehrfurcht	Angst
phóros	φόρος	Steuer	Steuer
phōnḗ	φωνή	Laut, Stimme, Ruf, Sprache	Stimme
phõs	φῶς	Licht(schein), Glanz, Feuer, Helligkeit, Lampe	Licht, Finsternis
phtheírō	φθείρω	verderben, vernichten	Verderben
phthorá	φθορά	Verderben, Vernichtung	Verderben
pisteúō	πιστεύω	glauben	Glaube
pístis	πίστις	Glaube, Vertrauen, Treue	Glaube
pistós	πιστός	treu, gläubig	Glaube
planáō	πλανάω	irreführen, verführen	Verführung
plánē	πλάνη	Irren, Irrtum, Verführung	Verführung
pleonektéō	πλεονεκτέω	übervorteilen, überlisten	Habgier
pleonéktēs	πλεονέκτης	Habsüchtiger, Gewinnsüchtiger	Habgier

Umschrift	Griechisch	Bedeutung	→ Leitbegriff
pleonexía	πλεονεξία	Habgier, Geiz	Habgier
plḗrēs	πλήρης	voll	Erfüllung
plḗrōma	πλήρωμα	Fülle, Erfüllung	Erfüllung
plēróō	πληρόω	erfüllen, zur Geltung bringen, verwirklichen	Erfüllung
plēsíon	πλησίον	nahe	Nächster
ploûtos	πλοῦτος	Reichtum	Geld
pneûma	πνεῦμα	Hauch, Atem, Wind, Geist	Geist, Schrift, Besessenheit, Verheißung, Vernunft
pneumatiká	πνευματικά	Geistesgaben	Geist
poimḗn	ποιμήν	Hirt	Hirt
poímnion	ποίμνιον	Herde	Hirt
poleméō	πολεμέω	Krieg führen, kämpfen	Krieg
pólemos	πόλεμος	Krieg, Schlacht, Streit	Krieg
pólis	πόλις	Stadt, Hauptstadt	Stadt
ponērós	πονηρός	elend, schlecht, böse	Böse, Besessenheit
pórnē	πόρνη	Hure, Dirne	Unzucht
porneía	πορνεία	Unzucht, Hurerei	Unzucht
[ek]porneúō	[ἐκ]πορνεύω	Unzucht treiben	Unzucht
pórnos	πόρνος	Unzüchtiger, Hurer	Unzucht
pṓrōsis	πώρωσις	Verstockung, Verhärtung	Verstockung
potḗrion	ποτήριον	Becher, Kelch	Becher
pra̱ýtēs	πραΰτης	Milde, Sanftmut, Bescheidenheit	Demut
presbýteros	πρεσβύτερος	älter, Ältester	Ältester
prophēteía	προφητεία	Prophetie	Prophet/in
prophḗtēs	προφήτης	Prophet	Prophet/in
prosdéchomai	προσδέχομαι	aufnehmen, annehmen, erwarten	Aufnahme
proseuchḗ	προσευχή	Gebet, Gebetsstätte	Bitte
prostátis	προστάτις	Beschützerin, Helferin, Beistand	Schwester
pseudádelphos	ψευδάδελφος	Falschbruder	Falschprophet

Umschrift	Griechisch	Bedeutung	→ Leitbegriff
pseudapóstolos	ψευδαπόστολος	Lügen-/Falschapostel	Falschprophet
pseudoprophḗtēs	ψευδοπροφήτης	Lügen-/Falschprophet	Falschprophet
pseûdos	ψεῦδος	Lüge	Lüge
psychḗ	ψυχή	Leben, Seele	Leben, Seele
ptōchós	πτωχός	arm, bettelarm, armselig	Armut
pýlē	πύλη	Tor, Tür, Pforte	Tür
pŷr	πῦρ	Feuer	Feuer

R

rabbí	ῥαββί	Lehrer, Lehrmeister	Auslieferung, Nachfolge

S

sabbatismós	σαββατισμός	Sabbatruhe, Sabbatfeier	Sabbat
sábbaton	σάββατον	Sabbat, Woche	Sabbat
saddoukaîos	σαδδουκαῖος	Sadduzäer	Pharisäer
sárx	σάρξ	Fleisch	Fleisch, Unzucht
satanâs	σατανᾶς	Satan	Satan
sēmeîon, sēmeîa	σημεῖον, σημεῖα	Wunder, Zeichen	Wunder
skandalízomai	σκανδαλίζομαι	vom Glauben abfallen, Anstoß nehmen	Ärgernis
skándalon	σκάνδαλον	Anstoß, Verführung, Ärgernis, Hindernis	Ärgernis, Verführung
sklērokardía	σκληροκαρδία	Hartherzigkeit, Verstockung	Herz, Verstockung
skotía	σκοτία	Finsternis	Finsternis
skótos	σκότος	Finsternis, Dunkel	Finsternis
sôma	σῶμα	Leib, Körper	Leib, Unzucht
sophía	σοφία	Weisheit	Weisheit
sōtḗr	σωτήρ	Retter, Heiland	Heil
sōtēría	σωτηρία	Rettung, Heil	Heil
sōzō	σώζω	retten, heilen, helfen, erlösen	Heil

Umschrift	Griechisch	Bedeutung	→ Leitbegriff
stauróō	σταυρόω	kreuzigen	Kreuz
staurós	σταυρός	Kreuz	Kreuz
synagōgḗ	συναγωγή	Synagoge	Hoher Rat
synédrion	συνέδριον	Hoher Rat, Synedrium	Hoher Rat
syneídēsis	συνείδησις	Bewußtsein, Gewissen, Überzeugung	Gewissen
synergós	συνεργός	Mitarbeiter	Schwester
syntéleia	συντέλεια	Vollendung, Ende, Endzeit	Ende
systratiṓtēs	συστρατιώτης	Mitstreiter, Mitkämpfer	Schwester

T

tà pánta	τὰ πάντα	alles, das All	Erde, Himmel
tapeinophrosýnē	ταπεινοφροσύνη	Demut	Demut
téknon	τέκνον	Kind, Nachkomme	Kind
téleios	τέλειος	vollendet, vollständig, vollkommen, erwachsen	Ende
teléō, teleióō	τελέω, τελειόω	vollenden, erfüllen, bezahlen	Ende, Erfüllung
telṓnēs	τελώνης	Zöllner, Abgabenpächter	Zöllner, Steuer
telṓnion	τελώνιον	Zollhaus, Zollstelle	Zöllner
télos	τέλος	Ende, Ziel	Ende
téras, térata	τέρας, τέρατα	Wunder, Wunderzeichen	Wunder
thánatos	θάνατος	Tod	Tod
theá	θεά	Göttin	Gott
theáomai	θεάομαι	sehen, schauen, betrachten	Erscheinung
thélēma	θέλημα	Wille	Wille
thélō	θέλω	wollen	Wille
theós	θεός	Gott	Gott, Mann / Frau, Vater
thēríon	θηρίον	Tier	Tier
therismós	θερισμός	Ernte	Ernte
thlîpsis	θλῖψις	Bedrängnis, Drangsal	Bedrängnis
thygátēr	θυγάτηρ	Tochter, Nachkomme	Kind

Umschrift	Griechisch	Bedeutung	→ Leitbegriff
thymós	θυμός	Zorn	Zorn
thýra	θύρα	Tür, Tor, Pforte, Eingang	Tür
thysía	θυσία	Opfer, Opferung, Opfermahl	Opfer
thysiastḗrion	θυσιαστήριον	Altar	Opfer
tíktō	τίκτω	gebären, hervorbringen	Geburt, Kind
timḗ	τιμή	Ehre, Würde	Ehre

X

xénos	ξένος	Fremder, Fremdling, Gast	Fremder

Z

zêlos	ζῆλος	Eifer, Eifersucht	Eifer
zēlōtḗs	ζηλωτής	Eiferer	Eifer
zô	ζῶ	leben	Leben
zōḗ	ζωή	Leben	Leben, Seele, Verheißung
zôon	ζῷον	Lebewesen, Tier	Tier, Leben

Anhang IV: Hebräische Begriffe

Bei der alphabetischen Reihung ließen wir – aus Gründen der einfacheren Handhabung – die hebräischen Sonderzeichen außer acht. Wörter, die im Hebräischen mit Aleph oder Ajin beginnen, werden zwar in der Umschrift – entsprechend der beigegebenen Liste – behandelt, stehen aber in der Reihenfolge des deutschen Alphabets. Dasselbe gilt von Wörtern, die mit He und Het bzw. Sade, Sin und Schin, sowie Tet und Taw beginnen; sie stehen gemäß dem deutschen Alphabet unter H, S bzw. T. Für Umschrift und Wortbedeutung hielten wir uns an das Standardwerk „Theologisches Wörterbuch zum Alten Testament" (ThWAT, hg. von G. Johannes Botterweck und Helmer Ringgren, Stuttgart–Berlin–Köln–Mainz, 1970ff). Die Hinweise auf „→ Leitbegriffe" zeigen an, in welchen Artikeln die Begriffe Verwendung finden.

אּ	'	מ	m		ā		æ
ב	b	נ	n		ŏ		e
ג	g	ס	s		a		o
ד	d	ע	'		ê		a
ה	h	פ	p (p̄)		e		æ
ו	w	צ	ṣ		î		
ז	z	ק	q		i		
ח	ḥ	ר	r		ô		
ט	ṭ	שׂ	ś		o		
י	j	שׁ	š		û		
כ	k	ת	t		u		
ל	l				æ		

Umschrift	Bedeutung	→ Leitbegriff
A		
'āb	Vater, Stammvater	Vater
'æbæd	Sklave, Knecht	Frömmigkeit, Sohn, Knecht
'ᵃbaddôn	Hades, Unterwelt	Hölle
'ābînû malkenû	„Unser Vater, unser König"	Vater
'ādām / 'ᵃdāmāh	Mensch / Erde, Acker-/Erdboden, von dem der Mensch genommen	Mensch, Erde, Himmel, Jesus, Leib

Umschrift	Bedeutung	→ Leitbegriff
'ᵃdonāj / 'ādôn	Herr, Gebieter (Bezeichnung für Gott)	Herr
'āḥ	Bruder, Halbbruder, Verwandter, Volksgenosse, Nächster	Bruder
'ahᵃbāh	Liebe	Liebe
'ālāh	Fluch	Eid
'almāh	junge Frau, Jungfrau, heiratsfähiges Mädchen	Frau / Mann
'ᵆlôhîm	Gott	Gott
'am	Volk (bes. Israel)	Volk
'ᵆmæt	Bestand, Gewißheit, Wahrheit, Treue	Wahrheit
'æræṣ	Erde, Erdboden, Land	Erde
'āwôn	Verkehrtheit, Sünde, Vergehen, Schuld	Sünde

B

bajit	Haus, Aufenthaltsort, Raum	Haus
bāśār	Fleisch, Leib, Körper	Fleisch
bᵉnê jiśrā'el	Söhne Israels	Israel
bᵉrît	Verpflichtung, Bund	Bund
bᵉšem JHWH	im Namen Gottes	Name
bᵉśorāh	Nachricht, Botschaft, Kunde	Botschaft
bêt dîn haggādôl	Synhedrion, Hoher Rat	Hoher Rat
bêt hammidraš	Bethaus	Schüler
bᵉtûlāh	junge Frau, Jungfrau	Frau / Mann
bôš	beschämt/zuschanden werden, sich schämen	Scham

D

dābār	Wort, Rede, Spruch, Nachricht	Wort
dām	Blut, Opferblut	Blut
dæræk	Weg, Bewegung, Lebenswandel	Weg
d'g	in Sorge sein, sich ängstigen, besorgt sein	Sorge
dîn	Richten, Gericht, Recht, Rechtsfall, Streit, Urteil	Gericht

Umschrift	Bedeutung	→ Leitbegriff

E

'el	Stärke, Gewalt, Macht	Gewalt
'em	Mutter, Großmutter, Ratgeberin	Mutter
'et	Zeit	Zeit

G

gê bæn-hinnom, gêhinnom	Tal (Ben-)Hinnom, Hölle	Hölle
ger	Fremdling, Fremder, Gast	Fremder
g'l	zurückkaufen, auslösen, erlösen	Erlösung
go'el	Erlöser, Befreier, Retter	Erlösung
gôj / gôjim	Volk, Gruppe, Schar / Völker, Nicht-Juden, Heiden	Volk
gûp, gûpāh	Leib, Körper, Person, Leiche	Leib

H

ḥag (šabû'ôt)	Fest (Wochenfest)	Ostern
ḥākām	Gelehrter, Verständiger, Weiser	Nachfolge
ḥāmās	Gewalt(tat)	Gewalt
ḥæsæd	Güte, Freundlichkeit, Gnade	Gut, Gnade
ḥāsîd / ḥªsîdîm	fromm / Fromme	Frömmigkeit
ḥaṭṭā't	Vergehen, Sünde, Sündopfer	Sünde
ḥdš	erneuern	Neuheit
ḥen	Zuneigung, Gunst, Anmut	Gnade
hlk 'aḥªrê	hinterhergehen, nachfolgen	Nachfolge
hll	jauchzen, jubeln, rühmen, loben	Lob
ḥnn	gnädig/geneigt sein, sich erbarmen	Gut
ḥŏkmāh	Weisheit, Geschicklichkeit	Weisheit
ḥŏzqāh	Gewalt	Gewalt
ḥzh	sehen, schauen	Gehorsam

Umschrift	Bedeutung	→ Leitbegriff

I

ʿîr	Stadt	Stadt
ʾîš	Mann	Frau / Mann
ʾiššāh	Frau	Frau / Mann

J

jād	Hand, auch: Macht, Kraft	Gewalt
jajin	Wein	Wein
jᵉhôšuᵃʿ, jᵉšûᵃʿ	Jahwe hilft, Jahwe ist Rettung	Jesus
jᵉhûdāh	Juda/Judäa	Jude
JHWH	Gottesname Jahwe	Gott, Herr, Name
jiśrāʾel	Israel, israelitisches Volk	Israel
jôm	Tag	Tag, Finsternis
jšʿ	retten	Jesus

K

kabôd	Kraft, Masse, Macht, Glanz, Herrlichkeit	Glanz, Offenbarung
kapporæt	Deckplatte (über der Bundeslade)	Blut, Versöhnung
kohen	Priester	Priester
kôs	Becher	Becher

L

lajlāh	Nacht	Finsternis
leb / lebāb	Herz	Herz
lewî	Orakelspender	Priester
lqḥ	(auf)nehmen, fassen, ergreifen	Aufnahme

M

malʾāk	Bote, Engel	Engel
mælæk	König, Stadtkönig, Ortsfürst	König/in

Umschrift	Bedeutung	→ Leitbegriff
malkût	Königtum, Königswürde	König/in
mān / man-hû'	„was (ist das)?"	Brot
mannā'	Manna, Bosra-Honig	Brot
māšîᵃḥ	Gesalbter	Christus, Salbung
maṣṣāh	Mazze, ungesäuertes Brot	Ostern
minḥāh	Gabe, Geschenk, Speise-/Trankopfer, Tribut	Hunger
mišpaṭ	Gericht, Recht, Rechtssache	Gericht
'mn	fest sein	Glaube
môpet	Wunder, Vorzeichen	Wunder
mšḥ	salben	Christus, Salbung

N

nābî'	Prophet	Prophet/in
nabû(m) (akkad.)	nennen, berufen	Prophet/in
naḥᵃlāh	Besitz(anteil), Eigentum	Erbe
næpæš	Atem, Leben, Seele	Mensch, Seele
nŏkrî	Fremder, befremdend	Fremder
nš'	täuschen, verführen	Verführung
nś'	aufheben, (weg)tragen, nehmen	Aufnahme

O

'ôlām	Zeit, Ewigkeit	Zeit
'ôr	Licht, Helligkeit, Lebenslicht	Licht
'ôt	Zeichen, Merkmal, Wunder(zeichen)	Wunder

P

pæsaḥ / šḥṭ	(das) Pascha(fest), -lamm / schlachten	Ostern
pdh	loskaufen, befreien	Erlösung
pᵉrûš	Pharisäer (= Abgesonderter, Getrennter)	Pharisäer

Umschrift	Bedeutung	→ Leitbegriff
pll / tᵉpillāh	bitten, flehen, Fürbitte tun / Gebet	Bitte
psḥ	hinken, vorbeigehen, verschonen	Ostern

Q

qāhāl	Versammlung, Kultgemeinde	Gemeinde
qæræt	Stadt	Stadt
qdš	heilig/ausgesondert sein, geheiligt werden	Heiligkeit
qirjāh	Stadt	Stadt
qôdæš	Heiligkeit, Unantastbarkeit, Heiliges, Heiligtum	Heiligkeit
qôl	Stimme, Laut	Stimme

R

ræḥæm / raḥᵃmîm	Mutterleib / Erbarmen	Gut, Mutter
rāqîaʿ	Feste, Firmament, Himmelswohnung	Himmel
rāṣôn	Wohlgefallen, Huld	Gnade
rʾh	(an)sehen, schauen, gewahr werden	Erscheinung
rîb	zanken, streiten, Rechtsstreit führen / Streit, Zank	Gericht
roʾš	Kopf, Haupt	Kopf
rûᵃḥ	Atem, Wind, Geist	Geist

S

šæbaʾ	sieben	Sabbat
šabattu (babyl.)	Vollmondtag	Sabbat
šabbāt / šbt	Sabbat, Sabbatjahr, Woche / ruhen, aufhören, fertig sein	Sabbat
šabbātôn	Ruhefeier, Ruhetag	Sabbat
šabûʿôt	Wochen	Ostern
šaddaj	Höchster, Allmächtiger (= Gottes- name)	Gott
šālôm	Wohl(ergehen), Friede, Heil	Friede, Gewalt, Gott

Umschrift	Bedeutung	→ Leitbegriff
šāmajim	Himmel	Himmel
śāṭān	Widersacher, Gegner	Satan
ṣdq	richtig, gerecht sein	Recht
š^ebû'āh	Eid, Schwur	Eid
ṣ^edāqāh	Recht, das Richtige, Gerechtigkeit	Recht, Wahrheit
šem	Zeichen, Denkmal, Name	Name
š^ema'	höre!	Kind, König/in
š^e'ôl	Totenreich, Tiefen, Unterwelt	Hölle
šît	einsetzen, aufnehmen	Aufnahme
šm'	hören, erhören, gehorchen	Gehorsam
špṭ	richten, strafen, zum Recht verhelfen	Gericht
'šr	glücklich preisen	Seligpreisung
šûb	zurückkehren, umkehren, eine Wendung machen	Bekehrung

T

talmîd	Geübter, Schüler	Nachfolge, Schüler
tāmîm	ohne Makel, untadelig, rein, rechtschaffen	Ende
t^ehôm	Flut, Wassermassen, Tiefen des Meeres	Finsternis, Hölle
ṭôb	gut/schön/froh sein	Gut
tohû wābohû	Tohuwabohu, Chaos, chaotischer Zustand der Erde vor dem Schöpfungsgeschehen	Welt
tôrāh	(Unter)Weisung, Lehre	Gesetz

Z

zkr	gedenken, sich erinnern	Gedenken

Anhang V: Fremdwörter und Fachausdrücke

Begriff	Erklärung
A	
a–privativum	Vorsilbe, die einen Begriff ins Gegenteil wendet
adaequatio intellectus et rei	Angleichung von Verstand und Sache (Definition von Wahrheit)
Adaption	Anpassung
aenigma	Rätsel
Aion	Zeitalter, Lebenszeit, Generation, Äon, Weltende, Ewigkeit
Aktivität	Unternehmung(sgeist), Tätigkeit(sdrang)
Aktualität	Gegenwartsbedeutsamkeit/-bezogenheit
Allegorese	bildliche Auslegung/Erklärung
alternativ	gegensätzlich zu, andere Wahl, wechselseitig
ambivalent	zweiwertig, zweideutig
Analogie	Entsprechung, Ähnlichkeit, Übereinstimmung
anamnetisch	erinnernd, zum Gedächtnis
androzentrisch	männerbezogen, männerbestimmt
animalisch	tierisch, triebhaft
Anthropologie	Lehre vom Menschen
anthropomorph	menschengestaltig/-ähnlich
antidoketistisch	gegen die Auffassung, etwas sei nur Schein
Antithese	Gegenbehauptung, Gegensatz
apersonal	unpersönlich, sächlich
Apokalypse	Enthüllung, Offenbarung
Apokalyptik	Form von Endzeiterwartung, Literaturgattung, v.a. in der Zeit von 160 v.Chr. bis 100 n.Chr.
Apologetik	Rechtfertigung, Verteidigung
apotropäisch	Unheil abwendend
Applikation	Anwendung
äquivalent	gleichwertig, vollständiger/-wertiger Ersatz
Arkandisziplin	Geheimhaltung
asketisch	enthaltsam

Begriff	**Erklärung**
Aspekt	Betrachtungsweise, Blickwinkel, Gesichtspunkt
assertorisch	(juristische) Behauptung, einen Tatbestand feststellen
Assimilation	Angleichung, Verschmelzung
Assoziation(sfeld)	(Feld möglicher) Verbindungen von Vorstellungen
Attraktivität	Anziehungskraft
Audition	Gehörtes, worthafte Eingebung
Automatismus	selbsttätiger Bewegungsablauf
Axiom	Grundlage, grundlegender Lehrsatz, unbeweisbare Grundannahme

B

Baal	Herr, Besitzer; westsemitische Gottesbezeichnung
Benediktion	Segnung, Segen, Lobpreis

C

caritativ	mildtätig, aus Liebe
census	Steuerschätzung, Veranlagung
Chaldäer	Bewohner von Kaldu in Mesopotamien
charakteristisch	bezeichnend, kennzeichnend, geprägt
Charisma	Gnadengabe, Geschenk
Chiffre	Kennwort, Geheimzeichen
Christologie	Lehre über Person und Natur Jesu Christi
conditio sine qua non	unumgehbare Bedingung
Corpus	Körper, Gesamtheit (z.B. der pln oder joh Schriften)
correctio fraterna	brüderliche Zurechtweisung
creatio continua	Schöpfung im ständigen Vollzug

D

Definition	Begriffsbestimmung
Dekalog	Die Zehn Worte/Gebote
Deklaration	Kennzeichnung, Erklärung

Begriff	**Erklärung**
demotisch	Volksschrift
designiert	bestimmt, bezeichnet
despotisch	herrisch, herrschsüchtig, gebieterisch
Destruktion	Zerstörung, Auflösung, Zersetzung
Determinative	Abgrenzung, Festlegung, Bestimmung
Deuterojesaja (DtJes)	„Zweiter Jesaja", Verfasser der Kap. Jes 40–55
deuteronomistische Reform	theologische Neuerungen des 7. Jh. v.Chr., die im Dtn ihren Niederschlag fanden
deuteronomistisches Geschichtswerk	atl Bücher Jos bis Kön, die eine einheitliche Sicht der Geschichte Israels entfalten
Deuteropaulinen (Dtpln)	nachpaulinische Schriften (Kol, Eph, 2 Thess)
Devotionalien	einer Gottheit geweihte Gaben
Dialektik	Gegensätzlichkeit; Methode der Wahrheitsfindung aus Gegensätzen
Dialog	Unterredung, Zwiegespräch
Differenziertheit	Unterschiedenheit, Verschiedenheit, Aufgliederung in Einzelheiten
diffus	verschwommen, streuend, unscharf
Dimension	Ausdehnung, Ausmaß, Abmessung
Diskontinuität	Unterbrechung eines Zusammenhangs
Disziplinargewalt	Vollmacht zu ordnen/Zucht auszuüben, Ordnungsgewalt
Doketismus	Auffassung, etwas sei nur Schein
dominant	(vor)herrschend
Doxologie	Lobpreis, Ehrung
Dualismus	Zweiheit, Zweiteilung, vor allem zweigeteiltes Weltbild (Himmel/Erde, oben/unten usw.)
Dynamik/-isch	Bewegtheit, Schwung, Kraft
Dynastie	Herrscherhaus/-geschlecht

E

Edikt	Erlaß, Verordnung
ekklesial	kirchlich, kirchenbezogen
ekklesiologisch	Kirche betreffend
Ekstase	Verzückung, Entrückung, Begeisterung

Begriff	Erklärung
Elohist	eine der Hauptquellen des Pentateuch, die für Gott „elohim" verwendet
Emigration	Auswanderung
Entmystifizierung	versachlichen, einer Sache ihr Geheimnis nehmen
Entmythologisierung	existenzbezogene Auslegung eines Mythos
Epiphanie	Erscheinung (einer Gottheit)
Erinnyen	Rachegöttinnen/-geister
Eschatologie	Lehre von den letzten Dingen
Eschaton	das Letzte, Ende, Vollendung
Essener	jüd. Gruppe zur Zeit Jesu, vgl. Qumran
Essential, das	das Wesentliche, Wesensbestimmung
Ethos	sittliche Gesinnung, Brauch, Herkommen
Etymologie	Erklärung der Herkunft und Bedeutung von Wörtern/Zeichen
Eunuch	kastrierter Mensch/Mann
Euphemismus	verhüllende, beschönigende Bezeichnung
evident	offenkundig, sichtbar, einleuchtend
Exegese	Auslegung/Erklärung/Deutung von Texten
exhortatio	Ermahnung, Aufforderung
Exil	Verbannung, Verbannungsort
Existential, das	Leben und Dasein betreffend
existentiell	Leben und Dasein betreffend
exklusiv	ausschließlich
Exkommunikation	Ausschluß, Aufhebung der Gemeinschaft
exordium	Eingangsteil
Exorzismus	Beschwörung, rituelle Austreibung von Dämonen
explizit	entwickelt, entfaltet, deutlich, ausdrücklich
Exponent	herausragender Vertreter

F

Fanatismus	Übereifer, Unduldsamkeit, rücksichtsloser Einsatz
fatalistisch	schicksalsgläubig/-ergeben
Fluktuation	im Fluß, im Wandel
Frühjudentum	Judentum vom 6. Jh. v.Chr. bis ca. 200 n.Chr.
funktional	abhängig von, bezogen auf, zweckbestimmt

Begriff	Erklärung

G

Garant	Bürge
Genealogie	Familienforschung, Ahnenfolge, Stammbaum
generisch	auf das Genus/die Art bezogen
Glossolalie	Zungenrede, Rede in fremden Sprachen
Gnosis	Erkenntnis(-lehre), Erlösungslehre

H

Hades	Hölle, Unterwelt
Halacha	Anordnungen für den Lebenswandel im nachbibl. Judentum
Häresie/Häretiker	Irrlehre(r), Ketzer(ei)
Heilsimperativ	für das Heil bedeutsame Aufforderung
Heilsindikativ	Darlegung des gewirkten Heils
Heilsökonomie	Heilswerk (Gottes)
Hellenismus	Griechentum; Mischkultur aus orientalischen und griech. Elementen seit Alexander dem Großen mit Einfluß auf Judentum und Christentum
hermeneutisch	Auslegung/Deutung/Verstehen betreffend
heterogen	andersartig, ungleich
Hexameter	sechsfüßiger epischer Vers
Hierarchie	Rangordnung/-folge („hl. Herrschaft")
hieratisch	von Priestern aus den Hieroglyphen entwickelte ägypt. Gebrauchsschrift
Hieroglyphen	ägypt. Bilderschrift
Hybris	Stolz, Übermut, Überheblichkeit
hypothetisch	vermutbar, angenommen, zweifelhaft

I

Identifikation/Identifizierung	Gleichheit (herstellen oder feststellen)
Ideogramm	Keilschriftzeichen für ganzes Wort oder Sinnkomplex

Begriff	**Erklärung**
Ikonographie	Beschreibung und Bestimmung von Bildnissen
Immanenzaxiom	grundlegende Annahme der Einwohnung (Gottes)
Immigration	Einwanderung
Imperium Romanum	Röm. Weltreich
implizit	einschlußweise, einbezogen, enthalten
Individualisierung	Vereinzelung
Initiationsritus	Aufnahme-/Einweihungsritus
Inkarnation	Fleisch-/Menschwerdung
Innovation	Erneuerung, Erfindung, Entdeckung
Inquisition	kirchliches Gericht gegen Ketzer (12.–18. Jh.); Untersuchung, Erforschung
Inspiration	Eingebung, Einfluß (des hl. Geistes) auf bibl. Autoren
Institution	Einrichtung, Behörde, Amt
institutionalisiert	eingerichtet, eingeführt
Intellekt	Verstand, Denk- und Erkenntnisfähigkeit
Intensivierung	Verstärkung
Intention	Absicht, Vorhaben, Zielsetzung, Zweck
Interaktion	Handlung zwischen Personen, Austausch von Mitteilungen
Interpretament	Deutebegriff, Verständigungsmittel
Interpretation	Auslegung, Erklärung, Deutung
Inthronisation	Einsetzung in die Herrschaft
intransitiv	Verben ohne Objekt und ohne Passivformen
involvieren	einbeziehen, einschließen, umgreifen
Inzest(verbot)	(Verbot von) Geschlechtsverkehr unter nahen Blutsverwandten
Itinerar	Wegeverzeichnis
ius gladii	das Recht zur Tötung

J

jahwistisch(er Schöpfungsbericht)	(ältester) Schöpfungsbericht (heute Gen 2,4bff)
Judenchristentum	Jüdische Anhängerschaft des Messias Jesus bzw. Christentum jüd. Herkunft

Begriff	Erklärung
Jurisdiktion	Rechtsprechung, Gerichtsbarkeit

K

kanaanäisch	auf Kanaan bezogen
Kanon	Norm, Richtschnur, Sammlung (bibl. Bücher)
Karikatur	übertreibende Darstellung, Überbetonung von Merkmalen
kasuistisch	auf Einzelfälle bezogen
Katechese	religiöse Unterweisung; Religionsunterricht
Kausalität	ursächlicher Zusammenhang
Kerubim	Engelwesen
Kerygma	Verkündigung, Bekanntmachung
klassifizieren	einteilen in Klassen, Sorten etc.
Kodex, Kodices	Handschrift(en), Vorschrift(en); Verhaltensanweisungen
kognitiv	auf Erkenntnis beruhend, Erkenntnis betreffend
Koine	griech. Umgangs- und Literatursprache zur Zeit des Hellenismus, Sprache der LXX und des NT
kollidieren	zusammenstoßen, -treffen
Kommunikation	Verständigung (v.a. von Menschen)
Kommunion	Empfang der eucharistischen Gaben
Komponente	Bestandteil von etwas
Kompromiß	Ausgleich, Vergleich, Verständigung
Konfession	(Glaubens-)Bekenntnis/-gemeinschaft
Konnotation	mit einem Wort verbundene zusätzliche Vorstellung
Konsequenz	Folgerichtigkeit, Folge, Beharrlichkeit
konsistent	andauernd, fortdauernd, durchgängig, einheitlich
Konstante	das sich Durchhaltende; Wert, der sich nicht ändert
Konstitution	Zustand, Grundlegung, Erklärung
konstitutiv	grundlegend, unerläßlich
Kontext	Text-Zusammenhang, Umfeld
Kontinuität	Fortdauer, Stetigkeit, Zusammenhang
Kontinuum	Ununterbrochenes, Andauerndes

Begriff	**Erklärung**
Konzeption	Entwurf, Plan, Vorstellung, Leitidee
Konzesion	Zugeständnis
Korrektionsstrafe	Strafe mit dem Ziel der Besserung
Korrelation	Ergänzung, Wechselbeziehung
Korrespondenz	Übereinstimmung, Entsprechung; Briefwechsel
Kosmographie	Weltbeschreibung
Kosmologie	Lehre von Welt und Weltentstehung
Kursive	Schrägschrift
Kynismus	griech. Philosophenschule

L

Laudes	Morgengebet der Kirche
Legende	poetische Prosaerzählung mit Glauben begründender Tendenz
Legitimation	Beglaubigung, Nachweis der Richtigkeit/ Gesetzlichkeit/Rechtmäßigkeit
Liturgie	gottesdienstliche Handlung, Form des Gottesdienstes
Logienquelle (Q)	Sammlung von Worten Jesu (enthalten im MtEv und LkEv)
Loyalität	Redlichkeit, Verläßlichkeit, Treue

M

Magistrat	lokale(s) Amt/Amtsinhaber in der röm. Stadtverwaltung
magna charta	grundlegende Urkunde, Grundsatzerklärung
manifestieren	sich ausdrücken, öffentlich erklären, programmatisch darlegen
Martyrienerzählungen	legendenhafte Berichte über Hinrichtungen, Blutzeugnisse
Matriarchat	Herrschaft der Mütter
Megilloth	Festrollen des Judentums
Messianität	Erweis, daß jemand (z.B. Jesus) der jüd. Messias ist
Metapher	übertragene Bildrede

Begriff	**Erklärung**
metaphysisch	hinter der wahrnehmbaren Wirklichkeit liegend
midrasch-pescher	rabb. Neuauslegungen der Bibel
Mischna	Sammlung von Traditionen im nachbibl. Judentum
monogam	in Einehe lebend, mit einem Partner geschlechtlich verkehrend
Monotheismus	Glaube an einen Gott
Mystagoge	in Geheimnisse Eingeweihter/Einführender
Mysterienreligion	Götterkult, an dem nur Eingeweihte teilnehmen dürfen; religiöse Geheimlehre
mysterium tremendum et fascinosum	das unaussprechliche Geheimnis (Gottes)
Mythos/Mythologie	Vorstellung/Erzählung (v.a. von Göttern und Helden) und ihre Auslegung

N

Narzißmus	Selbstverliebtheit
Nasiräat	jüd. Enthaltsamkeitsgelübde
Nemesis	strafende Gerechtigkeit
nominalistische Destruktion	Zerstörung des Zusammenhangs von Wirklichkeit und Begriffen/Namen
numinos	göttlich

O

Observanz	genaue Beobachtung von Vorschriften
obsolet	veraltet, ungebräuchlich, überflüssig, hinfällig
Ökonomie	Führung des Hauswesens
ontologisch	das Sein betreffend
Orakel	Weissagung, Zukunftsdeutung
Ordination	Übertragung eines kirchlichen Amtes

P

pagan	heidnisch, ländlich
Paradigma	Beispiel, Muster

Begriff	Erklärung
Paradoxie	Widersprüchlichkeit, Widersinn
Paraklet	Tröster, Fürsprecher
Parallelismus membrorum	einander zugeordnete Satzteile
Paränese	Ermahnung, Ermutigung
pars pro toto	ein Teil, der für das Ganze steht
Partizipation	Teilhabe, Teilnahme
Parusie	Ankunft, Wiederkunft
Pascha(-mahl/-geschehen)	atl-jüd. Osterfest, damit verbundene Riten (Paschamahl, -lamm), erinnernd an den „Vorübergang" des Herrn beim Auszug aus Ägypten
passivum divinum	auf Gottes Handeln verweisende passive Verbform
pastoral	seelsorglich, in Ausübung der Hirtensorge
paternalistisch	auf die Väter bezogen/ausgerichtet
Patriarchat/Patriarch	(Herrschaft der) Väter/Erzväter/Stammväter
Pazifismus	Streben nach Frieden unter Verzicht auf Krieg und Rüstung
Pentateuch	Tora, fünf Bücher Mose, „Gesetz"
Perikope	Abschnitt
Periodisierung	Einteilung in Zeiträume/-abschnitte
peripher	am Rand, beiläufig
Personifikation	Vermenschlichung (von Göttern und Dingen)
Personifizierung	Vermenschlichung
Perspektive	Sicht
pervertieren	Verkehrtes oder Widernatürliches tun
Physiologie	Lehre von den Lebensvorgängen
Pleroma	Fülle
Pneuma	Geist, Wind, Atem
Pneumatiker	Geisterfüllte(r), Begnadete(r)
pollutio nocturna	nächtlicher Samenerguß
polygam	in Mehrehe/Vielehe lebend, mit mehreren Partnern geschlechtlich verkehrend
Popularphilosophie	allgemeinverständliche Philosophie
postscriptum	Anhang, Nachgetragenes
Postulat	Forderung, unbeweisbare Annahme

Begriff	**Erklärung**
Prädikation	Titel
Präexistenz	vorgeburtliches Sein
Prägnanz	Knappheit mit Genauigkeit gepaart
prägnostisch	auf die Gnosis hinführend
Prärogative	Vorrang, Vorrecht, Vorzug
Präskript	Vorwort, Briefeinleitung
Presbyter	Ältester
presbyterial	die Ältestenordnung betreffend
Priesterschrift	eine der Quellen des Pentateuch, mit vielen kultisch-rituellen Texten
Privileg	Vorrecht, Sonderrecht, Ausnahme(gesetz)
pro nobis	für uns
Pro-Existenz	Dasein für (jemanden oder etwas)
profan	weltlich, gewöhnlich
profilieren	Umriß geben, sich darstellen
programmatisch	Programm/Pläne/Ziele/Grundsätze betreffend, richtungweisend
Projektion	Übertragung
proklamieren	öffentlich bekanntmachen
Prokurator	röm. Statthalter, Befehlshaber einer Region oder Provinz
Proletariat	Klasse der Armen
Prolog	Vorwort, Vorrede, Vorspiel
Proömium	Vorrede, Einleitung, Vorspiel
propositio	Darlegung eines Sachverhalts/Themas
Proprium	Eigenheit, Eigenart, das Besondere
protopaulinisch	echte PlsBr im Unterschied zu den Dtpln
Provinziale	Bewohner einer röm. Provinz außerhalb Italiens

Q

Qualifikation	Befähigungsnachweis, Beurteilung, Eignung
Quintessenz	Kern, Hauptinhalt, Ergebnis, Wesen
Qumran	klosterähnliche Anlage der Essener in der Wüste von Judäa am Toten Meer, bekannt durch dort gefundene Schriften

Begriff	Erklärung

R

Rabbinen	jüd. Lehrer, Schriftkundige
Radikalisierung	Vergrundsätzlichung, Zuspitzung, Verschärfung
Ratifizierung	Bestätigung, Genehmigung, Zustimmung
redaktionell	von einem Bearbeiter stammend
regula benedicti	Ordensregel des hl. Benedikt
Regulativ	Regelung, Maßstab, Grundsatz
Reinkarnation	erneute Menschwerdung
Relativismus	hält Wahrheit für „relativ" – für den einen gegeben, für einen anderen nicht
relativistisch	einschränkend, bedingt
Relevanz	Bedeutung, Belang
Reminiszenz	Erinnerung, Anklang
Repräsentant	Vertreter
Ressentiment	gefühlsmäßige Abneigung/Ablehnung
restriktiv	be-/einschränkend, hemmend
Rezeption	Aufnahme, Empfang, Übernahme
reziprok	wechselseitig

S

sakral	heilig, dem Göttlichen geweiht/gewidmet, den Gottesdienst betreffend
Sakrament	gottesdienstliche Handlung zur Vermittlung von Gnade
Sakrileg	Vergehen gegen Heiliges
sarkisch	fleischlich, irdisch
Scholastik	Theologie, Philosophie und Wissenschaft des Mittelalters
Schriftpropheten	Propheten, auf die Schriftliches zurückgeht
Sekte/Sektierer	(Anhänger einer) von einer Norm abweichende(n) Gruppe
sekundär	zweitrangig, in zweiter Linie
semantisch	die Bedeutung von Wörtern bezeichnend
Sentenz	Ausspruch, Merkwort, Sinnspruch

Begriff	Erklärung
Separatisten	Leute, die sich absondern
singulär	einzigartig, einmalig, einzeln
Sitz im Leben	Herkunftsmilieu, (sozio-kulturelle) Ursprungssituation von Texten
Skopus	Sinnspitze/Zielabsicht von Texten
Solidarität	Verbundenheit, Übereinstimmung, Einigkeit
Sondergut	was sich nur bei einem Autor findet (v.a. bei den Syn)
Soteriologie	Lehre von Heil und Erlösung
Sozialisation	Einführung in Gemeinschaft/Gesellschaft/Kirche
Soziolekt	Gruppensprache, Sprachgewohnheiten einer Gruppe/Schule
Spätantike	Zeit gegen Ende des röm. Weltreichs
Spekulation	Vermutung, unbewiesene Annahme/Vorhersage
spezifisch	eigentümlich, kennzeichnend
Stigma	Kennzeichen, Brandmal
Stoa	griech. Philosophenschule
sublimieren	verinnerlichen, auf eine andere Ebene heben, ins Erhabene steigern
subsumieren	unter-/zu-/einordnen, zusammenfassen
summarisch	kurz zusammengefaßt
Symbolik	Sinnhaftigkeit, Sinnbildgehalt, tieferer Sinn
Sympathisant	Gesinnungsgenosse, Anhänger, Geistesverwandter
synonym	gleichbedeutend

T

Tartarus	Unterwelt, Schattenreich
Terminologie	Fachausdruck, Begrifflichkeit
terminus (technicus)	(Fach-)Ausdruck
Tetrarch	Vierfürst, ursprünglich Herrscher über den vierten Teil eines Landes, Statthalter eines geteilten Landes
thematisieren	zum Gegenstand (einer Abhandlung o.ä.) machen
Theophorik	den Namen Gottes tragen (v.a. bei zusammengesetzten Namen)

Begriff	Erklärung
theozentrisch	auf Gott bezogen
Therapie	Behandlung/Heilung von Krankheiten
Topographie	Orts- und Lagebeschreibung
Tora	fünf Bücher Mose, Pentateuch, „Gesetz"
Totalität	Gesamtheit, Summe, Ganzheit
tradieren	überliefern, übergeben, fortpflanzen
Transformierung	Umformung, Umwandlung
Transzendenz	Grenzen (z.B. des Wahrnehmbaren) überschreitend
Trauma	Wunde, Verletzung, (seelische) Erschütterung
triadisch	aus drei Teilen/Elementen bestehend
Trias	Dreiheit
tributum	Abgabe, Beitrag, Steuer
Trinität	Dreifaltigkeit, Dreieinigkeit
Tritopaulinen	Spätschriften der Pls-Tradition (1/2 Tim, Tit = Past)
Typologie	Lehre von Vorbildern, Typen und Auslegungsmethode, die den typischen Sinn sucht
Typos	Urbild, Muster, Vorausdarstellung

U

universal	(all)umfassend, gesamt, weltweit

V

verzehnten	den zehnten Teil als Steuer abgeben
Vision	Traumgesicht, Erscheinung
vorexilisch	vor der Vertreibung nach Babylon (586 v.Chr.)
Vulgär-Marcionitismus	volkstümliche Verbreitungsform der Lehre Marcions

Z

Zeloten	Eiferer, jüd. Widerstandsgruppe gegen die Römer
Zentralismus/Zentralisation	Ausrichtung auf ein Zentrum, eine Mitte

Anhang VI: Verzeichnis der Mitarbeiter

Prof. Dr. Franz Annen, Chur

Prof. Dr. Gerhard Dautzenberg, Gießen

Prof. Dr. Detlev Dormeyer, Münster

Prof. Dr. Peter Dschulnigg, Bochum

Prof. Dr. Jost Eckert, Trier

Univ.-Doz. Dr. Michael Ernst, Salzburg

Prof. em. Dr. Josef Ernst, Paderborn

Dr. Monika Fander, Singen

Prof. Dr. Dr. Heinz Giesen, Sankt Augustin

Prof. Dr. Josef Hainz, Frankfurt

Prof. Dr. Dr. Peter Hofrichter, Salzburg

Diakon Bernd Holze, Goslar

Prof. Dr. Rudolf Hoppe, Passau

Dr. Gerhard Hotze, Vechta/Osnabrück

Alfred Hübner, München

Dr. Beate Kowalski, Paderborn

Dr. Hans Kuhn, Grafschaft

Dr. Andrea Link, Bensheim

Dr. Walter Lütgehetmann, Offenbach

Prof. Dr. Lorenz Oberlinner, Freiburg

Eva Maria Räpple, M.A., El Paso Texas, USA

Prof. em. Dr. Alexander Sand, Lemberg

Martin Schmidl, Wiss. Mitarbeiter, Frankfurt

Dr. Sebastian Schneider, Mainz

Dr. Klaus Scholtissek, Würzburg

Prof. Dr. Otto Schwankl, Passau

Prof. Dr. Dr. Dr. Lutz Simon, Frankfurt

Prof. Dr. Hanneliese Steichele, Mainz

Priv.Doz. Dr. Alois Stimpfle, Augsburg

Dr. Joachim Theis, Trier

Prof. Dr. Franz Georg Untergaßmair, Vechta/Osnabrück

Dr. Josef Wagner, Traunstein

Prof. Dr. Alfons Weiser, Vallendar

Dr. Armin Wouters, München